PROTEKTORÁT ČECHY A MORAVA 1939–1942

SRDCE TŘETÍ ŘÍŠE

JAN B. UHLÍŘ

Vychází pod záštitou ministra kultury
České republiky Mgr. Daniela Hermana
a velvyslance České republiky
ve Spolkové republice Německo
Mgr. Tomáše J. Podivínského

MÝM UČITELŮM
prof. PhDr. Janu Kuklíkovi, CSc.
prof. PhDr. Robertu Kvačkovi, CSc.
doc. PhDr. Tomáši Pasákovi, CSc.
prof. PhDr. Aleši Skřivanovi, CSc.
                    s úctou a vděčností autor

PROTEKTORÁT ČECHY A MORAVA 1939–1942

SRDCE TŘETÍ ŘÍŠE

JAN B. UHLÍŘ

PROTEKTORÁT ČECHY A MORAVA 1939–1942

ÚVODNÍ SLOVO MINISTRA KULTURY ČESKÉ REPUBLIKY

Vážení čtenáři,

od zániku Protektorátu Čechy a Morava uplynulo více než 70 let, a přesto není tento mimořádně významný úsek moderních českých dějin zpracován ani zdaleka tak, jak bychom si představovali a jak bychom potřebovali. Historiků protektorátu nikdy nebylo mnoho a studiu pramenů a jejich interpretaci povětšinou nepřála doba. Z tohoto hlediska je protektorát stále ještě objevován. Tím spíše je třeba uvítat knihu, která se vám nyní dostává do rukou – *Protektorát Čechy a Morava 1939–1942. Srdce Třetí říše* z pera historika PhDr. Jana B. Uhlíře, Ph.D., uznávaného odborníka na toto období a autora mnoha vědeckých i popularizujících prací.

Nová práce dr. Uhlíře významně přispívá ke splátce letitého dluhu české historiografie a naše poznání let nacistické okupace posunuje tam, kde již dávno mělo být: na úroveň našich nejbližších sousedů – Německa, Rakouska a Polska. S potěšením a radostí jsem proto přivítal možnost ujmout se úvodního slova, neboť takovou publikaci považuji z hlediska česko-německých a německo-českých vztahů za mimořádně důležitou a přínosnou. Autor ji, s pečlivostí sobě vlastní, ve spolupráci s Ottovým nakladatelstvím připravoval téměř pět let.

Vše začalo při práci na publikaci *Protektorát Čechy a Morava v obrazech*, kterou stejné nakladatelství vydalo v roce 2008. Tehdy dr. Uhlíř objevil skutečný poklad v podobě původních náhledových alb České tiskové kanceláře z doby protektorátu, jež jsou uloženy ve Fotoarchivu ČTK. Fotoreportéři ČTK byli od prvních chvil okupace vysíláni ke všem významným událostem. Ačkoliv je tento pramen unikátní i v rámci Evropy, byl až doposud historiky zcela pominut. Z původních 10 000 fotografií vybral dr. Uhlíř ty, které považoval za zásadní. Ty se také staly základem dvoudílného projektu *Protektorát Čechy a Morava 1939–1942. Srdce Třetí říše* a *Protektorát Čechy a Morava 1943–1945. Srdce Třetí říše* Ottova nakladatelství.

Nejsou však zdrojem jediným. Doplňují je snímky z fotoarchivu německého státního ministra pro Čechy a Moravu Karla H. Franka a z osobní pozůstalosti ministra školství a lidové osvěty Emanuela Moravce, uložené v Národním archivu, fotografie z Vojenského ústředního archivu / Vojenského historického archivu Praha, a unikátní záběry osobního fotografa Adolfa Hitlera Heinricha Hoffmanna, uložené v Bavorské národní knihovně. Pominuty nezůstaly ani české regionální archivy a muzea. Černobílé fotografie jsou proloženy vybranými dokumenty, vyhláškami, plakáty, dobovým tiskem, mapami a plány. Dohromady vytváří harmonický a plastický celek, jehož hodnotu významně povyšuje nejen erudovaný komentář, ale i skutečnost, že většina snímků je v knižní podobě představována poprvé.

Čtenář, jehož do děje vtáhne poprvé kompletně publikovaná mnichovská dohoda, je svědkem mimořádně silných okamžiků, které naprosto zásadním způsobem ovlivnily české dějiny. Odpor prezidenta Háchy, kterého v Berlíně nutili k souhlasu s přivtělením českých zemí ke Třetí říši, byl zlomen až otevřeným vyhrožováním vrchního velitele letectva Hermanna Göringa náletem na Prahu. Roztřesené písmo starého muže na tzv. Berlínském protokolu je důkazem, jakému tlaku byli tehdy čeští představitelé v Novém říšském kancléřství vystaveni. Dokonalý průřez prvními dny okupace poskytují snímky nejen z Prahy a Brna, ale také z Plzně, Hradce Králové, Olomouce, Českých Budějovic, Pardubic, Zlína, Jihlavy, Mladé Boleslavi, Kolína a další desítky českých a moravských měst. Překvapivý obraz přináší série snímků z pobytu Vůdce a říšského kancléře Adolfa Hitlera na Pražském hradě, jenž byl přímo spojen s Výnosem o vzniku protektorátu. Značný prostor je věnován i okamžitým demonstracím síly, které se, v podobě mohutných přehlídek, konaly na Václavském náměstí – a patřily k největším v dějinách Třetí říše. Pozoruhodnou kapitolu tvoří i návštěvy vysokých říšských vládních a vojenských činitelů. Prahu navštívila většina členů říšské vlády. Říšský ministr lidové osvěty a propagandy Joseph Goebbels byl hlavním městem protektorátu nadšen, a dokonce řekl, že toto město má německého ducha a musí se zase stát německým.

Významná část publikace je věnována působení třetího muže Třetí říše, zastupujícího říšského protektora Reinharda Heydricha, jenž se v protektorátu uvedl krvavou lázní, která neměla v moderních dějinách českého národa obdoby. Jako jediná adekvátní odveta za Heydrichovo řádění připadala v úvahu pouze jeho fyzická likvidace. Za tímto účelem byli do protektorátu vysláni českoslovenští vojáci z Velké Británie, jimž se tento úkol podařilo splnit. Nyní je atentát na Heydricha interpretován jako největší čin evropského odboje. Reakcí okupačních úřadů byla další krvavá lázeň. Nacisté se však dopustili i osudového přehmatu, když do odvety zahrnuli i částečné vyhlazení, vysídlení

PROTEKTORÁT ČECHY A MORAVA 1939–1942

a vypálení obce Lidice a její vymazání z mapy. Tento bezprecedentní krok zvůle proti civilnímu obyvatelstvu v poklidném zázemí znamenal, že ze dne na den se otázka obnovy Československé republiky stala otázkou mezinárodní. Zatímco ve svobodném světě se konaly sbírky na výstavbu nových Lidic, v protektorátu byla stejným způsobem vyhlazena obec Ležáky. Obyvatelstvo bylo na masových demonstracích donuceno přísahat věrnost Říši. Zdálo se, že Třetí říše je, přes některá zaváhání na východní frontě, stále neporazitelná.

Není třeba zdůrazňovat, že realizace projektu Ottova nakladatelství *Protektorát Čechy a Morava 1939–1942. Srdce Třetí říše* a *Protektorát Čechy a Morava 1943–1945. Srdce Třetí říše*, představuje záslužný čin. Velvyslanec České republiky ve Spolkové republice Německo Mgr. Tomáš J. Podivínský považuje jeho první část z hlediska česko-německých a německo-českých vztahů dokonce za natolik významnou, že jí udělil osobní záštitu. S panem velvyslancem se plně ztotožňuji a jako ministr kultury České republiky uděluji i já této vynikající práci záštitu. Věřím, že v blízké budoucnosti spatří světlo světa rovněž v německém překladu a že v německém jazykovém prostředí bude přijata stejně pozitivně jako u nás.

Mgr. Daniel Herman

PROTEKTORÁT ČECHY A MORAVA 1939–1942

PŘEDMLUVA

Získat české země pro zamýšlené velké středoevropské Německo se chystali pangermánští politikové, publicisté a všelijací propagandisté už od poloviny 19. století. Do německo-českého vztahu vnášeli především geopolitický obsah. Tak ho prosazovali v rámci už – podle nich – „dočasné" rakousko-uherské monarchie, tak ho pojímali i po válečném pádu císařského Německa a Rakousko-Uherska v roce 1918. Do nové německé říše projektované bez ohledu na válečný výsledek chtěli zahrnout Rakousko i českomoravské pohraničí.

Jednou z překážek v uskutečňování velkoněmecké vize se stalo i demokratické Československo. Pozitivní vztahy s Německem považovalo za podstatné, demokratický systém v Německu se zdál jejich zárukou. Padl v roce 1933 po mocenském nástupu dravé pangermánské nacionálně socialistické strany vedené Adolfem Hitlerem. Chystala mohutnou německou říši, expanzivní úvod k ní měl nejdříve zničit Československo. Mezinárodní situace však připravovanou válku v roce 1938 problematizovala, umožnila ale Německu zmocnit se českomoravského pohraničí.

Za pouhý půlrok, v březnu 1939, Německo těžce postižený československý stát zničilo. České země přímo okupovalo, utvořilo z nich Protektorát Čechy a Morava. V pojmenování se obě země oddělovaly, smyslem bylo uvolňovat a oslabovat soudržnost českého národa. Název protektorát neodpovídal skutečné situaci, chyběly podstatné znaky státní existence i samostatné státní území. Ustavovala se sice česká autonomní správa, ale omezená a postupně ještě zkracovaná, podřízená německé okupační moci. Ta ji povolila proto, že nemohla vlastními silami spravovat celé získané území. Ustavování autonomních institucí mělo také mírnit protestní mezinárodní ohlas okupačního úderu. Československo bylo rozbito a české země znásilněny v době míru, byť „podivného", strpícího kořistné agrese. Německo také nemohlo vystavit okupované země hned brutálnímu režimu, třebaže tu začalo vytvářet širokou síť svého represivního aparátu. V čele okupační správy stanul říšský protektor označený za přímého zástupce německého vůdce a kancléře Hitlera. Stal se jím bývalý ministr zahraničí Konstantin von Neurath, považovaný spíše za konzervativního vysokého úředníka než za výrazného nacistu. I v Praze se časem ukázalo, že nacistickému režimu plně sloužil. Příznačný výběr rozhodl o jeho zástupci, státním tajemníkovi Karlu H. Frankovi. Radikální pangermán, v letech 1933–1938 druhý muž ve vedení Sudetoněmecké strany, nacista nenávidějící Čechy, reprezentoval hlavní cíle a represivní prostředky okupační politiky.

Okupace měla vytvořit podmínky pro budoucí plné začlenění českých zemí do Velkoněmecké říše, poněmčit je a učinit je její nedílnou součástí. Českému národu jako etnickému společenství byl určen zánik. Naplnění tohoto velkoněmeckého záměru vyžadovalo rozhodovat o podobě Evropy i světa. Dosáhnout toho bylo možné jen vítěznými válkami. Pro ně měly být české země také výkonným zázemím. Nacisté zjistili, že česká společnost je rozvinutější a výkonnější, než si ji ideologicky představovali. O to větší zájem měli na vytěžování její síly a schopností. Měla k tomu pomáhat také protektorátní reprezentace v čele se „státním prezidentem" Emilem Háchou. Vládu tvořili většinou vysocí úředníci, vedl ji dokonce legionářský generál Alois Eliáš. O řízení autonomní správy se hlásili čeští fašisté, nacisté dali přednost osobnostem, které měly jistou společenskou vážnost a důvěru. Žádali od nich „porozumění" pro vzniklou situaci, od Neuratha se očekávalo zapůsobení na určité konzervativní kruhy.

České protektorátní vedení se zaměřovalo na semknutost národa, strpěné vlastenectví bylo však zbaveno mnohých nejvýznamnějších dějinných a kulturních stránek. Okupační představitelé prosazovali ideologickou „převýchovu" českého obyvatelstva: Měla se pěstovat „říšská myšlenka", tedy vědomí příslušnosti k Německé říši. Protektorátní činitelé se ocitali v naprosto nové situaci, pro niž nebyly příklad, ani zkušenost. Museli spolupracovat s okupační mocí a podřizovat tomu svá politická vystupování, obsah projevů i mnohá rozhodnutí.

Naprostá většina Čechů zřízení německého protektorátu odmítla, i když to navenek nemohla dát najevo. Zjitřené národní cítění se projevovalo při shromážděních u příležitosti národních svátků, při kulturních akcích, na poutích a náboženských slavnostech. Každodenní život se však postupně přizpůsoboval nové situaci. Akce odporu byly většinou živelné, spontánní, odpor zůstával omezen na manifestační shromáždění, někdy na vzdorná slova, obecně na smýšlení a pocity. Vyrůstala však z něho vyšší forma nesouhlasu a nesmíření, v níž byla i naděje na zvrat a rozhodnutí k němu přispět. Byl jí odboj.

Začaly vznikat tajné odbojové organizace, a to za krajně nepříznivých podmínek. Nebyly, jako později v jiných evropských zemích, pokračováním války, ustavovaly se v zemi, která podlehla politicky a byla zbavena zbraní. Vytvářely se ještě v čase mezinárodního míru, i když pokřiveného. Česká společnost neměla zkušenost s ilegální politikou, ani s brutalitou nacismu.

PROTEKTORÁT ČECHY A MORAVA 1939–1942

Na obojí si ilegální pracovníci museli teprve zvykat. Odboj byl novou formou společenského života: Jeho aktéři žili navenek jako normální občané přizpůsobující se poměrům v protektorátu, zároveň ale měli druhý život. Vyžadoval od nich zvláštní chování a dosud neznámé činnosti. Odboj udržoval pevnou páteř národa, kterou mohly nalomit těžké vnější údery, jimiž se národ nemohl, nestačil nebo neuměl bránit. Vytvářeli ho hlavně lidé usilující o obnovu demokratického Československa, pevně s tímto státem ztotožnění a srostlí, i další protivníci fašismu a nacismu odmítající je z ideologických a politických důvodů. Odboj byl jedinou obranou proti záměrům nacistů etnicky zničit český národ. Svou hlavní naději spojoval s velkou válkou, v níž bude Německo poraženo. V Polsku a pak na Západě vznikaly základy československé armády. Ustavila se politická reprezentace usilující o mezinárodní uznání obnovy Československa.

Německem vyvolaná evropská válka se v prvních letech po září 1939 nevyvíjela tak, jak československý odboj čekal. Velkoněmecká říše na několika bojištích vítězila. Válečným požadavkům přizpůsobovala i poměry v protektorátu. Tržní hospodářství se měnilo v „řízené", tvrdě byl postihován odboj. Zvyšovala se rasová perzekuce Židů. Pro vývoj války bylo podstatné, že Německu odolala Velká Británie. Ubránit ji pomohli i českoslovenští letci.

V červnu 1941 zahájil Hitler své hlavní válečné tažení, proti Sovětskému svazu. Ovlivnilo citelně i říšskou politiku v českomoravském protektorátě. Příchod zastupujícího říšského protektora Reinharda Heydricha jej změnil od základu a Heydrichova smrt de facto předznamenala druhou polovinu jeho existence.

Prof. PhDr. Robert Kvaček, CSc.

PROTEKTORÁT ČECHY A MORAVA 1939–1942

POZNÁMKA AUTORA

Okupací Čech a Moravy dne 15. března 1939 se počala psát zcela nová kapitola česko-německých vztahů. Tímto aktem zanikl první skutečný satelit Třetí říše – pomnichovská Česko-Slovenská republika – jejíž existence trvala pouhých 166 dnů. Sporná autonomie, jíž se tehdy českým zemím dostalo, byla ovšem od počátku plánována jako dočasná, neboť české země měly být plně germanizovány. Protektorát Čechy a Morava, vzniklý na základě výnosu Vůdce a říšského kancléře Adolfa Hitlera 16. března 1939 na Pražském hradě, byl konstruován především ze dvou důvodů: pro uklidnění evropského veřejného mínění, které oprávněně poukazovalo na bezprecedentní fakt porušení mnichovské dohody – a samozřejmě k uklidnění rozjitřené české veřejnosti. Vzhledem k napjatým vztahům mezi Prahou a Berlínem není divu, že se se akt okupace setkal s maximální mírou absolutní negace, což explicitně potvrzuje hlášení Bezpečnostní služby (SD), které srovnávalo reakce obyvatelstva v dalších obsazených evropských zemích.

V porovnání s anexí Rakouska, Sudet a Memelu, které byly do Říše inkorporovány na základě vydaného zákona, stačila pro včlenění českých zemí pouhá forma výnosu – vnitrostátního aktu – která jednoznačně akcentovala první větu tohoto výnosu zdůrazňující, že „*Česko-moravské země náležely k životnímu prostoru německého národa po tisíc let*".[1] Historizující narážka na Svatou říši římskou národa německého však byla pouze účelová; Čechy a Morava nikdy nebyly integrální součástí Německa; jejich význam v rámci Říše navíc podtrhovala kurfiřtská hodnost českého krále.

První pokus o syntetické uchopení protektorátních dějin představuje práce Tomáše Pasáka *Pod ochranou říše*[2] z konce 60. let minulého století, která však mohla být publikována až v roce 1998. Syntéza jako taková proto paradoxně pochází z pera německého historika Detlefa Brandese[3] do češtiny přeložená jako *Češi pod německým protektorátem* v roce 1999. Přes řadu edic a cenných dílčích monografií i studií, která se zásadně rozrostla po roce 1989, však česká historiografie nabízí k tematice protektorátu jedinou syntézu nezatíženou marxistickou ideologií. Jedná se o dvoudílnou publikaci z monumentální řady *Velkých dějin zemí Koruny české* autorů Jana Gebharta a Jana Kuklíka.[4] Za dílčí syntézy je nepochybně možno považovat práce současných historiků střední generace – Jana B. Uhlíře *Protektorát Čechy a Morava v obrazech*[5] a Pavla Maršálka *Pod ochranou hákového kříže*.[6]

Kniha *Protektorát Čechy a Morava 1939–1942. Srdce Třetí říše* je především reakcí na současný neuspokojivý stav výzkumu dějin Protektorátu Čechy a Morava, neboť žádná česká vědecká instituce se tomuto klíčovému období našich moderních dějin nevěnuje programově, s odpovídající pečlivostí a smysluplnou koncepcí. Veškerý progres proto spočívá na bedrech několika málo jednotlivců. Veskrze pozitivní reakce veřejnosti na mou knihu *Protektorát Čechy a Morava v obrazech* mě jednoznačně utvrdily v přesvědčení, že toto téma je stále nosné – a především žádané. Bohaté archivní materiály domácí (i zahraniční) provenience přitom přímo vybízí ke studiu a následné interpretaci. Fotografický materiál publikovaný v této knize pochází ze dvou největších a obsahově nepřekonatelných sbírek – z fotoarchivu České tiskové kanceláře (ČTK) a fotoarchivu Karla H. Franka uloženého v Národním archivu. Doplněny jsou o unikátní snímky z fotoarchivu Hitlerova osobního fotografa Heinricha Hoffmanna uloženého v Bavorské státní knihovně a také o záběry z českých a moravských regionů.

Měřítkem pro publikování byla nejen samotná výpovědní hodnota snímku, ale především jeho vlastní kvalita. Podstatnou roli hrála samozřejmě i originalita, neboť 96 % fotografií, které kniha *Protektorát Čechy a Morava 1939–1942. Srdce Třetí říše* přináší, je publikováno vůbec poprvé. ČTK, jež zaujímala v rámci obrazového zpravodajství monopolní postavení, vysílala

---

[1] AKPR, L 726/39.
[2] PASÁK, T.: *Pod ochranou říše*, Praha 1998.
[3] BRANDES, D.: *Die Tschechen unter deutschem Protektorat. Teil I, Besatzungspolitik, Kollaboration und Widerstand im Protektorat Böhmen und Mähren bis Heydrichs Tod (1939–1942)*, München 1969 a TÝŽ *Die Tschechen unter deutschem Protektorat. Teil II, Besatzungspolitik, Kollaboration und Widerstand im Protektorat Böhmen und Mähren von Heydrichs Tod bis zum Prager Aufstand (1942–1945)*, München 1975.
[4] GEBHART, J.: KUKLÍK, J.: *Velké dějiny zemí koruny české, sv. XV.a a XV.b. 1938–1945*, Praha-Litomyšl 2006–2007.
[5] UHLÍŘ, J. B.: *Protektorát Čechy a Morava v obrazech*, Praha 2008.
[6] MARŠÁLEK, P.: *Pod ochranou hákového kříže*, Praha 2012.

PROTEKTORÁT ČECHY A MORAVA 1939–1942

své reportéry k předem pečlivě vybraným významným událostem, a vytvořila tak dokonalý průřez politickými dějinami protektorátu. Snímky svou autenticitou jedinečně přibližují atmosféru doby a jednoznačně a bez jakýchkoliv pochyb dokazují význam protektorátu jako integrální součásti Třetí říše. Je z nich evidentní, že dějiny protektorátu nejsou pouze dějinami Čechů, jak by se mohlo na první pohled zdát, ale stejně tak jsou dějinami Němců, a to nejen místních, ale především říšských. Automaticky také dochází ke ztotožnění celé řady osobností, jejichž tváře zná dnes již jen několik historiků. Jde jak o reprezentanty říšské vlády, Vrchního velitelství branné moci (OKW), Hlavního úřadu říšské bezpečnosti (RSHA) a Hlavního velícího úřadu SS (SS-FHA), tak o představitele protektorátního života na nejrůznějších úrovních: od říšského protektora přes představitele Úřadu říšského protektora, říšské branné moci, gestapa, Nacionálněsocialistické německé dělnické strany (NSDAP), Úderných oddílů (SA), Ochranných oddílů (SS), Bezpečnostní služby SS (SD), Bezpečnostní policie (SiPo), Pořádkové policie (OrPo), Říšské pracovní služby (RAD), Německé pracovní fronty (DAF), Hitlerovy mládeže (HJ) a Svazu německých dívek (BDM) až po státního prezidenta a jeho kancelář, protektorátní vládu, Národní souručenství (NS), představitele aktivistických novinářů či umělců. Fotografie jsou doplněny o klíčové dokumenty, titulní stránky dobového tisku, vyhlášky a plakáty.

Kniha *Protektorát Čechy a Morava 1939–1942. Srdce Třetí říše* má pokračování v druhém dílu s názvem *Protektorát Čechy a Morava 1943–1945. Srdce Třetí říše*. V rámci historiografie protektorátu jde o nejrozsáhlejší a nejkomplexnější dílo od pádu Třetí říše.

PhDr. Jan B. Uhlíř, Ph.D.

PROTEKTORÁT ČECHY A MORAVA 1939–1942

Na počátku 30. let 20. století snad v Evropě neexistoval z vojenského hlediska bezbrannější stát než Německo. Z někdejší hrdé a sebevědomé velmoci, nerozumně tvrdě postižené Versailleskou smlouvou, zbyl jen stín. Francie přistupovala k Německu bez respektu a nutné velkorysosti a Velká Británie tento postoj tolerovala; potřebný odstup zachovaly pouze USA. Toto fatální pochybení v sobě od počátku neslo zárodky vzniku nacionálního socialismu, jehož hlavní heslo představovala likvidace versailleských pout. Zvláště těžce pociťovalo Německo územní ztráty. Přišlo o Alsasko-Lotrinsko, Severní Šlesvicko, většinu Západního Pruska a Poznaňska, část Východního Pruska a Horního Slezska, Eupen, Malmédy a Moresnet. Sársko, Gdaňsk a Memel byly dány pod kontrolu Společnosti národů, demilitarizované pásmo v Porýní kontrolovaly britské a francouzské jednotky. V Evropě přišlo Německo o 13 % svého území. Současně ztratilo veškeré kolonie (Afrika, východní Asie, Oceánie). Reparace byly stanoveny na 132 miliard marek. Podle mírové smlouvy nesměla Reichswehr početně převýšit 100 000 mužů. Byl rozpuštěn velký generální štáb, zanikla branná povinnost. Explicitně bylo zakázáno vojenské letectvo, ponorkové a tankové vojsko a těžké dělostřelectvo. Celému německému hladinovému loďstvu, reprezentovanému 15 000 muži, zbylo pouhých šest bitevních lodí, šest křižníků a několik torpédoborců.

Situace se ovšem počala radikálně měnit po zániku Výmarské republiky a nástupu dynamického nacistického režimu v lednu 1933. Během rekordně krátké doby vznikla wehrmacht, prodchnutá duchem odvety. Německému znovuvyzbrojování statovaly Paříž a Londýn. Přihlížely tak dlouho, až již bylo pozdě; v případě Paříže se toto přihlížení stalo osudným a znamenalo prohranou válku. Londýn zachránil Lamanšský průliv. Ačkoliv meziválečnou Francií zmítaly fatální vnitřní problémy, je dodnes automaticky označována za jedinou evropskou kontinentální mocnost, schopnou vojensky konkurovat nacistickému Německu. Třetí francouzské republice se však nikdy nepodařilo překonat trauma první světové války. Zcela opačně tomu ovšem bylo u nejvěrnějšího francouzského spojence – Československa. Tento tehdejší největší světový exportér zbraní a munice dospěl – snad jako jediný – nedlouho po jmenování Adolfa Hitlera říšským kancléřem k jednoznačnému přesvědčení, že teze z *Mein Kampf* je třeba brát vážně a cele se soustředil na budování pohraničních opevnění a modernizaci armády. Toto úsilí přineslo své ovoce: V roce 1938 byla Československá republika všeobecně považována z hlediska počtu obyvatelstva a úrovně stavu armády za nejlépe vyzbrojený stát na světě. Takové konstatování neoslabí ani fakt, že československé vojenské letectvo mohlo proti stíhacím Messerschmittům Bf 109 nasadit pouze dvouplošníky; naproti tomu československé lehké tanky převyšovaly své německé protějšky o kategorii téměř ve všech parametrech.

Československá vojenská doktrína, založená především na smluvních závazcích s Francií, nikdy vážně nekalkulovala s vysoce nepravděpodobnou variantou, že by bylo nutno čelit eventuálnímu německému útoku bez účinné pomoci spojenců. Z těchto spojenců (Francie, Sovětský svaz, Rumunsko, Jugoslávie) však Československo přímo sousedilo pouze s Rumunskem. Politická izolace Československé republiky vrcholila v roce 1938, současně se zánikem samostatného Rakouska a jeho připojením ke Třetí říši. Tento krok Berlína fatálně zhoršil možnosti obrany jižní československé hranice, a tím i celého státu. Zoufalá snaha vlády Velké Británie zachovat evropský mír a dohodnout se se Třetí říší za každou cenu, vyvrcholila krátkodobým usmířením hladového vlka na konferenci čtyř velmocí v září 1938 v Mnichově. Československo zde bylo obětováno (především) velmocenským zájmům Velké Británie. List papíru, jejž Neville Chamberlain představil po návratu na letišti v Hestonu, nebyla ovšem mnichovská dohoda, ale anglicko-německá bilaterální smlouva deklarující vůli nejít již nikdy do vzájemné války. (Anglický originál mnichovské dohody byl pro Chamberlaina natolik nepodstatným, že jej ponechal v Německu; dnes je uložen v Berlíně.)

Praha byla postavena před hotovou věc a mohla volit pouze mezi přijetím dohody, nebo válkou. Se sebezapřením, které nemá v moderních evropských dějinách obdoby, vydala veškeré české pohraničí Berlínu, ačkoliv tato území nikdy historicky – jako celek – k žádné ze sousedních německých zemí nepatřila; naopak – v letech 1373–1415 bylo Braniborsko, včetně Berlína, integrální součástí zemí Koruny české. Jednotlivá nově přičleněná pásma českého pohraničí byla konstruována tak, aby zahrnula veškeré důležité objekty tehdy nejmodernějšího pevnostního systému světa. Šlo o 226 těžkých a téměř 10 000 lehkých objektů v hodnotě přesahující 2 miliardy tehdejších korun. Někteří z československých generálů zvažovali možnost vojenského převratu. Zůstalo však jen u proklamací. Československá armáda byla vychována až příliš skromně a poslušně; odchod z pevností byl však horší než smrt. Pokud by Praha volila boj, s pravděpodobností hraničící s jistotou by nezvítězila. Morálka československé armády však byla na takové úrovni, že

PROTEKTORÁT ČECHY A MORAVA 1939–1942

by její sebeobětování a vůle k odporu stála wehrmacht značné ztráty a nepochybný šok. V tomto úhlu pohledu se zcela jistě nabízí paralela s tzv. Zimní válkou Finska se Sovětským svazem.

Případná válka mezi Československem a Třetí říší představovala paradoxně poslední možnost, jak zbavit Německo Adolfa Hitlera a zabránit katastrofě, která přišla vzápětí: Válce, na jejímž konci se velká část Evropy nalézala v troskách a kdy se, jak trefně poznamenal Konrad Adenauer: *„Asie ocitla na Labi."* Jeden z nejradikálnějších a nejrozhodnějších Hitlerových odpůrců, pplk. Hans Oster, který měl úzké kontakty v nejvyšších patrech generálního štábu i mezi diplomaty, vypracoval se souhlasem řady významných německých generálů detailní plán státního převratu. Toto opomíjené a zapomínané tzv. Osterovo spiknutí, mělo být uvedeno do chodu ve chvíli, kdy by sudetská krize vyústila v otevřený ozbrojený konflikt. Jeho cíl představovalo svržení Adolfa Hitlera a následnou likvidaci nacistického režimu; existovaly již dokonce i seznamy nejnebezpečnějších nacistických prominentů určených k okamžité popravě. Německá generalita, včetně bývalého šéfa generálního štábu, gen. Ludwiga Becka, byla totiž přesvědčena, že říšská branná moc není na válečný konflikt dostatečně připravena a že německý vstup do války představuje v podstatě vlastizradu. Osterovi „spiklenci" z Říšského ministerstva zahraničních věcí byli v intenzivním styku s představiteli britské vlády, které opakovaně a téměř na kolenou žádali o rozhodnost a jasnou deklaraci podpory váhající Francii. Nedočkali se. Po podpisu mnichovské dohody konstatoval v Dolní sněmovně Winston Churchill: *„Utrpěli jsme úplnou, ničím nezmírněnou porážku a Francie utrpěla ještě větší než my."* Setkal se se zásadním nesouhlasem. Churchill dále dodal: *„Tiché, truchlící, opuštěné a zlomené ustupuje Československo do tmy."* Hitler se však po Mnichovu nepovažoval za vítěze; krátce nato vydal rozkaz k přípravě likvidace „zbytku" Československa.

Česko-Slovensko, jak se pomnichovská republika od konce listopadu 1938 oficiálně nazývala, zaniklo ve dnech 14.–16. března 1939. Stalo se tak vyhlášením samostatnosti Slovenska, okupací Čech a Moravy říšskou brannou mocí a vyhlášením Protektorátu Čechy a Morava. V této souvislosti nelze nevzpomenout stability, jistoty, prosperity a neoddiskutovatelné míry svobody, které poskytovala českým zemím a jejich obyvatelstvu rakousko-uherská monarchie. Pouhé dvě dekády od jejího zániku totiž stačily na to, aby se český národ ocitl – jako dosud nikdy v dějinách – na prahu smrtelného ohrožení, resp. fyzického vyhubení. Dne 16. března 1939 se české země staly integrální součástí Velkoněmecké říše. Německá výroba zbraní a munice se tímto krokem skokově navýšila o plných 26 % – např. Škodovy závody v Plzni se staly, hned po Kruppových závodech v Essenu, druhou největší zbrojní továrnou Říše. Po celou dobu existence protektorátu byly ostatně Čechy a Morava díky svému fantastickému zbrojnímu průmyslu nazývány „Železným srdcem" či „Ocelovým jádrem" Říše. Benito Mussolini se tedy nemýlil, když prohlásil, že okupací českých zemí bylo *„k Říši přivtěleno jedno z nejbohatších území světa"*.

Obsazením Čech a Moravy získala říšská branná moc výzbroj a výstroj pro téměř 45 divizí (na válečných stavech) i s válečnou zálohou. Z hlavních položek šlo především o 469 tanků, 1 630 letadel, 501 protiletadlových kanonů, 2 175 lehkých a těžkých děl, 902 minometů, 40 176 lehkých a těžkých kulometů, 563 643 pušek a 214 277 pistolí. Český zbrojní průmysl mohl krýt potřeby armády o síle 40–45 divizí a celkovém počtu 1,5 milionu mužů; na této skutečnosti se podílely především plzeňské Škodovy závody a brněnská Zbrojovka, z nichž později vznikl holding Waffen Union Skoda – Brünn GmbH, začleněný do impéria Reichswerke Hermann Göring Aktiengesellschaft (Říšské závody Hermanna Göringa, a. s.). Ve výčtu významných zbrojních závodů nelze pominout pražskou Českomoravskou Kolben-Daněk, Avii – a. s. pro průmysl letecký (Praha), Českou zbrojovku, a. s. v Praze, Zbrojovku ing. F. Janečka (Praha), Walter, a. s. – továrny na automobily a letecké motory (Praha), Továrnu na nábojky a kovové zboží (Rokycany), Explosii, a. s. (Semtín), Sellier & Bellot (Vlašim), Aero, továrnu letadel (Praha), První brněnskou strojírenskou společnost (Brno) a Závody Ringhoffer-Tatra, a. s. Stejně podstatným se z hlediska říšských zájmů jevil i průmysl báňský a hutní, představovaný především Báňskou a hutní společností, Poldinou hutí, Vítkovickým horním a hutním těžířstvem, Pražskou železářskou společností a Křižík-Chaudoir, a. s.

Včleněním Čech a Moravy do Říše si Adolf Hitler prakticky bez jediného výstřelu otevřel cestu pro úspěšný útok na Polsko, na sever a západ. Paříž si svým podpisem pod mnichovskou dohodou překvapivě jednoznačně určila vlastní osud: porážku a kapitulaci. V červnu 1940 se zhroucená, zahanbená a šokovaná Francie utápěla v žalu, britský expediční sbor se jako zázrakem podařilo evakuovat. Domů dorazil beze zbraní, bez iluzí a mokrý jako myš. Srovnatelně skvělých a jednoznačných vítězství dosahoval v dobách své největší válečné slávy pouze jediný muž – Napoleon Bonaparte. Pádem Francie začaly Evropě temné roky nacistické hegemonie.

Vzhledem ke skutečnosti, že Čechy a Morava se součástí Třetí říše staly ještě v době míru, byl Berlín nucen přihlížet ke světovému veřejnému mínění. Pro jeho uklidnění – i pro uklidnění obyvatelstva českomoravského prostoru – poskytl proto Protektorátu Čechy a Morava omezenou autonomii. Projekt protektorátu byl ovšem konstruován narychlo a od samotného prvopočátku neznamenal nic jiného než přechodné řešení na cestě ke germanizaci střední Evropy. Česko-slovenský prezident Emil Hácha byl v brzkých ranních hodinách 15. března 1939 pod brutálním tlakem spojeným s Göringovou přímou hrozbou bombardování Prahy nucen vložit *„osud českého národa a země do rukou Vůdce Německé říše"* a souhlasit se vstupem říšské branné moci. Z Berlína ovšem odjížděl přesvědčen, že okupace

11

PROTEKTORÁT ČECHY A MORAVA 1939–1942

bude pouze dočasná a že Čechy a Morava budou po stažení vojsk podobným satelitem Berlína jako Slovensko. Klíčové průmyslové a strategické oblasti na severní Moravě (Ostrava, Vítkovice) a ve Slezsku byly obsazeny ještě 14. března, „zbytek" Čech a Moravy během několika málo hodin 15. března silou 16 divizí, včetně čtyř tankových. Hlavní proudy říšské branné moci směřovaly do Čech a na Moravu ze severu a z jihu. Dalším úspěchem opojený Vůdce a říšský kancléř spěchal do Prahy a přes prudkou vánici zdravil postupující jednotky ze svého otevřeného Mercedesu po celou cestu od hranic. Čechy a Morava byly podřízeny vojenské správě. Dne 16. března 1939 došlo na Pražském hradě k vyhlášení Protektorátu Čechy a Morava. Jeden z tvůrců této nové správní formy, státní tajemník v Říšském ministerstvu vnitra, SS-Oberführer Wilhelm Stuckart, jej charakterizoval těmito slovy: „*Protektorát je originální, samostatný výtvor národně socialistického státního myšlení. Nespadá pod žádnou obvyklou státní formu a jest bez předlohy. Proto nemůže býti na protektorát použito učení státoprávní vědy, které platí pro jiné státoprávní útvary.*" Samotný výnos tvořilo 13 článků obsahujících 27 bodů. Signovali jej Vůdce a říšský kancléř Adolf Hitler, ministr vnitra Wilhelm Frick, ministr zahraničních věcí Joachim von Ribbentrop a říšský ministr a šéf Říšské kanceláře Hans H. Lammers. Formálně zůstal hlavou protektorátu prezident, potvrzena byla instituce české vlády a správních úřadů. Protektorát však pozbyl vlastní armády a ve styku se zahraničím jej reprezentoval výhradně Berlín; nově byla zřízena funkce protektorátního vyslance u říšské vlády. Konečné slovo v rozhodování o veškerém dění obdržel přímý zástupce Vůdce a říšského kancléře – říšský protektor, jehož hlavním úkolem bylo pečovat o naplňování Vůdcových politických směrnic.

Opodstatněné obavy, aby parlament nebyl nucen oficiálně schválit vznik protektorátu, vedly prezidenta Emila Háchu k jeho rozpuštění. Současně s ukončením vojenské správy byl na konci dubna 1939 ukončen i mandát české vlády, jmenované ještě za druhé republiky. První skutečně protektorátní vláda, konstruovaná v plné součinnosti s Úřadem říšského protektora, resp. přímo s říšským protektorem Konstantinem von Neurathem, byla jmenována 26. dubna. V jejím čele stanul neodiskutovatelný vlastenec, legionář a přední reprezentant armády první republiky Alois Eliáš. Ve funkci setrval až do září 1941, kdy jej pro velezradu a zemězradu nechal zatknout a k trestu smrti odsoudit šéf Hlavního úřadu říšské bezpečnosti (RSHA), zastupující říšský protektor SS-Obergruppenführer a generál policie Reinhard Heydrich. Eliášovu volbu a Neurathem tolerovanou politiku jeho vlády, která urputně bránila české zájmy, je ovšem třeba vnímat i z úhlu, který historikové doposud ignorovali anebo jim zcela unikl: Neurath, Eliáš a podstatná část protektorátní vlády byli členy Řádu svobodných zednářů. Vztahy mezi říšským protektorem a první protektorátní vládou je proto třeba nahlížet i v tomto kontextu, který vysvětluje mnohé: Pod jiným protektorem by obdobně hrdý a jednoznačně opoziční postoj vlády nebyl tolerován a její členové by nepochybně dříve či později skončili v některém z koncentračních táborů. Eliáš navíc intenzivně podporoval domácí odboj a kroky své vlády konzultoval přes prostředníky s československým exilem. Za svou odvahu a věrnost ideálům, na nichž vznikla Československá republika, nakonec zaplatil životem.

Konstantin von Neurath byl typickým diplomatickým rutinérem, a proto také popřával sluchu návrhům protektorátní vlády a státního prezidenta. Jeho přímý protipól ve vztahu k české straně tvořil bývalý druhý muž Sudetoněmecké strany (SdP), státní tajemník u říšského protektora, SS-Gruppenführer Karl H. Frank, fanatik, radikál a zastánce nejtvrdšího postupu vůči české straně, považovaný za skutečně zlého ducha Úřadu říšského protektora (ÚŘP). Předseda koordinačního odboru předsednictva protektorátní vlády a osobní přítel Aloise Eliáše, Hubert Masařík, který zajišťoval styk mezi protektorátní vládou a ÚŘP charakterizoval říšského protektora takto: „*Neurath byl jistě nacionální Němec, plnil přesně rozkazy, které dostával od Hitlera a jiných z Berlína, nebyl však stižen protičeským komplexem jako K. H. Frank. Za krásného slunečního odpoledne na jaře 1940 jsem jej potkal s manželkou na Národní třídě. Kolem nich žádní strážci, ani uniformovaní, ani civilní. Pozdravili jsme se a vyměnili pár banálních slov. O několik dnů později jsem se ho zeptal, proč nejezdí s mohutným policejním doprovodem jako K. H. Frank. Jeho odpověď byla pro něho příznačná: ‚Vite, já nejsem tak iniciativní.' Byl sice sobec, jenž pečlivě dbal o svoje zdraví, a proto také chodil časně spát a snažil se co nejméně být rozčilován, byl to sice slaboch, jenž se bál o zbytky svého postavení, ale měl kolem sebe lidi, s nimiž se dalo jednat... Jako právník a diplomat měl Neurath přece jen jakýsi respekt k zákonům a v rozhovorech s námi nikdy nemluvil urážlivě o českém národu a našich občanech. Nebyl iniciativní v žádném směru, nesháněl se po podrobných informacích o situaci v protektorátě a nijak netoužil rozšiřovat okruh českých lidí, s nimiž se stýkal. Tento okruh byl malý – jednal s Háchou, Eliášem, Havelkou, se mnou, později také s Bubnou... Pro náš styk s táborem Neurathovým mluvilo však především složení jeho kabinetu – přednosta vyslanec Völckers byl antinacista a nepřítel gestapa... dr. Thilenius antinacista a člen hnutí odporu, von Holleben sám neutrální korektní úředník, jeho manželka antinacistka.*"[1]

Hlavním heslem nacistické správy protektorátu bylo zachování klidu, pořádku a navýšení výrobních kapacit. Proto byly zatčeny a z preventivních důvodů do kon-

---
[1] MASAŘÍK, H.: *V proměnách Evropy. Paměti československého diplomata*, Praha-Litomyšl 2002, s. 310–311.

PROTEKTORÁT ČECHY A MORAVA 1939–1942

centračních táborů odvezeny Říši potenciálně nebezpečné elementy nejen z řad politických odpůrců (březen až duben 1939), ale rovněž představitelé inteligence a kultury (září 1939). Vůdce nepovažoval Čechy za natolik spolehlivé, aby jim svěřil zbraň a nechal je v uniformě branné moci bojovat na frontách za Novou Evropu. Český dělník byl však v očích říšského vedení vysoce ceněn, což ostatně dával Berlín při nejrůznějších příležitostech opakovaně najevo. Například v květnu 1941 si říšský ministr lidové osvěty a propagandy Joseph Goebbels zaznamenal do svého deníku: „*Vůdce si velmi cení práce českých dělníků. Dosud nebyl hlášen jediný případ sabotáže. A to, co Češi vyrábějí, je dobré, funkční, spolehlivé a pevné… Jsou pilní a spolehliví. Jsou pro nás cenným přínosem.*"[2]

Čechy a Morava měly být koordinovaným a stále se stupňujícím tlakem přeměněny „*co možná nejdříve a na všechny časy v německé národnostní území podporou všech německých zdrojů, vymýcením rasově nežádoucích elementů a návratem, resp. změnou národnosti hodnotných částí českého národa*".[3] Připoutávání k Říši bylo patrné každým dnem – ať již šlo o používání platidel (a znevýhodněný kurz české koruny vůči říšské marce), implementaci říšských právních předpisů a zákonů, změnu zemských znaků, přejmenovávání ulic a veřejných prostranství či celní unii. Protižidovské, tzv. Norimberské zákony vstoupily v protektorátu v platnost již v červnu 1939. Ačkoliv Vůdce a říšský kancléř sliboval v březnu 1939 na Pražském hradě českým představitelům „šťastnou budoucnost", protektorátní realita byla zcela opačná – autonomie obsažená ve výnosu o zřízení protektorátu nebyla nikdy naplněna v deklarované míře; byla soustavně jednostranně porušována, umenšována a nivelizována. Téměř absolutně vymizela v září 1941 současně s odchodem protektora Neuratha, který byl pro ztrátu iniciativy, letargičnost a přílišnou velkorysost vůči české straně poslán na zdravotní dovolenou, z níž se už do Prahy nevrátil. Jeho nástupcem se stal třetí muž Třetí říše – šéf RSHA, SS-Obergruppenführer a generál policie Reinhard Heydrich, jenž se v protektorátu uvedl vyhlášením výjimečného stavu a masovými popravami představitelů domácího odboje. Řízený teror, který Heydrich inicioval, neměl v tisíciletých dějinách českého národa obdoby. Zastupující říšský protektor neváhal ani se zatčením předsedy protektorátní vlády Aloise Eliáše, jehož nechal vzápětí odsoudit k trestu smrti. Čechy a Moravu považoval za srdce Velkoněmecké říše a pozdější Velkogermánské říše. V říjnu 1941 sdělil v obsáhlém tajném projevu vybraným představitelům okupačního aparátu své názory a plány na konečné řešení české otázky: „*Nyní jsme v Evropě obsadili pod Vůdcovým vedením velmi mnoho prostoru, což je vojenským předpokladem pro další vedení války a její vítězné ukončení. Musíme si jasně říci, že obsazení tohoto prostoru v každém případě nebude v mnoha zemích přechodným, nýbrž konečným obsazením, přičemž je lhostejno, jaká bude forma kontaktů těchto prostorů s námi. To však znamená, že budoucnost Říše závisí na ukončení války, na schopnosti Říše a na schopnosti lidí této Říše získané prostory udržet, ovládnout a popřípadě s Říší spojit. Musíme zde vlastně rozlišovat velké skupiny, jednu skupinu tvoří prostory s germánskými lidmi, tj. s lidmi, kteří jsou naší krve, a proto jsou našeho charakteru… Jak to vidím, jsou to prostory: Norsko, Nizozemsko, Flandry, později Dánsko a Švédsko. Jsou to prostory, které jsou osídleny Germány a které budou patřit k nám. Je jasné, že musíme nalézt vůči těmto lidem docela jiný způsob jednání než vůči národům jiné rasy, slovanským či podobným národům… Druhou skupinou jsou východní prostory, jež jsou z části osídleny Slovany, to jsou prostory, kde je třeba vědět, že dobrota bude chápána jako slabost… Jsou to prostory, v nichž musí jednou vládnout německá horní vrstva, po dalším vojenském vývoji budou sahat až hluboko do Ruska, až daleko k Uralu… Českomoravský prostor se natrvalo nikdy nesmí ponechat v takovém stavu, který by vůbec Čechům umožňoval tvrdit, že je to jejich prostor… Musí vám být jasné, že v německých dějinách byly Čechy a Morava srdcem Říše, srdcem, které bylo v příznivých dobách vždy pevností němectví, že v dobách kolonizace byly stráží proti východu, že konec konců – jak to dokumentuje i vývoj na kulturním poli – bývaly v dobrých dobách vždy pevností a jak to řekl Bismarck, ‚citadelou Evropy'. To je odůvodněno i tím, že první říšská univerzita před Krakovem a před Vídní byla založena zde, v Praze. Když se na to podíváte pozorněji, bude vám beze sporu naprosto jasné, jakou osudovou dynamiku má tento prostor pro Německo a německé dějiny… V posledních týdnech prožíváme vývoj, charakterizovaný sabotážemi, teroristickými skupinami, ničením úrody, zpomalováním práce… Tento vývoj systematicky připravuje všechno, co má být připraveno pro okamžik, až přijde čas uvrhnout toto území ke škodě Říše do nebezpečného neklidu… Nepřítel chce, abychom utrpěli citelnou ztrátu ve zbrojním průmyslu, což nakonec může být vzorem pro ostatní obsazená území… Každý Němec, jenž zde žije, musí vědět, že základní linií je zajištění tohoto prostoru, boj proti veškeré české samostatnosti a musí při zacházení s jednotlivci chápat, že Čech je Slovan… Navíc je však v tomto prostoru třeba, aby si nikdo nemyslel, což Němec velmi často dělá, že je v německém prostoru, že je to právě taková provincie jako v Říši… Správní rozdělení tohoto prostoru je pouze jedním z prostředků*

---

[2] BLANDFORD, E.: *Nacistické tajné služby*, Praha 2003, s. 214.
[3] KOKOŠKA, S.: *Krize nacistické okupační politiky v Protektorátu Čechy a Morava v roce 1944 a pokusy o její překonání*, In: SoD, roč. VIII/2001, č. 4, s. 594.

PROTEKTORÁT ČECHY A MORAVA 1939–1942

a metod, jak tento prostor definitivně ovládnout a vést… Hlavní myšlenka pro všechno naše jednání musí zůstat nevyslovena, že totiž tento prostor musí být německý a že Čech v tomto prostoru už konečných nemá co pohledávat… Potřebuji v tomto prostoru klid, aby dělník, český dělník, věnoval svou pracovní píli německému válečnému úsilí a abychom při zdejší obrovské existenci zbrojního průmyslu nezdržovali přísun a další zbrojní vývoj… Ke konečnému poněmčení tohoto prostoru: Nechci snad říci, že bychom se chtěli pokoušet starými metodami poněmčit tento český ksindl, nýbrž postupovat zcela střízlivě a začít s věcmi, které je možno provádět zastřeně již dnes, abychom získali přehled, co z lidí v tomto prostoru je poněmčitelné… To znamená, že musíme nejrůznějšími způsoby najít příležitost ohmatat veškeré obyvatelstvo po stránce národní a rasové… musím dostat obraz celého národa a pak mohu říci… to jsou… lidé, kteří jsou rasově dobří a dobře smýšlející, ty můžeme poněmčit. Pak máme druhé, to jsou protipóly, rasově špatné a špatně smýšlející, tyto lidi musíme dostat ven… Potom zůstává uprostřed jen střední vrstva, kterou musím přesně přezkoušet. V této vrstvě jsou dobře smýšlející lidé rasově špatní a lidé rasově dobří špatně smýšlející. U dobře smýšlejících rasově špatných se to bude muset udělat tak, že je nasadíme na práci někde v Říši nebo nějak jinak a postaráme se, aby neměli děti… Potom zůstanou zbývající, rasově dobří, špatně smýšlející. Ti jsou nejnebezpečnější, poněvadž to je rasově dobrá vedoucí vrstva… U jedné části rasově dobrých, špatně smýšlejících, nezbude, než abychom je zkusili usídlit v Říši v čistě německém prostředí, poněmčit je a převychovat, nebo když to nepůjde, tak je nakonec postavit ke zdi… primárním je ovládnutí a definitivní podmanění tohoto prostoru…"[4]

Zastupující říšský protektor Reinhard Heydrich od základu změnil tvář protektorátu. Reprezentace československého exilu v Londýně jej považovala za protivníka natolik nebezpečného, že v koordinaci se zvláštní sekcí britské zpravodajské služby MI6 – Oddělením pro speciální operace (SOE) – neváhala iniciovat vysazení parašutistů, jejichž úkolem byla Heydrichova likvidace. K atentátu došlo 27. května 1942 v pražském předměstí Libni, kde byl zastupující říšský protektor smrtelně raněn výbuchem bomby, vržené příslušníkem desantu Anthropoid. Zemřel 4. června, již v atmosféře druhého výjimečného stavu a další vlny teroru, iniciované nyní státním tajemníkem u říšského protektora SS-Gruppenführerem Karlem H. Frankem a šéfem Pořádkové policie (OrPo), zastupujícím říšským protektorem SS-Oberstgruppenführerem a generálem policie Kurtem Daluegem. (Oba dva byli po válce v Praze odsouzeni k trestu smrti a popraveni.) V rámci „usmíření Heydrichovy smrti" došlo mj. k vyhlazení obcí Lidice a Ležáky a jejich vymazání z mapy; tento akt čiré zvůle s definitivní platností znemožnil budoucí soužití Čechů a Němců v Československu. Obyvatelstvo protektorátu bylo současně z iniciativy ministra školství a lidové osvěty Emanuela Moravce, hlavního představitele programové kolaborace, nuceno na masových shromážděních přísahat věrnost Říši, programu státního prezidenta a protektorátní vlády a odsoudit „veřejného nepřítele č. 1" – exilového československého prezidenta Edvarda Beneše. Česká mládež byla současně nucena k povinné službě v Kuratoriu pro výchovu mládeže v Čechách a na Moravě, organizaci budované po vzoru Hitlerjugend, jejíž úkol spočíval v převýchově v říšském duchu.

Druhé tzv. stanné právo také rozmetalo veškeré zbytky domácího odboje, tj. nejdéle trvající protinacistické rezistence v Evropě, jejíž zásluhou byly do Londýna odeslány desítky tisíc strategicky významných depeší. Rozsah, odhodlanost a faktickou sílu domácí protinacistické rezistence podtrhuje fakt, že Češi se na nejvýznamnějším popravišti Třetí říše v berlínském Plötzensee stali – hned po Němcích – nejpopravovanějším národem celé okupované Evropy.

Protektorát Čechy a Morava prošel v období Neurathovy, Heydrichovy a Daluegovy éry, tj. v letech 1939–1942 vývojem, charakterizovaným na jedné straně relativně poklidnými měsíci před vypuknutím války, na straně druhé však zakončeným rozbitím zbytku odbojových struktur, rezignací většinové společnosti a šokem z doznívajícího teroru druhého stanného práva po atentátu na Heydricha. Závěr roku 1942 byl pak ve znamení masové popravy českých vlastenců (a příbuzných parašutistů), kteří se podíleli na podpoře londýnských desantů v souvislosti s atentátem. Šlo o největší exekuci v dějinách koncentračního tábora Mauthausen, kde bylo 24. října zastřeleno 262 osob, včetně dětí.

Podle slov Reinharda Heydricha představovaly Čechy a Morava pro Říši prostor s osudovou dynamikou. V rámci okupovaných a přivtělených území představovaly vždy jistý fenomén – hospodářsky, geopoliticky i strategicky. Výrobní možnosti jeho zbrojního průmyslu byly pro Velkoněmeckou říši zásadní a jejich význam narůstal v přímé úměře s omezováním zbrojních kapacit v Porýní a Poruří v souvislosti se vzmáhajícím se strategickým spojeneckým bombardováním. Protektorát, ačkoliv trval relativně velmi krátce, představuje neoddiskutovatelnou a nad jiné významnou součást moderních německých a českých dějin. Jako takovému je vhodné věnovat mu patřičnou pozornost. Jedině dokonalá znalost této problematiky nás totiž může uchránit od osudových chyb budoucnosti; ať již jsme ochotni si to připustit, anebo nikoliv, stíny Třetí říše se nad Evropou rozprostírají dodnes. A to v rozsahu netušeném a v poslední době nebývalém.

---

[4] KÁRNÝ, M., KÁRNÁ M., MILOTOVÁ, J. (edd.): *Protektorátní politika Reinharda Heydricha*, Praha 1991, s. 98–112.

1939

PROTEKTORÁT ČECHY A MORAVA

Snad žádný politický dokument neovlivnil v moderních dějinách osud Čech a Moravy tak hluboce a dalekosáhle jako mnichovská dohoda. Krajně cynický způsob, jakým se v září 1938 evropské mocnosti vyrovnaly s Československem, svědčí o tom, že na tento stát nahlížely stejnýma očima jako Berlín, tj. jako na umělou, neživotnou konstrukci, a snad dokonce i jako na „mateřskou letadlovou loď bolševismu". Originál mnichovské dohody vznikl – a byl signován – ve čtyřech jazykových mutacích. Německá verze, včetně dodatků, nebyla dosud nikdy jako celek zveřejněna v barevné fotokopii. Je příznačné, že se tak děje až téměř 80 let po jejím vzniku: „*Dohoda mezi Německem, Spojeným královstvím, Francií a Itálií, které se sešly v Mnichově 29. září 1938. Německo, Spojené království, Francie a Itálie se se zřetelem k dohodě o odstoupení sudetoněmeckého území, které bylo v podstatě dosaženo, shodly na těchto podmínkách a způsobech tohoto odstoupení a na opatřeních, která je třeba pro to učinit a prohlašují, že podle této dohody je každý jednotlivě odpovědeň za kroky, které je třeba učinit, aby bylo zajištěno její provedení. 1) Vyklizování začne 1. října. 2) Spojené království, Francie a Itálie se shodují v tom, že vyklizení bude provedeno do 10. října, a to bez ničení jakýchkoli existujících zařízení a že československá vláda je odpovědna za to, že vyklizení bude provedeno bez poškození uvedených zařízení. 3) Bližší okolnosti vyklizení určí mezinárodní výbor, složený ze zástupců Německa, Spojeného království, Francie, Itálie a Československa. 4) Obsazování převážně německých území německými oddíly započne po etapách 1. října. Čtyři úseky, označené na přiložené mapě, obsadí německé oddíly v tomto pořadí: úsek označený I 1. a 2. října, úsek označený II 2. a 3. října, úsek označený III 3., 4. a 5. října, úsek označený IV 6. a 7. října. Výše uvedený mezinárodní výbor vymezí bez odkladu zbývající území převážně německého charakteru a německé oddíly je obsadí do 10. října. 5) Mezinárodní výbor, uvedený v § 3, určí území, v nichž má být provedeno lidové hlasování. Tato

- 3 -

5.) Der in § 3 erwähnte internationale Ausschuss wird die Gebiete bestimmen, in denen eine Volksabstimmung stattfinden soll. Diese Gebiete werden bis zum Abschluss der Volksabstimmung durch internationale Formationen besetzt werden. Der gleiche Ausschuss wird die Modalitäten festlegen, unter denen die Volksabstimmung durchgeführt werden soll, wobei die Modalitäten der Saarabstimmung als Grundlage zu betrachten sind. Der Ausschuss wird ebenfalls den Tag festsetzen, an dem die Volksabstimmung stattfindet; dieser Tag darf jedoch nicht später als Ende November liegen.

6.) Die endgültige Festlegung der Grenzen wird durch den internationalen Ausschuss vorgenommen werden. Dieser Ausschuss ist berechtigt, den vier Mächten Deutschland, dem Vereinigten Königreich, Frankreich und Italien in bestimmten Ausnahmefällen geringfügiger Abweichungen von der streng ethnographischen Bestimmung der ohne Volksabstimmung zu übertragenden Zonen zu empfehlen.

7.)

- 4 -

7.) Es wird ein Optionsrecht für den Übertritt in die abgetretenen Gebiete und für den Austritt aus ihnen vorgesehen. Die Option muss innerhalb von sechs Monaten vom Zeitpunkt des Abschlusses dieses Abkommens an ausgeübt werden. Ein deutsch-tschechoslowakischer Ausschuss wird die Einzelheiten der Option bestimmen, Verfahren zur Erleichterung des Austausches der Bevölkerung erwägen und grundsätzliche Fragen klären, die sich aus diesem Austausch ergeben.

8.) Die Tschechoslowakische Regierung wird innerhalb einer Frist von vier Wochen vom Tage des Abschlusses dieses Abkommens an alle Sudetendeutschen aus ihren militärischen und polizeilichen Verbänden entlassen, die diese Entlassung wünschen. Innerhalb derselben Frist wird die Tschechoslowakische Regierung sudetendeutsche Gefangene entlassen, die wegen politischer Delikte Freiheitsstrafen verbüssen.

München, den 29. September 1938.

Édouard Daladier Mussolini Adolf Hitler Neville Chamberlain

území budou až do skončení lidového hlasování obsazena mezinárodními jednotkami. Týž výbor určí způsob, jakým se má lidové hlasování provést, přičemž bude vycházet ze způsobu hlasování v Sársku. Výbor rovněž stanoví den, kdy se lidové hlasování bude konat; tento den však nesmí přesáhnout konec listopadu. 6) Konečné vymezení hranic provede mezinárodní výbor. Tento výbor je oprávněn doporučit čtyřem mocnostem – Německu, Spojenému království, Francii a Itálii – ve výjimečných případech menší odchylky od přísně etnografického stanovení pásem, jež mají být převedena bez lidového hlasování. 7) Pro přesídlení do odstoupených území a pro vystěhování z nich bude zavedeno opční právo. Opce musí být provedena během šesti měsíců ode dne uzavření této dohody. Německo-československý výbor určí podrobnosti opce, uváží způsob, jak usnadnit výměnu obyvatelstva, a vyjasní základní otázky, které z této výměny vzniknou. 8) Československá vláda propustí ve lhůtě čtyř týdnů ode dne uzavření této dohody sudetské Němce, kteří si toto propuštění přejí, ze svých vojenských a policejních jednotek. V téže lhůtě propustí československá vláda sudetoněmecké vězně, kteří si odpykávají tresty odnětí svobody za politické trestné činy. Mnichov, 29. září 1938." Britského ministerského předsedu Nevilla Chamberlaina, muže velmi omezeného (nejen politického) rozhledu, který do konce života nepochopil podstatu nacistické diplomacie založené na lži, podvodu a nátlaku, nechal osud Československa zcela chladným. Dohoda o odstoupení českého pohraničí ve prospěch Německa pro něj ostatně nebyla důvodem, proč na setkání do Mnichova dorazil. Prioritou byl podpis anglicko-německé bilaterální smlouvy deklarující vůli nejít již nikdy do vzájemné války. Anglický originál mnichovské dohody nikdy neopustil Německo a list papíru, jejž Chamberlain představil po návratu na letišti v Hestonu s komentářem, že přináší mír pro naši dobu, nebyla tedy mnichovská dohoda, ale právě zmíněná bilaterální smlouva. (AA-PA)

PROTEKTORÁT ČECHY A MORAVA

◀ Dodatek dohody: „Čtyři přítomní šéfové vlád se shodli na tom, že mezinárodní výbor, předvídaný dnešní dohodou, bude složen ze státního tajemníka ministerstva zahraničních věcí, v Berlíně, akreditovaného anglického, francouzského a italského velvyslance a jednoho zástupce, jmenovaného československou vládou. Mnichov, 29. září 1938." (AA-PA)

„Dodatek k dohodě. Vláda Jeho Veličenstva ve Spojeném království a francouzská vláda se připojily k této dohodě s tím, že stojí za návrhem obsaženým v § 6 anglo-francouzských návrhů z 19. září, týkajícím se mezinárodní záruky nových hranic československého státu proti nevyprovokovanému útoku. Jakmile bude upravena otázka polských a maďarských menšin v Československu, dají Německo a Itálie Československu záruku ze své strany. Mnichov, 29. září 1938." (AA-PA)

„Doplňující prohlášení. Všechny otázky vyplývající z postoupeného území podléhají příslušnosti mezinárodního výboru. Mnichov, 29. září 1938." (AA-PA)

1939

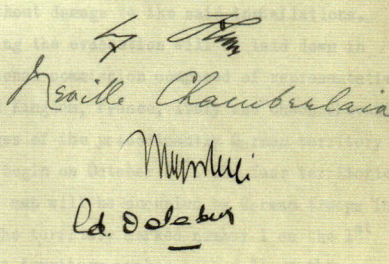

◀ „Dodatečné prohlášení. Šéfové vlád čtyř mocností prohlašují, že nebude-li problém polských a maďarských menšin v Československu vyřešen do tří měsíců mezi zainteresovanými vládami cestou dohody, stane se tento problém předmětem dalšího jednání šéfů vlád čtyř mocností zde přítomných. Mnichov, 29. září 1938." (AA-PA)

Němečtí generálové, vysocí důstojníci a jejich sudetoněmečtí průvodci před čs. lehkým opevněním, Sudety, říjen 1938. Všichni měli důvod k úsměvu. Československé opevnění – nejmodernější a nejprogresivnější opevňovací systém své doby – bylo Třetí říši předáno škrtem pera pod mnichovskou dohodou. Jeho výstavba byla plánována pro léta 1935–1945, kdy mělo vzniknout 1 276 těžkých a 15 463 lehkých objektů. Do září 1938 bylo fakticky dokončeno 226 těžkých a téměř 10 000 lehkých objektů v hodnotě přesahující 2 miliardy tehdejších korun. Adolf Hitler zhodnotil výsledky mnichovské dohody těmito slovy: „Je to fantastický úspěch. Je tak obrovský, že jej přítomnost ani nemůže zhodnotit. Velikost a dosah tohoto úspěchu jsem si uvědomil, když jsem stál uprostřed českého opevňovacího systému betonových bunkrů. Teprve tam jsem poznal, co to znamená dobýt téměř 2 000 km opevnění bez jediného výstřelu. Propagandou postavenou do služeb naší myšlenky jsme tentokrát dobyli deset milionů lidí a území přes 100 000 km². Je to ohromné." (SJBU)

◀ Výzva NSDAP Čechům, kteří po Mnichovu zůstali na území přičleněném k Říši. Slibovala sociální výhody a nabádala k odevzdání hlasů Vůdci a říšskému kancléři Adolfu Hitlerovi. (SJBU)

PROTEKTORÁT ČECHY A MORAVA

Mezi signováním mnichovské dohody a Výnosu o vzniku protektorátu Čechy a Morava uplynulo pouhých 167 dnů. O likvidaci „zbytku" Československa rozhodl Vůdce a říšský kancléř Adolf Hitler již 21. října 1938. První německé oddíly překročily hranici mezi Třetí říší a Česko-Slovenskem 14. března 1939 odpoledne. Stalo se tak na Ostravsku, jehož těžební a hutní průmysl považovala Třetí říše za klíčový. Z hlediska Německa šlo o „preventivní" opatření – Berlín se obával, že obdobně by mohla reagovat Varšava.
Na snímku těžké obrněné radiovozy SdKfz 232, Moravská Ostrava, 14. březen 1939. (VÚA/VHA Praha)

S výjimkou Prahy byl v Čechách a na Moravě od 15. března 1939 s okamžitou platností zaveden pravostranný silniční provoz. (VÚA/VHA Praha)

Dne 15. března 1939 shrnul *Expres* na titulní straně nejpodstatnější události z předchozího dne: „Obsazená Ostrava, Frýdek, Místek a Vítkovice", „Také Karpatská Ukrajina se osamostatňuje", „Slováci si budují stát bez nás". (SJBU)

PROTEKTORÁT ČECHY A MORAVA

PRAŽSKÝ ILUSTROVANÝ ZPRAVODAJ

SPOLEČENSKÝ NEPOLITICKÝ TÝDENÍK
VYCHÁZÍ VE ČTVRTEK
ČÍSLO 12 (955)
ROČNÍK 1939
80 hal.

PRESIDENT Dr. EMIL HÁCHA V BERLÍNĚ

14. března po 22. hodině byl uvítán na Anhaltském nádraží v Berlíně státním ministrem dr. Meissnerem (vpravo) a berlínským velitelem generálem-poručíkem Seifertem (vlevo). V pozadí vidíme našeho ministra zahraničí dr. Chvalkovského.

Nakladatel: Melantrich, Praha. Snímek: Keystone, Berlín.

> V těsném semknutí nás všech a v řádném plnění národních povinností bude nejlepší záruka naší zdárné budoucnosti.
>
> (Z rozhlasového projevu dr. Háchy 16. března.)

1939

Uvítání česko-slovenských představitelů v pracovně Vůdce a říšského kancléře v Novém říšském kancléřství, Voßstraße, Berlín, 15. březen 1939. Zleva: státní ministr a šéf Vůdcovy presidiální kanceláře Otto Meißner, ministr zahraničních věcí František Chvalkovský, prezident Emil Hácha, Vůdce a říšský kancléř Adolf Hitler, vrchní velitel luftwaffe, polní maršál Hermann Göring, ministr zahraničních věcí Joachim von Ribbentrop, šéf OKW, gen. Wilhelm Keitel a státní tajemník v Říšském ministerstvu zahraničních věcí Ernst von Weizsäcker. (BS-HH)

Pracovna Vůdce a říšského kancléře Adolfa Hitlera v Novém říšském kancléřství byla ve všech ohledech záměrně předimenzována. Obklad tvořil tmavě rudý linbašský mramor, speciálně pro tento účel dovezeným z býv. Rakouska, kazetový strop doplňovalo tmavé dřevo. Celkové ladění bylo pastelové. Prostoru o rozměrech 14,5 × 27 × 9,75 m vévodil mohutný intarzovaný psací stůl, mramorový mapový stůl a rozměrný olej kancléře Otto von Bismarcka od portrétisty Franze von Lenbacha. Ve dne působila pracovna, díky kombinovanému oknu o ploše 60 m^2, vzdušným dojmem, zatímco v noci se, kvůli nedostatečnému osvětlení, stávala ponurou a odlidštěnou, Voßstraße, Berlín, březen 1939. (SJBU)

FOTO NA STR. 22:
Dne 16. března 1939 přinesl *Pražský ilustrovaný zpravodaj* na titulní straně snímek z příjezdu česko-slovenských představitelů do Berlína: zleva berlínský posádkový velitel gen. Johann E. Seifert, prezident Emil Hácha, ministr zahraničních věcí František Chvalkovský, státní ministr a šéf Vůdcovy presidiální kanceláře Otto Meißner. V zákrytu česko-slovenský vyslanec Vojtěch Mastný a státní tajemník v Říšském ministerstvu zahraničních věcí Ernst von Weizsäcker. (SJBU)

PROTEKTORÁT ČECHY A MORAVA

> Der Führer und Reichskanzler hat heute in Gegenwart des Reichsministers des Auswärtigen von Ribbentrop den tschechoslowakischen Staatspräsidenten Dr. Hacha und den tschechoslowakischen Außenminister Dr. Chwalkowsky auf deren Wunsch in Berlin empfangen. Bei der Zusammenkunft ist die durch die Vorgänge der letzten Wochen auf dem bisherigen tschechoslowakischen Staatsgebiet entstandene ernste Lage in voller Offenheit einer Prüfung unterzogen worden. Auf beiden Seiten ist übereinstimmend die Überzeugung zum Ausdruck gebracht worden, daß das Ziel aller Bemühungen die Sicherung von Ruhe, Ordnung und Frieden in diesem Teile Mitteleuropas sein müsse. Der tschechoslowakische Staatspräsident hat erklärt, daß er, um diesem Ziele zu dienen und um eine endgültige Befriedung zu erreichen, das Schicksal des tschechischen Volkes und Landes vertrauensvoll in die Hände des Führers des Deutschen Reiches legt. Der Führer hat diese Erklärung angenommen und seinem Entschlusse Ausdruck gegeben, daß er das tschechische Volk unter den Schutz des Deutschen Reiches nehmen und ihm eine seiner Eigenart gemäße autonome Entwicklung seines völkischen Lebens gewährleisten wird.
>
> Zu Urkund dessen ist dieses Schriftstück in doppelter Ausfertigung unterzeichnet worden.
>
> Berlin, den 15. März 1939.

Tzv. Berlínský protokol, na jehož základě došlo k přivtělení Čech a Moravy ke Třetí říši. Dne 15. března 1939 jej signovali Vůdce a říšský kancléř Adolf Hitler, ministr zahraničních věcí Joachim von Ribbentrop, prezident Emil Hácha a ministr zahraničních věcí František Chvalkovský: *„Za přítomnosti ministra zahraničních věcí von Ribbentropa přijal dnes Vůdce a říšský kancléř na jejich žádost československého státního prezidenta dr. Háchu a československého ministra zahraničních věcí dr. Chvalkovského. Při tomto setkání byla zcela otevřeně zkoumána vážná situace, jež vznikla v důsledku událostí posledních týdnů na dosavadním československém státním území. Na obou stranách zvítězilo rozhodné přesvědčení, že cílem všeho úsilí musí být zajištění klidu, pořádku a míru v této části střední Evropy. Československý státní prezident prohlásil, že ve službách tohoto cíle a v zájmu definitivního uklidnění vkládá s plnou důvěrou osud českého národa a země do rukou Vůdce Německé říše. Toto prohlášení Vůdce akceptoval a rozhodl, že přijme český národ pod ochranu Německé říše a že mu zaručí jeho svébytnost i adekvátní autonomní národní vývoj. Na důkaz toho byl tento dvojmo vyhotovený spis podepsán."* Tento dokument si ponechala německá strana a dnes je součástí Politického archivu Ministerstva zahraničních věcí Spolkové republiky Německo. (AA-PA)

Der Führer und Reichskanzler hat heute in Gegenwart des Reichsministers des Auswärtigen von Ribbentrop den tschechoslowakischen Staatspräsidenten Dr. Hacha und den tschechoslowakischen Außenminister Dr. Chwalkowsky auf deren Wunsch in Berlin empfangen. Bei der Zusammenkunft ist die durch die Vorgänge der letzten Wochen auf dem bisherigen tschechoslowakischen Staatsgebiet entstandene ernste Lage in voller Offenheit einer Prüfung unterzogen worden. Auf beiden Seiten ist übereinstimmend die Überzeugung zum Ausdruck gebracht worden, daß das Ziel aller Bemühungen die Sicherung von Ruhe, Ordnung und Frieden in diesem Teile Mitteleuropas sein müsse. Der tschechoslowakische Staatspräsident hat erklärt, daß er, um diesem Ziele zu dienen und um eine endgültige Befriedung zu erreichen, das Schicksal des tschechischen Volkes und Landes vertrauensvoll in die Hände des Führers des Deutschen Reiches legt. Der Führer hat diese Erklärung angenommen und seinem Entschlusse Ausdruck gegeben, daß er das tschechische Volk unter den Schutz des Deutschen Reiches nehmen und ihm eine seiner Eigenart gemäße autonome Entwicklung seines völkischen Lebens gewährleisten wird.

Zu Urkund dessen ist dieses Schriftstück in doppelter Ausfertigung unterzeichnet worden.

Berlin, den 15. März 1939.

Druhý originál tzv. Berlínského protokolu, signovaný zrcadlově obráceně, je uchováván v pražském Archivu Kanceláře prezidenta republiky. Krátce po podpisu se Adolf Hitler nechal políbit svými sekretářkami Christou Schröderovou a Gerdou Daranowskou a v euforii konstatoval: *„Je to nejšťastnější den mého života. To, oč se marně usilovalo po celá staletí, jsem šťastně dovedl do konce. Dosáhl jsem spojení Čech s Říší. Vstoupím do historie jako největší Němec všech dob."* (AKPR)

PROTEKTORÁT ČECHY A MORAVA

Příloha k tzv. Berlínskému protokolu, 15. březen 1939. Byla vyhotovena za účelem přesné specifikace kroků, které měla česká strana podniknout, aby vstup říšské branné moci do Čech a na Moravu proběhl bez incidentů. Signovali ji již pouze prezident Hácha a ministr zahraničních věcí Chvalkovský: „Říšská vláda požaduje 1) aby ozbrojená moc a policejní oddíly zůstaly v kasárnách a složily zbraně; 2) aby byl vydán zákaz startu všech vojenských, dopravních a soukromých letadel a aby vojenská letadla byla odstavena na civilních letištích; 3) aby veškerá protiletadlová děla a protiletadlové kulomety byly staženy z palebných postavení a odstaveny v kasárnách; 4) aby na letištích a jejich zařízeních nebyly prováděny žádné změny; 5) aby nebyl narušen chod veřejného života, ale aby byl naopak zajištěn běžný průběh práce veškerých úřadů, především železnice a pošty, které musí být k dispozici nově přicházejícímu mocenskému představiteli; 6) aby nedošlo k narušení hospodářského života a zvláště pak, aby v činnosti zůstaly banky, obchod a průmysl; 7) aby při výměně názorů na veřejnosti, v tisku, divadle, rozhlasu a ostatních veřejných událostech bylo dbáno naprosté zdrženlivosti. Oddíly, které se postaví na odpor, budou ihned napadeny a zničeny; vojenské letouny, které opustí svá postavení, budou napadeny a sestřeleny. Letiště, jež přistoupí k obranným opatřením, budou bombardována.
Československý státní prezident Dr. Hácha a československý ministr zahraničních věcí Dr. Chvalkovský vzali požadavky, uvedené v tomto záznamu německou stranou pro provedení vojenské akce, na vědomí. Jménem své vlády ujistili, že všechna nařízení potřebná k naplnění těchto požadavků, budou ihned přijata a zajištěna." (AA-PA)

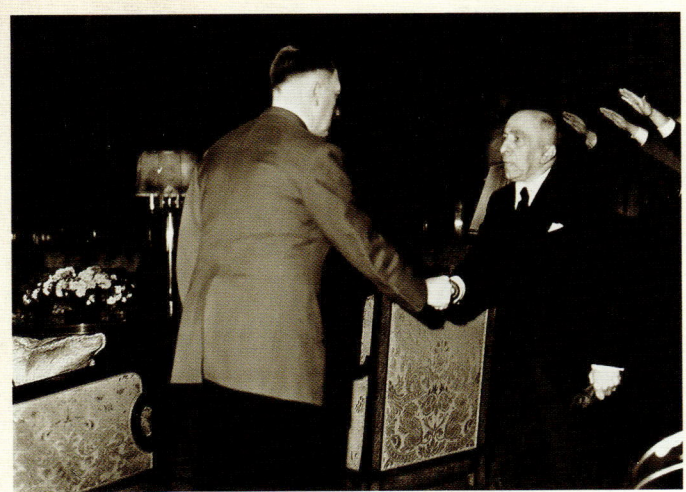

Vůdce a říšský kancléř Adolf Hitler při rozloučení s československým prezidentem Emilem Háchou, Nové říšské kancléřství, Voßstraße, Berlín, 15. březen 1939. Důsledky enormního tlaku, kterému byl Hácha vystaven (včetně Göringovy hrozby bombardování Prahy), jsou na tomto snímku stále ještě vepsány do tváře starého muže. (BS-HH)

Titulní strana vídeňského vydání *Völkischer Beobachter* z 15. března 1939 triumfálně oznamovala konec Česko-Slovenska. (SJBU)

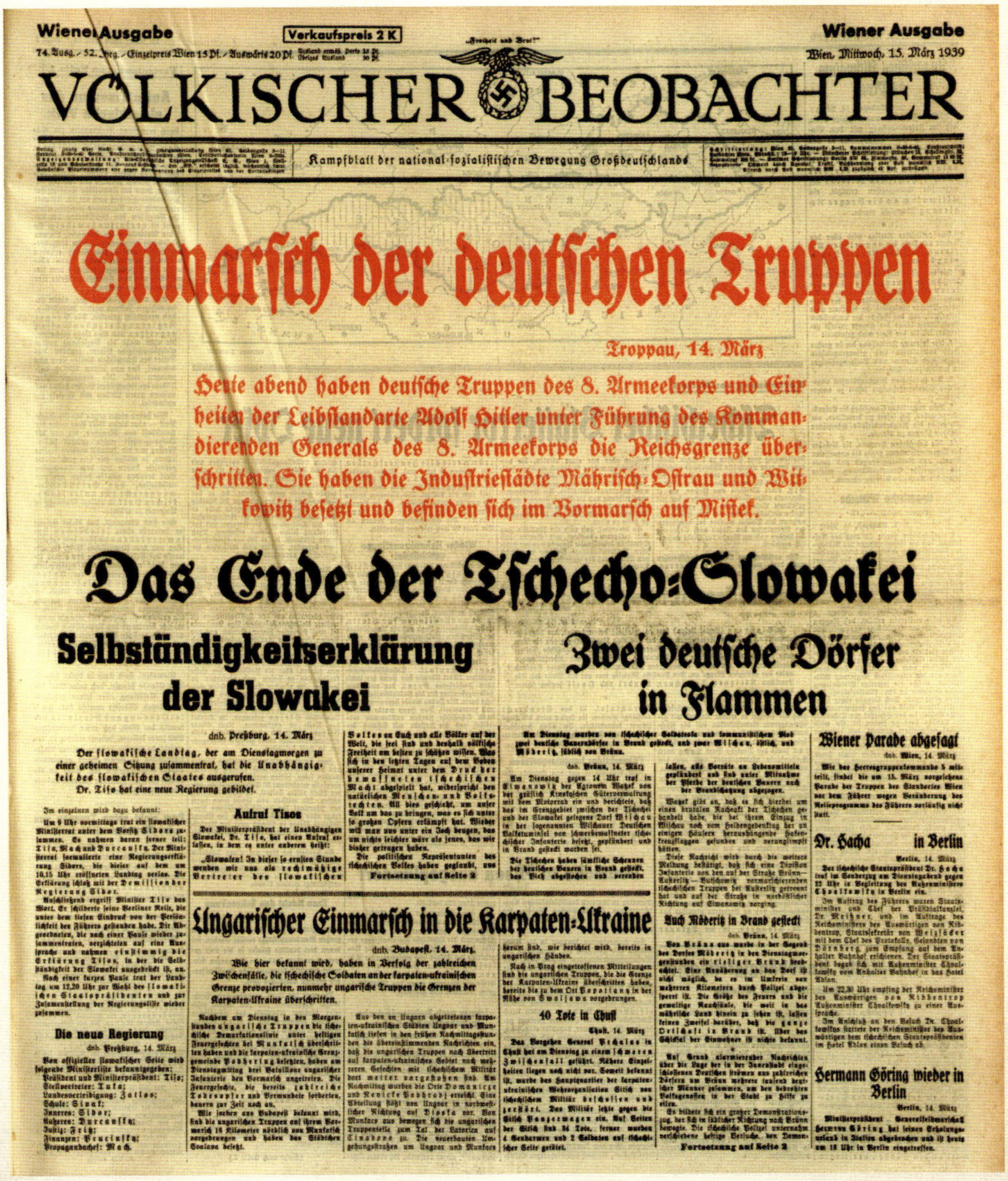

Wiener Ausgabe — Verkaufspreis 2 K — Wiener Ausgabe

Wien, Mittwoch, 15. März 1939

VÖLKISCHER BEOBACHTER

Kampfblatt der national-sozialistischen Bewegung Großdeutschlands

Einmarsch der deutschen Truppen

Troppau, 14. März

Heute abend haben deutsche Truppen des 8. Armeekorps und Einheiten der Leibstandarte Adolf Hitler unter Führung des Kommandierenden Generals des 8. Armeekorps die Reichsgrenze überschritten. Sie haben die Industriestädte Mährisch-Ostrau und Witkowitz besetzt und befinden sich im Vormarsch auf Mistek.

Das Ende der Tschecho-Slowakei

Selbständigkeitserklärung der Slowakei

Zwei deutsche Dörfer in Flammen

Aufruf Tisos

Die neue Regierung

Ungarischer Einmarsch in die Karpaten-Ukraine

40 Tote in Chust

Wiener Parade abgesagt

Dr. Hacha in Berlin

Hermann Göring wieder in Berlin

PROTEKTORÁT ČECHY A MORAVA

An die Bevölkerung.

Zur Aufrechterhaltung der Ruhe und Ordnung werden nachstehende Anordnungen getroffen:

Die Polizeistunde für alle Gaststätten wird auf 24.00 Uhr festgesetzt.

Von 24.00 Uhr bis 6.00 Uhr haben alle Bewohner in ihren Häusern zu bleiben. Wer beruflich in dieser Zeit das Haus verlassen muß (z. B. Ärzte, Bahnbeamte usw.), hat sich sofort beim Bürgermeister (Gemeindevorsteher) einen von einer deutschen Kommando- oder Verwaltungsbehörde gestempelten Ausweis zu beschaffen.

Alle Versammlungen und Umzüge sind verboten.

Alle Schußwaffen (einschl. Munition) und Sprengstoffe, ferner alle nicht im Staatseigentum stehenden Rundfunksendegeräte sind an die Bürgermeister (Gemeindevorsteher) gegen Empfangsbescheinigung abzuliefern, die sie der nächsten deutschen Militärbehörde zu übergeben haben.

Die Bürgermeister (Gemeindevorsteher) sind für die Durchführung vorstehender Bestimmungen verantwortlich.

Vergehen und Verbrechen gegen die öffentliche Sicherheit, die Truppe und ihre Einrichtungen, sowie gegen die Anordnungen der deutschen Militär- und Zivilbehörden werden rücksichtslos verfolgt und unter schwerste Strafe gestellt.

Der Oberbefehlshaber des Heeres.

Obyvatelstvu.

K udržení klidu a pořádku nařizuji toto:

Policejní hodina stanoví se pro všechny hostince, kavárny a podobné podniky na 24. hodinu.

V době od 24 hodin do 6 hodin nesmí žádný obyvatel opustiti dům.

Musí-li někdo za účelem zaměstnání v uvedené době opustiti dům, n. př. lékaři, železničáři a t. d., nechť si obstará ihned u starosty průkaz opatřený razítkem některého německého vojenského velitelství neb správního úřadu.

Veškerá shromáždění a průvody se zakazují.

Všechny zbraně včetně munice, třaskavin, dále veškeré radiovysílače, které nejsou státním majetkem, musí býti odevzdány starostům proti potvrzení, kteří je odevzdají nejbližšímu vojenskému úřadu.

Starostové jsou za provedení těchto ustanovení zodpovědní.

Přečiny a zločiny proti veřejné bezpečnosti, proti vojsku a jeho zařízení a proti nařízení německých vojenských a civilních úřadů se bezohledně stíhají a těžce trestají.

Vrchní velitel Německé armády.

1939

FOTO NA STR. 28 NAHOŘE:
Nařízení vrchního velitele pozemního vojska, gen. Walthera von Brauchitsche k udržení klidu a pořádku, 15. březen 1939. (VÚA/VHA Praha)

FOTO NA STR. 28 DOLE:
Příslušník polního četnictva v rozhovoru s důstojníkem říšské branné moci, 15. březen 1939. Na přivtělení Čech a Moravy se podílelo celkem 16 divizí říšské branné moci, z toho čtyři divize tankové (2., 3., 4., 5.), tři divize lehké (2., 3., 4.), dvě divize pěší motorizované (2., 29.) a sedm divizí pěších (4., 10., 24., 28., 44., 45., 46.). V součinnosti s nimi vstoupily do českých zemí i divize SS Adolf Hitler, Der Führer a Deutschland. (VÚA/VHA Praha)

An alle Deutschen in der Tschecho-Slowakei!

Die Deutsche Reichsregierung sieht sich gezwungen, infolge der von Prag erneut willkürlich vom Zaune gebrochenen blutigen Nationalitätenkämpfe im Gebiete der Tschecho-Slowakei sofort und schnellstens mit allen Mitteln einzugreifen und eine endgültige Ruhe und Ordnung in diesem Lebensraum wiederherzustellen. Sie wird daher alle Maßnahmen treffen, die geeignet sind, die notwendigen Garantien für eine dauernde Befriedung des Gebietes der Tschecho-Slowakei zu schaffen.

Die soeben über alle Grenzen zu Lande und in der Luft einrückende deutsche Wehrmacht hat den Befehl, Leben und Eigentum aller Bewohner dieses Landes gleichmäßig sicherzustellen.

Die Deutsche Reichsregierung ist gewillt, in Zukunft allen in Böhmen und Mähren lebenden Nationalitäten den gemeinsamen Lebensraum und eine gemeinsame Existenz zu sichern. Sie wird nicht mehr dulden, daß eine Nationalität durch die andere unterdrückt wird. Ihr Deutschen in der Tschecho-Slowakei habt in diesen Tagen eine besonders große Verantwortung zu übernehmen. Seid Euch bewußt, daß in Euren Händen das Ansehen des deutschen Namens und des deutschen Volkes liegt, daß in diesen Tagen alle Nationalitäten in der Tschecho-Slowakei in ganz besonderem Maße auf Euch blicken werden.

Tut darum alles, was in Euren Kräften steht, die deutsche Wehrmacht bei der Ausübung ihrer Pflichten zu unterstützen, und seid getreue Mittler zwischen Allen, die guten Willens und bereit sind, einer neuen Ordnung in diesen Ländern den Weg freizumachen.

Ihr bekommt in diesen Tagen nicht nur größere Rechte, Ihr übernehmt auch größere Pflichten. Seid Euch dieser Pflichten bewußt und gebt Allen ein leuchtendes Vorbild!

Výzva německému obyvatelstvu informující o vstupu říšské branné moci do Čech a na Moravu, 15. březen 1939. (SJBU)

Příslušníci říšské branné moci na hranicích Prahy, 15. březen 1939. (VÚA/VHA Praha)

PROTEKTORÁT ČECHY A MORAVA

Verkehrsdisziplin
ist Pflicht gegenüber der Allgemeinheit, sie verhüten Verkehrsunfälle!

Verkehrsteilnehmer! Beachtet folgende wichtigste Verkehrsregeln:

Fußgänger:
- Gehbahn benutzen und rechts gehen!
- Fahrbahn nicht schräg, sondern im rechten Winkel überschreiten!
- Vor Betreten der Fahrbahn erst nach links, dann nach rechts sehen!
- Nicht versuchen, die Fahrbahn noch kurz vor oder unmittelbar hinter Fahrzeugen zu überschreiten!
- Straßenbahnen und Omnibusse nur an Haltestellen verlassen und besteigen!

Radfahrer:
- Scharf rechts und mit mäßiger Geschwindigkeit fahren!
- Nicht nebeneinander fahren und nicht an Fahrzeuge anhängen!
- Vorfahrt von Straßenbahn und Kraftfahrzeugen in jedem Falle beachten!
- An STOPPstellen stets halten und beim Wiederanfahren die Vorfahrt beachten!
- Vor dem Einbiegen rechtzeitig das vorgeschriebene Richtungszeichen geben!
- Jedes Fahrrad muß mit einem Schlußlicht versehen sein!
- Rückstrahler genügt nicht!
- In der Dunkelheit nicht ohne Licht fahren!

Kutscher:
- Scharf rechts fahren!
- Vorfahrt von Straßenbahn und Kraftfahrzeugen in jedem Falle beachten!
- An Straßenbahn- und Omnibushaltestellen besonders vorsichtig vorbeifahren!
- Vor dem Einbiegen rechtzeitig mit der Hand das Richtungszeichen geben!
- Immer so laden, daß niemand gefährdet wird!
- Park- und Halteverbot genauest beachten!

Kraftfahrer:
- Die Höchstgeschwindigkeit beträgt in geschlossenen Ortsteilen 40 km!
- Überholen nur, wenn der übrige Verkehr nicht gefährdet wird!
- Unnötiges Hupen unterlassen!
- Bei Dunkelheit und bei glatter Fahrbahn (Regen, Schnee, Eis) besonders vorsichtig fahren!
- An Straßenbahn- und Omnibushaltestellen besonders vorsichtig vorbeifahren!
- An STOPPstellen stets halten und beim Wiederanfahren die Vorfahrt beachten!

Dopravní kázeň
jest povinností vůči veřejnosti, chrání před dopravními nehodami!

Účastníci dopravy! Zachovávejte tato důležitá dopravní pravidla:

Chodci:
- Používejte chodníků a choďte vpravo!
- Jízdní dráhu nepřecházejte šikmo, nýbrž v pravém úhlu!
- Před vstupem do jízdní dráhy podívejte se nejprve doleva a pak doprava!
- Nepokoušejte se přecházeti jízdní dráhu těsně před nebo za vozidlem!
- Vystupujte a vstupujte do vozů elektrické dráhy a autobusů jen ve stanicích!

Cyklisté:
- Jezděte těsně při pravém chodníku a mírnou rychlostí!
- Nejezděte vedle sebe a nedržte se při jízdě jiných vozidel!
- Dejte přednost v jízdě vozům pouličních drah a motorovým vozidlům!
- Na místech označených značkou „STOP" vždy zastavte a při pokračování v jízdě dbejte přednosti jiných vozidel!
- Před zahýbáním dejte včas rukou předepsané směrové znamení!
- Každé jízdní kolo musí býti opatřeno koncovým světlem, odrazové sklo nestačí!
- Za tmy nejezděte bez světla!

Kočí:
- Jezděte těsně při pravé straně!
- V každém případě dejte přednost vozům pouliční dráhy a motorovým vozidlům!
- Ve stanicích pouliční dráhy a autobusů jezděte zvlášť opatrně!
- Před zahýbáním dejte včas rukou předepsané směrové znamení!
- Nakládejte vždy tak, aby nikdo nebyl ohrožen!
- Dbejte přesně zákazu parkování a stání!

Řidiči motorových vozidel:
- Nejvyšší přípustná rychlost v uzavřených osadách jest 40 km!
- Předjíždějte jen tehdy, nemůže-li tím býti ohrožena ostatní doprava!
- Nehoukejte zbytečně!
- Za tmy a při kluzké vozovce (déšť, sníh, led) jezděte zvlášť opatrně!
- Ve stanicích pouličních drah a autobusů jezděte zvlášť opatrně!
- Na místech označených značkou „STOP" vždy zastavte a při pokračování v jízdě dbejte vozidel, která mají přednost v jízdě!

„ORBIS"

Vyhláška o dopravní kázni pro chodce, cyklisty, kočí a řidiče motorových vozidel, březen 1939. (SOkA Semily)

Hlídka říšské branné moci na předměstí Prahy, 15. březen 1939. (VÚA/VHA)

1939

První vyhláškou, s níž se obyvatelé Čech a Moravy mohli po vstupu německých vojsk setkat, informoval velitel III. armádního sboru gen. Johannes A. Blaskowitz o převzetí výkonné moci v Čechách. Tato vyhláška však obsahovala v českém překladu takové množství gramatických chyb, že ji německá strana vzápětí stáhla v obavě, aby nebyla považována za provokaci, 15. březen 1939. (VÚA/VHA Praha)

FOTO NAHOŘE VPRAVO:
Opravená vyhláška gen. Johannese A. Blaskowitze, 15. březen 1939. (VÚA/VHA Praha)

Vyhláška velitele III. armádního sboru gen. Johannese A. Blaskowitze o ustanovení říšského komisaře a župního vedoucího Říšské župy Sudety Konrada Henleina šéfem civilní správy v Čechách, 15. březen 1939. (VÚA/VHA Praha)

PROTEKTORÁT ČECHY A MORAVA

Těžké obrněné radiovozy SdKfz 232 na Hradčanském náměstí, Praha, 15. březen 1939. (ČTK)

Říšská branná moc vstupuje do Pražského hradu, Hradčanské náměstí, Praha, 15. březen 1939. (VÚA/VHA Praha)

1939

Říšská branná moc vstupuje do Pražského hradu, Hradčanské náměstí, 15. březen 1939. (VÚA/VHA Praha)

Za nadšených ovací pražského německého obyvatelstva obsazuje říšská branná moc Pražský hrad. Za pozornost nepochybně stojí vyvěšený bílý prapor vedle Matyášovy brány, Hradčanské náměstí, 15. březen 1939. (ČTK)

PROTEKTORÁT ČECHY A MORAVA

Příslušníci říšské branné moci na I. nádvoří Pražského hradu, 15. březen 1939. (VÚA/VHA Praha)

S nadšeným přivítáním ze strany pražských němců se setkávali nejen příslušníci říšské branné moci, ale i zástupci diplomatického sboru, Hradčanské náměstí, Praha, 15. březen 1939. (ČTK)

Důstojníci SS při odchodu z Pražského hradu, Hradčanské náměstí, 15. březen 1939. (VÚA/VHA)

1939

Příslušníci ženijních oddílů SS na II. nádvoří Pražského hradu, 15. březen 1939. (VÚA/VHA Praha)

II. nádvoří Pražského hradu, 15. březen 1939. (ČTK)

PROTEKTORÁT ČECHY A MORAVA

III. nádvoří Pražského hradu, 15. březen 1939.
(ČTK *nahoře*;
VÚA/VHA Praha *dole*)

FOTA NA STR. 37:
III. nádvoří Pražského hradu, 15. březen 1939.
(VÚA/VHA Praha)

1939

PROTEKTORÁT ČECHY A MORAVA

Příslušníci říšské branné moci před Zemským vojenským velitelstvím, Malostranské náměstí, Praha, 15. březen 1939. (VÚA/VHA Praha)

Příslušník říšské branné moci na mostě Legií, Praha, 15. březen 1939. (VÚA/VHA Praha)

Pražský policista v rozhovoru s příslušníkem luftwaffe v hodnosti svobodníka, Masarykovo nábřeží (nyní Smetanovo nábřeží), 15. březen 1939. (BS-HH)

1939

Hlídka říšské branné moci na Karlově mostě, Praha, 15. březen 1939. (ČTK)

Jízdní oddíly říšské branné moci v ulici Pod Letnou (nyní nábřeží Edvarda Beneše), Praha, 15. březen 1939. (ČTK)

Říšská branná moc v ulici Na Poříčí, Praha, 15. březen 1939. (MHMP)

PROTEKTORÁT ČECHY A MORAVA

První německá vozidla při vjezdu do ulice Na Příkopě, Praha, 15. březen 1939. (ČTK)

1939

Pražské jízdní policii připadl nelehký úkol udržet emoce českého obyvatelstva na uzdě, Hybernská ulice, Praha, 15. březen 1939. (ČTK)

Říšská branná moc při vjezdu do ulice Na Příkopě, Praha, 15. březen 1939. (VÚA/VHA Praha)

Důstojník české armády zdraví říšskou brannou moc přijíždějící do ulice Na Příkopě, Praha, 15. březen 1939. (VÚA/VHA Praha)

PROTEKTORÁT ČECHY A MORAVA

Pražské německé obyvatelstvo vítá říšskou brannou moc, ulice Na Příkopě, Praha, 15. březen 1939. (vlevo VÚA/VHA Praha, vpravo ČTK)

Pražské německé obyvatelstvo vítá říšskou brannou moc, ulice Na Příkopě, Praha, 15. březen 1939. (VÚA/VHA Praha)

Pražské německé obyvatelstvo vítá říšskou brannou moc, ulice Na Příkopě, Praha, 15. březen 1939. (VÚA/VHA Praha)

Ulice Na příkopě, Praha, 15. březen 1939. (VÚA/VHA Praha)

PROTEKTORÁT ČECHY A MORAVA

Ulice Na Příkopě,
Praha,
15. březen 1939.
(VÚA/VHA Praha)

Ulice Na Příkopě,
Praha,
15. březen 1939.
(ČTK)

1939

Motocykl BMW R4. v ulici Na Příkopě, Praha, 15. březen 1939. (ČTK)

Ulice Na Příkopě, Praha, 15. březen 1939. (VÚA/VHA Praha)

PROTEKTORÁT ČECHY A MORAVA

Těžké obrněné radiovozy SdKfz 232 v ulici Na Příkopě, Praha, 15. březen 1939. (VÚA/VHA Praha)

Ulice Na Příkopě, Praha, 15. březen 1939. (VÚA/VHA Praha)

Titulní strana *Večerní moravské orlice*: „Prezident Hácha položil osud českého národa do rukou Adolfa Hitlera", Brno, 15. březen 1939. (SJBU)

PROTEKTORÁT ČECHY A MORAVA

Příslušník říšské branné moci pózuje s praotcem všech moderních samopalů – Bergmannem MP 18. Ulice Na Příkopě, Praha, 15. březen 1939. (VÚA/VHA Praha)

Dělostřelecký tahač SdKfz 8 s přivěšeným 3,7cm kanónem v ulici Na Příkopě, Praha, 15. březen 1939. (VÚA/VHA Praha)

Průzkumný obrněný automobil SdKfz 221, Václavské náměstí, Praha, 15. březen 1939. (VÚA/VHA Praha)

Tzv. Zlatý kříž, křižovatka Václavského náměstí a ulic Na Příkopě, 28. října a Na Můstku – zřejmě nejpůsobivější snímek z okupace Prahy. Vpravo vozidlo pro mužstvo SdKfz 70, za ním lehké terénní nákladní vozidlo, tzv. Einheits-LKW 2,5 t, 15. březen 1939. (VÚA/VHA Praha)

1939

Jedna z vůbec nejznámějších fotografií z okupace Prahy, která vzápětí obletěla celý svět. Jejím autorem byl Karel Hájek, reportér časopisu *Life*. České obyvatelstvo přijímalo fakt okupace s neskrývaným odporem: Převažovaly slzy a zaťaté pěsti, křižovatka Václavského náměstí a ulic Na Příkopě, 28. října a Na Můstku, 15. březen 1939. (ČTK)

Křižovatka Václavského náměstí a ulic Na Příkopě, 28. října a Na Můstku, Praha, 15. březen 1939. (VÚA/VHA Praha)

Křižovatka Václavského náměstí a ulic Na Příkopě, 28. října a Na Můstku. Cestu si razí průzkumný obrněný automobil SdKfz 221, Praha, 15. březen 1939. (ČTK)

PROTEKTORÁT ČECHY A MORAVA

FOTA NAHOŘE:
Křižovatka Václavského náměstí a ulic Na Příkopě, 28. října a Na Můstku. Z těchto snímků doslova sálají vypjaté emoce, cloumající rozhořčeným davem. Praha, 15. březen 1939. (ČTK)

Příslušník říšské branné moci s kulometem MG 34. Křižovatka Václavského náměstí a ulic Na Příkopě, 28. října a Na Můstku, Praha, 15. březen 1939. (VÚA/VHA Praha)

1939

Václavské náměstí, Praha, 15. březen 1939. (VÚA/VHA Praha)

Titulní strana *Večerního Moravského slova*, titulek dne: „Vůdce přijímá český národ pod ochranu německé říše". Brno, 15. březen 1939. (MZM)

Podobnou podívanou nezažila Praha ani v roce 1866, kdy Rakousko prohrálo válku s Pruskem. Adolf Hitler ovšem nikdy nedosáhl státnické velikosti a velkorysosti Otto von Bismarcka, ač se veřejně prezentoval jako jeho přímý pokračovatel. Václavské náměstí, 15. březen 1939. (VÚA/VHA Praha)

PROTEKTORÁT ČECHY A MORAVA

Václavské náměstí, Praha, 15. březen 1939. (VÚA/VHA Praha)

Hlídka říšské branné moci v rozhovoru s českými policejními důstojníky, Václavské náměstí, Praha, 15. březen 1939. (VÚA/VHA Praha)

Václavské náměstí, Praha, 15. březen 1939. (ČTK)

Slavnostní výzdoba, Václavské náměstí, Praha, 15. březen 1939. (ČTK)

1939

Polní kuchyně říšské branné moci, Karlovo náměstí, Praha, 15. březen 1939. (VÚA/VHA Praha)

Snídaně přílušníků říšské branné moci po příjezdu do Prahy, 15. březen 1939. (VÚA/VHA Praha)

PROTEKTORÁT ČECHY A MORAVA

◀ Příslušníci říšské branné moci prosluli v prvních dnech okupace hromadnými „nájezdy" do cukráren, řeznictví a uzenářství a prodejen tabákových výrobků. Kurz české měny byl totiž významně podhodnocen, takže za jednu říšskou marku bylo možno nakoupit zboží v hodnotě 10 korun, Praha, Karlovo náměstí, 15. březen 1939. (VÚA/VHA Praha)

Čeští Pražané reagovali na fakt okupace i pokládáním květů k hrobu neznámého vojína, který symbolizoval legionářské tradice, a tedy boj za československou nezávislost, Staroměstské náměstí, Praha, 15. březen 1939. (ČTK)

Výklad pražského obchodu. Azalky, hyacinty, krokusy – a portrét Vůdce. Povýšení Adolfa Hitlera na Boha dosáhlo u Němců žijících v Čechách vrcholu 15. března 1939. (ČTK)

Říšská branná moc před metropolí Moravy – Brnem, 15. březen 1939. (MZM)

1939

Vjezd říšské branné moci do Brna, 15. březen 1939. (MZM)

VYHLÁŠKA.

Dnes v 6 hodin ráno obsadí německé vojsko všemi směry československé území, aby odzbrojilo naši armádu. Nesetká-li se nikde s odporem, bude obsazení jen přechodné a bude nám dána možnost autonomie.

Setká-li se vojsko se sebemenším odporem, bude to míti v zápětí nejkrutější důsledky.

Žádám veškeré občanstvo, aby, vědomo si vážnosti situace,

vyhovělo všem nařízením

německého vojska bez výhrad a bez zdráhání.

Působte všichni ve svém okolí, aby německému vojsku se nikdo neprotivil a ani slovem ani skutkem se ho nedotkl.

V Brně dne 15. března 1939.

Starosta:
Ing. Dr. Rudolf Spazier v. r.

Vyhláška starosty města Brna Rudolfa Spaziera o vstupu říšské branné moci. Pozoruhodná je informace, že obsazení bude pouze přechodné, 15. březen 1939. (MZM)

Lehké tanky PzKpfw II, Brno, 15. březen 1939. (MZM)

Brno, 15. březen 1939. (MZM)

PROTEKTORÁT ČECHY A MORAVA

Plzeň,
15. březen 1939.
(ZM)

Říšská válečná
vlajka na plzeňské
radnici,
15. březen 1939.
(ZM)

1939

Hradec Králové, 15. březen 1939. (MVČ)

Všemu občanstvu!

Dnes ráno obsadí říšskoněmecké vojsko naše území.

Obsazení to bude jen přechodné, nesetká-li se německé vojsko s odporem a překážkami, jinak by pro nás nastaly nejvýš neblahé následky.

Prosím, aby všechno občanstvo zachovalo **největší klid a rozvahu.**

Postupujícímu vojsku nesmí se nikdo protiviti skutkem ani slovem.

V Hradci Králové dne 15. března 1939.

Starosta:
Josef Pilnáček.

Průzkumný obrněný automobil SdKfz 221, Hradec Králové, 15. březen 1939. (MVČ)

◀ Vyhláška starosty města Hradce Králové Josefa Pilnáčka informovala o vstupu říšské branné moci a zároveň vyzývala k zachování klidu a rozvahy, 15. březen 1939. (SOkA Hradec Králové)

PROTEKTORÁT ČECHY A MORAVA

Tanky PzKpfw II, Olomouc, 15. březen 1939. (VÚA/VHA Praha)

České Budějovice, 15. březen 1939. (SOkA České Budějovice)

1939

České Budějovice, 15. březen 1939. (SOkA České Budějovice)

Dělostřelecký tahač SdKfz 8 s přivěšenou 15cm hrubou polní houfnicí sFH 18, Pardubice, 15. březen 1939. (SOkA Pardubice)

Zlín, 15. březen 1939. (VÚA/VHA Praha)

OBČANÉ! Vyzývám Vás, abyste zachovali **naprostý klid** v zájmu města i Vás všech

MĚSTSKÝ ÚŘAD V PARDUBICÍCH

dne 15. března 1939.

JUDr. Karel Vítek v. r., starosta

Vyhláška starosty města Pardubice Karla Vítka k zachování naprostého klidu, 15. březen 1939. (SOkA Pardubice)

PROTEKTORÁT ČECHY A MORAVA

VYHLÁŠKA

Dnešního dne obsadí říškoněmecké vojsko všemi směry naše území. Žádám a vybízím všechno obyvatelstvo okresu, aby vyšlo německému vojsku a jeho velitelům ve všem plně vstříc a aby vyhovělo všem předneseným přáním a rozkazům říšských velitelů bez jakýchkoli výhrad a zdráhání.

Všude a v každém případě budiž zachován naprostý klid, pořádek a bezpečnost.

Pány starosty obcí a jiné místní vlivné osobnosti žádám, aby se za všech okolností přičinili, aby postupujícímu vojsku nikdo se neprotivil, a ani skutkem ani slovy se ho nedotkl.

Všechny civilní úřady nechť zůstanou na svých místech a úřadují dále, pokud velitelství říškoněmeckého vojska neučiní jiné disposice.

Znovu zdůrazňuji, že všem nařízením velitelů německých vojsk musí býti bezpodmínečně vyhověno.

Okresní úřad v Poděbradech dne 15. března 1939.

Okresní hejtman:
JUDr. Drábek.

Nákladem Okresního úřadu v Poděbradech. Tiskl Josef Rašek v Poděbradech.

◀ Vyhláška okresního hejtmana Drábka o vstupu říšské branné moci obsahuje i výzvu ke klidu a pořádku a vstřícnému přístupu vůči německým jednotkám, Poděbrady, 15. březen 1939. (PM)

Těžký obrněný automobil SdKfz 231, Jihlava, 15. březen 1939. (MV)

▲ Jihlava, 15. březen 1939. (MV) ▶

1939

Mladá Boleslav, 15. březen 1939. (VÚA/VHA Praha)

FOTO DOLE:
Obrněné radiovozy SdKfz 232, Kolín, 15. březen 1939. (RMK)

PROTEKTORÁT ČECHY A MORAVA

Písek, 15. březen 1939. (SOkA České Budějovice)

Turnov, 15. březen 1939. (MČR)

Vyškov, 15. březen 1939. (VÚA/VHA Praha)

Vyškov, 15. březen 1939. (VÚA/VHA Praha)

Turnov, 15. březen 1939. (MČR)

1939

Vysoké Mýto, 15. březen 1939. (RMVM)

Vysoké Mýto, 15. březen 1939. (RMVM)

Vysoké Mýto, 15. březen 1939. (RMVM)

Polička, 15. březen 1939.
(VÚA/VHA Praha)

Strážnice, 15. březen 1939. (SJBU)

PROTEKTORÁT ČECHY A MORAVA

Cesta do Čech – Adolf Hitler v kruhu nacistických špiček. Zleva: šéf OKW gen. Wilhelm Keitel, říšský ministr zahraničních věcí Joachim von Ribbentrop, říšský ministr a šéf Říšské kanceláře Hans H. Lammers, Vůdce a říšský kancléř Adolf Hitler a říšský komisař a župní vedoucí Říšské župy Sudety Konrad Henlein, který byl nově jmenován šéfem civilní správy v Čechách, 15. březen 1939. (BS-HH)

Čestná jednotka říšské branné moci před Wilsonovým nádražím (nyní Praha hlavní nádraží) v očekávání příjezdu prezidenta Emila Háchy a ministra zahraničních věcí Františka Chvalkovského z Berlína, Hooverova třída (nyní Wilsonova), Praha, 15. březen 1939. (ČTK)

Návrat prezidenta Emila Háchy a ministra zahraničních věcí Františka Chvalkovského z Berlína. Oficiálního přivítání se ujali představitelé Říšského ministerstva zahraničních věcí, říšské branné moci a česko-slovenské vlády. V zákrytu za prezidentem Háchou je ministr dopravy gen. Alois Eliáš, zcela vpravo velitel IV. armádního sboru gen. Viktor von Schwedler, Wilsonovo nádraží (nyní Praha hlavní nádraží), 15. březen 1939. (ČTK)

Návrat československých představitelů z Berlína. V popředí zleva prezident Emil Hácha, velitel IV. armádního sboru gen. Viktor von Schwedler, za ním ministr zahraničních věcí František Chvalkovský, Wilsonovo nádraží (nyní Praha hlavní nádraží), Praha, 15. březen 1939. (ČTK)

1939

Občané!

Z nařízení místního velitelství německé armády uvádím ve všeobecnou známost tyto pokyny:

1. Přepočítací kurs říšské marky stanoví se poměrem 1:10, t. j. l říšská marka rovná se K 10·–.
2. Bude stíháno překotné nakupování všech životních i jiných potřeb, přesahujících míru běžné potřeby domácnosti.
3. Zakazuje se jakékoliv neodůvodněné zvyšování cen životních a jiných potřeb a každé takovéto předražování bude nejpřísněji stíháno.
4. Zboží musí býti opatřeno vyznačením ceny.

Znovu vyzývám občanstvo k naprostému klidu a upozorňuji na zákaz jakéhokoliv shlukování na ulicích a veřejných prostranstvích, jakož i na zákaz opouštění bytů v době od 21. do 6. hod. ranní.

Střelné zbraně s municí, třaskaviny a radiové vysílací přístroje musí býti ihned odevzdány na městském úřadě (I. patro).

V Pardubicích dne 16. března 1939.

Starosta:
JUDr. K. Vítek v. r.

FOTO NAHOŘE VLEVO:
Vůdce a říšský kancléř Adolf Hitler v rozhovoru s generalitou říšské branné moci, Pražský hrad, 15. březen 1939. Druhý zleva gen. Wilhelm List, po jeho levici šéf OKW gen. Wilhelm Keitel, dále gen. Carl-Heinrich von Stülpnagel a gen. Johannes A. Blaskowitz, zády obrácen vrchní velitel pozemního vojska gen. Walther von Brauchitsch. (BS-HH)

FOTO NAHOŘE VPRAVO:
Vůdce a říšský kancléř Adolf Hitler v rozhovoru s říšským vůdcem SS a šéfem německé policie Heinrichem Himmlerem a jeho doprovodem. Vlevo velitel Bezpečnostní policie (SiPo) a Bezpečnostní služby (SD) SS-Gruppenführer Reinhard Heydrich. Vpravo Hitlerův šéfadjutant SS-Gruppenführer Julius Schaub, Pražský hrad, 15. březen 1939. (BS-HH)

Vyhláška starosty města Pardubice Karla Vítka přinášela první nařízení vojenské správy a znovu vyzývala k zachování klidu, 16. březen 1939. (SOkA Pardubice)

PROTEKTORÁT ČECHY A MORAVA

Titulní strana vídeňského vydání *Völkischer Beobachter* informovala o příchodu Vůdce na Pražský hrad. Podtitulek pak zněl: „Německé oddíly v celých Čechách a na Moravě", 16. březen 1939. (SJBU)

Deník *Večer* shrnul události 15. března 1939 do těchto hlavních titulků: „Říšský kancléř Hitler jede za svým vojskem", „Německá armáda obsadila Prahu a země české" a „Prezident Hácha vložil osud českého národa do rukou Vůdce Německé říše", Praha, 16. březen 1939. (SJBU)

PROTEKTORÁT ČECHY A MORAVA

"Říšský kancléř Adolf Hitler v Praze" – úvodník *Národní politiky*, Praha, 16. březen 1939. (SJBU)

1939

Vjezd Vůdce a říšského kancléře Adolfa Hitlera na I. hradní nádvoří, Praha, 16. březen 1939. S vysokou mírou pravděpodobnosti se Hitler ještě před podpisem Výnosu o vzniku protektorátu projel Prahou; existuje však i svědectví, které tvrdí, že nenocoval na Hradě, ale na německém vyslanectví. (NA)

Čestná jednotka říšské branné moci nastoupená k uvítání Vůdce a říšského kancléře, I. hradní nádvoří, Praha, 16. březen 1939. (VÚA/VHA Praha)

PROTEKTORÁT ČECHY A MORAVA

Jeden z prvních snímků Vůdcovy osobní standarty nad Pražským hradem, Hradčanské náměstí, 16. březen 1939. (AHMP)

Vůdce a říšský kancléř Adolf Hitler při přehlídce čestné jednotky říšské branné moci, I. hradní nádvoří, Praha, 16. březen 1939. Zcela vlevo šéf OKW gen. Wilhelm Keitel a velitel III. armádní skupiny gen. Johannes A. Blaskowitz. (BS-HH)

1939

Odchod čestné jednotky říšské branné moci z Pražského hradu, I. hradní nádvoří, 16. březen 1939. (VÚA/VHA Praha)

Říšský komisař a župní vedoucí Říšské župy Sudety Konrad Henlein (první zprava) ve stejnokroji SS-Gruppenführera a se zlatým odznakem NSDAP v kruhu představitelů Říšské župy Sudety před audiencí u Vůdce a říšského kancléře Adolfa Hitlera, Pražský hrad, 16. březen 1939. Henlein, syn české matky, se jako vůdce Sudetoněmecké strany (SdP) zásadní měrou podílel na likvidaci Československa a připojení českého pohraničí k Říši. Do neštěstí tím ovšem uvrhl své německé spoluobčany, jejichž válečné ztráty vzápětí procentuálně výrazně převýšily jak ztráty Čechů, tak i českých Židů. (AHMP)

Říšský komisař a župní vedoucí Říšské župy Sudety Konrad Henlein v očekávání audience u Vůdce a říšského kancléře Adolfa Hitlera, Pražský hrad, 16. březen 1939. (AHMP)

PROTEKTORÁT ČECHY A MORAVA

Členové Nacionálněsocialistického německého svazu studentstva (NSDStB) při cestě za Vůdcem a říšským kancléřem na Pražský hrad, Karlův most, 16. březen 1939. (VÚA/VHA Praha)

Členové NSDStB při cestě za Vůdcem a říšským kancléřem na Pražský hrad, Malostranské náměstí, 16. březen 1939. (VÚA/VHA Praha)

FOTO NA STR. 73 NAHOŘE:
Vyhláška zemského rady Neumanna oznamující zavedení směnného kurzu koruny a říšské marky v poměru 10 : 1. Dle Výnosu o vzniku protektorátu přestala být koruna samostatnou měnou a stala se jen nominálním zlomkem (desetinou) říšské marky. Pardubice, 16. březen 1939 (SOkA Pardubice)

FOTO NA STR. 73 DOLE:
Vyhláška zemského rady Neumanna upravující růst cen, Pardubice, 16. březen 1939. (SOkA Pardubice)

Kundmachung.

Laut Befehl des Oberbefehlshabers der Heeresgruppe 3 setze ich den Wechselkurs der Krone auf 0·10 Reichsmark fest. Für eine Reichsmark gilt daher ein Kurs von 10 K. Es ist streng verboten, einen höheren oder geringeren Wechselkurs zu fordern oder anzunehmen.

Pardubitz, den 16. März 1939.

Der Verwaltungschef beim XIV. Armeekorps:

Neumann,
Landrat.

Vyhláška.

Na rozkaz vrchního velitele vojenské skupiny 3 ustanovuji tímto směnný kurs koruny na 0·10 RM. Za 1 marku platí se tudíž hodnota d e s e t i korun.

Jest přísně zakázáno, přijímati nebo stanoviti nižší nebo vyšší přepočítací kurs.

V Pardubicích dne 16. března 1939.

Správní velitel u XIV. armádního sboru:

Neumann,
zemský rada.

Achtung!
Preisregelung.

Hiermit ordne ich mit sofortiger Wirkung an, dass **Preise** für sämtliche Waren und Leistungen ohne meine schriftliche Genehmigung **nicht erhöht** werden dürfen.

Sämtliche Waren in Schaufenstern und Ladenauslagen sind sofort mit Preisschildern zu versehen.

Zuwiderhandlungen gegen diese Anordnungen werden streng bestraft.

Pardubitz, den 16. März 1939.

Der Verwaltungschef beim XIV. Armeekorps:

Neumann,
Landrat.

Pozor!
Úprava cen.

Nařizuji tímto s okamžitou účinností, že **ceny** veškerého zboží a za veškeré výkony a práce **nesmějí býti** bez mého písemného schválení **zvyšovány.**

Veškeré zboží ve výkladech a výlohách musí se ihned opatřiti štítky s cenami.

Kdo bude jednati proti mému nařízení, bude přísně potrestán.

V Pardubicích dne 16. března 1939.

Správní velitel u XIV. armádního sboru:

Neumann,
zemský rada.

B. Turc, Pardubice.

PROTEKTORÁT ČECHY A MORAVA

Vůdce a říšský kancléř s představiteli NSDStB. Zleva: Adolf Hitler a vedoucí NSDStB Říšské župy Sudety SS-Sturmbannführer Rudolf Meckel (uprostřed), I. nádvoří Pražského hradu, 16. březen 1939. (BS-HH)

1939

Členové NSDStB zdraví svého Vůdce, I. nádvoří Pražského hradu, 16. březen 1939. Zleva v popředí: vedoucí NSDStB Říšské župy Sudety SS-Sturmbannführer Rudolf Meckel a Vůdce a říšský kancléř Adolf Hitler. (VÚA/VHA Praha)

Vůdce a říšský kancléř Adolf Hitler se členy NSDStB před Matyášovou bránou, I. nádvoří Pražského hradu, 16. březen 1939. (VÚA/VHA Praha)

PROTEKTORÁT ČECHY A MORAVA

Vůdce a říšský kancléř Adolf Hitler v rozhovoru s vrchním velitelem pozemního vojska gen. Waltherem von Brauchitschem, Pražský hrad, 16. březen 1939. (BS-HH)

FOTO NAHOŘE UPROSTŘED:
Vůdce a říšský kancléř Adolf Hitler s vrchním velitelem pozemního vojska gen. Waltherem von Brauchitschem, Pražský hrad, 16. březen 1939. Uprostřed šéf OKW gen. Wilhelm Keitel, vpravo pak hlavní Hitlerův šéfadjutant SS-Gruppenführer Julius Schaub. (BS-HH)

FOTO NAHOŘE VPRAVO:
Nadšený dav pražských Němců zdraví Vůdce a říšského kancléře Adolfa Hitlera, Hradčanské náměstí, 16. březen 1939. (BS-HH)

Vůdce a říšský kancléř Adolf Hitler při svém typickém pozdravu, Pražský hrad, 16. březen 1939. (BS-HH)

1939

Zřejmě nejznámější protektorátní fotografie: Vůdce a říšský kancléř Adolf Hitler shlíží dne 16. března 1939 z okna tereziánského křídla Pražského hradu na město. Snímek, který pořídil Hitlerův osobní fotograf Heinrich Hoffmann, se stal předlohou k protektorátní poštovní známce v nominální hodnotě 5 a 2 K, jejímž autorem byl rytec Jindra Schmidt. (Její náklad dosáhl 2,4 mil. kusů.) Při tomto pohledu na Prahu Adolf Hitler mimoděk konstatoval směrem k říšskému vůdci SS a šéfovi německé policie Heinrichu Himmlerovi a šéfovi štábu Vůdcova zástupce Rudolfa Heße, říšskému vůdci NSDAP Martinu Bormannovi: *„Stojím zde a žádná síla na světě mne odsud nedostane."* (BS-HH)

PROTEKTORÁT ČECHY A MORAVA

Vůdce a říšský kancléř Adolf Hitler těsně před podpisem Výnosu o vzniku protektorátu Čechy a Morava. V pozadí zleva: šéf štábu Vůdcova zástupce Rudolfa Heße a říšský vůdce NSDAP Martin Bormann, říšský ministr vnitra Wilhelm Frick, říšský ministr a šéf Říšské kanceláře Hans H. Lammers a státní tajemník v Říšském ministerstvu vnitra SS-Brigadeführer Wilhelm Stuckart, Pražský hrad, 16. březen 1939. (BS-HH)

1939

Vůdce a říšský kancléř Adolf Hitler v rozhovoru s říšským ministrem vnitra Wilhelmem Frickem, Pražský hrad, 16. březen 1939. (BS-HH)

Vůdce a říšský kancléř Adolf Hitler při podpisu Výnosu o vzniku protektorátu. Aktu byli bezprostředně přítomni: říšský ministr zahraničních věcí Joachim von Ribbentrop, říšský ministr a šéf Říšské kanceláře Hans H. Lammers, říšský ministr vnitra Wilhelm Frick, šéf štábu Vůdcova zástupce Rudolfa Heße, říšský vůdce NSDAP Martin Bormann a státní tajemník v Říšském ministerstvu vnitra SS-Brigadeführer Wilhelm Stuckart, Pražský hrad, 16. březen 1939. (BS-HH)

Říšský ministr vnitra Wilhelm Frick při podpisu Výnosu o vzniku protektorátu, Pražský hrad, 16. březen 1939. (BS-HH)

Říšský ministr a šéf Říšské kanceláře Hans H. Lammers při podpisu Výnosu o vzniku protektorátu. V pozadí státní tajemník v Říšském ministerstvu vnitra SS-Brigadeführer Wilhelm Stuckart, Pražský hrad, 16. březen 1939. (BS-HH)

PROTEKTORÁT ČECHY A MORAVA

Erlass des Führers und Reichskanzlers
über das Protektorat Böhmen und Mähren.
vom 16. März 1939.

Ein Jahrtausend lang gehörten zum Lebensraum des deutschen Volkes die böhmisch-mährischen Länder. Gewalt und Unverstand haben sie aus ihrer alten historischen Umgebung willkürlich gerissen und schliesslich durch ihre Einfügung in das künstliche Gebilde der Tschecho-Slowakei den Herd einer ständigen Unruhe geschaffen. Von Jahr zu Jahr vergrösserte sich die Gefahr, dass aus diesem Raum heraus – wie schon einmal in der Vergangenheit – eine neue ungeheuerliche Bedrohung des europäischen Friedens kommen würde. Denn dem tschecho-slowakischen Staat und seinen Machthabern war es nicht gelungen, das Zusammenleben

- 2 -

der in ihm willkürlich vereinten Völkergruppen vernünftig zu organisieren und damit das Interesse aller Beteiligten an der Aufrechterhaltung ihres gemeinsamen Staates zu erwecken und zu erhalten. Er hat dadurch aber seine innere Lebensunfähigkeit erwiesen und ist deshalb nunmehr auch der tatsächlichen Auflösung verfallen.

Das Deutsche Reich aber kann in diesem für seine eigene Ruhe und Sicherheit sowohl als für das allgemeine Wohlergehen und den allgemeinen Frieden so entscheidend wichtigen Gebieten keine andauernden Störungen dulden. Früher oder später müsste es als die durch die Geschichte und geographische Lage am stärksten interessierte und in Mitleidenschaft gezogene Macht die schwersten Folgen zu tragen haben. Es entspricht daher dem Gebot der Selbsterhaltung, wenn das Deutsche Reich entschlossen ist, zur Wiederherstellung der Grundlagen einer vernünftigen mitteleuropäischen

První strana Výnosu Vůdce a říšského kancléře o Protektorátu Čechy a Morava ze 16. března 1939: „Česko-moravské země náležely k životnímu prostoru německého národa po tisíc let. Násilí a nerozum je svévolně vytrhly z jejich historického prostředí a jejich následným zapojením do uměle vytvořeného útvaru Česko-Slovenska došlo k vytvoření ohniska stálého neklidu. Rok od roku se zvětšovalo nebezpečí, že z tohoto prostoru – jako již jednou v minulosti – vzejde nové nesmírné ohrožení evropského míru. Česko-slovenskému státu a jeho představitelům se totiž nepodařilo soužití

Druhá strana Výnosu Vůdce a říšského kancléře o Protektorátu Čechy a Morava ze 16. března 1939: národních skupin v něm svévolně spojených rozumně organizovati, a tím probuditi a zachovati zájem všech zúčastněných na udržení jejich společného státu, který tak prokázal svou vnitřní neschopnost k životu, a proto také nyní propadl skutečnému rozkladu. Německá říše však v těchto oblastech, které jsou tak mimořádně důležité nejen pro její vlastní klid a bezpečnost, ale i pro obecné blaho a obecný mír, nemůže trpěti přetrvávající rušivé vlivy. Dříve nebo později by totiž jako mocnost dějinami a zeměpisnou polohou nejsilněji zainteresovaná a spolupostižená musela nést nejtěžší důsledky. Je proto příkazem sebezáchovy, aby nyní Německá říše byla připravena rozhodně zasáhnouti ve prospěch zajištění základů rozumného středoevropského

Ordnung entscheidend einzugreifen und die sich daraus ergebenden Anordnungen zu treffen. Denn es hat in seiner tausendjährigen geschichtlichen Vergangenheit bereits bewiesen, dass es dank sowohl der Grösse als auch der Eigenschaften des deutschen Volkes allein berufen ist, diese Aufgaben zu lösen.

Erfüllt von dem ernsten Wunsch, den wahren Interessen der in diesem Lebensraum wohnenden Völker zu dienen, das nationale Eigenleben des deutschen und des tschechischen Volkes sicherzustellen, dem Frieden und der sozialen Wohlfahrt aller zu nützen, ordne ich daher namens des Deutschen Reiches als Grundlage für das künftige Zusammenleben der Bewohner dieser Gebiete das Folgende an :

Artikel 1.

(1) Die von den deutschen Truppen im März 1939 besetzten Landesteile der ehemaligen tschechoslowakischen Republik gehören von jetzt ab zum Gebiet des Grossdeutschen Reiches und treten als " Protektorat Böhmen und Mähren " unter dessen Schutz.

(2) Soweit die Verteidigung des Reiches es erfordert, trifft der Führer und Reichskanzler für einzelne Teile dieser Gebiete eine hiervon abweichende Regelung.

Artikel 2.

(1) Die volksdeutschen Bewohner des Protektorates werden deutsche Staatsangehörige und nach den Vorschriften des Reichsbürgergesetzes vom 15. September 1935 (RGBl. I. S. 1146) Reichsbürger. Für sie gelten daher auch die Bestimmungen zum Schutz des deutschen Blutes und der deutschen Ehre. Sie unterstehen deutscher Gerichtsbarkeit.

(2) Die übrigen Bewohner von Böhmen und Mähren werden Staatsangehörige des Protektorates Böhmen und Mähren.

Třetí strana Výnosu Vůdce a říšského kancléře o Protektorátu Čechy a Morava ze 16. března 1939: řádu a vydala nařízení, která z tohoto vyplývají. Ve své tisícileté dějinné minulosti již totiž dokázala, že díky velikosti a vlastnostem německého národa je jediná povolána řešit tyto úkoly. Naplněn vážným přáním sloužiti opravdovým zájmům národů sídlících v tomto životním prostoru, zajistit národní svébytnost německého a českého národa, prospěti míru a sociálnímu blahu všech, nařizuji proto jménem Německé říše jako podklad pro budoucí soužití obyvatelstva těchto oblastí toto:
Článek 1.
(1) Části bývalé Česko-slovenské republiky, obsazené v březnu 1939 německými oddíly,

Čtvrtá strana Výnosu Vůdce a říšského kancléře o Protektorátu Čechy a Morava ze 16. března 1939: náleží nyní k území Velkoněmecké říše a vstupují jako „Protektorát Čechy a Morava"
pod její ochranu. (2) Pokud toho vyžaduje obrana Říše, učiní Vůdce a říšský kancléř pro jednotlivé části těchto území odchylnou úpravu.
Článek 2.
(1) Obyvatelé protektorátu, kteří jsou příslušníky německého národa, se stávají německými státními příslušníky a podle předpisů zákona o říšském občanství z 15. září 1935 (Říšský zákoník I., s. 1146) říšskými občany. Platí pro ně proto také nařízení na ochranu německé krve a německé cti. Podléhají německé soudní pravomoci. (2) Ostatní obyvatelé Čech a Moravy se stávají státními příslušníky Protektorátu Čechy a Morava

PROTEKTORÁT ČECHY A MORAVA

Artikel 3.

(1) Das Protektorat Böhmen und Mähren ist autonom und verwaltet sich selbst.
(2) Es übt seine ihm im Rahmen des Protektorates zustehenden Hoheitsrechte im Einklang mit den politischen, militärischen und wirtschaftlichen Belangen des Reiches aus.
(3) Diese Hoheitsrechte werden durch eigene Organe und eigene Behörden mit eigenen Beamten wahrgenommen.

Artikel 4.

Das Oberhaupt der autonomen Verwaltung des Protektorates Böhmen und Mähren geniesst den Schutz und die Ehrenrechte eines Staatsoberhauptes. Das Oberhaupt des Protektorates bedarf für die Ausübung seines Amtes des Vertrauens des Führers und Reichskanzlers.

Artikel 5.

(1) Als Wahrer der Reichsinteressen ernennt der Führer und Reichskanzler einen "Reichsprotektor in Böhmen und Mähren". Sein Amtssitz ist Prag.

(2) Der Reichsprotektor hat als Vertreter des Führers und Reichskanzlers und als Beauftragter der Reichsregierung die Aufgabe, für die Beachtung der politischen Richtlinien des Führers und Reichskanzlers zu sorgen.
(3) Die Mitglieder der Regierung des Protektorates werden vom Reichsprotektor bestätigt. Die Bestätigung kann zurückgenommen werden.
(4) Der Reichsprotektor ist befugt, sich über alle Massnahmen der Regierung des Protektorates unterrichten zu lassen und ihr Ratschläge zu erteilen. Er kann gegen Massnahmen, die das Reich zu schädigen geeignet sind, Einspruch einlegen und bei Gefahr im Verzuge die im gemeinsamen Interesse notwendigen Anordnungen treffen.
(5) Die Verkündung von Gesetzen, Verordnungen und sonstigen Rechtsvorschriften sowie der Vollzug von Verwaltungsmassnahmen und rechtskräftigen gerichtlichen Urteilen ist auszusetzen, wenn der Reichsprotektor Einspruch einlegt.

Pátá strana Výnosu Vůdce a říšského kancléře o Protektorátu Čechy a Morava ze 16. března 1939:
Článek 3.
(1) Protektorát Čechy a Morava je autonomní a spravuje se sám. (2) Ve shodě s politickými, vojenskými a hospodářskými potřebami Říše vykonává svá výsostná práva, náležející mu v rámci protektorátu. (3) Tato výsostná práva jsou vykonávána vlastními orgány a vlastními úřady s vlastními úředníky.
Článek 4.
Hlava autonomní správy Protektorátu Čechy a Morava požívá ochrany a čestných práv hlavy státu. Hlava protektorátu potřebuje pro výkon svého úřadu důvěry Vůdce a říšského kancléře.
Článek 5.
(1) Jako zastánce říšských zájmů jmenuje Vůdce a říšský kancléř „Říšského protektora v Čechách a na Moravě". Sídlem jeho úřadu je Praha.

Šestá strana Výnosu Vůdce a říšského kancléře o Protektorátu Čechy a Morava ze 16. března 1939:
(2) Úkolem říšského protektora jako zástupce Vůdce a říšského kancléře a jako zmocněnce říšské vlády je pečovat o to, aby bylo dbáno politických směrnic Vůdce a říšského kancléře. (3) Členové vlády protektorátu jsou potvrzováni říšským protektorem. Potvrzení může být odvoláno. (4) Říšský protektor je oprávněn dáti se informovati o všech opatřeních vlády protektorátu a udíleti jí rady. Může podat námitky proti opatřením, která by mohla poškodit Říši, a je-li nebezpečí v prodlení, vydat nařízení nutná ve společném zájmu. (5) Podá-li říšský protektor námitky, je třeba ustoupiti nejen od vyhlášení zákonů, nařízení a jiných právních předpisů, ale i od správních opatření a právoplatných soudních rozsudků.

Artikel 6.

(1) Die auswärtigen Angelegenheiten des Protektorates, insbesondere den Schutz seiner Staatsangehörigen im Ausland nimmt das Reich wahr. Das Reich wird die auswärtigen Angelegenheiten so führen wie es den gemeinsamen Interessen entspricht.

(2) Das Protektorat erhält einen Vertreter bei der Reichsregierung mit der Amtsbezeichnung "Gesandter".

Artikel 7.

(1) Das Reich gewährt dem Protektorat den militärischen Schutz.

(2) In Ausübung dieses Schutzes unterhält das Reich im Protektorat Garnisonen und militärische Anlagen.

(3) Für die Aufrechterhaltung der inneren Sicherheit und Ordnung kann das Protektorat eigene Verbände aufstellen. Organisation, Stärkezahl und Bewaffnung bestimmt die Reichsregierung.

Artikel 8.

Das Reich führt die unmittelbare Aufsicht über das Verkehrswesen sowie das Post- und Fernmeldewesen.

Artikel 9.

Das Protektorat gehört zum Zollgebiet des Deutschen Reiches und untersteht s einer Zollhoheit.

Artikel 10.

(1) Gesetzliches Zahlungsmittel ist neben der Reichsmark bis auf weiteres die Krone.

(2) Das Verhältnis beider Währungen zueinander bestimmt die Reichsregierung.

Artikel 11.

(1) Das Reich kann Rechtsvorschriften mit Gültigkeit für das Protektorat erlassen, soweit das gemeinsame Interesse es erfordert.

(2) Soweit ein gemeinsames Bedürfnis besteht, kann das Reich Verwaltungszweige in eigene Verwaltung übernehmen und die dafür erforderlichen reichseigenen Behörden einrichten.

(3) Die Reichsregierung kann die zur Aufrechterhaltung der Sicherheit und Ordnung erforderlichen Massnahmen treffen.

Artikel 12.

Das derzeit in Böhmen und Mähren geltende Recht bleibt in Kraft, soweit es nicht dem Sinne der Übernahme des Schutzes durch das Deutsche Reich widerspricht.

Sedmá strana Výnosu Vůdce a říšského kancléře o Protektorátu Čechy a Morava ze 16. března 1939:
Článek 6.
(1) Zahraniční věci protektorátu, především ochranu jeho státních příslušníků v cizině, zastává Říše. Říše povede zahraniční věci tak, jak to odpovídá společným zájmům. (2) Protektorátu se dostane zástupce u říšské vlády s úředním označením „vyslanec".
Článek 7.
(1) Říše poskytuje protektorátu vojenskou ochranu. (2) Vykonávajíc tuto ochranu udržuje Říše v protektorátu posádky a vojenská zařízení. (3) Pro udržení vnitřní bezpečnosti a pořádku může protektorát zříditi vlastní sbory. Organizaci, početní sílu a výzbroj určí říšská vláda.
Článek 8.
Říše vykonává bezprostřední dohled nad dopravou, jakož i nad poštami a telekomunikacemi.

Osmá strana Výnosu Vůdce a říšského kancléře o Protektorátu Čechy a Morava ze 16. března 1939:
Článek 9.
Protektorát náleží k celnímu území Německé říše a podléhá její celní výsosti.
Článek 10.
(1) Zákonným platidlem je vedle říšské marky až na další koruna. (2) Vzájemný poměr obou měn určí říšská vláda.
Článek 11.
(1) Pokud toho vyžaduje společný zájem, může Říše vydávati právní předpisy s platností pro protektorát. (2) Pokud vznikne společná potřeba, může Říše do vlastní správy převzíti správní obory a zříditi k tomu potřebné vlastní říšské úřady. (3) Říšská vláda může učiniti opatření potřebná k udržení bezpečnosti a pořádku.
Článek 12.
Právo platné nyní v Čechách a na Moravě zůstává v účinnosti, pokud neodporuje smyslu převzetí ochrany Německou říší.

PROTEKTORÁT ČECHY A MORAVA

Artikel 13.

Der Reichsminister des Innern erlässt im Einvernehmen mit den beteiligten Reichsministern die zur Durchführung und Ergänzung dieses Erlasses erforderlichen Rechts- und Verwaltungsvorschriften.

Prag, den 16. März 1939.

Der Führer und Reichskanzler.

Der Reichsminister des Innern.

Der Reichsminister des Auswärtigen

Der Reichsminister und Chef der Reichskanzlei.

1939

Druhé setkání Vůdce a říšského kancléře Adolfa Hitlera s prezidentem Emilem Háchou, Pražský hrad, 16. březen 1939. (BS-HH)

Přijetí ministra národní obrany gen. Jana Syrového Vůdcem a říšským kancléřem Adolfem Hitlerem, Pražský hrad, 16. březen 1939. Po tomto setkání věnoval Hitler pár okamžiků i ministrovi a přednostovi prezidentské kanceláře Jiřímu Havelkovi, vůči němuž konstatoval, že „*český národ kráčí nyní vstříc šťastné budoucnosti*". Na Havelku působil Vůdce jako „*venkovský prosťáček, který je dobrák, má milý úsměv a zdá se být bezvýznamným člověkem, špatně oblečeným a už svou povahou nedosti důstojným*". (BS-HH)

Mírně retušovaný snímek z rozloučení prezidenta Emila Háchy s Vůdcem a říšským kancléřem Adolfem Hitlerem, Pražský hrad, 16. březen 1939. (BS-HH)

FOTO NA STR. 84:
Devátá strana Výnosu Vůdce a říšského kancléře o Protektorátu Čechy a Morava ze 16. března 1939: *Článek 13.*
Říšský ministr vnitra vydá v dohodě se zúčastněnými říšskými ministry právní a správní předpisy potřebné k provedení a doplnění tohoto výnosu." Dokument signovali Vůdce a říšský kancléř Adolf Hitler, říšský ministr vnitra Wilhelm Frick, říšský ministr zahraničních věcí Joachim von Ribbentrop a říšský ministr a šéf Říšské kanceláře Hans H. Lammers. (AKPR)

Nová hradní stráž říšské branné moci. Pohled z I. nádvoří Pražského hradu na Hradčanské náměstí, Praha, 16. březen 1939. (AHMP)

PROTEKTORÁT ČECHY A MORAVA

Odjezd Vůdce a říšského kancléře Adolfa Hitlera z Pražského hradu. Na Hitlerově oblíbeném voze Mercedes-Benz G4 je zřetelně vidět Vůdcovu standartu; vlevo šéf Říšské bezpečnostní služby (RSD), která zodpovídala za tělesnou ochranu Vůdce, SS-Standartenführer Johann Rattenhuber, 16. březen 1939. (BS-HH)

Odjezd Vůdce a říšského kancléře Adolfa Hitlera z Pražského hradu, 16. březen 1939. (BS-HH)

1939

Odjezd Vůdcovy kolony z Pražského hradu, 16. březen 1939. (VÚA/VHA Praha)

Zcela zaplněné Hradčanské náměstí zdraví Vůdce a říšského kancléře Adolfa Hitlera při jeho odjezdu z Pražského hradu, 16. březen 1939. (VÚA/VHA Praha)

PROTEKTORÁT ČECHY A MORAVA

Hradčanské náměstí, Praha, 16. březen 1939. (VÚA/VHA Praha)

Mercedes-Benz G4 Vůdce a říšského kancléře Adolfa Hitlera na Malostranském náměstí, Praha, 16. březen 1939. (BS-HH)

Neplánované setkání Vůdce a říšského kancléře Adolfa Hitlera s příslušníky SS, Bělského třída (nyní nábřeží Kapitána Jaroše), Praha, 16. březen 1939. Vpravo za Vůdcem šéf štábu Vůdcova zástupce Rudolfa Heße, říšský vůdce NSDAP Martin Bormann a říšský vůdce SS a šéf německé policie Heinrich Himmler. (AHMP)

Mercedes-Benz G4 Vůdce a říšského kancléře Adolfa Hitlera na starém Trojském mostě při cestě do České Lípy, Praha, 16. březen 1939. (BS-HH)

1939

Turnov, 16. březen 1939. (MČR)

Těžké obrněné radiovozy SdKfz 232 a průzkumné obrněné automobily SdKfz 222, Turnov, 16. březen 1939. (MČR)

Příslušník tankového vojska na stráži u těžkého obrněného radiovozu SdKfz 232 a obrněných automobilů SdKfz 222, Turnov, 16. březen 1939. (MČR)

PROTEKTORÁT ČECHY A MORAVA

Všechny hlavní české deníky přinesly 17. března 1939 na titulních stranách informaci o vzniku Protektorátu Čechy a Morava – *Národní politika*, Praha, 17. březen 1939. (SJBU)

Titulní strana *Národní práce*, Praha, 17. březen 1939. (MZM)

PROTEKTORÁT ČECHY A MORAVA

Titulní strana *Moravského slova*, Brno, 17. březen 1939. (MZM)

1939

Mercedes-Benz G4 Vůdce a říšského kancléře Adolfa Hitlera při vjezdu do centrální části moravské metropole – Brna, 17. březen 1939. (BS-HH)

Zvýšený zájem o tisk, Národní třída, Praha, 17. březen 1939. (ČTK)

Vůdce a říšský kancléř v Brně, 17. březen 1939. (MZM)

PROTEKTORÁT ČECHY A MORAVA

Vůdce a říšský kancléř v Brně, 17. březen 1939. (MZM)

Přivítání Vůdce a říšského kancléře Adolfa Hitlera na Nové radnici, Brno, 17. březen 1939. (BS-HH)

FOTO NA STR. 95 NAHOŘE:
Vůdce a říšský kancléř Adolf Hitler na balkoně Nové radnice, Brno, 17. březen 1939. (BS-HH)

FOTO NA STR. 95 DOLE:
Odjezd Vůdce a říšského kancléře Adolfa Hitlera z Brna, 17. březen 1939. (MZM)

1939

PROTEKTORÁT ČECHY A MORAVA

Achtung, Hamsterer!

Wer Warenkäufe vornimmt, die durch den notwendigsten augenblicklichen Bedarf nicht gerechtfertigt sind, sabotiert die von der Reichsregierung zum Aufbau der Wirtschaft in Böhmen und Mähren angeordneten Massnahmen!

Wer Waren hamstert, muss damit rechnen, dass diese Waren von den besonders dafür eingesetzten Kontrollorganen beschlagnahmt werden. Ausserdem kann gegen Hamsterer Schutzhaft verhängt werden.

Pardubitz, den 17. März 1939.

Der Verwaltungschef beim XIV. Armeekorps:

Neumann,
Landrat.

Pozor, překotní nakupovači!

Kdo činí nákupy, jež nejsou pro nejnutnější okamžitou potřebu oprávněny, sabotuje říšskou vládou nařízená opatření k výstavbě hospodářství v Čechách a na Moravě!

Kdo zboží překotně nakupuje, musí počítati s tím, že mu bude toto zboží k tomu zvlášť ustanovenými kontrolními orgány zabaveno. Kromě toho mohou býti tito překotní nakupovači vzati do zajišťovací vazby.

V Pardubicích dne 17. března 1939.

Správní velitel u XIV. armádního sboru:

Neumann,
zemský rada.

B. Turek, Pardubice.

Vyhláška zemského rady Neumanna varující obyvatelstvo proti nadměrnému zásobování domácností, Pardubice, 17. březen 1939.
(SOkA Pardubice)

Slavnostní přehlídka říšské branné moci u příležitosti Dne hrdinů (oficiálně stanoven na 16. březen – znovuzavedení branné povinnosti v roce 1935), tanky PzKpfw II, Václavské náměstí, Praha,
17. březen 1939. (ČTK)

1939

Slavnostní přehlídka říšské branné moci u příležitosti Dne hrdinů, tank PzKpfw II, Václavské náměstí, Praha, 17. březen 1939. (ČTK)

Slavnostní přehlídka říšské branné moci u příležitosti Dne hrdinů, tanky PzKpfw II a III, Václavské náměstí, Praha, 17. březen 1939. (VÚA/VHA Praha)

PROTEKTORÁT ČECHY A MORAVA

FOTO NAHOŘE VLEVO: Slavnostní přehlídka říšské branné moci u příležitosti Dne hrdinů, tanky PzKpfw I a II, Václavské náměstí, Praha, 17. březen 1939. (ČTK)

FOTO NAHOŘE VPRAVO: Slavnostní přehlídka říšské branné moci u příležitosti Dne hrdinů, velící generálové a vysocí důstojníci tankových vojsk, Václavské náměstí, Praha, 17. březen 1939. (ČTK)

Hudba letectva – pluku Hermanna Göringa, Václavské náměstí, Praha, 18. březen 1939. (ČTK)

1939

Největší přehlídka říšské branné moci za celou dobu existence Protektorátu Čechy a Morava trvala téměř dvě hodiny a lze ji proto řadit k největším v dějinách Třetí říše; konala se u příležitosti Dne branné moci 19. března 1939 na pražském Václavském náměstí. Snímek zachycuje příjezd velitele III. armádní skupiny gen. Johannese A. Blaskowitze před čestnou tribunu. Za povšimnutí stojí obě říšské vlajky, které nesou zřetelně nepředpisový hákový kříž. (ČTK)

Důstojníci a generálové říšské branné moci, členové české vlády, parlamentu a armády a zástupci pražského diplomatického sboru u čestné tribuny před zahájením přehlídky u příležitosti Dne branné moci, Václavské náměstí, Praha, 19. březen 1939. První zleva v popředí ministr průmyslu, obchodu a živností Vlastimil Šádek, třetí zleva státní tajemník u říšského protektora SS-Brigadeführer Karl H. Frank, pátý zleva vojenský atašé německého vyslanectví plk. Rudolf Toussaint, zcela vpravo náměstek pražského primátora Josef Pfitzner. (VÚA/VHA Praha)

PROTEKTORÁT ČECHY A MORAVA

◀ Přehlídka u příležitosti Dne branné moci, Václavské náměstí, Praha, 19. březen 1939. Detailní záběr státního tajemníka u říšského protektora SS-Brigadeführera Karla H. Franka. (NA)

Přehlídka u příležitosti Dne branné moci, Václavské náměstí, Praha, 19. březen 1939. Pěchotní hudba před čestnou tribunou. (VÚA/VHA Praha)

Přehlídka u příležitosti Dne branné moci, Václavské náměstí, Praha, 19. březen 1939. Příjezd gen. Viktora von Schwedlera, na čestné tribuně v popředí velitel III. armádního sboru gen. Johannes A. Blaskowitz. (VÚA/VHA Praha)

Přehlídka u příležitosti Dne branné moci, Václavské náměstí, Praha, 19. březen 1939. Před jednotlivými druhy zbraní byly neseny jejich bojové standarty. (ČTK)

Přehlídka u příležitosti Dne branné moci, Václavské náměstí, Praha, 19. březen 1939. Pěší oddíly říšské branné moci před čestnou tribunou. (ČTK)

Přehlídka u příležitosti Dne branné moci, Václavské náměstí, Praha, 19. březen 1939. Cyklistické oddíly říšské branné moci před čestnou tribunou. (ČTK)

Přehlídka u příležitosti Dne branné moci, Václavské náměstí, Praha, 19. březen 1939. Hudba letectva – pluku Hermanna Göringa – před čestnou tribunou. (ČTK)

PROTEKTORÁT ČECHY A MORAVA

Přehlídka u příležitosti Dne branné moci, Václavské náměstí, Praha, 19. březen 1939. Bojové standarty dělostřeleckých oddílů říšské branné moci před čestnou tribunou. (ČTK)

Přehlídka u příležitosti Dne branné moci, Václavské náměstí, Praha, 19. březen 1939. Oddíly protiletadlových kulometů před čestnou tribunou. (VÚA/VHA Praha)

1939

FOTO NAHOŘE VLEVO: Přehlídka u příležitosti Dne branné moci, Václavské náměstí, Praha, 19. březen 1939. (ČTK)

FOTO NAHOŘE VPRAVO: Přehlídka u příležitosti Dne branné moci, Václavské náměstí, Praha, 19. březen 1939. Dělostřelecký tahač SdKfz 7 s přivěšeným protiletadlovým kanónem ráže 8,8 cm před čestnou tribunou. (ČTK)

Přehlídka u příležitosti Dne branné moci, Václavské náměstí, Praha, 19. březen 1939. Lehké tanky PzKpfw I a II před čestnou tribunou. (ČTK)

PROTEKTORÁT ČECHY A MORAVA

Přehlídka u příležitosti Dne branné moci, Václavské náměstí, Praha, 19. březen 1939. Lehký tank PzKpfw II před čestnou tribunou. (ČTK)

Přehlídka u příležitosti Dne branné moci, Václavské náměstí, Praha, 19. březen 1939. Lehké tanky PzKpfw II. (VÚA/VHA Praha)

Přehlídka u příležitosti Dne branné moci, Václavské náměstí, Praha, 19. březen 1939. Střední tank PzKpfw III před čestnou tribunou. (ČTK)

1939

Přehlídka u příležitosti Dne branné moci, Václavské náměstí, Praha, 19. březen 1939. Zleva: vojenský atašé německého vyslanectví plk. Rudolf Toussaint, ministr školství a národní osvěty Jan Kapras, ministerský předseda Rudolf Beran (oba v cylindrech) a gen. Friedrich Olbricht. V popředí gen. Johannes A. Blaskowitz a gen. Hans Felber. Podíváme-li se pozorněji do tváře generála Olbrichta, pozdějšího významného odpůrce Adolfa Hitlera a jednoho z hlavních protagonistů pokusu o státní převrat 20. července 1944, nenajdeme v ní ani náznak triumfu a nadřazenosti, ale překvapivý odstup a snad i jistou skepsi. (ČTK)

Jednotka příslušníků SS při slavnostním pochodu Prahou, Celetná ulice, březen 1939. (VÚA/VHA Praha)

PROTEKTORÁT ČECHY A MORAVA

FOTO NAHOŘE VLEVO:
První přehlídka říšské branné moci na Moravě, Masarykovo náměstí, Jihlava, 21. březen 1939. (MV)

FOTO NAHOŘE VPRAVO:
Přehlídka říšské branné moci, Masarykovo náměstí, Jihlava, 21. březen 1939. Tank PzKpfw III před čestnou tribunou. (MV)

Vyhláška okresního hejtmana Drábka o odevzdání zbraní, nábojů a třaskavin, Poděbrady, 21. březen 1939. (PM)

FOTO NA STR. 107 NAHOŘE:
Vyhláška zvláštního pověřence Nacionálněsocialistické péče o lid Friedricha Reisse o vydávání teplé stravy, Hradec Králové, 21. březen 1939. (SOkA Hradec Králové)

Kundmachung!
Einwohner von Königgrätz und Umgebung!

Die Nationalsozialistische Volkswohlfahrt gibt ab Mittwoch, dem 22. III. 1939 warmes Essen aus ihren Feldküchen aus.

Die dazu notwendigen Bezugskarten können bei den zuständigen Stellen der einzelnen Gemeindeämter behoben werden.

Die Essenausgabe erfolgt ab Mittwoch, dem 22. III. 1939 täglich, auch Sonntags, ab 11 Uhr vormittags. - Ich bitte die hilfsbedürftige Bevölkerung um sofortige Anmeldung bei den zuständigen Stellen der einzelnen Gemeindeämter.

Die Essenabgabe erfolgt völlig kostenlos. Gefässe sind mitzubringen, 1 Liter pro Portion.

Die Feldküchen der NSV stehen im Hof des Volkshauses zu **Königgrätz**; daselbst erfolgt auch die Verabreichung der Portionen.

Heil Hitler!
Der Beauftragte der „Reichshilfe" für Königgrätz
Dipl. Ing. Rudolf Kafka.

Heil Hitler!
Der Sonderbeauftragte der N. S. Volkswohlfart e. V. für Königgrätz
Friedrich Reiss m. p.

Vyhláška!
Obyvatelům Hradce Král. a okolí!

Nacionálně socialistická péče o lid (Nationalsozialistische Volkswohlfahrt) vydává počínaje **středou dne 22. března 1939** teplé jídlo ze svých polních kuchyní.

Potřebné průkazky lze obdržeti na příslušném oddělení jednotlivých obecních úřadů.

Výdej jídla bude, počínaje středou dne 22. března 1939, denně, tedy i v neděli, vždy od 11 hodin. Prosím strádající obyvatelstvo, aby se neprodleně přihlásilo na příslušném místě.

Vydej jídla bude zcela bezplatný. Nádoby přineste s sebou, a to 1 litr na jednu porci.

Porce se vydávají u polních kuchyní NSV, které stojí na dvoře **Lidového domu - Střelnice** v Hradci Králové.

Heil Hitler!
Pověřenec „Říšské pomoci" pro obvod královéhradecký
Dipl. Ing. Rudolf Kafka v. r.

Heil Hitler!
Zvláštní pověřenec „N. S. Volkswohlfahrt e. V." Hradec Králové
Friedrich Reiss v. r.

Tiskem Družstevní knihtiskárny v Hradci Král.

Generální zbrojmistr luftwaffe gen. Ernst Udet (třetí zprava) a zástupci Říšského ministerstva letectví navštívili v rámci inspekční cesty po protektorátu i letiště Letňany (nyní Praha-Letňany), 23. březen 1939. V pozadí Junkers Ju 52. (VÚA/VHA)

PROTEKTORÁT ČECHY A MORAVA

Generální zbrojmistr luftwaffe gen. Ernst Udet (druhý zleva) a zástupci Říšského ministerstva letectví, letiště Letňany (nyní Praha-Letňany), 23. březen 1939. Vpravo svislá ocasní plocha prototypu čs. bombardovacího a průzkumného letounu Aero A-300 s čerstvě přeznačenou svastikou. (VÚA/VHA Praha)

Generální zbrojmistr luftwaffe gen. Ernst Udet (uprostřed) při výkladu o technických parametrech představovaných čs. letounů, letiště Letňany (nyní Praha-Letňany), 23. březen 1939. (VÚA/VHA Praha)

Čs. letouny připravené k prohlídce generálním zbrojmistrem luftwaffe gen. Ernstem Udetem. Zleva: prototyp bombardovacího a průzkumného letounu Aero A-300, bombardovací Avia B-71, bombardovací Aero MB-200 a prototyp průzkumné a bombardovací Avie B-158, letiště Letňany (nyní Praha-Letňany), 23. březen 1939. Za pozornost nepochybně stojí nepředpisové svastiky umístěné na křídlech letounu Avia B-71. (VÚA/VHA Praha)

Čs. letouny připravené k prohlídce generálním zbrojmistrem luftwaffe gen. Ernstem Udetem. První řada zleva: cvičná Praga E-241, akrobatická Avia Ba-122, stíhací Avia Bn-534 a druhý prototyp stíhací Avie B-35, která se měla po dalších konstrukčních změnách (zatahovací podvozek, třílistá stavitelná vrtule, kanón v ose vrtule) stát důstojným soupeřem Messerschmittu Bf 109 E. Druhá řada zleva: střední bombardovací Aero Ab-101, dálkové průzkumné a střední bombardovací Aero A-100, průzkumný a lehký bombardovací Letov Š-328, neidentifikovatelný stroj za Avií B-35 a Letov Š-50. S výjimkou Avie B-35 nesou všechny letouny nepředpisové svastiky na křídlech, letiště Letňany (nyní Praha-Letňany), 23. březen 1939. (VÚA/VHA Praha)

PROTEKTORÁT ČECHY A MORAVA

Generální zbrojmistr luftwaffe gen. Ernst Udet (uprostřed) před licenční Avií B-71 (Tupolev SB-2), letiště Letňany (nyní Praha-Letňany), 23. březen 1939. (VÚA/VHA Praha)

Generální zbrojmistr luftwaffe gen. Ernst Udet uprostřed českých a německých leteckých důstojníků před letounem Letov Š-328, letiště Letňany (nyní Praha-Letňany), 23. březen 1939. (VÚA/VHA Praha)

Generální zbrojmistr luftwaffe gen. Ernst Udet (druhý zprava) v čele německých a českých leteckých důstojníků míjí Avii Ba-122. V pozadí Aero A-100, letiště Letňany (nyní Praha-Letňany), 23. březen 1939. (VÚA/VHA Praha)

Generální zbrojmistr luftwaffe gen. Ernst Udet (uprostřed) mezi letouny Avia Ba-122 a Avia Bn-534. V pozadí Aero A-100 a Letov Š-328, letiště Letňany (nyní Praha-Letňany), 23. březen 1939. (VÚA/VHA Praha)

Generální zbrojmistr luftwaffe gen. Ernst Udet (vlevo) v rozhovoru se zkušebním pilotem firmy Avia Rudolfem Daleckým, letiště Letňany (nyní Praha-Letňany), 23. březen 1939. (VÚA/VHA Praha)

Generální zbrojmistr luftwaffe gen. Ernst Udet (třetí zleva) sleduje pilotní umění Rudolfa Daleckého, letiště Letňany (nyní Praha-Letňany), 23. březen 1939. (VÚA/VHA Praha)

Generální zbrojmistr luftwaffe gen. Ernst Udet (uprostřed) se rozhodl osobně vyzkoušet kvality letounu Avia Bn-534, páteřního stroje čs. stíhacího letectva. Na první pohled riskantní krok nebyl u tohoto vynikajícího letce, který za první světové války dosáhl 62 sestřelů, ničím překvapivým – a jen dokresluje neohroženou a dobrodružnou povahu tohoto muže (podle některých údajů se Ernst Udet proletěl ještě v prototypu Avie B-35), letiště Letňany (nyní Praha-Letňany), 23. březen 1939. (VÚA/VHA Praha)

Generální zbrojmistr luftwaffe gen. Ernst Udet (v letecké kukle, s padákem) před vzletem s Avií Bn-534, letiště Letňany (nyní Praha-Letňany), 23. březen 1939. (VÚA/VHA Praha)

PROTEKTORÁT ČECHY A MORAVA

Generální zbrojmistr luftwaffe gen. Ernst Udet při nástupu do kokpitu Avie Bn-534, letiště Letňany (nyní Praha-Letňany), 23. březen 1939. (VÚA/VHA Praha)

Generální zbrojmistr luftwaffe gen. Ernst Udet v kokpitu Avie Bn-534. Nad jiné symbolický snímek dokreslující hloubku pádu československé armády, jejíž výzbroj a výstroj (pro 42 divizí na bojových stavech) padla neporušena do rukou nepřítele. Letiště Letňany (nyní Praha-Letňany), 23. březen 1939. (VÚA/VHA Praha)

Vyhláška šéfa generálního štábu VIII. armádního sboru gen. Ericha Marckse o neoprávněném přivlastňování a držení výzbroje, výstroje a stejnokrojů československé armády a zákazu vysílání amatérských radiostanic, Olomouc, 23. březen 1939. (VÚA/VHA Praha)

1939

◀ Velitel VIII. armádního sboru gen. Maximilian von Weichs s důstojníky svého štábu přihlíží přehlídce říšské branné moci na Masarykově náměstí (nyní náměstí Přemysla Otakara II.), České Budějovice, 23. březen 1939. (SOkA České Budějovice)

Velitel VIII. armádního sboru gen. Maximilian von Weichs při projevu k příslušníkům říšské branné moci a německému obyvatelstvu, Masarykovo náměstí, České Budějovice, 23. březen 1939. (SOkA České Budějovice)

Motocyklisté říšské branné moci na Karlově mostě, Praha, 24. březen 1939. (VÚA/VHA Praha)

PROTEKTORÁT ČECHY A MORAVA

FOTO NAHOŘE VLEVO:
U příležitosti uctění památky neznámého vojína vykonal velitel III. armádního sboru gen. Johannes A. Blaskowitz v doprovodu pražského posádkového velitele gen. Eccarda von Gablenze přehlídku čestné jednotky říšské branné moci, Staroměstské náměstí, Praha, 26. březen 1939. (ČTK)

FOTO NAHOŘE VPRAVO:
Slavnostní uctění památky neznámého vojína, Staroměstské náměstí, Praha, 26. březen 1939. V nesourodé skupině lze nalézt nejen velitele III. armádního sboru gen. Johannese A. Blaskowitze, pražského posádkového velitele gen. Eccarda von Gablenze a vojenského atašé německého vyslanectví plk. Rudolfa Toussainta, ale také ministra národní obrany gen. Jana Syrového, zatímního náčelníka Hlavního štábu čs. armády gen. Bohuslava Fialu, pověřeného udržováním styku s říšskou brannou mocí, primátora Otakara Klapku a jeho náměstka Josefa Pfitznera. (ČTK)

Slavnostní uctění památky neznámého vojína v kapli Staroměstské radnice, Praha, 26. březen 1939. Před sarkofágem příslušníka československé střelecké brigády z bitvy u Zborova velitel III. armádního sboru gen. Johannes A. Blaskowitz a ministr národní obrany gen. Jan Syrový. Po Syrového levici náměstek pražského primátora Josef Pfitzner; v německém pojetí šlo o vzdání pocty mrtvým z první světové války. (ČTK)

1939

Němečtí a čeští představitelé před přehlídkou čestné jednotky říšské branné moci, Staroměstské náměstí, Praha, 26. březen 1939. Uprostřed velitel III. armádního sboru gen. Johannes A. Blaskowitz, po jeho pravici ministr národní obrany gen. Jan Syrový a zatímní náčelník Hlavního štábu čs. armády gen. Bohuslav Fiala. Po levici pražský primátor Otakar Klapka a jeho náměstek Josef Pfitzner. (ČTK)

Přehlídka čestné jednotky říšské branné moci před velitelem III. armádního sboru gen. Johannesem A. Blaskowitzem a ministrem národní obrany gen. Janem Syrovým, Staroměstské náměstí, Praha, 26. březen 1939. (ČTK)

PROTEKTORÁT ČECHY A MORAVA

I v Praze se jezdí nyní jen VPRAVO!

In Prag wird RECHTS gefahren!

Ačkoliv česko-slovenské úřady připravovaly přechod na pravostranný provoz od 1. května 1939, vznik protektorátu tento záměr urychlil: Vpravo se oficiálně začalo jezdit hned druhý den po jeho vyhlášení, tj. 17. března 1939. Výjimku představovala Praha, kde pravostranný provoz vstoupil v platnost od 03.00 hod. 26. března 1939. (VÚA/VHA Praha)

FOTO NAHOŘE VPRAVO:
Dopravní policista před Prašnou bránou, náměstí Republiky, 26. březen 1939. (SJBU)

Informační kampaně k zavedení pravostranného silničního provozu se v Praze intenzivně účastnili členové skauta, Václavské náměstí, Praha, 26. březen 1939. (ČTK)

1939

Výrazné upozornění na změnu silničního provozu nesly i pražské tramvaje, Václavské náměstí, Praha, 26. březen 1939. (ČTK)

Nacionálněsocialistická organizace pro dobročinnost (NSV) zahájila na 35 místech vydávání teplé stravy sociálně potřebným Pražanům prostřednictvím autokolony „Hilfszug Bayern". Každý, kdo se předem přihlásil na obecním úřadě, obdržel 1 litr polévky. Akce měla značný ohlas, denně bylo rozdáno na 40 000 porcí, 27. březen 1939. (ČTK)

PROTEKTORÁT ČECHY A MORAVA

Náměstek pražského primátora Josef Pfitzner (v popředí vlevo) a pražský primátor Otakar Klapka při návštěvě jedné z výdejen autokolony „Hilfszug Bayern", Staré výstaviště, U Královské obory (nyní U Výstaviště) Praha, 27. březen 1939. (ČTK)

Náměstek pražského primátora Josef Pfitzner (uprostřed) a pražský primátor Otakar Klapka (zcela vpravo) při návštěvě jedné z výdejen autokolony „Hilfszug Bayern", Staré výstaviště, U Královské obory (nyní U Výstaviště), 27. březen 1939. (ČTK)

1939

Předávání čs. tanků LT vz. 35 do rukou říšské branné moci, Milovice, 28. březen 1939. Celkem jich tankové divize wehrmachtu získaly více než 200. Pod označením PzKpfw 35(t) se účastnily tažení v Polsku, Francii a Sovětském svazu. Z první linie byly staženy koncem roku 1941. (VÚA/VHA Praha)

Předávání čs. tanků LT vz. 35 do rukou říšské branné moci, Milovice, 28. březen 1939. (VÚA/VHA Praha)

PROTEKTORÁT ČECHY A MORAVA

Všem věrným Čechům!

Máme dosud svou republiku, uznání velmocí, vyslanectví (i v Praze), vládu za hranicemi. Tam i zde doma rostou rychle nové legie a odhodlanost k osvobození. Máme dnes lepší podmínky k boji za právo, než jsme měli před 25 lety. Ale musíme mít i doma, v zotročené vlasti ducha let 1914—1918, 1419—1436. A to tím více, čím méně občanských práv budeme mít v zajetí hladových podvodníků. Vaše pravá vláda vás bratrsky zdraví, přeje síly ve svornosti a žádá, abyste jí pomáhali ze všech sil a stáli pevně, statečně a neporušitelně až do chvíle, která si vyžádá pohotové odhodlanosti všech.

I. Vůči uchvatitelům nedělejte o nic více, než nezbytně třeba.
1. Naše země nazývejte vždy jen Čechy a Morava. Ctěte naši vlajku, znak a heslo.
2. Cizince nazývejte vždy zdvořile jen jménem a bez titulu (pan Hitler).
3. Uložené úkony a projevy (proslovy, články, deputace, prapory) omezte na nejmenší míru, i v nich uplatňujte naši posilu a upravte tak, aby každý poznal, že jsou vynuceny. (ČTK)!
4. Nucené výkony, prodej zboží, dodávky, daně provádějte postižení i pověření tak, aby co nejméně utrpěla národní síla a mobilisace.
5. Zvláště opatrní buďte při zcizování nemovitostí, drahých kovů, zbraní, potravin a denních potřeb. Zásobujte raději bratrsky své zákazníky.
6. V květnu proveďte dobrovolně, rychle a přesně sčítání obyvatelstva v Čechách a na Moravě, možno-li i v odtrženém území. Je toho třeba dříve, než začne po sčítání v říši u nás nový podvod s kolonisací německou do vyvlastněných živností.

II. 1. Vůči Němcům však vězte, že jste dočasně bezprávnými nevolníky. Vyložte občanům a zvláště dětem příslušné nové »zákony«, které budou jednou historickou zvláštností a nedejte nijaké záminky k persekuci otevřené. Je dosti skryté! Čilý dorost ať pozoruje nepřítele, aby vám neuniklo ani hnutí.
2. Němců a jejich parád nemáte prostě viděti! Přezírejte je! Ani pohledem jich nevyznamenávejte (stydí se sami dost) a ve styku s nimi se omezte na suchou zdvořilost. Za to v skrytu fotografujte vše, co může být dokladem vašeho »nadšení« a jejich lží. Také ovšem naše zrádce i zvědavce na parádách. Sbírejte vyhlášky, obrázky, příhody, rekvisice, denní tisk, lidový humor.
3. Na bezpečném místě mějte uloženy tyto záznamy, soupisy něm. osob, jejich bytů, středisk, úřadoven, archivů, posádek, výzbroje, zásobáren, zásob, vozidel, letadel, telefonů, vysilaček.
4. Zvláště bděle hlídejte naše bývalé a zrádné spoluobčany, kteří vezmou odplatu největší a nejtěžší.

III. 1. Mezi sebou buďte bratrští, a vynahraďte dobrem, čím jste si ubližovali. Pozorně bděte nad sebou navzájem. I neprobuzené a slabé obezřele burcujte.
2. Příliš poddajné naše lidi, kteří prodávají sebe i nás, nadbíhají, napodobí něm. »vymoženosti«, sobecky se odtahují od národa, nemilosrdně vymáhají i za tísně dluhy, skrblí na národní pomoci, všechny mějte v patrnosti. Ukládejte si jejich výroky, projevy, články, návrhy a činy. V krajním případě jim pak pohrozte jménem »Národního bratrství«. Také zbabělé redakce rázně zakřikněte.
3. Do národního souručenství vstoupíte ovšem všichni. (Volksgemeinschaft) ale dobře rozlišujte členy. A pozorujte dobře zvláště t. zv. pověřené Vůdce. Hlídejte je, i když ujišťují, že zachraňují, co se dá. Buďte tam kvasem, který nedovolí, aby se hospodařilo šikovně bez nás. Nedovolte zavádět lid a zvykat jej na porobu. Podporujte návrat k národní tradici silných a slavných období našich dějin od rozbředlé měkoty, která vítá každého, kdo obsadí Hradčany, Adis-Abebu, Vídeň, Memel. Pátrejte, kdo a odkud vybírá naše zástupce národa, představitele, vůdce!
4. Věrně pak shromažďujte promyšleně a obezřele k mravní a hmotné pohotovosti v pevné víře a nesmiřitelné vůli k brzkému osvobození a utvrzujte ducha odporu vtipem, písničkou, poučením.

Jeden z prvních letáků domácího odboje. Obsahuje hodnocení politické situace a snaží se nastavit pravidla chování vůči okupantům, konec března 1939. (SJBU)

Titulní strana týdeníku *Die Woche*, Berlín, 29. březen 1939. Stejně jako v roce 1939 ani dnes nepotřebuje tento snímek – vzhledem k jeho nepopiratelné jednoznačnosti – jakýkoliv další komentář. (SJBU)

PROTEKTORÁT ČECHY A MORAVA

FOTO NAHOŘE VLEVO:
Příslušník osobního štábu říšského vůdce SS v hodnosti Oberführera vzdává poctu u hrobu neznámého vojína, Staroměstské náměstí, Praha, 3. duben 1939. (ČTK)

FOTO NAHOŘE VPRAVO:
Generálové a důstojníci říšské branné moci v očekávání příletu vrchního velitele pozemního vojska (OKH) gen. Walthera von Brauchitsche, letiště Praha-Ruzyně, 5. duben 1939. (ČTK)

Vrchní velitel pozemního vojska gen. Walther von Brauchitsch (uprostřed) po příletu na letiště Praha-Ruzyně, 5. duben 1939. (ČTK)

1939

FOTO NAHOŘE VLEVO: Vrchní velitel pozemního vojska gen. Walther von Brauchitsch (uprostřed) se zdraví s velícími důstojníky říšské branné moci. Zcela vlevo velitel III. armádní skupiny gen. Johannes A. Blaskowitz, I. nádvoří Pražského hradu, 5. duben 1939. (ČTK)

FOTO NAHOŘE VPRAVO: Vrchní velitel pozemního vojska gen. Walther von Brauchitsch při přehlídce čestné jednotky, I. nádvoří Pražského hradu, 5. duben 1939. (ČTK)

Vrchní velitel pozemního vojska gen. Walther von Brauchitsch s velitelem III. armádní skupiny gen. Johannesem A. Blaskowitzem, Pražský hrad, 5. duben 1939. (ČTK)

PROTEKTORÁT ČECHY A MORAVA

Velitel III. armádní skupiny gen. Johannes A. Blaskowitz (vlevo) a šéf civilní správy v Čechách, říšský komisař a župní vedoucí Říšské župy Sudety Konrad Henlein v očekávání příjezdu říšského protektora Konstantina von Neuratha, Wilsonovo nádraží (nyní Praha hlavní nádraží), Hooverova třída (nyní Wilsonova ulice), Praha, 5. duben 1939. (ČTK)

Příjezd říšského protektora SS-Gruppenführera Konstantina von Neuratha, Wilsonovo nádraží (nyní Praha hlavní nádraží), Hooverova třída (nyní Wilsonova ulice), Praha, 5. duben 1939. Zleva: šéf civilní správy v Čechách, říšský komisař a župní vedoucí Říšské župy Sudety Konrad Henlein, velitel III. armádní skupiny gen. Johannes A. Blaskowitz, Konstantin von Neurath, státní tajemník u říšského protektora SS-Brigadeführer Karl H. Frank (v zákrytu) a státní tajemník v Říšském ministerstvu vnitra, SS-Oberführer Wilhelm Stuckart. (ČTK)

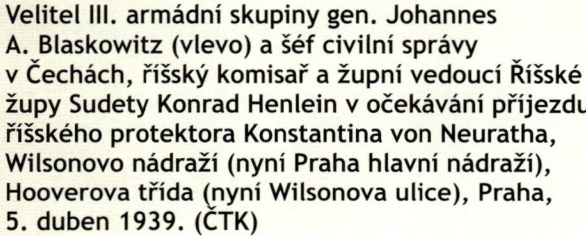

FOTO NA STR. 125 NAHOŘE:
Příjezd říšského protektora SS-Gruppenführera Konstantina von Neuratha (druhý zprava), Wilsonovo nádraží (nyní Praha hlavní nádraží), Hooverova třída (nyní Wilsonova ulice), Praha, 5. duben 1939. Zleva: šéf civilní správy v Čechách, říšský komisař a župní vedoucí Říšské župy Sudety Konrad Henlein, státní tajemník u říšského protektora SS-Brigadeführer Karl H. Frank (v zákrytu), velitel III. armádní skupiny gen. Johannes A. Blaskowitz a státní tajemník v Říšském ministerstvu vnitra SS-Oberführer Wilhelm Stuckart. Na stupátku vagonu zmocněnec říšské branné moci u říšského protektora gen. Erich Friderici. (NA)

FOTO NA STR. 125 DOLE VLEVO:
Říšského protektora SS-Gruppenführera Konstantina von Neuratha přivítali v prostorách Wilsonova nádraží pražský primátor Otakar Klapka (při projevu) a jeho náměstek Josef Pfitzner (první zprava), Hooverova třída (nyní Wilsonova ulice), Praha, 5. duben 1939. (ČTK)

FOTO NA STR. 125 DOLE VPRAVO:
Říšský protektor SS-Gruppenführer Konstantin von Neurath před hlavním vchodem Wilsonova nádraží (nyní Praha hlavní nádraží), Hooverova třída (nyní Wilsonova ulice), Praha, 5. duben 1939. (ČTK)

1939

PROTEKTORÁT ČECHY A MORAVA

Záběr na doprovod říšského protektora SS-Gruppenführera Konstantina von Neuratha, hlavní vchod do Wilsonova nádraží (nyní Praha hlavní nádraží), Hooverova třída (nyní Wilsonova ulice), Praha, 5. duben 1939. Zleva: státní tajemník v Říšském ministerstvu vnitra SS-Brigadeführer Wilhelm Stuckart, říšský komisař a župní vedoucí Říšské župy Sudety Konrad Henlein a státní tajemník u říšského protektora SS-Brigadeführer Karl H. Frank. (NA)

Čestná jednotka vítající říšského protektora SS-Gruppenführera Konstantina von Neuratha, Wilsonovo nádraží (nyní Praha hlavní nádraží), Praha, 5. duben 1939. (ČTK)

1939

Přehlídka čestné jednotky říšským protektorem SS-Gruppenführerem Konstantinem von Neurathem, Hooverova třída (nyní Wilsonova ulice), Praha, 5. duben 1939. Po Neurathově pravici (zleva) generálové Eccard von Gablenz, Georg-Hans Reinhardt a Johannes A. Blaskowitz. (ČTK)

Odjezd říšského protektora SS-Gruppenführera Konstantina von Neuratha na Pražský hrad, Hooverova třída (nyní Wilsonova ulice), Praha, 5. duben 1939. Po protektorově levici velitel III. armádní skupiny gen. Johannes A. Blaskowitz. (ČTK)

Čestná jednotka říšské branné moci v očekávání příjezdu říšského protektora SS-Gruppenführera Konstantina von Neuratha, Hradčanské náměstí, Praha, 5. duben 1939. (ČTK)

Uvítání říšského protektora SS-Gruppenführera Konstantina von Neuratha na Hradčanském náměstí. Zleva velitel III. armádní skupiny gen. Johannes A. Blaskowitz, Konstantin von Neurath a vrchní velitel pozemního vojska gen. Walther von Brauchitsch, Praha, 5. duben 1939. (ČTK)

PROTEKTORÁT ČECHY A MORAVA

FOTA NAHOŘE:
Uvítání říšského protektora SS-Gruppenführera Konstantina von Neuratha (vpravo) vrchním velitelem pozemního vojska gen. Waltherem von Brauchitschem, Hradčanské náměstí, Praha, 5. duben 1939. (ČTK)

Přehlídka čestné jednotky říšským protektorem SS-Gruppenführerem Konstantinem von Neurathem, Hradčanské náměstí, Praha, 5. duben 1939. Po Neurathově pravici vrchní velitel pozemního vojska gen. Walther von Brauchitsch a generálové Johannes A. Blaskowitz, Georg-Hans Reinhardt a Friedrich Olbricht. (ČTK)

FOTO NA STR. 129 DOLE:
Říšský protektor SS-Gruppenführer Konstantin von Neurath (v popředí vlevo) a vrchní velitel pozemního vojska gen. Walther von Brauchitsch vstoupili na Pražský hrad v doprovodu generálů a důstojníků pozemního vojska a příslušníků SS, I. hradní nádvoří, 5. duben 1939. (VÚA/VHA Praha)

1939

Čestná jednotka SS, I. nádvoří Pražského hradu, 5. duben 1939. (VÚA/VHA Praha)

PROTEKTORÁT ČECHY A MORAVA

Státní prezident Emil Hácha v rozhovoru s říšským protektorem SS-Gruppenführerem Konstantinem von Neurathem, Pražský hrad, 5. duben 1939. (ČTK)

Ministr Jiří Havelka a předseda vlády Rudolf Beran při uvítání říšského protektora SS-Gruppenführera Konstantina von Neuratha na Pražském hradě, 5. duben 1939. (ČTK)

Předseda české vlády Rudolf Beran při uvítání říšského protektora SS-Gruppenführera Konstantina von Neuratha na Pražském hradě, 5. duben 1939. V krátkém projevu konstatoval: „*Pane říšský protektore, Vítám Vás, pane říšský protektore, na staroslavné půdě Čech s pocity nejhlubší vážnosti a ve vědomí nesmírné odpovědnosti v době opravdu historické. Je mi velikou ctí, že mohu osloviti Vás jako říšského protektora Čech a Moravy v místě Vašeho vysoce důležitého působení a ve funkci přímého zástupce a představitele Vůdce a říšského kancléře Adolfa Hitlera. Jménem vlády i všech úřadů protektorátu mohu Vás, pane říšský protektore, ubezpečiti loajální spoluprací pro zabezpečení klidného a šťastného vývoje obou národů země naše obývající. Dovolte mi, abych vyslovil pevnou naději, že Váš pobyt zde, mezi námi, dá onen pevný základ pro bohdá šťastnější budoucnost, kterou náš národ s důvěrou očekává. Přeji Vám, pane říšský protektore a přeji svému národu a zemi, aby nastávající doba života českého národa, která bude v dějinách označena kapitolou Vašeho protektorátu, byla úspěšná a slavná.*"
V pozadí zleva ministři Jiří Havelka, Jan Kapras, Otakar Fischer, Josef Kalfus, Vladislav Klumpar, Jaroslav Krejčí a Dominik Čipera. (ČTK)

1939

Pražský hrad, 5. duben 1939. Říšský protektor Konstantin von Neurath (vpravo) v rozhovoru s gen. Erhardem Milchem. (NA)

Nestandardní prapor NSDAP a prapor NSDStB v průvodu studentů, ulice Na Příkopě, Praha, 5. duben 1939. (VÚA/VHA Praha)

Čelo průvodu NSDStB, ulice Na Příkopě, Praha, 5. duben 1939. (VÚA/VHA Praha)

PROTEKTORÁT ČECHY A MORAVA

Průvod NSDStB při vstupu na most Legií, Praha, 5. duben 1939. (VÚA/VHA Praha)

Průvod NSDStB na mostě Legií, Praha, 5. duben 1939. (VÚA/VHA Praha)

Průvod NSDStB na mostě Legií, Praha, 5. duben 1939. (VÚA/VHA Praha)

Průvod NSDStB v Karmelitské ulici, Praha, 5. duben 1939. (VÚA/VHA Praha)

1939

Průvod NSDStB v Karmelitské ulici, Praha, 5. duben 1939. (VÚA/VHA Praha)

Průvod NSDStB na Malostranském náměstí, Praha, 5. duben 1939. (VÚA/VHA Praha)

Příchod členů NSDStB na I. nádvoří Pražského hradu, 5. duben 1939. (VÚA/VHA Praha)

PROTEKTORÁT ČECHY A MORAVA

FOTA NAHOŘE:
Říšský protektor Konstantin von Neurath přijímá zdravici členů NSDStB, I. nádvoří Pražského hradu, 5. duben 1939. (VÚA/VHA Praha)

Improvizovaná přehlídka členů NSDStB říšským protektorem Konstantinem von Neurathem, I. nádvoří Pražského hradu, 5. duben 1939. (VÚA/VHA Praha)

Slavnostní přehlídka při příležitosti příjezdu říšského protektora Konstantina von Neuratha, Václavské náměstí, Praha, 5. duben 1939. Trubači jezdecké hudby pozemního vojska. (VÚA/VHA Praha)

1939

Slavnostní přehlídka při příležitosti příjezdu říšského protektora Konstantina von Neuratha, Václavské náměstí, Praha, 5. duben 1939. Před čestnou tribunou stojí uprostřed gen. Friedrich Olbricht. Podobně jako v březnu byla i nyní na tribuně použita zdánlivě neslučitelná kombinace bývalé vlajky Československé republiky – nyní reprezentující protektorát – a říšské válečné vlajky. (ČTK)

Slavnostní přehlídka při příležitosti příjezdu říšského protektora Konstantina von Neuratha, Václavské náměstí, Praha, 5. duben 1939. Říšský protektor přijel na přehlídku příslušně označeným vozem vrchního velitele pozemního vojska gen. Walthera von Brauchitsche a v jeho doprovodu. (ČTK)

PROTEKTORÁT ČECHY A MORAVA

FOTO NAHOŘE VLEVO:
Slavnostní přehlídka při příležitosti příjezdu říšského protektora Konstantina von Neuratha (v popředí vlevo), Václavské náměstí, Praha, 5. duben 1939. Čestná tribuna slavnostní přehlídky. Státní prezident Emil Hácha (uprostřed) v rozhovoru s vrchním velitelem pozemního vojska gen. Waltherem von Brauchitschem. Vpravo gen. Johannes A. Blaskowitz. (ČTK)

FOTO NAHOŘE VPRAVO:
Slavnostní přehlídka při příležitosti příjezdu říšského protektora Konstantina von Neuratha, Václavské náměstí, Praha, 5. duben 1939. Bubeník jezdecké hudby pozemního vojska před čestnou tribunou. (VÚA/VHA Praha)

Slavnostní přehlídka při příležitosti příjezdu říšského protektora Konstantina von Neuratha, Václavské náměstí, Praha, 5. duben 1939. Davy přihlížejících před čestnou tribunou. (ČTK)

1939

Slavnostní přehlídka při příležitosti příjezdu říšského protektora Konstantina von Neuratha, Václavské náměstí, Praha, 5. duben 1939. Pěší oddíly říšské branné moci před čestnou tribunou. (VÚA/VHA Praha)

Slavnostní přehlídka při příležitosti příjezdu říšského protektora Konstantina von Neuratha, Václavské náměstí, Praha, 5. duben 1939. Bojová standarta dělostřeleckých oddílů říšské branné moci. (ČTK)

PROTEKTORÁT ČECHY A MORAVA

Slavnostní přehlídka při příležitosti příjezdu říšského protektora Konstantina von Neuratha, Václavské náměstí, Praha, 5. duben 1939. Dělostřelecké oddíly říšské branné moci. (ČTK)

FOTO NA STR. 139 NAHOŘE:
Slavnostní přehlídka při příležitosti příjezdu říšského protektora Konstantina von Neuratha, Václavské náměstí, Praha, 5. duben 1939. Průzkumné obrněné automobily SdKfz 222 a těžké obrněné radiovozy SdKfz 232. (VÚA/VHA Praha)

Slavnostní přehlídka při příležitosti příjezdu říšského protektora Konstantina von Neuratha, Václavské náměstí, Praha, 5. duben 1939. Motocyklové oddíly říšské branné moci. (VÚA/VHA Praha)

1939

Slavnostní přehlídka při příležitosti příjezdu říšského protektora Konstantina von Neuratha, Václavské náměstí, Praha, 5. duben 1939. Dělostřelecký tahač SdKfz 8 s přivěšenou 15 cm těžkou polní houfnicí sFH 18. (VÚA/VHA Praha)

Slavnostní přehlídka při příležitosti příjezdu říšského protektora Konstantina von Neuratha, Václavské náměstí, Praha, 5. duben 1939. Vozidlo pro mužstvo SdKfz 70 s přivěšeným 3,7 cm kanónem. (ČTK)

PROTEKTORÁT ČECHY A MORAVA

ČECHOVÉ!

Národ náš pokročil na cestě svého vývoje k nerozborné jednotě, k bratrství a k společnému celkovému úsilí, zosobněnému

Národním souručenstvím.

Síla této jednoty, toto vrcholné národní snažení **nesmí být nikde a ničím porušeno**. Národ náš nesmí být znovu tříštěn a rozvracen pod žádnými hesly, to by byla cesta do záhuby.

**Čechové!
Muži a ženy!**

Nedejte se nikým strhnouti s pravé cesty. Hlídejte pečlivě duševní statky svého národa, střezte své srdce před ústy placených našeptavačů, travičů studní, osobních kořistníků a zločinných úkladníků. Nevěřte slovům rozvratníků, i kdyby zněla sebe pravděpodobněji a sebe úlisněji.

Vůdce národa Dr. Hácha rozhodl o utvoření jediného mocného hnutí,

které se ztotožňuje s národem.

Všichni vůdčí představitelé různých složek našeho života, všichni myslící občané — dělníci rukou i ducha, přijali s radostí toto rozhodnutí.

Kdo se postaví proti, ať otevřeně nebo tajně, slovy neb činy, zákeřně či záludně, nesmí se nadále nazývat Čechem,

sám se vylučuje z našeho národa.

Chceme jít všichni za jedinou myšlenkou **NÁRODNÍHO SOURUČENSTVÍ.** Věříme všichni, že dojdeme k cíli.

věříme všichni v život, schopnosti a budoucnost našeho národa.

VLASTI ZDAR!

◀ Jedna z řady náborových vyhlášek Národního souručenství – nově budované a jediné povolené české politické strany, duben 1939. (VÚA/VHA Praha)

Státní tajemník u říšského protektora SS-Brigadeführer Karl H. Frank (druhý zleva), 9. duben 1939. Velikonoce na horské chatě v Durynském lese. (NA)

Státní tajemník u říšského protektora SS-Brigadeführer Karl H. Frank (druhý zprava), 10. duben 1939. Velikonoce na horské chatě v Durynském lese. (NA)

1939

Odjezd českých dělníků na práci do Německa, Masarykovo nádraží, Praha, 12. duben 1939. (ČTK)

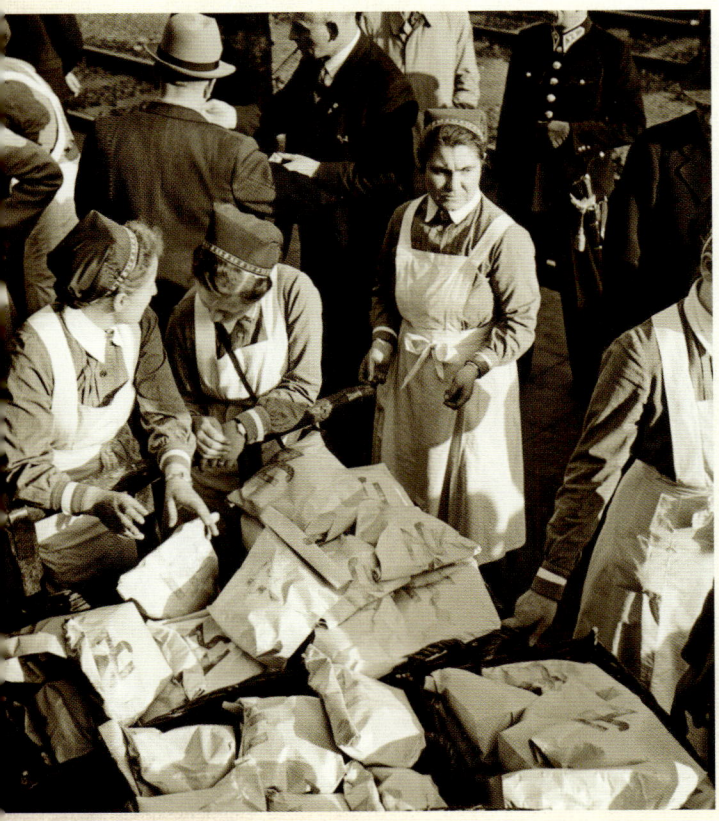

PROTEKTORÁT ČECHY A MORAVA

„Věrni sobě v Národním souručenství" – Propagační plakát Národního souručenství, duben 1939. (VÚA/VHA Praha)

1939

FOTO NAHOŘE VLEVO:
Přesně měsíc po vzniku protektorátu, tj. 16. dubna 1939, skončila vojenská správa Čech a Moravy. Výkonná moc přešla v plné šíři na Úřad říšského protektora a českých úřadů. V této souvislosti opustil Prahu velitel III. armádní skupiny gen. Johannes A. Blaskowitz, dosavadní šéf vojenské správy v Čechách, kterého před odjezdem přijal státní prezident Emil Hácha. Přehlídka čestné jednotky říšské branné moci, I. nádvoří Pražského hradu, 17. duben 1939. (ČTK)

FOTO NAHOŘE VPRAVO:
Velitel III. armádní skupiny gen. Johannes A. Blaskowitz při přehlídce čestné jednotky říšské branné moci, Hradčanské náměstí, 17. duben 1939. (ČTK)

Hromadný pozdrav prozatímní služební vlajce říšského protektora, Hradčanské náměstí, 17. duben 1939. (ČTK)

PROTEKTORÁT ČECHY A MORAVA

Před odjezdem z Čech položil velitel III. armádní skupiny gen. Johannes A. Blaskowitz věnec u pomníku pruského polního maršála Curtha von Schwerina, který „hrdinsky padl s praporem v rukou" (z nápisu na pomníku) na počátku sedmileté války v roce 1757 v bitvě u Štěrbohol. Štěrboholy (nyní Praha-Štěrboholy), 17. duben 1939. (ČTK)

„Věříme NS." Náborový plakát Národního souručenství, duben 1939. (VÚA/VHA Praha)

Baterie protiletadlových kulometů na pražském Petříně, duben 1939. (VÚA/VHA Praha)

FOTO NA STR. 145:
„Zřizujte pro zdraví naší mládeže hřiště a koupaliště." Propagační plakát Národního souručenství, duben 1939. (VÚA/VHA Praha)

PROTEKTORÁT ČECHY A MORAVA

Odjezd státního prezidenta Emila Háchy do Berlína na oslavu 50. narozenin Vůdce a říšského kancléře Adolfa Hitlera. Po Háchově levici ministr dopravy gen. Alois Eliáš, budoucí předseda první protektorátní vlády, Masarykovo nádraží, Praha, 19. duben 1939. (ČTK)

Slavnostní přehlídka k 50. výročí narození Vůdce a říšského kancléře Adolfa Hitlera, Charlottenburger Chaussee (nyní Straße des 17. Juni), Berlín, 20. duben 1939. Pěchota před čestnou tribunou. (SJBU)

Slavnostní přehlídka 50. výročí narození Vůdce a říšského kancléře Adolfa Hitlera, Charlottenburger Chaussee (nyní Straße des 17. Juni), Berlín, 20. duben 1939. Přehlídky, která je považována za největší v dějinách Třetí říše, se účastnilo 40 000 vojáků a 1 500 důstojníků; trvala téměř 5 hodin, počet přihlížejících byl odhadován až na 1 milion. (SJBU)

Slavnostní přehlídka k 50. výročí narození Vůdce a říšského kancléře Adolfa Hitlera, Charlottenburger Chaussee (nyní Straße des 17. Juni), Berlín, 20. duben 1939. Za Adolfem Hitlerem bezprostředně přihlíží zleva: vrchní velitel luftwaffe gen. Hermann Göring, vrchní velitel válečného námořnictva velkoadmirál Erich Raeder, vrchní velitel pozemního vojska gen. Walther von Brauchitsch a šéf Vrchního velitelství branné moci (OKW) gen. Wilhelm Keitel. V popředí státní prezident Emil Hácha a říšský protektor Konstantin von Neurath. Nedávný rozpad Česko-Slovenska symbolizovala i skutečnost, že představitelům Slovenska, v čele s předsedou vlády Jozefem Tisem, byla vyhrazena opačná část slavnostní tribuny. (BS-HH)

Oslava 50. výročí narození Vůdce a říšského kancléře Adolfa Hitlera, Masarykův stadion, Vaníčkova ulice, Praha, 20. duben 1939. Říšské válečné vlajky nad boční vstupní branou. (ČTK)

Oslava 50. výročí narození Vůdce a říšského kancléře Adolfa Hitlera, Masarykův stadion, Vaníčkova ulice, Praha, 20. duben 1939. Velitel přehlídky, velitel IV. armádního sboru gen. Viktor von Schwedler, za ním uprostřed státní tajemník u říšského protektora SS-Brigadeführer Karl H. Frank a zmocněnec říšské branné moci u říšského protektora gen. Erich Friderici. (ČTK)

PROTEKTORÁT ČECHY A MORAVA

Oslava 50. výročí narození Vůdce a říšského kancléře Adolfa Hitlera, Masarykův stadion, Vaníčkova ulice, Praha, 20. duben 1939. (ČTK)

Oslava 50. výročí narození Vůdce a říšského kancléře Adolfa Hitlera, Masarykův stadion, Vaníčkova ulice, Praha, 20. duben 1939. Přehlídky se zúčastnili příslušníci luftwaffe, pěchoty a SS. (ČTK)

Oslava 50. výročí narození Vůdce a říšského kancléře Adolfa Hitlera, Masarykův stadion, Vaníčkova ulice, Praha, 20. duben 1939. Velitel IV. armádního sboru gen. Viktor von Schwedler koná přehlídku standarty SS Germania. (VÚA/VHA Praha)

Oslava 50. výročí narození Vůdce a říšského kancléře Adolfa Hitlera, Masarykův stadion, Vaníčkova ulice, Praha, 20. duben 1939. Jednotky říšské branné moci před velitelem přehlídky, gen. Viktorem von Schwedlerem. (VÚA/VHA Praha)

1939

Oslava 50. výročí narození Vůdce a říšského kancléře Adolfa Hitlera, Masarykův stadion, Vaníčkova ulice, Praha, 20. duben 1939. Standarta SS Germania. (ČTK)

Oslava 50. výročí narození Vůdce a říšského kancléře Adolfa Hitlera. Dorniery Do 17Z nad Masarykovým stadionem, Vaníčkova ulice, Praha, 20. duben 1939. (ČTK)

PROTEKTORÁT ČECHY A MORAVA

Oslava 50. výročí narození Vůdce a říšského kancléře Adolfa Hitlera, Brno, 20. duben 1939. Kladení věnců členy Hitlerjugend (HJ) a Nacionálněsocialistického říšského svazu válečníků. (MZM)

Oslava 50. výročí narození Vůdce a říšského kancléře Adolfa Hitlera, Brno, 20. duben 1939. Členové Nacionálněsocialistického říšského svazu válečníků. (MZM)

Oslava 50. výročí narození Vůdce a říšského kancléře Adolfa Hitlera, Brno, 20. duben 1939. Na slavnostní tribuně starosta města SS-Obersturmführer Oskar Judex (před mikrofonem), společně se členy NSDAP, SA, SS, NSDStB, Nacionálněsocialistického říšského svazu válečníků, říšské branné moci, policie a zástupců Říšského ministerstva zahraničních věcí. (MZM)

FOTO NA STR. 151 NAHOŘE:
Černínský palác, Úřad říšského protektora (nyní Ministerstvo zahraničních věcí České republiky), Loretánské náměstí, Praha, 20. duben 1939. Říšský protektor Konstantin von Neurath (vpravo) v rozhovoru se státním tajemníkem u říšského protektora SS-Brigadeführerem Karlem H. Frankem (uprostřed) a čerstvě jmenovaným státním podtajemníkem u říšského protektora SA-Brigadeführerem Kurtem von Burgsdorffem. (NA)

FOTO NA STR. 151 DOLE:
Přednáška Friedricha Schmieda, šéfa „buňky" NSDAP v rámci NSDStB, Německý dům (nyní Slovanský dům), ulice Na Příkopě, Praha, 27. duben 1939. (ČTK)

1939

PROTEKTORÁT ČECHY A MORAVA

FOTO NAHOŘE VLEVO:
V rámci „Pražského hudebního máje", na kterém se podílely Národní divadlo, Česká filharmonie a Český rozhlas, byla hrána především díla Antonína Dvořáka a Bedřicha Smetany. Nadstandardní zájem veřejnosti o první mimořádné představení lze vysvětlit vstupem zdarma. Národní divadlo, Národní třída, Praha, 29. duben 1939. (ČTK)

FOTO NAHOŘE VPRAVO:
Pohled do hlediště Národního divadla. Mimořádné představení v rámci „Pražského hudebního máje", Praha, 29. duben 1939. (ČTK)

Předseda protektorátní vlády Alois Eliáš je vítán na Staroměstské radnici, Praha, 7. květen 1939. (ČTK)

FOTO NA STR. 153 NAHOŘE:
Předseda protektorátní vlády Alois Eliáš u hrobu neznámého vojína. Po jeho levici pražský primátor Otakar Klapka, Staroměstská radnice, Praha, 7. květen 1939. (ČTK)

FOTO NA STR. 153 DOLE:
Předseda protektorátní vlády Alois Eliáš v rozhovoru s pražským primátorem Otakarem Klapkou, Staroměstská radnice, Praha, 7. květen 1939. V říjnu 1941 budou oba tito muži odsouzeni za účast v odboji k trestu smrti. (ČTK)

1939

153

PROTEKTORÁT ČECHY A MORAVA

V Praze nebyly po Vůdci Adolfu Hitlerovi pojmenovány žádné ulice či náměstí. Jeho jméno však nesla kasárna Adolfa Hitlera (nyní Ministerstvo obrany České republiky), která se stala sídlem příslušníků SS, U kadetky (nyní Na Valech), Praha, květen 1939. (NA)

Poslední ministr zahraničních věcí Výmarské republiky a první ministr zahraničních věcí Třetí říše Konstantin von Neurath získal Úřad říšského protektora v Čechách a na Moravě za zásluhy o (nacionálněsocialistické) Německo, ač k fanatickým nacionálním socialistům nikdy nepatřil. Byl členem Řádu svobodných zednářů a do značné míry i protektorem protektorátní vlády Aloise Eliáše, jejíž drtivá většina patřila rovněž k tomuto řádu. Hlavní vchod do Černínského paláce, sídla Úřadu říšského protektora, Loretánské náměstí, Praha, květen 1939. (NA)

1939

Svatba na Staroměstské radnici, Praha, 10. květen 1939. Oddávající ve stejnokroji SA není nikdo jiný než náměstek primátora Josef Pfitzner. Po potvrzení nezbytných dokumentů obdrželi novomanželé standardní dar – výtisk knihy *Mein Kampf* Adolfa Hitlera. (ČTK)

Státního tajemníka Říšského ministerstva lidové osvěty a propagandy Hermanna Essera (vpravo) přijali na Staroměstské radnici primátor Otakar Klapka (uprostřed) a jeho náměstek Josef Pfitzner (druhý zleva), Praha, 10. květen 1939. (ČTK)

PROTEKTORÁT ČECHY A MORAVA

FOTO NAHOŘE VLEVO:
Státní prezident Emil Hácha (v levé části snímku) v doprovodu předsedy výboru NS Adolfa Hrubého (uprostřed) míří na Hospodářskou výstavu, Staré výstaviště, ulice U Královské obory (nyní U Výstaviště), Praha, 17. květen 1939. (ČTK)

FOTO NAHOŘE VPRAVO:
Státní prezident Emil Hácha na Hospodářské výstavě, Staré výstaviště, ulice U Královské obory (nyní U Výstaviště), Praha, 17. květen 1939. (ČTK)

Státní prezident Emil Hácha (uprostřed) na Hospodářské výstavě. Po jeho levici předseda výboru NS Adolf Hrubý, Staré výstaviště, ulice U Královské obory (nyní U Výstaviště), Praha, 17. květen 1939. (ČTK)

1939

Státní prezident Emil Hácha (druhý zleva) na Hospodářské výstavě. V částečném zákrytu za ním ministr zemědělství Ladislav K. Feierabend, Staré výstaviště, ulice U Královské obory (nyní U Výstaviště), Praha, 17. květen 1939. (ČTK)

Státní prezident Emil Hácha na Hospodářské výstavě, Staré výstaviště, U Královské obory (nyní U Výstaviště), Praha, 17. květen 1939. Doprovází jej generální ředitel Protektorátních lesů a statků Karel Šiman, významný lesnický odborník, organizátor lesnického školství a průkopník lesnické a myslivecké terminologie. (ČTK)

Státní prezident Emil Hácha (třetí zprava) v doprovodu ministra zemědělství Ladislava K. Feierabenda (po Háchově pravici) na Hospodářské výstavě, Staré výstaviště, ulice U Královské obory (nyní U Výstaviště), Praha, 17. květen 1939. (ČTK)

PROTEKTORÁT ČECHY A MORAVA

Vyhláška starosty města Kroměříže Josefa Jedličky o najímání dělníků na práce v Německu, 19. květen 1939. (VÚA/VHA Praha) ▶

Státní prezident Emil Hácha přijal na Hradě nové členy výboru NS v čele s jeho předsedou Adolfem Hrubým (z nově jmenovaných 32 členů se jich dostavilo 27); NS představovalo jedinou českou politickou stranu protektorátu, Praha, 24. květen 1939. (ČTK)

FOTO NA STR. 159 VLEVO DOLE:
Dcera státního prezidenta Emila Háchy Milada Rádlová (s kyticí) ve Společenském klubu, ulice Na Příkopě, Praha, 24. květen 1939. (ČTK)

Státní prezident Emil Hácha (vlevo) odchází z výstavy Sdružení českých umělců Hollar, Galerie Hollar, Masarykovo nábřeží (nyní Smetanovo nábřeží), Praha, 24. květen 1939. (ČTK)

Státní prezident Emil Hácha na výstavě grafik v Topičově salonu, Národní třída, Praha, 24. květen 1939. (ČTK)

Státní prezident Emil Hácha (druhý zprava) na výstavě výtvarných umělkyň v Obecním domě, náměstí Republiky, Praha, 24. květen 1939. (ČTK)

Ministerský předseda Alois Eliáš (uprostřed) ve Společenském klubu, ulice Na Příkopě, Praha, 24. květen 1939. (ČTK)

PROTEKTORÁT ČECHY A MORAVA

1939

V den 2. výročí úmrtí prvního předsedy vlády Československé republiky Karla Kramáře položil předseda výboru NS Adolf Hrubý věnec k jeho hrobu v chrámu Zesnutí přesvaté Bohorodice na Olšanských hřbitovech, Praha, 26. květen 1939. (ČTK)

FOTO NA STR. 160 VLEVO:
Ministr průmyslu, obchodu a živností Vlastimil Šádek (vlevo) a ministr spravedlnosti Jaroslav Krejčí (druhý zleva) ve Společenském klubu, ulice Na Příkopě, Praha, 24. květen 1939. (ČTK)

FOTO NA STR. 160 VPRAVO:
Státní prezident Emil Hácha (uprostřed) v rozhovoru s ministrem průmyslu, obchodu a živností Vlastimilem Šádkem (po Háchově levici) a ministrem financí Josefem Kalfusem, Společenský klub, ulice Na Příkopě, Praha, 24. květen 1939. (ČTK)

FOTO NA STR. 160 DOLE:
Vyhláška vládního rady Wendiggensena o najímání pracovních sil na práce v Německu, České Budějovice, jaro 1939. (SOkA České Budějovice)

Kasárna Adolfa Hitlera, Přerov, květen 1939. (SJBU)

PROTEKTORÁT ČECHY A MORAVA

VYHLÁŠKA

K vyhlášce o zákeřné vraždě na Pol. Hw. Kniest-ovi ze dne 8. června 1939 se dodává:

1. V době od 20 do 5 hodiny pohybovati se po veřejných ulicích a náměstích jest dovoleno pouze osobám, které jsou prokazatelně na cestě z práce neb do práce.

2. Pro udání pachatelů a jejich pomocníků se vypisuje odměna

10.000 RM – 100.000 K

3. Lhůta pro udání pachatelů a jejich pomocníků z vyhlášky ze dne 8. června 1939 se prodlužuje o 24 hodin, t. j. do 10. června 1939 do 20 hodin.

4. Neudá-li někdo pachatele, ačkoliv jednoho z nich zná, bude zastřelen.

5. Obcím policejního obvodu kladenského se ukládá, jako prozatímní odveta pokuta RM 50.000 – 500.000 korun, která bude ihned splatná a vynutelná až bude rozdělena podle klíče, který sám určím.

V Kladně dne 9. června 1939.

Der Oberlandrat.
Dr. Meusel.

FOTO NAHOŘE VLEVO:
Říšští novináři v ateliérech Filmové továrny AB na Barrandově, Praha, 1. červen 1939. (ČTK)

FOTO NAHOŘE VPRAVO:
Recepce na počest říšských novinářů v Presseklubu (nyní Autoklub České republiky), Lützowova ulice (nyní Opletalova), Praha, 2. červen 1939. (ČTK)

Vyhláška vrchního zemského rady Meusela o odměně za udání pachatelů vraždy vrchního strážmistra Pořádkové policie (OrPo) Wilhelma Kniesta, Kladno, 9. červen 1939. (VÚA/VHA Praha)

FOTO NA STR. 163 NAHOŘE:
Říšský protektor Konstantin von Neurath při zahájení výstavy dokumentů k dějinám protektorátu, Clam-Gallasův palác, Husova třída, Praha, 10. červen 1939. V první řadě zleva: státní tajemník u říšského protektora SS-Brigadeführer Karl H. Frank a zmocněnec říšské branné moci u říšského protektora gen. Erich Friderici. (ČTK)

FOTO NA STR. 163 DOLE:
Státní prezident Emil Hácha (druhý zprava) na výstavě Tvář Prahy, 15. červen 1939. (ČTK)

1939

PROTEKTORÁT ČECHY A MORAVA

Udělení Eichendorffovy ceny básníkovi Hansi Watzlikovi, Německý dům (nyní Slovanský dům), ulice Na Příkopě, Praha, 16. červen 1939. Vlevo rektor Německé Karlovy univerzity Ernst Otto. (ČTK)

Udělení Eichendorffovy ceny básníkovi Hansi Watzlikovi, Německý dům (nyní Slovanský dům), ulice Na Příkopě, Praha, 16. červen 1939. Pohled do auditoria: v první řadě zprava rektor Německé Karlovy univerzity Ernst Otto, říšský komisař a župní vedoucí Říšské župy Sudety Konrad Henlein a státní tajemník u říšského protektora SS-Brigadeführer Karl H. Frank. (ČTK)

1939

Státní tajemník u říšského protektora SS-Brigadeführer Karl H. Frank na balkóně Černínského paláce, ÚŘP (nyní Ministerstvo zahraničních věcí ČR), Loretánské náměstí, Praha, červen 1939. (NA)

Státní tajemník u říšského protektora SS-Brigadeführer Karl H. Frank při návštěvě Svatováclavské kaple v katedrále sv. Víta, Praha, červen 1939. Po Frankově levici ministr vnitra gen. Josef Ježek a vrchní vládní rada SS-Sturmbannführer Robert Gies. (NA)

PROTEKTORÁT ČECHY A MORAVA

Slavnostní představení Mozartovy *Figarovy svatby*, Německé stavovské divadlo (nyní Stavovské divadlo), Ovocný trh, Praha, 16. červen 1939. V čestné lóži zleva: říšský komisař a župní vedoucí Říšské župy Sudety Konrad Henlein, manželka říšského protektora Marie, říšský protektor Konstantin von Neurath, manželka Konrada Henleina Emma a státní tajemník v Říšském ministerstvu vnitra SS-Brigadeführer Wilhelm Stuckart. Ve vedlejší lóži protektorátní ministři Vlastimil Šádek, Ladislav K. Feierabend a Jan Kapras. (ČTK)

Slavnostní zahájení činnosti Německé pracovní fronty (DAF) v protektorátu, velký sál Lucerny, Štěpánská ulice, Praha, 22. červen 1939. V první řadě lze mezi příslušníky říšské branné moci, NSDAP, SS a SA nalézt i zmocněnce říšské branné moci u říšského protektora gen. Ericha Fridericiho a státního tajemníka u říšského protektora SS-Brigadeführera Karla H. Franka. (ČTK)

PROTEKTORÁT ČECHY A MORAVA

1939

Pro premianty pražských škol uspořádal primátor Otakar Klapka slavnostní večírek, Štvanice, 23. červen 1939. (ČTK)

Mládež NS u státního prezidenta Emila Háchy, Pražský hrad, 24. červen 1939. (ČTK)

Smutný pohled na odvoz ocelolitinového pancéřového zvonu z těžkého čs. pohraničního opevnění. Z 383 osazených jich bylo vytrženo téměř 75 %. Byly buď roztaveny anebo použity pro vlastní německé opevňovací systémy, především v Horním Slezsku a později na Atlantickém valu, Ústeckoorlicko, červen 1939. (VÚA/VHA Praha)

FOTO NA STR. 168 NAHOŘE:
Zničený objekt lehkého opevnění, součást tzv. Pražské čáry, Slapy, červen 1939. Tzv. Pražská čára představovala 112 km dlouhou linii, tvořenou 830 objekty lehkého opevnění vz. 36 a 37, včetně protitankových příkopů. Obepínala Prahu v táhlém oblouku od Mělníka na severu až po Slapy na jihu. Stratégové říšské branné moci považovali tzv. Pražskou čáru za potenciálně nebezpečnou (ev. paralyzace strategicky důležitých komunikací), a proto rozhodli o její likvidaci. (VÚA/VHA Praha)

FOTO NA STR. 168 DOLE:
Zničený objekt lehkého opevnění vz. 37, součást tzv. Pražské čáry, Slapy, červen 1939. (VÚA/VHA Praha)

Říšský komisař a župní vedoucí Říšské župy Sudety Konrad Henlein (uprostřed) je při své první oficiální návštěvě Prahy vítán na jejích hranicích náměstkem primátora SA-Standartenführerem Josefem Pfitznerem (vlevo), 29. červen 1939. (ČTK)

PROTEKTORÁT ČECHY A MORAVA

Říšský komisař a župní vedoucí Říšské župy Sudety Konrad Henlein (uprostřed) je při své první oficiální návštěvě Prahy vítán na jejích hranicích náměstkem primátora SA-Standartenführerem Josefem Pfitznerem (druhý zprava). V delegaci najdeme příslušníky NSDAP, SA a SS, 29. červen 1939. (ČTK)

Říšský komisař a župní vedoucí Říšské župy Sudety Konrad Henlein (vpravo) je při své první oficiální návštěvě Prahy vítán primátorem Otakarem Klapkou (vlevo) a jeho náměstkem SA-Standartenführerem Josefem Pfitznerem (druhý zleva), Staroměstská radnice, 29. červen 1939. (ČTK)

Říšský komisař a župní vedoucí Říšské župy Sudety Konrad Henlein (uprostřed) na balkonu Staroměstské radnice. Třetí zleva primátor Otakar Klapka (v zákrytu), druhý zprava náměstek primátora SA-Standartenführer Josef Pfitzner, 29. červen 1939. (ČTK)

1939

Řadoví členové NSDAP na cestě do Průmyslového paláce, kde byl znovu oficiálně uvítán říšský komisař a župní vedoucí Říšské župy Sudety Konrad Henlein, náměstí Republiky, 29. červen 1939. (ČTK)

Slavnostní uvítání říšského komisaře a župního vedoucího Říšské župy Sudety Konrada Henleina (druhý zleva) v Průmyslovém paláci, Staré výstaviště, U Královské obory (nyní U Výstaviště), Praha, 29. červen 1939. Po Henleinově levici říšský protektor SS-Gruppenführer Konstantin von Neurath a státní tajemník u říšského protektora SS-Brigadeführer Karl H. Frank. (ČTK)

PROTEKTORÁT ČECHY A MORAVA

Vůdce Říšského zdravotnictví, šéf Říšské lékařské komory a vedoucí Nacionálněsocialistického říšského lékařského spolku (NSDÄB), státní tajemník v Říšském ministerstvu vnitra Hauptdienstleiter Leonardo Conti přednáší na shromáždění německých lékařů, Praha, 5. červenec 1939. Conti stál u vzniku programu eutanazie (akce T4) a byl propagátorem usmrcování plynem. (ČTK)

Vůdce Říšského zdravotnictví, šéf Říšské lékařské komory a vedoucí NSDÄB státní tajemník v Říšském ministerstvu vnitra Hauptdienstleiter Leonardo Conti na shromáždění německých lékařů, Praha, 5. červenec 1939. (ČTK)

V předvečer svých 67. narozenin přijal státní prezident Emil Hácha (uprostřed) na Pražském hradě členy výboru NS, 11. červenec 1939. (ČTK)

1939

Pražský primátor Otakar Klapka (v klobouku) na návštěvě skautského tábora, 21. červenec 1939. (ČTK)

Státní tajemník u říšského protektora SS-Brigadeführer Karl H. Frank (druhý zprava) na výletě ve Skandinávii, loď *Steuben*, červenec 1939. (NA)

PROTEKTORÁT ČECHY A MORAVA

Státní tajemník u říšského protektora SS-Brigadeführer Karl H. Frank (čtvrtý zleva) na výletě ve Skandinávii, loď *Steuben*, červenec 1939. (NA)

Státní tajemník u říšského protektora SS-Brigadeführer Karl H. Frank (vlevo) na výletě ve Skandinávii, loď *Steuben*, červenec 1939. (NA)

Státní tajemník u říšského protektora SS-Brigadeführer Karl H. Frank (vpravo) na výletě ve Skandinávii, červenec 1939. (NA)

FOTO NA STR. 175:
Nařízení říšského protektora Konstantina von Neuratha o držení zbraní na území protektorátu, Praha, 1. srpen 1939. (VÚA/VHA Praha)

PROTEKTORÁT ČECHY A MORAVA

Oddíl HJ při cestě na Staroměstské náměstí. Královská ulice (nyní Sokolovská), Praha, 2. srpen 1939. Příslušníci pěchoty říšské branné moci. (ČTK)

Vzpomínka na 25. výročí vyhlášení první světové války, Hradčanské náměstí, Praha, 2. srpen 1939. Příslušníci pěchoty říšské branné moci. (ČTK)

HJ na Staroměstském náměstí v rámci setkání, které se konalo pravděpodobně v souvislosti s 25. výročím vyhlášení první světové války, Praha, 8. srpen 1939. (ČTK)

Náměstek primátora SA-Standartenführer Josef Pfitzner před projevem k příslušníkům HJ, Staroměstské náměstí, Praha, 8. srpen 1939. (ČTK)

1939

HJ na Hradčanském náměstí, Praha, 8. srpen 1939. (ČTK)

Státní tajemník u říšského protektora SS-Brigadeführer Karl H. Frank při projevu k HJ, Hradčanské náměstí, Praha, 8. srpen 1939. Po Frankově levici zmocněnec říšské branné moci u říšského protektora gen. Erich Friderici a krajský vedoucí NSDAP Konstantin Höß. (NA)

PROTEKTORÁT ČECHY A MORAVA

Vyhláška primátora města Prahy Otakara Klapky, policejního prezidenta Rudolfa Charváta a vrchního velitele Civilní protiletecké ochrany Josefa Nestávala o přípravě na letecké útoky a ochraně při nich, 8. srpen 1939. (VÚA/VHA Praha)

Č. j. 800/39 - CPO.

VYHLÁŠKA

C P O
(civilní protiletecká ochrana)

pro obyvatelstvo, co má připraviti ke své ochraně a jak se má chovati při leteckých útocích.

Základní jednotkou protiletecké ochrany jest obyvatelstvo domu, jemuž se ukládá povinnost vykonat první zákroky proti účinkům leteckých útoků, zejména proti požárům — a poskytnouti první pomoc samaritskou vlastními prostředky.

A. Přípravy v míru.

a) obyvatelstvo nechť si připraví včas:

1. potřeby pro zatemnění (neprůsvitné záclony, neprůsvitný papír nebo látky, rolety, stínidla světel a pod.). Nezapomeňte na zatemnění světlíků, zasklených verand a zejména podkrovních bytů a atelierů (ve střechách) tak, aby světlo odnikud nepronikalo navenek;
2. nouzové osvětlení (svíčky, petrolej, elektrické baterie a lampičky);
3. soupravy pro první pomoc (domácí lékárničky);
4. potraviny v ochranných obalech nebo nádobách a konservy pro potřebu jednoho týdne;
5. prohlédněte plynové masky, zda jsou v dobrém stavu.

b) majitelům domů se ukládá aby:

1. v zájmu požární bezpečnosti dali vykliditi půdy od všech hořlavin a věcí, jež zabraňují rozhledu a pohybu na půdě;
2. opatřili nářadí a náčiní k hašení, jako: kádě na vodu k hašení krovu, dále písek nebo popílek a lopaty k hašení zápalných pum (jeden pytel popílku ze spalovací stanice hlav. města Prahy ve váze 28 kg stačí na 30 čtver. metrů plochy půdy), hadice, ruční stříkačky a pod.;
3. dali zříditi hlavní uzávěr plynu podle vyhlášky č. j. III-9069-39 - D 29-3 ze dne 1. VIII. 1939;
4. opatřili potřeby pro zatemnění schodiště a chodeb;
5. opatřili chlorové vápno pro zneškodnění stop po bojových látkách (alespoň 10 kg u domu činžovního a 5 kg u domu rodinného), které budiž uschováno v tmavých, uzavřených nádobách, nejlépe kameninových, v suchu a chladu;
6. pořídili domovní lékárničku (na účet všech obyvatel domu) a nouzový poplachový prostředek (ruční zvonek, gong, kus plechu, kolejnice a pod.);
7. jmenovali dostatečně početnou domovní hlídku, vyvěsili v domě seznam jejích členů s uvedením přidělených úkolů a jej udržovali.

Upozorňuje se znovu na význam budování lehkých úkrytů v domech. (Viz Směrnice CPO-7, k dostání v Státní tiskárně a u knihkupců za K 2.—.) Poměrně malým nákladem lze zříditi úkryt ve sklepních místnostech zabezpečením oken a dveří, podepřením stropů kulatinou proti proražení stropu padajícími troskami domu a zřízením nouzového východu. Potřebné informace podá obvodní velitel v Kanceláři CPO, Praha I., Dušní ulice č. 3.

c) domovní hlídky v domech ustanovené

provedou všechna opatření daná podle dřívějších pokynů. Velitel domovní hlídky se občas osobně přesvědčí o tom, zda je půda vyklizena od hořlavých látek a předmětů, které brání rozhledu a pohybu, zda je na půdě po ruce dostatečné množství písku nebo popílku (zápalné pumy se nesmějí hasiti vodou) lopaty a krumpáč. Zabraňte rozšíření požáru před příchodem hasičstva! Přezkouší dále domovní lékárničku a přesvědčí se o tom, kde je domovní přívod vody, hlavní uzávěr plynu a zda jsou v jednotlivých domácnostech plynové i vodovodní kohouty v pořádku. Velitel domovní hlídky shromáždí občas k poradě členy své hlídky, přezkouší nařízená opatření, dá jim patřičné pokyny a rozdělí mezi ně funkce požární a samaritské. Zpraví členy hlídky o tom, kde je stanoviště první pomoci a obvodního velitelství CPO a kde je v domě nebo v nejbližším okolí telefon. Všichni členové domovní hlídky nechť si uvědomí svou odpovědnost a seznámí se náležitě se svými povinnosti (viz Pokyny pro členy domovní hlídky, k dostání ve všech mag. úřadovnách za 1 K). Činnost domovní hlídky a její znalosti budou úředně kontrolovány.

B. Přípravy při pohotovosti nařízené obyvatelstvu.

1. naplňte vodou vany, hrnce, džbery a pod. a tyto zásoby udržujte (pro případ poruchy vodovodu);
2. mějte stále při sobě doma i na ulici plynovou masku;
3. rozsvěcujte v bytě světla teprve tehdy, jsou-li okna, dveře atd. neprůsvitně zastřeny;
4. zajistěte okenní tabule proti tlaku vzduchu a střepinám mřížovitým přelepením okenních tabulí pruhy papíru;
5. připravte balík s nejnutnějším šatstvem, pokrývkami, potravinami a pitnou vodou a lékárničku pro případ útěku do úkrytu při poplachu.

Velitel domovní hlídky zařídí stálou službu a střídání členů hlídky.

C. Jak se chovati za leteckého poplachu.

Nepodléhněte panice a jednejte s rozvahou!

1. **Jste-li v bytě:**
zavřete plynové vedení, vodovod, uhaste oheň v kamnech. Není-li v domě úkryt nebo vhodný sklep, zůstaňte v bytě a zdržujte se u středních silných zdí v předsíni, koupelně, chodbě, stranou od oken a dveří tak, abyste byli kryti nábytkem proti střepinám pum, okenního skla a pod. Je-li v domě vhodný úkryt, vezměte připravené přikrývky, potraviny a masku, zhasněte světla, vypněte elektrický proud, uzavřete byt. Po odchodu z bytu odeberte se co nej rychleji do úkrytu v domě. Nehromaďte se v průjezdech ani u vchodu do domu. Členové domovních hlídek nastupte na svá stanoviště. Obyvatelé domu jsou podřízeni pravomoci velitele domovní hlídky, jehož pokyny se musí řídit.

2. **Jste-li mimo dům:**
vyhledejte nejbližší vhodný úkryt, zákop a pod. a připravte masku k rychlému nasazení. Na nekrytých místech nepoužívejte za noci nezastíněných světel a nekuřte.

D. Jak se chovati při leteckém útoku.

Překvapí-li vás na ulici plynový mrak, nasaďte si masku nebo si aspoň při držujte na ústech a nose vlhký kapesník, neutíkejte, dýchejte zvolna a vyjděte z plynového mraku proti větru pokud možno na vyvýšené místo.

Nedotýkejte se podezřelých předmětů, střepin střel nebo zamořených míst. Nesahejte rukama do očí nebo na citlivá místa na těle. Jste-li zasažen bojovou látkou, nevstupujte do místnosti ani úkrytů bez odložení svrchního oděvu a obuvi **(pro nebezpečí zavlečení bojových látek).**

Jste-li zasažen bojovou látkou kapalnou, musí býti každá kapka zvlášť ihned hadříkem nebo vatou vyssáta (NEROZTÍRAT!). Zasažené místo na těle dobře umyjte mýdlem a vodou a upozorněte na to samaritskou službu CPO (Použité hadříky nebo vatu ihned spalte nebo zakopejte, bojové látky účinkují i při vypařování.)

Nikdy se nesnažte křísiti otráveného mechanickým umělým dýcháním nýbrž po uvolnění oděvu dopravte ho v leže na stanici první pomoci.

E. Po vyhlášení návěští „Konec leteckého poplachu".

Úkryt opusťte teprve na rozkaz velitele domovní hlídky.
Vyhýbejte se místům zamořeným bojovými chemickými látkami.
Jste-li v bytě, nebo vejdete-li do něho, jednejte opatrně.
Při ohni nebo jiném nebezpečí zakročte a pomáhejte při záchranných pracích.
Za noci rozsvěťte jen tehdy, není-li zastírací zařízení porušeno.
Zjistěte, nebyly-li potraviny nebo voda dotčeny bojovou látkou; již při pouhém podezření nesmí se jich používati.
Zjistíte-li závady, jako: nevybuchlé pumy, místa zamořená kapalnou bojovou látkou (yperitem) a pod., oznamte to nejbližšímu orgánu CPO.
Učiňte všechna opatření pro nový poplach a opuštění bytu.

PAMATUJTE: Základní příkazy CPO jsou tyto:
Zachovejte bezpodmínečně klid a rozvahu!
Vystříhejte se paniky!
Uklidňujte ostatní!
Nerozčilujte se a nejednejte překotně!
Pomáhejte ochotně dětem, osobám starým, chorým a slabým!
Uposlechněte vždy bezpečnostních orgánů a orgánů CPO a pomáhejte při jejich záchranných pracích!

Tato vyhláška budiž trvale vyvěšena na místě všem obyvatelům přístupném zároveň se seznamem členů domovní hlídky!

V Praze dne 8. srpna 1939.

Vrchní velitel CPO:
Dr. Josef Nestával v. r.

Policejní president:
Rudolf Charvát v. r.

Primátor:
Dr. Otakar Klapka v. r.

PROTEKTORÁT ČECHY A MORAVA

◀ Přehlídka vybraných částí 10. pancéřové divize říšské branné moci, Masarykův stadion, Vaníčkova ulice, Praha, 9. srpen 1939. Vedle tanku PzKpfw III velitel divize gen. Ferdinand F. Schaal, před ním zmocněnec říšské branné moci u říšského protektora gen. Erich Friderici. Na pódiu je očekává státní tajemník u říšského protektora SS-Brigadeführer Karl H. Frank s doprovodem. Gen. Ferdinand F. Schaal se po bojích v Polsku, Francii a Sovětském svazu vrátil do protektorátu v roce 1943 jako velitel branného okruhu Čechy a Morava a zmocněnec říšské branné moci u německého státního ministra pro Čechy a Moravu. (ČTK)

Přehlídka vybraných částí 10. pancéřové divize říšské branné moci, Masarykův stadion, Vaníčkova ulice, Praha, 9. srpen 1939. Zleva: státní tajemník u říšského protektora SS-Brigadeführer Karl H. Frank, zmocněnec říšské branné moci u říšského protektora gen. Erich Friderici a posádkový velitel říšské branné moci v Praze plk. Arthur von Briesen. V pozadí tank PzKpfw III. (NA)

FOTO NA STR. 181 NAHOŘE:
Přehlídka vybraných částí 10. pancéřové divize říšské branné moci, Masarykův stadion, Vaníčkova ulice, Praha, 9. srpen 1939. Na pódiu zleva: zmocněnec říšské branné moci u říšského protektora gen. Erich Friderici, velitel divize gen. Ferdinand F. Schaal a státní tajemník u říšského protektora SS-Brigadeführer Karl H. Frank. (NA)

Přehlídka vybraných částí 10. pancéřové divize říšské branné moci, Masarykův stadion, Vaníčkova ulice, Praha, 9. srpen 1939. Na pódiu velitel divize gen. Ferdinand F. Schaal (vlevo) a zmocněnec říšské branné moci u říšského protektora gen. Erich Friderici. (ČTK)

Přehlídka vybraných částí 10. pancéřové divize říšské branné moci, Masarykův stadion, Vaníčkova ulice, Praha, 9. srpen 1939. Na pódiu zleva: státní tajemník u říšského protektora SS-Brigadeführer Karl H. Frank, velitel divize gen. Ferdinand F. Schaal a zmocněnec říšské branné moci u říšského protektora gen. Erich Friderici. Vlevo od Franka tank PzKpfw III. (NA)

PROTEKTORÁT ČECHY A MORAVA

Přehlídka vybraných částí 10. pancéřové divize říšské branné moci, Masarykův stadion, Vaníčkova ulice, Praha, 9. srpen 1939. (ČTK)

Přehlídka vybraných částí 10. pancéřové divize říšské branné moci, Masarykův stadion, Vaníčkova ulice, Praha, 9. srpen 1939. Na pódiu zleva: státní tajemník u říšského protektora SS-Brigadeführer Karl H. Frank, velitel divize gen. Ferdinand F. Schaal a zmocněnec říšské branné moci u říšského protektora gen. Erich Friderici. (NA)

Slavnostní otevření velitelství Pořádkové policie (OrPo), Pelléova ulice, Praha, 14. srpen 1939. Příslušníci hudby OrPo. (ČTK)

Slavnostní otevření velitelství OrPo, Pelléova ulice, Praha, 14. srpen 1939. Vztyčení říšské válečné vlajky. (ČTK)

1939

Slavnostní otevření velitelství OrPo, Pelléova ulice, Praha, 14. srpen 1939. Vzdání pocty říšské válečné vlajce. V popředí velitel OrPo v protektorátu SS-Brigadeführer a generál policie Jürgen von Kamptz. (ČTK)

Přední vojenský teoretik Československé republiky, plukovník bývalého generálního štábu československé armády a jeden z nejzásadnějších odpůrců přijetí mnichovské dohody Emanuel Moravec (druhý zleva) v rozhovoru s příslušníky Říšské pracovní služby (RAD). Podřízení se mnichovské dohodě považoval za vlastizradu. Pro svůj literární talent, nesporné propagandistické schopnosti a neskrývané ambice byl Moravec vytipován skupinou propagandistů, podléhající zmocněnci říšské branné moci u říšského protektora gen. Erichu Fridericimu jako potenciální kandidát ukázkové spolupráce. V srpnu 1939 byl poslán na poznávací zájezd po Třetí říši. Tehdy si poznamenal: „*Jdu se podívat na nové Německo, které dovedlo přinutit... Západ... aby se vzdal zájmu o Československo a aby se vystěhoval ze střední Evropy. Jdu se podívat, odkud vzalo tu novou nevídanou sílu.*" Po návratu byl Moravec přesvědčen, že našel ráj na zemi. Konstatoval: „*Jaký pořádek, řád, kázeň, moc a síla!*" (NA)

Emanuel Moravec (druhý zleva) na poznávacím zájezdu po Třetí říši, srpen 1939. (NA)

Emanuel Moravec na poznávacím zájezdu po Třetí říši, srpen 1939. Návštěva válečného námořnictva. Tento skutečně symbolický snímek byl poprvé publikován v roce 2006 a od té doby se stal – v souvislosti s Emanuelem Moravcem – nejpoužívanějším jak mezi historiky, tak i mezi publicisty a novináři. (NA)

PROTEKTORÁT ČECHY A MORAVA

Státní policejní úřad v Kladně.

Č. j. 1389 pres.

VYHLÁŠKA

V zájmu zachování veřejné bezpečnosti a veřejného klidu a pořádku vydávají se na základě článku 2. a 3. odst. 1. zákona ze dne 14. VII. 1927 č. 125 Sb. z. a n. ohledně vzájemného styku obyvatelstva nežidovského a židovského původu ve veřejném životě tato nařízení:

1. Osobám **židovského** původu **zakazuje se** návštěva těchto veřejných místností, kaváren a hostinců: **Závodní hotel, kavárna Sport, Slavie, Lidový dům, Reduta, Beránek,** rest. na hřišti **S. K. Kladno, Petrova kavárna a cukrárna Giovanniho Geie v Kladně a „Pošta" (Deutsches Heim) v Kročehlavech.**

Majitelům resp. nájemcům shora uvedených veřejných místností se nařizuje, aby své místnosti opatřili zevně čitelným označením: **Židům nepřístupno!**

2. Majitelům a nájemcům veřejných lázní se nařizuje učiniti opatření, aby osoby židovského původu užívaly lázní odděleně od ostatních osob.

3. Nařizuje se majitelům příp. provozovatelům živnostenských neb jiných po živnostensku provozovaných podniků, pokud jsou **židovského původu,** aby své podniky označili pro zákazníky zřejmým nápisem: **Židovský obchod (závod).**

Nedbání nařízení této vyhlášky bude trestáno podle článku 3. odst. 1. zákona čís. 125-1927 Sb. z. a n. trestem na penězích od 10 do 5000 K nebo trestem na svobodě od 12 hodin do 14 dnů.

Vyhláška tato platí v obvodě státního policejního úřadu v Kladně a nabývá účinnosti dnem vyhlášení.

V Kladně 17. srpna 1939.

Za správce úřadu:
Vrchní policejní komisař:
Dr. Sobota v. r.

Vyhláška vrchního policejního komisaře Soboty o zákazu návštěvy konkrétních veřejných místností, kaváren a hostinců osobami židovského původu, Kladno, 17. srpen 1939. (VÚA/VHA Praha)

Příjezd maďarské mládeže, Masarykovo nádraží, Praha, 17. srpen 1939. Oficiálního uvítání se zhostil náměstek primátora SA-Standartenführer Josef Pfitzner (druhý zprava). (ČTK)

Příjezd maďarské mládeže, Masarykovo nádraží, Praha, 17. srpen 1939. (ČTK)

1939

Adolf-Hitler-Platz (nyní Masarykovo náměstí), Jihlava, 20. srpen 1939. Přísaha příslušníků jednotek SS, projev státního tajemníka u říšského protektora SS-Brigadeführera Karla H. Franka. (NA)

Státní prezident Emil Hácha a členové výboru NOÚZ na cestě k hrobu prvního československého prezidenta Tomáše G. Masaryka, Lány, 21. srpen 1939. (ČTK)

Členové výboru NOÚZ u hrobu prvního československého prezidenta Tomáše G. Masaryka, Lány, 21. srpen 1939. (ČTK)

FOTO NA STR. 186:
Výstraha říšského protektora Konstantina von Neuratha ohledně sabotážních činů na území protektorátu, Praha, srpen 1939. (VÚA/VHA Praha)

PROTEKTORÁT ČECHY A MORAVA

Všemu občanstvu!

S osudem Německé Říše spjat, prožívá náš národ období plné rušných událostí, ve kterém jest třeba zachovati naprostou disciplinovanost všech občanů.

Je třeba, aby si všechny vrstvy našeho lidu dobře uvědomily, že jest nutno v těchto chvílích splniti do krajnosti a naprosto spravedlivě povinnost, vyplývající z místa a postavení, na kterém je každý z nás, ať jde o kterýkoliv obor veřejného života, dělníky, sedláky, živnostníky, příslušníky svobodných povolání, veřejné i soukromé úředníky, ať jde o podřízené nebo vedoucí. Každý z nás je povinen zaručiti nerušený, co nejúčelnější a nejplnější běh svého podniku nebo úřadu.

Všichni občané musí si býti vědomi, že zaviněnou nedbalostí, lhostejností, anebo nepochopením svých povinností, pracovali by proti zájmu Protektorátu Čech a Moravy a tudíž i proti zájmům Velkoněmecké Říše, jejíž součástí je Protektorát.

Vláda Protektorátu uděluje současně příslušné pokyny všem úřadům, ústavům a jiným institucím a vyzývá proto také všechny občany k přesnému konání svých povinností a varuje důtklivě, aby nikdo nerozvážnými činy nepoškodil především zájem svůj, svých spoluobčanů a tím celého národa.

Vláda Protektorátu Čech a Moravy.

V Praze, dne 23. srpna 1939.

An die gesamte Bevölkerung!

Mit dem Schicksal des Deutschen Reiches verbunden, durchlebt unser Volk eine Zeit voll bewegter Ereignisse, in der es notwendig ist, daß alle Bürger restlose Disziplin wahren.

Es ist notwendig, daß alle Schichten unseres Volkes sich gut dessen bewußt sind, daß es notwendig ist, in diesen Augenblicken bis zum Äußersten und vollständig gerecht die Pflicht zu erfüllen, die sich aus dem Posten und der Stellung ergibt, an der jeder von uns steht, mag es sich um welches Gebiet immer des öffentlichen Lebens handeln, um Arbeiter, um Bauern, Gewerbetreibende, Angehörige der freien Berufe, öffentliche und private Beamte, mögen sie in untergeordneter oder in führender Stellung sein. Jeder von uns ist verpflichtet, einen ungestörten möglichst zweckmäßigen und möglichst vollen Lauf seiner Unternehmung oder seines Amtes zu gewährleisten.

Alle Bürger müssen sich dessen bewußt sein, daß sie durch schuldbare Nachlässigkeit, Gleichgültigkeit oder durch Mißverstehen ihrer Pflichten gegen das Interesse des Protektorats Böhmen und Mähren und damit auch gegen die Interessen des Großdeutschen Reiches arbeiten würden, dessen Teil das Protektorat ist.

Die Regierung des Protektorats gibt gleichzeitig allen Behörden, Anstalten und anderen Institutionen die einschlägigen Weisungen und fordert daher auch alle Bürger zur genauen Erfüllung ihrer Pflichten auf und warnt dringlichst, niemand möge durch unüberlegte Taten, vor allem sein Interesse, das Interesse seiner Mitbürger und dadurch das Interesse des ganzen Volkes schädigen.

Die Regierung des Protektorats Böhmen und Mähren.

Prag, den 23. August 1939.

Provolání protektorátní vlády o osudovém spojení Protektorátu Čechy a Morava a Velkoněmecké říše, Praha, 23. srpen 1939. (VÚA/VHA Praha)

PROTEKTORÁT ČECHY A MORAVA

Příslušníci SA nastoupení k pochodu Prahou na nádvoří Lichtenštejnského paláce, kde sídlilo pražské vojenské velitelství, Malostranské náměstí, Praha, 29. srpen 1939. (ČTK)

Příslušníci SA na Karlově mostě, Praha, 29. srpen 1939. (ČTK)

Ustavující schůze Českého svazu pro spolupráci s Němci (ČSSN), dům Spolku čs. inženýrů a architektů (SIA), Pařížská třída, 30. srpen 1939. Při projevu Vladislav Sýkora. Po jeho pravici tiskový referent KSP Josef Kliment, po levici pak člen výboru NS Josef Nebeský. (ČTK)

FOTO NA STR. 188:
Nařízení říšského protektora Konstantina von Neuratha proti sabotážním činům na území protektorátu, Praha, 26. srpen 1939 a doplnění nařízení říšského protektora o rozšířené pravomoci vojenských soudů vydané šéfem OKW gen. Wilhelmem Keitelem, Berlín, 26. srpen 1939. (VÚA/VHA Praha)

PROTEKTORÁT ČECHY A MORAVA

Pohled do výlohy knihkupectví s vylepenou mapou Evropy, Václavské náměstí, Praha. Dne 1. září 1939 zaútočila Třetí říše na Polsko. V projevu k poslancům Říšského sněmu odůvodnil tento krok Vůdce a říšský kancléř Adolf Hitler reakcí na polskou střelbu na výsostné německé území provedenou řadovými jednotkami. Do tří dnů byly do konfliktu vtaženy Velká Británie i Francie, včetně kolonií, a válka tak nabyla světového měřítka. (SJBU)

FOTO NA STR. 191 NAHOŘE:
Vyhláška vrchního policejního rady Zámiše a okresního hejtmana Faltise o opatřeních spojených s Civilní protileteckou ochranou a zatemněním, Kladno, 7. září 1939. (VÚA/VHA Praha)

FOTO NA STR. 191 DOLE:
Vyhláška starosty města Turnova Josefa Plíhala o soupisu mužských státních příslušníků protektorátu, 11. září 1939. (SOkA Semily)

Vyhláška vrchního policejního rady Zámiše a okresního hejtmana Faltise o označení motorových vozidel z protektorátu pro mezinárodní jízdy, Kladno, 4. září 1939. (VÚA/VHA Praha)

1939

Okresní úřad v Kladně. — Státní policejní úřad v Kladně.
Čís. 42.495. — Čís. 1581 pres.

VYHLÁŠKA.

Nařízením p. Říšského protektora pro Čechy a Moravu ze 4. září 1939 byla provolána civilní protiletecká ochrana pro Protektorát Čechy a Morava, kterýmžto provoláním vstupují v účinnost všechna opatření předem předvídaná k uvarování se škod z útoků ze vzduchu.

Obzvláště upozorňuje se na zdejší vyhlášku o zatemnění z 1. září 1939, jakož i nařízení p. Říšského protektora pro Čechy a Moravu ze 4. září 1939, které se níže doslovně uvádí:

§ 1
1) Opatření nutná k účelům civilní protiletecké ochrany jest na podkladě bývalých československých předpisů, které platily až do 16. března 1939 (zákon ze dne 11. dubna 1935 o ochraně a obraně proti leteckým útokům — Sbírka zákonů a nařízení 1935, čís. 82 –, k tomu vyšlá vládní nařízení a úřední směrnice – CPO 1–8 –), provésti v rozsahu následujících ustanovení.

2) Pro zatemnění jest směrodatným nařízení Reichsprotektora o zatemnění v Protektorátu Čechy a Morava k účele protiletecké ochrany ze dne 25. srpna 1939 (Věstník Reichsprotektora čís. 11. str. 71.)

§ 2
1) Provésti v obcích přísluší obecním starostům jakožto majitelům místní policie, v obcích se státní správou místní policie vedoucím státních policejních úřadů ve spolupráci s obecními starosty. Obecní starostové jsou odpovědni okresním úřadům, tyto a státní policejní úřady Oberlandrátum.

2) Při provádění opatření protiletecké ochrany a dozoru nad nimi jakož i pro případ, při čemž proti tomu nejsou dosavad odpovídající pobočné orgány. Tyto smějí pak býti použity pro nutná opatření v rozsahu nutném dle obdobné k tomu jakéhokoliv stavajícího úředního aparátu. Personál a zařízení CPO podléhají vedoucím protileteckým ochrany dle odstavce 1. odpovědným.

§ 3
1) Branná moc, německá pořádková policie, SS-posílovací sbor a německých služebních míst provedou pro své majetky a zařízení potřebná opatření protiletecké ochrany ve vlastní odpovědnosti.

2) Pro opatření uvnitř správ a provozů železničních cest a pošty jsou směrodatnými pokyny říšského ministra dopravy (železnice a vodní cesty) a říšského ministra pošt (pošty) nebo jejich pověřenci.

3) Zvláštní provozy, určené branou mocí nebo Reichsprotektorem, vykonají potřebná opatření protiletecké ochrany na základě zvláštních pokynů. Pro tyto provozy se buď dosadí brannou mocí či pověřenci Oberlandrátu ustanoví vedoucí protiletecké ochrany, kteří pak jsou přímo odpovědni za hladké provedení opatření protiletecké ochrany.

§ 4
1) Činy proti tomuto nařízení trestají se pokutou do 150 RM. nebo vazbou až do 6 týdnů. Při hrubých provineních a vzdorovitém chování může býti uložen trest vězení až do 3 měsíců.

2) K stíhání a odsouzení proti přestupkům nařízení jsou příslušné německé soudy. Ustanovení nařízení o německém soudnictví v Protektorátu Čechy a Morava ze dne 14. dubna 1939 (Říš. zák. I., str. 752.) a nařízení o vykonávání trestního soudnictví v Protektorátu Čechy a Morava ze dne 14. dubna 1939 (Říš. zák. I., str. 754) se použije obdobně.

Obyvatelstvo se vyzývá, aby jako dosavad neprodleně uposlechlo všech pokynů příslušných úřadů a zachovalo naprostý pořádek a kázeň.

V Kladně, dne 7. září 1939.

Okresní hejtman: — Vrchní policejní rada:
Vrchní rada politické správy:

Faltis, v. r. — **Dr. Zámiš,** v. r.

Alois Kuchyňka, Kročehlavy.

Bezirksbehörde in Kladno. — Staatliche Polizeibehörde in Kladno.
G. Zl. 42.495. — G. Zl. 1581 präs.

KUNDMACHUNG.

Durch die Anordnung des H. Reichsprotektors in Böhmen und Mähren vom 4. September 1939 wurde der zivile Luftschutz für das Protektorat Böhmen und Mähren, womit alle Massnahmen, die zur Vermeidung von Schäden durch Angriffe aus der Luft vorgesehen sind, in Kraft treten, aufgerufen.

Insbesonders wird auf die hiesige Kundmachung über die Verdunkelung vom 1. September 1939, sowie auch auf die Verordnung des H. Reichsprotektors in Böhmen und Mähren vom 4. September 1939, welche unten wörtlich angeführt ist, aufmerksamgemacht.

§ 1
1) Die zu Zwecken des zivilen Luftschutzes erforderlichen Massnahmen sind auf der Grundlage der bis zum 16. März 1939 in Kraft gewesenen ehemaligen tschechoslowakischen Vorschriften (Gesetz vom 13. April 1935 über den Schutz und die Verteidigung gegen Fliegerangriffe – Sammlung der Gesetze und Verordnungen 1935 Nr 82 – die hierzu ergangenen Regierungsverordnungen und amtlichen Richtlinien – CPO 1 bis 8 –) nach Massgabe der folgenden Bestimmungen durchzuführen.

2) Für die Verdunkelung ist die Verordnung des Reichsprotektors über die Verdunkelung im Protektorat Böhmen und Mähren zum Zwecke des Luftschutzes vom 25. August 1939 (Verordnungsblatt des Reichsprotektors Nr. 11, Seite 11, Seite 71) massgebend.

§ 2
1) Die Durchführung in den Gemeinden obliegt den Gemeindevorstehern als Inhabern der Ortspolizei, in Gemeinden mit staatlicher Verwaltung der Ortspolizei den Leitern der staatlichen Polizeibehörden in Zusammenarbeit mit den Gemeindevorstehern. Die Gemeindevorsteher sind den Bezirksbehörden, diese und die staatlichen Polizeibehörden den Oberlandräten verantwortlich.

2) Bei Durchführung und Überwachung der Luftschutzmassnahmen sowie für die Einschreiten bei Zuwiderhandlungen sind in dem nach Sachlage oder auch den örtlichen Verhältnissen erforderlichen Umfange die Mithilfe des Personals sowie der Einrichtungen der einzelnen bestehenden CPO bedienen. Personal und Einrichtungen der CPO unterstehen den nach Absatz 1 verantwortlichen Leitern der Luftschutzes.

§ 3
1) Die Wehrmacht, die deutsche Ordnungspolizei, die SS – Verfügungsgruppe und die deutschen Dienststellen führen die für ihre Anwesen und Einrichtungen notwendigen Luftschutzmassnahmen in eigener Verantwortung durch.

2) Für die Massnahmen innerhalb der Verwaltungen und Betriebe der Eisenbahn, der Wasserstrassen und der Post sind die Weisungen des Reichsverkehrsministers (Eisenbahn und Wasserstrassen) und des Reichspostministers (Post) oder ihrer Beauftragten massgebend.

3) Besondere Betriebe, die von der Wehrmacht oder dem Reichsprotektor bestimmt werden, treffen die für sie erforderlichen Luftschutzmassnahmen auf Grund von Sonderweisungen. Für diese Betriebe werden entweder von der Wehrmacht für die Durchführung der Luftschutzes Vertrauenspersonen eingesetzt oder von den Oberlandräten Werkluftschutzleiter bestimmt, die dann unmittelbar für die Reibungslose Durchführung der Luftschutzmassnahmen verantwortlich sind.

§ 4
1) Zuwiderhandlungen werden mit Geldstrafe bis zu 150 RM. oder mit Haft bis zu 6 Wochen bestraft. Bei groben Verstössen und harnäckigem Verhalten kann eine Gefängnisstrafe bis zu 3 Monaten verhängt werden.

2) Zuständig zur Verfolgen und Aburteilung sind die deutschen Gerichte. Die Bestimmungen der Verordnungen über die deutsche Gerichtsbarkeit in Protektorate Böhmen und Mähren vom 14. April 1939 (Reichsgesetzbl. I. S. 752) und der Verordnung über die Ausübung der Strafgerichtsbarkeit im Protektorate Böhmen und Mähren vom 14. April 1939 (Reichsgesetzbl. I. S. 754) finden entsprechend Anwendung.

Die Bevölkerung wird aufgefordert, wie bisher allen Weisungen der zuständigen behördlichen Stellen unverzüglich nachzukommen und völlige Ordnung und Disziplin zu bewahren.

Kladno, am 7. September 1939.

Der Bezirkshauptmann: — Der Verwalter der staatl. Polizeibehörde:
Oberrat der polit. Verwaltung: — Oberpolizeirat:

Faltis, m. p. — **Dr. Zámiš,** m. p.

Alois Kuchyňka, Kročehlavy.

Městský úřad v Turnově.
Číslo jedn.: 8679/39. — Dne 11. září 1939.

VYHLÁŠKA

Podle ustanovení vládního nařízení ze dne 25. července 1939 čís. 190 Sb. zák. a nař., proveden bude

soupis mužských státních příslušníků Protektorátu

Čechy a Morava, podléhajících pracovní povinnosti. Jsou to muži bydlící v Turnově a narození v době od 22. srpna 1914 do 22. srpna 1923.

Hlášení bude přijímáno v kanceláři městského úřadu čís. 5 v I. poschodí radnice

v úterý 12. a ve čtvrtek 14. září 1939
v době od 9 do 12 hodin.

K hlášení nutno přinésti osobní průkaz (domovský, křestní list, občanskou legitimaci a pod.). Jednání nebo opomenutí proti tomuto nařízení bude trestáno podle § 8 citovaného vládního nařízení okresním úřadem pokutou do 20.000 K anebo vězením do 6 měsíců.

Starosta města:
Dr. Josef Plihal v. r.

Třetí a poslední návštěva Vůdce Adolfa Hitlera v Protektorátu Čechy a Morava – při návratu z fronty v Polsku, září 1939. Zleva: gen. Fedor von Bock, gen. Erhard Milch, šéf OKW gen. Wilhelm Keitel a vrchní velitel pozemního vojska gen. Walther von Brauchitsch. (SJČ)

PROTEKTORÁT ČECHY A MORAVA

Arische Leitung des Betriebes und der Verkaufstelle

Arijské vedení závodu a prodejny

Od okamžiku, kdy i v protektorátu začaly platit tzv. Norimberské zákony, se Židé potýkali v ekonomické sféře s arizací a ve sféře sociální s izolací – příklad jedné z řady informačních tabulí konstatujících, že konkrétní prodejna nemá mezi svým vedením Židy, podzim 1939. (VÚA/VHA Praha)

Místnost určená lidem v nouzi, která spadala pod nádražní službu Nacionálněsocialistické organizace pro dobročinnost (NSV). Nesporně pozoruhodný je improvizovaný „oltář", kde je místo Krista umístěn portrét Vůdce a říšského kancléře Adolfa Hitlera, Wilsonovo nádraží (nyní Praha hlavní nádraží), Praha, 24. září 1939. (ČTK)

Státní prezident Emil Hácha je vítán u vstupu do Paláce pražských vzorkových veletrhů (nyní Veletržní palác), Bělského třída (nyní Dukelských hrdinů), 26. září 1939. Zcela vpravo ministr průmyslu, obchodu a živností Vlastimil Šádek. (ČTK)

Státní prezident Emil Hácha (vlevo) před vstupem do Paláce pražských vzorkových veletrhů (nyní Veletržní palác), Bělského třída (nyní Dukelských hrdinů), 26. září 1939. Doprovází jej ministr průmyslu, obchodu a živností Vlastimil Šádek. (ČTK)

1939

Státní prezident Emil Hácha (uprostřed) na Pražských vzorkových veletrzích, Bělského třída (nyní Dukelských hrdinů), Praha, 26. září 1939. (ČTK)

Státní prezident Emil Hácha na Pražských vzorkových veletrzích při zápisu do knihy návštěvníků, Bělského třída (nyní Dukelských hrdinů), Praha, 26. září 1939. (ČTK)

Pomník českého zemského patrona sv. Václava obsypaný květinami v rámci svatováclavských oslav, Václavské náměstí, Praha, 28. září 1939. (ČTK)

PROTEKTORÁT ČECHY A MORAVA

◀ V rámci svatováclavských oslav byl v hlavní chrámové lodi katedrály sv. Víta umístěn znak NS s příznačným heslem „Vlasti zdar!", Pražský hrad, 28. září 1939. (ČTK)

Při svatováclavských oslavách navštívil Svatováclavskou kapli v katedrále sv. Víta i státní prezident Emil Hácha (vlevo) a členové protektorátní vlády a NS, Pražský hrad, 28. září 1939. Po Háchově levici probošt metropolitní kapituly u sv. Víta a pomocný biskup pražský Antonín Eltschkner. Zprava: ministr dopravy a přednosta KSP Jiří Havelka, člen výboru NS Josef Nebeský a předseda protektorátní vlády Alois Eliáš. (ČTK)

Státní prezident Emil Hácha před bočním vstupem do katedrály sv. Víta, Pražský hrad, 28. září 1939. Po Háchově levici probošt metropolitní kapituly u sv. Víta a pomocný biskup pražský Antonín Eltschkner. Za nimi ministři protektorátní vlády, zleva: Vlastimil Šádek, Jiří Havelka, předseda vlády Alois Eliáš, Josef Kalfus, člen výboru NS Josef Nebeský, Jaroslav Krejčí a Josef Ježek. (ČTK)

1939

Státní prezident Emil Hácha odchází ze Svatováclavské kaple katedrály sv. Víta, Pražský hrad, 28. září 1939. Po jeho pravici předseda vlády Alois Eliáš a ministr Jiří Havelka, po pravici člen výboru NS Josef Nebeský. Ve druhé řadě ministři Josef Kalfus a Jaroslav Krejčí. (ČTK)

Svatováclavské oslavy na Pražském hradě, Hradčanské náměstí, 28. září 1939. (ČTK)

Pražský oberlandrat Hans von Watter (uprostřed) přichází do Paláce pražských vzorkových veletrhů (nyní Veletržní palác), Bělského třída (nyní Dukelských hrdinů), 28. září 1939. (ČTK)

Pražský oberlandrat Hans von Watter (uprostřed) na Pražských vzorkových veletrzích, Bělského třída (nyní Dukelských hrdinů), 28. září 1939. (ČTK)

PROTEKTORÁT ČECHY A MORAVA

Státní tajemník u říšského protektora SS-Brigadeführer Karl H. Frank (vlevo) v rozhovoru s příslušníky pluku Leibstandarte SS Adolf Hitler (LSSAH), okraj Prahy, 4. říjen 1939. Uprostřed velitel LSSAH SS-Obergruppenführer Josef Dietrich. (NA)

Leták ilegální Komunistické strany Československa vyzývající k obraně českých zájmů a svobod, říjen 1939. (SJBU)

Státní tajemník u říšského protektora SS-Brigadeführer Karl H. Frank (vpravo) v rozhovoru s příslušníky pluku LSSAH, okraj Prahy, 4. říjen 1939. Uprostřed velitel LSSAH SS-Obergruppenführer Josef Dietrich. (NA)

Příjezd pluku LSSAH, Hooverova třída (nyní Wilsonova ulice), Praha, 4. říjen 1939. V Horchu 901 velitel LSSAH SS-Obergruppenführer Josef Dietrich v doprovodu státního tajemníka u říšského protektora SS-Brigadeführera Karla H. Franka. (ČTK)

Motocyklisté LSSAH, Václavské náměstí, Praha, 4. říjen 1939. Nápis na transparentu zní: „Praha zdraví vítěznou Vůdcovu standartu". (ČTK)

Motocyklisté LSSAH, Václavské náměstí, Praha, 4. říjen 1939. (NA)

Příjezd LSSAH se neobešel bez dojemné scény s květinami, Václavské náměstí, Praha, 4. říjen 1939. Vpravo přední část těžkého obrněného radiovozu SdKfz 232. (ČTK)

PROTEKTORÁT ČECHY A MORAVA

Čestná tribuna přehlídky LSSAH s nestandardní říšskou orlicí, která byla použita již 20. dubna 1939 při oslavě 50. narozenin Vůdce a říšského kancléře Adolfa Hitlera na Masarykově stadionu. Před mikrofonem říšský protektor Konstantin von Neurath. Po jeho pravici velitel LSSAH SS-Obergruppenführer Josef Dietrich, po levici státní tajemník u říšského protektora SS-Brigadeführer Karl H. Frank. V první řadě za nimi mj. posádkový velitel říšské branné moci v Praze plk. Arthur von Briesen, zmocněnec říšské branné moci u říšského protektora gen. Erich Friderici, gen. Helmuth Wilberg, gen. Richard Speich, gen. Georg von Prondzynski a velitel SiPo a SD v protektorátu SS-Oberführer Franz W. Stahlecker, Václavské náměstí, Praha, 4. říjen 1939. (NA)

Přehlídka LSSAH, Václavské náměstí, Praha, 4. říjen 1939. Říšský protektor Konstantin von Neurath (vlevo) v rozhovoru s velitelem LSSAH SS-Obergruppenführerem Josefem Dietrichem. Uprostřed státní tajemník u říšského protektora SS-Brigadeführer Karl H. Frank. (NA)

Čestná tribuna přehlídky LSSAH, Václavské náměstí, Praha, 4. říjen 1939. (ČTK)

Přehlídka LSSAH, Václavské náměstí, Praha, 4. říjen 1939. Velitel LSSAH SS-Obergruppenführer Josef Dietrich zdraví standartu LSSAH. (NA)

Motocyklisté LSSAH na strojích BMW R 12, Václavské náměstí, Praha, 4. říjen 1939. (ČTK)

Průzkumné obrněné automobily SdKfz 222 a motocyklisté LSSAH, Václavské náměstí, Praha, 4. říjen 1939. (ČTK)

PROTEKTORÁT ČECHY A MORAVA

Velitel LSSAH SS-Obergruppenführer Josef Dietrich ▶
v doprovodu státního tajemníka u říšského
protektora SS-Brigadeführera Karla H. Franka
ve vozidle Horch 901, Pobřežní ulice,
Praha, 4. říjen 1939. (NA)

Dne 6. října 1939 vstoupilo formou novely
v platnost vládní nařízení, které ustanovilo
protektorátní symboliku. V maximální míře byly
respektovány historické tradice. Tzv. Větší znak
Protektorátu Čechy a Morava obsahoval v 1. a 4.
poli korunované stříbrné dvouocasé lvy ve skoku
a ve 2. a 3. poli dvě moravské orlice. Analogicky
vycházel ze soukromého prstenu krále Jiřího
z Poděbrad. (SJBU)

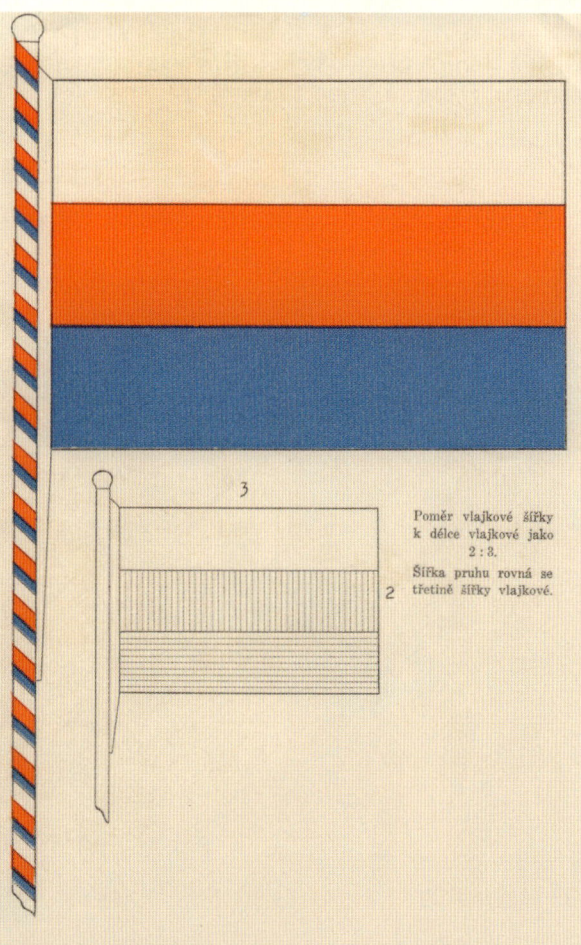

Tzv. Menší znak Protektorátu Čechy a Morava byl
prakticky totožný s provizorním státním znakem
Republiky Československé z roku 1919. (Rozdíly
byly nepatrné – barva zubů a jazyka, tvar koruny
a jazyka.) Šlo o identického korunovaného
stříbrného dvouocasého lva ve skoku jako na tzv.
Větším znaku Protektorátu Čechy a Morava. (SJBU)

Vlajka Protektorátu Čechy a Morava byla tvořena
třemi vodorovnými pruhy – bílým, červeným
a modrým, jejichž odstíny byly totožné s barvami
vlajky Československé republiky. Poměr šířky
k délce, tzn. 2 : 3, zůstal zachován. (SJBU)

1939

Strážní prapor LSSAH s hudbou na pochodu Prahou, Masarykovo nábřeží (nyní Smetanovo nábřeží), 13. říjen 1939. (ČTK)

Čestná stráž Vládního vojska Protektorátu Čechy a Morava, III. hradní nádvoří, Praha, 16. říjen 1939. Vládní vojsko vzniklo z příslušníků bývalé československé armády za účelem udržení vnitřní bezpečnosti a pořádku v protektorátu. Bylo vytvořeno 12 praporů, maximální tabulkový stav byl omezen na 7 000 mužů. (ČTK)

Titulní strana *Pražského ilustrovaného zpravodaje*, 19. říjen 1939. (SJBU)

Montáž dvojjazyčného označení na železniční stanici Turnov-město, říjen 1939. (MČR)

PROTEKTORÁT ČECHY A MORAVA

Říšský protektor Konstantin von Neurath (uprostřed) v rozhovoru s předsedou Nacionálněsocialistického říšského spolku pro tělesnou výchovu (NSRL), státním sekretářem v Říšském ministerstvu vnitra SA-Obergruppenführerem Hansem von Tschammer und Osten, Pražský hrad, 22. říjen 1939. Vlevo manželka říšského protektora Marie. (NA)

Příjezd šéfa štábu SA SA-Obergruppenführera Viktora Lutzeho (třetí zprava), Masarykovo nádraží, Praha, 25. říjen 1939. Lutze se v roce 1934 aktivně podílel na likvidaci tzv. Röhmova puče a šéfa štábu SA Ernsta Röhma nahradil v jeho funkci. (ČTK)

Šéf štábu SA SA-Obergruppenführer Viktor Lutze (v popředí), Masarykovo nádraží, Praha, 25. říjen 1939. Mezi početnou skupinou vítajících byl mj. i státní podtajemník u říšského protektora SA-Brigadeführer Kurt von Burgsdorff (pátý zprava). (ČTK)

1939

Informujte o akci dobré Čechy a rozmnožte tento leták.

Lide československý!

Němci nám dočasně nejen vzali naši svobodu, ale také chtějí vzíti její symbol svátek 28. *října*. Je to den svobody celého československého lidu. Proto je naším svátkem největším. V ten den každá Češka a Slovenka, každý Čech a Slovák půjdou také letos *svátečně oblečeni*, t. j. tak jako chodíme o největších svátcích.

Půjdeme do dílen, do kanceláří a do obchodů, ale s vědomím, že je sváteční den, půjdeme do škol, ale budeme se učiti jen milovati svůj národ, *a nepůjdeme v tento den nakupovati*.

Chceme znovu dáti na jevo *svůj odpor* k lidem, kteří nám berou to, co je nám nejdražší.

Každý musí 28. října viděti na nás všech, že tento den je pro nás největším svátkem.

Zdražili nám i některé nápoje a kuřivo, z nichž vybírají přirážku na válku pro národ, jehož vítězství by bylo zpečetěním naší porážky. Proto celý tento *den nebude nikdo z nás píti nápoj, který je zdražen válečnou daní a nebudete kouřiti*.

Uspořádejte mezi sebou sbírky a jejich výnos odevzdejte národním ústavům, pečujícím o zdraví našeho národa. Budeme tak důstojně manifestovat i za

Československou svobodu.

Tedy letos 28. října je pro nás svátkem, a proto:
1. půjdeme svátečně oblečeni, — 2. nebudeme kupovati, — 3. nebudeme píti alkoholické nápoje, — 4. nebudeme kouřiti a — 5. uspořádáme sbírky pro národní ústavy.

Ústředí československého odboje

Odbojový leták k výročí vzniku Československé republiky, konec října 1939. (SJBU)

FOTO DOLE VLEVO:
Slavnostní představení na počest velitele LSSAH SS-Obergruppenführera Josefa Dietricha, Německé stavovské divadlo (nyní Stavovské divadlo), Ovocný trh, Praha, 31. říjen 1939. V čestné lóži, ozdobené již novou vlajkou říšského protektora, zleva: SS-Obergruppenführer Josef Dietrich, říšský komisař a župní vedoucí Říšské župy Sudety Konrad Henlein, manželka říšského protektora Marie, říšský protektor Konstantin von Neurath, státní tajemník u říšského protektora SS-Brigadeführer Karl H. Frank a zmocněnec říšské branné moci u říšského protektora gen. Erich Friderici. (ČTK)

FOTO DOLE VPRAVO:
Slavnostní představení na počest velitele LSSAH SS-Obergruppenführera Josefa Dietricha, Německé stavovské divadlo (nyní Stavovské divadlo), Ovocný trh, 31. říjen 1939. Zleva: manželka říšského protektora Marie, říšský protektor Konstantin von Neurath, státní tajemník u říšského protektora SS-Brigadeführer Karl H. Frank a zmocněnec říšské branné moci u říšského protektora gen. Erich Friderici. (ČTK)

PROTEKTORÁT ČECHY A MORAVA

Delegace vládního vojska v čele s jeho generálním inspektorem gen. Jaroslavem Emingerem položila věnec u hrobu neznámého vojína. Oficiálně se jednalo o výraz úcty padlým za první světové války, neoficiálně pak o jasnou demonstraci sounáležitosti s československými legiemi, Staroměstské náměstí, Praha, 1. listopad 1939. (ČTK)

Delegace vládního vojska v čele s jeho generálním inspektorem gen. Jaroslavem Emingerem (uprostřed) u hrobu neznámého vojína, Staroměstské náměstí, Praha, 1. listopad 1939. Po Emingerově pravici primátor Otakar Klapka. (ČTK)

Primátor Otakar Klapka s generály vládního vojska. Staroměstské náměstí, Praha, 1. listopad 1939. Druhý zprava generální inspektor Vládního vojska gen. Jaroslav Eminger. (ČTK)

Příslušníci vládního vojska při kladení věnců k památníku obětí světové války, Olšanské hřbitovy, Mladoňovicova ulice (nyní Jana Želivského), Praha, 1. listopad 1939. (ČTK)

Delegace vládního vojska u památníku obětí světové války, Olšanské hřbitovy, Mladoňovicova ulice (nyní Jana Želivského), Praha, 1. listopad 1939. (ČTK)

Vůdce NSDStB SS-Oberführer Gustav A. Scheel koná přehlídku členů NSDStB, Štěpánská ulice, Praha, 3. listopad 1939. Po jeho pravici vedoucí NSDStB Říšské župy Sudety SS-Sturmbannführer Rudolf Meckel. (ČTK)

Slavnostní převzetí německých vysokých škol v protektorátu do ochrany Říše se konalo v Německém stavovském divadle (nyní Stavovské divadlo) za účasti říšského protektora Konstantina von Neuratha, říšského ministra pro vědu, vzdělání a výchovu SA-Gruppenführera Bernharda Rusta a vůdce NSDStB SS-Oberführera Gustava A. Scheela, Ovocný trh, Praha, 5. listopad 1939. Na jevišti členové NSDStB. (ČTK)

PROTEKTORÁT ČECHY A MORAVA

Slavnostní převzetí německých vysokých škol v protektorátu do ochrany Říše se konalo v Německém stavovském divadle (nyní Stavovské divadlo) za účasti říšského protektora Konstantina von Neuratha, říšského ministra pro vědu, vzdělání a výchovu SA-Gruppenführera Bernharda Rusta a vůdce NSDStB SS-Oberführera Gustava A. Scheela, Ovocný trh, Praha, 5. listopad 1939. Za řečnickým pultem rektor Německé Karlovy univerzity Ernst Otto, po jeho pravici pedelové s žezly Německé Karlovy univerzity, Německé vysoké školy technické v Praze a Německé vysoké školy technické v Brně, v pozadí členové NSDStB. (ČTK)

Slavnostní převzetí německých vysokých škol v protektorátu do ochrany Říše se konalo v Německém stavovském divadle (nyní Stavovské divadlo), Ovocný trh, Praha, 5. listopad 1939. V čestné lóži říšský protektor Konstantin von Neurath, po jeho levici říšský ministr pro vědu, vzdělání a výchovu SA-Gruppenführer Bernhard Rust, po pravici pak vůdce NSDStB SS-Oberführer Gustav A. Scheel. (ČTK)

FOTO NA STR. 207 NAHOŘE:
Říšský protektor Konstantin von Neurath v Brně, 15. listopad 1939. Za ním župní vedoucí Říšské župy Dolní Podunají Hugo Jury. (ČTK)

FOTO NA STR. 207 DOLE VLEVO:
Příjezd říšského protektora Konstantina von Neuratha do centra Brna, 15. listopad 1939. (ČTK)

FOTO NA STR. 207 DOLE VPRAVO:
Říšský protektor Konstantin von Neurath koná přehlídku smíšených jednotek SA, HJ a Nacionálněsocialistického motoristického svazu (NSKK), Brno, 15. listopad 1939. Po protektorově pravici státní tajemník u říšského protektora SS-Gruppenführer Karl H. Frank a zmocněnec říšské branné moci u říšského protektora gen. Erich Friderici. (ČTK)

◀ Delegace Národopisné Moravy u ministra školství a národní osvěty Jana Kaprase (uprostřed), Karmelitská ulice, Praha, 7. listopad 1939. (ČTK)

1939

PROTEKTORÁT ČECHY A MORAVA

Říšský protektor Konstantin von Neurath při projevu na Nové radnici, Brno, 15. listopad 1939. Po protektorově levici státní tajemník u říšského protektora SS-Gruppenführer Karl H. Frank a zmocněnec říšské branné moci u říšského protektora gen. Erich Friderici. Po pravici župní vedoucí Říšské župy Dolní Podunají Hugo Jury. (NA)

Říšský protektor Konstantin von Neurath na balkonu Nové radnice, Brno, 15. listopad 1939. Po jeho levici starosta města Oskar Judex, po pravici (ve dveřích) státní tajemník u říšského protektora SS-Gruppenführer Karl H. Frank. (ČTK)

Říšský protektor Konstantin von Neurath před Německou vysokou školou technickou, Brno, 15. listopad 1939. Po jeho pravici velitel SiPo a SD v protektorátu SS-Brigadeführer Franz W. Stahlecker, za ním státní tajemník u říšského protektora SS-Brigadeführer Karl H. Frank. (NA)

Říšský protektor Konstantin von Neurath při projevu na půdě Německé vysoké školy technické v Brně, 15. listopad 1939. (ČTK)

PROTEKTORÁT ČECHY A MORAVA

FOTO NAHOŘE VLEVO:
Oficiální přijetí říšského ministra pro vědu, vzdělání a výchovu SA-Gruppenführera Bernharda Rusta (uprostřed) a vůdce NSDStB SS-Oberführera Gustava A. Scheela (vlevo) na Staroměstské radnici, Staroměstské náměstí, Praha, 15. listopad 1939. (ČTK)

FOTO NAHOŘE VPRAVO:
Říšský ministr pro vědu, vzdělání a výchovu SA-Gruppenführer Bernhard Rust (uprostřed) na balkonu Staroměstské radnice, Staroměstské náměstí, Praha, 15. listopad 1939. Po ministrově levici náměstek primátora SA-Standartenführer Josef Pfitzner, po pravici pak vůdce NSDStB SS-Oberführer Gustav A. Scheel. V popředí primátor Otakar Klapka. (ČTK)

FOTO NA STR. 211 NAHOŘE:
Vyhláška říšského protektora Konstantina von Neuratha o uzavření českých vysokých škol, popravě devíti představitelů studentského hnutí a internaci českých vysokoškoláků, Praha, 17. listopad 1939. (VÚA/VHA Praha)

FOTO NA STR. 211 DOLE:
Vyhláška zemského prezidenta Richarda Bienerta o vyhlášení stanného práva v Praze a politických okresech Praha-venkov, Kladno, Beroun a Hořovice, v souvislosti se zločiny vzbouření, vraždy a veřejného násilí, Praha, 18. listopad 1939. (VÚA/VHA Praha)

Říšský ministr pro vědu, vzdělání a výchovu SA-Gruppenführer Bernhard Rust ve stejnokroji župního vedoucího přispívá na „Dílo zimní pomoci" (WHW), Staroměstské náměstí, Praha, 15. listopad 1939. (ČTK)

PROTEKTORÁT ČECHY A MORAVA

Přehlídka příslušníků OrPo, konaná před státním tajemníkem u říšského protektora SS-Gruppenführerem Karlem H. Frankem (v automobilu Mercedes-Benz 540 K). Po Frankově pravici velitel OrPo v protektorátu SS-Brigadeführer a generál policie Jürgen von Kamptz, Václavské náměstí, Praha, 21. listopad 1939. (ČTK)

Státní tajemník u říšského protektora SS-Gruppenführer Karl H. Frank (v automobilu Mercedes-Benz 540 K) a velitel OrPo v protektorátu SS-Brigadeführer a generál policie Jürgen von Kamptz konají přehlídku příslušníků OrPo, Václavské náměstí, Praha, 21. listopad 1939. (ČTK)

Slavnostní matiné v Německém domě (nyní Slovanský dům), ulice Na Příkopě, Praha, 26. listopad 1939. Před mikrofonem krajský vedoucí NSDAP Konstantin Höß. (ČTK)

1939

Landesbehörde in Prag.
Z. 67.519 präs. ai 1939.

KUNDMACHUNG.

Seit dem 15. März 1939 gehören Böhmen und Mähren zum Gebiete des Großdeutschen Reiches und sie haben sich als sein autonomer Bestandteil „Protektorat Böhmen und Mähren" unter seinen Schutz gestellt. Daraus ergibt sich die selbstverständliche Pflicht der ganzen Protektoratsbevölkerung, also auch der nichtdeutschen Volkszugehörigen, gegenüber den Symbolen des Deutschen Reiches die gebührende Ehrenbezeugung zu erweisen.

Darüber, wann und auf welche Weise diese Ehrenbezeugung zu erfolgen hat, gelten folgende Grundsätze:

1. Der Gruß ist gegenüber den Reichsflaggen, Fahnen und Standarten des deutschen Heeres sowie jenen Fahnen und Standarten, deren wesentlicher Bestandteil das Hakenkreuz ist, zu leisten, u. zw. dann, wenn sie offiziell, namentlich von der deutschen Wehrmacht, den Reichsbehörden und Reichsorganen, der deutschen nationalsozialistischen Arbeiterpartei und ihren Gliederungen oder angeschlossenen Verbänden gebraucht (bei feierlichen Anlässen gehißt, an der Spitze des marschierenden Heeres, bei Umzügen u. dgl. getragen) werden.

2. Die Reichssymbole hat die Bevölkerung nichtdeutscher Nationalität in der bisher üblichen Weise, d. h. stehend in gesammelter Haltung und unter Abnehmen der Kopfbedeckung zu grüßen. Dabei ist es jedermann freigestellt, die Ehrenbezeugung auch durch Erheben des rechten Armes zu erweisen.

3. Der unter Punkt 2 angeführte Gruß ist auch beim öffentlichen Spielen oder Singen der Reichshymnen (des Liedes „Deutschland, Deutschland über alles" und der 1. Strophe des Horst-Wessel-Liedes) zu leisten.

Gegen diejenigen, die ungeachtet des Inhaltes dieser Kundmachung eine Mißachtung für die angeführten Symbole und die Hymnen des Großdeutschen Reiches auf welche Art immer äußern und so die öffentliche Ruhe und Ordnung stören würden, wird streng nach dem Gesetz eingeschritten werden.

Prag, den 27. November 1939.

Der Landespräsident:
Bienert e. h.

Zemský úřad v Praze.
Č. 67.519 pres. ai 1939.

VYHLÁŠKA.

Ode dne 15. března 1939 náležejí Čechy a Morava k území Velkoněmecké říše a vstoupily jako autonomní součást „Protektorát Čechy a Morava" pod její ochranu. Z toho plyne samozřejmá povinnost také všeho obyvatelstva Protektorátu i neněmecké národnosti vzdávati symbolům Německé říše povinnou čest.

O tom, kdy a jakým způsobem se tato pocta vzdává, platí tyto zásady:

1. Zdraviti jest říšské vlajky, prapory a standarty německého vojska, dále prapory a standarty, jichž podstatnou součástí jest skobový kříž, a to tehdy, jsou-li používány oficielně (slavnostně vztyčovány, neseny v čele pochodujícího vojska, v průvodech a pod.) zejména říšskou brannou mocí, říšskými úřady a orgány, německou národněsocialistickou stranou dělnickou, jejími součástkami nebo připojenými svazy.

2. Říšské symboly zdraví obyvatelstvo neněmecké národnosti dosud obvyklým způsobem, t. j. zaujetím důstojného soustředěného postoje a sejmutím pokrývky hlavy. Při tom se každému ponechává na vůli, chce-li pozdraviti také vztyčením pravé paže.

3. Pozdravu uvedeného pod bodem 2. nutno použíti také při veřejném hraní, nebo zpívání říšských hymen (píseň „Deutschland, Deutschland über alles" a 1. sloka písně Horst Wesselovy).

Proti těm, kdož by, nedbajíce obsahu této vyhlášky, jakýmkoliv způsobem projevili neúctu k uvedeným symbolům a hymnám Velkoněmecké říše a porušili tak veřejný klid a pořádek, bude přísně zakročeno podle zákona.

V Praze dne 27. listopadu 1939.

Zemský president:
Bienert v. r.

Vyhláška zemského prezidenta Richarda Bienerta o povinnosti zdravení říšských symbolů, Praha, 27. listopad 1939. (VÚA/VHA Praha)

Hlavní tvůrce a ideolog HJ, říšský vůdce mládeže a říšský vedoucí NSDAP Baldur von Schirach (uprostřed) při přijetí na Staroměstské radnici, Staroměstské náměstí, Praha, 2. prosinec 1939. (ČTK)

PROTEKTORÁT ČECHY A MORAVA

Přijetí hlavního tvůrce a ideologa HJ, říšského vůdce mládeže a říšského vedoucího NSDAP Baldura von Schiracha na Staroměstské radnici, Staroměstské náměstí, Praha, 2. prosinec 1939. V popředí vlevo primátor Otakar Klapka, po jeho levici náměstek primátora SA-Standartenführer Josef Pfitzner. (NA)

Říšský vůdce mládeže a říšský vedoucí NSDAP Baldur von Schirach (uprostřed) na balkonu Staroměstské radnice, Staroměstské náměstí, Praha, 2. prosinec 1939. Po Schirachově pravici primátor Otakar Klapka, po levici pak náměstek primátora SA-Standartenführer Josef Pfitzner. (ČTK)

Slavnostní zahájení „Měsíce české knihy" proběhlo pod záštitou NS, Obecní dům, náměstí Republiky, Praha, 2. prosinec 1939. (ČTK)

1939

Říšský vedoucí NSDAP a vedoucí Německé pracovní fronty (DAF) Robert Ley (druhý zleva) je vítán na pražském ostrově Kampa při příležitosti otevření krajského vedení NSDAP v Lichtenštejnském paláci, 2. prosinec 1939. (ČTK)

Říšský vedoucí NSDAP a vedoucí DAF Robert Ley koná přehlídku příslušníků NSKK, ulice Na Kampě, Praha, 2. prosinec 1939. Po Leyově pravici říšský komisař a župní vedoucí Říšské župy Sudety Konrad Henlein a krajský vedoucí NSDAP v Praze Konstantin Höß. (NA)

PROTEKTORÁT ČECHY A MORAVA

Říšský vedoucí NSDAP a vedoucí DAF Robert Ley při projevu. Krajské vedení NSDAP, ulice Na Kampě, Praha, 2. prosinec 1939. Z mocenského hlediska patřil Ley k úzké špičce nejvlivnějších stranických vůdců NSDAP. (ČTK)

Slavnostní vztyčování říšské vlajky na dvoře krajského vedení NSDAP, Lichtenštejnský palác, ulice Na Kampě, Praha, 2. prosinec 1939. Přítomen byl nejen říšský vedoucí NSDAP a vedoucí DAF Robert Ley, státní tajemník u říšského protektora SS-Gruppenführer Karl H. Frank, říšský komisař a župní vedoucí Říšské župy Sudety Konrad Henlein, krajský vedoucí NSDAP v Praze Konstantin Höß či náměstek primátora SA-Standartenführer Josef Pfitzner, ale i místní špičky NSDAP, SA, SS a říšské branné moci. (ČTK)

Slavnostní vztyčování říšské vlajky na dvoře krajského vedení NSDAP, Lichtenštejnský palác, ulice Na Kampě, Praha, 2. prosinec 1939. Říšský komisař a župní vedoucí Říšské župy Sudety Konrad Henlein (uprostřed) blahopřeje místním stranickým funkcionářům. V popředí vlevo přihlíží krajský vedoucí NSDAP v Praze, Konstantin Höß. (ČTK)

Slavnostní vztyčování říšské vlajky na dvoře krajského vedení NSDAP, Lichtenštejnský palác, ulice Na Kampě, Praha, 2. prosinec 1939. (ČTK)

1939

Slavnostní koncert v Německém stavovském divadle (nyní Stavovské divadlo) při příležitosti otevření budovy krajského vedení NSDAP, Ovocný trh, Praha, 2. prosinec 1939. (ČTK vlevo, NA vpravo)

Slavnostní nástup příslušníků SA, SS a HJ při příležitosti otevření budovy krajského vedení NSDAP, Staroměstské náměstí, Praha, 2. prosinec 1939. (ČTK)

Říšský vedoucí NSDAP a vedoucí DAF Robert Ley při projevu v Německém stavovském divadle (nyní Stavovské divadlo) při příležitosti otevření budovy krajského vedení NSDAP, Ovocný trh, Praha, 2. prosinec 1939. (NA)

PROTEKTORÁT ČECHY A MORAVA

Projev státního tajemníka u říšského protektora SS-Gruppenführera Karla H. Franka při příležitosti otevření budovy krajského vedení NSDAP, Staroměstské náměstí, Praha, 2. prosinec 1939. (NA)

Říšský vedoucí NSDAP, SS-Obergruppenführer Philipp Bouhler (druhý zleva) při přijetí na Staroměstské radnici, Staroměstské náměstí, Praha, 3. prosinec 1939. Bouhler byl, spolu s SS-Brigadeführerem Karlem Brandtem, Vůdcem Adolfem Hitlerem přímo pověřen programem eutanazie. Po Bouhlerově pravici primátor Otakar Klapka, po levici pak náměstek primátora SA-Standartenführer Josef Pfitzner. (ČTK)

PROTEKTORÁT ČECHY A MORAVA

Akce „Jídlo z jednoho hrnce" proběhla pod heslem „Celý německý národ jí dnes Eintopf". Pod záštitou NSDAP, resp. SA a za zvuků hudby luftwaffe na Václavském náměstí. Praha, 9. prosince 1939. (ČTK)

Akce „Jídlo z jednoho hrnce", Václavské náměstí, Praha, 9. prosince 1939. (ČTK)

Státní tajemník u říšského protektora SS-Gruppenführer Karl H. Frank (uprostřed) při návštěvě Staroměstské radnice, Staroměstské náměstí, Praha, 9. prosinec 1939. Výkladem jej doprovází náměstek primátora SA-Standartenführer Josef Pfitzner. (ČTK)

Státní tajemník u říšského protektora SS-Gruppenführer Karl H. Frank se zapisuje do Pamětní knihy města Prahy, Staroměstská radnice, Staroměstské náměstí, Praha, 9. prosinec 1939. Přihlíží náměstek primátora SA-Standartenführer Josef Pfitzner. (ČTK)

Pohled do hlediště sálu Paláce Urania při příležitosti uvedení náměstka primátora SA-Standartenführera Josefa Pfitznera do funkce vedoucího Německého lidové výchovného ústavu v Praze, Klimentská ulice, Praha, 4. prosinec 1939. (ČTK)

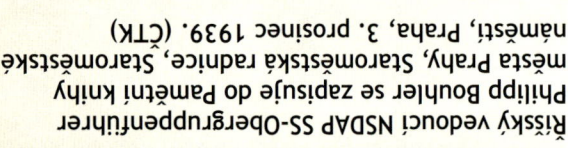

Říšský vedoucí NSDAP SS-Obergruppenführer Philipp Bouhler se zapisuje do Pamětní knihy města Prahy, Staroměstská radnice, Staroměstské náměstí, Praha, 3. prosinec 1939. (ČTK)

Říšský vedoucí NSDAP SS-Obergruppenführer Philipp Bouhler (druhý zprava) při přijetí na Staroměstské radnici, Staroměstské náměstí, Praha, 3. prosinec 1939. Zcela vpravo primátor Otakar Klapka, druhý zleva náměstek primátora SA-Standartenführer Josef Pfitzner. (ČTK)

1939

Akce „Jídlo z jednoho hrnce", Václavské náměstí, Praha, 9. prosinec 1939. (ČTK)

PROTEKTORÁT ČECHY A MORAVA

Státní tajemník u říšského protektora SS-Gruppenführer Karl H. Frank sleduje cvičení příslušníků 6. SS-Totenkopf-Standarte, Bílá Hora u Prahy (nyní Praha – Bílá Hora), 11. prosinec 1939. (NA)

Státní tajemník u říšského protektora SS-Gruppenführer Karl H. Frank (uprostřed) na cvičení příslušníků 6. SS-Totenkopf-Standarte, Bílá Hora u Prahy (nyní Praha – Bílá Hora), 11. prosinec 1939. Vlevo velitel 6. SS-Totenkopf-Standarte SS-Oberführer Bernhard Voss. (NA)

Státní prezident Emil Hácha (třetí zprava) na prodejní výstavě „Národ svým výtvarným umělcům", Praha, 12. prosinec 1939. Periodická výstava, kterou zaštiťovala Kulturní rada NS, se současně konala v Obecním domě, Galerii Hollar, pavilonu Spolku výtvarných umělců Myslbek a v Mánesu. Jejím cílem bylo získat finanční prostředky pro vystavující umělce. (ČTK)

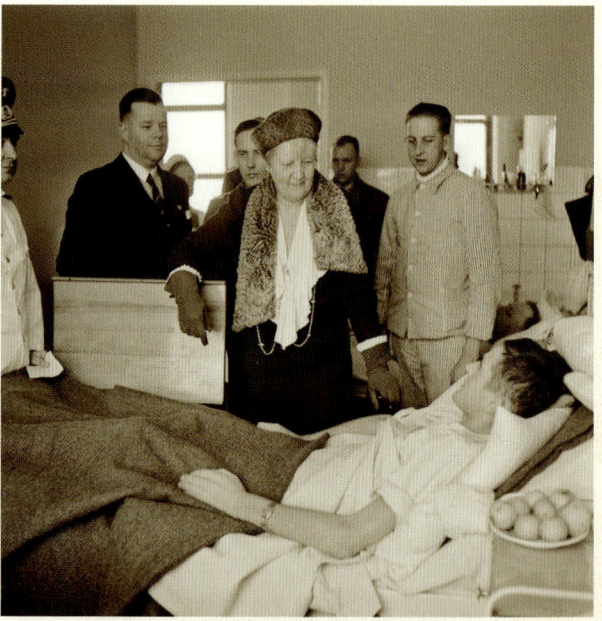

Manželka říšského protektora Marie von Neurath při návštěvě raněných vojáků v jedné z pražských záložních nemocnic, 12. prosinec 1939. (ČTK)

1939

Shromáždění Českého národně sociálního tábora – Vlajky, velký sál Lucerny, Štěpánská ulice, Praha, 14. prosinec 1939. Vlajka představovala krajně pravicové, extrémně nacionalistické, antisemitské hnutí, které se bezvýhradně hlásilo k ideálům nacionálního socialismu a okupačnímu režimu vycházelo všemožně vstříc, včetně spolupráce s gestapem a SD. Počet členů ČNST-Vlajky však nikdy nepřesáhl 15 000. (ČTK)

Shromáždění Českého národně sociálního tábora – Vlajky, velký sál Lucerny, Štěpánská ulice, Praha, 14. prosinec 1939. Hlavním řečníkem se stal vedoucí ČNST, Jan Rys-Rozsévač, který promluvil na téma: „Židozednářství – metla světa". (ČTK)

Předávání čestných pamětních desek držitelům stoletých gruntů, Dům zemědělské osvěty, Slezská třída, Praha, 16. prosinec 1939. Při projevu ministr zemědělství Ladislav K. Feierabend. Je pozoruhodné, že předávání se konalo pod velkým znakem Československé republiky a portrétem ministerského předsedy Antonína Švehly. Vedle ministra Feierabenda byli v předsednictvu přítomni i další představitelé bývalé Republikánské strany zemědělského a malorolnického lidu – Adolf Hrubý (první zleva) a bývalý ministerský předseda a předseda poslanecké sněmovny Národního shromáždění Jan Malypetr (zcela vpravo). (ČTK)

PROTEKTORÁT ČECHY A MORAVA

Manželka říšského protektora Marie von Neurath při návštěvě německé evangelické diakonie, Praha, 16. prosinec 1939. (ČTK)

FOTO DOLE VLEVO:
Vánoční koncert 1. praporu vládního vojska, velký sál Lucerny, Štěpánská ulice, Praha, 16. prosinec 1939. (ČTK)

FOTO DOLE VPRAVO:
Slavnostní otevření nové kantýny OrPo, Pelléova ulice, Praha, 17. prosinec 1939. Vpravo uprostřed velitel OrPo v protektorátu SS-Brigadeführer a generál policie Jürgen von Kamptz. (ČTK)

1939

Říšský protektor Konstantin von Neurath (čtvrtý zleva) při předvánoční návštěvě jedné z pražských záložních nemocnic, 20. prosinec 1939. V první řadě zleva: šéf Kanceláře říšského protektora Hans H. Völckers a náměstek primátora SA-Standartenführer Josef Pfitzner, druhý zprava zmocněnec říšské branné moci u říšského protektora gen. Erich Friderici. (ČTK)

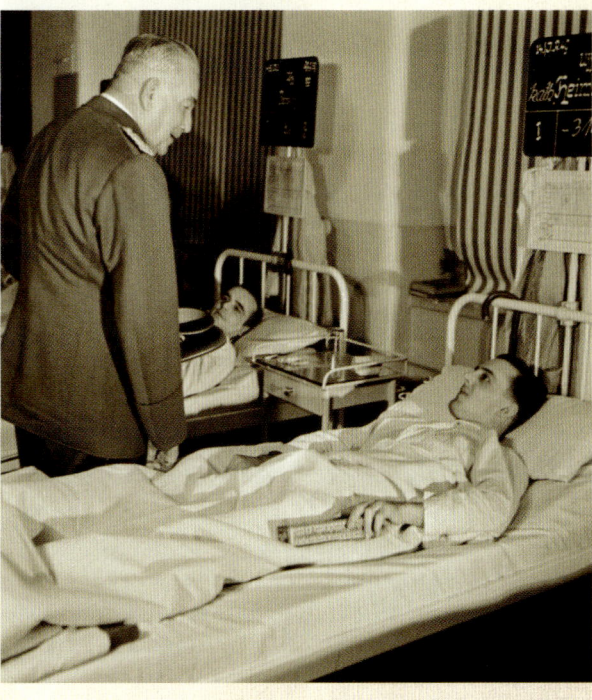

Říšský protektor Konstantin von Neurath při předvánoční návštěvě jedné z pražských záložních nemocnic, 20. prosinec 1939. Rozdávání dárků. (ČTK)

PROTEKTORÁT ČECHY A MORAVA

◀ Státní prezident Emil Hácha na slavnostní premiéře opery *Orfeus a Eurydika* Christopha W. Glucka, Národní divadlo, Národní třída, Praha, 20. prosinec 1939. V čestné lóži zleva: ministr dopravy a přednosta KSP Jiří Havelka, Emil Hácha a předseda výboru NS Josef Nebeský. V lóžích vpravo dále: ministr financí Josef Kalfus s manželkou a ministr zemědělství Ladislav K. Feierabend s manželkou. (ČTK)

Výbor NS u státního prezidenta Emila Háchy, Pražský hrad, 22. prosinec 1939. Před mikrofonem předseda výboru NS Josef Nebeský, po jeho levici generální tajemník NS Vladimír Mrazík. (ČTK)

▲ Státní tajemník u říšského protektora SS-Gruppenführer Karl H. Frank při návštěvě lazaretu SS v Podolí, Rašínovo nábřeží (nyní Podolské nábřeží), Praha, 22. prosinec 1939. (ČTK) ▶

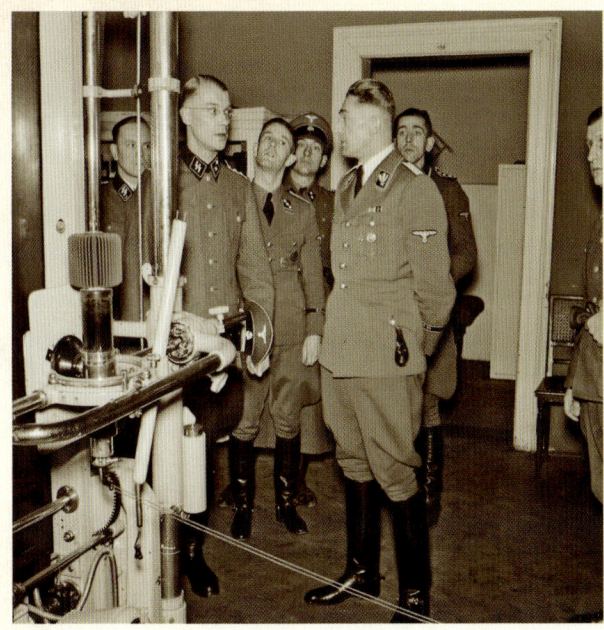 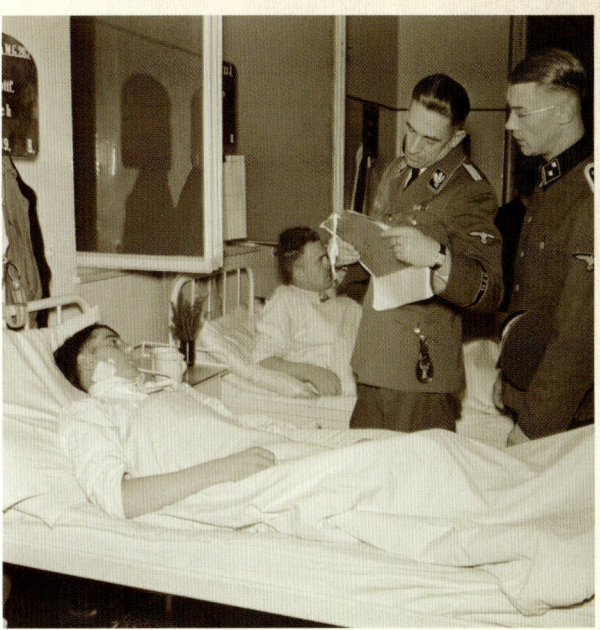

Státní tajemník u říšského protektora SS-Gruppenführer Karl H. Frank při návštěvě lazaretu SS v Podolí, Rašínovo nábřeží (nyní Podolské nábřeží), Praha, 22. prosinec 1939. (ČTK)

Státní prezident Emil Hácha při vánočním rozhlasovém projevu, Pražský hrad, 22. prosinec 1939. Hácha nijak neskrýval své obavy a skepticismus: „*Radostná nálada vánoční, vypěstovaná staletou tradicí, nemůže nám dáti zapomenout na smutek, který nás všechny svírá a nemůže mne pohnouti, abych se snažil buditi konejšivé naděje pro příští léta... Více než kdy jindy doléhá na nás otázka, co očekává naši přicházející generaci – bude její život lehčí, nebo těžší nežli život náš?... V tyto dny, kdy zasedá s námi ke stolu láska, nechť spínají se naše ruce k modlitbě, kterou se modlívalo ušlechtilé básnické srdce jednoho z našich národních kněží: Neopouštěj, Hospodine, národ ten, jehož krev je krví mou a jehož tlukot srdce je i mého srdce tlukotem; chraň jej, střež a opatruj!*" (ČTK)

PROTEKTORÁT ČECHY A MORAVA

◀ Státní prezident Emil Hácha (uprostřed) přijíždí na Olšanské hřbitovy, Mladoňovicova ulice (nyní Jana Želivského), Praha, 24. prosinec 1939. Vpravo ministr dopravy a přednosta KSP Jiří Havelka. (ČTK)

FOTO VLEVO UPROSTŘED:
Státní prezident Emil Hácha (v popředí vlevo) u Památníku Hrobu v dáli, Olšanské hřbitovy, Mladoňovicova ulice (nyní Jana Želivského), Praha, 24. prosinec 1939. V doprovodu lze nalézt předsedu výboru NS Josefa Nebeského (za Háchou), ministra dopravy a přednostu KSP Jiřího Havelku a generálního tajemníka NS Vladimíra Mrazíka (po Nebeského levici). Památník Hrobu v dáli zastupoval hroby Pražanů padlých na bojištích první světové války, jejichž ostatky nebyly převezeny do vlasti. (ČTK)

Státní prezident Emil Hácha (uprostřed) a předseda výboru NS Josef Nebeský při nadílkové návštěvě u vdovy Marie Kaslové, matky sedmi dětí, ulice Liborova (nyní U Dvora), Praha, 24. prosinec 1939. (ČTK)

◀ Státní prezident Emil Hácha (uprostřed) při nadílkové návštěvě u vdovy Marie Kaslové, matky sedmi dětí, ulice Liborova (nyní U Dvora), Praha, 24. prosinec 1939. V pozadí generální tajemník NS Vladimír Mrazík. (ČTK)

1939

Státní prezident Emil Hácha (uprostřed) při návštěvě Domu milosrdenství Vincentinum, Na Petynce, Praha, 24. prosinec 1939. Dům milosrdenství Vincentinum představoval charitativní nadaci, která se starala o duševně a tělesně postižené, bez ohledu na věk. (ČTK)

Sáňkování v Praze-Vršovicích, 27. prosinec 1939. (ČTK)

U příležitosti 80. narozenin navštívil významného hudebního skladatele Josefa B. Foerstera (vpravo) v jeho bytě na Královských Vinohradech primátor Otakar Klapka, Čermákova ulice, Praha, 30. prosinec 1939. (ČTK)

1940

1940

Výstraha rady politické správy Krejčího ohledně zatajení stavu dobytka, Kladno, 11. leden 1940. (VÚA/VHA Praha)

Vedoucí Berlínského komorního orchestru, skladatel a dirigent Hans von Benda, Smetanova síň Obecního domu, náměstí Republiky, Praha, 23. leden 1940. (ČTK)

Vedoucí Nacionálněsocialistického motoristického svazu (NSKK), NSKK-Korpsführer Adolf Hühnlein při „svěcení" standart NSKK, Kino Aero, Biskupcova ulice, Praha, 25. leden 1940. (ČTK)

PROTEKTORÁT ČECHY A MORAVA

◀ Vedoucí NSKK NSKK-Korpsführer Adolf Hühnlein (vpravo) na návštěvě u státního tajemníka u říšského protektora SS-Gruppenführera Karla H. Franka, Černínský palác, Úřad říšského protektora (nyní Ministerstvo zahraničních věcí České republiky), Loretánské náměstí, Praha, 25. leden 1940. (NA)

Státní prezident Emil Hácha (uprostřed) na výstavě v Mánesu, Riegrovo nábřeží (nyní Masarykovo nábřeží), Praha, 30. leden 1940. (ČTK)

Státní tajemník u říšského protektora SS-Gruppenführer Karl H. Frank (v automobilu Mercedes-Benz 540 K) koná přehlídku tzv. strážního pluku Praha, součásti LSSAH, Václavské náměstí, Praha, 30. leden 1940. Den SS byl pořádán k 7. výročí „převzetí moci" – jmenování Adolfa Hitlera říšským kancléřem.
U automobilu velitel tzv. strážního pluku Praha SS-Standartenführer Werner Ballauf. (ČTK)

Státní tajemník u říšského protektora SS-Gruppenführer Karl H. Frank (v automobilu Mercedes-Benz 540 K) koná přehlídku tzv. strážního pluku Praha, součásti LSSAH, Václavské náměstí, Praha, 30. leden 1940. (NA)

1940

Závěr Dne SS, Staroměstské náměstí, Praha, 30. leden 1940. (ČTK)

Závěr Dne SS, Staroměstské náměstí, Praha, 30. leden 1940. Za řečnickým pultem státní tajemník u říšského protektora SS-Gruppenführer Karl H. Frank. (NA)

Schůzka posluchačů Orientálního ústavu, Lobkovický palác, Vlašská ulice, Praha, 31. leden 1940. Vpravo japonský generální konzul Kozo Ichige. (ČTK)

Počítání a balení poštovních známek, tiskárna České grafické Unie, Svobodova ulice, Praha, únor 1940. (PMP)

PROTEKTORÁT ČECHY A MORAVA

Frézování půlválce ocelové desky, tiskárna České grafické Unie, Svobodova ulice, Praha, únor 1940. (PMP)

Státní tajemník u říšského protektora SS-Gruppenführer Karl H. Frank (vpravo) blahopřeje k 67. narozeninám říšskému protektorovi Konstantinu von Neurathovi, Černínský palác, Úřad říšského protektora (nyní Ministerstvo zahraničních věcí České republiky), Loretánské náměstí, Praha, 1. únor 1940. (NA)

Oslava 67. narozenin říšského protektora Konstantina von Neuratha, Loretánské náměstí, Praha, 1. únor 1940. Oddíly pozemního vojska a luftwaffe nastoupené před Černínským palácem, sídlem Úřadu říšského protektora (nyní Ministerstvo zahraničních věcí České republiky). (ČTK)

Oslava 67. narozenin říšského protektora Konstantina von Neuratha, Loretánské náměstí, Praha, 1. únor 1940. Říšský protektor von Neurath koná přehlídku nastoupených příslušníků říšské branné moci. Následují jej zmocněnec říšské branné moci u říšského protektora gen. Erich Friderici, státní tajemník u říšského protektora SS-Gruppenführer Karl H. Frank a velitel OrPo v protektorátu SS-Brigadeführer a generál policie Jürgen von Kamptz. (ČTK)

1940

Uvedení prezidenta Vrchního zemského soudu Fritze Bürkla a vrchního státního návladního Vrchního zemského soudu Helmuta Gabriela do funkce. Úvodní řeč říšského ministra spravedlnosti Franze Gürtnera, Černínský palác, Úřad říšského protektora (nyní Ministerstvo zahraničních věcí České republiky), Loretánské náměstí, Praha, 1. únor 1940. Přihlíží říšský protektor Konstantin von Neurath. (ČTK)

Říšský ministr spravedlnosti Franz Gürtner (třetí zleva) a zástupci říšského ministerstva spravedlnosti na návštěvě krajského vedení NSDAP, Lichtenštejnský palác, ulice Na Kampě, Praha, 1. únor 1940. První zleva krajský vedoucí NSDAP v Praze Konstantin Höß, třetí zprava prezident Vrchního zemského soudu Fritz Bürkle. (ČTK)

Říšský ministr spravedlnosti Franz Gürtner v rozhovoru s krajským vedoucím NSDAP Konstantinem Hößem při návštěvě krajského vedení NSDAP, Lichtenštejnský palác, ulice Na Kampě, Praha, 1. únor 1940. (ČTK)

PROTEKTORÁT ČECHY A MORAVA

Vyhlídka na Vltavu, Karlův most a Staré Město z balkonu krajského vedení NSDAP, Lichtenštejnský palác, ulice Na Kampě, Praha, 1. únor 1940. Zleva: krajský vedoucí NSDAP Konstantin Höß, prezident Vrchního zemského soudu Fritz Bürkle a říšský ministr spravedlnosti Franz Gürtner. (ČTK)

Říšský ministr spravedlnosti Franz Gürtner se zapisuje do Pamětní knihy města Prahy, Staroměstská radnice, Staroměstské náměstí, 1. únor 1940. Přihlíží primátor Otakar Klapka (vlevo) a náměstek primátora SA-Standartenführer Josef Pfitzner. (ČTK)

Přijetí nově jmenovaných ministrů protektorátní vlády státním prezidentem Emilem Háchou, zámek Lány, 5. únor 1940. Zleva: ministr zemědělství Mikuláš z Bubna-Litic, ministerský předseda Alois Eliáš, Emil Hácha, ministr průmyslu, obchodu a živností Jaroslav Kratochvíl a ministerský rada v KSP Rudolf Křovák. (ČTK)

1940

Náměstek primátora SA-Standartenführer Josef Pfitzner při přijetí účastníků sjezdu pracovníků německé samosprávy, Staroměstská radnice, Staroměstské náměstí, Praha, 18. únor 1940. (ČTK)

Členové stuttgartské opery na Staroměstské radnici, Staroměstské náměstí, Praha, 21. únor 1940. Náměstek primátora SA-Standartenführer Josef Pfitzner zdraví vedoucího souboru. (ČTK)

Náměstek primátora SA-Standartenführer Josef Pfitzner (uprostřed) přijal na Staroměstské radnici raněné příslušníky říšské branné moci, Staroměstská radnice, Staroměstské náměstí, Praha, 21. únor 1940. (ČTK)

Státní prezident Emil Hácha (uprostřed) na výstavě rytin Karla Vika, Uměleckoprůmyslové museum, Sanytrová ulice (nyní 17. listopadu), Praha, 23. únor 1940. (ČTK)

PROTEKTORÁT ČECHY A MORAVA

◀ Rotační lis zn. Stickney pro tisk poštovních známek ocelotiskem, tiskárna České grafické Unie, Svobodova ulice, Praha, březen 1940. (PMP)

Perforování poštovních známek na zoubkovacím stroji, tiskárna České grafické Unie, Svobodova ulice Praha, březen 1940. (PMP)

Státní prezident Emil Hácha (uprostřed) s nově jmenovanými členy výboru NS, Pražský hrad, 1. březen 1940. Druhý muž po Háchově levici je předseda výboru NS Josef Nebeský. (ČTK)

1940

U příležitosti 2 600. výročí vzniku Japonské říše uspořádal japonský generální konzulát slavnostní recepci v prostorách Presseklubu (nyní Autoklub České republiky), Lützowova ulice (nyní Opletalova), Praha, 9. březen 1940. Uprostřed státní tajemník u říšského protektora SS-Gruppenführer Karl H. Frank. (ČTK)

Vojenský hřbitov ve Štěrboholech, 9. březen 1940. Pokládání věnců u příležitosti Dne hrdinů. Poprvé se jej účastnilo Vládní vojsko Protektorátu Čechy a Morava. Za věncem gen. Libor Vítěz, vpravo přihlíží představitelé NSDAP. (ČTK)

Oslavy Dne hrdinů, Německé stavovské divadlo (nyní Stavovské divadlo), Ovocný trh, Praha, 10. březen 1940. Bojová standarta pozemního vojska a hudba luftwaffe. (ČTK)

Oslavy Dne hrdinů, Německé stavovské divadlo (nyní Stavovské divadlo), Ovocný trh, Praha, 10. březen 1940. V čestné lóži byli – vedle říšského protektora Konstantina von Neuratha (uprostřed) – přítomni rovněž státní tajemník u říšského protektora SS-Gruppenführer Karl H. Frank (po protektorově levici) a státní podtajemník u říšského protektora SA-Brigadeführer Kurt von Burgsdorff (druhý po protektorově pravici). (ČTK)

PROTEKTORÁT ČECHY A MORAVA

FOTO NAHOŘE VLEVO:
Přehlídka členů NSDStB říšským protektorem Konstantinem von Neurathem v předvečer prvního výročí vzniku Protektorátu Čechy a Morava, I. hradní nádvoří, Praha, 15. březen 1940. V pozadí čestná jednotka SS. (ČTK)

FOTO NAHOŘE VPRAVO:
Přehlídka říšské branné moci u příležitosti prvního výročí vzniku Protektorátu Čechy a Morava, Václavské náměstí, Praha, 15. březen 1940. Na čestné tribuně je státní prezident Emil Hácha (uprostřed) vítán úsměvy. Vlevo od Háchy státní tajemník u říšského protektora SS-Gruppenführer Karl H. Frank, za ním státní tajemník v Říšském ministerstvu vnitra SS-Brigadeführer Wilhelm Stuckart. Vpravo od Háchy státní podtajemník u říšského protektora SA-Brigadeführer Kurt von Burgsdorff a říšský komisař a župní vedoucí Říšské župy Sudety Konrad Henlein. (ČTK)

Přehlídka říšské branné moci u příležitosti prvního výročí vzniku Protektorátu Čechy a Morava, Václavské náměstí, Praha, 15. březen 1940. Čestná tribuna: říšský protektor Konstantin von Neurath v rozhovoru se státním prezidentem Emilem Háchou. Výškový rozdíl obou mužů se vyrovnal tím, že Neurath stál na vozovce. (ČTK)

1940

Přehlídka říšské branné moci u příležitosti prvního výročí vzniku Protektorátu Čechy a Morava, Václavské náměstí, Praha, 15. březen 1940. Čestná tribuna, uprostřed říšský protektor Konstantin von Neurath, po jeho levici zmocněnec říšské branné moci u říšského protektora gen. Erich Friderici, po pravici státní tajemník u říšského protektora SS-Gruppenführer Karl H. Frank. Za Frankem státní tajemník v Říšském ministerstvu vnitra SS-Brigadeführer Wilhelm Stuckart. Druhý zprava říšský komisař a župní vedoucí Říšské župy Sudety Konrad Henlein. (NA)

Přehlídka říšské branné moci u příležitosti prvního výročí vzniku Protektorátu Čechy a Morava, Václavské náměstí, Praha, 15. březen 1940. Čestná tribuna, uprostřed říšský protektor Konstantin von Neurath, po jeho levici zmocněnec říšské branné moci u říšského protektora gen. Erich Friderici, po pravici státní tajemník u říšského protektora SS-Gruppenführer Karl H. Frank. Za Frankem státní tajemník v Říšském ministerstvu vnitra SS-Brigadeführer Wilhelm Stuckart. Mezi Frankem a Neurathem státní podtajemník u říšského protektora SA-Brigadeführer Kurt von Burgsdorff. Pěší jednotky říšské branné moci. (ČTK)

PROTEKTORÁT ČECHY A MORAVA

FOTO NAHOŘE VLEVO:
Oslavy prvního výročí vzniku Protektorátu Čechy a Morava, Adolf-Hitler-Platz (nyní Masarykovo náměstí), Jihlava, 15. březen 1940. Členové krajského vedení NSDAP před čestnou tribunou. Vlevo zdraví prapory NSDAP příslušníci HJ. (ČTK)

FOTO NAHOŘE VPRAVO:
Oslavy prvního výročí vzniku Protektorátu Čechy a Morava, Adolf-Hitler-Platz (nyní Masarykovo náměstí), Jihlava, 15. březen 1940. Členové Nacionálněsocialistického říšského svazu válečníků před čestnou tribunou. (ČTK)

Oslavy prvního výročí vzniku Protektorátu Čechy a Morava, Adolf-Hitler-Platz (nyní Masarykovo náměstí), Jihlava, 15. březen 1940. Před mikrofonem na čestné tribuně státní tajemník u říšského protektora SS-Gruppenführer Karl H. Frank. V popředí zprava: příslušníci Nacionálněsocialistického říšského svazu válečníků, NSKK a SA. (ČTK)

1940

Oslavy prvního výročí vzniku Protektorátu Čechy a Morava, Německý dům, Jihlava, 15. březen 1940. (ČTK)

Oslavy prvního výročí vzniku Protektorátu Čechy a Morava, Německý dům, Jihlava, 15. březen 1940. Zprava: zástupce generálního guvernéra obsazených území Polska SS-Gruppenführer Arthur Seyß-Inquart, státní tajemník u říšského protektora SS-Gruppenführer Karl H. Frank a župní vedoucí SS-Oberführer Hans Krebs. (ČTK)

Jihlavská radnice, Adolf-Hitler-Platz (nyní Masarykovo náměstí), 15. březen 1940. Státní tajemník u říšského protektora SS-Gruppenführer Karl H. Frank se zapisuje do Zlaté pamětní knihy města Jihlavy, spolu s ním zástupce generálního guvernéra obsazených území Polska SS-Gruppenführer Arthur Seyß-Inquart. Vlevo SS-Sturmbannführer Horst Böhme. (ČTK)

Oslavy prvního výročí vzniku Protektorátu Čechy a Morava. „Oběd z jednoho hrnce", Václavské náměstí, Praha, 15. březen 1940. (ČTK)

PROTEKTORÁT ČECHY A MORAVA

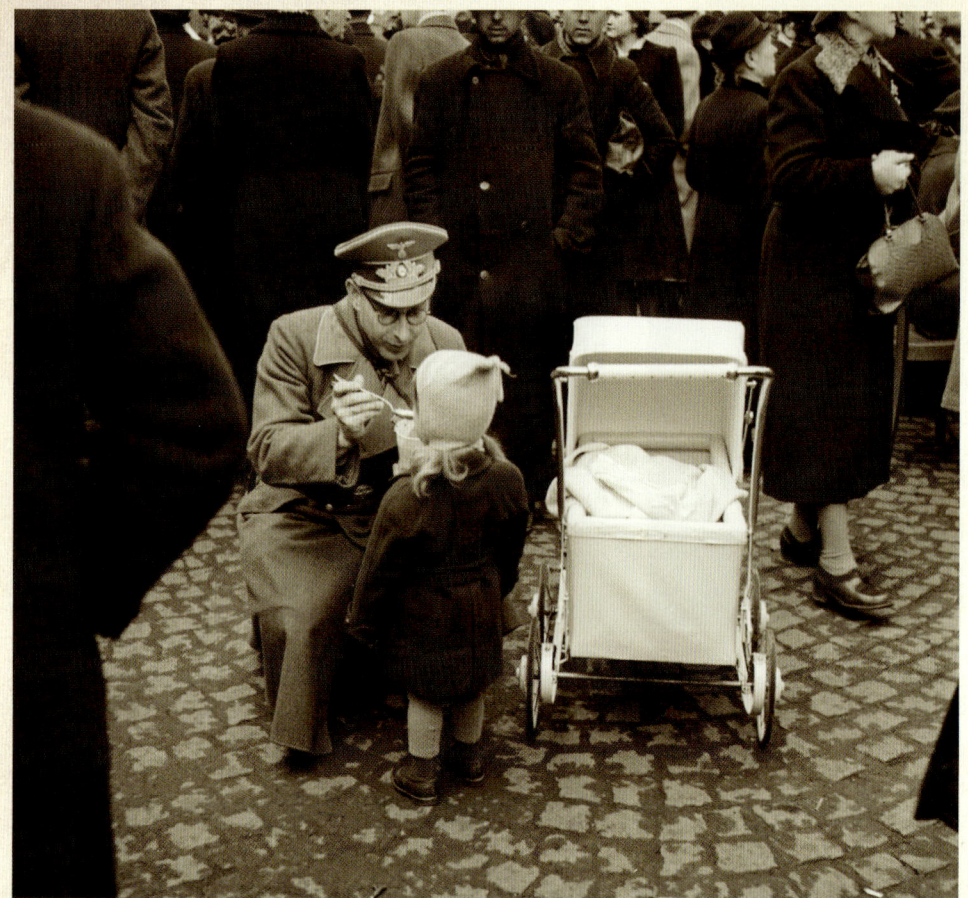

Oslavy prvního výročí vzniku Protektorátu Čechy a Morava. „Oběd z jednoho hrnce", Václavské náměstí, Praha, 15. březen 1940. Propagandistický snímek první kategorie: člen NSDAP krmí „hladovou" holčičku. (ČTK)

Oslavy prvního výročí vzniku Protektorátu Čechy a Morava. Pochodňový průvod příslušníků říšské branné moci, Václavské náměstí, Praha, 15. březen 1940. (ČTK)

Oslavy prvního výročí vzniku Protektorátu Čechy a Morava. Příslušníci říšské branné moci, Hradčanské náměstí, Praha, 15. březen 1940. (ČTK)

1940

Delegace mládeže NS z Moravského Slovácka u státního prezidenta Emila Háchy, Pražský hrad, 20. březen 1940. (ČTK)

Výzva zemského prezidenta Richarda Bienerta k dopadení Jana Smudka, který zastřelil příslušníka OrPo, postřelil příslušníka gestapa a následně zastřelil dva příslušníky německé finanční stráže, Praha, 27. březen 1940. Smudek se po dramatickém útěku dostal do Velké Británie, kde vstoupil do čs. armády, resp. do britského Královského letectva (RAF). (VÚA/VHA Praha)

Landesbehörde in Prag

Aufruf!

Gefahndet wird nach Johann Smudek, der am 20. März 1940 in Taus einen Mordversuch an einem Mitgliede der Polizei beging und sich an einem unbekannten Orte verbirgt.

Nach dem Ergebnis der bisherigen Untersuchungen hat der Genannte außerdem am 23. März 1940 Mord an zwei deutschen Finanzhilfsorganen in Pirk begangen.

Johann Smudek ist 25 Jahre alt, nach Budweis zuständig, wohnhaft zuletzt in Taus, Máchagasse 138, ledig, Student der Gewerbeschule in Kladno. Er ist ca. 184 cm groß, breitschultrig, hat hervorstehende Backenknochen, lichtbraune Haare mit Scheitel auf der linken Seite; er ist stark kurzsichtig; über der linken Wange hat er eine wagerechte Spur von einem starken Kratzer. Er trägt jetzt einen mausgrauen Anzug mit langen Hosen und vielleicht auch einen dunklen Flauschmantel (sog. Hubertusmantel) und einen weichen Hut der gleichen Farbe.

Zuletzt wurde er am 25. März 1940 in Tschernikau im politischen Bezirk Taus gesehen.

Die gesamte Bevölkerung wird dringend aufgefordert, den Sicherheitsorganen in jeder Weise bei der Ausforschung des Verbrechers behilflich zu sein.

Jedermann ist verpflichtet, sogleich dem nächsten Gendarmerieposten oder der nächsten Regierungs-Polizeibehörde jeden Umstand bekannt zu geben, der zur Ausforschung und Verhaftung des Genannten beitragen kann.

Wer dem Genannten Unterschlupf oder sonstige Hilfe gewährt, oder Angaben verschweigt, die zu seiner Ausforschung dienen könnten, macht sich des Verbrechens der Begünstigung schuldig und wird nach dem Gesetze auf das strengste bestraft werden.

Ich mache aufmerksam, daß die Stadt Taus eine Belohnung von 20.000 K für jedermann ausgesetzt hat, der die Sicherheitsorgane auf die Spur des Täters bringt.

Vorsicht! Der Täter ist ein rücksichtsloser und gewalttätiger Mensch, der gegen jedermann sofort von der Schußwaffe Gebrauch macht.

Am 27. März 1940.

Der Landespräsident:
Bienert e. h.

ZEMSKÝ ÚŘAD V PRAZE

VÝZVA!

Pátrá se po Janu Smudkovi, který se dne 20. března 1940 dopustil v Domažlicích pokusu vraždy na členu policie a ukrývá se nyní neznámo kde.

Podle dosavadního výsledku šetření dopustil se jmenovaný též vraždy dvou pomocných říšských finančních orgánů, spáchané v Březí dne 23. března 1940.

Jan Smudek je 25letý, příslušný do Českých Budějovic, bytem posléze v Domažlicích, Máchova ul. 138, svobodný, studující průmyslové školy na Kladně. Jest asi 180 cm vysoký, širokých ramen, vyčnívajících lícních kostí, světle kaštanových vlasů, rozdělených na levé straně pěšinkou; jest silně krátkozraký a přes pravou tvář má vodorovnou stopu po značnějším škrábnutí. Je nyní oděn v šedavý oblek s dlouhými kalhotami a snad má také dlouhý tmavý kabát s vlasem (tak zv. hubertus) a měkký klobouk téže barvy.

Naposledy byl spatřen dne 25. března 1940 v Černíkově v politickém okresu domažlickém.

Všechno občanstvo se důtklivě vyzývá, aby vším způsobem přispělo bezpečnostním orgánům k vypátrání zločince.

Každý jest povinen nejbližší četnické stanici nebo nejbližšímu vládnímu policejnímu úřadu sdělit ihned vše, co může posloužiti k vypátrání a zatčení jmenovaného.

Kdo jmenovanému poskytne úkryt nebo jakoukoli jinou pomoc, nebo zamlčí údaje, sloužící k jeho vypátrání, dopouští se nadržování zločinu a bude podle zákona potrestán co nejpřísněji.

Upozorňuji, že město Domažlice vypsalo odměnu 20.000 K pro každého, kdo přivede bezpečnostní orgány na stopu pachatelovu.

Pozor! Pachatel jest bezohledný násilník, který proti každému ihned použije střelné zbraně.

Dne 27. března 1940.

Zemský president:
BIENERT v. r.

PROTEKTORÁT ČECHY A MORAVA

Státní tajemník u říšského protektora SS-Gruppenführer Karl H. Frank (v popředí vpravo) při návštěvě bojového cvičení jednotek SS u Českých Budějovic, 30. březen 1940. Vpravo SS-Oberführer Walter Opländer. (NA)

Státní tajemník u říšského protektora SS-Gruppenführer Karl H. Frank při návštěvě bojového cvičení jednotek SS u Českých Budějovic, 30. březen 1940. Vlevo SS-Oberführer Walter Opländer. (NA)

Státní tajemník u říšského protektora SS-Gruppenführer Karl H. Frank (uprostřed) při návštěvě bojového cvičení jednotek SS u Českých Budějovic, 30. březen 1940. Za Frankem SS-Sturmbannführer Emanuel Sladek, po Frankově levici (v zákrytu) SS-Oberführer Walter Opländer. (NA)

1940

Státní tajemník u říšského protektora SS-Gruppenführer Karl H. Frank (uprostřed) při návštěvě bojového cvičení jednotek SS u Českých Budějovic, 30. březen 1940. Za Frankem SS-Sturmbannführer Emanuel Sladek, po Frankově levici (v zákrytu) SS-Oberführer Walter Opländer. (NA)

Státní tajemník u říšského protektora SS-Gruppenführer Karl H. Frank (v koženém plášti vlevo) při návštěvě bojového cvičení jednotek SS u Českých Budějovic, 30. březen 1940.
Po Frankově levici SS-Oberführer Walter Opländer. (NA)

Státní tajemník u říšského protektora SS-Gruppenführer Karl H. Frank (druhý zprava) při návštěvě bojového cvičení jednotek SS u Českých Budějovic, 30. březen 1940. Tento snímek je situačně nápadně podoben těm z východní fronty. Tam již ovšem příslušníci Operačních skupin SS nemířili na terče, ale na Židy. (NA)

PROTEKTORÁT ČECHY A MORAVA

Bojové cvičení jednotek SS u Českých Budějovic za přítomnosti státního tajemníka u říšského protektora SS-Gruppenführera Karla H. Franka, 30. březen 1940. (NA)

Státní tajemník u říšského protektora SS-Gruppenführer Karl H. Frank (třetí zleva) při návštěvě bojového cvičení jednotek SS u Českých Budějovic, 30. březen 1940. Za Frankem SS-Oberführer Walter Opländer, po Frankově levici SS-Sturmbannführer Emanuel Sladek. (NA)

Státní tajemník u říšského protektora SS-Gruppenführer Karl H. Frank (vlevo v popředí) při návštěvě bojového cvičení jednotek SS, Brno, 31. březen 1940. Po Frankově pravici SS-Oberführer Walter Opländer. (NA)

Státní tajemník u říšského protektora SS-Gruppenführer Karl H. Frank (sedmý zprava) při návštěvě bojového cvičení jednotek SS, Brno, 31. březen 1940. Za Frankem SS-Oberführer Walter Opländer, po Frankově levici SS-Sturmbannführer Emanuel Sladek. (NA)

Státní tajemník u říšského protektora SS-Gruppenführer Karl H. Frank (zcela vpravo) při návštěvě bojového cvičení jednotek SS, Brno, 31. březen 1940. (NA)

Slavnostní zakončení 1. válečného „Díla zimní pomoci" (WHW), Staroměstské náměstí, Praha, 1. duben 1940. Původně byla WHW určena jak sociálně slabým, tak k vnitřní stabilizaci nacistického režimu. V protektorátním kontextu byla chápána jako sbírková akce určená především pro potřeby říšské branné moci. V pochodňovém průvodu příslušníci SA. (ČTK)

PROTEKTORÁT ČECHY A MORAVA

Až do dubna 1940 byly v Praze ponechány původní názvy ulic. K prvnímu přejmenování došlo v Dejvicích. Z ulice Pelléovy se stala Třída generála Roettiga (Wilhelm F. von Roettig – první padlý generál ve druhé světové válce). Slavnostní akt se odehrál před velitelstvím OrPo, kde státní tajemník u říšského protektora SS-Gruppenführer Karl H. Frank vykonal přehlídku čestné jednotky OrPo. Po jeho pravici velitel OrPo v protektorátu SS-Brigadeführer a generál policie Jürgen von Kamptz, Pelléova ulice, Praha, 4. duben 1940. (NA)

Slavnostní přejmenování Pelléovy ulice na Třídu generála Roettiga, Praha, 4. duben 1940. Hovoří náměstek primátora SA-Standartenführer Josef Pfitzner. Zcela vpravo velitel OrPo v protektorátu SS-Brigadeführer a generál policie Jürgen von Kamptz a státní tajemník u říšského protektora SS-Gruppenführer Karl H. Frank. (ČTK)

Slavnostní přejmenování Pelléovy ulice na Třídu generála Roettiga, Praha, 4. duben 1940. Uprostřed státní tajemník u říšského protektora SS-Gruppenführer Karl H. Frank, vpravo náměstek primátora SA-Standartenführer Josef Pfitzner. (ČTK)

1940

Státní prezident Emil Hácha (uprostřed) před vstupem do Paláce pražských vzorkových veletrhů (nyní Veletržní palác), Bělského třída (nyní Dukelských hrdinů), 4. duben 1940. Vítá jej ministr průmyslu, obchodu a živností Jaroslav Kratochvíl. Zcela vlevo předseda vlády Alois Eliáš. (ČTK)

Státní prezident Emil Hácha (uprostřed) na Pražských vzorkových veletrzích, Bělského třída (nyní Dukelských hrdinů), 4. duben 1940. (ČTK)

Slavnostní zasedání výboru NS se konalo za přítomnosti státního prezidenta Emila Háchy a členů protektorátní vlády, Rudolfinum, Dvořákovo nábřeží (nyní Alšovo nábřeží), Praha, 10. duben 1940. Zatímco z veřejného života valem mizely jakékoliv upomínky na Československou republiku, v obou sněmovnách bývalého národního shromáždění stále ještě setrvávaly sochy prezidenta Osvoboditele s textem zákona č. 22/1930 Sb.: „T. G. Masaryk zasloužil se o stát." (ČTK)

Slavnostní zasedání výboru NS se konalo za přítomnosti státního prezidenta Emila Háchy a členů protektorátní vlády, Rudolfinum, Dvořákovo nábřeží (nyní Alšovo nábřeží), Praha, 10. duben 1940. Pohled do lavic dolní komory bývalého národního shromáždění. (ČTK)

PROTEKTORÁT ČECHY A MORAVA

◀ Výzva protektorátní vlády k dobrovolné sbírce kovů u příležitosti narozenin Vůdce, Praha, 11. duben 1940. (VÚA/VHA Praha)

Prezident České akademie věd a umění Josef Šusta při přednášce. Tento vynikající český historik, žák Jaroslava Golla, byl spolužákem Emila Háchy z českobudějovického gymnázia J. V. Jirsíka, Česká akademie věd a umění, Národní třída, Praha, 11. duben 1940. (ČTK)

Přednáška prezidenta České akademie věd a umění Josefa Šusty, Česká akademie věd a umění, Národní třída, Praha, 11. duben 1940. Přítomni byli mj. i státní prezident Emil Hácha (čtvrtý zprava), předseda výboru NS Josef Nebeský (třetí zprava) a ministr školství a národní osvěty, právní historik Jan Kapras (pátý zprava). (ČTK)

Oslava prvního výročí vzniku NS, Smetanova síň Obecního domu, náměstí Republiky, Praha, 16. duben 1940. (ČTK)

1940

FOTO NAHOŘE VLEVO:
Jeden z mála dochovaných snímků hlavní úřadovny gestapa z doby existence Protektorátu Čechy a Morava, Bredovská ulice (nyní Politických vězňů), Praha, duben 1940. (SJBU)

FOTO NAHOŘE VPRAVO:
Oddíl OrPo, Tomášská ulice, Praha, duben 1940. (SJBU)

Slavnostní odevzdání standarty vojenské hudby (tzv. Schellenbaum), 6. SS-Totenkopf-Standarte, v předvečer Vůdcových narozenin, Staroměstská radnice, Staroměstské náměstí, Praha, 19. duben 1940. Třetí zleva velitel 6. SS-Totenkopf-Standarte SS-Oberführer Bernhard Voss, vpravo náměstek primátora SA-Standartenführer Josef Pfitzner.
Za pozornost nepochybně stojí znak Prahy, umístěný na špičce standarty. (ČTK)

PROTEKTORÁT ČECHY A MORAVA

◀ Slavnostní představení u příležitosti Vůdcových narozenin, Národní divadlo, Národní třída, Praha, 20. duben 1940. V čestné lóži zleva: dcera Emila Háchy Milada Rádlová, říšský protektor Konstantin von Neurath, státní prezident Emil Hácha a protektorova manželka Marie. Ve vedlejších lóžích lze identifikovat např. zmocněnce říšské branné moci u říšského protektora gen. Ericha Fridericiho či státního podtajemníka u říšského protektora SA-Brigadeführera Kurta von Burgsdorffa. Emil Hácha v této době evidentně nezdravil německým pozdravem. (ČTK)

Státní tajemník u říšského protektora SS-Gruppenführer Karl H. Frank (vpravo) na výstavě politické karikatury, výstavní síň Mánes, Riegrovo nábřeží (nyní Masarykovo nábřeží), Praha, 26. duben 1940. (ČTK)

Státní tajemník u říšského protektora SS-Gruppenführer Karl H. Frank (druhý zprava) před výstavní síní Mánes, Riegrovo nábřeží (nyní Masarykovo nábřeží), Praha, 26. duben 1940. Druhý zleva vedoucí Oddělení IV (Kulturní politika) Úřadu říšského protektora, ministerský rada SS-Sturmbannführer Karl A. von Gregory, vpravo vedoucí skupiny 3 (Rozhlas, tisk) v Oddělení IV Úřadu říšského protektora, vládní rada SS-Hauptsturmführer Wolfgang W. von Wolmar. (NA)

Říšský protektor Konstantin von Neurath na výstavě politické karikatury, výstavní síň Mánes, Riegrovo nábřeží (nyní Masarykovo nábřeží), Praha, 3. květen 1940. (ČTK)

Zahájení Měsíce německé kultury, Německé stavovské divadlo (nyní Stavovské divadlo), Ovocný trh, Praha, 5. květen 1940. Při projevu říšský komisař a župní vedoucí Říšské župy Sudety Konrad Henlein. (ČTK)

Vyhláška o popravě Josefa Čecha, Praha, 7. květen 1940 a nařízení říšského protektora Konstantina von Neuratha o změně držení zbraní, Praha, 6. květen 1940. (VÚA/VHA Praha)

Zahájení Měsíce německé kultury, Německé stavovské divadlo (nyní Stavovské divadlo), Ovocný trh, Praha, 5. květen 1940. V čestné lóži zleva: říšský komisař a župní vedoucí Říšské župy Sudety Konrad Henlein, manželka říšského protektora Marie, říšský protektor Konstantin von Neurath a manželka Konrada Henleina Emma. Ve druhé řadě státní tajemník u říšského protektora SS-Gruppenführer Karl H. Frank s manželkou Karolou. (ČTK)

PROTEKTORÁT ČECHY A MORAVA

FOTO NAHOŘE VLEVO:
Říšský protektor Konstantin von Neurath (v popředí uprostřed) a státní tajemník u říšského protektora SS-Gruppenführer Karl H. Frank (po Neurathově pravici) uctili položením věnců památku jednoho z předků říšského protektora – polního maršála Karla R. von Ellrichshausena, polního zbrojmistra Marie Terezie, Olšanské hřbitovy, Mladoňovicova ulice (nyní Jana Želivského), Praha, 6. květen 1940. (ČTK)

FOTO NAHOŘE VPRAVO:
Německý pozdrav říšského protektora Konstantina von Neuratha, vojenský hřbitov Štěrboholy, Praha, 6. květen 1940. Za Neurathem státní tajemník u říšského protektora SS-Gruppenführer Karl H. Frank. (ČTK)

Říšský protektor Konstantin von Neurath (druhý zleva), státní tajemník u říšského protektora SS-Gruppenführer Karl H. Frank (třetí zprava) a zmocněnec říšské branné moci u říšského protektora gen. Erich Friderici u pomníku pruského polního maršála Curtha von Schwerina, Štěrboholy, Praha, 6. květen 1940. (ČTK)

Vedoucí Říšské pracovní služby (RAD) říšský vedoucí NSDAP Konstantin Hierl po příjezdu do Prahy, Masarykovo nádraží, 7. květen 1940. Účelem Hierlovy návštěvy bylo slavnostní otevření prvního ženského pracovního tábora RAD na území protektorátu. (ČTK)

Vedoucí RAD říšský vedoucí NSDAP Konstantin Hierl vykonal po příjezdu do Prahy přehlídku oddílů RAD, Štěpánská ulice, 7. květen 1940. (ČTK)

Slavnostní otevření prvního ženského tábora RAD na území protektorátu, Německá Vyskytná (nyní Vyskytná nad Jihlavou), 8. květen 1940. (ČTK)

Projev krajského vedoucího NSDAP Raimunda Siegla při příležitosti otevření prvního ženského tábora RAD na území protektorátu, Německá Vyskytná (nyní Vyskytná nad Jihlavou), 8. květen 1940. Po Sieglově pravici říšský protektor Konstantin von Neurath, vedoucí RAD Konstantin Hierl a státní tajemník u říšského protektora SS-Gruppenführer Karl H. Frank. (ČTK)

PROTEKTORÁT ČECHY A MORAVA

DER MAGISTRAT DER HAUPTSTADT PRAG.

Zl. X-965/1940
Vet: 1861

KUNDMACHUNG.

Der Primator der Hauptstadt Prag ändert auf Grund der Bestimmungen der Regierungsverordnung vom 21. September 1939 Nr. 208, Sammlung der Gesetze und Verordnungen, den Wortlaut der § 1 und 2 der Bestimmungen über die Fleischeinfuhr nach Gross-Prag und die Beschau des nach Gross-Prag eingeführten Fleisches, der eingeführten Fleischwaren und Fett, sowie über die Verpflichtung zur Untersuchung des Schweinefleisches auf Trichinen (Kundmachung des Magistrates der Hauptstadt Prag vom 7. Oktober 1935, Zl. X-3620/35 Vet. 1861) in nachstehender Weise:

§ 1. Beschau des nach Gross-Prag eingeführten Fleisches, der Fleischwaren und des Fettes.

Der Empfänger von nach Gross-Prag eingeführtem Fleisch, Fleischwaren und Fett ist verpflichtet, diese Waren ausnahmslos der Untersuchung zuzuführen. Auch die Eingeweide der Tiere sind der Untersuchung zuzuführen.

§ 2. Ort der Beschau.

1. Fleisch von notgeschlachteten Tieren, Pferdefleisch und alles andere Fleisch im Rohzustand einschliesslich der Eingeweide (Gekröse) muss zur Untersuchung ausschliesslich dem Prager Zentralschlachthof in Prag VII., Nr. 306 zugeführt werden.
2. Diese Bestimmung (Absatz 1.) findet auf Wildpret, Geflügel und Fische keine Anwendung.
3. Selchereierzeugnisse (Selchfleisch, Selchwaren usw.) müssen zur Beschau der Veterinärabteilung des Gesundheitsreferates des Magistrates im Gebäude der Altstädter Markthalle in Prag I., Rittergasse 10. zugeführt werden, u. zw. an Wochentagen bis 14 Uhr.
4. Ausgelassenes Fett, das auf anderem Wege als durch den Zentralschlachthof nach Gross-Prag eingeführt wird, ist zum Zwecke der Untersuchung und Überprüfung der Unterlagen in der Veterinärabteilung des Gesundheitsreferates des Magistrates im Gebäude der Altstädter Markthalle, Prag I., Rittergasse Nr. 10. anzumelden, u. zw. an Wochentagen bis 14 Uhr. Wird das ausgelassene Fett unmittelbar in den Zentralschlachthof gebracht, erfolgt die Untersuchung und Überprüfung der Unterlagen dort.

Die Bestimmungen der § 3 bis 11 der Kundmachung des Magistrates vom 7. Oktober 1935, G. Z.-X-3620/35 Vet. 1861 bleiben unberührt.

Prag, am 14. Mai 1940.

Der Primator-Stellvertreter:
Prof. Dr. J. PFITZNER.

Prager städtische Druckerei.

MAGISTRÁT HLAVNÍHO MĚSTA PRAHY.

Čj. X-965/1940
vet: 1861

VYHLÁŠKA.

Primátor hlavního města Prahy upravuje ve smyslu vládního nařízení ze dne 21. září 1939, čís. 208 Sb. z. a n. znění §§ 1 a 2 pravidel o dovozu a prohlídce masa, masného zboží a sádla, dovezeného do Velké Prahy, jakož i o povinné prohlídce vepřového masa na trichiny (vyhláška magistrátu hlavního města Prahy ze dne 7. října 1935, č. j. X-3620/35 Vet 1861), takto:

§ 1. Prohlídka masa, masného zboží a sádla, dopraveného (dovezeného, zaslaného atd.) do Velké Prahy.

Maso, masné zboží a sádlo, dopravené (dovezené, zaslané atd.) do obvodu Velké Prahy, musí býti příjemcem (adresátem) bez výjimky dopraveno ke zdravotní prohlídce. Masem rozumí se také všechny vnitřnosti zvířete.

§ 2. Kde se koná zdravotní prohlídka.

1. Všechny zásilky masa ze zvířat v nemoci nutně poražených, koňské maso a veškeré maso ostatní v syrovém stavu včetně vnitřností zvířete (drobů) musí býti dopraveno k prohlídce vždy jen do pražských ústředních jatek v Praze VII., čp. 306.
2. Ustanovení toto (odst. 1.) netýká se zvěřiny, drůbeže a ryb.
3. Uzenářské masné výrobky (uzené maso, uzeniny atd.) musí býti dopraveny ke zdravotní prohlídce do veterinárního oddělení zdravotního referátu magistrátu v budově Staroměstské tržnice v Praze I., Rytířská ulice č. 10, a to do 14. hodiny ve všedních dnech.
4. Škvařené sádlo jakéhokoli původu, dopravené do Velké Prahy m i m o ústřední jatky, musí býti přihlášeno k prohlídce a přezkoušení dokladů ve veterinárním oddělení zdravotního referátu magistrátu v budově Staroměstské tržnice v Praze I., Rytířská ulice č. 10, a to do 14. hodiny ve všedních dnech. Bude-li škvařené sádlo dopraveno p ř í m o do ústředních jatek, bude provedena prohlídka a přezkoušení dokladů přímo v ústředních jatkách.

Ustanovení §§ 3 až 11 vyhlášky magistrátní ze dne 7. října 1935, čj. -X-3620/35 Vet 1861 zůstávají nedotčena.

V Praze dne 14. května 1940.

Primátor:
Dr. OTAKAR KLAPKA.

Pražská městská tiskárna.

PROTEKTORÁT ČECHY A MORAVA

Aufruf

des Reichsprotektors in Böhmen und Mähren
zum Kriegshilfswerk für das „Deutsche Rote Kreuz".

Der Reichsprotektor in Böhmen und Mähren erläßt folgenden Aufruf:

An die Bevölkerung des Protektorates Böhmen und Mähren!

Der deutsche Soldat setzt opferfreudig Leib und Leben im Kampfe um die Lebensrechte des Großdeutschen Reiches und damit auch des Protektorats Böhmen und Mähren ein. Sein Einsatz legt der Bevölkerung Böhmens und Mährens die Pflicht auf, es ihm, soweit irgend möglich, an Opferfreudigkeit gleichzutun. Das mindeste, was erwartet werden kann, ist die Mitarbeit bei der Heilung der an den Fronten verwundeten oder erkrankten Soldaten durch Unterstützung des „Deutschen Roten Kreuzes", dem diese große Aufgabe obliegt.

Der Führer des Großdeutschen Reiches hat zu Spenden für das Kriegshilfswerk des „Deutschen Roten Kreuzes" aufgerufen. Ich erwarte, daß auch die gesamte Bevölkerung im Protektorat Böhmen und Mähren seinem Rufe folgt und durch reichste Gaben beweist, daß sie sich ihrer Pflichten gegenüber den kämpfenden Soldaten bewußt ist.

Prag, den 18. Mai 1940.

gez. Freiherr von Neurath.

Provolání

Říšského protektora v Čechách a na Moravě
k válečnému pomocnému dílu
pro „Německý červený kříž".

Říšský Protektor v Čechách a na Moravě vydává toto provolání:

Obyvatelstvu Protektorátu Čechy a Morava!

Německý voják nasazuje obětavě život a krev v boji za životní práva Velkoněmecké Říše a tím i Protektorátu Čechy a Morava. Jeho obět ukládá obyvatelstvu ve vlastní povinnosti vyrovnati se mu, pokud je možno, svou obětavostí. To nejmenší, co lze možno očekávat, je pomoc při péči o vojáky zraněné nebo onemocnělé na frontě, podporou „Německého červeného kříže", jemuž byl svěřen tento veliký úkol.

Vůdce Velkoněmecké Říše vyzval k darům pro válečné pomocné dílo „Německého Červeného kříže". Očekávám, že také veškeré obyvatelstvo v Protektorátu Čechy a Morava uposlechne jeho výzvy a dokáže nejštědřejšími dary, že si je vědomo svých povinností k bojujícím německým vojínům.

Praha 18. května 1940.

gez. Freiherr von Neurath.

Provolání říšského protektora von Neuratha k válečnému pomocnému dílu pro Německý červený kříž, Praha, 18. květen 1940. (VÚA/VHA Praha)

Přísaha 1 200 novačků policejního pluku Orpo „Böhmen", Staroměstské náměstí, Praha, 16. květen 1940. Na čestné tribuně lze nalézt příslušníky říšské branné moci, NSDAP, Orpo, SA, SS i Nacionálněsocialistického říšského svazu válečníků. Vpravo od květinové dekorace krajsky vedoucí NSDAP v Praze Konstantin Höß a náměstek primátora SA-Standartenführer Josef Pfitzner. (ČTK)

Přísaha novačků policejního pluku Orpo „Böhmen", Staroměstské náměstí, Praha, 16. květen 1940. V popředí velitel Orpo v protektorátu SS-Brigadeführer a generál policie Jürgen von Kamptz. (ČTK)

Kundmachung.

G. Z. 11.118 präs.

Unter Hinweis auf die hä. Kundmachung vom 14. August 1939, G. Z. 19.334 präs., über den Verkehr der nichtjüdischen und jüdischen Bevölkerung verbiete ich im Grunde des Artikels 2. und 3. Abs. I. des Gesetzes über die Organisation der politischen Verwaltung vom 14. Juli 1927, Zahl 125 Slg. d. Ges. u. Vdg.

mit sofortiger Geltung Juden den Zutritt und jedwedes Verweilen in sämtlichen öffentlich zugänglichen Parkanlagen und Gärten im Polizeirayon der Stadt Prag.

Die Nichtbeachtung des durch diese Kundmachung erlassenen Verbotes wird gemäss Artikel 3. Abs. I. des zitierten Gesetzes mit einer Geldbusse von 10 K — 5.000 K oder mit einer Freiheitsstrafe von 12 Stunden bis 14 Tagen geahndet.

Polizeidirektion in Prag,
am 14. Mai 1940.

Der Polizeipräsident:
CHARVÁT e. h.

Vyhláška.

Č. j. 11.118 pres.

S poukazem na zdejší vyhlášku ze dne 14. srpna 1939 č. j. 19.334 pres, ohledně styku mezi obyvatelstvem nežidovským a židovským zakazuji na základě článků 2. a 3. odst. I. zákona o organisaci politické správy ze dne 14. července 1927 čís. 125 Sb. z. a n.

s okamžitou platností Židům vstup a jakékoliv prodlévání ve všech veřejných sadech a zahradách, které naléhají se v policejním obvodu města Prahy.

Nedbání zákazu daného touto vyhláškou trestá se podle ustanovení článku 3. odst. I. cit. zákona trestem na penězích od 10 K do 5.000 K nebo trestem na svobodě od 12 hodin do 14 dnů.

Policejní ředitelství v Praze
dne 14. května 1940.

Policejní president:
CHARVÁT v. r.

FOTO NA STR. 258 NAHOŘE VLEVO:
Slavnostní otevření ženského tábora RAD na území protektorátu, obecná škola, Německá Vyskytná (nyní Vyskytná nad Jihlavou), 8. květen 1940. V první řadě: vedoucí RAD Konstantin Hierl (třetí zprava), říšský protektor Konstantin von Neurath (čtvrtý zprava) a státní tajemník u říšského protektora SS-Gruppenführer Karl H. Frank (šestý zprava). (ČTK)

FOTO NA STR. 258 NAHOŘE VPRAVO:
Po otevření prvního ženského tábora RAD na území protektorátu byli oficiální hosté pozváni na kávu a koláč do mlýna místního německého patriota Augustina Siegla, Německá Vyskytná (nyní Vyskytná nad Jihlavou), 8. květen 1940. Říšský protektor Konstantin von Neurath v rozhovoru s hostitelem a jeho manželkou. Vlevo vedoucí tábora RAD Wilhelmine Frickeová. (ČTK)

FOTO NA STR. 258 DOLE:
Vyhláška primátora města Prahy Otakara Klapky a jeho zástupce Josefa Pfitznera o povinné prohlídce masa, masného zboží a sádla dovezeného do Velké Prahy, 14. květen 1940. (VÚA/VHA Praha)

Vyhláška policejního presidenta Rudolfa Charváta o zákazu vstupu Židů do veřejných sadů a zahrad v policejním obvodu města Prahy, 14. květen 1940. (VÚA/VHA Praha)

Přísaha nováčků policejního pluku OrPo „Böhmen" (Čechy), Staroměstské náměstí, Praha, 16. květen 1940. (ČTK)

Říšský protektor Konstantin von Neurath (uprostřed) a státní prezident Emil Hácha (otočen zády) na Hospodářské výstavě, Staré výstaviště, U Královské obory (nyní U Výstaviště), Praha, 18. květen 1940. Zcela vlevo ministr zemědělství Mikuláš z Bubna-Litic. (ČTK)

Hospodářská výstava, Staré výstaviště, U Královské obory (nyní U Výstaviště), Praha, 18. květen 1940. Říšský protektor Konstantin von Neurath (uprostřed) a státní prezident Emil Hácha (po jeho pravici). Vedle Háchy ministr zemědělství Mikuláš z Bubna-Litic, v zákrytu za Neurathem ministr spravedlnosti Jaroslav Krejčí. (ČTK)

Hospodářská výstava, Staré výstaviště, U Královské obory (nyní U Výstaviště), Praha, 18. květen 1940. Říšský protektor Konstantin von Neurath (vpravo) a státní prezident Emil Hácha (uprostřed) nahlíží do bandasky na mléko, kterou předvádí generální ředitel Škodových závodů Adolf Vamberský. V pozadí ministr vnitra Josef Ježek. (ČTK)

Hospodářská výstava, Staré výstaviště, U Královské obory (nyní U Výstaviště), Praha, 18. květen 1940. Státní prezident Emil Hácha (sedící) v rozhovoru s ministrem spravedlnosti Jaroslavem Krejčím a ministrem vnitra Josefem Ježkem. (ČTK)

PROTEKTORÁT ČECHY A MORAVA

Propagační plakát „Prací pro vítězství Říše zabezpeč domov", jaro 1940. (VÚA/VHA Praha)

1940

Těžiště zbrojního průmyslu protektorátu spočívalo ve výrobě munice. Široká škála ráží se pohybovala od munice pěchotní až po granáty námořních děl. Soustružení dělostřeleckého granátu, Škodovy závody, Plzeň. (AŠP)

Závěrečná fáze výroby dělostřeleckých granátů, Škodovy závody, Plzeň. (AŠP)

10,5cm hrubý kanon vz. 35 představoval nejmodernější dělo československé armády, Škodovy závody, Plzeň. Za protektorátu byl vyráběn pod označením 10,5cm K 35 (t). (AŠP)

8cm protiletadlové kanony vz. 37, Škodovy závody, Plzeň. Za protektorátu byly vyráběny pod označením 7,65cm Flak 37 (t). (AŠP)

PROTEKTORÁT ČECHY A MORAVA

Montáž dělostřeleckých tahačů SdKfz 6 (vlevo) a nákladních automobilů Škoda 6V, Škodovy závody, Plzeň. (AŠP)

FOTO NA STR. 265 DOLE VLEVO:
Přijetí říšského vedoucího NSDAP Alfreda Rosenberga na Staroměstské radnici, Staroměstské náměstí, Praha, 25. květen 1940. Vpravo v popředí náměstek primátora SA-Standartenführer Josef Pfitzner, uprostřed primátor Otakar Klapka. (ČTK)

FOTO NA STR. 265 DOLE VPRAVO:
Říšský vedoucí NSDAP Alfred Rosenberg se zapisuje do Pamětní knihy města Prahy, Staroměstská radnice, Staroměstské náměstí, Praha, 25. květen 1940. (ČTK)

Protektorát byl znám rovněž výzkumem a vývojem tanků a samohybných děl. Českomoravská Kolben-Daněk (pozdější Českomoravské strojírny) pokračovala i nadále – na přímý Vůdcův popud – ve výrobě vynikajících lehkých tanků Praga LT-38, jež říšská branná moc převzala do své výzbroje pod názvem PzKpfw 38 (t). Od května 1939 do července 1942 jich bylo v nejrůznějších modifikacích vyrobeno 1 396 a staly se nedílnou součástí prvosledových jednotek tankového vojska. Ve francouzské kampani roku 1940 tvořily PzKpfw 38 (t) dvě pancéřové divize, tj. plnou pětinu zde nasazených německých tanků. Ze 17 tankových divizí, které se účastnily zahájení operace Barbarossa, jich bylo českými tanky – v převážné většině PzKpfw 38 (t) – vyzbrojeno šest. (AŠP)

1940

Hlavní ideolog NSDAP a autor teoretického základu nacistického učení (*Mýtus XX. století*), říšský vedoucí NSDAP Alfred Rosenberg (třetí zleva) před hotelem Esplanade, Weberova ulice (nyní Washingtonova), Praha, 25. květen 1940. Za Rosenbergem vpravo říšský komisař a župní vedoucí Říšské župy Sudety Konrad Henlein, vpravo pak krajský vedoucí NSDAP v Praze Konstantin Höß. (ČTK)

Přijetí říšského vedoucího NSDAP Alfreda Rosenberga na Staroměstské radnici, Staroměstské náměstí, Praha, 25. květen 1940. Po Rosenbergově levici říšský komisař a župní vedoucí Říšské župy Sudety Konrad Henlein, po pravici pak krajský vedoucí NSDAP v Praze Konstantin Höß. (ČTK)

PROTEKTORÁT ČECHY A MORAVA

Říšský vedoucí NSDAP Alfred Rosenberg (uprostřed) na balkonu Staroměstské radnice, Staroměstské náměstí, Praha, 25. květen 1940. Vpravo náměstek primátora SA-Standartenführer Josef Pfitzner, vlevo primátor Otakar Klapka. (ČTK)

Říšský vedoucí NSDAP Alfred Rosenberg při přednášce na téma „Kultura a válka", Nové německé divadlo (nyní Státní opera), Hooverova třída (nyní Wilsonova ulice), Praha, 25. květen 1940. (ČTK)

Pochod SA standarty 52, Václavské náměstí, Praha, 26. květen 1940. (ČTK)

Pochod SA standarty 52, Karlův most, Praha, 26. květen 1940. (ČTK)

Předseda protektorátní vlády Alois Eliáš (vlevo) při návštěvě Českého rozhlasu, Schwerinova třída (nyní Vinohradská), Praha, červen 1940. (VÚA/VHA Praha)

Předseda protektorátní vlády Alois Eliáš (třetí zleva) při návštěvě Českého rozhlasu, Schwerinova třída (nyní Vinohradská), Praha, červen 1940. (VÚA/VHA Praha)

PROTEKTORÁT ČECHY A MORAVA

Koncert hudby pozemního vojska říšské branné moci ve prospěch Německého červeného kříže (DRK), Zámecká zahrada (nyní Královská zahrada), Mariánské hradby, Praha, 1. červen 1940. (ČTK)

Koncert hudby pozemního vojska říšské branné moci ve prospěch Německého červeného kříže (DRK), Zámecká zahrada (nyní Královská zahrada), Mariánské hradby, Praha, 1. červen 1940. Členové NSDAP. (ČTK)

Branné závody SA standarty 52, strahovský stadion, Praha, 1. červen 1940. Členové HJ. (ČTK)

V den vstupu Itálie do války sledují Pražané mapu západní Evropy se zakresleným pohybem fronty, Václavské náměstí, Praha, 10. červen 1940. (ČTK)

1940

Příslušníci OrPo před Úřadem říšského protektora, Černínský palác (nyní Ministerstvo zahraničních věcí České republiky), Loretánské náměstí, Praha, 10. červen 1940. Shromáždění u příležitosti vstupu Itálie do války, které zorganizovalo krajské vedení pražské NSDAP. (ČTK)

Nadšený dav německých Pražanů, Loretánské náměstí, Praha, 10. červen 1940. Shromáždění u příležitosti vstupu Itálie do války. (ČTK)

PROTEKTORÁT ČECHY A MORAVA

Státní tajemník u říšského protektora SS-Gruppenführer Karl H. Frank a příslušníci SS, OrPo a RAD sledují shromáždění německých Pražanů u příležitosti vstupu Itálie do války, balkon Černínského paláce, Loretánské náměstí, Praha, 10. červen 1940. Zcela vpravo šéf Kanceláře říšského protektora ministerský rada Hans H. Völckers, muž, který vycházel vstříc předsedovi protektorátní vlády Aloisi Eliášovi. (ČTK)

Státní podtajemník u říšského protektora SA-Brigadeführer Kurt von Burgsdorff (třetí zprava) v rozhovoru s příslušníkem Říšského ministerstva zahraničních věcí, balkon Černínského paláce, Loretánské náměstí, Praha, 10. červen 1940. Vpravo náměstek primátora SA-Standartenführer Josef Pfitzner, třetí zleva vedoucí skupiny 3 (Rozhlas, tisk) v Oddělení IV Úřadu říšského protektora, vládní rada SS-Hauptsturmführer Wolfgang W. von Wolmar. (ČTK)

Němečtí Pražané, příslušníci říšské branné moci a OrPo před italským generálním konzulátem, Nerudova ulice, Praha, 10. červen 1940. Shromáždění u příležitosti vstupu Itálie do války. (ČTK)

Státní tajemník u říšského protektora SS-Gruppenführer Karl H. Frank (v okně uprostřed), krajský vedoucí NSDAP v Praze Konstantin Höß (po Frankově pravici) a italský generální konzul Casto Caruso (po Frankově levici) zdraví německé Pražany, kteří se shromáždili u příležitosti vstupu Itálie do války, Nerudova ulice, Praha, 10. červen 1940. (ČTK)

Propagační plakát „Budujeme lepší zítřek prací v Říši", léto 1940. (VÚA/VHA Praha)

PROTEKTORÁT ČECHY A MORAVA

Slavnostní slib sester DRK, Černínský palác, Úřad říšského protektora (nyní Ministerstvo zahraničních věcí České republiky), Loretánské náměstí, Praha, 12. červen 1940. Vpravo sedící říšský protektor Konstantin von Neurath. (ČTK)

Titulní strana časopisu *Die Wehrmacht*, 17. červen 1940. PzKpfw 38(t) na pláži Lamanšského průlivu. Konstruktéry tohoto původně československého tanku tento snímek jistě nepotěšil. (SJBU)

Přehlídka jednotky RAD, Loretánské náměstí, Praha, 19. červen 1940. Uprostřed říšský protektor Konstantin von Neurath, po jeho levici státní tajemník u říšského protektora SS-Gruppenführer Karl H. Frank a župní pracovní vedoucí u říšského protektora Oberstarbeitsführer Alexander Commichau. (ČTK)

1940

Přijetí předsednictva Českého svazu pro spolupráci s Němci (ČSSN) státním prezidentem Emilem Háchou (uprostřed), Pražský hrad, 19. červen 1940. Zleva: Otto Bláha, Jan Fousek, Emil Hácha, Josef Šusta a Karel J. Belcredi. (ČTK)

Schůze ČSSN, dům Spolku čs. inženýrů a architektů (SIA), Norimberská ulice (nyní Pařížská třída), 20. červen 1940. Zleva: prezident České akademie věd a umění Josef Šusta, Karel J. Belcredi, předseda ČSSN Jan Fousek, předseda výboru NS Josef Nebeský, tiskový referent KSP Josef Kliment a vedoucí ČSV Otto Bláha. (ČTK)

Titulní strana *Pražského ilustrovaného zpravodaje*, 20. červen 1940. (SJBU)

PROTEKTORÁT ČECHY A MORAVA

Státní prezident Emil Hácha (třetí zleva) v Národním muzeu, Václavské náměstí, Praha, 21. červen 1940. (ČTK)

Letní sportovní hry SS, strahovský stadion, Praha, 23. červen 1940. Uprostřed státní tajemník u říšského protektora SS-Gruppenführer Karl H. Frank s manželkou Karolou. Vlevo SS-Oberführer Walter Opländer. (ČTK)

Letní sportovní hry SS, strahovský stadion, Praha, 23. červen 1940. Za řečnickým pultem státní tajemník u říšského protektora SS-Gruppenführer Karl H. Frank. Po jeho levici SS-Oberführer Walter Opländer. (NA)

1940

Letní sportovní hry SS, strahovský stadion, Praha, 23. červen 1940. Za řečnickým pultem státní tajemník u říšského protektora SS-Gruppenführer Karl H. Frank. Příslušníci SS a RAD. (NA)

Letní sportovní hry SS, strahovský stadion, Praha, 23. červen 1940. Detail cen pro vítěze: vedle bronzové sošky byli ti nejlepší odměněni rovněž zarámovaným portrétem říšského vůdce SS a šéfa německé policie Heinricha Himmlera. (NA)

Letní sportovní hry SS, strahovský stadion, Praha, 23. červen 1940. (ČTK)

Letní sportovní hry SS, strahovský stadion, Praha, 23. červen 1940. SS-Oberführer Walter Opländer blahopřeje vítězi. Vpravo státní tajemník u říšského protektora SS-Gruppenführer Karl H. Frank. (NA)

PROTEKTORÁT ČECHY A MORAVA

Předseda protektorátní vlády Alois Eliáš (třetí zleva) na návštěvě České tiskové kanceláře (ČTK), Lützowova ulice (nyní Opletalova), Praha, 24. červen 1940. Vpravo generální ředitel nakladatelství Orbis Franz F. Rudl. (ČTK)

Předseda protektorátní vlády Alois Eliáš (třetí zprava) na návštěvě ČTK, Lützowova ulice (nyní Opletalova), Praha, 24. červen 1940. Eliáš v rozhovoru s vedoucím skupiny 3 (Rozhlas, tisk) v Oddělení IV Úřadu říšského protektora, vládním radou SS-Hauptsturmführerem Wolfgangem W. von Wolmarem (ve stejnokroji), jehož skupina 3 sídlila v budově ČTK. (ČTK)

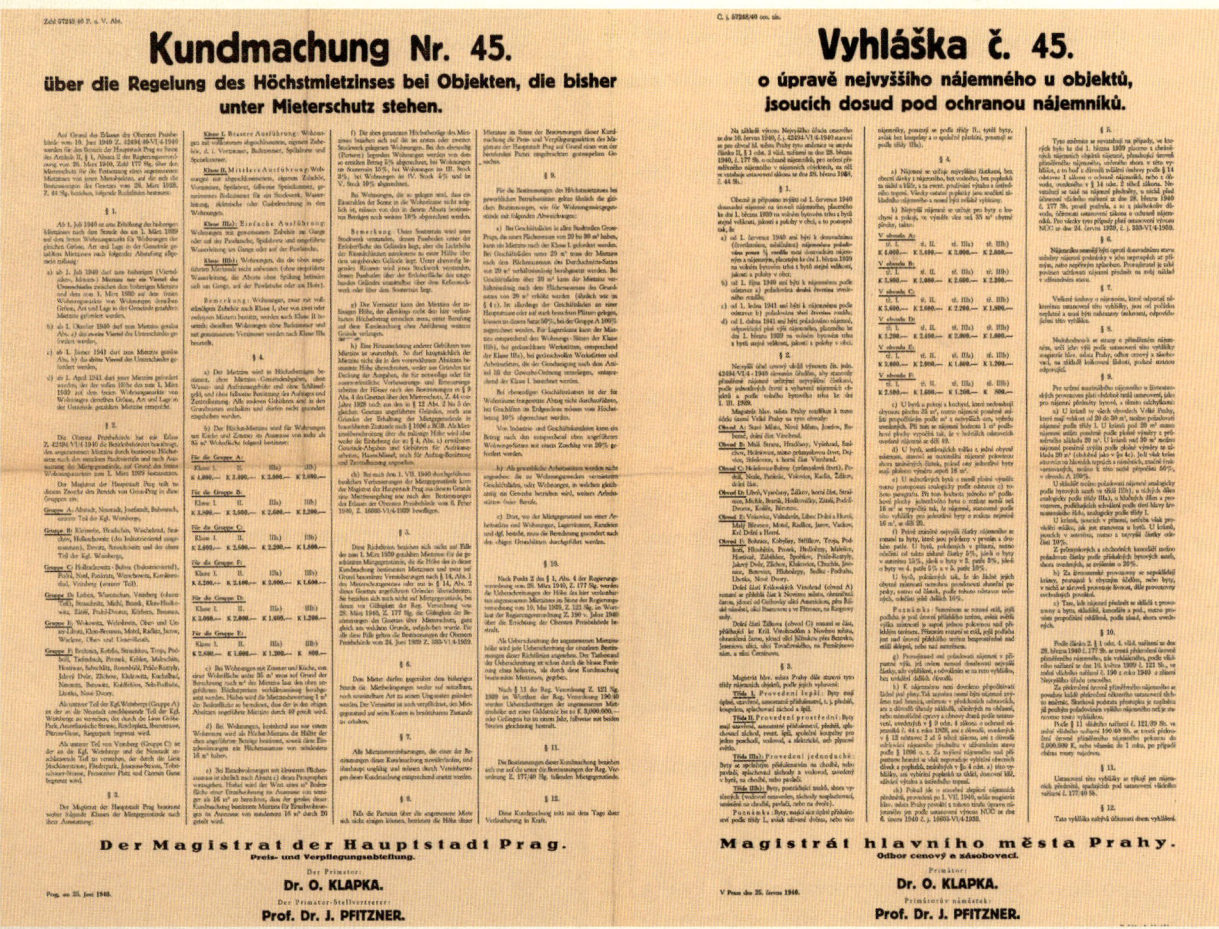

Vyhláška primátora Otakara Klapky a náměstka primátora SA-Standartenführera Josefa Pfitznera o úpravě nejvyššího nájemného, Praha, 25. červen 1940. (VÚA/VHA Praha)

1940

Vedoucí skupiny 3 (Rozhlas, tisk) v Oddělení IV Úřadu říšského protektora, vládní rada SS-Hauptsturmführer Wolfgang W. von Wolmar (vpravo) vítá před svým sídlem (ČTK) státního tajemníka u říšského protektora SS-Gruppenführera Karla H. Franka, Lützowova ulice (nyní Opletalova), Praha, 26. červen 1940. (ČTK)

Návštěva státního tajemníka u říšského protektora SS-Gruppenführera Karla H. Franka (vlevo) v sídle skupiny 3 (Rozhlas, tisk) v Oddělení IV. Úřadu říšského protektora, Lützowova ulice (nyní Opletalova), Praha, 26. červen 1940. Uprostřed vedoucí skupiny 3 (Rozhlas, tisk) v Oddělení IV Úřadu říšského protektora, vládní rada SS-Hauptsturmführer Wolfgang W. von Wolmar, vpravo vrchní vládní rada SS-Sturmbannführer Robert Gies. (NA)

Návštěva státního tajemníka u říšského protektora SS-Gruppenführera Karla H. Franka (uprostřed) v sídle skupiny 3 (Rozhlas, tisk) v Oddělení IV Úřadu říšského protektora, Lützowova ulice (nyní Opletalova), Praha, 26. červen 1940. Vlevo velitel SiPo a SD v protektorátu SS-Obersturmbannführer Horst Böhme. Po Frankově levici vrchní vládní rada SS-Sturmbannführer Robert Gies. (NA)

PROTEKTORÁT ČECHY A MORAVA

Návštěva státního tajemníka u říšského protektora SS-Gruppenführera Karla H. Franka (druhý zleva) v sídle skupiny 3 (Rozhlas, tisk) v Oddělení IV Úřadu říšského protektora, Lützowova ulice (nyní Opletalova), Praha, 26. červen 1940. Po Frankově pravici vedoucí skupiny 3 (Rozhlas, tisk) v Oddělení IV Úřadu říšského protektora, vládní rada SS-Hauptsturmführer Wolfgang W. von Wolmar, po levici pak generální ředitel nakladatelství Orbis Franz F. Rudl.
Za Rudlem velitel SiPo a SD v protektorátu SS-Obersturmbannführer Horst Böhme. Vpravo vrchní vládní rada SS-Sturmbannführer Robert Gies. (NA)

Návštěva státního tajemníka u říšského protektora SS-Gruppenführera Karla H. Franka (druhý zleva) v sídle skupiny 3 (rozhlas, tisk) v Oddělení IV Úřadu říšského protektora, Lützowova ulice (nyní Opletalova), Praha, 26. červen 1940. Vlevo velitel SiPo a SD v protektorátu SS-Obersturmbannführer Horst Böhme, druhý zprava vedoucí tiskového odboru předsednictva ministerské rady Ctibor Melč. (ČTK)

1940

◀ Návštěva státního tajemníka u říšského protektora SS-Gruppenführera Karla H. Franka (třetí zprava) v sídle skupiny 3 (Rozhlas, tisk) v Oddělení IV Úřadu říšského protektora, Lützowova ulice (nyní Opletalova), Praha, 26. červen 1940. Po Frankově pravici vedoucí skupiny 3 (Rozhlas, tisk) v Oddělení IV Úřadu říšského protektora, vládní rada SS-Hauptsturmführer Wolfgang W. von Wolmar, po levici pak vrchní vládní rada SS-Sturmbannführer Robert Gies. V civilním oděvu generální ředitel nakladatelství Orbis Franz F. Rudl. (NA)

Odjezd státního tajemníka u říšského protektora SS-Gruppenführera Karla H. Franka (v popředí uprostřed) ze sídla skupiny 3 (Rozhlas, tisk) v Oddělení IV Úřadu říšského protektora, Lützowova ulice (nyní Opletalova), Praha, 26. červen 1940. Za Frankem v zákrytu zdraví vedoucí skupiny 3 (Rozhlas, tisk) v Oddělení IV Úřadu říšského protektora, vládní rada SS-Hauptsturmführer Wolfgang W. von Wolmar vrchního vládního radu SS-Sturmbannführera Roberta Giese. Po Frankově pravici velitel SiPo a SD v protektorátu SS-Obersturmbannführer Horst Böhme. (ČTK)

Titulní strana *Pražského ilustrovaného zpravodaje*, 27. červen 1940. (SJBU)

PROTEKTORÁT ČECHY A MORAVA

Státní tajemník u říšského protektora SS-Gruppenführer Karl H. Frank (třetí zprava) při návštěvě v ateliérech Filmové továrny AB na Barrandově, Praha, červen 1940. (NA)

Slavnostní koncert, pořádaný pražským krajským vedením NSDAP, Německé stavovské divadlo (nyní Stavovské divadlo), Ovocný trh, Praha, 1. červenec 1940. (ČTK)

Říšský protektor Konstantin von Neurath (v popředí druhý zprava) při návštěvě Škodových závodů, Plzeň, 2. červenec 1940. Existence tohoto zbrojního gigantu byla jedním z klíčových důvodů „přivtělení" Čech a Moravy do Říše. Doprovod říšského protektora tvoří příslušníci pozemního vojska, luftwaffe a SS. Provází je generální ředitel Škodových závodů Adolf Vamberský (po Neurathově levici). (ČTK)

Říšský protektor Konstantin von Neurath (uprostřed) v rozhovoru s generálním ředitelem Škodových závodů Adolfem Vamberským, Škodovy závody, Plzeň, 2. červenec 1940. (ČTK)

1940

Příjezd dánských novinářů, Hybernské nádraží (nyní Masarykovo nádraží), Jezdecká ulice (nyní Havlíčkova), Praha, 8. červenec 1940. Přivítal je vedoucí skupiny 3 (Rozhlas, tisk) v Oddělení IV Úřadu říšského protektora, vládní rada SS-Hauptsturmführer Wolfgang W. von Wolmar (ve stejnokroji). (ČTK)

Dánští novináři na balkoně Staroměstské radnice, Staroměstské náměstí, Praha, 9. červenec 1940. Uprostřed (z profilu) primátor Otakar Klapka. Jde zřejmě o jeho poslední snímek. Ještě téhož dne byl zatčen gestapem. (ČTK)

Náměstek primátora SA-Standartenführer Josef Pfitzner přijal na Staroměstské radnici příslušníky HJ z Chomutova, Staroměstské náměstí, Praha, 10. červenec 1940. (ČTK)

PROTEKTORÁT ČECHY A MORAVA

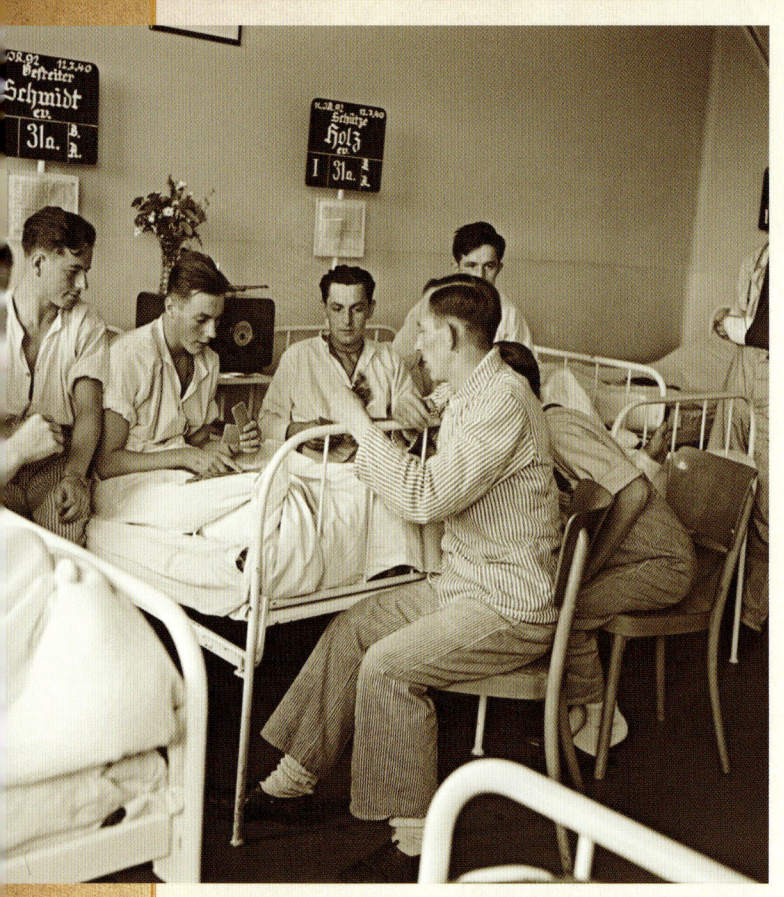

Ranění příslušníci říšské branné moci ve vojenské nemocni ve Střešovicích (Rezervní lazaret I), Středovského ulice (nyní U Vojenské nemocnice), Praha, 13. červenec 1940. (ČTK)

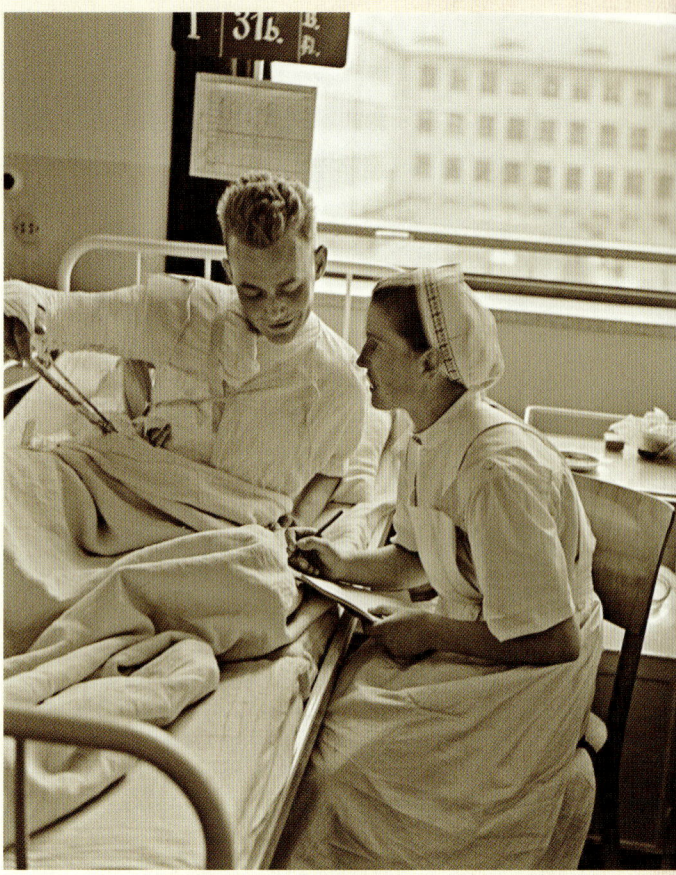

Raněný příslušník říšské branné moci ve vojenské nemocni ve Střešovicích, Středovského ulice (nyní U Vojenské nemocnice), Praha, 13. červenec 1940. (ČTK)

Generální oprava vyhořelého lehkého tanku PzKpfw I, Škodovy závody, Plzeň, léto 1940. (AŠP)

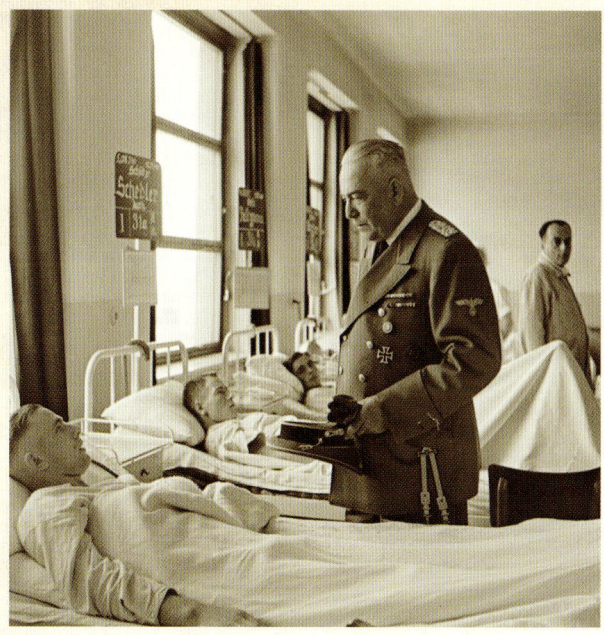

Říšský protektor Konstantin von Neurath v rozhovoru s raněným příslušníkem říšské branné moci, vojenská nemocnice ve Střešovicích, Středovského ulice (nyní U Vojenské nemocnice), Praha, 3. srpen 1940. (ČTK)

Zmocněnec říšské branné moci u říšského protektora gen. Erich Friderici (třetí zleva) při návštěvě v ateliérech Filmové továrny AB na Barrandově, Praha, 7. srpen 1940. Druhý zleva generální ředitel nakladatelství Orbis Franz F. Rudl. (ČTK)

Velitel Královské bulharské pracovní služby plk. Dimitri Ganev (v popředí uprostřed) při přehlídce oddílu RAD, Štěpánská ulice, Praha, 9. srpen 1940. Po jeho levici župní pracovní vedoucí u říšského protektora Oberstarbeitsführer Alexander Commichau. (ČTK)

PROTEKTORÁT ČECHY A MORAVA

FOTO NAHOŘE VLEVO:
Zplnomocněný ministr Japonského císařství, vyslanec Tatsuo Kawai (druhý zprava), před návštěvou Úřadu říšského protektora, Loretánské náměstí, Praha, 10. srpen 1940. Druhý zleva japonský generální konzul v Praze Kozo Ichige. (ČTK)

FOTO NAHOŘE VPRAVO:
Státní tajemník u říšského protektora SS-Gruppenführer Karl H. Frank (vpravo) přijal zplnomocněného ministra Japonského císařství, vyslance Tatsuo Kawaie (třetí zprava), Černínský palác, Úřad říšského protektora (nyní Ministerstvo zahraničních věcí České republiky), Loretánské náměstí, Praha, 10. srpen 1940. Druhý zprava japonský generální konzul v Praze Kozo Ichige. (ČTK)

Zplnomocněný ministr Japonského císařství, vyslanec Tatsuo Kawai (třetí zleva), při návštěvě Závodů Ringhoffer-Tatra, Kartouzská ulice, Praha, 10. srpen 1940. Třetí zprava japonský generální konzul v Praze Kozo Ichige. (ČTK)

1940

Příjezd španělských novinářů, Hybernské nádraží (nyní Masarykovo nádraží), Jezdecká ulice (nyní Havlíčkova), Praha, 14. srpen 1940. Uprostřed vedoucí skupiny 3 (Rozhlas, tisk) v Oddělení IV Úřadu říšského protektora, vládní rada SS-Hauptsturmführer Wolfgang W. von Wolmar (ve stejnokroji). (ČTK)

Výpravu španělských novinářů přijal na Staroměstské radnici nový primátor Alois Říha (při projevu), Staroměstské náměstí, Praha, 15. srpen 1940. (ČTK)

Výprava norských novinářů v sídle skupiny 3 (Rozhlas, tisk) v Oddělení IV Úřadu říšského protektora, Beethovenova ulice (nyní Opletalova), Praha, 22. srpen 1940. Zcela vlevo vedoucí skupiny 3, vládní rada SS-Hauptsturmführer Wolfgang W. von Wolmar, čtvrtý stojící zprava generální ředitel nakladatelství Orbis Franz F. Rudl. (ČTK)

Státní prezident Emil Hácha (vpravo) na výstavě Za novou architekturu, Uměleckoprůmyslové museum, Sanytrová ulice (nyní 17. listopadu), Praha, 30. srpen 1940. (ČTK)

PROTEKTORÁT ČECHY A MORAVA

Propagační plakát Českého národně socialistického tábora – Vlajky „Šeptaná propaganda škodí budoucnosti našeho tábora – potírejte ji!" (VÚA/VHA Praha)

1940

Oddíl čestné stráže Vládního vojska Protektorátu Čechy a Morava, Nerudova ulice, Praha, 2. září 1940. (ČTK)

Projev říšského protektora Konstantina von Neuratha k delegaci 34 protektorátních novinářů, nakladatelů, spisovatelů a umělců před cestou do Říše a Nizozemska, Černínský palác, Úřad říšského protektora (nyní Ministerstvo zahraničních věcí České republiky), Loretánské náměstí, Praha, 3. září 1940. Výprava se uskutečnila z podnětu říšského ministra lidové osvěty a propagandy a říšského vedoucího NSDAP Josepha Goebbelse. (ČTK)

Delegace protektorátních novinářů, nakladatelů, spisovatelů a umělců před cestou do Říše a Nizozemska, Praha hlavní nádraží, třída Richarda Wagnera (nyní Wilsonova ulice), 3. září 1940. Delegaci, vedenou vedoucím Oddělení IV (Kulturní politika) Úřadu říšského protektora, ministerským radou SS-Sturmbannführerem Karlem A. von Gregorym (uprostřed s motýlkem), tvořili mj. Václav Fiala, Václav Crha, Vladimír Krychtálek, Karel Lažnovský, Karel Werner, Franz F. Rudl, Rudolf Procházka, Josef Hora, Jaroslav Durych, Jan Bor, Václav Talich, Pavel Ludikar, Jan Konstantin, Václav Příhoda, Jan Čarek, Václav Renč, Miloš Kareš, Jan Úprka, Celestin Rypl, Josef Knap, František Hofman, Hubert Masařík, Jaroslav Šalda, Josef Träger, Bedřich Fučík, Jan Hertl, Jan Sokol, Karel Rélink, Karel Pečený, Viktor Mussik nebo Wolfgang W. von Wolmar. (ČTK)

PROTEKTORÁT ČECHY A MORAVA

Členové delegace protektorátních novinářů, nakladatelů, spisovatelů a umělců před cestou do Říše a Nizozemska, Praha hlavní nádraží, třída Richarda Wagnera (nyní Wilsonova ulice), 3. září 1940. Zleva: generální ředitel nakladatelství Orbis Franz F. Rudl, šéfredaktor *Národní politiky* Václav Crha, vedoucí skupiny 3 (Rozhlas, tisk) v Oddělení IV Úřadu říšského protektora, vládní rada SS-Hauptsturmführer Wolfgang W. von Wolmar, šéfredaktor Centropressu Václav Fiala a vedoucí tiskového odboru předsednictva ministerské rady Ctibor Melč. (ČTK)

Dne 7. září 1940 přijal státní prezident Emil Hácha (uprostřed) na Pražském hradě představitele českého hospodářského života. Přítomna byla rovněž nejen celá řada ministrů protektorátní vlády – Jaroslav Kratochvíl, Josef Kalfus, Jiří Havelka, Mikuláš z Bubna-Litic, Jaroslav Krejčí –, ale i předseda výboru NS Josef Nebeský, generální tajemník NS Vladimír Mrazík a představitelé KSP (Josef Kliment). (ČTK)

Slavnostní otevření Dopravní výstavy v rámci Pražských vzorkových veletrhů, Bělského třída (nyní Dukelských hrdinů), Praha, 7. září 1940. (ČTK)

1940

Úspěšný německý velitel z první světové války, polní maršál August von Mackensen (uprostřed) před katedrálou sv. Víta, III. hradní nádvoří, Pražský hrad, 7. září 1940. Vpravo říšský protektor Konstantin von Neurath. (ČTK)

Odjezd polního maršála Augusta von Mackensena (na zadním sedadle vlevo) z Pražského hradu, Hradčanské náměstí, 7. září 1940. Doprovází jej říšský protektor Konstantin von Neurath. (ČTK)

Zahájení Pražských vzorkových veletrhů, Bělského třída (nyní Dukelských hrdinů), Praha, 10. září 1940. Příchod státního tajemníka u říšského protektora SS-Gruppenführera Karla H. Franka (v popředí třetí zprava). Po Frankově pravici státní podtajemník u říšského protektora SA-Brigadeführer Kurt von Burgsdorff. (NA)

PROTEKTORÁT ČECHY A MORAVA

Zahájení Pražských vzorkových veletrhů, Bělského třída (nyní Dukelských hrdinů), Praha, 10. září 1940. Státní tajemník u říšského protektora SS-Gruppenführer Karl H. Frank (vpravo) a náměstek primátora SA-Standartenführer Josef Pfitzner. (ČTK)

Zahájení Pražských vzorkových veletrhů, Bělského třída (nyní Dukelských hrdinů), Praha, 10. září 1940. Za řečnickým pultem státní tajemník u říšského protektora SS-Gruppenführer Karl H. Frank. (NA)

Zahájení Pražských vzorkových veletrhů, Bělského třída (nyní Dukelských hrdinů), Praha, 10. září 1940. Vpravo státní tajemník u říšského protektora SS-Gruppenführer Karl H. Frank. Zleva: velitel SiPo a SD v protektorátu SS-Obersturmbannführer Horst Böhme a státní podtajemník u říšského protektora SA-Brigadeführer Kurt von Burgsdorff. Ve stejnokroji NSDAP buď zástupce pražského oberlandratu, anebo krajského vedení NSDAP. (NA)

1940

Zahájení Pražských vzorkových veletrhů, Bělského třída (nyní Dukelských hrdinů), Praha, 10. září 1940. V popředí uprostřed státní tajemník u říšského protektora SS-Gruppenführer Karl H. Frank. (ČTK)

Zahájení Pražských vzorkových veletrhů, Bělského třída (nyní Dukelských hrdinů), Praha, 10. září 1940. Příjezd státního prezidenta Emila Háchy (třetí zleva). (ČTK)

Zahájení Pražských vzorkových veletrhů, Bělského třída (nyní Dukelských hrdinů), Praha, 10. září 1940. Uprostřed (nejmenší) státní prezident Emil Hácha. Vlevo ministr dopravy a přednosta Kanceláře státního prezidenta Jiří Havelka a generální ředitel železnic, sekční šéf ministerstva dopravy Jindřich Kamenický. Za Háchou předseda protektorátní vlády Alois Eliáš. (ČTK)

Státní prezident Emil Hácha (uprostřed) na Pražských vzorkových veletrzích, Staré výstaviště, U Královské obory (nyní U Výstaviště), Praha, 10. září 1940. Po Háchově levici (s holí) předseda protektorátní vlády Alois Eliáš. Sedmý zleva generální ředitel železnic, sekční šéf ministerstva dopravy Jindřich Kamenický. (ČTK)

PROTEKTORÁT ČECHY A MORAVA

Státní prezident Emil Hácha (uprostřed) na Pražských vzorkových veletrzích, Staré výstaviště, U Královské obory (nyní U Výstaviště), Praha, 10. září 1940. Vpravo předseda protektorátní vlády Alois Eliáš. Třetí zleva generální ředitel železnic, sekční šéf ministerstva dopravy Jindřich Kamenický. (ČTK)

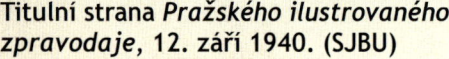

Titulní strana *Pražského ilustrovaného zpravodaje*, 12. září 1940. (SJBU)

Členy delegace protektorátních novinářů, nakladatelů, spisovatelů a umělců, kteří se vrátili ze zájezdu do Říše a Nizozemska, přijal k neformálnímu rozhovoru státní tajemník u říšského protektora SS-Gruppenführer Karl H. Frank (stojící), Presseklub (nyní Autoklub České republiky), Beethovenova ulice (nyní Opletalova), Praha, 13. září 1940. Po Frankově levici přednosta Koordinačního odboru předsednictva vlády a předseda správní rady Českého rozhlasu Hubert Masařík. (ČTK)

1940

Mittäter am Kladnoer Mord hingerichtet.

Der am 12. Juli 1940 vom Volksgerichtshof wegen Vorbereitung zum Hochverrat und wegen Mordes an dem deutschen Polizeihauptwachtmeister Kniest zum Tode und dauernden Verlust der bürgerlichen Ehrenrechte verurteilte 23 jährige Gewerbeschüler F r a n z P e t r aus Kladno ist am 14. September 1940 hingerichtet worden.

Petr hat am 7. Juni 1939 zusammen mit einem Anderen nach einem vorher festgelegten Plan den deutschen Polizeihauptwachtmeister Kniest niedergeschossen, um sich in den Besitz von dessen Dienstpistole zu setzen. Die Waffe des deutschen Polizeibeamten sollte nach der Tat zu hochverräterischen Zwecken verwendet werden.

Durch die Vollstreckung wurde ein besonders gemeines und verwerfliches Verbrechen gesühnt.

Spolupachatel kladenské vraždy popraven.

Lidovým soudem 12. července 1940 pro přípravu k velezradě a pro vraždu spáchanou na německém hlavním policejním strážmistrovi Kniestovi k smrti a trvalé ztrátě občanských čestných práv odsouzený posluchač živnostenské školy František Petr z Kladna byl 14. září 1940 popraven.

Petr zastřelil 7. června 1939 společně s jiným podle předem připraveného plánu německého hlavního policejního strážmistra Kniesta, aby se zmocnil jeho služební pistole. Zbraň německého policejního úředníka měla po činu sloužiti velezrádným účelům.

Vykonáním rozsudku byl odpykán obzvláště sprostý a zavrženíhodný zločin.

Vyhláška o popravě Josefa Petra, spolupachatele vraždy vrchního strážmistra OrPo Wilhelma Kniesta, Praha, 14. září 1940. (VÚA/VHA Praha)

Zahájení lehkoatletických závodů HJ a Svazu německých dívek (BDM), strahovský stadion, Vaníčkova ulice, Praha, 14. září 1940. (ČTK)

Příslušníci HJ, strahovský stadion, Vaníčkova ulice, Praha, 14. září 1940. (ČTK)

PROTEKTORÁT ČECHY A MORAVA

◀ Předseda protektorátní vlády Alois Eliáš (druhý zprava) na výstavě Za novou architekturu, Uměleckoprůmyslové museum, Sanytrová ulice (nyní 17. listopadu), Praha, 18. září 1940. (ČTK)

Detail slavnostní tribuny zbudované pro přísahu nově zformovaného praporu divize SS Totenkopf, Staroměstské náměstí, Praha, 18. září 1940. V první řadě lze spatřit mj. velitele SiPo a SD v protektorátu SS-Obersturmbannführera Horsta Böhma, náměstka primátora SA-Standartenführera Josefa Pfitznera, státního podtajemníka u říšského protektora SA-Brigadeführera Kurta von Burgsdorffa nebo posádkového velitele říšské branné moci v Praze plk. Arthura von Briesena. (ČTK)

Přísaha nově zformovaného praporu divize SS Totenkopf, Staroměstské náměstí, Praha, 18. září 1940. (ČTK)

Přísaha nově zformovaného praporu divize ▶ SS Totenkopf, Staroměstské náměstí, Praha, 18. září 1940. (NA)

1940

Přehlídku nově zformovaného praporu divize SS Totenkopf vykonal státní tajemník u říšského protektora SS-Gruppenführer Karl H. Frank, Staroměstské náměstí, Praha, 18. září 1940. (ČTK)

Přísaha nově zformovaného praporu divize SS Totenkopf, Staroměstské náměstí, Praha, 18. září 1940. Za řečnickým pultem státní tajemník u říšského protektora SS-Gruppenführer Karl H. Frank. (NA)

Po přísaze nově zformovaného praporu divize SS Totenkopf na Staroměstském náměstí zamířil státní tajemník u říšského protektora SS-Gruppenführer Karl H. Frank (v popředí vlevo) v doprovodu představitelů SS, SA, OrPo, NSDAP a říšské branné moci k místu přehlídky tohoto praporu na nároží ulic Josefovské (nyní Široká) a Norimberské (nyní Pařížská), Praha, 18. září 1940. (NA)

PROTEKTORÁT ČECHY A MORAVA

Slavnostní pódium pro přehlídku nově zformovaného praporu divize SS Totenkopf před státním tajemníkem u říšského protektora SS-Gruppenführerem Karlem H. Frankem (pátý zprava v první řadě), nároží ulic Josefovské (nyní Široká) a Norimberské (nyní Pařížská), Praha, 18. září 1940. (NA)

Přehlídka nově zformovaného praporu divize SS Totenkopf před státním tajemníkem u říšského protektora SS-Gruppenführerem Karlem H. Frankem, Norimberská ulice (nyní Pařížská), Praha, 18. září 1940. (ČTK)

Ministr průmyslu, obchodu a živností Jaroslav Kratochvíl (druhý zprava) na výstavě Za novou architekturu, Uměleckoprůmyslové museum, Sanytrová ulice (nyní 17. listopadu), Praha, 20. září 1940. (ČTK)

1940

U příležitosti zahájení 2. válečného „Díla zimní pomoci" (WHW) se na Strahově konaly lehkoatletické a branné závody, rezervní sokolský stadion (nyní Stadion Evžena Rošického), Praha, 22. září 1940. Vybírání příspěvků na WHW. (ČTK)

U příležitosti zahájení 2. válečného WHW se na Strahově konaly lehkoatletické a branné závody, rezervní sokolský stadion (nyní Stadion Evžena Rošického), Praha, 22. září 1940. Příslušníci SA. (ČTK)

U příležitosti zahájení 2. válečného WHW se na Strahově konaly lehkoatletické a branné závody, rezervní sokolský stadion (nyní Stadion Evžena Rošického), Praha, 22. září 1940. Příslušníci SS, luftwaffe a SA. (ČTK)

PROTEKTORÁT ČECHY A MORAVA

FOTO NAHOŘE VLEVO:
Slavnostní večer u příležitosti zahájení 2. válečného WHW, Německý dům (nyní Slovanský dům), ulice Na Příkopě, Praha, 22. září 1940. (ČTK)

FOTO NAHOŘE VPRAVO:
Manifestační sjezd ČSSN, Slovanský ostrov, Praha, 28. září 1940. Před mikrofonem předseda ČSSN Jan Fousek. (ČTK)

Vedoucí tábora RAD Wilhelmine Frickeová se zapisuje do Pamětní knihy města Prahy, Staroměstská radnice, Staroměstské náměstí, 30. září 1940. Přihlíží náměstek primátora SA-Standartenführer Josef Pfitzner. (ČTK)

1940

Vyhláška primátora města Prahy Aloise Říhy a jeho náměstka Josefa Pfitznera o zákazu ničení odpadků a povinnosti sběru, 1. říjen 1940. (VÚA/VHA Praha)

Pochod SA standarty 52, Karlův most, Praha, 1. říjen 1940. (ČTK)

PROTEKTORÁT ČECHY A MORAVA

Němečtí přesídlenci z Besarábie na cestě do vlasti, Praha hlavní nádraží, 7. říjen 1940. Občerstvení z rukou žen NSV. (ČTK)

Uměleckoprůmyslové museum, Sanytrová ulice (nyní 17. listopadu), Praha, 8. říjen 1940. Vernisáž výstavy japonského umění. Zády (ve stejnokroji) státní tajemník u říšského protektora SS-Gruppenführer Karl H. Frank; po jeho levici manželka Karola. (NA)

1940

◄ Příslušnice RAD na cestě do tábora RAD v Německé Vyskytné (nyní Vyskytná nad Jihlavou), Hybernské nádraží (nyní Masarykovo nádraží), Praha, 8. říjen 1940. (ČTK)

Slavnostní otevření zámku Ploskovice u Litoměřic pro účely Nacionálněpolitického výchovného institutu (NPEA) říšským ministrem pro vědu, vzdělání a výchovu SA-Gruppenführerem Bernhardem Rustem (jediný bez pokrývky hlavy v první řadě), 10. říjen 1940. Zámek sloužil jako jedno z 38 míst ke vzdělávání nacionálněsocialistické elity. V první řadě zleva: župní vedoucí SS-Oberführer Hans Krebs, říšský komisař a župní vedoucí Říšské župy Sudety Konrad Henlein a státní tajemník u říšského protektora SS-Gruppenführer Karl H. Frank.
Zcela vpravo inspektor NPEA SS-Obergruppenführer August Heißmeyer. (NA)

Schůze NS, Národní dům na Smíchově, Stamitzovo náměstí (nyní náměstí 14. října), Praha, 13. říjen 1940. (ČTK)

PROTEKTORÁT ČECHY A MORAVA

Státní prezident Emil Hácha (vlevo) na stavbě vinohradského tunelu, Praha, 17. říjen 1940. Uprostřed předseda protektorátní vlády Alois Eliáš, po jeho levici ministři Jan Kapras, Josef Kalfus a Dominik Čipera. (ČTK)

Státní prezident Emil Hácha (uprostřed) na stavbě vinohradského tunelu, Praha, 17. říjen 1940. (ČTK)

Odjezd státního prezidenta Emila Háchy z návštěvy stavby vinohradského tunelu, Praha, 17. říjen 1940. (ČTK)

Státní podtajemník u říšského protektora SA-Brigadeführer Kurt von Burgsdorff při zahajovacím projevu na výstavě Obraz, kniha, nářadí, Německá vysoká škola technická v Praze, Husova ulice, 17. říjen 1940. (ČTK)

1940

Lobkovický palác, Vlašská ulice, Praha, 20. říjen 1940. Společenský večírek za účasti státního tajemníka u říšského protektora SS-Gruppenführera Karla H. Franka (uprostřed), vpravo zmocněnec říšské branné moci u říšského protektora gen. Erich Friderici. (NA)

Lobkovický palác, Vlašská ulice, Praha, 20. říjen 1940. Státní tajemník u říšského protektora SS-Gruppenführer Karl H. Frank (vlevo) v rozhovoru se zmocněncem říšské branné moci u říšského protektora gen. Erichem Fridericim. (NA)

Jezdecké závody, Praha, 28. říjen 1940. V pozadí zleva: říšská služební vlajka, říšská válečná vlajka, vlajka NSDAP a současně vlajka národní a obchodní, vlajka SS a vlajka SA. (ČTK)

Jezdecké závody, Praha, 28. říjen 1940. Pohled na tribunu – za služební vlajkou říšského protektora Konstantin von Neurath s manželkou Marií a po její levici státní tajemník u říšského protektora SS-Gruppenführer Karl H. Frank s manželkou Karolou. (NA)

PROTEKTORÁT ČECHY A MORAVA

◀ Říšský ministr vnitra a říšský vedoucí NSDAP Wilhelm Frick (uprostřed) po příjezdu do Prahy, Praha hlavní nádraží, třída Richarda Wagnera (nyní Wilsonova ulice), 28. říjen 1940. Vlevo vedoucí skupiny 3 (Rozhlas, tisk) v Oddělení IV Úřadu říšského protektora, vládní rada SS-Hauptsturmführer Wolfgang W. von Wolmar. (ČTK)

Na Staroměstské radnici přijal říšského ministra vnitra a říšského vedoucího NSDAP Wilhelma Fricka (vlevo) náměstek primátora SA-Standartenführer Josef Pfitzner, Staroměstské náměstí, Praha, 29. říjen 1940. (ČTK)

◀ Říšský ministr vnitra a říšský vedoucí NSDAP Wilhelm Frick (uprostřed) na Staroměstské radnici, Staroměstské náměstí, Praha, 29. říjen 1940. Po Frickově pravici náměstek primátora SA-Standartenführer Josef Pfitzner, po levici pak župní vedoucí SS-Oberführer Hans Krebs a státní tajemník v Říšském ministerstvu vnitra SS-Brigadeführer Wilhelm Stuckart. (ČTK)

1940

Státní tajemník u říšského protektora SS-Gruppenführer Karl H. Frank při zahajovacím projevu na knižní výstavě v rámci Týdne německé knihy, Rudolfinum, Dvořákovo nábřeží (nyní Alšovo nábřeží), Praha, 31. říjen 1940. (ČTK)

FOTO DOLE VLEVO:
Knižní výstava v rámci Týdne německé knihy, Rudolfinum, Dvořákovo nábřeží (nyní Alšovo nábřeží), Praha, 31. říjen 1940. Výstavnímu sálu vévodil velký portrét říšského ministra lidové osvěty a propagandy a říšského vedoucího NSDAP Josepha Goebbelse. (ČTK)

FOTO DOLE VPRAVO:
Státní tajemník u říšského protektora SS-Gruppenführer Karl H. Frank (třetí zleva) na knižní výstavě v rámci Týdne německé knihy, Rudolfinum, Dvořákovo nábřeží (nyní Alšovo nábřeží), Praha, 31. říjen 1940. (ČTK)

PROTEKTORÁT ČECHY A MORAVA

V souvislosti s návštěvou Prahy, kterou uskutečnil říšský vůdce mládeže Artur Axmann, byl do hlavního města protektorátu, speciálně pro svěcení nových praporů HJ, z Berlína dopraven původní prapor mládeže NSDAP z doby „boje o moc", Praha hlavní nádraží, třída Richarda Wagnera (nyní Wilsonova ulice), 3. listopad 1940. (ČTK)

Říšský vůdce mládeže Artur Axmann (uprostřed) je při své první návštěvě Prahy vítán na jejích hranicích krajským vedoucím NSDAP v Praze Konstantinem Hößem (druhý zprava), činiteli NSDAP a HJ, 3. listopad 1940. Po Axmannově levici vedoucí skupiny 5 (Mládež) v Oddělení I Úřadu říšského protektora HJ-Hauptbannführer Siegfried Zoglmann. (ČTK)

1940

Říšského vůdce mládeže Artura Axmanna (vlevo) přijal na Staroměstské radnici náměstek primátora SA-Standartenführer Josef Pfitzner (druhý zprava), Staroměstské náměstí, Praha, 3. listopad 1940. (ČTK)

Říšský vůdce mládeže Artur Axmann (vlevo) v rozhovoru s náměstkem primátora SA-Standartenführerem Josefem Pfitznerem, Staroměstská radnice, Staroměstské náměstí, Praha, 3. listopad 1940. (ČTK)

Říšský vůdce mládeže Artur Axmann se zapisuje do Pamětní knihy města Prahy, Staroměstská radnice, Staroměstské náměstí, Praha, 3. listopad 1940. (ČTK)

PROTEKTORÁT ČECHY A MORAVA

Projev říšského vůdce mládeže Artura Axmanna při příležitosti svěcení 200 praporů HJ, Staroměstská radnice, Staroměstské náměstí, Praha, 3. listopad 1940. Po Axmannově pravici náměstek primátora SA-Standartenführer Josef Pfitzner, po levici pak krajský vedoucí NSDAP v Praze Konstantin Höß a vedoucí skupiny 5 (Mládež) v Oddělení I Úřadu říšského protektora HJ-Hauptbannführer Siegfried Zoglmann. Mezi Axmannem a Hößem (ve druhé řadě) šéf Řídící úřadovny gestapa Praha SS-Standartenführer Hans U. Geschke a SS-Oberführer Walter Opländer. (ČTK)

Slavnostní tribuna pro příležitost svěcení 200 praporů HJ, Staroměstská radnice, Staroměstské náměstí, Praha, 3. listopad 1940. V pravo od mikrofonů říšský vůdce mládeže Artur Axmann. Po jeho pravici státní tajemník u říšského protektora SS-Gruppenführer Karl H. Frank a náměstek primátora SA-Standartenführer Josef Pfitzner, po levici pak krajský vedoucí NSDAP v Praze Konstantin Höß a vedoucí skupiny 5 (Mládež) v Oddělení I Úřadu říšského protektora HJ-Hauptbannführer Siegfried Zoglmann. Mezi Axmannem a Frankem (ve druhé řadě) šéf Řídící úřadovny gestapa Praha SS-Standartenführer Hans U. Geschke a mezi Axmannem a Hößem (ve druhé řadě) SS-Oberführer Walter Opländer. (NA)

1940

Svěcení 200 praporů HJ, Staroměstské náměstí, Praha, 3. listopad 1940. Před čestnou tribunou dívky BDM. (ČTK)

Svěcení 200 praporů HJ, Staroměstské náměstí, Praha, 3. listopad 1940. (ČTK)

Přehlídka praporů HJ říšským vůdcem mládeže Arturem Axmannem (uprostřed), Staroměstské náměstí, Praha, 3. listopad 1940. Po jeho levici vedoucí skupiny Hitlerjugend v Úřadu říšského protektora HJ-Hauptbannführer Siegfried Zoglmann. (ČTK)

Svěcení 200 praporů HJ, Staroměstské náměstí, Praha, 3. listopad 1940. (ČTK)

PROTEKTORÁT ČECHY A MORAVA

◀ Staroměstské náměstí, Praha, 3. listopad 1940. Odchod říšského vůdce mládeže Artura Axmanna (druhý zleva) ze svěcení praporů HJ. Po jeho pravici krajský vedoucí NSDAP v Praze Konstantin Höß, po levici pak státní tajemník u říšského protektora SS-Gruppenführer Karl H. Frank a vedoucí skupiny 5 (Mládež) v Oddělení I Úřadu říšského protektora HJ-Hauptbannführer Siegfried Zoglmann. (NA)

Norimberská ulice (nyní Pařížská), Praha, 3. listopad 1940. Státní tajemník u říšského protektora Karl H. Frank zdraví příslušníky HJ při odchodu ze svěcení 200 praporů HJ na Staroměstském náměstí. (NA)

Příjezd říšského ministra lidové osvěty a propagandy a říšského vedoucího NSDAP Josepha Goebbelse, Praha hlavní nádraží, třída Richarda Wagnera (nyní Wilsonova ulice), 5. listopad 1940. (ČTK)

Uvítání říšského ministra lidové osvěty a propagandy a říšského vedoucího NSDAP Josepha Goebbelse (vlevo) se zhostili říšský komisař a župní vedoucí Říšské župy Sudety Konrad Henlein (uprostřed), státní tajemník u říšského protektora SS-Gruppenführer Karl H. Frank a zástupci protektorátní vlády, Praha hlavní nádraží, třída Richarda Wagnera (nyní Wilsonova ulice), 5. listopad 1940. (ČTK)

1940

Příslušníci SD – osobní ochranka říšského ministra lidové osvěty a propagandy a říšského vedoucího NSDAP Josepha Goebbelse, Praha hlavní nádraží, třída Richarda Wagnera (nyní Wilsonova ulice), 5. listopad 1940. (ČTK)

Říšský ministr lidové osvěty a propagandy a říšský vedoucí NSDAP Joseph Goebbels (uprostřed) opouští budovu hlavního nádraží v doprovodu státního tajemníka u říšského protektora SS-Gruppenführera Karla H. Franka (vlevo) a říšského komisaře a župního vedoucího Říšské župy Sudety Konrada Henleina (vpravo), třída Richarda Wagnera (nyní Wilsonova ulice), Praha, 5. listopad 1940. (ČTK)

Říšský ministr lidové osvěty a propagandy a říšský vedoucí NSDAP Joseph Goebbels (uprostřed) je před budovou hlavního nádraží vítán velitelem čestné stráže SS, třída Richarda Wagnera (nyní Wilsonova ulice), Praha, 5. listopad 1940. Za Goebbelsem státní tajemník u říšského protektora SS-Gruppenführer Karl H. Frank a říšský komisař a župní vedoucí Říšské župy Sudety Konrad Henlein. (NA)

PROTEKTORÁT ČECHY A MORAVA

Před hlavním nádražím vykonal říšský ministr lidové osvěty a propagandy a říšský vedoucí NSDAP Joseph Goebbels (uprostřed) přehlídku čestného oddílu SS, třída Richarda Wagnera (nyní Wilsonova ulice), Praha, 5. listopad 1940. Vlevo státní tajemník u říšského protektora SS-Gruppenführer Karl H. Frank. (ČTK)

Říšský ministr lidové osvěty a propagandy a říšský vedoucí NSDAP Joseph Goebbels (vlevo) odjíždí v doprovodu státního tajemníka u říšského protektora SS-Gruppenführera Karla H. Franka (uprostřed) do sídla krajského vedení NSDAP v Lichtenštejnském paláci na Kampě, třída Richarda Wagnera (nyní Wilsonova ulice), Praha, 5. listopad 1940. Na sedadle vedle řidiče státní tajemník v Říšském ministerstvu lidové osvěty a propagandy SS-Oberführer Werner Naumann. (ČTK)

Říšský ministr lidové osvěty a propagandy a říšský vedoucí NSDAP Joseph Goebbels (uprostřed) před sídlem krajského vedení NSDAP, Lichtenštejnský palác, ulice Na Kampě, Praha, 5. listopad 1940. Vpravo říšský komisař a župní vedoucí Říšské župy Sudety Konrad Henlein. (ČTK)

Říšský ministr lidové osvěty a propagandy a říšský vedoucí NSDAP Joseph Goebbels (vlevo) a státní prezident Emil Hácha, Pražský hrad, 5. listopad 1940. (ČTK)

1940

Říšský ministr lidové osvěty a propagandy a říšský vedoucí NSDAP Joseph Goebbels (vlevo) a státní prezident Emil Hácha, Pražský hrad, 5. listopad 1940. (ČTK)

Říšský ministr lidové osvěty a propagandy a říšský vedoucí NSDAP Joseph Goebbels (uprostřed) před Černínským palácem, sídlem Úřadu říšského protektora (nyní Ministerstvo zahraničních věcí České republiky), Loretánské náměstí, Praha, 5. listopad 1940. (ČTK)

Černínský palác, sídlo Úřadu říšského protektora (nyní Ministerstvo zahraničních věcí České republiky), Loretánské náměstí, Praha, 5. listopad 1940. Říšský komisař a župní vedoucí Říšské župy Sudety Konrad Henlein (vlevo) a státní tajemník u říšského protektora SS-Gruppenführer Karl H. Frank v očekávání příjezdu říšského ministra lidové osvěty a propagandy a říšského vedoucího NSDAP Josepha Goebbelse. (NA)

PROTEKTORÁT ČECHY A MORAVA

◀ Černínský palác (nyní Ministerstvo zahraničních věcí České republiky), Loretánské náměstí, Praha, 5. listopad 1940. Státní tajemník u říšského protektora SS-Gruppenführer Karl H. Frank (uprostřed) vítá na půdě Úřadu říšského protektora říšského ministra lidové osvěty a propagandy a říšského vedoucího NSDAP Josepha Goebbelse (vpravo). (NA)

Přijetí říšského ministra lidové osvěty ▶ a propagandy a říšského vedoucího NSDAP Josepha Goebbelse (vpravo) říšským protektorem Konstantinem von Neurathem (vlevo), Černínský palác, Úřad říšského protektora (nyní Ministerstvo zahraničních věcí České republiky), Loretánské náměstí, Praha, 5. listopad 1940. Za Goebbelsem státní tajemník u říšského protektora SS-Gruppenführer Karl H. Frank a státní podtajemník u říšského protektora SA-Brigadeführer Kurt von Burgsdorff. (ČTK)

Říšský ministr lidové osvěty a propagandy a říšský vedoucí NSDAP Joseph Goebbels při projevu, Černínský palác, Úřad říšského protektora (nyní Ministerstvo zahraničních věcí České republiky), Loretánské náměstí, Praha, 5. listopad 1940. Vedle pódia v první řadě vpravo říšský protektor Konstantin von Neurath, za ním státní tajemník u říšského protektora SS-Gruppenführer Karl H. Frank. (NA)

1940

Říšský ministr lidové osvěty a propagandy a říšský vedoucí NSDAP Joseph Goebbels při projevu, Černínský palác, Úřad říšského protektora (nyní Ministerstvo zahraničních věcí České republiky), Loretánské náměstí, Praha, 5. listopad 1940. Vedle pódia v první řadě vpravo říšský protektor Konstantin von Neurath, za ním státní tajemník u říšského protektora SS-Gruppenführer Karl H. Frank. (ČTK)

FOTO NAHOŘE VPRAVO:
Říšský ministr lidové osvěty a propagandy a říšský vedoucí NSDAP Joseph Goebbels (vpravo) opouští Černínský palác, Úřad říšského protektora (nyní Ministerstvo zahraničních věcí České republiky), Loretánské náměstí, Praha, 5. listopad 1940. Vlevo říšský protektor Konstantin von Neurath. (ČTK)

Staré výstaviště, U Královské obory (nyní U Výstaviště), Praha, 5. listopad 1940. Říšský protektor Konstantin von Neutrath (v první řadě uprostřed) s doprovodem sleduje říšského ministra lidové osvěty a propagandy a říšského vedoucího NSDAP Josepha Goebbelse při přehlídce HJ. Po Neurathově pravici krajský vedoucí NSDAP v Praze Konstantin Höß a státní tajemník v Říšském ministerstvu lidové osvěty a propagandy SS-Oberführer Werner Naumann. Po levici pak státní tajemník u říšského protektora SS-Gruppenführer Karl H. Frank. V částečném zákrytu za Höβem šéf Řídící úřadovny gestapa Praha SS-Standartenführer Hans U. Geschke. (NA)

PROTEKTORÁT ČECHY A MORAVA

V doprovodu říšského komisaře a župního vedoucího Říšské župy Sudety Konrada Henleina (vlevo) vykonal říšský ministr lidové osvěty a propagandy a říšský vedoucí NSDAP Joseph Goebbels přehlídku oddílu HJ, Staré výstaviště, U Královské obory (nyní U Výstaviště), Praha, 5. listopad 1940. (ČTK)

Shromáždění NSDAP při příležitosti návštěvy říšského ministra lidové osvěty a propagandy a říšského vedoucího NSDAP Josepha Goebbelse, Průmyslový palác, Staré výstaviště, U Královské obory (nyní U Výstaviště), Praha, 5. listopad 1940. Před mikrofonem říšský komisař a župní vedoucí Říšské župy Sudety Konrad Henlein, který se ujal úvodního slova. (ČTK)

Shromáždění NSDAP, Průmyslový palác, Staré výstaviště, U Královské obory (nyní U Výstaviště), Praha, 5. listopad 1940. V první řadě zprava: říšský protektor Konstantin von Neurath, říšský ministr lidové osvěty a propagandy a říšský vedoucí NSDAP Joseph Goebbels, říšský komisař a župní vedoucí Říšské župy Sudety Konrad Henlein, krajský vedoucí NSDAP v Praze Konstantin Höß a státní tajemník u říšského protektora SS-Gruppenführer Karl H. Frank. (ČTK)

Shromáždění NSDAP, Průmyslový palác, Staré výstaviště, U Královské obory (nyní U Výstaviště), Praha, 5. listopad 1940. Říšský ministr lidové osvěty a propagandy a říšský vedoucí NSDAP Joseph Goebbels při projevu. (ČTK)

1940

Staré výstaviště, U Královské obory (nyní U Výstaviště), Praha, 5. listopad 1940. Uprostřed říšský protektor Konstantin von Neurath, po jeho pravici říšský ministr lidové osvěty a propagandy a říšský vedoucí NSDAP Joseph Goebbels, po levici státní tajemník u říšského protektora SS-Gruppenführer Karl H. Frank. Zády otočen říšský komisař a župní vedoucí Říšské župy Sudety Konrad Henlein. (NA)

Říšského ministra lidové osvěty a propagandy a říšského vedoucího NSDAP Josepha Goebbelse (vlevo) přijal na Staroměstské radnici primátor Alois Říha, Staroměstské náměstí, Praha, 5. listopad 1940. (ČTK)

Říšský ministr lidové osvěty a propagandy a říšský vedoucí NSDAP Joseph Goebbels při projevu na Staroměstské radnici, Staroměstské náměstí, Praha, 5. listopad 1940. (ČTK)

PROTEKTORÁT ČECHY A MORAVA

Říšský ministr lidové osvěty a propagandy a říšský vedoucí NSDAP Joseph Goebbels se zapisuje do Pamětní knihy města Prahy, Staroměstská radnice, Staroměstské náměstí, Praha, 5. listopad 1940. Přihlíží náměstek primátora SA-Standartenführer Josef Pfitzner. (ČTK)

Zleva: říšský ministr lidové osvěty a propagandy a říšský vedoucí NSDAP Joseph Goebbels, říšský protektor Konstantin von Neurath a státní prezident Emil Hácha, Nové německé divadlo (nyní Státní opera), třída Richarda Wagnera (nyní Wilsonova ulice), Praha, 5. listopad 1940. (ČTK)

Říšský ministr lidové osvěty a propagandy a říšský vedoucí NSDAP Joseph Goebbels (vlevo) v rozhovoru s ministrem zemědělství Mikulášem z Bubna-Litic, Nové německé divadlo (nyní Státní opera), třída Richarda Wagnera (nyní Wilsonova ulice), Praha, 5. listopad 1940. V pozadí vlevo ministr spravedlnosti Jaroslav Krejčí a ministr vnitra Josef Ježek. (ČTK)

Ministr vnitra Josef Ježek (vlevo) v rozhovoru se státním tajemníkem u říšského protektora SS-Gruppenführerem Karlem H. Frankem, Nové německé divadlo (nyní Státní opera), třída Richarda Wagnera (nyní Wilsonova ulice), Praha, 5. listopad 1940. (ČTK)

1940

Čestná lóže Nového německého divadla (nyní Státní opera), třída Richarda Wagnera (nyní Wilsonova ulice), Praha, 5. listopad 1940. Uprostřed zprava: říšský protektor Konstantin von Neurath, říšský ministr lidové osvěty a propagandy a říšský vedoucí NSDAP Joseph Goebbels, Marie von Neurath a státní prezident Emil Hácha. V částečném zákrytu za Háchou krajský vedoucí NSDAP v Praze Konstantin Höß. (ČTK)

Říšský ministr lidové osvěty a propagandy a říšský vedoucí NSDAP Joseph Goebbels (třetí zleva) při návštěvě v ateliérech Filmové továrny AB na Barrandově, Praha, 6. listopad 1940. Druhý zleva říšský protektor Konstantin von Neurath. (ČTK)

Říšský ministr lidové osvěty a propagandy a říšský vedoucí NSDAP Joseph Goebbels (druhý zleva) při návštěvě v ateliérech Filmové továrny AB na Barrandově, Praha, 6. listopad 1940. (ČTK)

PROTEKTORÁT ČECHY A MORAVA

◀ Říšský ministr lidové osvěty a propagandy a říšský vedoucí NSDAP Joseph Goebbels (uprostřed) při návštěvě v ateliérech Filmové továrny AB na Barrandově, Praha, 6. listopad 1940. Po Goebbelsově pravici manželka státního tajemníka u říšského protektora SS-Gruppenführera Karla H. Franka Karola Franková; v zákrytu říšský protektor Konstantin von Neurath. (ČTK)

Říšský ministr lidové osvěty a propagandy a říšský vedoucí NSDAP Joseph Goebbels (uprostřed) při návštěvě v ateliérech Filmové továrny AB na Barrandově, Praha, 6. listopad 1940. Po Goebbelsově pravici Karola Franková a ministr průmyslu, obchodu a živností Jaroslav Kratochvíl, po levici pak říšský protektor Konstantin von Neurath a státní tajemník u říšského protektora SS-Gruppenführer Karl H. Frank. (NA)

Říšský ministr lidové osvěty a propagandy a říšský vedoucí NSDAP Joseph Goebbels (uprostřed) při návštěvě v ateliérech Filmové továrny AB na Barrandově, Praha, 6. listopad 1940. Po Goebbelsově pravici Karola Franková, po levici říšský protektor Konstantin von Neurath a státní tajemník u říšského protektora SS-Gruppenführer Karl H. Frank. (NA)

Říšský ministr lidové osvěty a propagandy a říšský ▶ vedoucí NSDAP Joseph Goebbels (uprostřed) při návštěvě v ateliérech Filmové továrny AB na Barrandově, Praha, 6. listopad 1940. Po Goebbelsově pravici státní tajemník u říšského protektora SS-Gruppenführer Karl H. Frank a říšský protektor Konstantin von Neurath. (ČTK)

1940

◀ Říšský ministr lidové osvěty a propagandy a říšský vedoucí NSDAP Joseph Goebbels (druhý zleva) při návštěvě v ateliérech Filmové továrny AB na Barrandově, Praha, 6. listopad 1940. Po Goebbelsově pravici ministr průmyslu, obchodu a živností Jaroslav Kratochvíl, po levici vedoucí Oddělení IV (Kulturní politika) Úřadu říšského protektora, ministerský rada SS-Obersturmbannführer Karl A. von Gregory a státní tajemník u říšského protektora SS-Gruppenführer Karl H. Frank. (NA)

Říšský ministr lidové osvěty a propagandy a říšský vedoucí NSDAP Joseph Goebbels (uprostřed) při rozhovoru s francouzským válečným zajatcem, donuceným účinkovat ve filmu „Carl Peters" režiséra Herberta Selpina, Filmové továrny AB na Barrandově, Praha, 6. listopad 1940. Vpravo říšský protektor Konstantin von Neurath. Po Goebbelsově levici dosazený správce Filmových továren AB na Barrandově Karl Schulz. (ČTK)

Říšský ministr lidové osvěty a propagandy a říšský vedoucí NSDAP Joseph Goebbels (vlevo) při odchodu z ateliérů Filmové továrny AB na Barrandově, Praha, 6. listopad 1940. Vpravo říšský protektor Konstantin von Neurath. (ČTK)

Říšský ministr lidové osvěty a propagandy a říšský ▶ vedoucí NSDAP Joseph Goebbels (třetí zleva) při odchodu z ateliérů Filmové továrny AB na Barrandově, Praha, 6. listopad 1940. Po Goebbelsově levici státní tajemník u říšského protektora SS-Gruppenführer Karl H. Frank, Karola Franková, říšský protektor Konstantin von Neurath a vedoucí Oddělení IV (Kulturní politika) Úřadu říšského protektora, ministerský rada SS-Obersturmbannführer Karl A. von Gregory. (NA)

PROTEKTORÁT ČECHY A MORAVA

◀ Čestná lóže Německého stavovského divadla (nyní Stavovské divadlo), Ovocný trh, Praha, 6. listopad 1940. Koncert Berlínské filharmonie pod vedením Wilhelma Furtwänglera. Zprava: říšský komisař a župní vedoucí Říšské župy Sudety Konrad Henlein, říšský protektor Konstantin von Neurath, Marie von Neurath a říšský ministr lidové osvěty a propagandy a říšský vedoucí NSDAP Joseph Goebbels. (ČTK)

FOTO VLEVO DOLE:
Čestná lóže Německého stavovského divadla (nyní Stavovské divadlo), Ovocný trh, Praha, 6. listopad 1940. Koncert Berlínské filharmonie pod vedením Wilhelma Furtwänglera. Zleva: Karola Franková, státní tajemník u říšského protektora SS-Gruppenführer Karl H. Frank, říšský ministr lidové osvěty a propagandy a říšský vedoucí NSDAP Joseph Goebbels, Marie von Neurath, říšský protektor Konstantin von Neurath, říšský komisař a župní vedoucí Říšské župy Sudety Konrad Henlein a státní podtajemník u říšského protektora SA-Brigadeführer Kurt von Burgsdorff. (ČTK)

Na počest říšského ministra lidové osvěty a propagandy a říšského vedoucího NSDAP Josepha Goebbelse – a na jeho výslovné přání – uvedlo Národní divadlo *Prodanou nevěstu* Bedřicha Smetany, Praha, 7. listopad 1940. Uvítání státního prezidenta Emila Háchy (druhý zleva) vedením Národního divadla. (ČTK)

1940

Uvítání říšského ministra lidové osvěty a propagandy a říšského vedoucího NSDAP Josepha Goebbelse (uprostřed) vedením Národního divadla, Národní třída, Praha, 7. listopad 1940. (ČTK)

FOTO NAHOŘE VPRAVO:
Říšský ministr lidové osvěty a propagandy a říšský vedoucí NSDAP Joseph Goebbels (třetí zprava) v rozhovoru s dirigentem Václavem Talichem (vlevo), Národní divadlo, Národní třída, Praha, 7. listopad 1940. První zprava státní prezident Emil Hácha, po Talichově levici státní tajemník v Říšském ministerstvu lidové osvěty a propagandy SS-Oberführer Werner Naumann. Při tomto prvním osobním setkání s Talichem jej Goebbels pozval do Berlína k hostování v tamější filharmonii a tázal se jej na dílo, které by chtěl v hlavním městě Říše dirigovat. Václav Talich odpověděl prostě: „Samozřejmě *Mou vlast*." (ČTK)

Říšský ministr lidové osvěty a propagandy a říšský vedoucí NSDAP Joseph Goebbels (druhý zprava) v rozhovoru s dirigentem Václavem Talichem (vlevo), Národní divadlo, Národní třída, Praha, 7. listopad 1940. Po Talichově levici státní tajemník v Říšském ministerstvu lidové osvěty a propagandy SS-Oberführer Werner Naumann. (ČTK)

PROTEKTORÁT ČECHY A MORAVA

Říšský ministr lidové osvěty a propagandy a říšský vedoucí NSDAP Joseph Goebbels (vlevo) v rozhovoru s dirigentem Václavem Talichem, Národní divadlo, Národní třída, Praha, 7. listopad 1940. (ČTK)

Státní prezident Emil Hácha (vpravo) v rozhovoru se státním tajemníkem u říšského protektora SS-Gruppenführerem Karlem H. Frankem, Národní divadlo, Národní třída, Praha, 7. listopad 1940. (ČTK)

Státní prezident Emil Hácha (vlevo) v rozhovoru s říšským ministrem lidové osvěty a propagandy a říšským vedoucím NSDAP Josephem Goebbelsem, Národní divadlo, Národní třída, Praha, 7. listopad 1940. (ČTK)

Čestná lóže Národního divadla, Národní třída, Praha, 7. listopad 1940. Státní prezident Emil Hácha (vlevo) zdraví říšského ministra lidové osvěty a propagandy a říšského vedoucího NSDAP Josepha Goebbelse. (ČTK)

◀ Čestná lóže Národního divadla, Národní třída, Praha, 7. listopad 1940. Státní prezident Emil Hácha (vlevo) a říšský ministr lidové osvěty a propagandy a říšský vedoucí NSDAP Joseph Goebbels. (ČTK)

Říšský ministr lidové osvěty a propagandy a říšský vedoucí NSDAP Joseph Goebbels (vpravo) při neformálním rozhovoru se státním tajemníkem u říšského protektora SS-Gruppenführerem Karlem H. Frankem a jeho manželkou Karolou, Frankova vila, Yorckova ulice (nyní Na Zátorce), Praha, 7. listopad 1940. (ČTK)

Státní tajemník u říšského protektora SS-Gruppenführer Karl H. Frank (uprostřed) s doprovodem říšského ministra lidové osvěty a propagandy a říšského vedoucího NSDAP Josepha Goebbelse a úředníky ÚŘP. Zleva: vrchní vládní rada SS-Sturmbannführer Robert Gies a vedoucí Oddělení IV (Kulturní politika) Úřadu říšského protektora, ministerský rada SS-Sturmbannführer Karl A. von Gregory. Druhý zprava státní tajemník v Říšském ministerstvu lidové osvěty a propagandy SS-Oberführer Werner Naumann, Frankova vila, Yorckova ulice (nyní Na Zátorce), Praha, 7. listopad 1940. (ČTK)

PROTEKTORÁT ČECHY A MORAVA

Bekanntmachung.

Dienstag am 12. Nov. 1940 um 13. Uhr werden bei [Arbeitsvermittlungsstelle Semily] folgende Arbeitskräfte für's Altreich angeworben:

**Bauarbeiter,
Gerüster,
Maschinisten.**

Lohnbedingungen sehr günstig.
Zur Anwerbung können sich alle arbeitslose und beschränkt arbeitende Personen melden. Die Beförderung zum Arbeitsplatz ist unentgeltlich und die nötigen Nahrungsmittel für die Reise werden einem jeden Arbeiter zugeteilt. Angeworbene Personen müssen ihre Lebensmittelkarten beim zuständigen Gemeindeamte abgeben.
Abfahrt zur Arbeitsstelle am Mittwoch, den 13. November 1940.

Arbeitsamt in Jitschin.

Oznámení.

V úterý dne 12. listopadu 1940 o 13. hodině koná se u Okresního úřadu práce v Semilech n/J. najímání pracovních sil a to:

**stavebních dělníků,
lešenářů
a strojníků**
pro Německo (starou Říši).

Mzdové podmínky jsou velmi výhodné.
K najímání mohou se hlásiti všichni nezaměstnaní i omezeně pracující. Cesta do Říše jest bezplatná, potraviny na cestu budou každému přiděleny. Osoby, které budou na práci najmuty, musí odevzdati stravovací lístky příslušnému obecnímu úřadu. Odjezd transportu dne 13. listopadu 1940.

Úřad práce v Jičíně.

Oznámení Úřadu práce v Jičíně o najímání pracovních sil pro práci v Německu, listopad 1940. (SOkA Semily)

Přísaha nováčků divize SS Totenkopf, Staroměstské náměstí, Praha, 10. listopad 1940. (ČTK)

1940

Přísaha nováčků divize SS Totenkopf, Staroměstské náměstí, Praha, 10. listopad 1940. (ČTK)

Setkání představitelů Německého červeného kříže (DRK), Německý dům (nyní Slovanský dům), ulice Na Příkopě, Praha, 15. listopad 1940. (ČTK)

PROTEKTORÁT ČECHY A MORAVA

FOTO NAHOŘE VLEVO:
Příjezd říšského ministra a šéfa Říšské kanceláře SS-Obergruppenführera Hanse H. Lammerse (uprostřed), Hybernské nádraží (nyní Masarykovo nádraží), Jezdecká ulice (nyní Havlíčkova), Praha, 20. listopad 1940. Po Lammersově levici státní podtajemník u říšského protektora SA-Brigadeführer Kurt von Burgsdorff, po pravici (v pozadí) státní tajemník v Říšském ministerstvu vnitra SS-Brigadeführer Wilhelm Stuckart. (ČTK)

FOTO NAHOŘE VPRAVO:
Uvítání říšského ministra a šéfa Říšské kanceláře SS-Obergruppenführera Hanse H. Lammerse (vlevo) státním tajemníkem u říšského protektora SS-Gruppenführerem Karlem H. Frankem, Černínský palác, Úřad říšského protektora (nyní Ministerstvo zahraničních věcí České republiky), Loretánské náměstí, Praha, 20. listopad 1940. Uprostřed vrchní vládní rada SS-Obersturmbannführer Robert Gies. (ČTK)

Černínský palác, Úřad říšského protektora (nyní Ministerstvo zahraničních věcí České republiky), Loretánské náměstí, Praha, 20. listopad 1940. V první řadě zleva: státní tajemník u říšského protektora SS-Gruppenführer Karl H. Frank, říšský ministr a šéf Říšské kanceláře SS-Obergruppenführer Hans H. Lammers, říšský protektor Konstantin von Neurath, státní tajemník v Říšském ministerstvu vnitra SS-Brigadeführer Wilhelm Stuckart, zmocněnec říšské branné moci u říšského protektora gen. Erich Friderici a státní podtajemník u říšského protektora SA-Brigadeführer Kurt von Burgsdorff. (ČTK)

1940

Říšský ministr a šéf Říšské kanceláře SS-Obergruppenführer Hans H. Lammers při projevu, Černínský palác, Úřad říšského protektora (nyní Ministerstvo zahraničních věcí České republiky), Loretánské náměstí, Praha, 20. listopad 1940. V první řadě zleva: říšský protektor Konstantin von Neurath, státní tajemník v Říšském ministerstvu vnitra SS-Oberführer Wilhelm Stuckart, zmocněnec říšské branné moci u říšského protektora gen. Erich Friderici a státní podtajemník u říšského protektora SA-Brigadeführer Kurt von Burgsdorff. (ČTK)

Státní tajemník u říšského protektora SS-Gruppenführer Karl H. Frank vítá říšského ministra a šéfa Říšské kanceláře SS-Obergruppenführera Hanse H. Lammerse s manželkou, Frankova vila, Yorckova ulice (nyní Na Zátorce), Praha, 20. listopad 1940. V pozadí Karola Franková. (NA)

Neformální setkání státního tajemníka u říšského protektora SS-Gruppenführera Karla H. Franka (vlevo) s říšským ministrem a šéfem Říšské kanceláře SS-Obergruppenführerem Hansem H. Lammersem, Frankova vila, Yorckova ulice (nyní Na Zátorce), Praha, 20. listopad 1940. (ČTK)

Neformální setkání říšského ministra a šéfa Říšské kanceláře SS-Obergruppenführera Hanse H. Lammerse s manželkou státního tajemníka u říšského protektora SS-Gruppenführera Karla H. Franka Karolou, Frankova vila, Yorckova (nyní Na Zátorce), Praha, 20. listopad 1940. (ČTK)

PROTEKTORÁT ČECHY A MORAVA

Státní prezident Emil Hácha (uprostřed) na výstavě v Mánesu, Riegrovo nábřeží (nyní Masarykovo nábřeží), Praha, 20. listopad 1940. (ČTK)

Černínský palác, Úřad říšského protektora (nyní Ministerstvo zahraničních věcí České republiky), Loretánské náměstí, Praha, 22. listopad 1940. Státní tajemník u říšského protektora SS-Gruppenführer Karl H. Frank (čtvrtý zleva) při přijetí delegace sovětských novinářů. Třetí zprava (v částečném zákrytu) vedoucí skupiny 3 (Rozhlas, tisk) v Oddělení IV Úřadu říšského protektora, vládní rada SS-Hauptsturmführer Wolfgang W. von Wolmar. (NA)

Černínský palác, Úřad říšského protektora (nyní Ministerstvo zahraničních věcí České republiky), Loretánské náměstí, Praha, 22. listopad 1940. Státní tajemník u říšského protektora SS-Gruppenführer Karl H. Frank (uprostřed) při přijetí delegace sovětských novinářů. Vlevo vedoucí skupiny 3 (Rozhlas, tisk) v Oddělení IV Úřadu říšského protektora, vládní rada SS-Hauptsturmführer Wolfgang W. von Wolmar. (NA)

1940

Koncert ve prospěch 2. válečného WHW, velký sál Lucerny, Štěpánská ulice, Praha, 25. listopad 1940. (ČTK)

Koncert ve prospěch 2. válečného WHW, velký sál Lucerny, Štěpánská ulice, Praha, 25. listopad 1940. Na WHW symbolicky přispěl i říšský protektor Konstantin von Neurath (uprostřed). (ČTK)

Slovanský ostrov, Praha, 26. listopad 1940. Říšský ministr pošt Wilhelm Ohnesorge při projevu k poštovním zaměstnancům. (ČTK)

Setkání poštovních zaměstnanců, Slovanský ostrov, Praha, 26. listopad 1940. (ČTK)

PROTEKTORÁT ČECHY A MORAVA

FOTO NAHOŘE VLEVO:
Slavnostní uvedení vedoucího skupiny 2 (Finance) Oddělení II (Justiční správa) Úřadu říšského protektora Große do funkce vrchního finančního prezidenta, Černínský palác, Úřad říšského protektora (nyní Ministerstvo zahraničních věcí České republiky), Loretánské náměstí, Praha, 26. listopad 1940. Před mikrofonem říšský protektor Konstantin von Neurath, sedící Říšský ministr financí Johann L. Schwerin von Krosigk. (ČTK)

FOTO NAHOŘE VPRAVO:
Říšský ministr financí Johann L. Schwerin von Krosigk (uprostřed) v rozhovoru s úředníky Vrchního finančního presidia Praha, Slezská ulice, 26. listopad 1940. Za Krosigkem vrchní finanční prezident Groß. (ČTK)

Říšský ministr financí Johann L. Schwerin von Krosigk (v popředí) před Vrchním finančním presidiem Praha, Slezská ulice, 26. listopad 1940. Druhý zleva vrchní finanční prezident Groß. (ČTK)

1940

Skupina francouzských novinářů u říšského protektora Konstantina von Neuratha (uprostřed), Černínský palác, Úřad říšského protektora (nyní Ministerstvo zahraničních věcí České republiky), Loretánské náměstí, Praha, 1. prosinec 1940. Za Neurathem státní tajemník u říšského protektora SS-Gruppenführer Karl H. Frank, druhý zprava vedoucí skupiny 3 (Rozhlas, tisk) v Oddělení IV Úřadu říšského protektora, vládní rada SS-Hauptsturmführer Wolfgang W. von Wolmar. (ČTK)

Vrchní vládní rada SS-Sturmbannführer Robert Gies (druhý zleva) vítá říšského vedoucího NSDAP SS-Obergruppenführera Philippa Bouhlera, hotel Esplanade, Weberova ulice (nyní Washingtonova), Praha, 1. prosinec 1940. (ČTK)

Říšský vedoucí NSDAP SS-Obergruppenführer Philipp Bouhler se zapisuje do Pamětní knihy Univerzitní knihovny, Klementinum, Křižovnická ulice, Praha, 1. prosinec 1940. (ČTK)

PROTEKTORÁT ČECHY A MORAVA

Čestná lóže Německého stavovského divadla (nyní Stavovské divadlo), Ovocný trh, Praha, 1. prosinec 1940. Zprava: státní tajemník u říšského protektora SS-Gruppenführer Karl H. Frank, Helene Bouhlerová, říšský vedoucí NSDAP SS-Obergruppenführer Philipp Bouhler a Karola Franková. Zcela vlevo vrchní vládní rada SS-Sturmbannführer Robert Gies. (ČTK)

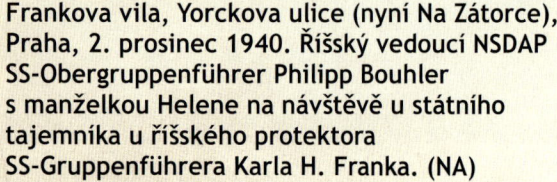

Frankova vila, Yorckova ulice (nyní Na Zátorce), Praha, 2. prosinec 1940. Říšský vedoucí NSDAP SS-Obergruppenführer Philipp Bouhler s manželkou Helene na návštěvě u státního tajemníka u říšského protektora SS-Gruppenführera Karla H. Franka. (NA)

Slavnostní večeře na počest říšského vedoucího NSDAP SS-Obergruppenführera Philippa Bouhlera, hotel Esplanade, Weberova ulice (nyní Washingtonova), Praha, 2. prosinec 1940. Druhý zleva státní tajemník u říšského protektora SS-Gruppenführer Karl H. Frank, Helene Bouhlerová, velitel SiPo a SD v protektorátu SS-Obersturmbannführer Horst Böhme s manželkou a vrchní vládní rada SS-Sturmbannführer Robert Gies. (ČTK)

1940

Slavnostní shromáždění u příležitosti návštěvy rektorátu Německé Karlovy univerzity (v budově nynější Filozofické fakulty Univerzity Karlovy) státním tajemníkem u říšského protektora SS-Gruppenführerem Karlem H. Frankem, Smetanovo náměstí (nyní náměstí Jana Palacha), Praha, 4. prosinec 1940. (ČTK)

Slavnostní shromáždění u příležitosti návštěvy rektorátu Německé Karlovy univerzity (v budově nynější Filozofické fakulty Univerzity Karlovy) státním tajemníkem u říšského protektora SS-Gruppenführerem Karlem H. Frankem, Smetanovo náměstí (nyní náměstí Jana Palacha), Praha, 4. prosinec 1940. Karl H. Frank (uprostřed s deskami). Po jeho pravici náměstek primátora SA-Standartenführer Josef Pfitzner (první ve stejnokroji), zcela vpravo vrchní vládní rada SS-Sturmbannführer Robert Gies. (ČTK)

Státní tajemník u říšského protektora SS-Gruppenführer Karl H. Frank (čtvrtý zprava) si prohlíží žezla fakult Univerzity Karlovy, rektorát Německé Karlovy univerzity (v budově nynější Filozofické fakulty Univerzity Karlovy), Smetanovo náměstí (nyní náměstí Jana Palacha), Praha, 4. prosinec 1940. Zcela vlevo vrchní vládní rada SS-Sturmbannführer Robert Gies. (ČTK)

PROTEKTORÁT ČECHY A MORAVA

FOTO NAHOŘE VLEVO:
Běžecké závody Královskou oborou na 8 km, jichž se účastnili příslušníci německých ozbrojených složek, Praha, 6. prosinec 1940. V pozadí Místodržitelský letohrádek. (ČTK)

FOTO NAHOŘE VPRAVO:
Běžecké závody Královskou oborou přišel zhlédnout i státní tajemník u říšského protektora SS-Gruppenführer Karl H. Frank (uprostřed), Praha, 6. prosinec 1940. V pozadí Šlechtova restaurace. (ČTK)

Vyhlášení vítěze běžeckých závodů Královskou oborou na 8 km, Praha, 6. prosinec 1940. (ČTK)

FOTO NA STR. 337 DOLE VLEVO:
Pohřeb světově proslulého houslového virtuosa a hudebního skladatele Jana Kubelíka, Vyšehradský hřbitov, Štulcova ulice (nyní K Rotundě), Praha, 10. prosinec 1940. (ČTK)

FOTO NA STR. 337 DOLE VPRAVO:
Pohřeb světově proslulého houslového virtuosa a hudebního skladatele Jana Kubelíka do národní hrobky Slavín, Vyšehradský hřbitov, Štulcova ulice (nyní K Rotundě), Praha, 10. prosinec 1940. (ČTK)

1940

Pohřeb světově proslulého houslového virtuosa a hudebního skladatele Jana Kubelíka, bazilika sv. Petra a Pavla, Vyšehrad, Praha, 10. prosinec 1940. V první řadě zleva: ministr školství Jan Kapras, předseda výboru NS Josef Nebeský, ministerský rada v KPR Rudolf Křovák, primátor hlavního města Prahy Alois Říha a prezident České akademie věd a umění Josef Šusta. (ČTK)

PROTEKTORÁT ČECHY A MORAVA

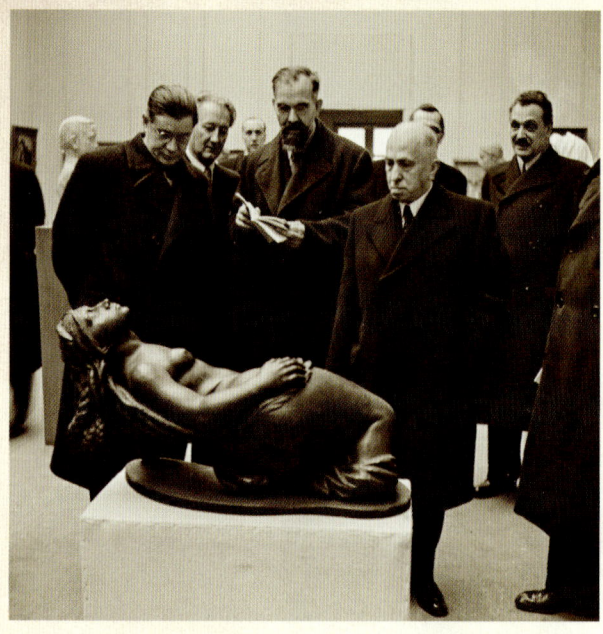

Státní prezident Emil Hácha (v popředí) na prodejní výstavě *Národ svým výtvarným umělcům*, Dům jednoty umělců výtvarných, Voršilská ulice, Praha, 12. prosinec 1940. (ČTK)

Náměstek primátora SA-Standartenführer Josef Pfitzner (uprostřed) přijal na Staroměstské radnici velitele SA župy Sudety SA-Gruppenführera Franze Maye (vlevo), Staroměstské náměstí, Praha, 13. prosinec 1940. (ČTK)

Přísaha nováčků SA standarty 52 za účasti velitele SA župy Sudety SA-Gruppenführera Franze Maye, Německý dům (nyní Slovanský dům), ulice Na Příkopě, Praha, 13. prosinec 1940. (ČTK)

Přísaha nováčků SA standarty 52 za účasti velitele SA župy Sudety SA-Gruppenführera Franze Maye, Německý dům (nyní Slovanský dům), ulice Na Příkopě, Praha, 13. prosinec 1940. Před mikrofonem generál pozemního vojska říšské branné moci. (ČTK)

1940

Primátor Alois Říha (vlevo) přijal na Staroměstské radnici herce a režiséra Veita Harlana, Staroměstské náměstí, Praha, 14. prosinec 1940. Harlan svou tvorbu plně podřídil duchu nacionálněsocialistické propagandy; jeho nejznámějším a zároveň nejkontroverznějším dílem je drsně antisemitský film *Žid Süß* (1940). (ČTK)

Slavnostní předvánoční koncert hudby říšské branné moci uvedl ve Smetanově síni Obecního domu vedoucí Oddělení Německý tisk Říšského ministerstva lidové osvěty a propagandy Hans Fritzsche, Hybernské náměstí (nyní náměstí Republiky), Praha, 14. prosinec 1940. (ČTK)

PROTEKTORÁT ČECHY A MORAVA

Vánoční slavnost SA standarty 52 v Německém domě (nyní Slovanský dům), ulice Na Příkopě, Praha, 18. prosinec 1940. (ČTK)

Státní prezident Emil Hácha (vlevo) na návštěvě České dětské nemocnice, Sokolská třída, Praha, 23. prosinec 1940. Po Háchově levici ministři Vladislav Klumpar a Jiří Havelka. Druhý zprava generální tajemník NS Vladimír Mrazík; třetí zprava předseda výboru NS Josef Nebeský. (ČTK)

1940

Státní prezident Emil Hácha (uprostřed) na návštěvě České dětské nemocnice, Sokolská třída, Praha, 23. prosinec 1940. Vlevo v zákrytu ministr zdravotní a sociální správy Vladislav Klumpar; po Háchově levici (v zákrytu) ministr dopravy a přednosta KSP Jiří Havelka. (ČTK)

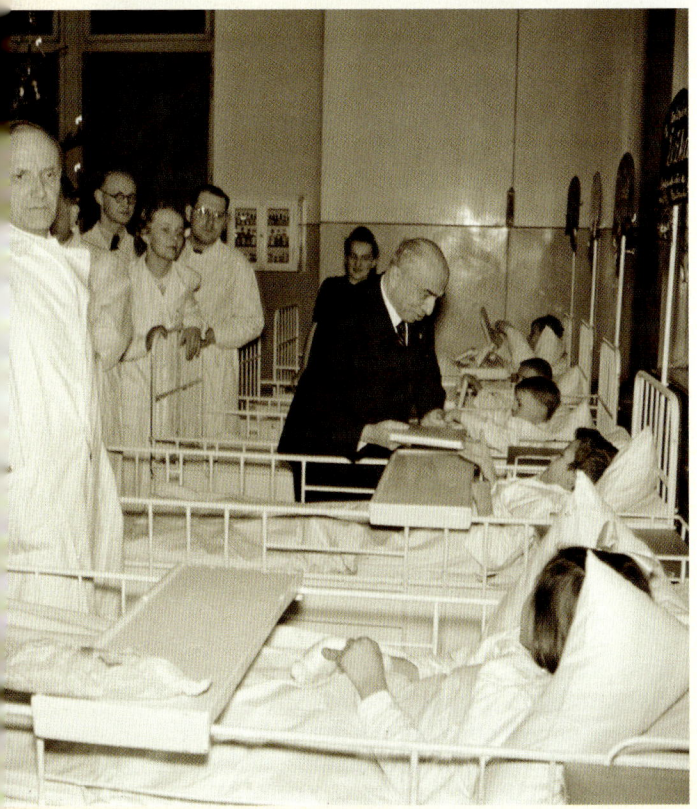 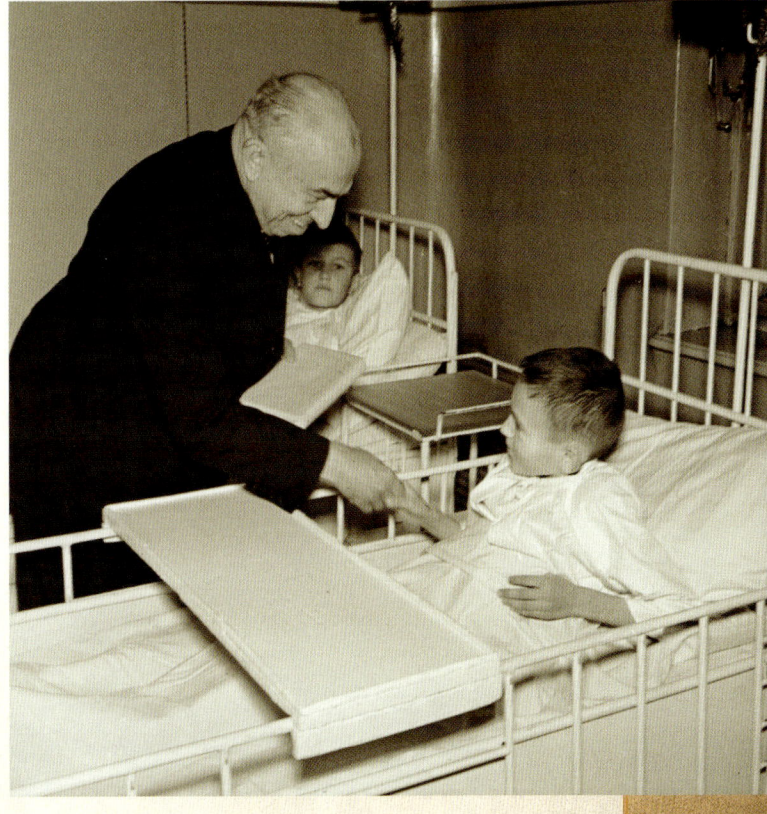

Státní prezident Emil Hácha na návštěvě České dětské nemocnice, Sokolská třída, Praha, 23. prosinec 1940. Typickým dárkem z rukou prezidenta byla kniha. (ČTK)

PROTEKTORÁT ČECHY A MORAVA

FOTO NAHOŘE VLEVO:
Státní prezident Emil Hácha (vpravo) se zdraví s kanovníky vyšehradské kapituly, proboštem Ludvíkem Grohem (vlevo) a děkanem Antonínem Wünschem, Vyšehrad, Praha, 24. prosinec 1940. (ČTK)

FOTO NAHOŘE VPRAVO:
Státní prezident Emil Hácha (v popředí) na Vyšehradském hřbitově před národní hrobkou Slavín, Štulcova ulice (nyní K Rotundě), Praha, 24. prosinec 1940. Zá Háchou ministr dopravy a přednosta KSP Jiří Havelka (uprostřed s kožešinovým límcem). (ČTK)

Státní prezident Emil Hácha (v popředí) na Vyšehradském hřbitově před národní hrobkou Slavín, Štulcova ulice (nyní K Rotundě), Praha, 24. prosinec 1940. Zá Háchou ministr dopravy a přednosta KSP Jiří Havelka (uprostřed s kožešinovým límcem), za ním generální tajemník NS Vladimír Mrazík. Zcela vlevo předseda protektorátní vlády Alois Eliáš. (ČTK)

1941

PROTEKTORÁT ČECHY A MORAVA

Novoroční audience protektorátní vlády u státního prezidenta Emila Háchy (uprostřed), Pražský hrad, 1. leden 1941. Zleva: ministr veřejných prací Dominik Čipera, ministr financí Josef Kalfus, ministr školství Jan Kapras, ministr dopravy a přednosta KSP Jiří Havelka, předseda vlády Alois Eliáš, ministr spravedlnosti Jaroslav Krejčí, ministr sociální a zdravotní správy Vladislav Klumpar, ministr průmyslu, obchodu a živností Jaroslav Kratochvíl, ministr vnitra Josef Ježek a ministr zemědělství Mikuláš z Bubna-Litic. Jde o poslední snímek Eliášovy vlády – jako celku – na Pražském hradě. (ČTK)

Novoroční audience protektorátní vlády u státního prezidenta Emila Háchy (před kamny vlevo), Pražský hrad, 1. leden 1941. Po Háchově levici předseda vlády Alois Eliáš, dále ministr školství Jan Kapras, ministr vnitra Josef Ježek, ministr průmyslu, obchodu a živností Jaroslav Kratochvíl, ministr sociální a zdravotní správy Vladislav Klumpar, ministr dopravy a přednosta Kanceláře státního prezidenta Jiří Havelka, ministr veřejných prací Dominik Čipera, ministr financí Josef Kalfus a ministr spravedlnosti Jaroslav Krejčí. (ČTK)

Novoroční audience protektorátní vlády u státního prezidenta Emila Háchy, Pražský hrad, 1. leden 1941. Státní prezident (vlevo) v rozhovoru s předsedou vlády Aloisem Eliášem. (ČTK)

1941

Novoroční audience představitelů Vládního vojska Protektorátu Čechy a Morava u prezidenta Emila Háchy (uprostřed), Pražský hrad, 1. leden 1941. Zleva: II. zástupce generálního inspektora gen. Miloslav Fassati, generální inspektor vládního vojska gen. Jaroslav Eminger, Emil Hácha, I. zástupce generálního inspektora gen. František Marvan a gen. Libor Vítěz. (ČTK)

Novoroční audience představitelů Vládního vojska Protektorátu Čechy a Morava u prezidenta Emila Háchy (vpravo), Pražský hrad, 1. leden 1941. Po Háchově pravici generální inspektor vládního vojska gen. Jaroslav Eminger a II. zástupce generálního inspektora gen. Miloslav Fassati. Vlevo I. zástupce generálního inspektora gen. František Marvan. (ČTK)

PROTEKTORÁT ČECHY A MORAVA

Novoroční audience protektorátní vlády, zástupců NS, Vládního vojska Protektorátu Čechy a Morava a KSP u státního prezidenta Emila Háchy (první řada pátý zleva), Pražský hrad, 1. leden 1941. Druhý zprava ministr dopravy a přednosta KSP Jiří Havelka, před ním ministr průmyslu, obchodu a živností Jaroslav Kratochvíl, po jeho pravici ministr zemědělství Mikuláš z Bubna-Litic, ministr sociální a zdravotní správy Vladislav Klumpar, ministr vnitra Josef Ježek, ministr veřejných prací Dominik Čipera, předseda výboru NS Josef Nebeský, ministr financí Josef Kalfus, gen. Libor Vítěz, ministr spravedlnosti Jaroslav Krejčí a odborový přednosta KSP Rudolf Křovák. Po Háchově pravici předseda vlády Alois Eliáš, ministr školství Jan Kapras a generální tajemník NS Vladimír Mrazík. V zadní řadě (za Háchou vlevo) generální inspektor vládního vojska gen. Jaroslav Eminger, I. zástupce generálního inspektora gen. František Marvan a II. zástupce generálního inspektora gen. Miloslav Fassati. Za Fassatim politický tajemník KSP Josef Kliment. (ČTK)

Novoroční audience protektorátní vlády, zástupců NS, Vládního vojska Protektorátu Čechy a Morava a KSP u státního prezidenta Emila Háchy (uprostřed), Pražský hrad, 1. leden 1941. Zleva ministr zemědělství Mikuláš z Bubna-Litic, ministr spravedlnosti Jaroslav Krejčí, Emil Hácha a ministr dopravy a přednosta KSP Jiří Havelka. V zákrytu za Háchou politický tajemník KSP Josef Kliment. V zákrytu za Havelkou ministr vnitra Josef Ježek. Zcela vpravo předseda výboru NS Josef Nebeský. (ČTK)

1941

FOTO NAHOŘE VLEVO:
Státní tajemník u říšského protektora SS-Gruppenführer Karl H. Frank zahajuje výstavu děl malíře a grafika Heinricha Hönicha, Akademie výtvarných umění, U Akademie, Praha, 9. leden 1941. (ČTK)

FOTO NAHOŘE VPRAVO:
Státní tajemník u říšského protektora SS-Gruppenführer Karl H. Frank (vlevo) na výstavě děl malíře a grafika Heinricha Hönicha (vpravo), Akademie výtvarných umění, ulice U Akademie, Praha, 9. leden 1941. (ČTK)

Státní tajemník u říšského protektora SS-Gruppenführer Karl H. Frank na výstavě děl malíře a grafika Heinricha Hönicha, Akademie výtvarných umění, ulice U Akademie, Praha, 9. leden 1941. (NA)

PROTEKTORÁT ČECHY A MORAVA

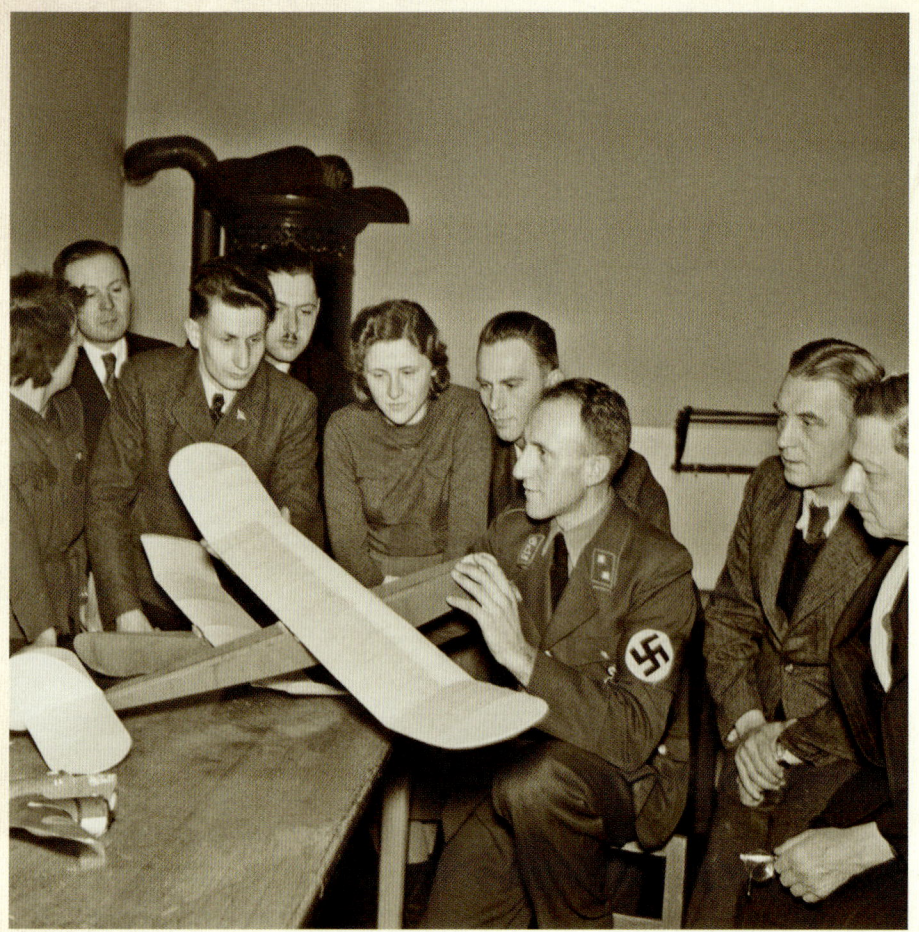

Modelářský kurz německé mládeže, Štěpánská ulice, Praha, 17. leden 1941. Vedoucí kurzu v hodnosti SA-Truppführera. (ČTK)

FOTA DOLE:
Slavnostní instalace „pomníku" 2. válečného „Díla zimní pomoci" (WHW), Staroměstské náměstí, Praha, 19. leden 1941. Před mikrofonem náměstek primátora SA-Standartenführer Josef Pfitzner. (ČTK)

1941

Příslušník OrPo odevzdává dobrovolný finanční příspěvek na 2. válečné WHW, Staroměstské náměstí, Praha, 19. leden 1941. (ČTK)

Vyhláška vrchního policejního rady Kalise a okresního hejtmana Faltise o odevzdání řidičských průkazů a zákazu řízení motorových vozidel Židy, Kladno, 20. leden 1941. (VÚA/VHA Praha)

Bezirksbehörde in Kladno.   Regierunspolizeibehörde in Kladno.
Zl. 2608.   Zl. 42 pres.

KUNDMACHUNG

Auf Grund der Bestimmung des Art. 3, Abs. 1 des Gesetzes vom 14. Juli 1927 Slg. d. G. u. Vdg. wird aus den Gründen der öffentlichen Ordnung angeordnet, dass die Juden binnen 14 Tagen vom Tage der Publizierung dieser Kundmachung ihre Führer- und Kraftfahrzeugscheine und die Bescheinigungen über die Eintragung des Kraftfahrzeuges in das Register bei der obeangeführten Behörde ihres Wohnortes abführen.

Gleichzeitig wird den Juden das Lenken von Motorkraftzeugen verboten.

Für den Begriff des Juden ist der § 1 der Reg Verordnung vom 4. VII. 1939, Slg. Nr. 136 1940 massgebend.

Die Nichtbefolgung dieser Aufforderung wird gemäss Bestimmung des Art. 3, Abs. 1 des zit. Gesetzes mit einer Geldstrafe von 10—5000 K oder mit einer Arreststrafe von 12 Stunden bis 14 Tage geahndet.

Kladno, den 20. Jänner 1941.

Der Bezirkshauptmann:
Oberrat der polit. Verwaltung:
Faltis.

Der Polizeileiter:
Oberpolizeirat:
Dr. O. Kalis.

Okresní úřad v Kladně.   Vládní policejní úřad v Kladně.
Čís. 2608.   Čís. 42 pres.

VYHLÁŠKA

Na základě ustanovení čl. 3, odst. 1. zákona ze dne 14. VII. 1927 č. 125 Sb. z. a n. nařizuji z důvodů veřejného pořádku, aby židé odevzdali do 14 dnů ode dne publikace této vyhlášky své řidičské průkazy (vůdčí listy), jízdní průkazy motorových vozidel a osvědčení o zápisu motorového vozidla do rejstříku u shora uvedeného úřadu jejich bydliště.

Současně zakazuji židům říditi motorová vozidla.

O tom, kdo je židem, jest směrodatným předpis § 1. vlád. nař. ze 4. VII. 1939 č. 136 Sb. z r. 1940.

Neuposlechnutí této výzvy bude trestáno podle čl. 3, odst. 1. cit. zákona pokutou od 10—5000 K nebo vězením od 12 hodin do 14 dnů.

V Kladně, dne 20. ledna 1941.

Okresní hejtman:
Vrchní rada polit. správy:
Faltis.

Policejní správce:
Vrchní policejní rada:
Dr. O. Kalis.

PROTEKTORÁT ČECHY A MORAVA

Slavnostní zasedání Akademie pro vědecký výzkum a péči o němectví za účasti říšského tiskového šéfa, státního sekretáře v Říšském ministerstvu lidové osvěty a propagandy SS-Gruppenführera Otto Dietricha, Španělský sál, Pražský hrad, 20. leden 1941. Při projevu říšský protektor Konstantin von Neurath. (ČTK)

Slavnostní zasedání Akademie pro vědecký výzkum a péči o němectví za účasti říšského tiskového šéfa, státního sekretáře v Říšském ministerstvu lidové osvěty a propagandy SS-Gruppenführera Otto Dietricha, Španělský sál, Pražský hrad, 20. leden 1941. Projev prezidenta akademie SA-Obergruppenführera Ludwiga Sieberta. Zleva: státní tajemník u říšského protektora SS-Gruppenführer Karl H. Frank, Otto Dietrich, státní prezident Emil Hácha a říšský protektor Konstantin von Neurath. Otto Dietrich přednesl obsáhlou řeč na téma „Duchovní základy Nové Evropy". Mj. konstatoval: „Myšlenky a dynamika nacionálního socialismu jsou plně zaměřeny k míru, za předpokladu, že bude dána a zajištěna životní základna našeho devadesátimilionového národa v srdci Evropy... Kdo zkoumá nacionálně socialistickou myšlenku v její nejvnitřnější struktuře a v její praktické funkci, musí v ní poznati nejmodernější vládu lidu, jakou znají dějiny." (ČTK)

Státní prezident Emil Hácha (vpravo) při přijetí delegace zástupců obcí z Moravského Slovácka, Pražský hrad, 23. leden 1941. (ČTK)

1941

Vedoucí RAD a říšský vedoucí NSDAP Konstantin Hierl při přehlídce oddílu RAD, Loretánské náměstí, Praha, 23. leden 1940. Vlevo říšský protektor Konstantin von Neurath. (ČTK)

Vedoucího RAD a říšského vedoucího NSDAP Konstantina Hierla (vpravo) přijal na Staroměstské radnici náměstek primátora SA-Standartenführer Josef Pfitzner, Staroměstské náměstí, Praha, 24. leden 1940. (ČTK)

Vedoucí RAD a říšský vedoucí NSDAP Konstantin Hierl (vpravo) na balkoně Staroměstské radnice, Staroměstské náměstí, Praha, 24. leden 1941. V zákrytu náměstek primátora SA-Standartenführer Josef Pfitzner. (ČTK)

Vedoucí RAD a říšský vedoucí NSDAP Konstantin Hierl (druhý zprava) v sídle krajského vedení NSDAP, Lichtenštejnský palác, ulice Na Kampě, Praha, 24. leden 1941. Vlevo krajský vedoucí NSDAP v Praze Konstantin Höß. (ČTK)

PROTEKTORÁT ČECHY A MORAVA

Slavnostní koncert ve prospěch WHW za účasti vedoucího RAD a říšského vedoucího NSDAP Konstantina Hierla (v čestné lóži vlevo nad svastikou), velký sál Lucerny, Štěpánská ulice, Praha, 25. leden 1941. (ČTK)

Slavnostní koncert ve prospěch WHW za účasti vedoucího RAD a říšského vedoucího NSDAP Konstantina Hierla, velký sál Lucerny, Štěpánská ulice, Praha, 25. leden 1941. (ČTK)

1941

FOTO NA STR. 352 DOLE VLEVO:
Oslavy 8. výročí „převzetí moci" – jmenování Adolfa Hitlera říšským kancléřem – pořádané krajským vedením NSDAP, velký sál Lucerny, Štěpánská ulice, Praha, 30. leden 1941. (ČTK)

FOTO NA STR. 352 DOLE VPRAVO:
Oslavy 8. výročí „převzetí moci" – jmenování Adolfa Hitlera říšským kancléřem – pořádané krajským vedením NSDAP, velký sál Lucerny, Štěpánská ulice, Praha, 30. leden 1941.
Za řečnickým pultem říšský komisař a župní vedoucí Říšské župy Sudety Konrad Henlein. (NA)

Při příjezdu do Prahy je šéf štábu SA SA-Obergruppenführer Viktor Lutze vítán příslušníkem SA standarty 52 v hodnosti SA-Sturmführera, ulice Na Florenci, Praha, 8. únor 1941. Vlevo velitel SA župy Sudety SA-Gruppenführer Franz May. (ČTK)

Šéfa štábu SA SA-Obergruppenführera Viktora Lutzeho (uprostřed) přivítal před sídlem krajského vedení NSDAP Lichtenštejnským palácem říšský komisař a župní vedoucí Říšské župy Sudety Konrad Henlein (vpravo), ulice Na Kampě, Praha, 8. únor 1941. V zákrytu velitel SA župy Sudety SA-Gruppenführer Franz May. (ČTK)

Šéf štábu SA SA-Obergruppenführer Viktor Lutze při projevu v krajském vedení NSDAP, Lichtenštejnský palác, ulice Na Kampě, Praha, 8. únor 1941. V zákrytu za SA-Gruppenführerem po Lutzeho levici náměstek primátora SA-Standartenführer Josef Pfitzner. (ČTK)

PROTEKTORÁT ČECHY A MORAVA

Zimní stadion, ostrov Štvanice, Praha, 8. únor 1941. Čestná tribuna ozdobená služební vlajkou říšského protektora. (ČTK)

Zimní stadion, ostrov Štvanice, Praha, 8. únor 1941. Pohled na čestnou tribunu. Zprava: říšský komisař a župní vedoucí Říšské župy Sudety Konrad Henlein, říšský protektor Konstantin von Neurath, šéf štábu SA SA-Obergruppenführer Viktor Lutze, Paula Lutzeová a velitel SA župy Sudety SA-Gruppenführer Franz May. (ČTK)

Začátek hokejového zápasu, Zimní stadion, ostrov Štvanice, Praha, 8. únor 1941. Německý pozdrav; zvláště pozoruhodný je u obou brankářů (s lapačkami). (ČTK)

1941

Šéf štábu SA SA-Obergruppenführer Viktor Lutze (třetí zprava) je vítán státním podtajemníkem u říšského protektora SA-Brigadeführerem Kurtem von Burgsdorffem, Lucerna, Štěpánská ulice, Praha, 8. únor 1941. V průhledu říšský komisař a župní vedoucí Říšské župy Sudety Konrad Henlein. (ČTK)

Slavnostní shromáždění SA za účasti šéfa štábu SA SA-Obergruppenführera Viktora Lutzeho, velký sál Lucerny, Štěpánská, Praha, 8. únor 1941. (ČTK)

Slavnostní shromáždění SA, velký sál Lucerny, Štěpánská ulice, Praha, 8. únor 1941. V první řadě příslušníci SA a RAD, na jejím konci, před uličkou, říšský komisař a župní vedoucí Říšské župy Sudety Konrad Henlein a šéf štábu SA SA-Obergruppenführer Viktor Lutze. (ČTK)

PROTEKTORÁT ČECHY A MORAVA

Přijetí šéfa štábu SA SA-Obergruppenführera Viktora Lutzeho (uprostřed) říšským protektorem Konstantinem von Neurathem (vpravo), Černínský palác, Úřad říšského protektora (nyní Ministerstvo zahraničních věcí České republiky), Loretánské náměstí, Praha, 9. únor 1941. V pozadí příslušníci válečného námořnictva, luftwaffe a SA (zleva). (ČTK)

Přísaha nováčků standarty SA 52, Staroměstské náměstí, Praha, 9. únor 1941. Detail první řady slavnostní tribuny, zprava: říšský komisař a župní vedoucí Říšské župy Sudety Konrad Henlein, šéf štábu SA SA-Obergruppenführer Viktor Lutze, říšský protektor Konstantin von Neurath, velitel SA župy Sudety SA-Gruppenführer Franz May a posádkový velitel říšské branné moci v Praze plk. Arthur von Briesen. (ČTK)

Přísaha nováčků standarty SA 52, Staroměstské náměstí, Praha, 9. únor 1941. Celkový pohled na slavnostní tribunu. (ČTK)

Přísaha nováčků standarty SA 52, Staroměstské náměstí, Praha, 9. únor 1941. (ČTK)

Přijetí šéfa štábu SA SA-Obergruppenführera Viktora Lutzeho (vpravo) náměstkem primátora SA-Standartenführerem Josefem Pfitznerem (vlevo), Staroměstská radnice, Staroměstské náměstí, Praha, 9. únor 1941. (ČTK)

Šéf štábu SA SA-Obergruppenführer Viktor Lutze se zapisuje do Pamětní knihy města Prahy, Staroměstská radnice, Staroměstské náměstí, 9. únor 1941. (ČTK)

Šéf štábu SA SA-Obergruppenführer Viktor Lutze spolu s náměstkem primátora SA-Standartenführerem Josefem Pfitznerem (v popředí) na balkoně Staroměstské radnice, Staroměstské náměstí, 9. únor 1941. Vpravo příslušníci SA v hodnosti SA-Sturmbannführera a SA-Sturmhauptführera. (ČTK)

Slavnostní večer SA ve Smetanově síni Obecního domu za účasti šéfa štábu SA SA-Obergruppenführera Viktora Lutzeho a jeho manželky Pauly, Hybernské náměstí (nyní náměstí Republiky), Praha, 9. únor 1941. (ČTK)

PROTEKTORÁT ČECHY A MORAVA

Nositel Rytířského kříže Železného kříže korvetní kapitán Hans-Otto Erdmenger – velitel torpédoborce Z 21 Vilhelm Heidkamp – při přednášce pro německé studenty, Německý dům (nyní Slovanský dům), ulice Na Příkopě, Praha, 11. únor 1941. (ČTK)

Den německé policie, společenský večer v Německém domě (nyní Slovanský dům) v sále s říšskou služební vlajkou, vlajkou SS a za účasti státního tajemníka u říšského protektora SS-Gruppenführera Karla H. Franka, ulice Na Příkopě, Praha, 15. únor 1941. (ČTK)

Státní tajemník u říšského protektora SS-Gruppenführer Karl H. Frank (vpravo) při vybírání příspěvků na WHW u příležitosti Dne německé policie, ulice Na Příkopě, Praha, 16. únor 1941. (ČTK)

Krajský vedoucí NSDAP v Praze Konstantin Höß (v čelním pohledu) v rozhovoru s příslušníky pozemního vojska říšské branné moci a NSDAP. Krajské vedení NSDAP, ulice Na Kampě, Praha, 18. únor 1941. (ČTK)

Krajské vedení NSDAP, ulice Na Kampě, Praha, ▶
21. únor 1941. Přednáška při příležitosti návštěvy
delegace krajských vedoucích NSDAP, členů
Nacionálněsocialistického svazu učitelů (NSLB)
a novinářů z Berlína. (ČTK)

V průběhu války bylo do Čech a na Moravu v rámci
programu tzv. vysílání dětí na venkov (KLV)
evakuováno na 350 000 německých
dětí z průmyslových aglomerací ohrožených
bombardováním (západní a severozápadní oblasti
Říše). Pod vedením HJ pro ně bylo vybudováno
téměř 400 táborů. Hlavním centrem se staly lázně
Poděbrady. Členové tábora KLV vztyčují vlajku HJ,
Poděbrady, 12. březen 1941. (ČTK)

Vzorný německý pozdrav v podání HJ,
tábor KLV, Poděbrady,
12. březen 1941. (ČTK)

PROTEKTORÁT ČECHY A MORAVA

Tábor KLV, Poděbrady, 12. březen 1941. Mimoškolní činnost. (ČTK)

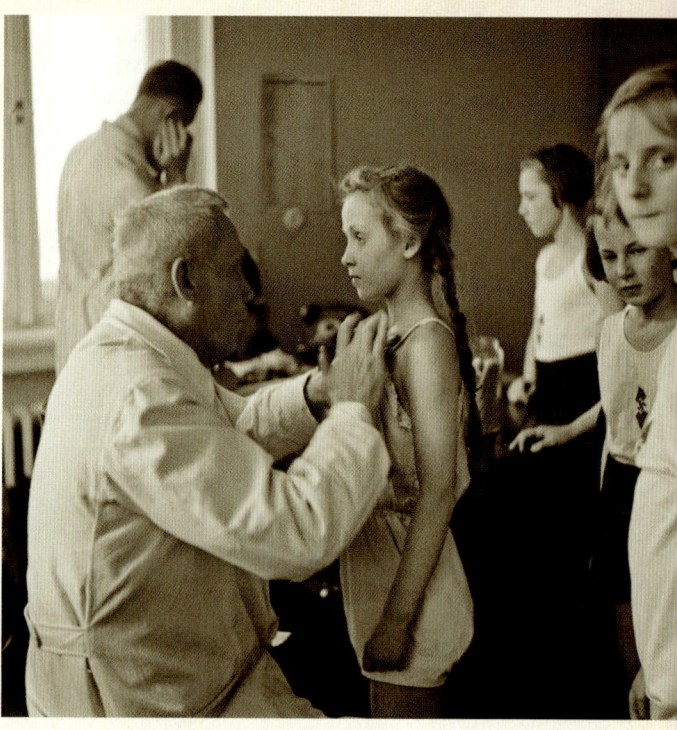

Tábor KLV, Poděbrady, 12. březen 1941. Zdravotní prohlídka členek Svazu německých dívek (BDM). (ČTK)

Tábor KLV, Poděbrady, 12. březen 1941. Členky BDM. (ČTK)

Ministr spravedlnosti Jaroslav Krejčí (druhý zleva) na výstavě obrazů malíře Jaroslava Dědiny, Mazáčova výstavní síň, Spálená ulice, Praha, 13. březen 1941. (ČTK)

1941

Slavnostní koncert uspořádaný říšským protektorem Konstantinem von Neurathem u příležitosti 2. výročí vzniku Protektorátu Čechy a Morava, Španělský sál, Pražský hrad, 14. březen 1941. Příchod říšského protektora Konstantina von Neuratha (v popředí vpravo) a státního prezidenta Emila Háchy (po Neurathově pravici). Zprava: státní tajemník u říšského protektora SS-Gruppenführer Karl H. Frank, ministr veřejných prací Dominik Čipera, zemský prezident v Čechách Richard Bienert a vrchní vládní rada SS-Sturmbannführer Robert Gies. (ČTK)

Slavnostní koncert uspořádaný říšským protektorem Konstantinem von Neurathem u příležitosti 2. výročí vzniku Protektorátu Čechy a Morava, Španělský sál, Pražský hrad, 14. březen 1941. V první řadě zleva: předseda protektorátní vlády Alois Eliáš, dcera Emila Háchy Milada Rádlová, státní prezident Emil Hácha, Marie von Neurath, říšský protektor Konstantin von Neurath, státní tajemník u říšského protektora SS-Gruppenführer Karl H. Frank, Karola Franková a zmocněnec říšské branné moci u říšského protektora gen. Erich Friderici. Za Frankem vrchní vládní rada SS-Sturmbannführer Robert Gies, po jeho levici ministr veřejných prací Dominik Čipera a ministr školství Jan Kapras. (ČTK)

PROTEKTORÁT ČECHY A MORAVA

FOTO NAHOŘE VLEVO:
Slavnostní pochod říšské branné moci Prahou v předvečer 2. výročí vzniku Protektorátu Čechy a Morava, Staroměstské náměstí, Praha, 15. březen 1941. (ČTK)

FOTO NAHOŘE VPRAVO
Přehlídka říšské branné moci u příležitosti 2. výročí vzniku Protektorátu Čechy a Morava, Václavské náměstí, Praha, 15. březen 1941. V popředí státní tajemník u říšského protektora SS-Gruppenführer Karl H. Frank v rozhovoru se státním prezidentem Emilem Háchou. (ČTK)

Přehlídka říšské branné moci u příležitosti 2. výročí vzniku Protektorátu Čechy a Morava, Václavské náměstí, Praha, 15. březen 1941. Státní prezident Emil Hácha (uprostřed) v rozhovoru se zmocněncem říšské branné moci u říšského protektora gen. Erichem Fridericim. (ČTK)

Přehlídka říšské branné moci u příležitosti 2. výročí vzniku Protektorátu Čechy a Morava, Václavské náměstí, Praha, 15. březen 1941. Státní prezident Emil Hácha (vpravo) v rozhovoru s manželkou říšského protektora Marií von Neurath. Vlevo manželka státního tajemníka u říšského protektora Karola Franková. V zákrytu za Háchou krajský vedoucí NSDAP v Praze Konstantin Höß. (NA)

Přehlídka říšské branné moci u příležitosti 2. výročí vzniku Protektorátu Čechy a Morava, Václavské náměstí, Praha, 15. březen 1941. Jeden z velících důstojníků v Horchu 901 před čestnou tribunou. (ČTK)

Přehlídka říšské branné moci u příležitosti 2. výročí vzniku Protektorátu Čechy a Morava, Václavské náměstí, Praha, 15. březen 1941. Čestná tribuna. (ČTK)

PROTEKTORÁT ČECHY A MORAVA

Přehlídka říšské branné moci u příležitosti 2. výročí vzniku Protektorátu Čechy a Morava, Václavské náměstí, Praha, 15. březen 1941. (ČTK)

Přehlídka říšské branné moci u příležitosti 2. výročí vzniku Protektorátu Čechy a Morava, Václavské náměstí, Praha, 15. březen 1941. Tank PzKpfw III. Na čestné tribuně lze rozeznat zleva: krajského vedoucího NSDAP v Praze Konstantina Höße, říšského komisaře a župního vedoucího Říšské župy Sudety Konrada Henleina, říšského vedoucího NSDAP Alfreda Rosenberga, státního tajemníka u říšského protektora SS-Gruppenführera Karla H. Franka, říšského protektora Konstantina von Neuratha a zmocněnce říšské branné moci u říšského protektora gen. Ericha Fridericiho. (ČTK)

1941

Výstava *Deutsche Grösse (Německá velikost)*, ▶
instalovaná v Zemském muzeu (nyní Národní
muzeum), se skládala ze 14 tematických okruhů.
Vedle velkého mapového sálu ji tvořily tyto celky:
Germánská říše, Francká říše, Staré německé
císařství, Německý východ, Hansa a Řád
německých rytířů, Předreformační období –
reformace – selská válka, Protireformace
a třicetiletá válka, Prusko a Říše, Rakousko a Říše,
Osvobozovací války, 19. století a Bismarckova říše,
Světová válka, Pryč od Versailles a Velkoněmecká
říše Adolfa Hitlera. Expozice byla do Prahy
přenesena z Berlína a veřejnosti zpřístupněna ke
2. výročí vzniku Protektorátu Čechy a Morava;
trvala do 4. května 1941. Václavské náměstí,
Praha, 15. březen 1941. (ČTK)

Zahájení výstavy *Německá velikost* se osobně
zhostil říšský protektor Konstantin von Neurath,
Zemské muzeum (nyní Národní muzeum),
Václavské náměstí, Praha, 15. březen 1941.
Zleva: státní tajemník u říšského protektora
SS-Gruppenführer Karl H. Frank a říšský komisař
a župní vedoucí Říšské župy Sudety Konrad
Henlein. (ČTK)

Výstava *Německá velikost*, Zemské muzeum (nyní
Národní muzeum), Václavské náměstí, Praha,
15. březen 1941. Zleva: státní tajemník u říšského
protektora SS-Gruppenführer Karl H. Frank,
krajský vedoucí NSDAP v Praze Konstantin Höß,
říšský protektor Konstantin von Neurath,
říšský vedoucí NSDAP Alfred Rosenberg a státní
prezident Emil Hácha. (ČTK)

PROTEKTORÁT ČECHY A MORAVA

Výstava *Německá velikost*, Zemské muzeum (nyní Národní muzeum), Václavské náměstí, Praha, 15. březen 1941. *Staré německé císařství*. (ČTK)

Výstava *Německá velikost*, Zemské muzeum (nyní Národní muzeum), Václavské náměstí, Praha, 15. březen 1941. *Velkoněmecká říše Adolfa Hitlera*. (ČTK)

Německý dům (nyní Slovanský dům), ulice Na Příkopě, Praha, 15. březen 1941. Při projevu hlavní ideolog NSDAP, říšský vedoucí NSDAP Alfred Rosenberg. (ČTK)

Oslavy 2. výročí vzniku Protektorátu Čechy a Morava, které uspořádalo krajské vedení NSDAP v Praze, velký sál Lucerny, Štěpánská ulice, 15. březen 1941. (ČTK)

Oslavy 2. výročí vzniku Protektorátu Čechy a Morava, které uspořádalo krajské vedení NSDAP v Praze, velký sál Lucerny, Štěpánská ulice, 15. březen 1941. Příchod praporů NSDAP. (ČTK)

U příležitosti 2. výročí vzniku Protektorátu Čechy a Morava položil říšský protektor Konstantin von Neurath věnec k pomníku pruského polního maršála Curtha von Schwerina, vojenský hřbitov, Štěrboholy (nyní Praha-Štěrboholy), 16. březen 1941. (ČTK)

Slavnostní koncert u příležitosti oslav Dne hrdinů za přítomnosti říšského protektora Konstantina von Neuratha, státního tajemníka u říšského protektora SS-Gruppenführera Karla H. Franka a říšského komisaře a župního vedoucího Říšské župy Sudety Konrada Henleina, Nové Německé divadlo (nyní Státní opera Praha), třída Richarda Wagnera (současná Wilsonova ulice), Praha, 16. březen 1941. (ČTK)

Slavnostní koncert u příležitosti oslav Dne hrdinů za přítomnosti říšského protektora Konstantina von Neuratha, státního tajemníka u říšského protektora SS-Gruppenführera Karla H. Franka a říšského komisaře a župního vedoucího Říšské župy Sudety Henleina, Nové Německé divadlo (nyní Státní opera Praha), třída Richarda Wagnera (současná Wilsonova ulice), Praha, 16. březen 1941. Pohled do hlediště a na čestnou lóži. (ČTK)

PROTEKTORÁT ČECHY A MORAVA

Sídlo posádkového velitelství SS v budově bývalé Právnické fakulty České univerzity Karlovy, Janské náměstí (nyní náměstí Curieových), Praha, 20. březen 1941. (ČTK)

Říšský protektor Konstantin von Neurath (druhý zleva) na Pražských vzorkových veletrzích, Bělského třída (nyní Dukelských hrdinů), 20. březen 1941. Vlevo státní tajemník u říšského protektora SS-Gruppenführer Karl H. Frank. (ČTK)

Státní tajemník u říšského protektora SS-Gruppenführer Karl H. Frank (druhý zleva) na Pražských vzorkových veletrzích, Bělského třída (nyní Dukelských hrdinů), 20. březen 1941. (ČTK)

Italští novináři na návštěvě objektu kasáren Adolfa Hitlera (nyní Ministerstvo obrany České republiky) v doprovodu důstojníků SS (zprava SS-Obersturmführer, SS-Sturmbannführer a SS-Obersturmbannführer), Tychonova ulice, Praha, 20. březen 1941. (ČTK)

1941

FOTO NAHOŘE VLEVO:
Slavnostní koncert zahajující oslavy 100. výročí narození hudebního skladatele Antonína Dvořáka, Smetanova síň Obecního domu, Hybernské náměstí (nyní náměstí Republiky), Praha, 20. březen 1941. (ČTK)

FOTO NAHOŘE VPRAVO:
Slavnostní koncert zahajující oslavy 100. výročí narození hudebního skladatele Antonína Dvořáka, Smetanova síň Obecního domu, Hybernské náměstí (nyní náměstí Republiky), Praha, 20. březen 1941. Dirigent Václav Talich. (ČTK)

Státní prezident Emil Hácha na Pražských vzorkových veletrzích, Bělského třída (nyní Dukelských hrdinů), 21. březen 1941. Po Háchově pravici předseda protektorátní vlády Alois Eliáš. (ČTK)

PROTEKTORÁT ČECHY A MORAVA

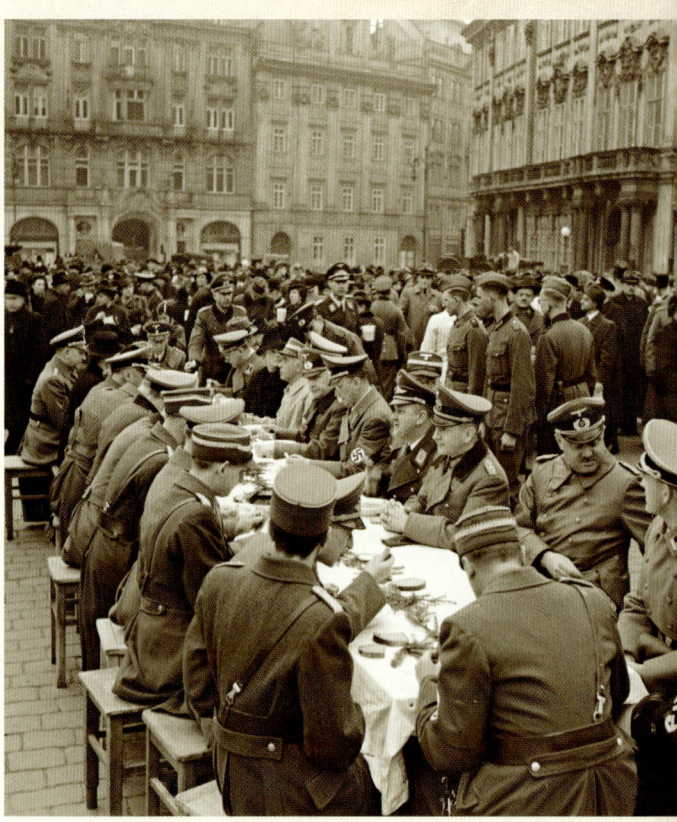

„Jídlo z jednoho hrnce" (Eintopf) v rámci WHW, Staroměstské náměstí, Praha, 23. březen 1941. (ČTK)

„Jídlo z jednoho hrnce" (Eintopf) v rámci WHW, Staroměstské a Václavské náměstí, Praha, 23. březen 1941. (ČTK)

1941

FOTO NAHOŘE VLEVO:
Členky BDM vztyčují vlajku HJ, tábor KLV, Teplice nad Bečvou, 23. březen 1941. (ČTK)

FOTO NAHOŘE VPRAVO:
Německý dům (nyní Slovanský dům), ulice Na Příkopě, Praha, 23. březen 1941. Při projevu předseda Nacionálněsocialistického říšského spolku pro tělesnou výchovu (NSRL), státní tajemník v Říšském ministerstvu vnitra SA-Obergruppenführer Hans von Tschammer und Osten. (ČTK)

Zasedání NSRL za účasti předsedy NSRL, státního tajemníka v Říšském ministerstvu vnitra SA-Obergruppenführera Hanse von Tschammer und Osten, Smetanova síň Obecního domu, Hybernské náměstí (nyní náměstí Republiky), Praha, 23. březen 1941. Při projevu říšská vedoucí ženské složky NSRL Henni Warninghoffová. (ČTK)

PROTEKTORÁT ČECHY A MORAVA

Německé stavovské divadlo (nyní Stavovské divadlo), Ovocný trh, Praha, 23. březen 1941. V čestné lóži zprava: říšský komisař a župní vedoucí Říšské župy Sudety Konrad Henlein, předseda NSRL státní tajemník v Říšském ministerstvu vnitra SA-Obergruppenführer Hans von Tschammer und Osten, státní tajemník u říšského protektora SS-Gruppenführer Karl H. Frank, zmocněnec říšské branné moci u říšského protektora gen. Erich Friderici a státní podtajemník u říšského protektora SA-Brigadeführer Kurt von Burgsdorff. Za Burgsdorffem velitel SiPo a SD v protektorátě SS-Obersturmbannführer Horst Böhme. Zcela vpravo náměstek primátora SA-Standartenführer Josef Pfitzner. (ČTK)

Župní vedoucí Říšské župy Jižní Hannover – Braunschweig Hartmann Lauterbacher (v popředí) při návštěvě tábora KLV, Poděbrady, 25. březen 1941. Přehlídka HJ. Za Lauterbacherem státní tajemník u říšského protektora SS-Gruppenführer Karl H. Frank. (ČTK)

Župní vedoucí Říšské župy Jižní Hannover – Braunschweig Hartmann Lauterbacher (v popředí vlevo) při návštěvě tábora KLV, Poděbrady, 25. březen 1941. Přehlídka BDM. Po Lauterbacherově levici státní tajemník u říšského protektora SS-Gruppenführer Karl H. Frank. (ČTK)

FOTO NA STR. 373 NAHOŘE:
Tábor KLV, zámek Poděbrady, 25. březen 1941. Župní vedoucí Říšské župy Jižní Hannover – Braunschweig Hartmann Lauterbacher mezi členkami BDM. Třetí zleva státní tajemník u říšského protektora SS-Gruppenführer Karl H. Frank. (NA)

Tábor KLV, zámek Poděbrady, 25. březen 1941. Župní vedoucí Říšské župy Jižní Hannover – Braunschweig Hartmann Lauterbacher (vlevo) a státní tajemník u říšského protektora SS-Gruppenführer Karl H. Frank se členkami BDM. (NA)

PROTEKTORÁT ČECHY A MORAVA

Ministr školství Jan Kapras při přednášce v rámci výstavy *Německá velikost*, Zemské muzeum (nyní Národní muzeum), Václavské náměstí, Praha, 26. březen 1941. (ČTK)

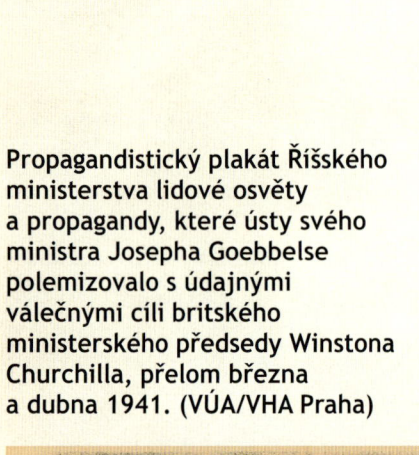

Propagandistický plakát Říšského ministerstva lidové osvěty a propagandy, které ústy svého ministra Josepha Goebbelse polemizovalo s údajnými válečnými cíli britského ministerského předsedy Winstona Churchilla, přelom března a dubna 1941. (VÚA/VHA Praha)

1941

FOTO NAHOŘE VLEVO:
Koncert ve prospěch Německého červeného kříže (DRK), Španělský sál, Pražský hrad, 27. březen 1941. Státní prezident Emil Hácha (vlevo) v rozhovoru se státním tajemníkem u říšského protektora SS-Gruppenführerem Karlem H. Frankem. (ČTK)

FOTO NAHOŘE VPRAVO:
Zahájení činnosti Nordické společnosti, Zrcadlová kaple Klementina, Mariánské náměstí, Praha, 28. březen 1941. (ČTK)

Velitel SA župy Sudety SA-Gruppenführer Franz May (v popředí ve středu) na výstavě *Německá velikost*, Zemské muzeum (nyní Národní muzeum), Václavské náměstí, Praha, 29. březen 1941. Po jeho pravici státní podtajemník u říšského protektora SA-Brigadeführer Kurt von Burgsdorff. (ČTK)

PROTEKTORÁT ČECHY A MORAVA

FOTO NAHOŘE VLEVO:
Státní prezident Emil Hácha (uprostřed) při přijetí protektorátních aktivistických novinářů, Pražský hrad, 4. duben 1941. (ČTK)

FOTO NAHOŘE VPRAVO:
Státní prezident Emil Hácha (v čelním pohledu), po jeho levici předseda vlády Alois Eliáš a předseda výboru NS Josef Nebeský při přijetí protektorátních aktivistických novinářů, Pražský hrad, 4. duben 1941. (ČTK)

Generální ředitel nakladatelství Orbis Franz F. Rudl (stojící) a zástupce Říšského ministerstva zahraničních věcí u říšského protektora Kurt Ziemke, nakladatelství Orbis, Schwerinova třída (nyní Vinohradská), Praha, 4. duben 1941. (ČTK)

1941

Zasedání Nacionálněsocialistického ženského svazu Sudety, Německý dům (nyní Slovanský dům), ulice Na Příkopě, Praha, 6. duben 1941. Při projevu říšská vůdkyně žen Gertrud Scholtzová-Klinková. (ČTK)

Zasedání Nacionálněsocialistického ženského svazu Sudety za účasti říšského komisaře a župního vedoucího Říšské župy Sudety Konrada Henleina a říšské vůdkyně žen Gertrudy Scholtzové-Klinkové, Německý dům (nyní Slovanský dům), ulice Na Příkopě, Praha, 6. duben 1941. (ČTK)

Ministr průmyslu, obchodu a živností Jaroslav Kratochvíl (vlevo) na výstavě malíře a grafika Jaroslava Skrbka, Dům jednoty umělců výtvarných, Voršilská ulice, Praha, 16. duben 1941. (ČTK)

V den 52. výročí narození Vůdce Adolfa Hitlera se na Staroměstském náměstí uskutečnila přísaha nováčků SS standarty 108, Praha, 20. duben 1941. (ČTK)

PROTEKTORÁT ČECHY A MORAVA

Přísaha nováčků SS standarty 108, Staroměstské náměstí, Praha, 20. duben 1941. Při projevu státní tajemník u říšského protektora SS-Gruppenführer Karl H. Frank. Na čestné tribuně v první řadě zprava: krajský vedoucí NSDAP v Praze Konstantin Höß a velitel OrPo v protektorátu SS-Gruppenführer a generál policie Jürgen von Kamptz. (ČTK)

Přísaha nováčků SS standarty 108, Staroměstské náměstí, Praha, 20. duben 1941. Na čestné tribuně v první řadě zprava: krajský vedoucí NSDAP v Praze Konstantin Höß, velitel OrPo v protektorátu SS-Gruppenführer a generál policie Jürgen von Kamptz, státní tajemník u říšského protektora SS-Gruppenführer Karl H. Frank, říšský protektor Konstantin von Neurath. Za Neurathem zmocněnec říšské branné moci u říšského protektora gen. Erich Friderici. Před mikrofonem velitel pražské posádky SS SS-Oberführer Julian Scherner. (ČTK)

Přísaha nováčků SS standarty 108, Staroměstské náměstí, Praha, 20. duben 1941. (ČTK)

1941

Přísaha nováčků SS standarty 108, Staroměstské náměstí, Praha, 20. duben 1941. Říšský protektor Konstantin von Neurath ve stejnokroji SS-Gruppenführera (uprostřed). Vlevo velitel pražské posádky SS, SS-Oberführer Julian Scherner, vpravo státní tajemník u říšského protektora SS-Gruppenführer Karl H. Frank. (ČTK)

Přísaha nováčků SS standarty 108, Staroměstské náměstí, Praha, 20. duben 1941. (ČTK)

Šéfredaktoři významných novin a časopisů z Dolního Slezska na balkoně Černínského paláce – Úřadu říšského protektora (nyní Ministerstvo zahraničních věcí České republiky), Loretánské náměstí, Praha, 22. duben 1941. (ČTK)

Příjezd vídeňského arcibiskupa kardinála Theodora Innitzera (uprostřed) na pohřeb pražského arcibiskupa kardinála Karla Kašpara, Hybernské nádraží (nyní Masarykovo nádraží), Jezdecká ulice (nyní Havlíčkova), Praha, 23. duben 1941. (ČTK)

PROTEKTORÁT ČECHY A MORAVA

Památce pražského arcibiskupa kardinála Karla Kašpara se přišly poklonit tisíce věřících z celého protektorátu, Hradčanské náměstí, Praha, 23. duben 1941. (ČTK)

Po nátlaku státního tajemníka u říšského protektora SS-Gruppenführera Karla H. Franka byl blízký spolupracovník předsedy vlády Aloise Eliáše a osobní přítel státního prezidenta Emila Háchy, ministr dopravy a přednosta KSP Jiří Havelka, odvolán a nahrazen generálním ředitelem železnic Jindřichem Kamenickým (vlevo). Stalo se tak především pro jeho energickou podporu úspěšné zpomalovací taktiky Aloise Eliáše a osobní statečnost, s níž vystupoval vůči okupačním orgánům, především vůči státnímu tajemníkovi Frankovi. Vpravo státní prezident Emil Hácha, Pražský hrad, 25. duben 1941. (ČTK)

Státní podtajemník u říšského protektora SA-Brigadeführer Kurt von Burgsdorff (uprostřed) na návštěvě skupiny 3 (Rozhlas, tisk) v Oddělení IV Úřadu říšského protektora, Beethovenova ulice (nyní Opletalova), Praha, 29. duben 1941. Ve stejnokroji vedoucí skupiny 3 vládní rada SS-Hauptsturmführer Wolfgang W. von Wolmar. (ČTK)

Státní podtajemník u říšského protektora SA-Brigadeführer Kurt von Burgsdorff (vpravo) v rozhovoru s vedoucím skupiny 3 (Rozhlas, tisk) v Oddělení IV Úřadu říšského protektora, vládním radou SS-Hauptsturmführerem Wolfgangem W. von Wolmarem, Beethovenova ulice (nyní Opletalova), Praha, 29. duben 1941. (ČTK)

1941

◀ Před domem č. 5 v ulici V Kolkovně zastřelil dne 2. května 1940 protektorátní příslušník Josef Čech Ernsta K. Leimera, jenž jej chtěl zajistit pro poškozování výzvy protektorátní vlády ke sbírce kovů vypsané k narozeninám Vůdce Adolfa Hitlera. Čech se vzápětí se zbraní v ruce postavil i proti německým vojákům, kteří jej pronásledovali, a pokusil se uniknout skokem do Vltavy. Na místě Leimerovy smrti byla z iniciativy krajského vedení NSDAP instalována pamětní deska, u níž se konala pietní shromáždění. Ulice V Kolkovně nesla až do pádu Třetí říše název Leimerova, Praha, 3. květen 1941. (ČTK)

Ministr sociální a zdravotní správy Vladislav Klumpar (třetí zprava) na výstavě *Fotografie ve službách cizineckého ruchu*, Uměleckoprůmyslové museum, Sanytrová ulice (nyní 17. listopadu), Praha, 7. květen 1941. (ČTK) ▶

Oznámení Úřadu práce v Jičíně o najímání pracovních sil na práce v Německu, 14. květen 1941. (SOkA Semily)

Odchod velitele OrPo v protektorátu SS-Gruppenführera a generála policie Jürgena von Kamptze, Třída generála Roettiga (nyní Pelléova ulice), Praha, 19. květen 1941. Loučení s důstojníky OrPo, vlevo státní tajemník u říšského protektora SS-Gruppenführer Karl H. Frank. (NA)

PROTEKTORÁT ČECHY A MORAVA

Školní příruční mapa Protektorátu Čechy a Morava a příhraničních oblastí v měřítku 1 : 900 000. (SJBU)

1941

PROTEKTORÁT ČECHY A MORAVA

◄ Říšský komisař a župní vedoucí Říšské župy Sudety Konrad Henlein při projevu na prodejní výstavě *Pomocné dílo pro německé tvořivé umění*, kterou organizovala v pavilonu Spolku výtvarných umělců Myslbek NSV, ulice Na Příkopě, Praha, 29. květen 1941. (ČTK)

Propagandistický film *Ponorky na západ* režiséra Günthera Rittaua byl prakticky ihned po uvedení do německých kin přivezen i do protektorátu; slavnostní české premiéry se dočkal v Bio Na Příkopě za účasti státního tajemníka u říšského protektora SS-Gruppenführera Karla H. Franka a jeho manželky Karoly. Přítomna byla rovněž hudba válečného námořnictva, Praha, 30. květen 1941. (ČTK)

Zvláštní cenu, rádiopřístroj, obdržel stotisící a stotisící první návštěvník výstavy *Německá velikost*, instalované v Zemském muzeu (nyní Národní muzeum). Sídlo skupiny 3 (Rozhlas, tisk) v Oddělení IV úřadu říšského protektora, Beethovenova ulice (nyní Opletalova), Praha, 30. květen 1941. (ČTK)

I. jezdecký turnaj říšské branné moci, Praha, 31. květen 1941. Státní tajemník u říšského protektora SS-Gruppenführer Karl H. Frank (uprostřed) v rozhovoru se zmocněncem říšské branné moci u říšského protektora gen. Erichem Fridericim. Vpravo Karola Franková. (ČTK)

I. jezdecký turnaj říšské branné moci, Praha, 31. květen 1941. Na tribuně Karola Franková a státní tajemník u říšského protektora SS-Gruppenführer Karl H. Frank. (ČTK)

I. jezdecký turnaj říšské branné moci, Praha, 31. květen 1941. Vpravo státní tajemník u říšského protektora SS-Gruppenführer Karl H. Frank. (ČTK)

I. jezdecký turnaj říšské branné moci, Praha, 31. květen 1941. Státní tajemník u říšského protektora SS-Gruppenführer Karl H. Frank (vpravo) v rozhovoru s vedoucím skupiny 3 (Rozhlas, tisk) v Oddělení IV Úřadu říšského protektora, vládním radou SS-Hauptsturmführerem Wolfgangem W. von Wolmarem. (ČTK)

PROTEKTORÁT ČECHY A MORAVA

◄ Německý den, Kolín, 8. červen 1941. (ČTK)

Německý den, Kolín, 8. červen 1941. Za řečnickým pultem říšský komisař a župní vedoucí Říšské župy Sudety Konrad Henlein. (ČTK)

Německý den, Kolín, 8. červen 1941. Členové HJ. (ČTK)

FOTO NA STR. 387 DOLE VLEVO:
Přednáška gen. Johannese Frießnera, Langemarckhaus, Beethovenova ulice (nyní Opletalova), Praha, 12. červen 1941. (ČTK)

FOTO NA STR. 387 DOLE VPRAVO:
Vyhláška správní komise města Smiřice o sbírce barevných kovů, 12. červen 1941.
(VÚA/VHA Praha)

1941

Koncert z díla Antonína Dvořáka, Španělský sál, Pražský hrad, 11. červen 1941. Říšský protektor Konstantin von Neurath (vlevo) v rozhovoru s dirigentem Václavem Talichem. (ČTK)

Koncert z díla Antonína Dvořáka, Španělský sál, Pražský hrad, 11. červen 1941. První zleva Karel Schwarzenberg, heraldik, který se významnou měrou podílel na tvorbě protektorátní symboliky, druhý zleva předseda protektorátní vlády Alois Eliáš a druhý zprava ministr školství Jan Kapras. (ČTK)

Vyhláška.

Z příkazu ministerstva obchodu bude provedena v době od 10. do 24. června 1941 na území celého Protektorátu všeobecná

sbírka barevných kovů

k udržení zaměstnanosti našeho dělnictva.

Proto se obyvatelstvo této obce tímto vyzývá, aby všechny postradatelné nebo lehko nahraditelné předměty (po příp. jejich části), pokud jsou **z mědi, olova, cínu, niklu, mosaze, bronzu, červené slitiny, alpaky, ložiskového kovu, tombaku** a neb z jiných slitin těchto barevných kovů

dne 14. a 15. června 1941

zvláštním sběračským hlídkám, které každou domácnost navštíví, dobrovolně a bez náhrady odevzdalo.

Co se sbírá?

Olověné akumulátorové elektrody, olovem vyplněné stojany, svícny, lampy, nádoby, jako jsou kotlíky, pánve, hrnce, mísy, džbány, vázy; jídelní příbory, jako lžíce, nože, lžičky, naběračky, kleštičky na cukr, kuchyňské hmoždíře, závaží; ozdobné předměty, jako jsou na př.: větší i menší sochy, soška, plakety, těžítka, popelníčky, kliky, různá kování, štítky, tabulky, tyče, trubky, podpěry, mříže, drát, plech, části zábradlí, staré tuby, kohoutky na vodu, části strojů a přístrojů, armatur, ložiska, vodoměry, části vah atd., pokud tyto a podobné předměty jsou zhotoveny z barevných kovů.

Nesbírají se.

Věci ze železa, byť i pocínované, poniklované, chromované, které magnet přitahuje, zinkové a hliníkové.

Pozor! Cín se sbírá, zinek nikoliv.

Každá domácnost nechť přispěje k dobrému výsledku této sbírky barevných kovů k udržení zaměstnanosti našeho dělnictva.

Ve Smiřicích dne 12. června 1941.

Správní komise města Smiřic.

PROTEKTORÁT ČECHY A MORAVA

Ministr spravedlnosti Jaroslav Krejčí (uprostřed) se zúčastnil výletu parníkem do Štěchovic, pořádaného Národní odborovou ústřednou zaměstnaneckou (NOÚZ), resp. organizací Radost ze života, jejímž vzorem byla německá KdF, Hořejší nábřeží (nyní Rašínovo nábřeží), Praha, 12. červen 1941. (ČTK)

Výlet parníkem do Štěchovic za účasti ministra spravedlnosti Jaroslava Krejčího (ve světlém plášti), 12. červen 1941. (ČTK)

Propagandistický plakát Říšského ministerstva lidové osvěty a propagandy, které ústy svého ministra Josepha Goebbelse polemizovalo s obsahem projevu o likvidaci německého národa, který v Londýně pronesl australský ministerský předseda Robert G. Menzies, červen 1941. (VÚA/VHA Praha)

Státní tajemník u říšského protektora SS-Gruppenführer Karl H. Frank (třetí zleva) v Tatrách v den zahájení operace Barbarossa (útok na Svaz sovětských socialistických republik), Slovenská republika, 22. červen 1941. Nejblíže k objektivu velitel SiPo a SD v protektorátu SS-Standartenführer Horst Böhme. (NA)

Zahájení výstavy válečných obrazů Richarda Wollbehra, Uměleckoprůmyslové muzeum, Sanytrová ulice (nyní 17. listopadu), Praha, 20. červen 1941. V popředí vpravo státní podtajemník u říšského protektora SA-Brigadeführer Kurt von Burgsdorff. První zleva přední aktivistický novinář, šéfredaktor *Českého slova* Karel Lažnovský. (ČTK)

Pouhý den po zahájení operace Barbarossa se na budově Zemského muzea (nyní Národního muzea) objevilo heslo „Říše vítězí na všech frontách pro Evropu", Václavské náměstí, Praha, 23. červen 1941. (ČTK)

PROTEKTORÁT ČECHY A MORAVA

Titulní strana *Pondělního listu*, Praha, 23. červen 1941. (SJBU)

1941

Současně s útokem na SSSR se po celém protektorátu počaly v rámci mohutné propagandistické kampaně „Viktoria – znamení vítězství" objevovat plakáty s „V", Praha, červen 1941. (SJBU)

Vynálezce syntetického kaučuku Friedrich ▶ Hofmann (třetí zprava) v Chemickém ústavu Německé techniky, Horská ulice, Praha, 25. červen 1941. (ČTK)

Vyhláška generálního ředitele Škodových závodů Adolfa Vamberského vyzývající k naprosté pracovní kázni a loajalitě vůči Velkoněmecké říši, Plzeň, 25. červen 1941. (AŠP)

PROTEKTORÁT ČECHY A MORAVA

FOTO NAHOŘE VLEVO:
Resslova ulice, Praha, 4. červenec 1941. Příslušníci nově zformovaného praporu OrPo při pochodu na přehlídku na Václavské náměstí. (NA)

FOTO NAHOŘE VPRAVO:
Resslova ulice, Praha, 4. červenec 1941. Příslušníci nově zformovaného praporu OrPo při pochodu na přehlídku na Václavské náměstí. (ČTK)

Náměstí Petra Osvoboditele (nyní náměstí I. P. Pavlova), Praha, 4. červenec 1941. Příslušníci nově zformovaného praporu OrPo při pochodu na přehlídku na Václavské náměstí. (ČTK)

1941

FOTO NAHOŘE VLEVO:
Státní tajemník u říšského protektora SS-Gruppenführer Karl H. Frank (vlevo) se zdraví s velitelem OrPo v protektorátu SS-Gruppenführerem a generálem policie Otto von Oelhafenem, Václavské náměstí, Praha, 4. červenec 1941. (NA)

FOTO NAHOŘE VPRAVO:
Státní tajemník u říšského protektora SS-Gruppenführer Karl H. Frank (vlevo) a velitel pražské posádky SS SS-Oberführer Julian Scherner (uprostřed) v rozhovoru s velitelem OrPo v protektorátu SS-Gruppenführerem a generálem policie Otto von Oelhafenem, Václavské náměstí, Praha, 4. červenec 1941. (ČTK)

Státní tajemník u říšského protektora SS-Gruppenführer Karl H. Frank (třetí zleva) se zdraví s účastníky přehlídky nově zformovaného praporu OrPo, Václavské náměstí, Praha, 4. červenec 1941. Vlevo velitel OrPo v protektorátu SS-Gruppenführer a generál policie Otto von Oelhafen. (ČTK)

PROTEKTORÁT ČECHY A MORAVA

◀ Přehlídka nově zformovaného praporu OrPo, konaná před státním tajemníkem u říšského protektora SS-Gruppenführerem Karlem H. Frankem (v automobilu Mercedes-Benz 540 K). Po Frankově pravici velitel OrPo v protektorátu SS-Gruppenführer a generál policie Otto von Oelhafen. Vpravo hudba OrPo. (ČTK)

Přehlídka nově zformovaného praporu OrPo, konaná před státním tajemníkem u říšského protektora SS-Gruppenführerem Karlem H. Frankem (v automobilu Mercedes-Benz 540 K). Po Frankově pravici velitel OrPo v protektorátu SS-Gruppenführer a generál policie Otto von Oelhafen. (ČTK)

Státní prezident Emil Hácha při přijetí předsednictva Národní rady české (NRČ), Pražský hrad, 4. červenec 1941. Po Háchově levici předseda NRČ, ministr školství Jan Kapras. (ČTK)

Propagandistický plakát „Německo vysvobodí Evropu ze židovsko-bolševického teroru", léto 1941. (VÚA/VHA Praha)

Sportovní slavnosti HJ, Moravská Ostrava, 7. červenec 1941. (ČTK)

PROTEKTORÁT ČECHY A MORAVA

FOTO NAHOŘE VLEVO:
Němečtí žurnalisté na balkoně Staroměstské radnice, Staroměstské náměstí, Praha, 13. červenec 1941. Uprostřed náměstek primátora SA-Standartenführer Josef Pfitzner. (ČTK)

FOTO NAHOŘE VPRAVO:
Pražané před mapou s naznačením pohybu vojsk na východní frontě, Václavské náměstí, 17. červenec 1941. (ČTK)

Pražané před mapou severní a východní Evropy, Spálená ulice, 20. červenec 1941. Zřetelně je vidět propagandistický plakát „SSSR. Tvoji bratři?". (ČTK)

1941

Propagandistický plakát „SSSR. Tvoji bratři?", červenec 1941 (VÚA/VHA Praha)

FOTO NAHOŘE VPRAVO:
Udělování Branného odznaku SA náměstku primátora SA-Standartenführerovi Josefu Pfitznerovi, Staroměstská radnice, Staroměstské náměstí, Praha, 21. červenec 1941. (ČTK)

„Viktoria – znamení vítězství". „V" na Malostranské mostecké věži, Karlův most, Praha, 22. červenec 1941. (ČTK)

PROTEKTORÁT ČECHY A MORAVA

„Viktoria – znamení vítězství". „V" na bývalém Památníku národního osvobození, přeměněném na vojenské skladiště, Praha, červenec 1941. Navzdory zatemňovací povinnosti zářilo toto „V" v nočních hodinách nad hlavním městem protektorátu jako hmatatelný symbol neporazitelnosti říšské branné moci a nacionálního socialismu. (ČTK)

„Viktoria – znamení vítězství". „V" na Petřínské rozhledně, Praha, červenec 1941. (NA)

„Viktoria – znamení vítězství". „V" v trávníku na svahu Petřína, Újezd, Praha, červenec 1941. (NA)

1941

„Viktoria – znamení vítězství". „V" na Riegrově náměstí (nyní náměstí Františka Křižíka), Tábor, červenec 1941. (NA)

„Viktoria – znamení vítězství". „V" na výloze pražského obchodu, červenec 1941. (NA)

PROTEKTORÁT ČECHY A MORAVA

Propagandistický plakát „Říše vítězí na všech frontách pro Evropu!", léto 1941. Velkoněmecká říše se prezentovala jako zachránce evropské kultury a civilizace, který na svá bedra vzal historický úkol definitivně se vypořádat s bezbožným bolševismem. (VÚA/VHA Praha)

1941

FOTO NAHOŘE VLEVO:
Říšský protektor Konstantin von Neurath (uprostřed) se zdraví s vedoucími HJ Říšské župy Magdeburg–Anhalt, kteří se svými svěřenci podnikli velkou cestu po Čechách a Moravě. Za Neurathem župní vedoucí Říšské župy Magdeburg–Anhalt Rudolf Jordan, Loretánské náměstí, Praha, 23. červenec 1941. (ČTK)

FOTO NAHOŘE VPRAVO:
Účastníci velké cesty po Čechách a Moravě z řad HJ Říšské župy Magdeburg–Anhalt před Černínským palácem – Úřadem říšského protektora (nyní Ministerstvo zahraničních věcí České republiky), Loretánské náměstí, Praha, 23. červenec 1941. (ČTK)

Účastníci velké cesty po Čechách a Moravě z řad HJ Říšské župy Magdeburg–Anhalt před výletem parníkem, Horní nábřeží (nyní Rašínovo nábřeží), Praha, 23. červenec 1941. (ČTK)

PROTEKTORÁT ČECHY A MORAVA

Účastníci velké cesty po Čechách a Moravě z řad HJ Říšské župy Magdeburg–Anhalt na parníku *Smíchov*, Horní nábřeží (nyní Rašínovo nábřeží), Praha, 23. červenec 1941. (ČTK)

Účastníci velké cesty po Čechách a Moravě z řad HJ Říšské župy Magdeburg–Anhalt opouštějí Parník *Smíchov*, Horní nábřeží (nyní Rašínovo nábřeží), Praha, 23. červenec 1941. (ČTK)

Propagandistický plakát „Rommel žene Brity v Egyptě", léto 1941. (VÚA/VHA Praha)

1941

Závěrečné slavnostní shromáždění účastníků velké cesty po Čechách a Moravě z řad HJ Říšské župy Magdeburg–Anhalt, Staroměstské náměstí, Praha, 2. srpen 1941. (ČTK)

PROTEKTORÁT ČECHY A MORAVA

Titulní strana *Poledního listu*, Praha, 7. srpen 1941. (SJBU)

Titulní strana *Pondělního listu*, Praha, 11. srpen 1941. (SJBU)

PROTEKTORÁT ČECHY A MORAVA

Přísaha záložníků OrPo, Kladno, 27. srpen 1941. (ČTK)

FOTO NA STR. 406 NAHOŘE VLEVO:
Představitelé italského ministerstva zdravotnictví u státního podtajemníka u říšského protektora SA-Brigadeführera Kurta von Burgsdorffa (uprostřed), Černínský palác, Úřad říšského protektora (nyní Ministerstvo zahraničních věcí České republiky), Loretánské náměstí, Praha, 23. srpen 1941. (ČTK)

FOTO NA STR. 406 NAHOŘE VPRAVO:
Představitelé italského ministerstva zdravotnictví v Zámecké zahradě (nyní Královská zahrada), Mariánské hradby, Praha, 23. srpen 1941. (ČTK)

FOTO NA STR. 406 DOLE:
Propagandistický plakát „Obrazy z války proti Sovětům", léto 1941. (VÚA/VHA Praha)

Státní prezident Emil Hácha (v popředí třetí zprava) na výstavě v Uměleckoprůmyslové škole, Kollárovo náměstí (nyní Žižkovo náměstí), Praha, 30. srpen 1941. Po Háchově pravici jeho dcera Milada Rádlová. (ČTK)

PROTEKTORÁT ČECHY A MORAVA

Montáž cvičného letounu Arado Ar 96 v továrně Avia, Pražská ulice, Čakovice u Prahy (nyní Beranových, Praha), srpen 1941. (SVŠ)

Slavnostní otevření kasáren říšské branné moci na Špilberku, Brno, 31. srpen 1941. V první řadě (vykloněn) státní tajemník u říšského protektora SS-Gruppenführer Karl H. Frank, po jeho levici říšský protektor Konstantin von Neurath. (NA)

Slavnostní otevření kasáren říšské branné moci na Špilberku, Brno, 31. srpen 1941. V první řadě zleva státní tajemník u říšského protektora SS-Gruppenführer Karl H. Frank a říšský protektor Konstantin von Neurath. Vpravo zmocněnec říšské branné moci u říšského protektora gen. Erich Friderici. (NA)

1941

Slavnostní otevření kasáren říšské branné moci na Špilberku, Brno, 31. srpen 1941. (ČTK)

Slavnostní otevření kasáren říšské branné moci na Špilberku, Brno, 31. srpen 1941. Přehlídka čestné jednotky říšské branné moci říšským protektorem Konstantinem von Neurathem, vlevo zmocněnec říšské branné moci u říšského protektora gen. Erich Friderici. (ČTK)

Nástěnná malba v nově otevřených kasárnách říšské branné moci na Špilberku, Brno, 31. srpen 1941. (ČTK)

První schůze nového výboru NS, Dušní ulice, Praha, 4. září 1941. Při projevu předseda výboru NS Jan Fousek. (ČTK)

PROTEKTORÁT ČECHY A MORAVA

Pražské vzorkové veletrhy, Nové výstaviště, Bělského třída (nyní Dukelských hrdinů), 7. září 1941. (ČTK)

Pražské vzorkové veletrhy, Staré výstaviště, ulice U Královské obory (nyní U Výstaviště), Praha, 7. září 1941. (ČTK)

Propagandistický plakát „Německo vítězí na všech frontách pro Evropu", léto 1941. (VÚA/VHA Praha)

Pražské vzorkové veletrhy, Nové výstaviště, Bělského třída (nyní Dukelských hrdinů), 10. září 1941. Návštěva říšského protektora Konstantina von Neuratha (v popředí uprostřed), po jeho levici ministr dopravy Jindřich Kamenický. (ČTK)

Pražské vzorkové veletrhy, Nové výstaviště, Bělského třída (nyní Dukelských hrdinů), 10. září 1941. Návštěva říšského protektora Konstantina von Neuratha. Jde o jeden z posledních Neurathových snímků před jeho odvoláním na „zdravotní dovolenou" (27. září 1941) a příchodem šéfa Hlavního úřadu říšské bezpečnosti (RSHA) SS-Obergruppenführera a generála policie Reinharda Heydricha jako zastupujícího říšského protektora. (ČTK)

Státní rada v Říšském ministerstvu lidové osvěty a propagandy SS-Brigadeführer Hans Hinkel se zapisuje do Pamětní knihy města Prahy, Staroměstská radnice, Staroměstské náměstí, 10. září 1941. Přihlíží náměstek primátora SA-Standartenführer Josef Pfitzner. (ČTK)

PROTEKTORÁT ČECHY A MORAVA

Děti z Hannoveru při odjezdu z protektorátu; v táboře KLV strávily několik měsíců. Rozloučit se s nimi přišli nejen vedoucí HJ, ale i náměstek primátora SA-Standartenführer Josef Pfitzner (vpravo uprostřed), Praha, Hybernské nádraží (nyní Masarykovo nádraží), Jezdecká ulice (nyní Havlíčkova), Praha, 10. září 1941. (ČTK)

Vyhláška o zatčení 50 dělníků Pražské železářské společnosti v souvislosti se sabotáží, Kladno, 17. září 1941. (VÚA/VHA Praha)

BEKANNTMACHUNG!

Im Zusammenhang mit mutwilligen Beschädigungen an Maschinen im Walzwerke und reichsfeindlichen Schmiereien wurden von der Geheimen Staatspolizei 50 Angehörige des Werkes Kladno der PEIG festgenommen.

Kladno, den 17. September 1941.

VYHLÁŠKA!

V souvislosti svévolného poškozování na strojích ve válcovnách a říši nepřátelských mazanici bylo tajnou státní policií zatčeno 50 příslušníků kladenského závodu Pražské železářské společnosti.

Kladno, dne 17. září 1941.

◄ Předseda protektorátní vlády Alois Eliáš se zdraví se členy výboru NS, Pražský hrad, 19. září 1941. (ČTK)

Státní prezident Emil Hácha při přijetí členů výboru NS, Pražský hrad, 19. září 1941. Při projevu předseda výboru NS Jan Fousek, třetí zleva předseda protektorátní vlády Alois Eliáš, v zákrytu za Háchou ministr spravedlnosti Jaroslav Krejčí. Po Fouskově pravici politický tajemník KSP Josef Kliment. V pozadí členové výboru NS. (ČTK)

Den tělovýchovy na Strahově, rezervní sokolský stadion (nyní stadion Evžena Rošického), Praha, 22. září 1941. Před mikrofonem náměstek primátora SA-Standartenführer Josef Pfitzner, druhý zleva v první řadě krajský vedoucí NSDAP v Praze Konstantin Höß. Za Pfitznerem v zákrytu státní podtajemník u říšského protektora SA-Brigadeführer Kurt von Burgsdorff. (ČTK)

Den tělovýchovy na Strahově, rezervní sokolský stadion (nyní stadion Evžena Rošického), Praha, 22. září 1941. (ČTK)

Propagandistický plakát Národní odborové ústředny zaměstnanecké „Český dělník bojuje proti keťasům. Hlaste případy lichvy a předražování!", podzim 1941. (SJČ)

1941

Koncert Pěveckého sdružení pražských učitelů za účasti státního prezidenta Emila Háchy (uprostřed) a předsedy protektorátní vlády Aloise Eliáše (vlevo), Obecní dům, Hybernské náměstí (nyní náměstí Republiky), Praha, 21. září 1941.
Jde zřejmě o poslední snímek Aloise Eliáše před zatčením, k němuž došlo 27. září 1941 z podnětu šéfa RSHA, zastupujícího říšského protektora SS-Gruppenführera a generála policie Reinharda Heydricha. (ČTK)

Koncert Pevěckého sdružení pražských učitelů za účasti státního prezidenta Emila Háchy a předsedy protektorátní vlády Aloise Eliáše, Obecní dům, Hybernské náměstí (nyní náměstí Republiky), Praha, 21. září 1941. (ČTK)

Vyhláška o popravě Oldřicha Oborného pro sabotáž, Brno, 23. září 1941. (MZM)

„Der Arbeiter Oldřich Oborný aus Mähr.-Ostrau ist vom Wehrmachtgericht Mähren wegen gemeingefährlicher Gefährdung des Transportverkehrs und wegen fortgesetzter Störung eines wichtigen Betriebes zweimal zum Tode verurteilt worden. Er hat versucht, an einem Eisenbahnwagen und an Maschinen eines Betriebes Beschädigungen vorzunehmen. Das Urteil ist am 23. September 1941 vollstreckt worden."

Brünn, den 23. September 1941.

„Dělník Oldřich Oborný z Mor. Ostravy byl soudem Branné moci na Moravě odsouzen dvakráte k smrti pro obecně nebezpečné ohrožování dopravy a opětovné rušení důležitého podniku. Pokusil se poškoditi železniční vůz a stroje určitého podniku. Rozsudek byl vykonán dne 23. září 1941."

Brno, dne 23. září 1941.

PROTEKTORÁT ČECHY A MORAVA

Třetí muž Třetí říše. Šéf RSHA SS-Gruppenführer Reinhard Heydrich v den svého povýšení na SS-Obergruppenführera a jmenování generálem policie, Prinz-Albrecht-Straße, Berlín, 24. září 1941. O tři dny později se stal zastupujícím říšským protektorem v Čechách a na Moravě a v Praze vystřídal Konstantina von Neuratha. (SJČ)

Přílet šéfa RSHA, zastupujícího říšského protektora SS-Obergruppenführera a generála policie Reinharda Heydricha (druhý zleva), letiště Praha-Ruzyně, 27. září 1941. Po Heydrichově levici státní tajemník u říšského protektora SS-Gruppenführer Karl H. Frank. V pozadí dopravní letoun Junkers Ju 52/m3. (NA)

Přílet šéfa RSHA, zastupujícího říšského protektora SS-Obergruppenführera a generála policie Reinharda Heydricha (druhý zprava), letiště Praha-Ruzyně, 27. září 1941. Vpravo státní tajemník u říšského protektora SS-Gruppenführer Karl H. Frank. V pozadí dopravní letoun Junkers Ju 52/m3. (NA)

1941

Slavnostní ceremonie nástupu zastupujícího říšského protektora, šéfa RSHA SS-Obergruppenführera a generála policie Reinharda Heydricha (vlevo) proběhla na Hradčanském náměstí, Praha, 28. září 1941. Vpravo státní tajemník u říšského protektora SS-Gruppenführer Karl H. Frank. (ČTK)

Šéf RSHA, zastupující říšský protektor SS-Obergruppenführer a generál policie Reinhard Heydrich (v popředí) vykonal přehlídku čestné jednotky pozemního vojska říšské branné moci, Hradčanské náměstí, Praha, 28. září 1941. Po Heydrichově pravici státní tajemník u říšského protektora SS-Gruppenführer Karl H. Frank a velící důstojník čestné jednotky.
Vpravo hudba pozemního vojska říšské branné moci. (ČTK)

PROTEKTORÁT ČECHY A MORAVA

◀ Šéf RSHA, zastupující říšský protektor SS-Obergruppenführer a generál policie Reinhard Heydrich (v popředí) vykonal přehlídku čestné jednotky pozemního vojska říšské branné moci, Hradčanské náměstí, Praha, 28. září 1941. Po Heydrichově pravici státní tajemník u říšského protektora SS-Gruppenführer Karl H. Frank a důstojníci čestné jednotky. (ČTK)

Nástup zastupujícího říšského protektora, šéfa RSHA SS-Obergruppenführera a generála policie Reinharda Heydricha, Hradčanské náměstí, Praha, 28. září 1941. Čestná jednotka SS. (ČTK)

Šéf RSHA, zastupující říšský protektor SS-Obergruppenführer a generál policie Reinhard Heydrich (třetí zprava) a skupina vybraných představitelů ÚŘP, říšské branné moci, NSDAP, SS a OrPo zdraví vlajku říšského protektora, I. hradní nádvoří, Praha, 28. září 1941. (ČTK)

1941

Šéf RSHA, zastupující říšský protektor SS-Obergruppenführer a generál policie Reinhard Heydrich (třetí zprava) a skupina vybraných představitelů ÚŘP, říšské branné moci, NSDAP, SS a OrPo zdraví vlajku říšského protektora, I. hradní nádvoří, Praha, 28. září 1941. Po Heydrichově pravici státní tajemník u říšského protektora SS-Gruppenführer Karl H. Frank, třetí zleva státní podtajemník u říšského protektora SA-Brigadeführer Kurt von Burgsdorff. Mezi Heydrichem a Frankem krajský vedoucí NSDAP v Praze Konstantin Höß. (ČTK)

Šéf RSHA, zastupující říšský protektor SS-Obergruppenführer a generál policie Reinhard Heydrich (v popředí) a skupina vybraných představitelů ÚŘP, říšské branné moci, NSDAP, SS a OrPo zdraví vlajku říšského protektora, I. hradní nádvoří, Praha, 28. září 1941. Po Heydrichově pravici státní tajemník u říšského protektora SS-Gruppenführer Karl H. Frank. Druhý zprava krajský vedoucí NSDAP v Praze Konstantin Höß. (ČTK)

FOTO NA STR. 418 DOLE:
Šéf RSHA, zastupující říšský protektor SS-Obergruppenführer a generál policie Reinhard Heydrich (čtvrtý zprava) a skupina vybraných představitelů ÚŘP, říšské branné moci, NSDAP, SS a OrPo zdraví vlajku říšského protektora, I. hradní nádvoří, Praha, 28. září 1941. Po Heydrichově pravici státní tajemník u říšského protektora SS-Gruppenführer Karl H. Frank, za ním státní podtajemník u říšského protektora SA-Brigadeführer Kurt von Burgsdorff. Třetí zprava krajský vedoucí NSDAP v Praze Konstantin Höß. (ČTK)

PROTEKTORÁT ČECHY A MORAVA

Výnos zastupujícího říšského protektora, šéfa RSHA SS-Obergruppenführera Reinharda Heydricha o civilním výjimečném stavu v okresech oberlandrátů Praha, Brno, Moravská Ostrava, Olomouc, Hradec Králové a Kladno, Praha, 28. září 1941. (VÚA/VHA Praha)

1941

Šéf RSHA, zastupující říšský protektor, SS-Obergruppenführer a generál policie Reinhard Heydrich (druhý zleva) se zdraví se státním podtajemníkem u říšského protektora SA-Brigadeführerem Kurtem von Burgsdorffem, I. hradní nádvoří, Praha, 28. září 1941. Vlevo státní tajemník u říšského protektora SS-Gruppenführer Karl H. Frank, druhý zprava vedoucí Oddělení III (Doprava) ÚŘP, ministerský rada Walter Danco. (ČTK)

Hradčanské náměstí, Praha, 28. září 1941. Pohled na I. hradní nádvoří. (ČTK)

Šéf RSHA, zastupující říšský protektor SS-Obergruppenführer a generál policie Reinhard Heydrich (v popředí vlevo) a státní tajemník u říšského protektora SS-Gruppenführer Karl H. Frank (v popředí vpravo), Pražský hrad, 28. září 1941. (ČTK)

PROTEKTORÁT ČECHY A MORAVA

Šéf RSHA, zastupující říšský protektor SS-Obergruppenführer a generál policie Reinhard Heydrich (v popředí) na Pražském hradě, 28. září 1941. Po Heydrichově levici vedoucí Oddělení IV (Kulturní politika) Úřadu říšského protektora, ministerský rada SS-Obersturmbannführer Karl A. von Gregory. (ČTK)

Šéf RSHA, zastupující říšský protektor SS-Obergruppenführer a generál policie Reinhard Heydrich (v popředí druhý zprava) oznamuje protektorátním novinářům vyhlášení civilního výjimečného stavu v okresech oberlandrátů Praha, Brno, Moravská Ostrava, Olomouc, Hradec Králové a Kladno, Pražský hrad, 28. září 1941. Po Heydrichově levici státní tajemník u říšského protektora SS-Gruppenführer Karl H. Frank, po pravici pak vedoucí Oddělení IV (Kulturní politika) Úřadu říšského protektora, ministerský rada SS-Obersturmbannführer Karl A. von Gregory. (ČTK)

Šéf RSHA, zastupující říšský protektor SS-Obergruppenführer a generál policie Reinhard Heydrich (vpravo) oznamuje protektorátním novinářům vyhlášení civilního výjimečného stavu v okresech oberlandrátů Praha, Brno, Moravská Ostrava, Olomouc, Hradec Králové a Kladno, Pražský hrad, 28. září 1941. Po Heydrichově levici státní tajemník u říšského protektora SS-Gruppenführer Karl H. Frank. (ČTK)

FOTO NA STR. 423 DOLE:
Oznámení zastupujícího říšského protektora, šéfa RSHA SS-Obergruppenführera a generála policie Reinharda Heydricha o popravě předních představitelů vojenské odbojové organizace Obrana národa, generálů Josefa Bílého a Huga Vojty pro přípravu velezrady. Pro sabotáž a nedovolené přechovávání zbraní byli rovněž popraveni Alois Trnečka, Rudolf Pospíšil, Ladislav Kumžák a Václav Franc, Praha, 28. září 1941. (VÚA/VHA Praha)

Šéf RSHA, zastupující říšský protektor SS-Obergruppenführer a generál policie Reinhard Heydrich (druhý zleva) se zdraví s představiteli ÚŘP, Pražský hrad, 28. září 1941. Vlevo státní tajemník u říšského protektora SS-Gruppenführer Karl H. Frank, zády státní podtajemník u říšského protektora SA-Brigadeführer Kurt von Burgsdorff. (ČTK)

Šéf RSHA, zastupující říšský protektor SS-Obergruppenführer a generál policie Reinhard Heydrich (vpravo) v rozhovoru s jedním z generálů říšské branné moci, Pražský hrad, 28. září 1941. (NA)

PROTEKTORÁT ČECHY A MORAVA

FOTO NAHOŘE VLEVO:
Šéf RSHA, zastupující říšský protektor SS-Obergruppenführer a generál policie Reinhard Heydrich, Pražský hrad, 28. září 1941. Z vyznamenání *(in natura)* stojí za zmínku: Frontová letecká spona pro stíhače ve stříbře, Železný kříž I. třídy, Německý jezdecký odznak ve zlatě, Společný odznak pro piloty a pozorovatele a Říšský sportovní odznak DRL ve zlatě. Pominout samozřejmě nelze Zlatý odznak NSDAP. (ČTK)

FOTO NAHOŘE VPRAVO:
Šéf RSHA, zastupující říšský protektor SS-Obergruppenführer a generál policie Reinhard Heydrich (vlevo) se státním tajemníkem u říšského protektora SS-Gruppenführerem Karlem H. Frankem, Pražský hrad, 28. září 1941. (ČTK)

Šéf RSHA, zastupující říšský protektor SS-Obergruppenführer a generál policie Reinhard Heydrich (uprostřed) se státním tajemníkem u říšského protektora SS-Gruppenführerem Karlem H. Frankem (vpravo) a velitelem SiPo a SD v protektorátu SS-Obersturmbannführerem Horstem Böhmem, Pražský hrad, 28. září 1941. (ČTK)

1941

Nepříliš povedený snímek v protisvětle: Šéf RSHA, zastupující říšský protektor SS-Obergruppenführer a generál policie Reinhard Heydrich (vlevo) zdraví státního prezidenta Emila Háchu, Pražský hrad, 28. září 1941. V pozadí státní tajemník u říšského protektora SS-Gruppenführer Karl H. Frank. Po zatčení ministerského předsedy Aloise Eliáše byla ve hře demise protektorátní vlády i státního prezidenta. Háchovo odstoupení již mělo i písemnou formu. Heydrichův postup vůči české straně byl však natolik razantní, že veškeré kroky v tomto směru byly vzápětí dementovány. (NA)

Šéf RSHA, zastupující říšský protektor SS-Obergruppenführer a generál policie Reinhard Heydrich (druhý zleva), státní prezident Emil Hácha (otočen zády – vpravo) a státní tajemník u říšského protektora SS-Gruppenführer Karl H. Frank (druhý zprava), Pražský hrad, 28. září 1941. (NA)

Státní prezident Emil Hácha (vlevo) a šéf RSHA, zastupující říšský protektor SS-Obergruppenführer a generál policie Reinhard Heydrich, Pražský hrad, 28. září 1941. (ČTK)

PROTEKTORÁT ČECHY A MORAVA

Výnos šéfa RSHA, zastupujícího říšského protektora SS-Obergruppenführera a generála policie Reinharda Heydricha o rozšíření civilního výjimečného stavu na politické okresy Hodonín, Uherské Hradiště a Uherský Brod, Praha, 1. říjen 1941. (VÚA/VHA Praha)

Šéf RSHA, zastupující říšský protektor ▶
SS-Obergruppenführer a generál policie Reinhard
Heydrich (vpravo) se státním tajemníkem
u říšského protektora SS-Gruppenführerem Karlem
H. Frankem, Německé stavovské divadlo
(nyní Stavovské divadlo), Ovocný trh, Praha,
2. říjen 1941. (ČTK)

Čestná lóže Německého stavovského divadla
(nyní Stavovské divadlo), Ovocný trh, Praha,
2. říjen 1941. Zleva: státní tajemník u říšského
protektora SS-Gruppenführer Karl H. Frank,
šéf RSHA, zastupující říšský protektor
SS-Obergruppenführer a generál policie Reinhard
Heydrich a zmocněnec říšské branné moci
u říšského protektora gen. Erich Friderici.
V pozadí vedoucí skupiny 3 (rozhlas, tisk)
v Oddělení IV Úřadu říšského protektora, vládní
rada SS-Hauptsturmführer Wolfgang W. von
Wolmar a vrchní vládní rada SS-Sturmbannführer
Robert Gies. (ČTK)

Slavnostní otevření výstavy *Na cestě k Nové
Evropě*, Zemské muzeum (nyní Národní muzeum),
Václavské náměstí, Praha, 3. říjen 1941. (ČTK)

PROTEKTORÁT ČECHY A MORAVA

Slavnostní otevření výstavy *Na cestě k Nové Evropě*, Zemské muzeum (nyní Národní muzeum), Václavské náměstí, Praha, 3. říjen 1941. Před mikrofonem státní tajemník u říšského protektora SS-Gruppenführer Karl H. Frank. (ČTK)

Výstava *Na cestě k Nové Evropě*, Zemské muzeum (nyní Národní muzeum), Václavské náměstí, Praha, 3. říjen 1941. Státní tajemník u říšského protektora SS-Gruppenführer Karl H. Frank. (ČTK)

1941

Černínský palác, Úřad říšského protektora (nyní Ministerstvo zahraničních věcí České republiky), Loretánské náměstí, Praha, 7. říjen 1941. Státní tajemník u říšského protektora SS-Gruppenführer Karl H. Frank ve své pracovně. (ČTK)

PROTEKTORÁT ČECHY A MORAVA

Výzva starosty města Brna, vládního komisaře a SS-Obersturmführera Oskara Judexe o „Týdnu zesíleného sběru starého papíru", říjen 1941. (MZM)

FOTO NA STR. 430 NAHOŘE VLEVO:
Černínský palác, Úřad říšského protektora (nyní Ministerstvo zahraničních věcí České republiky), Loretánské náměstí, Praha, 7. říjen 1941. Státní tajemník u říšského protektora SS-Gruppenführer Karl H. Frank ve své pracovně. (NA)

FOTO NA STR. 430 NAHOŘE VPRAVO:
Černínský palác, Úřad říšského protektora (nyní Ministerstvo zahraničních věcí České republiky), Loretánské náměstí, Praha, 7. říjen 1941. Státní tajemník u říšského protektora SS-Gruppenführer Karl H. Frank (vpravo) v rozhovoru se svým tajemníkem, vrchním vládním radou SS-Sturmbannführerem Robertem Giesem. (ČTK)

FOTO NA STR. 430 DOLE VLEVO:
Šéf RSHA, zastupující říšský protektor SS-Obergruppenführer a generál policie Reinhard Heydrich (třetí zleva) na představení cirkusu Krone, Praha, 8. říjen 1941. Po Heydrichově pravici státní tajemník u říšského protektora SS-Gruppenführer Karl H. Frank. (ČTK)

FOTO NA STR. 430 DOLE VPRAVO:
Drezura slonů za přítomnosti šéfa RSHA, zastupujícího říšského protektora SS-Obergruppenführera a generála policie Reinharda Heydricha a státního tajemníka u říšského protektora SS-Gruppenführera Karla H. Franka, cirkus Krone, Praha, 8. říjen 1941. (ČTK)

PROTEKTORÁT ČECHY A MORAVA

Slavnostní zahájení 3. válečného WHW, Německý dům (nyní Slovanský dům), ulice Na Příkopě, Praha, 10. říjen 1941. Vystoupení HJ. (ČTK)

Výloha pražského knihkupectví s portrétem šéfredaktora *Českého slova* Karla Lažnovského, 14. říjen 1941. Lažnovský, přední aktivistický novinář, podlehl 11. října 1941 následkům atentátu, který na něj a další špičky novinářského aktivismu podnikl předseda protektorátní vlády Alois Eliáš 18. září 1941. (ČTK)

Pohřeb aktivistického novináře, šéfredaktora *Českého slova* Karla Lažnovského, krematorium hlavního města Prahy, Schwerinova třída (nyní Vinohradská), 15. říjen 1941. Čestná jednotka Vládního vojska Protektorátu Čechy a Morava. (NA)

Pohřeb aktivistického novináře, šéfredaktora Českého slova Karla Lažnovského, krematorium hlavního města Prahy, Schwerinova třída (nyní Vinohradská), 15. říjen 1941. V první řadě zprava: ministr financí Josef Kalfus, ministr vnitra Josef Ježek, vedoucí skupiny 3 (Rozhlas, tisk) v Oddělení IV Úřadu říšského protektora, vládní rada SS-Hauptsturmführer Wolfgang W. von Wolmar, ministr spravedlnosti Jaroslav Krejčí a vedoucí Oddělení IV (Kulturní politika) Úřadu říšského protektora, ministerský rada SS-Obersturmbannführer Karl A. von Gregory. (NA)

Pohřeb aktivistického novináře, šéfredaktora Českého slova Karla Lažnovského, krematorium hlavního města Prahy, Schwerinova třída (nyní Vinohradská), 15. říjen 1941. Pohled do velké obřadní síně. Smutečního projevu se ujal Emanuel Moravec; jeho obsah a dikce byly pro jeho protektorátní kariéru klíčové – za tři měsíce se stal ministrem školství a vedoucím Úřadu lidové osvěty v nově zformované protektorátní vládě. (NA)

Učni ve Škodových závodech, Plzeň, podzim 1941. (AŠP)

PROTEKTORÁT ČECHY A MORAVA

◀ Rudolfinum, Dvořákovo nábřeží (nyní Alšovo nábřeží), Praha, 16. říjen 1941. Šéf RSHA, zastupující říšský protektor SS-Obergruppenführer a generál policie Reinhard Heydrich (třetí zleva) a SS-Obersturmbannführer Otto Rasch (po Heydrichově levici), velitel Operační skupiny C, přímo zodpovědný za masakr 33 771 Židů v rokli Babí Jar u Kyjeva. Za Heydrichem zmocněnec říšské branné moci u říšského protektora gen. Rudolf Toussaint, za Raschem státní tajemník u říšského protektora SS-Gruppenführer Karl H. Frank. (ČTK)

Šéf RSHA, zastupující říšský protektor SS-Obergruppenführer a generál policie Reinhard Heydrich při projevu v Rudolfinu u příležitosti „navrácení budovy německé kultuře", Dvořákovo nábřeží (nyní Alšovo nábřeží), Praha, 16. říjen 1941. Ve své řeči se Heydrich podrobně věnoval dějinám Rudolfina a slavnostně konstatoval, že nyní je budova s konečnou platností navrácena německému umění. Státní akt byl doprovázen výborem z díla Johanna S. Bacha, Georga F. Händla a Ludwiga van Beethovena v podání Německého filharmonického orchestru Praha pod vedením Josepha Keilbertha. (ČTK)

Rudolfinum, „navrácení budovy německé kultuře", Dvořákovo nábřeží (nyní Alšovo nábřeží), Praha, 16. říjen 1941. Závěr projevu šéfa RSHA, zastupujícího říšského protektora SS-Obergruppenführera a generála policie Reinharda Heydricha. (ČTK)

1941

Rudolfinum, „navrácení budovy německé kultuře" za účasti šéfa RSHA, zastupujícího říšského protektora SS-Obergruppenführera a generála policie Reinharda Heydricha a státního tajemníka u říšského protektora SS-Gruppenführera Karla H. Franka, Dvořákovo nábřeží (nyní Alšovo nábřeží), Praha, 16. říjen 1941. Slavnostní koncert z díla Johanna S. Bacha, Georga F. Händela a Ludwiga van Beethovena. Dirigent Joseph Keilberth. (ČTK)

Rudolfinum, „navrácení budovy německé kultuře", Dvořákovo nábřeží (nyní Alšovo nábřeží), Praha, 16. říjen 1941. Karola Franková a šéf RSHA, zastupující říšský protektor SS-Obergruppenführer a generál policie Reinhard Heydrich. (ČTK)

PROTEKTORÁT ČECHY A MORAVA

An alle Bediensteten der Protektoratspost Böhmen und Mähren.
Všem zaměstnancům Protektorátních pošt Čech a Moravy.

Die Regierung des Protektorats Böhmen und Mähren hat am 23. Oktober 1941 den nachstehenden Aufruf an die öffentlichen Bediensteten beschlossen:

„Das Großdeutsche Reich ist dabei, den kulturvernichtenden Bolschewismus mit seiner alles zersetzenden jüdischen Führung für immer in Europa zu vernichten. Alle Kulturnationen Europas, selbst ehemalige Feindstaaten, leihen ihm hierbei militärische oder politische Hilfe. Umso verwerflicher ist es, wenn ein Angehöriger des Großdeutschen Reiches in diesem Kampf abseits oder gegen das Reich steht. Wer so handelt, schädigt sein Volk und seine Familie, verletzt schwerstens seine Amtspflichten und bricht das feierlich dem Reich und seinem Führer geleistete Gelöbnis.

Staatspräsident und Regierung haben neuerlich freiwillig und aus innerster Überzeugung ihre loyale Zusammenarbeit mit dem Reich und seinen Repräsentanten gelobt. Es ist daher höchste nationale Pflicht der gesamten Beamtenschaft, durch ihre äußere und innere Einstellung, durch positive Mitarbeit, durch Gewissenhaftigkeit, Schnelligkeit und Initiative in der Arbeitsleistung sich zu der beschworenen Pflicht zu bekennen und offen danach zu handeln. Das erfordert vor allem eine restlose Abkehr von der Londoner Emigrantenregierung und eine eindeutige Absage an die feige Benesch-Clique und ihre Mitläufer im In- und Ausland. Die verbrecherischen Weisungen dieser von Juden geführten und größenwahnsinnig gewordenen Flüchtlinge sowie jede Feindpropaganda müssen immer und überall schärfstens bekämpft werden.

Wer glaubt, auch in Zukunft ein Doppelspiel treiben zu können und sich auch nach der anderen Seite absichern zu müssen, irrt, schädigt Volk und Familie, und wird von nun an rücksichtslos ausgemerzt."

Ich weise alle Vorsteher der Dienststellen an, sämtliche Postbediensteten auf diesen Aufruf nachweislich aufmerksam zu machen; die Bediensteten bestätigen mit ihrer Unterschrift, den Aufruf gelesen zu haben.

Vláda Protektorátu Čechy a Morava usnesla se dne 23. října 1941 na této výzvě k veřejným zaměstnancům:

„Velkoněmecká Říše dokončuje právě boj, jímž se bolševismus, jenž ničí veškerou kulturu, se svým židovským, vše rozkládajícím vedením navždy v Evropě vyhladí. Všechny kulturní národy Evropy, ba dokonce i bývalé nepřátelské státy, poskytují ji při tom vojenskou nebo politickou pomoc. Tím více jest zavržení hodné, stojí-li příslušník Velkoněmecké Říše v tomto boji stranou anebo proti Říši. Kdo tak jedná, poškozuje svůj národ a svou rodinu, porušuje způsobem nejtěžším své úřední povinnosti a ruší slib daný slavnostně Říši a jejímu Vůdci.

Státní president a vláda znovu přislíbili dobrovolně a z nejvnitřnějšího přesvědčení svou loyální spolupráci s Říší a jejími představiteli. Je proto nejvyšší národní povinností všeho úřednictva, aby svým vnějším i vnitřním postojem, positivní spoluprací, svědomitostí, rychlostí a iniciativností v pracovním výkonu se přiznalo k povinnosti přísahou stvrzené a otevřeně podle toho jednalo. To vyžaduje především, aby se naprosto odvrátilo od londýnské emigrantské vlády a jednoznačně odmítlo zbabělou Benešovu kliku a její nohsledy doma i v cizině. Zločinné pokyny těchto uprchlíků Židy vedených a velikášstvím opojených, jakož i každá nepřátelská propaganda musí býti vždy a všude co nejostřeji potírány.

Kdo myslí, že i v budoucnosti by mohl hráti dvojakou hru a že by se měl zajistiti též na druhou stranu, klame se, poškozuje národ a rodinu a bude napříště bezohledně odstraněn."

Ukládám všem přednostům služeben, aby na tuto výzvu všechny poštovní zaměstnance prokazatelně upozornili; zaměstnanci potvrdí svým podpisem, že výzvu četli.

Der Verkehrsminister: Ministr dopravy:

Dr. Kamenický.

Vyhláška ministra dopravy Jindřicha Kamenického pro zaměstnance Protektorátní pošty Čech a Moravy o výzvě vlády veřejným zaměstnancům, Praha, říjen 1941. (VÚA/VHA Praha)

◀ V tzv. Akci Sokol, kterou nařídil šéf RSHA, zastupující říšský protektor SS-Obergruppenführer a generál policie Reinhard Heydrich, byli 8. října 1941 zatčeni a do koncentračního tábora transportováni hlavní představitelé České obce sokolské (ČOS). Tato největší česká tělocvičná a kulturně-vzdělávací organizace byla rozpuštěna a veškeré upomínky na ni ihned plošně likvidovány. Na snímku odstraňování sochy Miroslava Tyrše z prostranství před sokolovnou v Turnově, říjen 1941. Nepochybným paradoxem zůstává, že oba hlavní zakladatelé sokolského hnutí – Miroslav Tyrš (Friedrich Emmanuel Tiersch) i Jindřich Fügner (Heinrich Anton Fügner) – byli rodilými Němci. (MČR)

Slavnostního otevření usedlosti Bertramka po rekonstrukci, Mozartova ulice, Praha, 27. říjen 1941. Při projevu státní podtajemník u říšského protektora SA-Brigadeführer Kurt von Burgsdorff. (ČTK)

Usedlost Bertramka, kde v roce 1787 dokončil hudební skladatel Wolfgang A. Mozart svou operu *Don Giovanni*. Jejího slavnostního otevření po rekonstrukci se ujal státní podtajemník u říšského protektora SA-Brigadeführer Kurt von Burgsdorff (třetí zprava). Pátý zprava náměstek primátora SA-Standartenführer Josef Pfitzner, Mozartova ulice, Praha, 27. říjen 1941. (ČTK)

FOTO NA STR. 436 DOLE VLEVO:
Nové Německé divadlo (nyní Státní opera Praha), třída Richarda Wagnera (nyní Wilsonova ulice), Praha, 25. říjen 1941. V čestné lóži zleva: velitel SiPo a SD v protektorátu SS-Standartenführer Horst Böhme, šéf RSHA, zastupující říšský protektor SS-Obergruppenführer a generál policie Reinhard Heydrich a mnichovský policejní prezident SS-Obergruppenführer a generál policie Karl von Eberstein. (ČTK)

FOTO NA STR. 436 DOLE VPRAVO:
Šéf RSHA, zastupující říšský protektor SS-Obergruppenführer a generál policie Reinhard Heydrich (vlevo) a mnichovský policejní prezident SS-Obergruppenführer a generál policie Karl von Eberstein, který na počátku 30. let 20. století stál u Heydrichova vstupu do SS, Nové Německé divadlo (nyní Státní opera Praha), třída Richarda Wagnera (nyní Wilsonova ulice), Praha, 25. říjen 1941. (ČTK)

PROTEKTORÁT ČECHY A MORAVA

Mozartovy oslavy, Rudolfinum, Dvořákovo nábřeží (nyní Alšovo nábřeží), Praha, 28. říjen 1941. Šéf RSHA, zastupující říšský protektor SS-Obergruppenführer a generál policie Reinhard Heydrich s manželkou Linou. (ČTK)

Příjezd říšského vůdce SS a šéfa německé policie v Říšském ministerstvu vnitra Heinricha Himmlera, pohled z Hradčanského náměstí na I. nádvoří Pražského hradu, 29. říjen 1941. (ČTK)

Šéf RSHA, zastupující říšský protektor SS-Obergruppenführer a generál policie Reinhard Heydrich (vpravo) představuje říšskému vůdci SS a šéfovi německé policie Heinrichu Himmlerovi (druhý zprava) reprezentanty protektorátních SS a OrPo. První zleva velitel SS standarty 107 a policejní ředitel Jihlavy SS-Obersturmbannführer Emanuel Sladek, I. hradní nádvoří, Praha, 29. říjen 1941. (ČTK)

Říšský vůdce SS a šéf německé policie Heinrich Himmler při přehlídce čestné jednotky SS, I. hradní nádvoří, Praha, 29. říjen 1941. Po Himmlerově levici šéf RSHA, zastupující říšský protektor SS-Obergruppenführer a generál policie Reinhard Heydrich, šéf osobního štábu říšského vůdce SS SS-Gruppenführer Karl Wolff a státní tajemník u říšského protektora SS-Gruppenführer Karl H. Frank. (ČTK)

1941

◀ Říšský vůdce SS a šéf německé policie Heinrich Himmler (druhý zleva) na Pražském hradě, 29. říjen 1941. Po Himmlerově pravici státní tajemník u říšského protektora SS-Gruppenführer Karl H. Frank, po levici pak šéf RSHA, zastupující říšský protektor SS-Obergruppenführer a generál policie Reinhard Heydrich. Za Himmlerem šéf osobního štábu říšského vůdce SS SS-Gruppenführer Karl Wolff. (ČTK)

Říšský vůdce SS a šéf německé policie Heinrich Himmler (čtvrtý zprava) při prohlídce Pražského hradu, zahrada Na Baště, 29. říjen 1941. Zleva: vedoucí skupiny 3 (Rozhlas, tisk) v Oddělení IV Úřadu říšského protektora, vládní rada SS-Hauptsturmführer Wolfgang W. von Wolmar, vedoucí skupiny 2 (všeobecná kulturní politika) v Oddělení IV Úřadu říšského protektora vrchní vládní rada Anton Zankl (v popředí), šéf RSHA, zastupující říšský protektor SS-Obergruppenführer a generál policie Reinhard Heydrich, vedoucí Oddělení IV (Kulturní politika) Úřadu říšského protektora, ministerský rada SS-Obersturmbannführer Karl A. von Gregory (v zákrytu), státní tajemník u říšského protektora SS-Gruppenführer Karl H. Frank, Heinrich Himmler, velitel pražské posádky SS SS-Oberführer Julian Scherner a šéf osobního štábu říšského vůdce SS SS-Gruppenführer Karl Wolff. (ČTK)

Říšský vůdce SS a šéf německé policie Heinrich Himmler (pátý zleva) při prohlídce Pražského hradu, I. hradní nádvoří, 29. říjen 1941. Zleva: vedoucí Oddělení IV (Kulturní politika) Úřadu říšského protektora, ministerský rada SS-Obersturmbannführer Karl A. von Gregory, vedoucí skupiny 3 (Rozhlas, tisk) v Oddělení IV Úřadu říšského protektora, vládní rada SS-Hauptsturmführer Wolfgang W. von Wolmar, šéf RSHA, zastupující říšský protektor SS-Obergruppenführer a generál policie Reinhard Heydrich, vedoucí skupiny 2 (všeobecná kulturní politika) v Oddělení IV Úřadu říšského protektora, vrchní vládní rada Anton Zankl, Heinrich Himmler, státní tajemník u říšského protektora SS-Gruppenführer Karl H. Frank (v zákrytu) a šéf osobního štábu říšského vůdce SS SS-Gruppenführer Karl Wolff. (ČTK)

PROTEKTORÁT ČECHY A MORAVA

◀ Říšský vůdce SS a šéf německé policie Heinrich Himmler (druhý zprava) při prohlídce Pražského hradu, II. hradní nádvoří, 29. říjen 1941. Po Himmlerově levici šéf RSHA, zastupující říšský protektor SS-Obergruppenführer a generál policie Reinhard Heydrich, po pravici státní tajemník u říšského protektora SS-Gruppenführer Karl H. Frank a šéf osobního štábu říšského vůdce SS SS-Gruppenführer Karl Wolff. (NA)

FOTO DOLE VPRAVO:
Říšský vůdce SS a šéf německé policie Heinrich Himmler (čtvrtý zleva) při prohlídce Pražského hradu, II. hradní nádvoří, 29. říjen 1941. Zleva v popředí: státní tajemník u říšského protektora SS-Gruppenführer Karl H. Frank, Heinrich Himmler, velitel pražské posádky SS SS-Oberführer Julian Scherner, vedoucí skupiny 2 (všeobecná kulturní politika) v Oddělení IV Úřadu říšského protektora, vrchní vládní rada Anton Zankl, vedoucí skupiny 3 (Rozhlas, tisk) v Oddělení IV Úřadu říšského protektora, vládní rada SS-Hauptsturmführer Wolfgang W. von Wolmar, šéf RSHA, zastupující říšský protektor SS-Obergruppenführer a generál policie Reinhard Heydrich (v zákrytu), šéf osobního štábu říšského vůdce SS SS-Gruppenführer Karl Wolff a vedoucí Oddělení IV (Kulturní politika) Úřadu říšského protektora, ministerský rada SS-Obersturmbannführer Karl A. von Gregory. (ČTK)

Říšský vůdce SS a šéf německé policie Heinrich Himmler (v popředí uprostřed) při prohlídce Pražského hradu, II. hradní nádvoří, 29. říjen 1941. Zleva: státní tajemník u říšského protektora SS-Gruppenführer Karl H. Frank, Heinrich Himmler, vedoucí skupiny 2 (všeobecná kulturní politika) v Oddělení IV Úřadu říšského protektora, vrchní vládní rada Anton Zankl a šéf osobního štábu říšského vůdce SS SS-Gruppenführer Karl Wolff. Vzadu vedoucí skupiny 3 (Rozhlas, tisk) v Oddělení IV Úřadu říšského protektora, vládní rada SS-Hauptsturmführer Wolfgang W. von Wolmar a vedoucí Oddělení IV (Kulturní politika) Úřadu říšského protektora, ministerský rada SS-Obersturmbannführer Karl A. von Gregory. (ČTK)

1941

Tschechische Mitbürger!

Eine geringe Zahl von Einzelpersonen hat in unverantwortlicher Weise das eigene Schicksal, ja das Schicksal des ganzen Volkes aufs Spiel gesetzt.

Das Reich war gezwungen, nachdrückliche Vorkehrungen zur Sicherung der öffentlichen Ruhe, der Sicherheit der Arbeit und der Ordnung im Verpflegungswesen zu treffen. Durch Arbeit und Disziplin habt Ihr den Beweis erbracht, daß Ihr Euch in entscheidender Mehrheit eure Pflicht dem Reiche und der Heimat gegenüber klar vergegenwärtigt.

Vergeßt keinen Augenblick, daß Krieg ist! Wir kämpfen zwar nicht mit dem Gewehr in der Hand, doch sollen und **wollen wir alle ein sicheres Hinterland bilden, das für den Sieg des Reiches und eines neuen Europa mit der Pflugschar, mit dem Hammer und mit dem Geiste kämpft.**

Keiner von denen, die unser Volk in seinen schweren Schicksalsstunden verlassen haben, und besonders keiner von jenen, die in die Dienste jener getreten sind, die uns verraten haben, hat ein Anrecht darauf, in unsere inneren Angelegenheiten hineinzureden.

Die Regierung lehnt jede Einmischung der von Beneš geführten tschechischen Emigration in unsere Angelegenheiten und die Aufhetzungen des ausländischen Emigrantenrundfunks ab.

Es ist unter Eurer Reife und Eurem Verantwortungsgefühl, die phantastischen Lügen anzuhören. Seid der ausländischen und Emigrantenrundfunkspropaganda gegenüber taub!

Alle, die nicht gehorchen, werden unbarmherzig zur Verantwortung gezogen werden.

Die Gehilfin der verleumderischen Propaganda des Auslands und der Propaganda der tschechischen Emigration ist **die Flüsterpropaganda. Sie ist in gleicher Weise verbrecherisch und für das Schicksal des Volkes gefährlich** und wird ebenfalls mit den schärfsten Strafen verfolgt.

Erhebt Euch im eigenen und im Interesse des ganzen Volkes energisch gegen diejenigen, die den ausländischen Hasardeuren Beistand leisten, und gegen deren jüdische Helfershelfer!

Gebt Euch der eigenen Arbeit hin und bemüht Euch, dass sie noch besser werde! Sprecht nicht überflüssig! Grübelt nicht über Angelegenheiten, deren Leitung einzig und allein dem Staatspräsidenten und der Regierung zusteht!

Scharen wir uns um unseren Staatspräsidenten in einer einheitlichen Arbeitsgemeinschaft!

Trachten wir durch Disziplin, Arbeit, Leistungen und durch in Taten zum Ausdruck zu bringende Treue die Zukunft unseres Volkes im Rahmen des mächtigen Reiches zu sichern!

Prag, am 6. November 1941.

Die Regierung des Protektorats Böhmen und Mähren.

Dr. Krejčí e. h.

Čeští spoluobčané!

Nepatrný počet jednotlivců si u nás neodpovědně zahrával s osudem vlastním i s osudem celého národa.

Říše musela učinit důrazná opatření k zajištění veřejného klidu, bezpečnosti práce a pořádku v zásobování. Prací a disciplínou podali jste důkaz, že v rozhodující většině si jasně uvědomujete svou povinnost k Říši a k domovině.

Nezapomínejte ani na chvíli, že je válka! Nebojujeme sice se zbraní v ruce, ale máme a **chceme tvořit bezpečné zázemí, které pro vítězství Říše a nové Evropy bojuje rádlem, kladivem a duchem.**

Nikdo, kdo opustil náš národ v jeho těžkých chvílích a zvlášť nikdo, kdo se dal do služeb těch, kteří nás zradili, nemá práva mluvit do našich vnitřních věcí.

Vláda odmítá vměšování české emigrace, vedené Benešem, do českých poměrů a odmítá štvaní zahraničního emigrantského rozhlasu.

Je pod Vaši vyspělost a odpovědnost naslouchat fantastickým lžím. Nepopřávejte sluchu zahraničnímu a emigrantskému rozhlasu!

Všichni, kdož neposlechnou, budou nemilosrdně přidrženi k odpovědnosti.

Pomocníci zákeřné propagandy zahraniční a české emigrace je **propaganda šeptem. Jest stejně zločinná a pro osud národa nebezpečná.** Proto je a bude rovněž stíhána tresty nejostřejšími.

V zájmu vlastním a v zájmu celého národa postavte se rázně proti přisluhovačům zahraničních hazardérů a jejich židovských pomahačů!

Věnujte se každý své vlastní práci a usilujte o její zlepšení! Nemluvte zbytečně! Nehloubejte o věcech, jejichž vedení přísluší jediné státnímu presidentu a vládě!

Semkněme se kolem svého státního presidenta v jednotnou pracovní pospolitost!

Disciplínou, prací, výkonností a věrností, projevovanou činy, usilujme o zajištění budoucnosti svého národa v rámci mocné Říše!

V Praze dne 6. listopadu 1941.

Vláda Protektorátu Čechy a Morava.

Dr. Krejčí v. r.

Výzva úřadujícího předsedy protektorátní vlády a ministra spravedlnosti Jaroslava Krejčího českým spoluobčanům o loajalitě k Říši a odsouzení československého exilu kolem Edvarda Beneše, Praha, 6. listopad 1941. (VÚA/VHA Praha)

Jeden z prvních transportů Židů z Plzně, listopad 1941. (SJČ)

PROTEKTORÁT ČECHY A MORAVA

Přestavba a montáž středních bombardovacích a dopravních letounů Junkers Ju 86 v továrně Letov, Pražská ulice, Čakovice u Prahy (nyní Beranových, Praha), listopad 1941. Uprostřed vlevo verze E, vpravo od ní verze G. (SVŠ)

Státní prezident Emil Hácha při rozhlasovém projevu, Pražský hrad, 8. listopad 1941. Ve své výzvě připomněl, že před dvěma a půl lety svěřil v nejisté, kritické době český národ pod ochranu Německé říše, čímž mu zajistil klidný a mírový vývoj, a zdůraznil, že český národ musí právě nyní vzít na vědomí, že je nedílnou součástí mocné Říše, která má sílu i vůli jej chránit. V závěru státní prezident nabádal, aby Češi nepodléhali štvavé zahraniční propagandě. (ČTK)

Slavnostní vzpomínková slavnost na padlé z první světové války a současně za mrtvé z pokusu NSDAP o státní převrat v Německu, Rudolfinum, Dvořákovo nábřeží (nyní Alšovo nábřeží), Praha, 9. listopad 1941. Organizace se ujalo krajské vedení NSDAP v Praze, slavnost byla provázena hudbou Ludwiga van Beethovena. Česká filharmonie pod vedením dirigenta Václava Talicha. (ČTK)

1941

Odhalení pamětní desky pruskému vojenskému reformátorovi gen. Gerhardu von Scharnhorstovi na místě, kde v roce 1813 podlehl následkům zranění z bitvy u Lützenu, Spálená ulice, Praha, 10. listopad 1941. Vpravo od čestné stráže státní tajemník u říšského protektora SS-Gruppenführer Karl H. Frank, za ním krajský vedoucí NSDAP v Praze Konstantin Höß. (ČTK)

Odhalení pamětní desky pruskému vojenskému reformátorovi gen. Gerhardu von Scharnhorstovi na místě, kde v roce 1813 podlehl následkům zranění z bitvy u Lützenu, Spálená ulice, Praha, 10. listopad 1941. (ČTK)

Tábor KLV, Lužná u Rakovníka, 15. listopad 1941. (ČTK)

PROTEKTORÁT ČECHY A MORAVA

Slavnostní nástup nováčků SA standarty 52, Německý dům (nyní Slovanský dům), ulice Na Příkopě, Praha, 17. listopad 1941. (ČTK)

Dne 19. listopadu 1941 odevzdal státní prezident Emil Hácha (vpravo uprostřed) šéfovi RSHA, zastupujícímu říšskému protektorovi SS-Obergruppenführerovi a generálu policie Reinhardu Heydrichovi v symbolickém gestu všech sedm klíčů od Korunní komory, uchovávající české korunovační klenoty, katedrála sv. Víta, Pražský hrad. Vlevo státní tajemník u říšského protektora SS-Gruppenführer Karl H. Frank, druhý zprava státní podtajemník u říšského protektora SA-Brigadeführer Kurt von Burgsdorff. (NA)

Korunní komora katedrály sv. Víta, Pražský hrad, 19. listopad 1941. Šéf RSHA, zastupující říšský protektor SS-Obergruppenführer a generál policie Reinhard Heydrich před českými korunovačními klenoty. Po Heydrichově levici státní prezident Emil Hácha. Za Heydrichem státní podtajemník u říšského protektora SA-Brigadeführer Kurt von Burgsdorff, za Háchou velitel SiPo a SD v protektorátu SS-Standartenführer Horst Böhme. (SJČ)

1941

Státní prezident Emil Hácha (uprostřed) a místopředseda vlády a ministr spravedlnosti Jaroslav Krejčí (po Háchově pravici) při setkání se šéfredaktory a redaktory českých denních listů. Přítomni jsou rovněž zástupci KSP, Pražský hrad, 28. listopad 1941. (ČTK)

Shromáždění při příležitosti projevu říšského komisaře a župního vedoucího Říšské župy Sudety Konrada Henleina, Langemarckhaus, Beethovenova ulice (nyní Opletalova), Praha, 3. prosinec 1941. (ČTK)

PROTEKTORÁT ČECHY A MORAVA

Vyhláška policejního rady Horny a okresního hejtmana Faltise o návštěvních hodinách pro Židy, Okresní úřad a Vládní policejní úřad v Kladně, 4. prosinec 1941. (VÚA/VHA Praha) ▶

◀ Na pozvání šéfa RSHA, zastupujícího říšského protektora SS-Obergruppenführera a generála policie Reinharda Heydricha navštívil Prahu generální stavební inspektor pro říšské hlavní město Albert Speer (oba na zadních sedadlech prvního vozu), 4. prosinec 1941. V pozadí Památník národního osvobození na vrchu Vítkově, který byl přeměněn na vojenské skladiště. (ČTK)

Na pozvání šéfa RSHA, zastupujícího říšského protektora SS-Obergruppenführera a generála policie Reinharda Heydricha (čtvrtý zleva) navštívil Prahu generální stavební inspektor pro říšské hlavní město Albert Speer (třetí zleva), Rudolfinum, Smetanovo náměstí (nyní náměstí Jana Palacha), 4. prosinec 1941. Druhý zleva (v zákrytu) státní tajemník u říšského protektora SS-Gruppenführer Karl H. Frank. Třetí zprava prezident plánovací komise pro hlavní město Prahu a okolí Reinhold Niemeyer. (ČTK)

Na pozvání šéfa RSHA, zastupujícího říšského protektora SS-Obergruppenführera a generála policie Reinharda Heydricha navštívil Prahu generální stavební inspektor pro říšské hlavní město Albert Speer (oba na zadních sedadlech), Vltavské nábřeží (nyní Smetanovo nábřeží), 4. prosinec 1941. (ČTK)

Na pozvání šéfa RSHA, zastupujícího říšského protektora SS-Obergtruppenführera a generála policie Reinharda Heydricha (druhý zleva) navštívil Prahu generální stavební inspektor pro říšské hlavní město Albert Speer (první zleva), Vltavské nábřeží (nyní Smetanovo nábřeží), 4. prosinec 1941. Na předním sedadle prezident plánovací komise pro hlavní město Prahu a okolí Reinhold Niemeyer. (ČTK)

PROTEKTORÁT ČECHY A MORAVA

◀ Na pozvání šéfa RSHA, zastupujícího říšského protektora SS-Obergruppenführera a generála policie Reinharda Heydricha navštívil Prahu generální stavební inspektor pro říšské hlavní město Albert Speer, ulice Nad Paťankou, Praha, 4. prosinec 1941. Zleva: státní tajemník u říšského protektora SS-Gruppenführer Karl H. Frank, Reinhard Heydrich a Albert Speer. (ČTK)

Na pozvání šéfa RSHA, zastupujícího říšského protektora SS-Obergruppenführera a generála policie Reinharda Heydricha navštívil Prahu generální stavební inspektor pro říšské hlavní město Albert Speer, ulice Nad Paťankou, Praha, 4. prosinec 1941. Zprava: státní tajemník u říšského protektora SS-Gruppenführer Karl H. Frank, Albert Speer a Reinhard Heydrich. V pozadí funkcionalistické vily čtvrti Baba, postavené v letech 1932–1936. (ČTK)

Na pozvání šéfa RSHA, zastupujícího říšského protektora SS-Obergruppenführera a generála policie Reinharda Heydricha navštívil Prahu generální stavební inspektor pro říšské hlavní město Albert Speer, ulice Nad Paťankou, Praha, 4. prosinec 1941. Zleva: velitel SiPo a SD v protektorátu SS-Standartenführer Horst Böhme, státní tajemník u říšského protektora SS-Gruppenführer Karl H. Frank, Albert Speer, Reinhard Heydrich a prezident plánovací komise pro hlavní město Prahu a okolí Reinhold Niemeyer. V pozadí funkcionalistické vily čtvrti Baba. (ČTK)

1941

Šéf RSHA, zastupující říšský protektor SS-Obergruppenführer a generál policie Reinhard Heydrich (druhý zleva) přijal delegaci českých a moravských rolníků v čele s Adolfem Hrubým (vpravo při projevu), Pražský hrad, 5. prosinec 1941. Vlevo v zákrytu státní tajemník u říšského protektora SS-Gruppenführer Karl H. Frank. (ČTK)

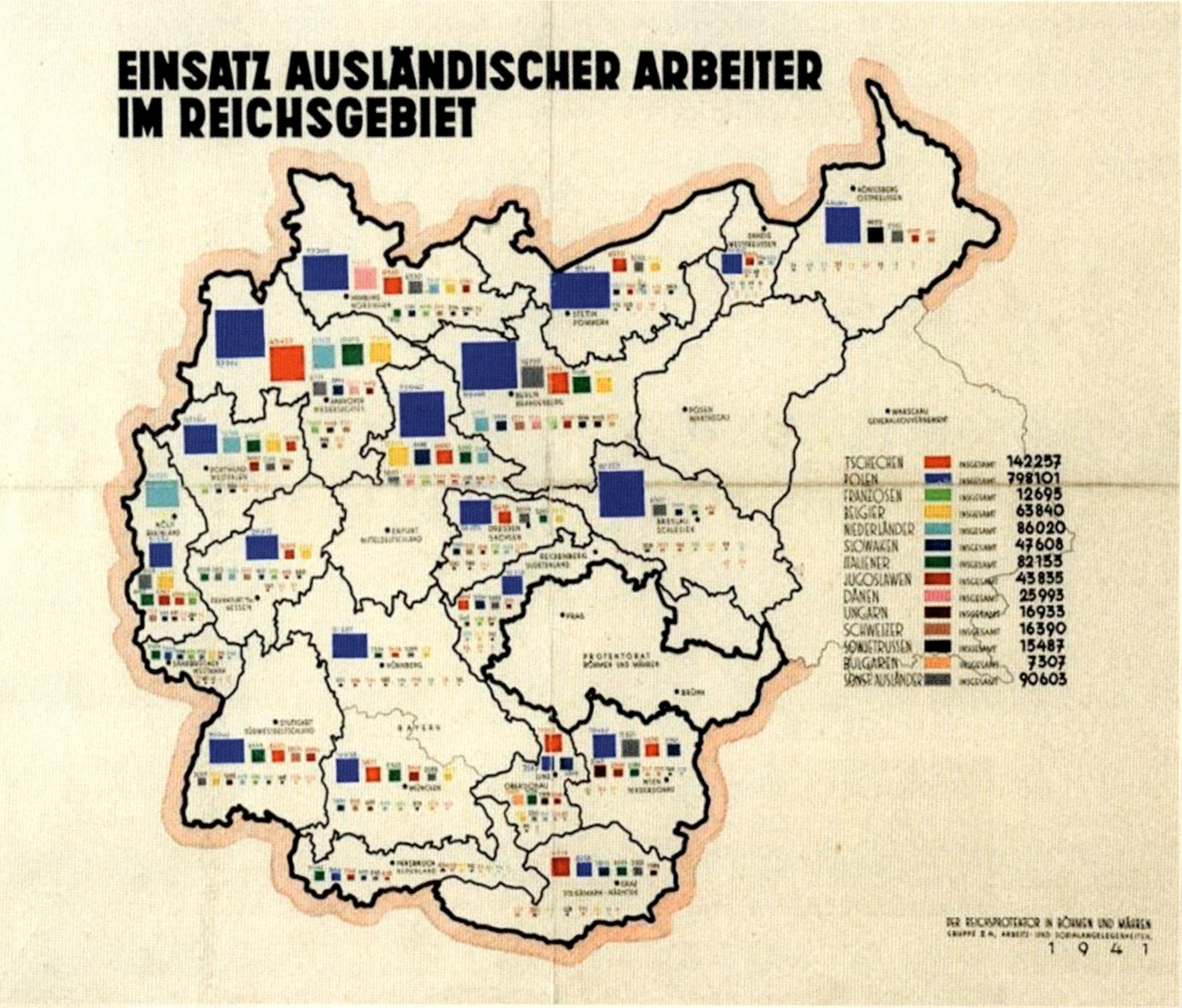

Mapa „Nasazení zahraničních dělníků v říšském prostoru", prosinec 1941. Se 142 257 osobami zaujímali Češi, hned po Polácích, druhé místo. (SJBU)

PROTEKTORÁT ČECHY A MORAVA

Slavnost při příležitosti položení základního kamene pomníku hudebního skladatele Wolfganga A. Mozarta a přejmenování Smetanova náměstí (nyní náměstí Jana Palacha) na Mozartovo náměstí, Praha, 5. prosinec 1941. Pozoruhodnou skutečností zůstává, že Mozart byl známým svobodným zednářem a že svobodné zednářství bylo zařazeno mezi hlavní ideové odpůrce nacionálního socialismu. (NA)

Slavnost při příležitosti položení základního kamene pomníku hudebního skladatele Wolfganga A. Mozarta a přejmenování Smetanova náměstí (nyní náměstí Jana Palacha) na Mozartovo náměstí, Praha, 5. prosinec 1941. Před mikrofonem krajský vedoucí NSDAP v Praze Konstantin Höß. (ČTK)

Slavnost při příležitosti položení základního kamene pomníku hudebního skladatele Wolfganga A. Mozarta a přejmenování Smetanova náměstí (nyní náměstí Jana Palacha) na Mozartovo náměstí, Praha, 5. prosinec 1941. Krajský vedoucí NSDAP v Praze Konstantin Höß při čtení zakládací listiny pro rozhlasové vysílání. Vpravo státní tajemník u říšského protektora SS-Gruppenführer Karl H. Frank. (ČTK)

1941

FOTO NAHOŘE VLEVO:
Slavnost při příležitosti položení základního kamene pomníku hudebního skladatele Wolfganga A. Mozarta a přejmenování Smetanova náměstí (nyní náměstí Jana Palacha) na Mozartovo náměstí, Praha, 5. prosinec 1941. Státní tajemník u říšského protektora SS-Gruppenführer Karl H. Frank při poklepu na základní kámen. (ČTK)

FOTO NAHOŘE VPRAVO:
Slavnost při příležitosti položení základního kamene pomníku hudebního skladatele Wolfganga A. Mozarta a přejmenování Smetanova náměstí (nyní náměstí Jana Palacha) na Mozartovo náměstí, Praha, 5. prosinec 1941. Pozoruhodný je snímek státního tajemníka u říšského protektora SS-Gruppenführera Karla H. Franka, který dává rozhlasový rozhovor, aniž by vystoupil od základního kamene. (ČTK)

Čestná lóže Nového Německého divadla (nyní Státní opera Praha), třída Richarda Wagnera (nyní Wilsonova), Praha, 6. prosinec 1941. Slavnostní koncert ve prospěch 3. válečného WHW, zprava: zmocněnec říšské branné moci u říšského protektora gen. Rudolf Toussaint, státní tajemník u říšského protektora SS-Gruppenführer Karl H. Frank a Karola Franková, ve druhé řadě mj. prezident Vrchního zemského soudu Fritz Bürkle s manželkou. (ČTK)

PROTEKTORÁT ČECHY A MORAVA

Státní prezident Emil Hácha při přijetí mládeže NS, Pražský hrad, 11. prosinec 1941. (ČTK)

Pomník 28. amerického prezidenta Woodrowa Wilsona, svobodného zednáře, který se významně podílel na vzniku samostatného Československa, Vrchlického sady, Praha, prosinec 1941. (NA)

V reakci na vypovězení války Spojeným státům americkým rozhodl šéf RSHA, zastupující říšský protektor SS-Obergruppenführer a generál policie Reinhard Heydrich o odstranění Wilsonova pomníku, Vrchlického sady, Praha, 12. prosinec 1941. (NA)

1941

Vrchlického sady, Praha, 13. prosinec 1941. ▶
Na místě bývalého pomníku prezidenta Wilsona
byla umístěna informační tabule s nápisem:
„*Zde stál Wilsonův pomník, který byl odstraněn
na rozkaz zastupujícího říšského protektora
SS-Obergruppenführera Heydricha.*" (NA)

Schůze Spolku pro dějiny Němců v sudetských
zemích za přítomnosti státního tajemníka
u říšského protektora SS-Gruppenführera Karla H.
Franka a státního podtajemníka u říšského
protektora SA-Brigadeführera Kurta von
Burgsdorffa, rektorát Německé Karlovy univerzity
(nyní Filozofická fakulta Univerzity Karlovy),
hlavní posluchárna, Smetanovo náměstí (nyní
náměstí Jana Palacha), Praha, 14. prosinec 1941.
Z dalších přítomných můžeme jmenovat
zmocněnce říšské branné moci u říšského
protektora gen. Rudolfa Toussainta, krajského
vedoucího NSDAP v Praze Konstantina Höße,
náměstka primátora SA-Standartenführera
Josefa Pfitznera, vrchního vládního radu
SS-Sturmbannführera Roberta Giese nebo
prezidenta Vrchního zemského soudu Fritze
Bürkla. (ČTK)

Příjezd říšského ministra hospodářství
a prezidenta Říšské banky Walthera Funka
(uprostřed), Hlavní nádraží, Praha,
17. prosinec 1941. Vítá jej státní tajemník
u říšského protektora SS-Gruppenführer Karl H.
Frank, za Funkem šéf RSHA, zastupující říšský
protektor SS-Obergruppenführer a generál policie
Reinhard Heydrich. (ČTK)

PROTEKTORÁT ČECHY A MORAVA

Příjezd říšského ministra hospodářství a prezidenta Říšské banky Walthera Funka (uprostřed), Hlavní nádraží, Praha, 17. prosinec 1941. Po Funkově levici šéf RSHA, zastupující říšský protektor SS-Obergruppenführer a generál policie Reinhard Heydrich, po pravici pak státní tajemník u říšského protektora SS-Gruppenführer Karl H. Frank. (ČTK)

Říšský ministr hospodářství a prezident Říšské banky Walther Funk (uprostřed) při přehlídce čestné jednotky říšské branné moci, třída Richarda Wagnera (nyní Wilsonova ulice), Praha, 17. prosinec 1941. Po Funkově levici šéf RSHA, zastupující říšský protektor SS-Obergruppenführer a generál policie Reinhard Heydrich, po pravici pak zmocněnec říšské branné moci u říšského protektora gen. Rudolf Toussaint a státní tajemník u říšského protektora SS-Gruppenführer Karl H. Frank. (ČTK)

Hotel Alcron, Štěpánská ulice, Praha, 17. prosinec 1941. Čekání na předsedu Společnosti pro jihovýchodní Evropu, župního vedoucího a říšského místodržícího Vídně Baldura von Schiracha. Zprava: šéf RSHA, zastupující říšský protektor SS-Obergruppenführer a generál policie Reinhard Heydrich, státní tajemník u říšského protektora SS-Gruppenführer Karl H. Frank a zmocněnec říšské branné moci u říšského protektora gen. Rudolf Toussaint. (ČTK)

Předseda Společnosti pro jihovýchodní Evropu, ▶
župní vedoucí a říšský místodržící Vídně Baldur
von Schirach před hotelem Alcron, Štěpánská
ulice, Praha, 17. prosinec 1941. (ČTK)

Říšský ministr hospodářství a prezident Říšské
banky Walther Funk (uprostřed) a předseda
Společnosti pro jihovýchodní Evropu, župní
vedoucí a říšský místodržící Vídně Baldur von
Schirach (po Funkově pravici) na cestě na
konferenci Společnosti pro jihovýchodní Evropu,
která se konala ve Španělském sále Pražského
hradu, 17. prosinec 1941. Vpravo šéf RSHA,
zastupující říšský protektor SS-Obergruppenführer
a generál policie Reinhard Heydrich. (ČTK)

Konference Společnosti pro jihovýchodní Evropu,
Španělský sál Pražského hradu, 17. prosinec 1941.
Státní prezident Emil Hácha (otočen zády) zdraví
říšského ministra hospodářství a prezidenta Říšské
banky Walthera Funka. Za Funkem v zákrytu
předseda Společnosti pro jihovýchodní Evropu,
župní vedoucí a říšský místodržící Vídně Baldur
von Schirach. Vpravo šéf RSHA, zastupující říšský
protektor SS-Obergruppenführer a generál policie
Reinhard Heydrich, vlevo státní tajemník
u říšského protektora SS-Gruppenführer Karl H.
Frank. (ČTK)

PROTEKTORÁT ČECHY A MORAVA

FOTO NAHOŘE VLEVO:
Konference Společnosti pro jihovýchodní Evropu za účasti říšského ministra hospodářství a prezidenta Říšské banky Walthera Funka a předsedy Společnosti pro jihovýchodní Evropu, župního vedoucího a říšského místodržícího Vídně Baldura von Schiracha, Španělský sál Pražského hradu, 17. prosinec 1941. (ČTK)

FOTO NAHOŘE VPRAVO:
Konference Společnosti pro jihovýchodní Evropu za účasti říšského ministra hospodářství a prezidenta Říšské banky Walthera Funka a předsedy Společnosti pro jihovýchodní Evropu, župního vedoucího a říšského místodržícího Vídně Baldura von Schiracha, Španělský sál Pražského hradu, 17. prosinec 1941. Za mikrofonem šéf RSHA, zastupující říšský protektor SS-Obergruppenführer a generál policie Reinhard Heydrich. (ČTK)

Konference Společnosti pro jihovýchodní Evropu za účasti říšského ministra hospodářství a prezidenta Říšské banky Walthera Funka a předsedy Společnosti pro jihovýchodní Evropu, župního vedoucího a říšského místodržícího Vídně Baldura von Schiracha, Španělský sál Pražského hradu, 17. prosinec 1941. Za mikrofonem Baldur von Schirach. (ČTK)

◀ Konference Společnosti pro jihovýchodní Evropu za účasti říšského ministra hospodářství a prezidenta Říšské banky Walthera Funka a předsedy Společnosti pro jihovýchodní Evropu, župního vedoucího a říšského místodržícího Vídně Baldura von Schiracha, Španělský sál Pražského hradu, 17. prosinec 1941. Za mikrofonem Walther Funk. (ČTK)

Konference Společnosti pro jihovýchodní Evropu za účasti říšského ministra hospodářství a prezidenta Říšské banky Walthera Funka a předsedy Společnosti pro jihovýchodní Evropu, župního vedoucího a říšského místodržícího Vídně Baldura von Schiracha, Španělský sál Pražského hradu, 17. prosinec 1941. Projev Baldura von Schiracha. Zleva: ministr veřejných prací Dominik Čipera, ministr financí Josef Kalfus, ministr zemědělství Mikuláš z Bubna-Litic, ministr průmyslu, obchodu a živností Jaroslav Kratochvíl a ministr sociální a zdravotní správy Vladislav Klumpar. (ČTK)

Konference Společnosti pro jihovýchodní Evropu za účasti říšského ministra hospodářství a prezidenta Říšské banky Walthera Funka a předsedy Společnosti pro jihovýchodní Evropu, župního vedoucího a říšského místodržícího Vídně Baldura von Schiracha, Španělský sál Pražského hradu, 17. prosinec 1941. Zprava: ministr dopravy Jindřich Kamenický, ministr spravedlnosti Jaroslav Krejčí a státní prezident Emil Hácha při německém pozdravu. (ČTK)

PROTEKTORÁT ČECHY A MORAVA

Říšský ministr hospodářství a prezident Říšské banky Walther Funk (druhý zprava) a šéf RSHA, zastupující říšský protektor SS-Obergruppenführer a generál policie Reinhard Heydrich (třetí zprava) ve Společenském klubu, ulice Na Příkopě, Praha, 17. prosinec 1941. Vlevo pracovník Úřadu pověřence pro čtyřletý plán, státní sekretář SS-Oberführer Erich Neumann. (ČTK)

Říšský ministr hospodářství a prezident Říšské banky Walther Funk (vpravo) a šéf RSHA, zastupující říšský protektor SS-Obergruppenführer a generál policie Reinhard Heydrich ve Společenském klubu, ulice Na Příkopě, Praha, 17. prosinec 1941. (ČTK)

Odchod říšského ministra hospodářství a prezidenta Říšské banky Walthera Funka (druhý zleva) a předsedy Společnosti pro jihovýchodní Evropu, župního vedoucího a říšského místodržícího Vídně Baldura von Schiracha (vlevo) ze Společenského klubu, ulice Na Příkopě, Praha, 17. prosinec 1941. Po Funkově levici šéf RSHA, zastupující říšský protektor SS-Obergruppenführer a generál policie Reinhard Heydrich. (ČTK)

Před odjezdem z Prahy vykonal říšský ministr hospodářství a prezident Říšské banky Walther Funk (čtvrtý zleva) přehlídku čestné jednotky SS, třída Richarda Wagnera (nyní Wilsonova ulice), Praha, 18. prosinec 1941. Za Funkem v zákrytu šéf RSHA, zastupující říšský protektor SS-Obergruppenführer a generál policie Reinhard Heydrich. (ČTK)

Župní vedoucí a říšský místodržící Vídně Baldur von Schirach (druhý zleva) před vstupní branou hradu Karlštejna, zbudovaného císařem Karlem IV. k ochraně říšských a českých korunovačních klenotů, 18. prosinec 1941. Po Schirachově pravici župní vedoucí Říšské župy Dolní Podunají Hugo Jury, po levici pak státní tajemník u říšského protektora SS-Gruppenführer Karl H. Frank a velitel SiPo a SD v protektorátu SS-Standartenführer Horst Böhme. (ČTK)

PROTEKTORÁT ČECHY A MORAVA

Župní vedoucí a říšský místodržící Vídně Baldur von Schirach (vlevo) na hradě Karlštejn, 18. prosinec 1941. (ČTK)

Župní vedoucí a říšský místodržící Vídně Baldur von Schirach (vlevo) na hradě Karlštejn, 18. prosinec 1941. Po Schirachově levici velitel SiPo a SD v protektorátu SS-Standartenführer Horst Böhme, státní tajemník u říšského protektora SS-Gruppenführer Karl H. Frank a vedoucí skupiny 5 (Mládež) v Oddělení I Úřadu říšského protektora HJ-Hauptbannführer Siegfried Zoglmann. Vpravo župní vedoucí Říšské župy Dolní Podunají Hugo Jury. (ČTK)

Župní vedoucí a říšský místodržící Vídně Baldur von Schirach (třetí zprava), kaple sv. Kříže na hradě Karlštejn, 18. prosinec 1941. Po Schirachově levici vedoucí skupiny 5 (Mládež) v Oddělení I Úřadu říšského protektora HJ-Hauptbannführer Siegfried Zoglmann, uprostřed velitel SiPo a SD v protektorátu SS-Standartenführer Horst Böhme, druhý zleva státní tajemník u říšského protektora SS-Gruppenführer Karl H. Frank. (ČTK)

1941

FOTO NAHOŘE VLEVO:
Župní vedoucí a říšský místodržící Vídně Baldur von Schirach (uprostřed), kaple sv. Kříže na hradě Karlštejn, 18. prosinec 1941. Vlevo státní tajemník u říšského protektora SS-Gruppenführer Karl H. Frank, po Schirachově levici župní vedoucí Říšské župy Dolní Podunají Hugo Jury. (ČTK)

FOTO NAHOŘE VPRAVO:
Župní vedoucí a říšský místodržící Vídně Baldur von Schirach (uprostřed), kaple sv. Kříže na hradě Karlštejn, 18. prosinec 1941. Druhý zprava velitel SiPo a SD v protektorátu SS-Standartenführer Horst Böhme, druhý zleva vedoucí Oddělení II (Hospodářství a finance) Úřadu říšského protektora, ministerský rada SS-Oberführer Walter Bertsch. Po Bertschově levici státní tajemník u říšského protektora SS-Gruppenführer Karl H. Frank. (ČTK)

Župní vedoucí a říšský místodržící Vídně Baldur von Schirach, hrad Karlštejn, 18. prosinec 1941. V zákrytu státní tajemník u říšského protektora SS-Gruppenführer Karl H. Frank a velitel SiPo a SD v protektorátu SS-Standartenführer Horst Böhme. (ČTK)

PROTEKTORÁT ČECHY A MORAVA

Župní vedoucí a říšský místodržící Vídně Baldur von Schirach při zápisu do návštěvní knihy hradu Karlštejna, 18. prosinec 1941. Přihlíží župní vedoucí Říšské župy Dolní Podunají Hugo Jury. (ČTK)

FOTO DOLE VLEVO:
Župní vedoucí a říšský místodržící Vídně Baldur von Schirach (v popředí druhý zleva) při odchodu z hradu Karlštejn, 18. prosinec 1941. Po Schirachově pravici velitel SiPo a SD v protektorátu SS-Standartenführer Horst Böhme. (ČTK)

FOTO DOLE VPRAVO:
Kompletace vánočních kolekcí, Orion, továrny na čokoládu, Korunní ulice, Praha, 18. prosinec 1941. (ČTK)

1942

PROTEKTORÁT ČECHY A MORAVA

Novoroční audience protektorátní vlády u státního prezidenta Emila Háchy (uprostřed), Pražský hrad, 1. leden 1942. Zleva: ministr veřejných prací Dominik Čipera, ministr školství Jan Kapras, ministr vnitra Josef Ježek, ministr dopravy Jindřich Kamenický, ministr sociální a zdravotní správy Vladislav Klumpar, ministr průmyslu, obchodu a živností Jaroslav Kratochvíl, ministr spravedlnosti a úřadující předseda vlády Jaroslav Krejčí, ministr zemědělství Mikuláš z Bubna-Litic a ministr financí Josef Kalfus. (ČTK)

Novoroční audience představitelů Vládního vojska Protektorátu Čechy a Morava u prezidenta Emila Háchy (uprostřed), Pražský hrad, 1. leden 1942. Zleva: II. zástupce generálního inspektora gen. Miloslav Fassati, generální inspektor vládního vojska gen. Jaroslav Eminger, Emil Hácha, I. zástupce generálního inspektora gen. František Marvan a gen. Libor Vítěz. (ČTK)

1942

FOTO NAHOŘE VLEVO: Propagace 3. válečného WHW ve výkladu obchodního domu ARA, nároží ulic Ovocné (nyní 28. října) a Perlové, Praha, 4. leden 1942. Akce probíhala pod heslem: „Frontu čeká zimní stráž – Domov děkuje svými příspěvky". (ČTK)

FOTO NAHOŘE VPRAVO: Propagace 3. válečného WHW ve výkladu obchodního domu ARA, nároží ulic Ovocné (nyní 28. října) a Perlové, Praha, 4. leden 1942. (ČTK)

Propagace 3. válečného WHW, konkrétně sbírky vlněného oblečení: „Znamením Tvé vděčnosti je Tvůj dar do zimní sbírky pro říšskou brannou moc", Praha, 4. leden 1942. (ČTK)

PROTEKTORÁT ČECHY A MORAVA

FOTO NAHOŘE VLEVO:
Ústřední skladiště pro dary východní frontě v rámci 3. válečného WHW v Ústředních jatkách, Bubenské nábřeží, Praha, 11. leden 1942. (ČTK)

FOTO NAHOŘE VPRAVO:
Projev státního prezidenta Emila Háchy k nově jmenované protektorátní vládě Jaroslava Krejčího, Pražský hrad, 19. leden 1942. Po Háchově pravici členové KSP. Vlevo její politický referent Josef Kliment, vedle něj přednosta Augustin A. Popelka. (ČTK)

Ministr školství a vedoucí Úřadu lidové osvěty Emanuel Moravec při podpisu slibu ministra protektorátní vlády, Pražský hrad, 19. leden 1942. Vlevo politický referent KSP Josef Kliment, vpravo předseda vlády a ministr spravedlnosti Jaroslav Krejčí. (ČTK)

1942

Nově jmenovaná protektorátní vláda Jaroslava Krejčího u státního prezidenta Emila Háchy (uprostřed), Pražský hrad, 19. leden 1942. Zleva: ministr vnitra Richard Bienert, ministr školství a vedoucí Úřadu lidové osvěty Emanuel Moravec, předseda vlády a ministr spravedlnosti Jaroslav Krejčí, ministr dopravy a techniky Jindřich Kamenický, ministr práce a hospodářství – jediný Němec v protektorátní vládě – SS-Brigadeführer Walter Bertsch, ministr financí Josef Kalfus a ministr zemědělství a lesnictví Adolf Hrubý. Vzhledem ke skutečnosti, že ministr Bertsch neuměl česky, stala se jednací řečí nové protektorátní vlády němčina. (ČTK)

Předseda protektorátní vlády a ministr spravedlnosti Jaroslav Krejčí při rozhovoru se šéfem RSHA, zastupujícím říšským protektorem SS-Obergruppenführerem a generálem policie Reinhardem Heydrichem, Černínský palác – Úřad říšského protektora (nyní Ministerstvo zahraničních věcí České republiky), Loretánské náměstí, Praha, 19. leden 1942. Po Heydrichově levici státní tajemník u říšského protektora SS-Gruppenführer Karl H. Frank a ministr vnitra Richard Bienert (v zákrytu). (ČTK)

PROTEKTORÁT ČECHY A MORAVA

Vyhláška s provoláním nové protektorátní vlády, Praha, 19. leden 1942. (VÚA/VHA Praha)

První zasedání Krejčího vlády, Akademický dům / Strakova akademie, ulice Pod Letnou (nyní nábřeží Edvarda Beneše), 19. leden 1942. Zleva: ministr školství a vedoucí Úřadu lidové osvěty Emanuel Moravec, předseda vlády a ministr spravedlnosti Jaroslav Krejčí, ministr dopravy a techniky Jindřich Kamenický a ministr zemědělství a lesnictví Adolf Hrubý. (ČTK)

◀ Nejvýznamnější český nacionální socialista a hlavní ideolog bezpodmínečné spolupráce s Říší, ministr školství a vedoucí Úřadu lidové osvěty Emanuel Moravec ve své pracovně, Dvorecká ulice, Praha, leden 1942. Bývalý plukovník generálního štábu čs. branné moci, přední vojenský teoretik první republiky a zuřivý zastánce obrany Československa v září 1938 dospěl po vzniku protektorátu k názoru, že Třetí říše je neporazitelná a že je třeba nastoupit cestu reálné, aktivistické politiky s ideálním cílem získat pro český národ co nejvýhodnější podmínky v Německem ovládané Evropě. (NA)

Projev příslušníka říšské branné moci v Německém domě (nyní Slovanský dům), ulice Na Příkopě, Praha, 23. leden 1942. (ČTK)

Přednáška v rámci výstavy *Německo v krojích*, Uměleckoprůmyslové museum, Sanytrová ulice (nyní 17. listopadu), Praha, 24. leden 1942. Heslo na zdi konstatuje: „Jsme národ, který nese osud světa na svých ramenou." (ČTK)

PROTEKTORÁT ČECHY A MORAVA

FOTO NAHOŘE VLEVO:
Ministr školství a vedoucí Úřadu lidové osvěty Emanuel Moravec při projevu k představitelům protektorátního tisku u příležitosti 9. výročí převzetí moci Adolfem Hitlerem v roce 1933, Presseklub (nyní Autoklub České republiky), Beethovenova ulice (nyní Opletalova), Praha, 26. leden 1942. (ČTK)

FOTO NAHOŘE VPRAVO:
Ministr školství a vedoucí Úřadu lidové osvěty Emanuel Moravec (vlevo) v rozhovoru s vedoucím Oddělení IV (Kulturní politika) Úřadu říšského protektora, ministerským radou SS-Obersturmbannführerem Karlem A. von Gregorym (uprostřed) a vedoucím skupiny 3 (Rozhlas, tisk) v Oddělení IV Úřadu říšského protektora, vládním radou SS-Hauptsturmführerem Wolfgangem W. von Wolmarem, Presseklub (nyní Autoklub České republiky), Beethovenova ulice (nyní Opletalova), Praha, 26. leden 1942. (ČTK)

Krajský vedoucí NSDAP Konstantin Höß při projevu k 9. výročí převzetí moci Adolfem Hitlerem, velký sál Lucerny, Štěpánská ulice, Praha, 30. leden 1942. (ČTK)

1942

Vyhláška policejního prezidenta Rudolfa Charváta v Praze o opětném přihlášení autobaterií vozidel vyřazených z provozu i vozidel provozovaných, 31. leden 1942. (SVK)

◀ Zahájení zasedání Říšské župy Sudety, velký sál Lucerny, Štěpánská ulice, Praha, 4. únor 1942. (ČTK)

Říšský komisař a župní vedoucí Říšské župy Sudety Konrad Henlein při projevu k župním představitelům, velký sál Lucerny, Štěpánská ulice, Praha, 4. únor 1942. (ČTK)

PROTEKTORÁT ČECHY A MORAVA

Wegen skandalösen Verhaltens eines Teiles der Launer Bevölkerung gegenüber einem deutschen verwundeten Soldaten am 9. Feber 1942 hat der Stellvertretende Reichsprotektor SS-Obergruppenführer und General der Polizei Heydrich folgende Sühnemaßnahmen durchgeführt:

1. der Stadt Laun eine Geldbusse von 100.000 K auferlegt,

2. von der Geheimen Staatspolizei wurden 30 Personen aus der Launer Bevölkerung in Schutzhaft genommen.

Pro ostudné chování se části lounského obyvatelstva vůči německému zraněnému vojínu dne 9. února 1942 provedl zastupující říšský protektor SS-Obergruppenführer a generál policie Heydrich následující trestní opatření:

1. uložil městu Lounům peněž. pokutu v obnosu K 100.000,

2. tajná státní policie vzala 30 lounských občanů do předstižné vazby.

Der Oberlandrat in Kladno.

Vyhláška kladenského oberlandráta o udělení finanční pokuty městu Louny za neposkytnutí pomoci zraněnému příslušníkovi říšské branné moci a o vzetí 30 lounských občanů do preventivní vazby, Kladno, 12. únor 1942. (SVK)

Věž těžkého sovětského tanku KV-2 ukořistěného na východní frontě. Tento tank, pojmenovaný po maršálu Klimentu J. Vorošilovovi, vážil 52 tun a byl vyzbrojen 152mm houfnicí.
Stal se součástí výstavy *Sovětský ráj*, jež byla do Prahy převezena z Vídně na základě podnětu šéfa RSHA, zastupujícího říšského protektora SS-Obergruppenführera a generála policie Reinharda Heydricha. Německá strana tyto tanky používala pod označením PzKpfw KV-II 754 (r), Hybernské nádraží (nyní Masarykovo nádraží), Jezdecká ulice (nyní Havlíčkova), Praha, 12. únor 1942. (ČTK)

1942

Usazování korby sovětského tanku KV-2 na pásy, Hybernské nádraží (nyní Masarykovo nádraží), Jezdecká ulice (nyní Havlíčkova), Praha, 12. únor 1942. (ČTK)

Sestavený kořistní tank KV-2, Hybernské nádraží (nyní Masarykovo nádraží), Jezdecká ulice (nyní Havlíčkova), Praha, 12. únor 1942. (ČTK)

Propagační jízda tanku KV-2, Těšnov, Praha, 12. únor 1942. (ČTK)

PROTEKTORÁT ČECHY A MORAVA

Tankisté říšské branné moci na tanku KV-2, Bělského třída (nyní Dukelských hrdinů), Praha, 12. únor 1942. (ČTK)

Den německé policie. Při projevu velitel OrPo v protektorátu gen. Paul Riege, velký sál Lucerny, Štěpánská ulice, Praha, 12. únor 1942. Po Riegeho levici v první řadě velitel SiPo a SD v protektorátu SS-Standartenführer Horst Böhme. (ČTK)

Den německé policie, velký sál Lucerny, Štěpánská ulice, Praha, 12. únor 1942. Pěvecké těleso OrPo. (ČTK)

Pohřeb patriarchy Církve českomoravské (nyní Církev československá husitská) Gustava A. Procházky, chrám sv. Mikuláše, Staroměstské náměstí, Praha, 13. únor 1942. Smuteční bohoslužbu vedl biskup Ferdinand Stibor. (ČTK)

Pohřeb patriarchy Církve českomoravské (nyní Církev československá husitská) Gustava A. Procházky, krematorium hlavního města Prahy, Schwerinova třída (nyní Vinohradská), 13. únor 1942. (ČTK)

Den německé policie, Německý dům (nyní Slovanský dům), ulice Na Příkopě, Praha, 13. únor 1942. (ČTK)

Státní tajemník u říšského protektora SS-Gruppenführer Karl H. Frank při vybírání příspěvků na 3. válečné WHW, Praha, 15. únor 1942. (ČTK)

PROTEKTORÁT ČECHY A MORAVA

Koncert Vládního vojska Protektorátu Čechy a Morava, velký sál Lucerny, Štěpánská ulice, Praha, 16. únor 1942. (NA)

Koncert Vládního vojska Protektorátu Čechy a Morava, velký sál Lucerny, Štěpánská ulice, Praha, 16. únor 1942. Na balkoně zprava: ministr zemědělství a lesnictví Adolf Hrubý, přednosta KSP Augustin A. Popelka, vrchní vládní rada SS-Sturmbannführer Robert Gies, zmocněnec říšské branné moci u říšského protektora gen. Rudolf Toussaint, státní tajemník u říšského protektora SS-Gruppenführer Karl H. Frank a předseda protektorátní vlády a ministr spravedlnosti Jaroslav Krejčí. Po Krejčího pravici budoucí velitel SiPo a SD v protektorátu SS-Standartenführer Erwin Weinmann, osobní tajemník ministra Moravce František Stuchlík a ministr školství a vedoucí Úřadu lidové osvěty Emanuel Moravec. Za Toussaintem generální inspektor Vládního vojska Protektorátu Čechy a Morava gen. Jaroslav Eminger. (NA)

1942

FOTO NAHOŘE VLEVO:
Ministr školství a vedoucí Úřadu lidové osvěty Emanuel Moravec (vpravo) přijal – u příležitosti jeho 70. narozenin – hudebního skladatele, folkloristu a sběratele lidových písní Karla Weise, Kolowratský palác, Valdštejnská ulice, Praha, 17. únor 1942. (ČTK)

FOTO NAHOŘE VPRAVO:
Doprovodný program k přednášce Herberta Hiebsche, významného muzikologa, hudebního kritika a odborníka na hudbu geniálního rakouského skladatele Antona Brucknera, ale také příslušníka Oddělení IV (Kulturní politika) Úřadu říšského protektora. Hiebsch přednášel o kulturních cílech NSDAP, Německý dům (nyní Slovanský dům), ulice Na Příkopě, Praha, 17. únor 1942. (ČTK)

Ministr školství a vedoucí Úřadu lidové osvěty Emanuel Moravec (vpravo) se svým synem Igorem (uprostřed) na filmovém večeru, velký sál Lucerny, Štěpánská ulice, Praha, 17. únor 1942. (ČTK)

PROTEKTORÁT ČECHY A MORAVA

Představitelé protektorátního tisku při návštěvě instalace výstavy *Sovětský ráj*, Moderní galerie, Staré výstaviště, ulice U Královské obory (nyní U Výstaviště), Praha, 19. únor 1942. (ČTK)

Odjezd oddílu OrPo na frontu, Hybernské nádraží (nyní Masarykovo nádraží), Praha, 19. únor 1942. Vlevo velitel OrPo v protektorátu gen. Paul Riege. (ČTK)

Odjezd oddílu OrPo na frontu, Hybernské nádraží (nyní Masarykovo nádraží), Praha, 19. únor 1942. (ČTK)

1942

Krajský vedoucí NSDAP Karl Adam – následovník Konstantina Höße – při projevu v Novém německém divadle (nyní Státní opera Praha), třída Richarda Wagnera (nyní Wilsonova), Praha, 22. únor 1942. (ČTK)

Výlohy nakladatelství Orbis, Václavské náměstí, Praha, 23. únor 1942. Propagace výstavy *Sovětský ráj*, instalované na Starém výstavišti v Královské oboře. (ČTK)

PROTEKTORÁT ČECHY A MORAVA

FOTA NAHOŘE:
Zahájení her Hitlerjugend, Nové německé divadlo (nyní Státní opera Praha), třída Richarda Wagnera (nyní Wilsonova), 24. únor 1942. (ČTK)

Vstupní prostor výstavy *Sovětský ráj*, Moderní galerie, Staré výstaviště, ulice U Královské obory (nyní U Výstaviště), Praha, 26. únor 1942. Jak je patrné z umělecky vyvedeného „znaku", zásadní nepřátele nacionálního socialismu a hybatele světové revoluce představovaly Kominterna, bolševismus, světové Židovstvo, II. Internacionála a světové svobodné zednářstvo. (ČTK)

1942

Reprezentanti protektorátního tisku na výstavě *Sovětský ráj*, Moderní galerie, Staré výstaviště, ulice U Královské obory (nyní U Výstaviště), Praha, 26. únor 1942. (ČTK)

Výstava *Sovětský ráj*, Staré výstaviště, U Královské obory (nyní U Výstaviště), Praha, 26. únor 1942. Stíhací letoun Polikarpov I-15 a tank KV-2. (ČTK)

Výstava *Sovětský ráj*, Staré výstaviště, ulice U Královské obory (nyní U Výstaviště), Praha, 26. únor 1942. Lehké tanky T-26 (vlevo vz. B-1, vpravo vz. A-2). (ČTK)

PROTEKTORÁT ČECHY A MORAVA

FOTA NAHOŘE:
Výstava *Sovětský ráj*, Moderní galerie, Staré výstaviště, ulice U Královské obory (nyní U Výstaviště), Praha, 26. únor 1942. (ČTK)

Ministr školství a vedoucí Úřadu lidové osvěty Emanuel Moravec (druhý zprava) na obědě se závodním výborem nakladatelství Orbis, Schwerinova třída (nyní Vinohradská), Praha, 26. únor 1942. (ČTK)

1942

Oficiální zahájení výstavy *Sovětský ráj*, Staré výstaviště, ulice U Královské obory (nyní U Výstaviště), Praha, 28. únor 1942. Akce se zúčastnili například státní tajemník u říšského protektora SS-Gruppenführer Karl H. Frank, velitel SiPo a SD v protektorátu SS-Standartenführer Horst Böhme, zmocněnec říšské branné moci u říšského protektora gen. Rudolf Toussaint, velitel OrPo v protektorátu gen. Paul Riege, ministr financí Josef Kalfus, ministr dopravy a techniky Jindřich Kamenický, ministr školství a vedoucí Úřadu lidové osvěty Emanuel Moravec, ministr vnitra Richard Bienert a předseda vlády a ministr spravedlnosti Jaroslav Krejčí. (NA)

Vernisáž výstavy *Sovětský ráj*, Moderní galerie, Staré výstaviště, ulice U Královské obory (nyní U Výstaviště), Praha, 28. únor 1942. V popředí uprostřed státní tajemník u říšského protektora SS-Gruppenführer Karl H. Frank. (NA)

Vernisáž výstavy *Sovětský ráj*, Moderní galerie, Staré výstaviště, ulice U Královské obory (nyní U Výstaviště), Praha, 28. únor 1942. Koutek nakladatelství Orbis. (NA)

PROTEKTORÁT ČECHY A MORAVA

Vernisáž výstavy *Sovětský ráj*, Moderní galerie, Staré výstaviště, ulice U Královské obory (nyní U Výstaviště), Praha, 28. únor 1942. Druhý zprava v popředí státní tajemník u říšského protektora SS-Gruppenführer Karl H. Frank. Po jeho pravici velitel Zbraní SS v protektorátu SS-Gruppenführer Karl von Treuenfeld. (NA)

Vernisáž výstavy *Sovětský ráj*, Moderní galerie, Staré výstaviště, ulice U Královské obory (nyní U Výstaviště), Praha, 28. únor 1942. V popředí druhý zprava státní tajemník u říšského protektora SS-Gruppenführer Karl H. Frank. (ČTK)

Vernisáž výstavy *Sovětský ráj*, Moderní galerie, Staré výstaviště, ulice U Královské obory (nyní U Výstaviště), Praha, 28. únor 1942. Uprostřed státní tajemník u říšského protektora SS-Gruppenführer Karl H. Frank. (NA)

Vernisáž výstavy *Sovětský ráj*, Moderní galerie, Staré výstaviště, ulice U Královské obory (nyní U Výstaviště), Praha, 28. únor 1942. Ministr školství a vedoucí Úřadu lidové osvěty Emanuel Moravec (uprostřed) se synem Igorem (vlevo) a předsedou protektorátní vlády a ministrem spravedlnosti Jaroslavem Krejčím. (NA)

1942

Propagační plakát výstavy *Sovětský ráj*, Praha, 28. únor 1942. (SJBU)

Vernisáž výstavy *Sovětský ráj*, Staré výstaviště, ulice U Královské obory (nyní U Výstaviště), Praha, 28. únor 1942. Státní tajemník u říšského protektora SS-Gruppenführer Karl H. Frank před lehkým tankem BT-7M. Nespornou zajímavostí (a předností) tohoto tanku bylo, že se mohl pohybovat i bez pásů. Za Frankem velitel Zbraní SS v protektorátu SS-Gruppenführer Karl von Treuenfeld. (ČTK)

Vernisáž výstavy *Sovětský ráj*, Staré výstaviště, ulice U Královské obory (nyní U Výstaviště), Praha, 28. únor 1942. V popředí druhý zprava státní tajemník u říšského protektora SS-Gruppenführer Karl H. Frank. (NA)

PROTEKTORÁT ČECHY A MORAVA

Říšský vůdce mládeže Artur Axmann (v popředí) na zimním stadionu, Štvanice, Praha, 1. březen 1942. Po jeho levici státní tajemník u říšského protektora SS-Gruppenführer Karl H. Frank. (ČTK)

Hokejová družstva zdraví před zápasem zimního mistrovství HJ říšského vůdce mládeže Artura Axmanna, zimní stadion, Štvanice, Praha, 1. březen 1942. (ČTK)

Zimní mistrovství HJ, zimní stadion, Štvanice, Praha, 1. březen 1942. (NA)

1942

Nové německé divadlo (nyní Státní opera Praha), třída Richarda Wagnera (nyní Wilsonova), Praha, 1. březen 1942. Slavnostní vyhlašování vítězů zimního mistrovství HJ za účasti říšského vůdce mládeže Artura Axmanna. (NA)

Nové německé divadlo (nyní Státní opera Praha), třída Richarda Wagnera (nyní Wilsonova), Praha, 1. březen 1942. Říšský vůdce mládeže Artur Axmann (vlevo) blahopřeje vítězce zimního mistrovství HJ v krasobruslení. Za pozornost stojí, že této člence BDM podává levou ruku; o pravou paži přišel po těžkém zranění na východní frontě nedlouho po zahájení operace Barbarossa. (NA)

PROTEKTORÁT ČECHY A MORAVA

Ledování na Vltavě, Petrské nábřeží (nyní nábřeží Ludvíka Svobody), Praha, 3. březen 1942. Způsob chlazení piva ledem se v Čechách používal až do konce 20. století ať již v pivovarech, anebo hospodách. Například proslulý plzeňský pivovar Prazdroj, jehož pivo se má uchovávat a podávat o teplotě 7 °C, měl těsně před vznikem protektorátu roční spotřebu přesahující 600 vagonů ledu. (ČTK)

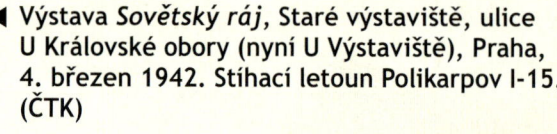

◀ Výstava *Sovětský ráj*, Staré výstaviště, ulice U Královské obory (nyní U Výstaviště), Praha, 4. březen 1942. Stíhací letoun Polikarpov I-15. (ČTK)

Výstava *Sovětský ráj*, Moderní galerie, Staré výstaviště, ulice U Královské obory (nyní U Výstaviště), Praha, 4. březen 1942. (ČTK)

Výstava *Sovětský ráj*, Moderní galerie, Staré výstaviště, ulice U Královské obory (nyní U Výstaviště), Praha, 4. březen 1942. Návštěvníci na tanku KV-2. (ČTK)

1942

FOTO NAHOŘE VLEVO:
Zkouška hudby OrPo, Nové německé divadlo (nyní Státní opera Praha), třída Richarda Wagnera (nyní Wilsonova), Praha, 4. březen 1942. (ČTK)

FOTO NAHOŘE VPRAVO:
Předseda protektorátní vlády a ministr spravedlnosti Jaroslav Krejčí (uprostřed) při přijetí členů Pražského kvarteta, jednoho z nejvýznamnějších českých komorních souborů své doby, Strakova akademie, ulice Pod Letnou (nyní nábřeží Edvarda Beneše), 6. březen 1942. Zleva: Ladislav Černý, Herbert Berger, Josef Šimandl a Alexandr Plocek. (ČTK)

Večer na rozloučenou s branně povinnými studenty německých vysokých škol, Langemarckhaus, Beethovenova ulice (nyní Opletalova), Praha, 6. březen 1942. Při projevu posádkový velitel říšské branné moci v Praze plk. Arthur von Briesen. (ČTK)

PROTEKTORÁT ČECHY A MORAVA

Propagace výstavy *Sovětský ráj*, instalované v prostorách Moderní galerie na Starém výstavišti v Královské oboře. Výloha jednoho z pražských obchodů, 7. březen 1942. (ČTK) ▶

Propagace výstavy *Sovětský ráj*, instalované v prostorách Moderní galerie na Starém výstavišti v Královské oboře. Výloha jednoho z pražských obchodů, 7. březen 1942. Nápis informuje o tom, že níže vystavené jsou „ukořistěné sovětsko-ruské zbraně". (ČTK)

Výstava *Sovětský ráj*, instalovaná v prostorách ▶ Starého výstaviště v Královské oboře, byla přístupná od 28. února do 29. března 1942, denně od 9.00 do 21.00. Ukazovala chudobu, bídu, zpustlost a všeobecnou zaostalost Sovětského svazu. Setkala se se značnou pozorností a navštívilo ji více než 200 000 zájemců. Vstupní brána Starého výstaviště, ulice U Královské obory (nyní U Výstaviště), Praha, 7. březen 1942. (ČTK)

1942

Říšský komisař a župní vedoucí Říšské župy Sudety Konrad Henlein (v popředí druhý zprava) na výstavě *Sovětský ráj*, Staré výstaviště, ulice U Královské obory (nyní U Výstaviště), Praha, 7. březen 1942. (ČTK)

Slavnostní vzpomínka 10. výročí procesu s představiteli Volkssportu, sudetoněmecké nacionalistické organizace, která kopírovala náplň a činnost SA. Ačkoliv její představitelé byli usvědčeni z rozsáhlé protistátní činnosti, udělené tresty odnětí svobody byly neadekvátní. Budova Vrchního zemského soudu v Praze, Soudní náměstí (nyní náměstí Hrdinů), 7. březen 1942. V popředí zleva: vládní prezident SS-Brigadeführer Hans Krebs (účastník procesu), říšský komisař a župní vedoucí Říšské župy Sudety Konrad Henlein a státní tajemník u říšského protektora SS-Gruppenführer Karl H. Frank. (ČTK)

Slavnostní schůze Ústředního pracovního výboru českých dělníků a soukromých zaměstnanců za účasti členů protektorátní vlády, Sladkovského sál Obecního domu, Hybernské náměstí (nyní náměstí Republiky), Praha, 11. březen 1942. (ČTK)

PROTEKTORÁT ČECHY A MORAVA

Nové německé divadlo (nyní Státní opera Praha), třída Richarda Wagnera (nyní Wilsonova ulice), Praha, 15. březen 1942. Slavnostní výzdoba u příležitosti 3. výročí vzniku Protektorátu Čechy a Morava. (ČTK)

Slavnostní výzdoba u příležitosti 3. výročí vzniku Protektorátu Čechy a Morava, Celetná ulice, Praha, 15. březen 1942. (ČTK)

Slavnostní výzdoba výlohy knihkupectví u příležitosti 3. výročí vzniku Protektorátu Čechy a Morava, Václavské náměstí, Praha, 15. březen 1942. (ČTK)

Ministr školství a vedoucí Úřadu lidové osvěty Emanuel Moravec při projevu k 3. výročí vzniku Protektorátu Čechy a Morava, Národní divadlo, Vítězná (nyní Národní třída), Praha, 15. březen 1942. (ČTK)

1942

Státní prezident Emil Hácha na oslavách 3. výročí vzniku Protektorátu Čechy a Morava, Národní divadlo, Vítězná (nyní Národní třída), Praha, 15. březen 1942. Po Háchově levici generální inspektor Vládního vojska Protektorátu Čechy a Morava gen. Jaroslav Eminger. Vedle státního prezidenta předseda protektorátní vlády a ministr spravedlnosti Jaroslav Krejčí, za ním politický referent KSP Josef Kliment a ministr dopravy a techniky Jindřich Kamenický. (ČTK)

Šéf RSHA, zastupující říšský protektor SS-Obergruppenführer a generál policie Reinhard Heydrich při projevu k 3. výročí vzniku Protektorátu Čechy a Morava, Nové německé divadlo (nyní Státní opera Praha), třída Richarda Wagnera (nyní Wilsonova ulice), Praha, 15. březen 1942. (ČTK)

PROTEKTORÁT ČECHY A MORAVA

Nové německé divadlo (nyní Státní opera Praha), třída Richarda Wagnera (nyní Wilsonova ulice), Praha, 15. březen 1942. Oslava 3. výročí vzniku Protektorátu Čechy a Morava se konala za účasti špiček okupačního režimu a významných hostů. Přítomni byli např. zmocněnec říšské branné moci u říšského protektora Rudolf Toussaint, říšský komisař a župní vedoucí Říšské župy Sudety Konrad Henlein, šéf RSHA, zastupující říšský protektor SS-Obergruppenführer a generál policie Reinhard Heydrich, župní vedoucí Říšské župy Dolní Podunají SS-Gruppenführer Hugo Jury (první řada čestné lóže zprava), velitel OrPo v protektorátu gen. Paul Riege, státní podtajemník u říšského protektora SA-Brigadeführer Kurt von Burgsdorff a státní tajemník u říšského protektora SS-Gruppenführer Karl H. Frank (druhá řada čestné lóže). (ČTK)

Slavnostní koncert České filharmonie v čele s dirigentem Rafaelem Kubelíkem k 3. výročí vzniku Protektorátu Čechy a Morava, Smetanova síň Obecního domu, Hybernské náměstí (nyní náměstí Republiky), Praha, 15. březen 1942. (ČTK)

Schůze Českého národně-sociálního tábora – Vlajky u příležitosti 3. výročí vzniku Protektorátu Čechy a Morava, velký sál Lucerny, Štěpánská ulice, Praha, 16. březen 1942. Při projevu vedoucí ČNST Jan Rys-Rozsévač. (ČTK)

1942

Schůze ČNST u příležitosti 3. výročí vzniku Protektorátu Čechy a Morava, velký sál Lucerny, Štěpánská ulice, Praha, 16. březen 1942. Při projevu vedoucí ČNST Jan Rys-Rozsévač. (ČTK)

Slavnostní zasedání BDM, Rudolfinum, Dvořákovo nábřeží (nyní Alšovo nábřeží), Praha, 17. březen 1942. Při projevu šéf RSHA, zastupující říšský protektor SS-Obergruppenführer a generál policie Reinhard Heydrich. (ČTK)

Slavnostní zasedání BDM, Rudolfinum, Dvořákovo nábřeží (nyní Alšovo nábřeží), Praha, 17. březen 1942. Vzorný německý pozdrav vůči šéfovi RSHA, zastupujícímu říšskému protektorovi SS-Obergruppenführerovi a generálu policie Reinhardu Heydrichovi. (ČTK)

Slavnostní zasedání BDM, Rudolfinum, Dvořákovo nábřeží (nyní Alšovo nábřeží), Praha, 17. březen 1942. Třetí zprava v první řadě šéf RSHA, zastupující říšský protektor SS-Obergruppenführer a generál policie Reinhard Heydrich po pravici s manželkou Linou. (NA)

PROTEKTORÁT ČECHY A MORAVA

◀ Krajský vedoucí NSDAP Karl Adam za řečnickým pultem na schůzi NSDAP, Německý dům (nyní Slovanský dům), ulice Na Příkopě, 22. březen 1942. (ČTK)

Zástupce Velkého jeruzalémského muftího Mohameda Amína al-Husajního (uprostřed), Vltavské nábřeží (nyní Smetanovo nábřeží), Praha, 22. březen 1942. Al-Husajní, arabský nacionalista a muslimský vůdce, byl vůdčí postavou odporu proti sionismu a fanatický odpůrce Židů. Při setkání s Vůdcem Adolfem Hitlerem a říšským vůdcem SS a šéfem německé policie Heinrichem Himmlerem v listopadu 1941 v Berlíně udělil Vůdci titul „čestný muslim" a sám obdržel titul „čestný Árijec". Obě strany následně konstatovaly absolutní shodu cílů arabského nacionalismu a nacionálního socialismu: zásadní eliminaci židovského etnika. Al-Husajní byl současně Heinrichem Himmlerem jmenován SS-Gruppenführerem. (ČTK)

Oslava 350. výročí narození Jana A. Komenského, Žofín, Praha, 23. březen 1942. (ČTK)

1942

Ministr školství a vedoucí Úřadu lidové osvěty Emanuel Moravec zahajuje výstavu malíře Karla Rélinka *Židobolševismus – metla světa*, pavilon Spolku výtvarných umělců Myslbek, ulice Na Příkopě, Praha, 25. březen 1942. Ve stejnokroji vedoucí skupiny 3 (Rozhlas, tisk) v Oddělení IV Úřadu říšského protektora, vládní rada SS-Hauptsturmführer Wolfgang W. von Wolmar. Po jeho pravici osobní tajemník ministra Moravce František Stuchlík. (ČTK)

Státní prezident Emil Hácha (druhý zleva) na výstavě *Sovětský ráj*, Moderní galerie, Staré výstaviště, ulice U Královské obory (nyní U Výstaviště), Praha, 25. březen 1942. Po Háchově levici ministr školství a vedoucí Úřadu lidové osvěty Emanuel Moravec. V pozadí osobní tajemník ministra Moravce František Stuchlík. (ČTK)

Státní prezident Emil Hácha (třetí zleva) na výstavě *Sovětský ráj*, Moderní galerie, Staré výstaviště, ulice U Královské obory (nyní U Výstaviště), Praha, 25. březen 1942. Po Háchově levici ministr školství a vedoucí Úřadu lidové osvěty Emanuel Moravec. (ČTK)

Státní prezident Emil Hácha (v popředí) na výstavě *Sovětský ráj*, Staré výstaviště, U Královské obory (nyní U Výstaviště), Praha, 25. březen 1942. Bezprostředně za ním ministr školství a vedoucí Úřadu lidové osvěty Emanuel Moravec. (ČTK)

PROTEKTORÁT ČECHY A MORAVA

Pohřeb prvního velitele Bezpečnostní policie (SiPo) a Bezpečnostní služby (SD) v protektorátu a velitele SiPo a SD Říšského komisariátu Ostland SS-Brigadeführera Franze W. Stahleckera, Pražský hrad, 26. březen 1942. Stahlecker byl jako velitel Operační skupiny A přímo zodpovědný za smrt téměř 250 000 Židů v Litvě, Estonsku, Lotyšsku, Bělorusku a Rusku. (ČTK)

Pohřeb prvního velitele SiPo a SD v protektorátu a velitele SiPo a SD Říšského komisariátu Ostland SS-Brigadeführera Franze W. Stahleckera, Pražský hrad, 26. březen 1942. Poslední poctu padlému spolubojovníkovi vzdává šéf RSHA, zastupující říšský protektor SS-Obergruppenführer a generál policie Reinhard Heydrich, kterého by v tomto okamžiku jistě nenapadlo, že o pouhé dva měsíce později bude na Pražském hradě vystavena i jeho rakev. (ČTK)

1942

FOTO NAHOŘE VLEVO:
Pohřeb prvního velitele SiPo a SD v protektorátu a velitele SiPo a SD Říšského komisariátu Ostland SS-Brigadeführera Franze W. Stahleckera, Pražský hrad, 26. březen 1942. Při projevu šéf RSHA, zastupující říšský protektor SS-Obergruppenführer a generál policie Reinhard Heydrich. (ČTK)

FOTO NAHOŘE VPRAVO:
Pohřeb prvního velitele SiPo a SD v protektorátu a velitele SiPo a SD Říšského komisariátu Ostland SS-Brigadeführera Franze W. Stahleckera, II. nádvoří Pražského hradu, 26. březen 1942. Vdova a děti zemřelého v doprovodu šéfa RSHA, zastupujícího říšského protektora SS-Obergruppenführera a generála policie Reinharda Heydricha. (ČTK)

Rakev prvního velitele SiPo a SD v protektorátu a velitele SiPo a SD Říšského komisariátu Ostland SS-Brigadeführera Franze W. Stahleckera je vynášena z Pražského hradu, I. hradní nádvoří, 26. březen 1942. (ČTK)

PROTEKTORÁT ČECHY A MORAVA

Rakev prvního velitele SiPo a SD v protektorátu a velitele SiPo a SD Říšského komisariátu Ostland SS-Brigadeführera Franze W. Stahleckera je vynášena z Pražského hradu, Hradčanské náměstí, 26. březen 1942. (ČTK)

Poslední pocta padlému prvnímu veliteli SiPo a SD v protektorátu a veliteli SiPo a SD Říšského komisariátu Ostland SS-Brigadeführerovi Franzi W. Stahleckerovi SiPo a SD Říšského komisariátu Ostland. Německý pozdrav sirotků, vdovy a šéfa RSHA, zastupujícího říšského protektora SS-Obergruppenführera a generála policie Reinharda Heydricha, Hradčanské náměstí, Praha, 26. březen 1942. (ČTK)

Delegace Moravských Slováků u ministra školství a vedoucího Úřadu lidové osvěty Emanuela Moravce, Kolowratský palác, Valdštejnská ulice, Praha, 26. březen 1942. (ČTK)

Státní prezident Emil Hácha (v popředí) na členské výstavě Spolku výtvarných umělců Mánes, Riegrovo nábřeží (nyní Masarykovo nábřeží), Praha, 28. březen 1942. (ČTK)

1942

Den branné moci,
Německý dům (nyní Slovanský dům),
ulice Na Příkopě, Praha,
28. březen 1942. (ČTK)

FOTO DOLE VLEVO:
Den branné moci,
Staroměstské náměstí,
Praha, 29. březen 1942.
Akce „Jídlo z jednoho hrnce". (ČTK)

FOTO DOLE VPRAVO:
Den branné moci,
Staroměstské náměstí,
Praha, 29. březen 1942.
„Jídlo z jednoho hrnce".
Usmívající se generál je zmocněnec říšské branné moci u říšského protektora, Rudolf Toussaint. (ČTK)

PROTEKTORÁT ČECHY A MORAVA

Den branné moci, Staroměstské náměstí, Praha, 29. březen 1942. Akce „Jídlo z jednoho hrnce". (ČTK)

Propagandistický plakát Říšského ministerstva lidové osvěty a propagandy, které ústy svého ministra Josepha Goebbelse upozorňovalo na úlohu černého, podloudného obchodu a roli Židů v něm, duben 1942. (VÚA/VHA Praha)

Immer dieselben!!!

Thema: Juden, Schwarze Börse und Schleichhandel.

Der Sturm veranlaßte den ehemaligen Chefredakteur des „Daily Expreß" Beverly Baxter zu der „Bitte" an die Leiter der jüdischen Gemeinde, für die das englische Unterhaus, wie er wörtlich erklärte, immer eine historische Freundschaft und Achtung gehegt habe, ihre Stammesgenossen besser zu überwachen, denn aus den Urteilssprüchen der Gerichte in Schleichhandelsprozessen habe sogar die britische Öffentlichkeit die Auffassung gewonnen, daß das jüdische Element an der „Schwarzen Börse" vorherrscht und besonders jüdische Emigranten hier ihre Verluste jenseits des Kanals wieder hereinbringen wollen.

Im englischen Unterhaus kam es vor kurzem zu einer sogenannten „Sturmsitzung" — Das bedeutet für uns nichts Neues, denn wir kennen unsere alten Freunde. Wie toll sie es jetzt bei den Engländern treiben, davon kann man sich höchstens dadurch einen Begriff machen, daß es selbst den Dilettanten im englischen Unterhaus auffällt.
Wir aber wissen noch ganz genau, wem wir den November 1918 und die darauffolgende Leidenszeit verdanken. Es war eine furchtbare Schule, durch die das deutsche Volk gehen mußte, bis es das Gift in seinem Volkskörper erkannt hat. Schiebertum, Schleichhandel und Verbrechen jeder Art waren schon immer die Meilensteine des jüdischen Weges durch Völker und Geschichte.
Deshalb hat die deutsche Staatsführung fürsorglich die Juden mit dem gelben Davidstern ausgezeichnet, damit sie nicht wieder unter altgewohnter Tarnung im Trüben fischen und uns einen zweiten Dolchstoß versetzen können.
Auch dieser Krieg ist ein Werk des Judentums!

Daß ihm für immer sein verbrecherisches Handwerk gelegt wird, auch dafür kämpft heute das Deutsche Volk!

Ministr školství a vedoucí Úřadu lidové osvěty Emanuel Moravec při přebírání Kolowratského paláce, bývalého sídla vlády, Valdštejnská ulice, Praha, 2. duben 1942. První zleva generální ředitel nakladatelství Orbis Franz F. Rudl, druhý zprava osobní tajemník ministra Moravce František Stuchlík. (ČTK)

FOTO DOLE VLEVO:
Předseda protektorátní vlády a ministr spravedlnosti Jaroslav Krejčí (druhý zprava) na výstavě *Zotavení a pohostinství v Čechách a na Moravě*, Uměleckoprůmyslové museum, Sanytrová ulice (nyní 17. listopadu), Praha, 2. duben 1942. (ČTK)

FOTO DOLE VPRAVO:
Průvodčí v pražské tramvaji, 2. duben 1942. (ČTK)

PROTEKTORÁT ČECHY A MORAVA

◀ Svatební tramvaj, Korunní ulice, Praha, 6. duben 1942. (ČTK)

Novomanželé před svatební tramvají, Korunní ulice, Praha, 6. duben 1942. Za pozornost stojí informační tabulky po obou stranách dveří: „Židům vstup zakázán". (ČTK)

Biskup Gorazd (vlevo) s farářem Václavem Čiklem před pravoslavným kostelem sv. Karla Boromejského (nyní sv. Cyrila a Metoděje), Resslova ulice, Praha, 6. duben 1942. Oba muži se podíleli na ukrývání příslušníků československých parašutistů vyslaných do protektorátu exilovou vládou, včetně příslušníků desantu Anthropoid, kteří uskutečnili atentát na šéfa RSHA, zastupujícího říšského protektora SS-Obergruppenführera a generála policie Reinharda Heydricha. Gorazd i Čikl zaplatili za svou odvahu životem. (ČTK)

Účastníci mše v pravoslavném kostele sv. Karla Boromejského (nyní sv. Cyrila a Metoděje), Resslova ulice, Praha, 6. duben 1942. (ČTK)

1942

Regierungspolizeibehörde in Kladno.

Zahl: 881 präs.   Kladno, den 7. April 1942.

Fahndung.

Zwei unbekannte Männer zerschlugen mit einem Steine am 1. März 1942 um 23.30 Uhr die Glasscheibe des Aushängekästchens der Ortsgruppe der NSDAP Kladno in der Riegerstrasse in Kladno.

Der Verdacht richtet sich gegen zwei Männer, welche zu dieser Zeit im angeheitertem Zustande bei dem Kästchen vorbeigegangen sind und wie folgt beschrieben werden:

Der eine Mann ist etwa 24 bis 25 Jahre alt, 170 bis 175 cm gross, von stärkerer Gestalt und gesunden Aussehens, bekleidet mit einem langen dunkelblauen Winterrock mit Gürtel, einem weissen Tüchel am Halse und mit einem Hut (sogen. Diplomat) dunkelblauer oder schwarzer Farbe,

der andere etwas schwächer, ausgelebt, ungefähr desselben Alters und Grösse, mit einem langen Winterrock dunkler Farbe aus gekasteltem sogen. englischen Stoffe und schwarzem Hute.

Die beiden zechten vorher in der Unternehmung „Redute" in Kladno.

Die Bevölkerung wird aufgefordert, der Regierungspolizeibehörde in Kladno zweckdienliche Angaben über die Identität der oben Beschriebenen zu machen, damit die Täter einer verdienten Strafe zugeführt werden könnten.

Die angaben werden fallsweise vertraulich behandelt.

Der Polizeileiter:
Polizeirat: **Dr. K. Horna,** Policejní správce,
Policejní rada.

Vládní policejní úřad v Kladně.

Čís. 881 pres.   Kladno, dne 7. dubna 1942.

Pátrání.

Dva neznámí muži rozbili dne 1. března 1942 o 23.30 hodině kamenem sklo vývěsní skříňky Ortsgruppe der NSDAP Kladno v Riegrově třídě v Kladně.

Podezřelí jsou dva muži, kteří šli v uvedenou dobu kolem skříňky a byli podnapilí. Jejich popis:

Jeden muž jest 24-25letý, 170-175 cm vysoký, statnější postavy a zdravého vzezření, oblečen v dlouhý tmavomodrý zimník s páskem, na krku měl bílý šátek, klobouk tmavomodrý nebo černý t. zv. „diplomat",

druhý muž poněkud slabší postavy, vyžilý, asi stejného stáří i velikosti, oblečen v dlouhý tmavý zimník, kostkovaný, z t. zv. anglické látky, černý klobouk.

Oba před tím popíjeli v podniku „Reduta" v Kladně.

Obecenstvo se vybízí, aby oznámilo vládnímu policejnímu úřadu v Kladně vše, co by mohlo přivésti na podkladě uvedeného popisu k vypátrání pachatelů, aby mohli býti po zásluze potrestáni.

Došlá udání budou případně projednávána důvěrně.

Vyhláška policejního rady Horny o pátrání po mužích, kteří poškodili vývěsní skříňku NSDAP, Kladno, 7. duben 1942. (VÚA/VHA Praha)

Odjezd ministra školství a vedoucího Úřadu lidové osvěty Emanuela Moravce (druhý zleva) na sjezd Unie národních sdružení novinářů do Benátek, Praha hlavní nádraží, třída Richarda Wagnera (nyní Wilsonova ulice), 7. duben 1942. Po Moravcově pravici ředitel agentury Centropress, novinář a spisovatel Václav Fiala, po levici osobní ministrův tajemník František Stuchlík. Zcela vpravo přední aktivistický novinář, šéfredaktor *Ranního Českého slova* Václav Crha. (ČTK)

Odjezd ministra školství a vedoucího Úřadu lidové osvěty Emanuela Moravce (vpravo) na sjezd Unie národních sdružení novinářů do Benátek, Praha hlavní nádraží, třída Richarda Wagnera (nyní Wilsonova ulice), 7. duben 1942. Po Moravcově pravici šéfredaktor *Ranního Českého slova* Václav Crha. (ČTK)

PROTEKTORÁT ČECHY A MORAVA

Návrat ministra školství a vedoucího Úřadu lidové osvěty Emanuela Moravce (uprostřed) ze sjezdu Unie národních sdružení novinářů v Benátkách, Praha hlavní nádraží, třída Richarda Wagnera (nyní Wilsonova ulice), 15. duben 1942. Vlevo v popředí generální ředitel nakladatelství Orbis Franz F. Rudl. (ČTK)

FOTA DOLE:
Šéf RSHA, zastupující říšský protektor SS-Obergruppenführer a generál policie Reinhard Heydrich (uprostřed) s doprovodem představitelů SD při slavnostním zahájení Říšské školy SD, Korunní třída, Praha, 16. duben 1942. (ČTK)

1942

Šéf RSHA, zastupující říšský protektor SS-Obergruppenführer a generál policie Reinhard Heydrich (třetí zleva) s doprovodem představitelů SD při slavnostním zahájení Říšské školy SD, Korunní třída, Praha, 16. duben 1942. (ČTK)

Šéf RSHA, zastupující říšský protektor SS-Obergruppenführer a generál policie Reinhard Heydrich (v první řadě uprostřed) při slavnostním zahájení Říšské školy SD, Korunní třída, Praha, 16. duben 1942. (ČTK)

„Dar českého národa bojující Říši" – 412 m dlouhý sanitní vlak o 28 vagonech, který do rukou zastupujícího říšského protektora SS-Obergruppenführera a generála policie Reinharda Heydricha slavnostně předal státní prezident Emil Hácha v předvečer Dne narození Vůdce, Praha hlavní nádraží, 19. duben 1942.(SJČ)

PROTEKTORÁT ČECHY A MORAVA

◀ V předvečer Dne narození Vůdce státní prezident Emil Hácha (vlevo, otočen zády) slavnostně předal do rukou šéfa RSHA, zastupujícího říšského protektora SS-Obergruppenführera a generála policie Reinharda Heydricha (uprostřed) sanitní vlak – „Dar českého národa bojující Říši", Praha hlavní nádraží, třída Richarda Wagnera (nyní Wilsonova ulice), 19. duben 1942. Po Heydrichově pravici státní tajemník u říšského protektora SS-Gruppenführer Karl H. Frank, po levici zmocněnec říšské branné moci u říšského protektora gen. Rudolf Toussaint. V doprovodu dále např.: velitel SiPo a SD v protektorátu SS-Standartenführer Horst Böhme nebo nový vedoucí Oddělení IV (Kulturní politika) Úřadu říšského protektora SS-Sturmbannführer Martin P. Wolf. (ČTK)

V předvečer Dne narození Vůdce státní prezident ▶ Emil Hácha (druhý zleva) slavnostně předal do rukou šéfa RSHA, zastupujícího říšského protektora SS-Obergruppenführera a generála policie Reinharda Heydricha (uprostřed) sanitní vlak – „Dar českého národa bojující Říši", Praha hlavní nádraží, třída Richarda Wagnera (nyní Wilsonova ulice), 19. duben 1942. Zleva: předseda protektorátní vlády a ministr spravedlnosti Jaroslav Krejčí, ministr školství a vedoucí Úřadu lidové osvěty Emanuel Moravec (v zákrytu) a přednosta KSP Augustin A. Popelka. Za Heydrichem státní tajemník u říšského protektora SS-Gruppenführer Karl H. Frank a zmocněnec říšské branné moci u říšského protektora gen. Rudolf Toussaint. (ČTK)

◀ Slavnostní předání sanitního vlaku – „Daru českého národa bojující Říši", Praha hlavní nádraží, třída Richarda Wagnera (nyní Wilsonova ulice), 19. duben 1942. Zleva: šéf RSHA, zastupující říšský protektor SS-Obergruppenführer a generál policie Reinhard Heydrich, státní prezident Emil Hácha, státní tajemník u říšského protektora SS-Gruppenführer Karl H. Frank a vedoucí Oddělení III (Doprava) Úřadu říšského protektora a sekční šéf ministerstva dopravy, ministerský rada Walter Danco. Za Heydrichem a Háchou zmocněnec říšské branné moci u říšského protektora gen. Rudolf Toussaint, za Frankem ministr dopravy a techniky Jindřich Kamenický. (ČTK)

Slavnostní předání sanitního vlaku – „Daru českého národa bojující Říši", Praha hlavní nádraží, třída Richarda Wagnera (nyní Wilsonova ulice), Praha, 19. duben 1942. Státní prezident Emil Hácha a šéf RSHA, zastupující říšský protektor SS-Obergruppenführer a generál policie Reinhard Heydrich při prohlídce interiéru soupravy. Vlevo v zákrytu státní tajemník u říšského protektora SS-Gruppenführer Karl H. Frank, po jeho levici vedoucí Oddělení III (Doprava) Úřadu říšského protektora a sekční šéf ministerstva dopravy, ministerský rada Walter Danco. (ČTK)

Slavnostní předání sanitního vlaku – „Daru českého národa bojující Říši", Praha hlavní nádraží, třída Richarda Wagnera (nyní Wilsonova ulice), Praha, 19. duben 1942. Státní prezident Emil Hácha (vpravo) a šéf RSHA, zastupující říšský protektor SS-Obergruppenführer a generál policie Reinhard Heydrich (druhý zleva) při prohlídce interiéru soupravy. Po Heydrichově pravici vedoucí Oddělení III (Doprava) Úřadu říšského protektora a sekční šéf ministerstva dopravy, ministerský rada Walter Danco, po levici pak zmocněnec říšské branné moci u říšského protektora gen. Rudolf Toussaint a státní tajemník u říšského protektora SS-Gruppenführer Karl H. Frank. Za nimi (ve dveřích) ministr dopravy a techniky Jindřich Kamenický. (ČTK)

Odjezd státního prezidenta Emila Háchy (uprostřed) ze slavnostního předání sanitního vlaku – „Daru českého národa bojující Říši" do rukou šéfa RSHA, zastupujícího říšského protektora SS-Obergruppenführera a generála policie Reinharda Heydricha, Praha hlavní nádraží, třída Richarda Wagnera (nyní Wilsonova ulice), 19. duben 1942. Vlevo ministr dopravy a techniky Jindřich Kamenický. Po Háchově levici ministr vnitra Richard Bienert a předseda protektorátní vlády a ministr spravedlnosti Jaroslav Krejčí. (ČTK)

PROTEKTORÁT ČECHY A MORAVA

FOTO NAHOŘE VLEVO:
Slavnostní pochod jednotky příslušníků Zbraní SS ke slavnostnímu střídání stráží na Pražském hradě v předvečer Dne narození Vůdce, ulice U Kadetky (nyní Na Valech), Praha, 19. duben 1942. V pozadí kasárna Adolfa Hitlera (nyní Ministerstvo obrany České republiky). (ČTK)

FOTO NAHOŘE VPRAVO:
Slavnostní pochod jednotky příslušníků Zbraní SS ke střídání stráží na Pražském hradě v předvečer Dne narození Vůdce, Hradčanské náměstí, Praha, 19. duben 1942. (ČTK)

Slavnostní střídání stráží Zbraní SS v předvečer Dne narození Vůdce, Pražský hrad, I. hradní nádvoří, 19. duben 1942. (ČTK)

FOTO NA STR. 511 DOLE:
Vyhláška primátora Aloise Říhy a náměstka primátora SA-Standartenführera Josefa Pfitznera o povinném očkování dětí z Prahy I-XIX proti pravým neštovicím, 20. duben 1942. Vyhláška mj. nařizuje, aby: „Každý očkovanec byl čistě umyt a opatřen čistým tělním prádlem." Ve vakcinaci dětí proti pravým neštovicím navazoval protektorát na praxi Československé republiky, kde byla uzákoněna již v roce 1919. (SVK)

1942

Slavnostní přijímání německých chlapců a dívek do HJ a BDM v předvečer Dne narození Vůdce, velký sál Lucerny, Štěpánská ulice, Praha, 19. duben 1942. (ČTK)

Slavnostní představení opery Richarda Wagnera Lohengrin u příležitosti Dne narození Vůdce za účasti státního prezidenta Emila Háchy a protektorátní vlády, Národní divadlo, Vítězná třída (nyní Národní třída), 19. duben 1942. (ČTK)

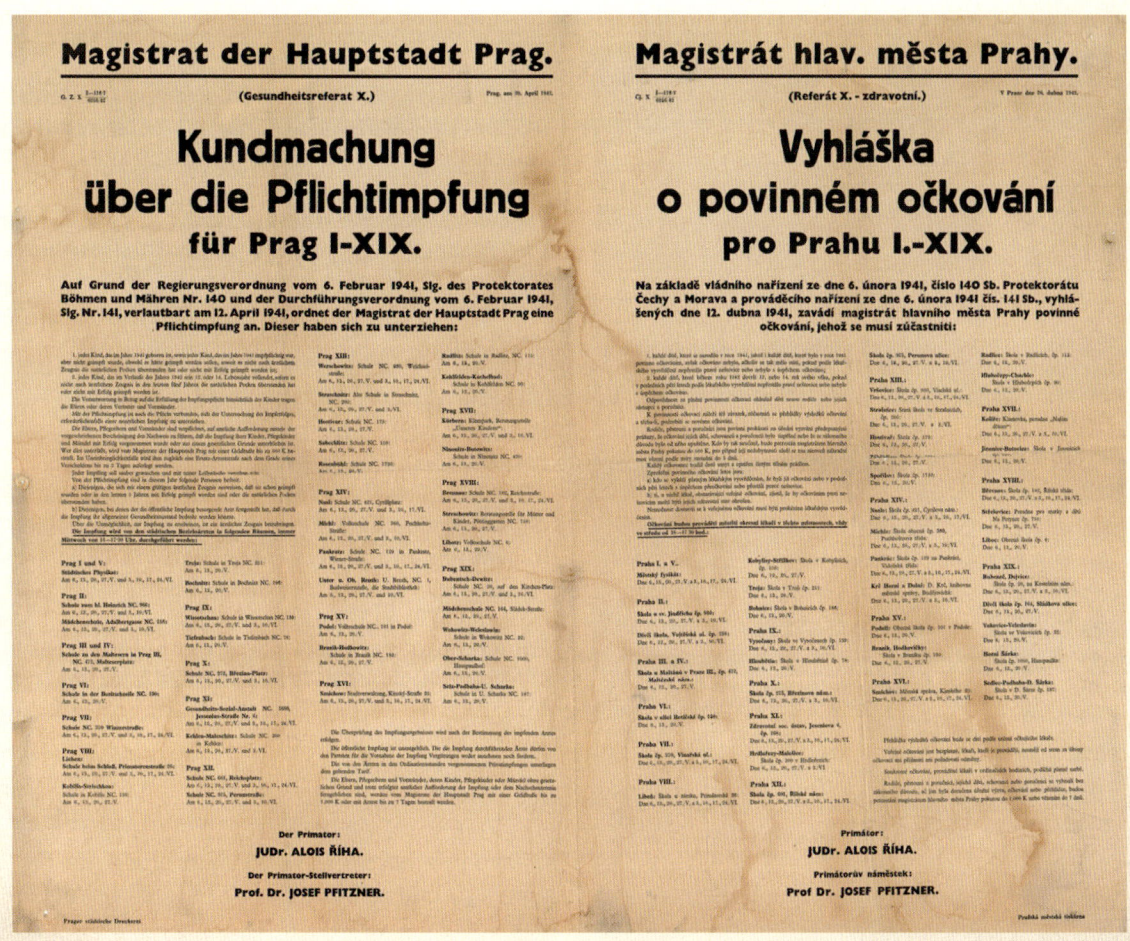

PROTEKTORÁT ČECHY A MORAVA

Pochod SA standarty 52 u příležitosti Dne Vůdcova narození, Václavské náměstí, Praha, 20. duben 1942. Pochodu se evidentně zúčastnili i členové NSDAP (muži s prapory). (ČTK)

Oslava Dne narození Vůdce, Staroměstské náměstí, Praha, 20. duben 1942. Příslušníci SA standarty 52 a HJ. (ČTK)

FOTO NA STR. 513 NAHOŘE VLEVO:
Diváci před vchodem do fotbalového stadionu AC Sparta, nároží ulic U Sparty a Letenské (nyní Milady Horákové), Praha, 1. květen 1942. (ČTK)

FOTO NA STR. 513 NAHOŘE VPRAVO:
Diváci před bočním vchodem do fotbalového stadionu AC Sparta, ulice U Sparty, Praha, 1. květen 1942. Za pozornost stojí nápisy „Židům nepřístupno". (ČTK)

FOTO NA STR. 513 DOLE VLEVO:
Diváci ve vchodu do fotbalového stadionu AC Sparta, kteří přišli na utkání mezi AC Sparta a SK Olomouc ASO, Letenská ulice (nyní Milady Horákové), Praha, 1. květen 1942. (ČTK)

FOTO NA STR. 513 DOLE VPRAVO:
Pohled na zcela zaplněnou tribunu fotbalového stadionu AC Sparta, 1. květen 1942. (ČTK)

Oslava Dne narození Vůdce, Staroměstské náměstí, Praha, 20. duben 1942. Příslušníci SA standarty 52. (ČTK)

1942

PROTEKTORÁT ČECHY A MORAVA

Oslavy Svátku práce, Vrchlického sady, Praha, 1. květen 1942. Koncert hudby luftwaffe. (ČTK)

Oslavy Svátku práce, Německé stavovské divadlo (nyní Stavovské divadlo), Ovocný trh, Praha, 1. květen 1942. Představení pro dělníky zbrojních továren. V lóži vlevo pod znakem Německé pracovní fronty (DAF) ministr práce a hospodářství SS-Brigadeführer Walter Bertsch. (ČTK)

Oslavy Svátku práce, Václavské náměstí, Praha, 1. květen 1942. Koncert hudby protektorátní policie. (ČTK)

U příležitosti oslavy Svátku práce promítalo kino Lucerna pro dělníky film *Muži nestárnou*, Štěpánská ulice, Praha, 2. květen 1942. Diváci před pokladnou kina. (ČTK)

Pohřeb četnického strážmistra Františka Ometáka, Mutějovice, 4. květen 1942. Ometák zahynul v přestřelce s parašutistou desantu Zinc Arnoštem Mikšem 30. dubna. Mikš vážně postřelil ještě druhého četníka a sám těžce zraněn spáchal sebevraždu. Protektorátní propaganda učinila z Ometáka mučedníka; jeho pohřbu se účastnili představitelé protektorátní vlády. Okupační správa jej „vyznamenala" tím, že jeho rakev nebyla zahalena v protektorátní, ale říšské vlajce. (ČTK)

FOTO DOLE VLEVO:
Pohřeb četnického strážmistra Františka Ometáka, Mutějovice, 4. květen 1942. Cesta na hřbitov v doprovodu čestné stráže. (ČTK)

FOTO DOLE VPRAVO:
Pohřeb četnického strážmistra Františka Ometáka, Mutějovice, 4. květen 1942. Ve druhé řadě zprava: ministr školství a vedoucí Úřadu lidové osvěty Emanuel Moravec, ministr vnitra Richard Bienert a velitel OrPo v protektorátu gen. Paul Riege. Zcela vlevo generální velitel četnictva gen. Josef Rejf, za Moravcem jeho osobní tajemník František Stuchlík. Dalšími účastníky byli zástupci OrPo, NSDAP, SS, SA a české uniformované policie. (ČTK)

PROTEKTORÁT ČECHY A MORAVA

Propagační plakát Úrazové pojišťovny dělnické pro Čechy v Praze – „Den úrazové zábrany", 8. květen 1942. (VÚA/VHA Praha)

1942

FOTO NAHOŘE VLEVO:
Někteří z představitelů protektorátní vlády u ministra školství a vedoucího Úřadu lidové osvěty Emanuela Moravce (druhý zprava), Kolowratský palác, Valdštejnská, Praha, 8. květen 1942. Třetí zleva předseda vlády a ministr spravedlnosti Jaroslav Krejčí, po jeho levici ministr vnitra Richard Bienert. Uprostřed ministr práce a hospodářství SS-Brigadeführer Walter Bertsch s manželkou; vedle něj ministr financí Josef Kalfus. Po Moravcově levici jeho osobní tajemník František Stuchlík. (ČTK)

FOTO NAHOŘE VPRAVO:
Návštěva některých představitelů protektorátní vlády u ministra školství a vedoucího Úřadu lidové osvěty Emanuela Moravce, Kolowratský palác, Valdštejnská ulice, Praha, 8. květen 1942. Moravec (druhý zleva) v rozhovoru s ministrem práce a hospodářství SS-Brigadeführerem Walterem Bertschem (druhý zprava). Zcela vpravo ministr financí Josef Kalfus, zcela vlevo Moravcův osobní tajemník František Stuchlík. V průhledu uprostřed ministr vnitra Richard Bienert. (ČTK)

Bohoslužba v pravoslavném kostele sv. Karla Boromejského (nyní sv. Cyrila a Metoděje), Resslova ulice, Praha, 10. květen 1942. (ČTK)

PROTEKTORÁT ČECHY A MORAVA

◀ Slavnostní shromáždění pražského krajského vedení NSDAP k 180. výročí narození filozofa Johanna G. Fichteho, žáka Immanuela Kanta, Nové německé divadlo (nyní Státní opera Praha), třída Richarda Wagnera (nyní Wilsonova ulice), Praha, 10. květen 1942. Při projevu vedoucí školitel pražského krajského vedení NSDAP Franz Meltzer. (ČTK)

Slavnostní přejmenování Rašínova nábřeží ▶ na nábřeží Karla Lažnovského, aktivistického novináře a šéfredaktora *Českého slova*, jenž 10. října 1941 podlehl následkům atentátu, který na něj a další špičky novinářského aktivismu podnikl tehdejší předseda protektorátní vlády Alois Eliáš. Mezi přítomnými lze nalézt např. generálního ředitele nakladatelství Orbis Franze F. Rudla, šéfredaktora *Večerního Českého slova* Karla Wernera, primátora Aloise Říhu, politického referenta KSP Josefa Klimenta, ministra vnitra Richarda Bienerta, vedoucího skupiny 3 (Rozhlas, tisk) v Oddělení IV Úřadu říšského protektora, vládního radu SS-Hauptsturmführera Wolfganga W. von Wolmara, předsedu protektorátní vlády a ministra spravedlnosti Jaroslava Krejčího, vedoucího Oddělení IV (Kulturní politika) Úřadu říšského protektora SS-Sturmbannführera Martina P. Wolfa nebo ministra školství a vedoucího Úřadu lidové osvěty Emanuela Moravce. Praha, 13. květen 1942. (ČTK)

Slavnostní přejmenování Rašínova nábřeží ▶ na nábřeží Karla Lažnovského, aktivistického novináře a šéfredaktora *Českého slova*, Praha, 13. květen 1942. Při projevu šéfredaktor *Večerního Českého slova* Karel Werner. (ČTK)

1942

Slavnostní přejmenování Rašínova nábřeží na nábřeží Karla Lažnovského, aktivistického novináře a šéfredaktora *Českého slova*, Praha, 13. květen 1942. V první řadě zleva: vedoucí skupiny 3 (Rozhlas, tisk) v Oddělení IV Úřadu říšského protektora, vládní rada SS-Hauptsturmführer Wolfgang W. von Wolmar, primátor Alois Říha, předseda vlády a ministr spravedlnosti Jaroslav Krejčí, vedoucí Oddělení IV (Kulturní politika) Úřadu říšského protektora SS-Sturmbannführer Martin P. Wolf, ministr školství a vedoucí Úřadu lidové osvěty Emanuel Moravec a otec Karla Lažnovského. V pozadí uprostřed ministr vnitra Richard Bienert. (ČTK)

Vyhláška vrchního státního návladního Německého zemského soudu v Praze o popravě Václava Hataše, 14. květen 1942. Pozoruhodný je přetisk data – není jasné, zda šlo o chybu zadavatele, chybu tiskárny anebo o přeložení popravy. (SVK)

Am ■14. Mai 1942 ist der am 30. Juli 1908 in Swol geborene Wenzel Hataš hingerichtet worden, den das Sondergericht in Prag als Volksschädling zum Tode verurteilt hat.

Hataš hat böswillig eine Scheune in Brand gesteckt und dadurch landwirtschaftliche Erzeugnisse vernichtet.

Dne ■14. května 1942 byl popraven Václav Hataš, narozený dne 30. července 1908 ve Zvoli, jehož jako škůdce národa odsoudil Sondergericht in Prag k smrti.

Hataš ze zlomyslnosti zapálil stodolu, čímž zničil zemědělské výrobky.

Der Oberstaatsanwalt
bei dem deutschen Landgericht in Prag.

PROTEKTORÁT ČECHY A MORAVA

FOTO NAHOŘE VLEVO:
Šéf vojenské zpravodajské služby (Abwehr) admirál Wilhelm F. Canaris (uprostřed) přijel do Prahy na pozvání šéfa RSHA, zastupujícího říšského protektora SS-Obergruppenführera a generála policie Reinharda Heydricha (v automobilu), Pražský hrad, 18. květen 1942. (ČTK)

FOTO NAHOŘE VPRAVO:
Šéf vojenské zpravodajské služby admirál Wilhelm F. Canaris (vlevo) a šéf RSHA, zastupující říšský protektor SS-Obergruppenführer a generál policie Reinhard Heydrich (uprostřed), Pražský hrad, 18. květen 1942. (ČTK)

Šéf vojenské zpravodajské služby admirál Wilhelm F. Canaris (uprostřed) v doprovodu šéfa RSHA, zastupujícího říšského protektora SS-Obergruppenführera a generála policie Reinharda Heydricha (druhý zprava) a státního tajemníka u říšského protektora SS-Gruppenführera Karla H. Franka (vlevo), Pražský hrad, 18. květen 1942. (ČTK)

1942

Rudolfova galerie Pražského hradu,
18. květen 1942. V první řadě zprava: šéf
vojenské zpravodajské služby admirál Wilhelm
F. Canaris, velitel Úřadu IV (gestapo) RSHA
SS-Gruppenführer a generál policie Heinrich
Müller a zmocněnec říšské branné moci u říšského
protektora gen. Rudolf Toussaint. Zcela vlevo
velitel SiPo a SD v protektorátu
SS-Standartenführer Horst Böhme. (ČTK)

Rudolfova galerie Pražského hradu,
18. květen 1942. V první řadě zprava: šéf
vojenské zpravodajské služby admirál Wilhelm
F. Canaris, velitel Úřadu IV (gestapo) RSHA
SS-Gruppenführer a generál policie Heinrich
Müller a zmocněnec říšské branné moci u říšského
protektora gen. Rudolf Toussaint. (ČTK)

Schránka na noviny, časopisy a knihy, určené
příslušníkům říšské branné moci na frontě,
Václavské náměstí, Praha, 18. květen 1942. (ČTK)

PROTEKTORÁT ČECHY A MORAVA

◀ Stíhací letoun Avia B-135, letiště Letňany (nyní Praha-Letňany), jaro 1942. První let tohoto nejmodernějšího stíhacího letounu meziválečného Československa se uskutečnil pouhý den před signováním mnichovské dohody. Původně byl konstruován jako ekvivalent Messerschmittu Bf 109E, k jeho dokončení došlo však až za protektorátu. První (a poslední) série v počtu 12 ks byla odprodána do Bulharska. (SVŠ)

Pohled na letecké motory určené k expedici, Avia Letňany (nyní Praha – Letňany), jaro 1942. (SVŠ)

Rudolfinum, Dvořákovo nábřeží (nyní Alšovo nábřeží), Praha, 19. květen 1942. Výběr ze skladeb Ludwiga van Beethovena pod taktovkou dirigenta Franze Adama. (ČTK)

Pražané u novinového stánku, Schwerinova třída ▶ (nyní Vinohradská), 23. květen 1942. (ČTK)

1942

Pražské hudební týdny – koncert na počest hudebního skladatele Richarda B. Heydricha, otce šéfa RSHA, zastupujícího říšského protektora SS-Obergruppenführera a generála policie Reinharda Heydricha, Valdštejnský palác, Valdštejnské náměstí, Praha, 26. květen 1942. Heydrich (uprostřed) s manželkou Linou. (ČTK)

Pražské hudební týdny – koncert na počest hudebního skladatele Richarda B. Heydricha, otce šéfa RSHA, zastupujícího říšského protektora SS-Obergruppenführera a generála policie Reinharda Heydricha, Valdštejnský palác, Valdštejnské náměstí, Praha, 26. květen 1942. Zleva: Karola Franková, státní tajemník u říšského protektora SS-Gruppenführer Karl H. Frank, Lina Heydrichová, Reinhard Heydrich, manželka Rudolfa Toussainta, zmocněnec říšské branné moci u říšského protektora gen. Rudolf Toussaint, Ingeborg, manželka vedoucího Německého filharmonického orchestru Praha Josepha Keilbertha a dirigent Joseph Keilberth. Na konci řady vedoucí Oddělení IV (Kulturní politika) Úřadu říšského protektora SS-Sturmbannführer Martin P. Wolf. (ČTK)

Valdštejnský palác, Valdštejnské náměstí, Praha, 26. květen 1942. Po koncertu na počest hudebního skladatele Richarda B. Heydricha. Šéf RSHA, zastupující říšský protektor SS-Obergruppenführer a generál policie Reinhard Heydrich (vlevo) v rozhovoru s vedoucím Oddělení IV (Kulturní politika) Úřadu říšského protektora SS-Sturmbannführerem Martin P. Wolfem (druhý zleva), státním tajemníkem u říšského protektora SS-Gruppenführerem Karlem H. Frankem (vpravo) a manželkou vedoucího Německého filharmonického orchestru Praha Josepha Keilbertha. (ČTK)

PROTEKTORÁT ČECHY A MORAVA

◀ Valdštejnský palác, Valdštejnské náměstí, Praha, 26. květen 1942. Po koncertu na počest hudebního skladatele Richarda B. Heydricha šéf RSHA, zastupující říšský protektor SS-Obergruppenführer a generál policie Reinhard Heydrich (vlevo) v rozhovoru se členem skupiny 2/7 (Výživa, zemědělství) v Oddělení II Úřadu říšského protektora, vládním radou SS-Oberführerem Fritzem Herrmannem. S pravděpodobností hraničící s jistotou jde zřejmě o poslední snímek Reinharda Heydricha. Do atentátu již v tomto okamžiku zbývaly pouze hodiny. (ČTK)

Zasedání zemských vedoucích Nouzové technické pomoci (TN), Praha, 27. květen 1942. (ČTK) ▶

Mercedes-Benz 320 B Cabriolet šéfa RSHA, zastupujícího říšského protektora SS-Obergruppenführera a generála policie Reinharda Heydricha, nároží ulic Kirchmaierovy (nyní přivaděč mezi ulicemi Zenklova a V Holešovičkách) a V Holešovičkách, Praha-Libeň, 27. květen 1942. Pečlivě vybrané místo pro atentát na třetího muže Třetí říše. Provedli jej českoslovenští vojáci – členové desantu Anthropoid – Jan Kubiš a Josef Gabčík, vyslaní z Londýna. Šlo o odvetu za Heydrichem iniciovanou brutální fyzickou likvidaci předních představitelů domácího odboje; zastupující říšský protektor byl smrtelně raněn. Dnes je atentát hodnocen jako jeden z největších činů evropského protinacistického odboje vůbec. (SJČ)

1942

Mercedes-Benz 320 B Cabriolet šéfa RSHA, zastupujícího říšského protektora SS-Obergruppenführera a generála policie Reinharda Heydricha na místě atentátu, nároží ulic Kirchmaierovy (nyní přivaděč mezi ulicemi Zenklova a V Holešovičkách) a V Holešovičkách, Praha-Libeň, 27. květen 1942. (SJČ)

Mercedes-Benz 320 B Cabriolet šéfa RSHA, zastupujícího říšského protektora SS-Obergruppenführera a generála policie Reinharda Heydricha na místě atentátu, nároží ulic Kirchmaierovy (nyní přivaděč mezi ulicemi Zenklova a V Holešovičkách) a V Holešovičkách, Praha-Libeň, 27. květen 1942. Detail poškození vozu. (SJČ)

Mercedes-Benz 320 B Cabriolet šéfa RSHA, zastupujícího říšského protektora SS-Obergruppenführera a generála policie Reinharda Heydricha na místě atentátu, nároží ulic Kirchmaierovy (nyní přivaděč mezi ulicemi Zenklova a V Holešovičkách) a V Holešovičkách, Praha-Libeň, 27. květen 1942. (SJČ)

PROTEKTORÁT ČECHY A MORAVA

BEKANNTMACHUNG

1. Am 27. V. 1942 wurde auf den Stellvertretenden Reichsprotektor, SS-Obergruppenführer Heydrich, in Prag ein Attentat verübt. Für die Ergreifung der Täter wird eine

Belohnung von 10 Millionen Kronen

ausgesetzt. Wer die Täter beherbergt oder ihnen Hilfe leistet oder von ihrer Person oder ihrem Aufenthalt Kenntnis hat und keine Anzeige erstattet, wird mit seiner gesamten Familie erschossen.

2. Über den Oberlandratbezirk Prag wird mit der Verkündung dieser Bekanntmachung durch den Rundfunk der zivile Ausnahmezustand verhängt. Folgende Maßnahmen werden angeordnet:

a) Ausgehverbot für die gesamte Zivilbevölkerung vom 27. V., 21 Uhr, bis 28. 5., 6 Uhr.
b) Für die gleiche Zeit werden sämtliche Gaststätten, Lichtspielhäuser, Theater, öffentliche Vergnügungsstätten und der gesamte öffentliche Verkehr gesperrt.
c) Wer trotz dieses Verbotes sich in der angegebenen Zeit auf der Straße zeigt, wird erschossen, wenn er auf einmaligen Anruf nicht stehen bleibt.
d) Weitere Maßnahmen bleiben vorbehalten und werden gegebenfalls durch Rundfunk veröffentlicht.

Prag, am 27. Mai 1942.

Der Höhere SS- und Polizeiführer
beim Reichsprotektor
in Böhmen und Mähren
gez. K. H. Frank.

VYHLÁŠKA

1. Dne 27. května 1942 byl v Praze spáchán atentát na Zastuoujícího říšského protektora SS-Obergruppenführera Heydricha. Na dopadení pachatelů se vypisuje

odměna 10 milionů K.

Každý, kdo pachatele přechovává anebo jim poskytuje pomoc, anebo má vědomost o jejich osobě anebo o jejich pobytu a neoznámí to, bude zastřelen s celou svou rodinou.

2. Nad okresem Oberlandrata v Praze se vyhlašuje oznámením této zprávy v rozhlase civilní výjimečný stav. Nařizuji se tato opatření:

a) zákaz vycházeti z domů pro veškeré civilní obyvatelstvo od 27. května 21. hodiny až do 28. května 6. hodiny;
b) na tutéž dobu se uzavírají veškeré hostince, biografy, divadla a veřejné zábavní podniky a zastavuje se veškerá veřejná doprava;
c) kdo se přes tento zákaz v uvedené době objeví na ulici, bude zastřelen, nezůstane-li stát na první výzvu;
d) další opatření jsou vyhražena a v případě potřeby budou oznámena rozhlasem.

Praha, 27. května 1942.

Vyšší vedoucí SS a policie
u říšského protektora v Čechách
a na Moravě
podepsán K. H. Frank.

1942

> Dálnopis říšského vůdce SS a šéfa německé policie Heinricha Himmlera určený státnímu tajemníkovi u říšského protektora SS-Gruppenführerovi Karlu H. Frankovi, který se po atentátu na šéfa RSHA a zastupujícího říšského protektora SS-Obergruppenführera Reinharda Heydricha stal de facto hlavou protektorátu, Praha, 27. květen 1942. Himmler Frankovi nařídil, aby zajistil 10 000 Čechů z řad opoziční inteligence a z vybraných nejdůležitějších nechal bezprostředně „ještě dnes v noci" 100 zastřelit. (NA)

FOTO NA STR. 526 NAHOŘE:
Vyhláška státního tajemníka u říšského protektora SS-Gruppenführera a vyššího vedoucího SS a policie Karla H. Franka o atentátu na šéfa RSHA, zastupujícího říšského protektora SS-Obergruppenführera a generála policie Reinharda Heydricha, kterou byl v Praze zaveden civilní výjimečný stav a vypsána odměna na dopadení pachatelů ve výši 10 mil. korun, Praha, 27. květen 1942. (SVK)

FOTO NA STR. 526 DOLE:
Druhá, doplňující vyhláška státního tajemníka u říšského protektora SS-Gruppenführera a vyššího vedoucího SS a policie Karla H. Franka o atentátu na šéfa RSHA, zastupujícího říšského protektora SS-Obergruppenführera a generála policie Reinharda Heydricha, Praha, 27. květen 1942. (SVK)

PROTEKTORÁT ČECHY A MORAVA

Mercedes-Benz 320 B Cabriolet šéfa RSHA, zastupujícího říšského protektora SS-Obergruppenführera a generála policie Reinharda Heydricha na místě atentátu, nároží ulic Kirchmaierovy (nyní přivaděč mezi ulicemi Zenklova a V Holešovičkách) a V Holešovičkách, Praha-Libeň, 28. květen 1942. Rekonstrukce gestapa, které při vyšetřování místa činu určovalo mj. i přesné postavení tramvaje č. 3 (trať Kobylisy–Pankrác) v době výbuchu bomby. (SJČ)

Titulní strana *Večerního Českého slova*, Praha, 28. květen 1942. (SJBU)

FOTO NA STR. 528 DOLE:
Třetí, nejpodrobnější vyhláška státního tajemníka u říšského protektora SS-Gruppenführera a vyššího vedoucího SS a policie Karla H. Franka o atentátu na šéfa RSHA, zastupujícího říšského protektora SS-Obergruppenführera a generála policie Reinharda Heydricha, Praha, 28. květen 1942.
Mj. specifikovala předměty, které byly nalezeny na místě činu a odkazovala na jejich vystavení ve výloze Baťova paláce obuvi na Václavském náměstí. (SVK)

PROTEKTORÁT ČECHY A MORAVA

Věci po „pachatelích" atentátu na šéfa RSHA, zastupujícího říšského protektora SS-Obergruppenführera a generála policie Reinharda Heydricha, byly prozkoumány příslušnými specialisty gestapa a od rána dne 28. května 1942 vystaveny ve výloze Baťova paláce obuvi na Václavském náměstí. (ČTK)

Zájem o vystavené předměty „pachatelů" atentátu na šéfa RSHA, zastupujícího říšského protektora SS-Obergruppenführera a generála policie Reinharda Heydricha byl obrovský. Výloha Baťova paláce obuvi, Václavské náměstí, Praha, 28. květen 1942. (ČTK)

Vyhláška vedoucího Řídící úřadovny gestapa Praha SS-Standartenführera Hanse U. Geschkeho o pátrání po příslušníku desantu Silver A Josefu Valčíkovi, která vypisuje 100 000 K na jeho dopadení, Praha, 28. květen 1942. (VÚA/VHA Praha)

1942

Na základě vyhlášky státního tajemníka u říšského protektora SS-Gruppenführera Karla H. Franka o atentátu na šéfa RSHA, zastupujícího říšského protektora SS-Obergruppenführera a generála policie Reinharda Heydricha ze dne 28. května 1942 bylo dosud policejně nehlášeným osobám z celého protektorátu nařízeno se neprodleně přihlásit. Oznamovací povinnost se vztahovala i na majitele domů a hotelů. Neuposlechnutí tohoto nařízení se trestalo smrtí. Nával zájemců o přihlášení před policejní stanicí, Pivovarská zahrada (nyní Sobotecká ulice), Praha, 29. květen 1942. (ČTK)

Dne 30. května 1942 byl výkonem funkce zastupujícího říšského protektora pověřen šéf OrPo, SS-Oberstgruppenführer a generál policie Kurt Daluege (druhý zprava), který vzápětí přijal státního prezidenta Emila Háchu (druhý zleva) a protektorátní vládu. Černínský palác – ÚŘP (nyní Ministerstvo zahraničních věcí České republiky), Loretánské náměstí, Praha. Vpravo státní tajemník u říšského protektora SS-Gruppenführer Karl H. Frank. (ČTK)

PROTEKTORÁT ČECHY A MORAVA

Dne 30. května 1942 byl výkonem funkce zastupujícího říšského protektora pověřen šéf OrPo, SS-Oberstgruppenführer a generál policie Kurt Daluege (uprostřed), který vzápětí přijal státního prezidenta Emila Háchu (vlevo) a protektorátní vládu. Černínský palác – ÚŘP (nyní Ministerstvo zahraničních věcí České republiky), Loretánské náměstí, Praha. Vpravo státní tajemník u říšského protektora SS-Gruppenführer Karl H. Frank. (ČTK)

Přijetí protektorátní vlády šéfem OrPo, zastupujícím říšským protektorem SS-Oberstgruppenführerem a generálem policie Kurtem Daluegem, Černínský palác – ÚŘP (nyní Ministerstvo zahraničních věcí České republiky), Loretánské náměstí, Praha, 30. květen 1942. Zleva: ministr zemědělství a lesnictví Adolf Hrubý, ministr vnitra Richard Bienert, předseda vlády a ministr spravedlnosti Jaroslav Krejčí, ministr práce a hospodářství SS-Brigadeführer Walter Bertsch, ministr školství a vedoucí Úřadu lidové osvěty Emanuel Moravec, ministr dopravy a techniky Jindřich Kamenický a ministr financí Josef Kalfus. (ČTK)

Vyhláška předsedy protektorátní vlády a ministra spravedlnosti Jaroslava Krejčího a ministra vnitra Richarda Bienerta, kterou vláda vypsala odměnu dalších 10 mil. korun na dopadení pachatelů atentátu na šéfa RSHA, zastupujícího říšského protektora SS-Obergruppenführera a generála policie Reinharda Heydricha. Hlavním iniciátorem nebyl nikdo jiný než český nacionální socialista – ministr školství a vedoucí Úřadu lidové osvěty Emanuel Moravec, Praha, 30. květen 1942. (VÚA/VHA Praha)

Výzva generálního ředitele Škodových závodů Adolfa Vamberského a prezidenta závodní rady Škodových závodů Wilhelma Vosse k podávání zlepšovacích návrhů, návrhů na urychlení a zdokonalení výroby a úspory surovin, Plzeň, 30. květen 1942. (AŠP)

PROTEKTORÁT ČECHY A MORAVA

Zvýšený zájem o tisk ve dnech po atentátu na šéfa RSHA, zastupujícího říšského protektora SS-Obergruppenführera a generála policie Reinharda Heydricha, Václavské náměstí, Praha, 31. květen 1942. (ČTK)

Vyhláška Stanného soudu v Praze o popravě třinácti osob, které se provinily proti civilnímu výjimečnému stavu, Praha, 31. květen 1942. (SVK)

Das Standgericht Prag hat mit Urteil vom 31. Mai 1942 zum Tode durch Erschiessen verurteilt:

1. **Kusý Josef,** geb. 17. II. 1909, wohnhaft in Bleichen,
2. **Minařík Josef,** geb. 18. IV. 1914, wohnhaft in Halaun, Bezirk Beraun,
3. **Staněk Josef,** geb. 19. III. 1912, wohnhaft Rostok, Bezirk Rakonitz,
4. **Svoboda Josef,** Sodawasserfabrikant, geb. 23. X. 1885, wohnhaft Schlan,
5. **Svobodová** geb. **Hájková Irena,** geb. 27. XII. 1912, wohnhaft Prag-XIV,
6. **Mašek František,** geb. 8. VIII. 1899, wohnhaft Libochowitz,
7. **Vyšata Václav,** geb. 15. XI. 1909, wohnhaft Eiwan, Bezirk Raudnitz,
8. **Kalaš Oldřich,** geb. 28. V. 1912, wohnhaft Libochowitz,
9. **Bruna Zdeněk,** geb. 25. III. 1917, wohnhaft Libochowitz,
10. **Klegr Vlastimil,** geb. 27. I. 1900, wohnhaft Theresienstadt,
11. **Kugler Jan,** geb. 10. III. 1913, wohnhaft Theresienstadt,
12. **Olehla Mojmír,** Student, geb. 16. III. 1917, wohnhaft Bauschowitz,
13. **Beran Jaroslav,** geb. 1. I. 1911, wohnhaft Bauschowitz.

Die Verurteilten haben polizeilich nicht gemeldeten Personen, die an reichsfeindlichen Handlungen beteiligt sind, bewusst Unterschlupf gewährt oder haben die öffentliche Ordnung und Sicherheit und den Arbeitsfrieden gestört oder gefährdet. Das Urteil wurde am 31. Mai 1942 vollstreckt. Das Vermögen der Verurteilten wurde eingezogen.

Prag, am 31. Mai 1942.

Standgericht Prag.

Rozsudkem stanného soudu v Praze ze dne 31. května 1942 byli odsouzeni k smrti zastřelením:

1. **Kusý Josef,** nar. 17. II. 1909, bytem v Bělči,
2. **Minařík Josef,** nar. 18. IV. 1914, bytem v Halouni, okres Beroun,
3. **Staněk Josef,** nar. 19. III. 1912, bytem v Roztokách, okres Rakovník,
4. **Svoboda Josef,** majitel továrny na sodovky, nar. 23. X. 1885, bytem ve Slaném,
5. **Svobodová** roz. **Hájková Irena,** nar. 27. XII. 1912, bytem v Praze-XIV,
6. **Mašek František,** nar. 8. VIII. 1899, bytem v Libochovicích,
7. **Vyšata Václav,** nar. 15. XI. 1909, bytem v Evani, okres Roudnice,
8. **Kalaš Oldřich,** nar. 28. V. 1912, bytem v Libochovicích,
9. **Bruna Zdeněk,** nar. 25. III. 1917, bytem v Libochovicích,
10. **Klegr Vlastimil,** nar. 27. I. 1900, bytem v Terezíně,
11. **Kugler Jan,** nar. 10. III. 1913, bytem v Terezíně,
12. **Olehla Mojmír,** student, nar. 16. III. 1917, bytem v Bohušovicích,
13. **Beran Jaroslav,** nar. 11. I. 1911, bytem v Bohušovicích.

Odsouzení poskytovali úkryt osobám policejně nehlášeným, které měly účast na činech nepřátelských Říši, nebo rušili a ohrožovali veřejný klid, bezpečnost a pracovní mír. Rozsudek byl dne 31. května 1942 vykonán. Jmění odsouzených bylo zabaveno.

V Praze, 31. května 1942.

Stanný soud v Praze.

1942

Zvýšený zájem o tisk ve dnech po atentátu na šéfa RSHA, zastupujícího říšského protektora SS-Obergruppenführera a generála policie Reinharda Heydricha, Václavské náměstí, Praha, 31. květen 1942. (ČTK)

Trubači hudby říšské branné moci, kteří zahájili koncert v Královské zahradě Pražského hradu, Mariánské hradby, 31. květen 1942. (ČTK)

Koncert hudby říšské branné moci, Královská zahrada Pražského hradu, Mariánské hradby, 31. květen 1942. (ČTK)

Koncert hudby říšské branné moci, Královská zahrada Pražského hradu, Mariánské hradby, 31. květen 1942. Uprostřed v popředí šéf OrPo, zastupující říšský protektor SS-Oberstgruppenführer a generál policie Kurt Daluege, po jeho pravici státní tajemník u říšského protektora SS-Gruppenführer Karl H. Frank, po levici pak Karola Franková, zmocněnec říšské branné moci u říšského protektora gen. Rudolf Toussaint a velitel Zbraní SS v protektorátu SS-Gruppenführer Karl von Treuenfeld. (ČTK)

PROTEKTORÁT ČECHY A MORAVA

Das Standgericht Prag hat mit Urteil vom 1. Juni 1942 zum

Tode durch Erschiessen

verurteilt:

1. **Heřmanská**, geb. **Haklová Marie**,
   geb. 25. I. 1908, wohnhaft Brotzan, Bezirk Raudnitz,

2. **Mikula Josef**,
   geb. 26. II. 1871, wohnhaft Brotzan,

3. **Mikulová**, geb. **Ryclová Terezie**,
   geb. 14. I. 1868, wohnhaft Brotzan,

4. **Mikula Josef**,
   geb. 19. IX. 1907, wohnhaft Brotzan,

5. **Mikulová Blažena**,
   geb. 5. I. 1905, wohnhaft Brotzan,

6. **Černý Zdeněk**,
   geb. 9. IX. 1925, wohnhaft Rakonitz.

Die Verurteilten haben polizeilich nicht gemeldeten Personen, die an reichsfeindlichen Handlungen beteiligt waren, bewusst Unterschlupf gewährt, oder haben in der Öffentlichkeit zur Unterstützung des Attentates aufgefordert und das Attentat gutgeheissen, oder haben die öffentliche Ordnung und Sicherheit gestört und gefährdet. Das Urteil wurde am 1. Juni 1942 vollstreckt. Das Vermögen der Verurteilten wurde eingezogen.

Prag, am 1. Juni 1942.

Standgericht Prag.

Rozsudkem stanného soudu v Praze ze dne 1. června 1942 byli

odsouzeni **k smrti zastřelením**:

1. **Heřmanská**, roz. **Haklová Marie**,
   nar. 25. I. 1908, bytem v Brozanech, okres Roudnice,

2. **Mikula Josef**,
   nar. 26. II. 1871, bytem v Brozanech,

3. **Mikulová**, roz. **Ryclová Terezie**,
   nar. 14. I. 1868, bytem v Brozanech,

4. **Mikula Josef**,
   nar. 19. IX. 1907, bytem v Brozanech,

5. **Mikulová Blažena**,
   nar. 5. I. 1905, bytem v Brozanech,

6. **Černý Zdeněk**,
   nar. 9. IX. 1925, bytem v Rakovníku.

Odsouzení poskytovali úkryt osobám policejně nehlášeným, které měly účast na činech nepřátelských Říši, nebo veřejnost k podpoře atentátu vybízeli a tento schvalovali a tím veřejný pořádek a klid rušili a ohrožovali. Rozsudek byl dne 1. června 1942 vykonán. Jmění odsouzených bylo zabaveno.

V Praze, 1. června 1942.

Stanný soud v Praze.

Manifestace věrnosti Říši, Staroměstské náměstí, Praha, 2. červen 1942. (ČTK)

Manifestace věrnosti Říši, Staroměstské náměstí, Praha, 2. červen 1942. Příchod členů protektorátní vlády. V popředí zleva ministr vnitra Richard Bienert, předseda vlády a ministr spravedlnosti Jaroslav Krejčí, ministr školství a vedoucí Úřadu lidové osvěty Emanuel Moravec. Za nimi: ministr dopravy a techniky Jindřich Kamenický, ministr financí Josef Kalfus a ministr zemědělství a lesnictví Adolf Hrubý. Za Hrubým osobní tajemník ministra Moravce František Stuchlík. (ČTK)

FOTO NA STR. 536 NAHOŘE VLEVO:
Královská zahrada Pražského hradu, Mariánské hradby, 31. květen 1942. Šéf OrPo, zastupující říšský protektor SS-Oberstgruppenführer a generál policie Kurt Daluege (druhý zprava) v rozhovoru se státním tajemníkem u říšského protektora SS-Gruppenführerem Karlem H. Frankem (uprostřed) a zmocněncem říšské branné moci u říšského protektora gen. Rudolfem Toussaintem. Vpravo Karola Franková. (ČTK)

FOTO NA STR. 536 NAHOŘE VPRAVO:
Vzpomínka na největší námořní střet první světové války – bitvu u Skagerraku, Nové německé divadlo (nyní Státní opera Praha), třída Richarda Wagnera (nyní Wilsonova ulice), Praha, 31. květen 1942. (ČTK)

FOTO NA STR. 536 DOLE:
Vyhláška Stanného soudu v Praze o popravě šesti osob, které se provinily proti civilnímu výjimečnému stavu, Praha, 1. červen 1942. (SVK)

PROTEKTORÁT ČECHY A MORAVA

Manifestace věrnosti Říši, Staroměstské náměstí, Praha, 2. červen 1942. Druhý zleva v první řadě ministr školství a vedoucí Úřadu lidové osvěty Emanuel Moravec. Po jeho levici: ministr dopravy a techniky Jindřich Kamenický, primátor Alois Říha, ministr vnitra Richard Bienert, ministr zemědělství a lesnictví Adolf Hrubý, ministr financí Josef Kalfus a osobní tajemník ministra Moravce František Stuchlík. (ČTK)

Manifestace věrnosti Říši, Staroměstské náměstí, Praha, 2. červen 1942. Za řečnickým pultem předseda vlády a ministr spravedlnosti Jaroslav Krejčí. (ČTK)

Manifestace věrnosti Říši, Staroměstské náměstí, Praha, 2. červen 1942. Hlavním řečníkem se stal ministr školství a vedoucí Úřadu lidové osvěty Emanuel Moravec. Za ním zprava: ministr financí Josef Kalfus, ministr zemědělství a lesnictví Adolf Hrubý, ministr vnitra Richard Bienert, primátor Alois Říha, předseda vlády a ministr spravedlnosti Jaroslav Krejčí a ministr dopravy a techniky Jindřich Kamenický. (ČTK)

Manifestace věrnosti Říši, Staroměstské náměstí, Praha, 2. červen 1942. (ČTK)

1942

Vyhláška vrchního státního návladního Německého zemského soudu v Praze o popravě devatenácti osob, které se provinily proti civilnímu výjimečnému stavu, Praha, 3. červen 1942. (VÚA/VHA Praha)

Manifestace věrnosti Říši – zaměstnanci Úřadu lidové osvěty na dvoře ministerstva školství, Kolowratský palác, Valdštejnská ulice, Praha, 3. červen 1942. Za řečnickým pultem vedoucí Oddělení IV (Kulturní politika) Úřadu říšského protektora SS-Sturmbannführer Martin P. Wolf, po jeho pravici ministr školství a vedoucí Úřadu lidové osvěty Emanuel Moravec. (ČTK)

PROTEKTORÁT ČECHY A MORAVA

FOTO NAHOŘE VLEVO:
Manifestace věrnosti Říši – zaměstnanci Úřadu lidové osvěty na dvoře ministerstva školství, Kolowratský palác, Valdštejnská ulice, Praha, 3. červen 1942. Nalevo od říšské orlice ministr školství a vedoucí Úřadu lidové osvěty Emanuel Moravec a vedoucí Oddělení IV (Kulturní politika) Úřadu říšského protektora SS-Sturmbannführer Martin P. Wolf. (ČTK)

FOTO NAHOŘE VPRAVO:
Manifestace věrnosti Říši – zaměstnanci Úřadu lidové osvěty na dvoře ministerstva školství, Kolowratský palác, Valdštejnská ulice, Praha, 3. červen 1942. (ČTK)

Šéf RSHA, zastupující říšský protektor SS-Obergruppenführer a generál policie Reinhard Heydrich podlehl následkům atentátu v ranních hodinách dne 4. června 1942. Pietní vzpomínka v Presseklubu (nyní Autoklub České republiky), Beethovenova ulice (nyní Opletalova), Praha. K přítomným zástupcům tisku hovoří vedoucí skupiny 3 (Rozhlas, tisk) v Oddělení IV Úřadu říšského protektora, vládní rada SS-Hauptsturmführer Wolfgang W. von Wolmar. (ČTK)

1942

Chirurgický pavilon (nyní Pavilon MUDr. B. Budína), Nemocnice města Prahy Na Bulovce (nyní Nemocnice Na Bulovce), 5. červen 1942. Rakev šéfa RSHA, zastupujícího říšského protektora SS-Obergruppenführera a generála policie Reinharda Heydricha byla zahalena do vlajky SS ozdobené ocelovou přilbou a čestným kordem SS a střežena čestnou stráží SS. (ČTK)

FOTO DOLE VLEVO:
Rakev šéfa RSHA, zastupujícího říšského protektora SS-Obergruppenführera a generála policie Reinharda Heydricha před chirurgickým pavilonem (nyní pavilon MUDr. B. Budína), Nemocnice města Prahy Na Bulovce (nyní Nemocnice Na Bulovce), 5. červen 1942. (ČTK)

FOTO DOLE VPRAVO:
Rakev šéfa RSHA, zastupujícího říšského protektora SS-Obergruppenführera a generála policie Reinharda Heydricha při nakládání na dělovou lafetu před chirurgickým pavilonem (nyní Pavilon MUDr. B. Budína), Nemocnice města Prahy Na Bulovce (nyní Nemocnice Na Bulovce), 5. červen 1942. (ČTK)

PROTEKTORÁT ČECHY A MORAVA

◀ Rakev šéfa RSHA, zastupujícího říšského protektora SS-Obergruppenführera a generála policie Reinharda Heydricha při nakládání na dělovou lafetu před chirurgickým pavilonem (nyní Pavilon MUDr. B. Budína), Nemocnice města Prahy Na Bulovce (nyní Nemocnice Na Bulovce), 5. červen 1942. (ČTK)

Těžký tahač SdKfz 8 s rakví šéfa RSHA, zastupujícího říšského protektora SS-Obergruppenführera a generála policie Reinharda Heydricha před III. (interním) pavilonem Nemocnice města Prahy Na Bulovce (nyní Nemocnice Na Bulovce), 5. červen 1942. (ČTK)

Prostranství před chirurgickým pavilonem (nyní Pavilon MUDr. B. Budína), Nemocnice města Prahy Na Bulovce (nyní Nemocnice Na Bulovce), 5. červen 1942. Převozu rakve šéfa RSHA, zastupujícího říšského protektora SS-Obergruppenführera a generála policie Reinharda Heydricha na Pražský hrad se mj. účastnili šéf OrPo, zastupující říšský protektor SS-Oberstgruppenführer a generál policie Kurt Daluege (druhý zleva) a státní tajemník u říšského protektora SS-Gruppenführer Karl H. Frank (po jeho levici). Zcela vlevo velitel OrPo v protektorátu gen. Paul Riege, druhý zprava velitel Úřadu V (Boj proti zločinu) RSHA SS-Gruppenführer Arthur Nebe. Za Daluegem velitel SiPo a SD v protektorátu SS-Standartenführer Horst Böhme, za Frankem velitel Zbraní SS v protektorátu SS-Gruppenführer Karl von Treuenfeld. (ČTK)

Těžký tahač SdKfz 8 s rakví šéfa RSHA, zastupujícího říšského protektora SS-Obergruppenführera a generála policie Reinharda Heydricha, Nemocnice města Prahy Na Bulovce (nyní Nemocnice Na Bulovce), 5. červen 1942. (ČTK)

Titulní strana *Lidových novin*, Praha, 5. červen 1942. (SJBU)

Titulní strana *Národního středu*, Praha, 5. červen 1942. (SJBU)

PROTEKTORÁT ČECHY A MORAVA

STANDGERICHT | STANNÝ SOUD

Durch Urteil des Standgerichtes in Prag vom 5. Juni 1942 wurden zum Tode durch Erschiessen verurteilt:

1. **VANĚK** Josef, Redakteur, geb. am 25. V. 1883 in Pohrebatschka, ohne ständigen Wohnsitz, früher in Königgrätz wohnhaft gewesen.

2. **TOŠOVSKY** Rudolf, Schlosser, geb. am 6. IV. 1914 in Tinischt a. d. Adl., wohnhaft gewesen in Tinischt a. d. Adl. „U Dubu" Nr. 698.

3. **HOLÝ** Václav, Kaufmann, geb. 4. IX. 1886 in Nachod, wohnhaft gew. in Königgrätz, Husgasse Nr. 17.

4. **BILINA** Jaroslav, ehem. Bürgermeister in Königinhof a. d. Elbe, geb. 3. III. 1896 in Tschaslau, wohnhaft gew. in Königinhof a. d. Elbe, Elbeufer Nr. 2.

5. **DAVID** Jaroslav, Postangestellter, geb. 26. IX. 1893 in Stangendorf, wohnhaft gew. in Königinhof a. d. Elbe, Nr. 1475.

6. **SUCHÝ** Jaroslav, Arbeiter, geb. 29. IV. 1896 in Slaný, wohn. gew. in Aujezd Nr. 68.

Der unter 1) Verurteilte hat an reichsfeindlichen Handlungen teilgenommen und hielt sich unter falschen Namen unangemeldet verborgen.

Der zu 2) Verurteilte hat eine flüchtige polizeilich nicht gemeldete Person unterstützt und laufend mit ihr in Verbindung gestanden.

Die unter 3)-6) Verurteilten haben an reichsfeindlichen Handlungen teilgenommen und das Attentat auf den stellvertretenden Reichsprotektor gutgeheissen.

Das Vermögen der Verurteilten wurde eingezogen.

Das Urteil wurde am 5. Juni 1942 vollstreckt.

Königgrätz, den 5. Juni 1942.

Standgericht Prag.

Rozsudkem stanného soudu v Praze ze dne 5. června 1942 byli odsouzeni k smrti zastřelením:

1. **VANĚK** Josef, redaktor, nar. 25. V. 1883 v Pohřebačce, bez stálého bydliště, dříve pobytem v Hradci Králové.

2. **TOŠOVSKÝ** Rudolf, zámečník, nar. 6. dubna 1914 v Týništi nad Orlicí, bytem v Týništi n. Orl. „U dubu", č. 698.

3. **HOLÝ** Václav, obchodník, narozen 4. IX. 1886 v Náchodě, bytem v Hradci Králové, Husova 17.

4. **BILINA** Jaroslav, dřív. starosta ve Dvoře Králové n. L., nar. 3. III. 1896 v Čáslavi, bytem ve Dvoře Králové n. Labem, Nábřeží 2.

5. **DAVID** Jaroslav, poštovní zřízenec, nar. 26. IX. 1893 ve Štangendorfu, bytem ve Dvoře Králové n. L. čís. 1475.

6. **SUCHY** Jaroslav, dělník, narozen 29. IV. 1896 ve Slaném, pobytem v Újezdě čís. 68.

Pod čís. 1) odsouzený zúčastnil se činů Říši nepřátelských a skrýval se policejně nepřihlášen pod falešným jménem.

Pod číslem 2) odsouzený skrýval policejně nehlášenou osobu, podporoval jí a byl s ní ve stálém spojení.

Pod čís. 3-6) odsouzení zúčastnili se činů nepřátelských Říši a schvalovali atentát na zastupujícího pana Reichsprotektora.

Majetek odsouzených byl zabaven.

Rozsudek byl vykonán dne 5. června 1942.

Hradec Králové, dne 5. června 1942.

Stanný soud Praha.

Vyhláška Stanného soudu v Praze o popravě šesti osob, které se provinily proti civilnímu výjimečnému stavu, Praha, 5. červen 1942. (VÚA/VHA Praha)

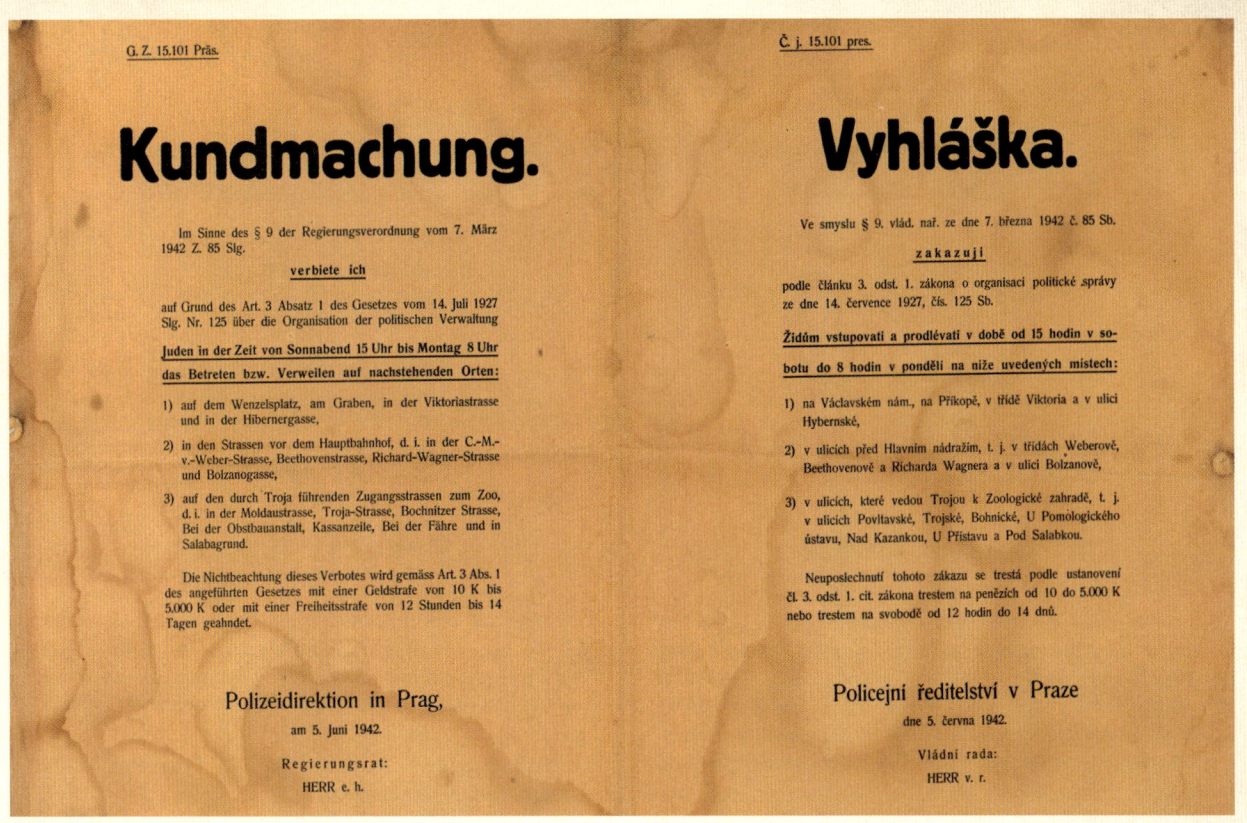

Vyhláška Policejního ředitelství v Praze o omezení pohybu Židů v konkrétních oblastech hlavního města protektorátu, Praha, 5. červen 1942. (SVK)

Vystavená rakev šéfa RSHA, zastupujícího říšského protektora SS-Obergruppenführera a generála policie Reinharda Heydricha, zahalená ve vlajce SS, Pražský hrad, 6. červen 1942. (ČTK)

Vystavená rakev šéfa RSHA, zastupujícího říšského protektora SS-Obergruppenführera a generála policie Reinharda Heydricha, zahalená v říšské služební vlajce, Pražský hrad, 6. červen 1942. (NA)

PROTEKTORÁT ČECHY A MORAVA

Vyhláška Stanného soudu v Praze o popravě čtyř osob, které se provinily proti civilnímu výjimečnému stavu, Praha, 6. červen 1942. (VÚA/VHA Praha)

Přenášení rakve šéfa RSHA, zastupujícího říšského protektora SS-Obergruppenführera a generála policie Reinharda Heydricha ke katafalku, I. nádvoří Pražského hradu, 7. červen 1942. (ČTK)

1942

Ukládání rakve šéfa RSHA, zastupujícího říšského protektora SS-Obergruppenführera a generála policie Reinharda Heydricha na katafalk, I. nádvoří Pražského hradu, 7. červen 1942. (ČTK)

Rakev šéfa RSHA, zastupujícího říšského protektora SS-Obergruppenführera a generála policie Reinharda Heydricha na katafalku, I. nádvoří Pražského hradu, 7. červen 1942. Osmičlenná čestná stráž příslušníků SS, říšská vlajka a vlajka SS na půl žerdi. V září 1937 proběhlo na témže místě poslední rozloučení s prvním prezidentem Československé republiky Tomášem G. Masarykem. (ČTK)

Rakev šéfa RSHA, zastupujícího říšského protektora SS-Obergruppenführera a generála policie Reinharda Heydricha na katafalku, I. nádvoří Pražského hradu, 7. červen 1942. (ČTK)

PROTEKTORÁT ČECHY A MORAVA

Rakev šéfa RSHA, zastupujícího říšského protektora SS-Obergruppenführera a generála policie Reinharda Heydricha na katafalku, I. nádvoří Pražského hradu, 7. červen 1942. (ČTK)

Věnec od říšského protektora Konstantina von Neuratha, II. nádvoří Pražského hradu, 7. červen 1942. (ČTK)

Věnec od státního prezidenta Emila Háchy, II. nádvoří Pražského hradu, 7. červen 1942. (NA)

Účastníci posledního rozloučení se šéfem RSHA, zastupujícím říšským protektorem SS-Obergruppenführerem a generálem policie Reinhardem Heydrichem z řad občanů protektorátu cestou na Pražský hrad, Vítězná třída (nyní Národní třída), Praha, 7. červen 1942. (NA)

1942

Účastníci posledního rozloučení se šéfem RSHA, zastupujícím říšským protektorem SS-Obergruppenführerem a generálem policie Reinhardem Heydrichem z řad občanů protektorátu cestou na Pražský hrad, Mozartovo náměstí (nyní náměstí Jana Palacha), Praha, 7. červen 1942. (NA)

Boční brána na I. nádvoří Pražského hradu byla otevřena v 8.00 7. června 1942. Jako první se se zesnulým šéfem RSHA, zastupujícím říšským protektorem SS-Obergruppenführerem a generálem policie Reinhardem Heydrichem přišel rozloučit člen HJ. (ČTK)

Tisíce účastníků smuteční slavnosti tvořily několikasetmetrovou frontu, Hradčanské náměstí, Praha, 7. červen 1942. (ČTK)

PROTEKTORÁT ČECHY A MORAVA

Účastníci smuteční slavnosti před vstupem na
I. nádvoří Pražského hradu, Hradčanské náměstí,
Praha, 7. červen 1942. (ČTK)

Pohled na účastníky smuteční slavnosti
před vstupem na I. nádvoří Pražského hradu,
Hradčanské náměstí, Praha, 7. červen 1942. (ČTK)

Der durch Urteil des Sondergerichts bei dem Deutschen Landgericht in Prag zum Tode verurteilte Johann Vokatý aus Prag ist heute hingerichtet worden.

Der Verurteilte hat polizeilich nicht gemeldeten und teilweise im Besitz falscher Personalausweise befindlichen Reichsfeinden Unterstützung gewährt.

Dnes byl popraven Jan Vokatý z Prahy, jenž byl odsouzen rozsudkem Sondergericht bei dem Deutschen Landgericht in Prag k smrti.

Odsouzenec podporoval policejně nehlášené nepřátele Říše, kteří vlastnili částečně padělané osobní doklady.

Der Oberstaatsanwalt
bei dem Deutschen Landgericht in Prag.

Vyhláška Německého zemského soudu v Praze o popravě Jana Vokatého, který podporoval policejně nepřihlášené nepřátele Říše, Praha, červen 1942. (SVK)

1942

◀ Smuteční slavnost za zesnulého šéfa RSHA, zastupujícího říšského protektora SS-Obergruppenführera a generála policie Reinharda Heydricha, I. nádvoří Pražského hradu, 7. červen 1942. Občané protektorátu i občané Říše v protektorátu žijící při vzdávání pocty. (ČTK)

Smuteční slavnost za zesnulého šéfa RSHA, zastupujícího říšského protektora SS-Obergruppenführera a generála policie Reinharda Heydricha, I. nádvoří Pražského hradu, 7. červen 1942. Před katafalkem generálové Vládního vojska Protektorátu Čechy a Morava. Uprostřed vlevo Libor Vítěz, po jeho levici generální inspektor Jaroslav Eminger a I. zástupce generálního inspektora František Marvan. Za Vítězem II. zástupce generálního inspektora Miloslav Fassati. (ČTK)

◀ Smuteční slavnost za zesnulého šéfa RSHA, zastupujícího říšského protektora SS-Obergruppenführera a generála policie Reinharda Heydricha, I. nádvoří Pražského hradu, 7. červen 1942. Zástupci českých zemědělců při vzdávání pocty. (NA)

PROTEKTORÁT ČECHY A MORAVA

Smuteční slavnost za zesnulého šéfa RSHA, zastupujícího říšského protektora SS-Obergruppenführera a generála policie Reinharda Heydricha, I. nádvoří Pražského hradu, 7. červen 1942. Zástupci českých zemědělců při vzdávání pocty. V popředí ministr zemědělství a lesnictví Adolf Hrubý. (NA)

Smuteční slavnost za zesnulého šéfa RSHA, zastupujícího říšského protektora SS-Obergruppenführera a generála policie Reinharda Heydricha, I. nádvoří Pražského hradu, 7. červen 1942. Občané protektorátu i občané Říše v protektorátu žijící při vzdávání pocty. (ČTK)

Smuteční slavnost za zesnulého šéfa RSHA, zastupujícího říšského protektora SS-Obergruppenführera a generála policie Reinharda Heydricha, I. nádvoří Pražského hradu, 7. červen 1942. Hudba SS. (ČTK)

1942

Před Černínským palácem – Úřadem říšského protektora (nyní Ministerstvo zahraničních věcí České republiky) byla instalována baterie polních děl pro střelbu čestné salvy, Loretánské náměstí, Praha, 7. červen 1942. (ČTK)

Vyvrcholení smuteční slavnosti za zesnulého šéfa RSHA, zastupujícího říšského protektora SS-Obergruppenführera a generála policie Reinharda Heydricha se událo za účasti Heydrichovy rodiny, říšského vůdce SS a šéfa německé policie Heinricha Himmlera, špiček okupačního aparátu, protektorátní vlády a reprezentantů NSDAP, SS, SA a všech složek říšské branné moci, I. nádvoří Pražského hradu, 7. červen 1942, 18.00 (ČTK)

PROTEKTORÁT ČECHY A MORAVA

Vyvrcholení smuteční slavnosti za zesnulého šéfa RSHA, zastupujícího říšského protektora SS-Obergruppenführera a generála policie Reinharda Heydricha, I. nádvoří Pražského hradu, 7. červen 1942. Zleva: Hans von Osten (otec Liny Heydrichové), Elisabeth Heydrichová (matka zesnulého), Heinz Heydrich (bratr zesnulého), Heider Heydrich (syn zesnulého), v zákrytu Klaus Heydrich (syn zesnulého) a říšský vůdce SS a šéf německé policie Heinrich Himmler. (NA)

Říšský vůdce SS a šéf německé policie Heinrich Himmler před katafalkem s rakví šéfa RSHA, zastupujícího říšského protektora SS-Obergruppenführera a generála policie Reinharda Heydricha, I. nádvoří Pražského hradu, 7. červen 1942. Po jeho levici Klaus Heydrich, po pravici Heider Heydrich. (ČTK)

1942

Vyvrcholení smuteční slavnosti za zesnulého šéfa RSHA, zastupujícího říšského protektora SS-Obergruppenführera a generála policie Reinharda Heydricha, I. nádvoří Pražského hradu, 7. červen 1942. Před mikrofonem šéf OrPo, zastupující říšský protektor SS-Oberstgruppenführer a generál policie Kurt Daluege. (ČTK)

Vyvrcholení smuteční slavnosti za zesnulého šéfa RSHA, zastupujícího říšského protektora SS-Obergruppenführera a generála policie Reinharda Heydricha, I. nádvoří Pražského hradu, 7. červen 1942. (NA)

Vyvrcholení smuteční slavnosti za zesnulého šéfa RSHA, zastupujícího říšského protektora SS-Obergruppenführera a generála policie Reinharda Heydricha, I. nádvoří Pražského hradu, 7. červen 1942. Detail protektorátní vlády při tzv. německém pozdravu, zprava: ministr školství a vedoucí Úřadu lidové osvěty Emanuel Moravec, ministr vnitra Richard Bienert, předseda vlády a ministr spravedlnosti Jaroslav Krejčí a přednosta KSP Augustin A. Popelka (v zákrytu). V popředí státní prezident Emil Hácha. (ČTK)

Vyvrcholení smuteční slavnosti za zesnulého šéfa RSHA, zastupujícího říšského protektora SS-Obergruppenführera a generála policie Reinharda Heydricha, I. nádvoří Pražského hradu, 7. červen 1942. Maria Heydrichová (sestra zesnulého), Heinz Heydrich (bratr zesnulého), Heider Heydrich (syn zesnulého), říšský vůdce SS a šéf německé policie Heinrich Himmler a Klaus Heydrich (syn zesnulého) při tzv. německém pozdravu. Heinz Heydrich – jako příslušník říšské branné moci – salutuje. (NA)

PROTEKTORÁT ČECHY A MORAVA

Po ukončení smuteční slavnosti za zesnulého šéfa RSHA, zastupujícího říšského protektora SS-Obergruppenführera a generála policie Reinharda Heydricha byla jeho rakev sňata z katafalku a odnesena směrem k Hradčanskému náměstí na připravenou dělovou lafetu, I. nádvoří Pražského hradu, 7. červen 1942. (ČTK)

Po ukončení smuteční slavnosti za zesnulého šéfa RSHA, zastupujícího říšského protektora SS-Obergruppenführera a generála policie Reinharda Heydricha byla jeho rakev sňata z katafalku a odnesena směrem k Hradčanskému náměstí na připravenou dělovou lafetu, I. nádvoří Pražského hradu, 7. červen 1942. Vpravo ve vstupní bráně – jako čestná stráž s taseným kordem – velitel Úřadu V (Boj proti zločinu) RSHA, SS-Gruppenführer Arthur Nebe. (ČTK)

Poslední pozdrav zesnulému šéfovi RSHA, zastupujícímu říšskému protektorovi SS-Obergruppenführerovi a generálovi policie Reinhardu Heydrichovi, Hradčanské náměstí, Praha, 7. červen 1942. V popředí uprostřed říšský vůdce SS a šéf německé policie Heinrich Himmler, po jeho pravici Heider Heydrich, po pravici Klaus Heydrich. Druhý zleva šéf osobního štábu říšského vůdce SS SS-Gruppenführer Karl Wolff, po jeho levici šéf OrPo, zastupující říšský protektor SS-Oberstgruppenführer a generál policie Kurt Daluege. Třetí zprava státní tajemník u říšského protektora SS-Gruppenführer Karl H. Frank. (ČTK)

1942

Nakládání rakve šéfa RSHA, zastupujícího říšského protektora SS-Obergruppenführera a generála policie Reinharda Heydricha na dělovou lafetu, Hradčanské náměstí, Praha, 7. červen 1942. (NA)

Těžký tahač SdKfz 8 s rakví šéfa RSHA, zastupujícího říšského protektora SS-Obergruppenführera a generála policie Reinharda Heydricha těsně před zahájením poslední jízdy Prahou, Hradčanské náměstí, Praha, 7. červen 1942. (ČTK)

Zahájení pohřebního průvodu šéfa RSHA, zastupujícího říšského protektora SS-Obergruppenführera a generála policie Reinharda Heydricha, Hradčanské náměstí, Praha, 7. červen 1942. (NA)

V čele pohřebního průvodu šéfa RSHA, zastupujícího říšského protektora SS-Obergruppenführera a generála policie Reinharda Heydricha kráčeli šéf OrPo, zastupující říšský protektor SS-Oberstgruppenführer a generál policie Kurt Daluege (vlevo), Heinz Heydrich (uprostřed) a státní tajemník u říšského protektora SS-Gruppenführer Karl H. Frank (vpravo), Hradčanské náměstí, Praha, 7. červen 1942. (ČTK)

PROTEKTORÁT ČECHY A MORAVA

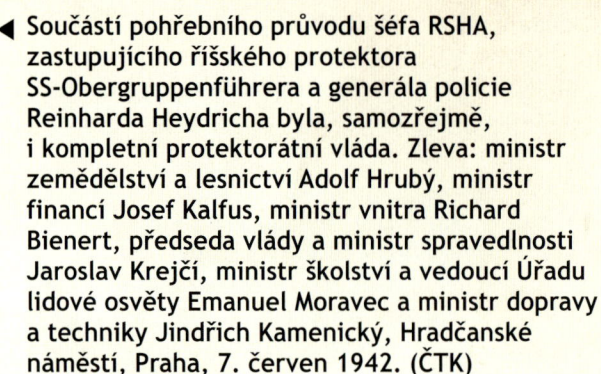

◀ Součástí pohřebního průvodu šéfa RSHA, zastupujícího říšského protektora SS-Obergruppenführera a generála policie Reinharda Heydricha byla, samozřejmě, i kompletní protektorátní vláda. Zleva: ministr zemědělství a lesnictví Adolf Hrubý, ministr financí Josef Kalfus, ministr vnitra Richard Bienert, předseda vlády a ministr spravedlnosti Jaroslav Krejčí, ministr školství a vedoucí Úřadu lidové osvěty Emanuel Moravec a ministr dopravy a techniky Jindřich Kamenický, Hradčanské náměstí, Praha, 7. červen 1942. (ČTK)

Pohřební průvod šéfa RSHA, zastupujícího říšského protektora SS-Obergruppenführera a generála policie Reinharda Heydricha, ulice Ke Královskému hradu (nyní Ke Hradu), Praha, 7. červen 1942. (ČTK) ▶

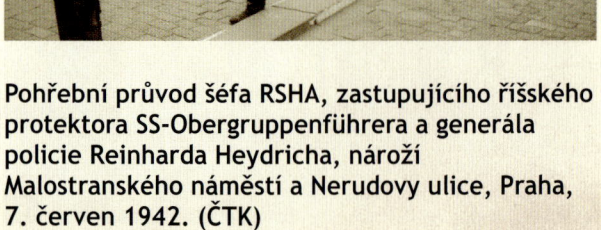

Pohřební průvod šéfa RSHA, zastupujícího říšského protektora SS-Obergruppenführera a generála policie Reinharda Heydricha, ulice Ke Královskému hradu (nyní Ke Hradu), Praha, 7. červen 1942. (SJČ)

Pohřební průvod šéfa RSHA, zastupujícího říšského protektora SS-Obergruppenführera a generála policie Reinharda Heydricha, nároží Malostranského náměstí a Nerudovy ulice, Praha, 7. červen 1942. (ČTK)

1942

Pohřební průvod šéfa RSHA, zastupujícího říšského protektora SS-Obergruppenführera a generála policie Reinharda Heydricha, Karlův most, Praha, 7. červen 1942. (ČTK)

Pohřební průvod šéfa RSHA, zastupujícího říšského protektora SS-Obergruppenführera a generála policie Reinharda Heydricha, Vltavské nábřeží (nyní Smetanovo nábřeží), Praha, 7. červen 1942. (NA)

Pohřební průvod šéfa RSHA, zastupujícího říšského protektora SS-Obergruppenführera a generála policie Reinharda Heydricha, Vltavské nábřeží (nyní Smetanovo nábřeží), Praha, 7. červen 1942. Protektorátní vláda – zleva: ministr zemědělství a lesnictví Adolf Hrubý, ministr financí Josef Kalfus, ministr vnitra Richard Bienert, předseda vlády a ministr spravedlnosti Jaroslav Krejčí, ministr školství a vedoucí Úřadu lidové osvěty Emanuel Moravec a ministr dopravy a techniky Jindřich Kamenický. (NA)

PROTEKTORÁT ČECHY A MORAVA

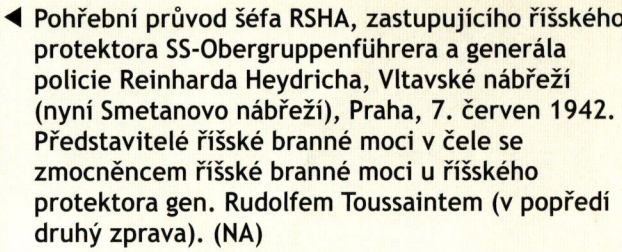
◀ Pohřební průvod šéfa RSHA, zastupujícího říšského protektora SS-Obergruppenführera a generála policie Reinharda Heydricha, Vltavské nábřeží (nyní Smetanovo nábřeží), Praha, 7. červen 1942. Představitelé říšské branné moci v čele se zmocněncem říšské branné moci u říšského protektora gen. Rudolfem Toussaintem (v popředí druhý zprava). (NA)

Pohřební průvod šéfa RSHA, zastupujícího říšského ▶ protektora SS-Obergruppenführera a generála policie Reinharda Heydricha, Václavské náměstí, Praha, 7. červen 1942. (NA)

Pohřební průvod šéfa RSHA, zastupujícího říšského protektora SS-Obergruppenführera a generála policie Reinharda Heydricha, Václavské náměstí, Praha, 7. červen 1942. (ČTK vlevo, SJČ vpravo)

1942

◀ Pohřební průvod šéfa RSHA, zastupujícího říšského protektora SS-Obergruppenführera a generála policie Reinharda Heydricha, Vrchlického sady, Praha, 7. červen 1942. (ČTK)

Před budovou Hlavního nádraží byla rakev šéfa ▶ RSHA, zastupujícího říšského protektora SS-Obergruppenführera a generála policie Reinharda Heydricha sňata z dělové lafety a následně přemístěna do smutečně vyzdobeného vagonu, třída Richarda Wagnera (nyní Wilsonova ulice), Praha, 7. červen 1942. (ČTK)

Praha hlavní nádraží, třída Richarda Wagnera (nyní Wilsonova ulice), 7. červen 1942. Nakládání rakve šéfa RSHA, zastupujícího říšského protektora SS-Obergruppenführera a generála policie Reinharda Heydricha do vagonu. (ČTK)

PROTEKTORÁT ČECHY A MORAVA

FOTO NAHOŘE VLEVO: Rakev šéfa RSHA, zastupujícího říšského protektora SS-Obergruppenführera a generála policie Reinharda Heydricha ve vagonu zvláštního vlaku, který ji v doprovodu čestné stráže odvezl do Berlína, Praha hlavní nádraží, třída Richarda Wagnera (nyní Wilsonova ulice), 7. červen 1942. (ČTK)

FOTO NAHOŘE VPRAVO: Smuteční výzdoba výloh pražských obchodů, Václavské náměstí, 7. červen 1942. (ČTK)

Smuteční výzdoba pražských ulic, Na Příkopě, 7. červen 1942. (ČTK)

Titulní strana *Pondělní Národní politiky*, Praha, 8. červen 1942. (SJBU)

PROTEKTORÁT ČECHY A MORAVA

Das Standgericht Prag hat am 8. Juni 1942 zum	Stanný soud v Praze odsoudil dne 8. června 1942
Tode durch Erschiessen	**k smrti zastřelením:**
verurteilt:	
Bradáč Václav,	**Bradáče Václava,**
Sekretär der Revierbruderlade Kladno, geboren 7. 2. 1892, wohnhaft in Kladno.	tajemníka revírní bratrské pokladny v Kladně, narozeného 7. 2. 1892, bytem v Kladně.
Bradáč hat das Attentat auf SS-Obergruppenführer Heydrich gutgeheissen und zur Unterstützung der Attentäter aufgefordert. Das Urteil wurde am 8. Juni 1942 vollstreckt. Das Vermögen des Verurteilten wurde eingezogen.	Bradáč schvaloval atentát na SS-Ober-Gruf. Heydricha a vyzýval k podpoře atentátu. Rozsudek byl dne 8. června 1942 vykonán. Jmění odsouzeného bylo zabaveno.
Prag, den 8. Juni 1942.	V Praze 8. června 1942.
Standgericht Prag.	**Stanný soud v Praze.**

Vyhláška Stanného soudu v Praze o popravě Václava Bradáče, který schvaloval atentát na zastupujícího říšského protektora SS-Obergruppenführera Reinharda Heydricha, Praha, 8. červen 1942. (VÚA/VHA Praha)

Odjezd státního prezidenta Emila Háchy (v popředí) a protektorátní vlády na pohřeb šéfa RSHA, zastupujícího říšského protektora SS-Obergruppenführera a generála policie Reinharda Heydricha do Berlína, Praha hlavní nádraží, třída Richarda Wagnera (nyní Wilsonova ulice), 9. červen 1942. Ve druhé řadě uprostřed vrchní vládní rada SS-Sturmbannführer Robert Gies. (ČTK)

Vyhláška Stanného soudu v Praze o popravě sedmi osob, které se provinily proti civilnímu výjimečnému stavu, Praha, 9. červen 1942. (VÚA/VHA Praha)

PROTEKTORÁT ČECHY A MORAVA

Pohřeb šéfa RSHA, zastupujícího říšského protektora SS-Obergruppenführera a generála policie Reinharda Heydricha, Mozaiková síň Nového říšského kancléřství, Voßstraße, Berlín, 9. červen 1942. (SJČ)

Pohřeb šéfa RSHA, zastupujícího říšského protektora SS-Obergruppenführera a generála policie Reinharda Heydricha, Mozaiková síň Nového říšského kancléřství, Voßstraße, Berlín, 9. červen 1942. Zleva: Heider Heydrich, Klaus Heydrich, Heinz Heydrich, říšský vůdce SS a šéf německé policie Heinrich Himmler, vrchní velitel luftwaffe říšský maršál Hermann Göring a Vůdce Adolf Hitler. Dále: státní prezident Emil Hácha, státní ministr a šéf Vůdcovy presidiální kanceláře Otto Meißner, státní tajemník u říšského protektora SS-Gruppenführer Karl H. Frank a generální guvernér okupovaného Polska SS-Obergruppenführer Hans Frank. Ve druhé řadě zleva: říšský vedoucí NSDAP a vedoucí DAF Robert Ley, polní maršál Walther von Brauchitsch, říšský ministr vnitra a říšský vedoucí NSDAP Wilhelm Frick a říšský ministr lidové osvěty a propagandy a říšský vedoucí NSDAP Joseph Goebbels. (SJČ)

Pohřeb šéfa RSHA, zastupujícího říšského protektora SS-Obergruppenführera a generála policie Reinharda Heydricha, Mozaiková síň Nového říšského kancléřství, Voßstraße, Berlín, 9. červen 1942. Vůdce Adolf Hitler udělil Reinhardu Heydrichovi in memoriam nejvyšší stupeň nejvyššího vyznamenání Třetí říše – Německého řádu. Za Vůdcem jeho šéfadjutant SS-Obergruppenführer Julius Schaub. (SJČ)

1942

Pohřeb šéfa RSHA, zastupujícího říšského protektora SS-Obergruppenführera a generála policie Reinharda Heydricha, Mozaiková síň Nového říšského kancléřství, Voßstraße, Berlín, 9. červen 1942. Vůdce Adolf Hitler vzdává poctu jednomu z „nejlepších nacionálních socialistů, nejoddanějšímu obránci idejí Německé říše a nejhouževnatějšímu protivníku všech našich nepřátel". (SJČ)

Pohřeb šéfa RSHA, zastupujícího říšského protektora SS-Obergruppenführera a generála policie Reinharda Heydricha, Mozaiková síň Nového říšského kancléřství, Voßstraße, Berlín, 9. červen 1942. Vůdce Adolf Hitler zdraví Klause Heydricha. Zleva: šéf OrPo, zastupující říšský protektor SS-Oberstgruppenführer a generál policie Kurt Daluege, říšský ministr pro vědu, vzdělání a výchovu SA-Gruppenführer Bernhard Rust, říšský vedoucí NSDAP Alfred Rosenberg, šéf štábu SA SA-Obergruppenführer Viktor Lutze, Heider Heydrich, župní vedoucí a říšský místodržící Vídně Baldur von Schirach, říšský vedoucí NSDAP a vedoucí DAF Robert Ley (v zákrytu), říšský vůdce SS a šéf německé policie Heinrich Himmler, říšský ministr vnitra a říšský vedoucí NSDAP Wilhelm Frick. Zcela vpravo vrchní velitel luftwaffe říšský maršál Hermann Göring. (SJČ)

Pohřeb šéfa RSHA, zastupujícího říšského protektora SS-Obergruppenführera a generála policie Reinharda Heydricha, Mozaiková síň Nového říšského kancléřství, Voßstraße, Berlín, 9. červen 1942. Zleva: Heider Heydrich, říšský vůdce SS a šéf německé policie Heinrich Himmler, Klaus Heydrich, Heinz Heydrich, vrchní velitel luftwaffe říšský maršál Hermann Göring a Vůdce Adolf Hitler. V pozadí státní prezident Emil Hácha. Za Himmlerem říšský vedoucí NSDAP a vedoucí DAF Robert Ley. (SJČ)

PROTEKTORÁT ČECHY A MORAVA

▶ ▼ Pohřební průvod šéfa RSHA, zastupujícího říšského protektora SS-Obergruppenführera a generála policie Reinharda Heydricha, Wilhelmstraße, Berlín, 9. červen 1942. (SJČ)

Hřbitov invalidů, Scharnhorststraße, Berlín, 9. červen 1942. Vyslanec Protektorátu Čechy a Morava u říšské vlády František Chvalkovský klade věnec na hrob šéfa RSHA, zastupujícího říšského protektora SS-Obergruppenführera a generála policie Reinharda Heydricha. (VÚA/VHA Praha)

Po pohřbu šéfa RSHA, zastupujícího říšského protektora SS-Obergruppenführera a generála policie Reinharda Heydricha udělil ve večerních hodinách Vůdce státnímu prezidentu Emilu Háchovi a protektorátní vládě krátkou audienci. Vůdcova pracovna, Nové říšské kancléřství, Voßstraße, Berlín, 9. červen 1942. Zleva: ministr vnitra Richard Bienert, ministr financí Josef Kalfus, ministr práce a hospodářství SS-Brigadeführer Walter Bertsch, ministr dopravy a techniky Jindřich Kamenický, předseda vlády a ministr spravedlnosti Jaroslav Krejčí, vyslanec Protektorátu Čechy a Morava u říšské vlády František Chvalkovský, státní ministr a šéf Vůdcovy presidiální kanceláře Otto Meißner, státní prezident Emil Hácha, říšský ministr a šéf Říšské kanceláře Hans H. Lammers a Vůdce Adolf Hitler. Mimořádně sugestivně popsal Háchovu reakci na výhružný Hitlerův projev předseda protektorátní vlády: „Dr. Hácha, vyděšený, shrbený, sepjal před ním ruce a prosil ho proboha, aby se slitoval nad českým národem, aby jej nevraždil, že ten národ se nemůže vpravit do nové situace... aby mu dopřál ještě nějakou dobu, aby se nemstil. Dr. Háchovi se třásl hlas... byl skrčený jako hromádka neštěstí před Hitlerem, který se na něj posupně díval, všichni jsme měli v očích slzy..." (BS-HH)

Vyhláška Stanného soudu v Praze o popravě pěti osob, které se provinily proti civilnímu výjimečnému stavu, Praha, 10. červen 1942. (VÚA/VHA Praha)

PROTEKTORÁT ČECHY A MORAVA

Demonstrační shromáždění zaměstnanců ministerstva vnitra v čele s ministrem vnitra Richardem Bienertem, stadion Slavie, Praha-Letná, 10. červen 1942. (ČTK)

FOTA DOLE:
Demonstrační shromáždění zaměstnanců ministerstva vnitra v čele s ministrem vnitra Richardem Bienertem, stadion Slavie, Praha-Letná, 10. červen 1942.
Za řečnickým pultem Richard Bienert. (ČTK)

Exemplární odvetu za atentát na šéfa RSHA, zastupujícího říšského protektora SS-Obergruppenführera a generála policie Reinharda Heydricha představovalo částečné vyvraždění, vypálení a následné vymazání obce Lidice z mapy. Mrtví muži na zahradě Horákova statku, 10. červen 1942. Lidice byly vybrány v podstatě náhodně, zásadní roli hrála blízkost Prahy a dobrá dopravní dostupnost. Akci iniciovali státní tajemník u říšského protektora SS-Gruppenführer Karl H. Frank a šéf OrPo, zastupující říšský protektor SS-Oberstgruppenführer a generál policie Kurt Daluege, kteří se doposud nemohli prokázat hmatatelnými výsledky pátrání po „pachatelích" atentátu. Šlo tedy o čirou policejní provokaci. Na místě bylo popraveno 173 mužů starších 15 let; všichni šli na smrt zpříma a statečně. Nedošlo k žádným slabošským scénám. Ženy byly odvezeny do koncentračního tábora. Na 88 dětí nevhodných k poněmčení bylo zplynováno. Zločin v Lidicích definitivně znemožnil pokračování tisíciletého česko-německého soužití v Čechách a na Moravě. Jméno Lidic se vzápětí stalo celosvětovým symbolem nacistické zvůle, neboť protektorát byl všeobecně pokládán za poklidné zázemí a nikoliv za frontový prostor. William F. Knox, ministr námořnictva Spojených států amerických, tehdy řekl: „*Když se budoucí generace zeptají, zač jsme bojovali, připomeňte jim příběh Lidic.*" (SJČ)

Vypálené Lidice, kostel sv. Martina, 11. červen 1942. (SJČ)

Vypálené Lidice, 11. červen 1942. (SJČ)

Příslušníci SchuPo, kteří se podíleli na likvidaci Lidic, 11. červen 1942. (SJČ)

PROTEKTORÁT ČECHY A MORAVA

Manifestace věrnosti Říši, Zelný trh, Brno, 12. červen 1942. (ČTK)

Manifestace věrnosti Říši, Zelný trh, Brno, 12. červen 1942. Za řečnickým pultem ministr školství a vedoucí Úřadu lidové osvěty Emanuel Moravec. Moravec byl osobně vybrán říšským ministrem lidové osvěty a propagandy a říšským vedoucím NSDAP Josephem Goebbelsem, aby českému národu vysvětlil vážnost nastalé situace. K Moravcovi si Goebbels do svého deníku poznamenal: „Učinil ten nejlepší dojem, vypadá energicky a podnikavě. Pokud mohu soudit, v otázce protektorátu zaujímá jednoznačný postoj… Oznámil jsem Moravcovi, že k hájení říšských zájmů mu Německá říše poskytne – ať to stojí cokoliv – nutné mocenské prostředky… Češi se musí rozhodnout a podle jejich volby s nimi také budeme zacházet." (ČTK)

Manifestace věrnosti Říši, Zelný trh, Brno, 12. červen 1942. Za řečnickým pultem ministr školství a vedoucí Úřadu lidové osvěty Emanuel Moravec. (ČTK)

1942

Černínský palác – Úřad říšského protektora (nyní Ministerstvo zahraničních věcí České republiky), Loretánské náměstí, Praha, 13. červen 1942. Přijetí dělníků státním tajemníkem u říšského protektora SS-Gruppenführerem Karlem H. Frankem. (NA)

Černínský palác – Úřad říšského protektora (nyní Ministerstvo zahraničních věcí České republiky), Loretánské náměstí, Praha, 15. červen 1942. Audience vrchních zemských radů u šéfa OrPo, zastupujícího říšského protektora SS-Oberstgruppenführera a generála policie Kurta Daluega (druhý zleva). (ČTK)

Manifestace věrnosti Říši, Hlavní náměstí (nyní náměstí Republiky), Plzeň, 16. červen 1942. (ČTK)

Manifestace věrnosti Říši, Hlavní náměstí (nyní náměstí Republiky), Plzeň, 16. červen 1942. Za řečnickým pultem ministr školství a lidové osvěty Emanuel Moravec. (ČTK)

PROTEKTORÁT ČECHY A MORAVA

FOTO NAHOŘE VLEVO:
Manifestace věrnosti Říši, Hlavní náměstí (nyní náměstí Republiky), Plzeň, 16. červen 1942. Za řečnickým pultem ministr školství a lidové osvěty Emanuel Moravec. (ČTK)

FOTO NAHOŘE VPRAVO:
Manifestace věrnosti Říši, Hlavní náměstí (nyní náměstí Republiky), Plzeň, 16. červen 1942. Šestý zprava na pódiu ministr školství a lidové osvěty Emanuel Moravec. Třetí zprava ministrův osobní tajemník František Stuchlík. (ČTK)

Titulní strana zprávy o částečné pitvě šéfa RSHA, zastupujícího říšského protektora a generála policie SS-Obergruppenführera Reinharda Heydricha vypracovaná přednostou Patologického ústavu Německé Karlovy univerzity prof. Herwigem Hamperlem a přednostou Ústavu soudního lékařství Německé Karlovy univerzity Güntherem Weyrichem, Praha, 17. červen 1942. (SJČ)

1942

Das Standgericht Prag hat am 17. Juni 1942 zum **Tode durch Erschiessen** verurteilt:	Stanný soud v Praze odsoudil dne 17. června 1942 **k smrti zastřelením:**
1. **Pisařík Josef,** Obersekretär der Bezirksbehörde Kladno i. R., ehem. Stabskapitän, geboren 4. V. 1896, wohnhaft in Kladno,	1. **Pisařík Josef,** vrchní tajemník okresního úřadu v Kladně v. v., býv. štábní kapitán, narozen 4. V. 1896, bytem v Kladně,
2. **Rosenbaum František,** Adjunkt der Bezirksbehörde Kladno, ehem. Leutnant, geboren 20. XII. 1912, wohnhaft in Eichen,	2. **Rosenbaum František,** adjunkt okresního úřadu v Kladně, býv. poručík, narozen 20. XII. 1912, bytem v Dubí,
3. **Merhaut Jaroslav,** Ing., Landwirtschaftlicher Rat der Bezirksbehörde Kladno, geboren 12. XI. 1897, wohnhaft in Kladno,	3. **Merhaut Jaroslav,** ing., zemědělský rada okresního úřadu v Kladně, narozen 12. XI. 1897, bytem v Kladně,
4. **Krása Jiří,** geboren 5. V. 1910, wohnhaft in Tschernouschek, Bezirk Raudnitz,	4. **Krása Jiří,** narozen 5. V. 1910, bytem v Černoušku, okres Roudnice,
5. **Mrňák František,** geboren 29. XI. 1899, wohnhaft in Raudnitz.	5. **Mrňák František,** narozen 29. XI. 1899, bytem v Roudnici.
Die Verurteilten haben das Attentat auf SS-Obergruf. Heydrich gutgeheissen und zur Unterstützung der Attentäter aufgefordert, oder haben die öffentliche Ordnung und Sicherheit gestört und gefährdet. Die Urteile wurden am 17. Juni 1942 vollstreckt. Das Vermögen der Verurteilten wurde eingezogen. Prag, den 17. Juni 1942. **Standgericht Prag.**	Odsouzení schvalovali atentát na SS-Obergruppenf. Heydricha a vyzývali k podpoře atentátníků nebo veřejný pořádek a bezpečnost rušili a ohrožovali. Rozsudky byly dne 17. června 1942 vykonány. Jmění odsouzených bylo zabaveno. V Praze 17. června 1942. **Stanný soud v Praze.**

Vyhláška Stanného soudu v Praze o popravě pěti osob, které se provinily proti civilnímu výjimečnému stavu, Praha, 17. červen 1942. (VÚA/VHA Praha)

Hodnověrnou informaci o úkrytu československých parašutistů v pravoslavném kostele sv. Karla Boromejského (nyní kostel sv. Cyrila a Metoděje) v Resslově ulici obdrželo gestapo nedlouho před půlnocí 17. června 1942. Ve 03.45 dne 18. června začalo hermetické uzavírání dvou bezpečnostních okruhů kolem kostela příslušníky Zbraní SS. V 04.15 byly okruhy uzavřeny. Vnější zahrnoval severovýchodní část Karlova náměstí, Myslíkovu ulici, Vltavské nábřeží (nyní Masarykovo a Rašínovo nábřeží) a Trojanovu ulici. Vnitřní okruh představoval vlastní kostelní blok. Bezprostředně poté vniklo do kostela gestapo. Na snímku automobily gestapa před kostelem, Resslova ulice, Praha, 18. červen 1942. (SJČ)

PROTEKTORÁT ČECHY A MORAVA

V kostele sv. Karla Boromejského (nyní kostel sv. Cyrila a Metoděje) v Resslově ulici se ukrývalo sedm československých parašutistů z desantů Anthropoid, Bioscop, Out Distance, Silver A a Tin. Proti nim bylo nasazeno téměř 800 příslušníků Zbraní SS a gestapa. První tři parašutisté, kteří bránili emporu, podlehli přesile po více než dvou hodinách boje. Další čtyři parašutisté se heroicky bránili následujících pět hodin v kryptě až do vyčerpání střeliva. Poslední náboje si nechali pro sebe. Ze sedmi obránců kostela pět zemřelo ihned na místě a dva bezprostředně po převozu do lazaretu SS v Praze-Podolí, aniž by nabyli vědomí. Na snímku střelbou poškozený kostel sv. Karla Boromejského, Resslova ulice, Praha, 18. červen 1942. (SJČ)

Detail střelbou poškozených oken kostela sv. Karla Boromejského (nyní kostel sv. Cyrila a Metoděje), Resslova ulice, Praha, 18. červen 1942. (SJČ)

Větrací otvor krypty kostela sv. Karla Boromejského (nyní kostel sv. Cyrila a Metoděje), Resslova ulice, Praha, 18. červen 1942. Tímto otvorem byli parašutisté nejprve ostřelováni z kulometu a poté jím hasiči do krypty vháněli vodu a dusivý dým. (SJČ)

Nároží ulic Resslovy a Václavské, Praha, 18. červen 1942. Nad mrtvými těly československých parašutistů, vynesenými z kostela sv. Karla Boromejského (nyní kostel sv. Cyrila a Metoděje), státní tajemník u říšského protektora SS-Gruppenführer Karl H. Frank (v popředí druhý zprava), velitel Zbraní SS v protektorátu SS-Gruppenführer Karl von Treuenfeld (vpravo) a velitel SiPo a SD v protektorátu SS-Standartenführer Horst Böhme (vlevo). Není bez zajímavosti, že Karl H. Frank v klidu kouří cigaretu. (SJČ)

Manifestační schůze věrnosti Říši úředníků NOÚZ, ulice Na Perštýně, Praha, 18. červen 1942. Za řečnickým pultem ministr práce a hospodářství SS-Brigadeführer Walter Bertsch. (ČTK)

Pracovníci nakladatelství Orbis na manifestační schůzi věrnosti Říši, Schwerinova třída (nyní Vinohradská), Praha, 18. červen 1942. Druhý zleva generální ředitel nakladatelství Orbis Franz F. Rudl. Třetí zprava ředitel agentury Centropress, novinář a spisovatel Václav Fiala. (ČTK)

Manifestační schůze věrnosti Říši Národní rady české, Grégrův sál Obecního domu, Hybernské náměstí (nyní náměstí Republiky), Praha, 18. červen 1942. Druhý zleva ministr školství a lidové osvěty Emanuel Moravec. Před mikrofonem herec Zdeněk Štěpánek. (ČTK)

Manifestační schůze věrnosti Říši Národní rady české, Grégrův sál Obecního domu, Hybernské náměstí (nyní náměstí Republiky), Praha, 18. červen 1942. První zleva prezident České akademie věd a umění Josef Šusta. (ČTK)

PROTEKTORÁT ČECHY A MORAVA

1942

Vyhláška Stanného soudu v Praze o popravě čtyř osob, které se provinily proti civilnímu výjimečnému stavu, Hradec Králové, 19. červen 1942. (VÚA/VHA Praha)

FOTO NA STR. 578 NAHOŘE VLEVO:
Zaměstnanci Školního nakladatelství pro Čechy a Moravu v Praze na manifestační schůzi věrnosti Říši, 18. červen 1942. Uprostřed na pódiu generální ředitel nakladatelství Orbis Franz F. Rudl. (ČTK)

FOTO NA STR. 578 NAHOŘE VPRAVO:
Zaměstnanci Školního nakladatelství pro Čechy a Moravu v Praze na manifestační schůzi věrnosti Říši, 18. červen 1942. (ČTK)

FOTA NA STR. 578 DOLE:
Řemeslníci na manifestační schůzi věrnosti Říši, velký sál Lucerny, Štěpánská ulice, Praha, 18. červen 1942. (ČTK)

PROTEKTORÁT ČECHY A MORAVA

Justiční zaměstnanci na manifestační schůzi věrnosti Říši, Národní dům na Smíchově, Praha, 19. červen 1942. (ČTK)

Manifestační schůze věrnosti Říši justičních zaměstnanců, Národní dům na Smíchově, Praha, 19. červen 1942. Za řečnickým pultem předseda vlády a ministr spravedlnosti Jaroslav Krejčí. (ČTK)

Ihned poté, co byla Resslova ulice opět zpřístupněna veřejnosti, přišly si místo posledního boje sedmi československých parašutistů prohlédnout stovky zvědavých Pražanů, kostel sv. Karla Boromejského (nyní kostel sv. Cyrila a Metoděje), 19. červen 1942. (SJČ)

Celá severní část Sevastopolu
v německých rukou

Přístavní objekty v Murmansku a Jokonze bombardovány. — Tobruk znovu obklíčen.

KOSTEL A DUCHOVNÍ SPRÁVCE SKÝTAJI SKRÝŠ ZLOČINU

Dopadení vrahů generála Heydricha

Dílo Edenova oddělení Secret Service. – Padákoví agenti nalézali po dlouhé týdny ba měsíce na území Protektorátu pohostinství

KOSTEL KARLA BOROMEJSKÉHO V PRAZE

Vlastimír Petřek, kaplan z kostela Karla Boromejského v Praze II, který vrahům SS-Obergruppenführera Heydricha a jejich pomocníkům poskytoval v kostele přístřeší a zásoboval.

Titulní strana *Poledního listu*, Praha, 20. červen 1942. Zprávou dne bylo „Dopadení vrahů generála Heydricha". (SJBU)

PROTEKTORÁT ČECHY A MORAVA

FOTO NAHOŘE VLEVO:
Manifestace věrnosti Říši, Žižkovo náměstí, Tábor, 20. červen 1942. Příjezd vládních vozidel. (ČTK)

FOTO NAHOŘE VPRAVO:
Manifestace věrnosti Říši, Žižkovo náměstí, Tábor, 20. červen 1942. (ČTK)

Manifestace věrnosti Říši, Žižkovo náměstí, Tábor, 20. červen 1942. Na tribuně zleva: jihočeský rodák – ministr zemědělství a lesnictví Adolf Hrubý, předseda vlády a ministr spravedlnosti Jaroslav Krejčí a ministr školství a lidové osvěty Emanuel Moravec. (ČTK)

FOTO NA STR. 583 NAHOŘE VLEVO A UPROSTŘED:
Manifestace věrnosti Říši, Žižkovo náměstí, Tábor, 20. červen 1942. Před mikrofonem ministr školství a lidové osvěty Emanuel Moravec. (ČTK)

FOTO NA STR. 583 NAHOŘE VPRAVO:
Manifestace věrnosti Říši, Žižkovo náměstí, Tábor, 20. červen 1942. (ČTK)

1942

Vyhláška Stanného soudu v Praze o popravě čtyř osob, které se provinily proti civilnímu výjimečnému stavu, Praha, 22. červen 1942. (VÚA/VHA Praha)

PROTEKTORÁT ČECHY A MORAVA

Představitelé Národního svazu novinářů (NSN) na manifestační schůzi věrnosti Říši, Presseklub (nyní Autoklub České republiky), Beethovenova ulice (nyní Opletalova), Praha, 22. červen 1942. Za řečnickým pultem předseda Národního svazu novinářů, šéfredaktor *Večera* Vladimír Krychtálek. Po jeho pravici Ctibor Melč z Tiskového odboru Ministerstva lidové osvěty a místopředseda NSN, šéfredaktor *Národní práce* Vladimír Ryba. (ČTK)

Manifestace věrnosti Říši, Velké náměstí, Hradec Králové, 23. červen 1942. Na tribuně uprostřed ministr školství a lidové osvěty Emanuel Moravec. (ČTK)

Manifestace věrnosti Říši, Velké náměstí, Hradec Králové, 23. červen 1942. Při projevu ministr školství a lidové osvěty Emanuel Moravec. (ČTK)

1942

Manifestace věrnosti Říši, Velké náměstí, Hradec Králové, 23. červen 1942. (ČTK)

PROTEKTORÁT ČECHY A MORAVA

Das Standgericht Prag hat am 24. Juni 1942 zum
Tode durch Erschiessen
verurteilt:

1. **Řehák Jaroslav,**
   geboren 21. I. 1915,
   wohnhaft in Sasena, Bezirk Kralup,

2. **Řehák Zdeněk,**
   geboren 5. XII. 1916,
   wohnhaft in Sasena, Bezirk Kralup.

Die beiden Verurteilten haben das Attentat auf SS-Obergruf. Heydrich gutgeheissen und zur Unterstützung der Attentäter aufgefordert.

Die Urteile wurden am 24. Juni 1942 vollstreckt. Das Vermögen der Verurteilten wurde eingezogen.

Prag, den 24. Juni 1942.

Standgericht Prag.

Stanný soud v Praze odsoudil dne 24. června 1942
k smrti zastřelením:

1. **Řehák Jaroslav,**
   narozen 21. I. 1915,
   bytem v Sazené, okres Kralupy,

2. **Řehák Zdeněk,**
   narozen 5. XII. 1916,
   bytem v Sazené, okres Kralupy.

Oba odsouzení schvalovali atentát na SS-Obergruf. Heydricha a vyzývali k podpoře atentátníků.

Rozsudky byly dne 24. června 1942 vykonány. Jmění odsouzených bylo zabaveno.

V Praze 24. června 1942.

Stanný soud v Praze.

Vyhláška Stanného soudu v Praze o popravě bratrů Řehákových, kteří schvalovali atentát na šéfa RSHA, zastupujícího říšského protektora SS-Obergruppenführera a generála policie Reinharda Heydricha a vyzývali k podpoře atentátníků, Praha, 24. červen 1942. (VÚA/VHA Praha)

Manifestační schůze věrnosti Říši zaměstnanců ministerstva školství a lidové osvěty, Kolowratský palác, Valdštejnská ulice, Praha, 24. červen 1942. Ministr školství a lidové osvěty Emanuel Moravec. (ČTK)

1942

FOTO NAHOŘE VLEVO:
Čeští herci na manifestační schůzi věrnosti Říši, Národní divadlo, Vítězná ulice (nyní Národní), Praha, 24. červen 1942. Za řečnickým pultem ministr školství a lidové osvěty Emanuel Moravec. (ČTK)

FOTO NAHOŘE VPRAVO:
Manifestační schůze věrnosti Říši, Národní divadlo, Vítězná ulice (nyní Národní třída), Praha, 24. červen 1942. (ČTK)

Čeští herci na manifestační schůzi věrnosti Říši, Národní divadlo, Vítězná ulice (nyní Národní třída), Praha, 24. červen 1942. Vlevo Karel Höger. V řadě po jeho levici lze nalézt např. Lídu Baarovou nebo Ladislava Peška. (ČTK)

PROTEKTORÁT ČECHY A MORAVA

◀ Čeští herci na manifestační schůzi věrnosti Říši, Národní divadlo, Vítězná ulice (nyní Národní třída), Praha, 24. červen 1942. (ČTK)

Čeští herci na manifestační schůzi věrnosti Říši, Národní divadlo, Vítězná ulice (nyní Národní třída), Praha, 24. červen 1942. Německý pozdrav v podání Karla Högera a Lídy Baarové. (ČTK)

Osud Lidic postihl rovněž východočeskou obec Ležáky. Zatímco Lidice neměly s československými parašutisty vyslanými do protektorátu z Velké Británie nic společného, v Ležácích našla úkryt vysílací stanice desantu Silver A, Libuše. Dne 24. června 1942 byly Ležáky vypáleny a všech 33 obyvatel – včetně žen – popraveno v Pardubicích. 11 dětí bylo zplynováno, přežily pouze dvě, určené k převýchově. V roce 1943 bylo to, co z Ležáků zbylo, srovnáno se zemí. Vzhledem k poměru mrtví/přeživší byly Ležáky postiženy podstatně hůře než Lidice. (ČTK)

Vyhláška Stanného soudu v Praze o popravě šesti osob, které se provinily proti civilnímu výjimečnému stavu, Hradec Králové, 25. červen 1942. (VÚA/VHA Praha)

PROTEKTORÁT ČECHY A MORAVA

Manifestace věrnosti Říši, Andrův stadion, Olomouc, 27. červen 1942. Za řečnickým pultem ministr školství a lidové osvěty Emanuel Moravec. (ČTK)

1942

◄ Slovácký lid na manifestaci věrnosti Říši, Antonínský kopec u Uherského Hradiště, 28. červen 1942. Třetí zleva ministr školství a lidové osvěty Emanuel Moravec. V popředí vpravo osobní tajemník ministra Moravce František Stuchlík. Tento snímek – jako jeden z mála – zachycuje příslušníky osobní ochrany ministra; jde o muže v kloboucích s páskou po ministrově levici a za jeho zády. Moravec patřil z logických důvodů k nejlépe střeženým osobnostem protektorátu. Jeho ochrana byla takřka neprostupná a na Antonínském kopci mu zachránila život, neboť právě zde se pokoušeli Moravce zastřelit členové desantů Tin a Intransitive, Ludvík Cupal a Vojtěch Lukaštík. (ČTK)

Slovácký lid na manifestaci věrnosti Říši, ► Antonínský kopec u Uherského Hradiště, 28. červen 1942. V popředí ministr školství a lidové osvěty Emanuel Moravec. Za ním jeho osobní tajemník František Stuchlík. (ČTK)

◄ Slovácký lid na manifestaci věrnosti Říši, kaple svatého Antonína Paduánského, Antonínský kopec u Uherského Hradiště, 28. červen 1942. Uprostřed ministr školství a lidové osvěty Emanuel Moravec. (ČTK)

PROTEKTORÁT ČECHY A MORAVA

FOTO NAHOŘE VLEVO:
Slovácký lid na manifestaci věrnosti Říši, Antonínský kopec u Uherského Hradiště, 28. červen 1942. Vlevo ministr školství a lidové osvěty Emanuel Moravec. (ČTK)

FOTO NAHOŘE VPRAVO:
Slovácký lid na manifestaci věrnosti Říši, Antonínský kopec u Uherského Hradiště, 28. červen 1942. V popředí ministr školství a lidové osvěty Emanuel Moravec. Za ním jeho osobní tajemník František Stuchlík. (ČTK)

Slovácký lid na manifestaci věrnosti Říši, Antonínský kopec u Uherského Hradiště, 28. červen 1942. Ministr školství a lidové osvěty Emanuel Moravec při udělování autogramu. (ČTK)

Manifestace věrnosti Říši, Ostrava, 30. červen 1942. Za řečnickým pultem ministr školství a lidové osvěty Emanuel Moravec. (ČTK)

Manifestace věrnosti Říši, Ostrava, 30. červen 1942. (ČTK)

PROTEKTORÁT ČECHY A MORAVA

Pohřeb Methoda J. Zavorala, opata kláštera premonstrátů na Strahově, Strahovské náměstí (nyní Strahovské nádvoří), Praha, 30. červen 1942. V pozadí bazilika Nanebevzetí Panny Marie. (ČTK)

Pohřební vůz s rakví Methoda J. Zavorala, opata strahovského kláštera premonstrátů, Keplerova ulice, Praha, 30. červen 1942. V pozadí Černínský palác – ÚŘP (nyní Ministerstvo zahraničních věcí České republiky). (ČTK)

Ministr školství a lidové osvěty Emanuel Moravec (druhý zprava) při návštěvě dělnické zotavovny (nyní Hotel Palace), Luhačovice, 30. červen 1942. (ČTK)

Ministr školství a lidové osvěty Emanuel Moravec (v popředí vlevo) a jeho osobní tajemník František Stuchlík, Luhačovice, 30. červen 1942. V pozadí dělnická zotavovna (nyní Hotel Palace). (ČTK)

1942

Ministr školství a lidové osvěty Emanuel Moravec (uprostřed v balonovém plášti), Luhačovice, 30. červen 1942. (ČTK)

FOTO DOLE VLEVO:
Shromáždění starostů, vládních komisařů a předsedů správních komisí, velký sál Lucerny, Štěpánská ulice, Praha, 3. červenec 1942. Projev ministra vnitra Richarda Bienerta. (ČTK)

FOTO DOLE VPRAVO:
Shromáždění starostů, vládních komisařů a předsedů správních komisí, velký sál Lucerny, Štěpánská ulice, Praha, 3. červenec 1942. Za řečnickým pultem ministr vnitra Richard Bienert. Na tomto shromáždění vystoupil rovněž státní tajemník u říšského protektora SS-Gruppenführer Karl H. Frank, který zmínil osud Lidic a všem shromážděným připomněl, že na následující národní přísaze věrnosti Říši budou stát v prvních řadách a bude na ně dobře vidět. (ČTK)

PROTEKTORÁT ČECHY A MORAVA

Propagandistický plakát Říšského ministerstva lidové osvěty a propagandy, které ústy svého ministra Josepha Goebbelse upozorňovalo na nebezpečí plynoucí od Židů a s odkazem na žlutou Davidovu hvězdu s nápisem „Jude", tj. na označení Židů, konstatovalo: „Kdo nosí toto označení, je nepřítelem našeho národa", červenec 1942. (VÚA/VHA Praha)

Národní přísaha věrnosti Říši, Václavské náměstí, Praha, 3. červenec 1942. Příjezd státního prezidenta Emila Háchy. (ČTK)

Národní přísaha věrnosti Říši, Václavské náměstí, Praha, 3. červenec 1942. Státní prezident Emil Hácha (uprostřed) na čestné tribuně. Doprovází jej politický referent KSP Josef Kliment. Vlevo zdraví státního prezidenta členové protektorátní vlády, z nichž lze identifikovat ministra dopravy a techniky Jindřicha Kamenického a ministra financí Josefa Kalfuse. (ČTK)

1942

Národní přísaha věrnosti Říši, Václavské náměstí, Praha, 3. červenec 1942. Státní prezident Emil Hácha (v popředí) se na čestné tribuně zdraví s ministrem školství a lidové osvěty Emanuelem Moravcem. Zcela vlevo ministr vnitra Richard Bienert. V průhledu ministr dopravy a techniky Jindřich Kamenický. Vpravo politický referent KSP Josef Kliment. (ČTK)

Národní přísaha věrnosti Říši, Václavské náměstí, Praha, 3. červenec 1942. Státní prezident Emil Hácha na čestné tribuně. Po jeho pravici ministr vnitra Richard Bienert a ministr financí Josef Kalfus, po levici pak politický referent KSP Josef Kliment. (ČTK)

Národní přísaha věrnosti Říši, Václavské náměstí, Praha, 3. červenec 1942. Hudba Vládního vojska Protektorátu Čechy a Morava. (ČTK)

Národní přísaha věrnosti Říši, Václavské náměstí, Praha, 3. červenec 1942. Hudba Vládního vojska Protektorátu Čechy a Morava. Nejblíže k objektivu dozorující důstojníci. (ČTK)

PROTEKTORÁT ČECHY A MORAVA

Národní přísaha věrnosti Říši, Václavské náměstí, Praha, 3. červenec 1942. (ČTK)

Národní přísaha věrnosti Říši, Václavské náměstí, Praha, 3. červenec 1942. Za řečnickým pultem předseda protektorátní vlády a ministr spravedlnosti Jaroslav Krejčí. (ČTK)

Národní přísaha věrnosti Říši, Václavské náměstí, Praha, 3. červenec 1942. Za řečnickým pultem ministr školství a lidové osvěty Emanuel Moravec při nejvýznamnějším projevu své politické kariéry. Na jednu z fotografií zachycujících tuto událost, si Moravec vlastní rukou poznamenal: „*Desetitisíce českého lidu – bez rozdílu stáří, povolání – naslouchají slovům svého ministra Em. Moravce...*" (ČTK)

1942

Národní přísaha věrnosti Říši, Václavské náměstí, Praha, 3. červenec 1942. Za řečnickým pultem ministr školství a lidové osvěty Emanuel Moravec. Ve svém projevu, v němž oznámil zrušení civilního výjimečného stavu, uvedl mj.: „Byly to černé dny a ještě černější týdny, měsíc úzkosti. Po pět týdnů nebylo jasno, co čeká český národ a jak se utváří jeho budoucnost… Marně se pokoušejí londýnští zaprodanci vykládat, že český národ je ochoten obětovat svou krev za zájmy Anglie, jejích spojenců a světového židovstva… Pane Churchille, jménem vlády Protektorátu Čech a Moravy Vás žádám… uvažujte trochu… o tom, co Vám Beneš vykládá, a o tom, co skutečně zde u nás je. Kdyby v naší zemi byla opravdu revoluce na spadnutí, nemohla by se přec, pane Churchille, vláda Čech a Moravy vůbec objevit před českými zástupy.

Kdyby bylo pravda, pane Churchille, že český národ jde za Benešem a že president Hácha a jeho vláda jsou pouze německými agenty, které chrání německá státní policie, jak by se, prosím Vás, tento president a tato vláda mohli odvážit postavit před nepřehledné davy, jaké zde právě vidíme na Václavském náměstí, před více než sto tisíc českých lidí, aniž by je tyto zástupy roztrhaly na kusy?… Jisté je, že atentátníci byli zastřeleni a že Benešovi pomahači byli na našem území odměněni po zásluze… Můžeme klidně říci, že přímo tváří v tvář od úst k ústům a od srdce k srdci polovina odrostlých obyvatel Protektorátu Čechy a Morava měla příležitost vyslechnout své odpovědné činitele a rozhodnout se, jak v budoucnu zařídí svou práci, jaké stanovisko zaujme k dějům, kterých jsme svědky. Tisíce a tisíce dopisů souhlasu, hromadných podpisů na prohlášeních, které došly panu státnímu presidentovi a členům vlády, svědčí o tom, že v českém lidu nastal přelom, že mnoho netečnosti končilo zdravým procitnutím a že Beneš se svými ztracenými společníky nikdy nebyl tak vzdálen duši celého českého národa jako nyní na počátku druhé poloviny roku 1942… Češi a Češky! Pan státní president, jemuž máme tolik co děkovat, že můžeme být zemí dokonalého míru, svolal vás sem před pomník sv. Václava úmyslně ve chvíli, kdy se mu společně s námi, kteří tvoříme jeho vládu, podařilo přesvědčit Vůdce, že český národ vcelku nemá nic společného s Benešovými vrahy a jejich ojedinělými pomahači… Říše uznala naši snahu, a proto ti, národe český, vrátila starý klid a poskytla možnost další plodné práce. Zde pod pomníkem českého patrona, který dobře viděl vývoj, který začal nejsprávnější českou politiku před tisíciletím, zde si všichni slibme věrnost, zde si slibme, že jeden každý z nás při každém kroku bude napříště stále myslit na osud svého národa a na sílu Velkoněmecké říše, jejíž pevná ruka nám byla znovu podána… Vždy, když jsme šli věrně s Říší, byli jsme silným a slavným národem. Postavili-li jsme se však proti Říši, české země upadaly a měnily se ve válečnou poušť. Dbejme už jednou toho, čemu učí české dějiny… Do nového zítřku, který je českému národu zaručen jedině věrností Říši, můžeme vstupovat plni důvěry. Zítřek je náš! Zítřek patří Nové Evropě! Zítřek pochoduje svorně pod prapory nacionálněsocialistické revoluce. Zdar našemu Vůdci Adolfu Hitlerovi! Zdar naší nádherné německé branné moci! Zdar našemu státnímu presidentu doktoru Háchovi! Zdar české budoucnosti!" (ČTK)

PROTEKTORÁT ČECHY A MORAVA

1942

Národní přísaha věrnosti Říši, Václavské náměstí, Praha, 3. červenec 1942. Pohled na čestnou tribunu při závěrečných hymnách. Česká hymna *Kde domov můj* byla hrána až jako třetí v pořadí. Nejprve si účastníci vyslechli obě hymny německé – *Deutschlandlied* a *Horst-Wessel-Lied*. V popředí státní prezident Emil Hácha. Po jeho pravici lze rozeznat ministra vnitra Richarda Bienerta a ministra zemědělství a lesnictví Adolfa Hrubého, po levici pak ministra dopravy a techniky Jindřicha Kamenického a ministra financí Josefa Kalfuse. (ČTK)

FOTO NA STR. 600 DOLE VLEVO:
Národní přísaha věrnosti Říši, Praha, 3. červenec 1942. Pohled na Václavské náměstí z ochozu věže Zemského muzea (nyní Národní muzeum). Podle dobových odhadů zde bylo přítomno minimálně 200 000 lidí. Řada dostatečně neinformovaných, včetně některých zahraničních historiků, považují toto shromáždění za spontánní a dobrovolné a interpretují jej dosud dokonce jako vrchol možného souznění okupovaných a okupantů, jako nejvyšší možný bod masové kolaborace. (ČTK)

FOTA NA STR. 600:
Národní přísaha věrnosti Říši, Václavské náměstí, Praha, 3. červenec 1942. (ČTK)

PROTEKTORÁT ČECHY A MORAVA

◀ Státní prezident Emil Hácha. Utrápený starý muž, který místo odchodu na odpočinek stanul v čele prvního satelitu Třetí říše. Po vzniku protektorátu se ve spolupráci s ministerským předsedou Aloisem Eliášem podílel na zpomalovací taktice – maximálnímu odolávání tlaku nacistického okupačního aparátu (po dohodě s československým exilem v Londýně). Odmítl složení slibu věrnosti do rukou Adolfa Hitlera, neustále vyžadoval dodržování dané protektorátní autonomie, intervenoval za zatčené a odsouzené. Po příchodu šéfa RSHA, zastupujícího říšského protektora SS-Obergruppenführera Reinharda Heydricha chtěl podat demisi. Vláda mu však tento krok nedoporučila. Hácha byl proto nucen v úřadě, jehož tíha jej ničila, setrvat. Nejpozději od roku 1943 se jeho zdravotní stav vlivem aterosklerózy zhoršil natolik, že svou funkci vykonával již pouze formálně. Jeho duševní rozpoložení dokonale vykresluje krátký rozhovor, který vedl v létě 1943 s komorníkem na zámku v Lánech. Po procházce v zámeckém parku za slunného počasí byl tázán, jak se mu venku líbilo. Hácha odpověděl: „Pršelo a padaly tam kousky masa." Pražský hrad, 4. červenec 1942. (ČTK)

◀ Titulní strana časopisu *Akta pražského arcibiskupství*, červenec 1942. Povinné oznámení o úmrtí šéfa RSHA, zastupujícího říšského protektora SS-Obergruppenführera a generála policie Reinharda Heydricha pod nápisem „Pochválen buď Ježíš Kristus!" vytváří jedinečný kontext, za který mohly ovšem v době civilního výjimečného stavu padat hlavy (SJBU).

Státní prezident Emil Hácha, venkovské sídlo státního prezidenta – zámek Lány (mezi Rakovníkem a Kladnem), 4. červenec 1942. (ČTK)

1942

Státní prezident Emil Hácha v rozhovoru s předsedou protektorátní vlády a ministrem spravedlnosti Jaroslavem Krejčím, venkovské sídlo státního prezidenta – zámek Lány, 4. červenec 1942. (ČTK)

Státní prezident Emil Hácha na procházce s předsedou protektorátní vlády a ministrem spravedlnosti Jaroslavem Krejčím, park zámku Lány, 4. červenec 1942. (ČTK)

PROTEKTORÁT ČECHY A MORAVA

◀ Park zámku Lány, 6. červenec 1942. Oficiální návštěva zástupců protektorátní vlády u státního prezidenta Emila Háchy (uprostřed) u příležitosti výročí jeho 70. narozenin. Předseda vlády a ministr spravedlnosti Jaroslav Krejčí (po Háchově pravici) a ministr školství a lidové osvěty Emanuel Moravec (po Háchově levici). Vlevo od Moravce jeho osobní tajemník František Stuchlík. Zády obrácen přednosta KSP Augustin A. Popelka. (ČTK)

Park zámku Lány, 6. červenec 1942. Oficiální návštěva zástupců protektorátní vlády u státního prezidenta Emila Háchy (vlevo) u příležitosti výročí jeho 70. narozenin. Po Háchově levici ministr školství a lidové osvěty Emanuel Moravec, předseda vlády a ministr spravedlnosti Jaroslav Krejčí a přednosta KSP Augustin A. Popelka. (ČTK)

◀ Pohřeb příslušníka gestapa, krematorium hlavního města Prahy, Schwerinova třída (nyní Vinohradská), 6. červenec 1942. (ČTK)

1942

Státní prezident Emil Hácha, park zámku Lány, 8. červenec 1942. (ČTK)

PROTEKTORÁT ČECHY A MORAVA

Uvedení SS-Obersturmbannführera Heinze Rieschauera do funkce prezidiálního šéfa ministerstva vnitra, Letenská ulice (nyní Milady Horákové), Praha, 8. červenec 1942. Za řečnickým pultem ministr vnitra Richard Bienert. (ČTK)

Titulní strana *Pražského ilustrovaného zpravodaje*, 9. červenec 1942. (SJBU)

Oslava 70. výročí narození státního prezidenta Emila Háchy, zahrada Na Valech, Pražský hrad, 11. červenec 1942. Hudba Vládního vojska Protektorátu Čechy a Morava. (ČTK)

Státní prezident Emil Hácha u okna své pracovny, Pražský hrad, 11. červenec 1942. (ČTK)

606

1942

◀ Oslava 70. výročí narození státního prezidenta Emila Háchy, III. nádvoří Pražského hradu, 11. červenec 1942. Hudba pozemního vojska říšské branné moci. (ČTK)

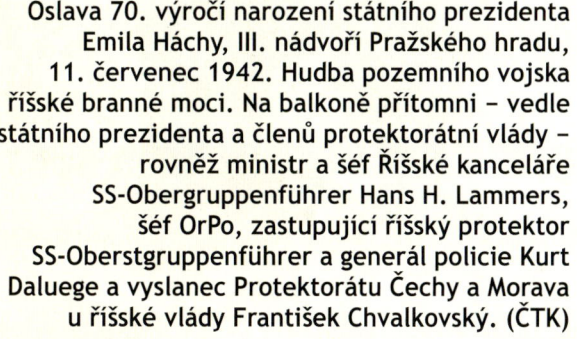

Oslava 70. výročí narození státního prezidenta Emila Háchy, III. nádvoří Pražského hradu, 11. červenec 1942. Hudba pozemního vojska říšské branné moci. Na balkoně přítomni – vedle státního prezidenta a členů protektorátní vlády – rovněž ministr a šéf Říšské kanceláře SS-Obergruppenführer Hans H. Lammers, šéf OrPo, zastupující říšský protektor SS-Oberstgruppenführer a generál policie Kurt Daluege a vyslanec Protektorátu Čechy a Morava u říšské vlády František Chvalkovský. (ČTK) ▶

◀ Oslava 70. výročí narození státního prezidenta Emila Háchy, III. nádvoří Pražského hradu, 11. červenec 1942. Přehlídka oddílů pozemního vojska říšské branné moci, Vládního vojska Protektorátu Čechy a Morava, četnictva a policie. Státní prezident Emil Hácha (vpravo vepředu v civilním obleku). Vedle důstojníka v první řadě říšský ministr a šéf Říšské kanceláře SS-Obergruppenführer Hans H. Lammers – jako přímý zástupce Vůdce. Doprovod dále tvořili ve druhé řadě zleva: velitel OrPo v protektorátu gen. Paul Riege, zmocněnec říšské branné moci u říšského protektora gen. Rudolf Toussaint, šéf OrPo, zastupující říšský protektor SS-Oberstgruppenführer a generál policie Kurt Daluege a státní tajemník u říšského protektora SS-Gruppenführer Karl H. Frank. (ČTK)

PROTEKTORÁT ČECHY A MORAVA

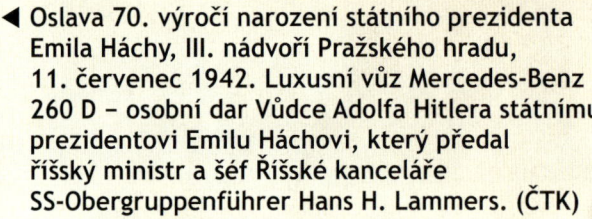

Oslava 70. výročí narození státního prezidenta Emila Háchy, III. nádvoří Pražského hradu, 11. červenec 1942. Luxusní vůz Mercedes-Benz 260 D – osobní dar Vůdce Adolfa Hitlera státnímu prezidentovi Emilu Háchovi, který předal říšský ministr a šéf Říšské kanceláře SS-Obergruppenführer Hans H. Lammers. (ČTK)

Oslava 70. výročí narození státního prezidenta Emila Háchy (uprostřed), III. nádvoří Pražského hradu, 11. červenec 1942. Po Háchově pravici šéf OrPo, zastupující říšský protektor SS-Oberstgruppenführer a generál policie Kurt Daluege, po levici říšský ministr a šéf Říšské kanceláře SS-Obergruppenführer Hans H. Lammers v roli přímého zástupce Vůdce. V průhledu mezi Háchou a Daluegem velitel OrPo v protektorátu gen. Paul Riege, v průhledu mezi Háchou a Lammersem státní tajemník u říšského protektora SS-Gruppenführer Karl H. Frank. (ČTK)

Oslava 70. výročí narození státního prezidenta Emila Háchy, III. nádvoří Pražského hradu, 11. červenec 1942. Státní prezident Emil Hácha (v popředí vpravo) v rozhovoru se šéfem OrPo, zastupujícím říšským protektorem SS-Oberstgruppenführerem a generálem policie Kurtem Daluegem. V pozadí velitel OrPo v protektorátu gen. Paul Riege a státní tajemník u říšského protektora SS-Gruppenführer Karl H. Frank. (ČTK)

1942

Oslava 70. výročí narození státního prezidenta Emila Háchy, III. nádvoří Pražského hradu, 11. červenec 1942. Luxusní vůz Mercedes-Benz 260 D – osobní dar Vůdce Adolfa Hitlera státnímu prezidentovi Emilu Háchovi. Druhý zleva zmocněnec říšské branné moci u říšského protektora gen. Rudolf Toussaint. Po jeho levici: velitel OrPo v protektorátu gen. Paul Riege, předseda protektorátní vlády a ministr spravedlnosti Jaroslav Krejčí, šéf OrPo, zastupující říšský protektor SS-Obergruppenführer a generál policie Kurt Daluege, státní tajemník u říšského protektora SS-Gruppenführer Karl H. Frank, Emil Hácha, říšský ministr a šéf Říšské kanceláře SS-Obergruppenführer Hans H. Lammers, za ním přednosta KSP Augustin A. Popelka. (ČTK)

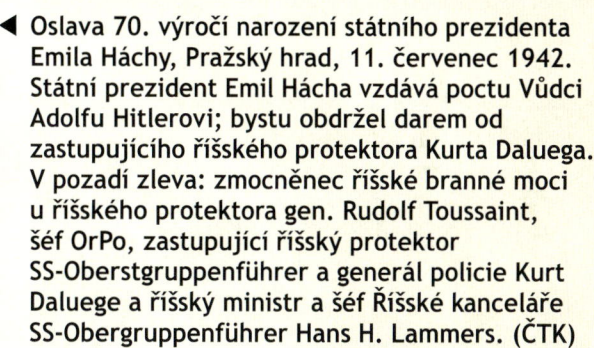

◄ Oslava 70. výročí narození státního prezidenta Emila Háchy, Pražský hrad, 11. červenec 1942. Státní prezident Emil Hácha vzdává poctu Vůdci Adolfu Hitlerovi; bystu obdržel darem od zastupujícího říšského protektora Kurta Daluega. V pozadí zleva: zmocněnec říšské branné moci u říšského protektora gen. Rudolf Toussaint, šéf OrPo, zastupující říšský protektor SS-Obergruppenführer a generál policie Kurt Daluege a říšský ministr a šéf Říšské kanceláře SS-Obergruppenführer Hans H. Lammers. (ČTK)

◄ Oslava 70. výročí narození státního prezidenta Emila Háchy, Pražský hrad, 11. červenec 1942. Říšský ministr a šéf Říšské kanceláře SS-Obergruppenführer Hans H. Lammers tlumočí blahopřání Vůdce Adolfa Hitlera státnímu prezidentu Emilu Háchovi.
Vlevo: státní tajemník u říšského protektora SS-Gruppenführer Karl H. Frank a šéf OrPo, zastupující říšský protektor SS-Obergruppenführer a generál policie Kurt Daluege. V pozadí členové protektorátní vlády, zleva: ministr financí Josef Kalfus, ministr práce a hospodářství SS-Brigadeführer Walter Bertsch, ministr vnitra Richard Bienert a ministr dopravy a techniky Jindřich Kamenický. (ČTK)

PROTEKTORÁT ČECHY A MORAVA

Oslava 70. výročí narození státního prezidenta Emila Háchy, Pražský hrad, 11. červenec 1942. Státní prezident Emil Hácha děkuje za blahopřání předsedovi protektorátní vlády a ministru spravedlnosti Jaroslavu Krejčímu (vlevo). (ČTK)

Oslava 70. výročí narození státního prezidenta Emila Háchy (uprostřed), Pražský hrad, 11. červenec 1942. Blahopřání pracovníků KSP. Za Háchou zleva: předseda vlády a ministr spravedlnosti Jaroslav Krejčí, ministr školství a lidové osvěty Emanuel Moravec a přednosta KSP Augustin A. Popelka. (ČTK)

Oslava 70. výročí narození státního prezidenta Emila Háchy, Pražský hrad, 11. červenec 1942. Emil Hácha (vpravo) v rozhovoru s říšským ministrem a šéfem Říšské kanceláře SS-Obergruppenführerem Hansem H. Lammersem (uprostřed). Vlevo předseda protektorátní vlády a ministr spravedlnosti Jaroslav Krejčí. (ČTK)

Smetanova síň Obecního domu, Hybernské náměstí (nyní náměstí Republiky), Praha, 11. červenec 1942. Ministr školství a lidové osvěty Emanuel Moravec při projevu k laureátům Národní ceny. (ČTK)

Smetanova síň Obecního domu, Hybernské náměstí (nyní náměstí Republiky), Praha, 11. červenec 1942. Ministr školství a lidové osvěty Emanuel Moravec při předávání Národní ceny herci Vlastovi Burianovi. (ČTK)

Smetanova síň Obecního domu, Hybernské náměstí (nyní náměstí Republiky), Praha, 11. červenec 1942. Předávání Národních cen za účasti ministra školství a lidové osvěty Emanuela Moravce. Pohled do hlediště. (ČTK)

Přijetí laureátů Národní ceny ministrem školství a lidové osvěty Emanuelem Moravcem (druhý zprava), Kolowratský palác, Valdštejnská ulice, Praha, 11. července 1942. Třetí zprava herečka Adina Mandlová, po její pravici Marie Glázrová. (ČTK)

Přijetí laureátů Národní ceny ministrem školství a lidové osvěty Emanuelem Moravcem, Kolowratský palác, Valdštejnská ulice, Praha, 11. červenec 1942. Předseda protektorátní vlády a ministr spravedlnosti Jaroslav Krejčí (čtvrtý zprava) v rozhovoru s herci Adinou Mandlovou a Vlastou Burianem (třetí zleva). Zcela vpravo osobní tajemník ministra Moravce František Stuchlík. (ČTK)

PROTEKTORÁT ČECHY A MORAVA

◀ Langemarckhaus, Beethovenova ulice (nyní Opletalova), Praha, 11. červenec 1942. Říšský komisař a župní vedoucí Říšské župy Sudety Konrad Henlein hovoří na téma „Studenstvo ve válečném nasazení". (ČTK)

Státní tajemník v Říšském ministerstvu lidové osvěty a propagandy Leopold Gutterer (třetí zleva) při návštěvě Filmové továrny AB na Barrandově, Praha, 17. červenec 1942. Zleva: vedoucí Oddělení IV (Kulturní politika) ÚŘP SS-Sturmbannführer Martin P. Wolf a ředitel společnosti Prag-Film Karl Schulz. V popředí generální inspektor správy v ÚŘP gen. Heinrich F. Reinefarth a státní tajemník u říšského protektora SS-Gruppenführer Karl H. Frank. (ČTK)

◀ Státní tajemník v Říšském ministerstvu lidové osvěty a propagandy Leopold Gutterer (vlevo) při návštěvě Filmové továrny AB na Barrandově, Praha, 17. červenec 1942. Po jeho levici ředitel společnosti Prag-Film Karl Schulz, státní tajemník u říšského protektora SS-Gruppenführer Karl H. Frank a vedoucí Oddělení IV (Kulturní politika) Úřadu říšského protektora SS-Sturmbannführer Martin P. Wolf. (ČTK)

1942

Státní tajemník v Říšském ministerstvu lidové osvěty a propagandy Leopold Gutterer (čtvrtý zleva) při návštěvě v ateliérech Filmové továrny AB na Barrandově, Praha, 17. červenec 1942. Druhý zleva vedoucí Oddělení IV (Kulturní politika) ÚŘP SS-Sturmbannführer Martin P. Wolf, dále: ředitel společnosti Prag-Film Karl Schulz, státní tajemník u říšského protektora SS-Gruppenführer Karl H. Frank, generální inspektor správy v Úřadu říšského protektora gen. Heinrich F. Reinefarth a vrchní vládní rada SS-Sturmbannführer Robert Gies. (ČTK)

Státní tajemník v Říšském ministerstvu lidové osvěty a propagandy Leopold Gutterer (v popředí vpravo) spolu se státním tajemníkem u říšského protektora SS-Gruppenführerem Karlem H. Fankem (po Guttererově pravici) ve vyhlídkové restauraci Terasy Barrandov, Barrandovská ulice, Praha, 17. červenec 1942. (ČTK)

Pohled na vyhlídkovou restauraci Terasy Barrandov, Barrandovská ulice, Praha, 17. červenec 1942. Německý červený kříž se zde staral o raněné příslušníky říšské branné moci. (ČTK)

PROTEKTORÁT ČECHY A MORAVA

Vedoucí skupiny 3 (Rozhlas, tisk) v Oddělení IV Úřadu říšského protektora, vládní rada SS-Hauptsturmführer Wolfgang W. von Wolmar (vpravo) a generální inspektor správy v ÚŘP gen. Heinrich F. Reinefarth v sídle skupiny 3, budova ČTK, Beethovenova ulice (nyní Opletalova), Praha, 17. červenec 1942. (ČTK)

Generální inspektor správy v ÚŘP gen. Heinrich F. Reinefarth (druhý zleva) v rozhovoru s důstojníky říšské branné moci, budova ČTK, Beethovenova ulice (nyní Opletalova), Praha, 17. červenec 1942. Uprostřed vedoucí skupiny 3 (Rozhlas, tisk) v Oddělení IV ÚŘP, vládní rada SS-Hauptsturmführer Wolfgang W. von Wolmar, zcela vlevo Ctibor Melč z Tiskového odboru Ministerstva lidové osvěty. (ČTK)

Společné zasedání NS a ČSSN u příležitosti 120. výročí narození zakladatele genetiky a objevitele základních zákonů dědičnosti Gregora J. Mendela, Ústřední sekretariát NS, Dušní ulice, Praha, 21. červenec 1942. Za řečnickým pultem zoolog a zoogeograf Vladimír Teyrovský. (ČTK)

1942

Kundmachung.

In der Zeit vom 1. bis zum 3. August 1942 wird im ganzen Protektorat eine Erfassung der Zigeuner, Zigeunermischlinge und nach Zigeunerart umherziehenden Personen, wie Kesselflicker, Scherenschleifer, Schausteller (Marktfieranten), soweit sie kein eigenes Gewerbe mit ständigen Wohnsitz haben, vorgenommen.

Nach Artikel 3, Absatz 1 des Gesetzes vom 14. Juli 1927, Slg. Nr. 125, wird angeordnet:

1. Das Verlassen des Aufenthaltortes in der Zeit **vom 1. bis zum 3. August 1942** ist den im Absatz 1 angeführten Personen verboten.
2. Die im Absatz 1 angeführten Personen haben sich mit allen Familienmitgliedern (Scharmitgliedern) und mit allen Personalbelegen von sich und ihren Familienmitgliedern (Scharmitgliedern), sowie den Urkunden, die ihr Gewerbe betreffen (Wandergewerbescheine, Wanderscheine usw.) **am 1. August um 7 Uhr bei dem örtlich zuständigen Kriminalkommissariate zur Erfassung einzufinden.**

Die Nichtbefolgung dieser Kundmachung wird mit einer Geldstrafe von 10 bis 5000 K oder einer Freiheitsstrafe von 12 Stunden zu 14 Tagen bestraft.

Am 24. Juli 1942.

Für den Polizeipräsidenten:
Dr. Šejnoha e. h.

Vyhláška.

Ve dnech od 1. do 3. srpna 1942 bude proveden na celém území Protektorátu soupis cikánů, cikánských míšenců a osob potulujících se po způsobu cikánském, jako potulných kotlářů, brusičů nůžek, kočovných trhovců, pokud nemají vlastní živnost se stálým bydlištěm.

Podle čl. 3, odst. 1 zákona ze dne 14. července 1927, č. 125 Sb., se nařizuje:

1. Osobám uvedeným v odstavci 1 se zakazuje v době **od 1. do 3. srpna 1942** opustiti místo pobytu.
2. Osobám uvedeným v odstavci 1 se nařizuje, aby se všemi příslušníky rodiny (tlupy) a se všemi osobními doklady svými a příslušníků rodiny (tlupy), jakož i doklady, týkajícími se živnosti (kočovné živnostenské listy, kočovné knížky a pod.), **dostavily se dne 1. srpna o 7. hodině k místně příslušnému kriminálnímu komisariátu k soupisu.**

Neuposlechnutí této vyhlášky bude potrestáno pokutou od 10 do 5000 K nebo trestem na svobodě od 12 hodin do 14 dnů.

Dne 24. července 1942.

Za policejního presidenta:
Dr. Šejnoha v. r.

Vyhláška Policejního ředitelství v Praze o celoprotektorátním soupisu cikánů, cikánských míšenců a osob potulujících se po způsobu cikánském, 24. červenec 1942. (SVK)

Návštěva státního tajemníka u říšského protektora SS-Gruppenführera Karla H. Franka na táboře BDM, Jíloviště, červenec 1942. (NA)

Účastnice tábora BDM, Jíloviště, červenec 1942. (NA)

PROTEKTORÁT ČECHY A MORAVA

Chotusice u Čáslavi, 25. červenec 1942. Ministr zemědělství a lesnictví Adolf Hrubý je vítán při zahájení žní. (ČTK)

Chotusice u Čáslavi, 25. červenec 1942. Svůj projev k začátku žní zakončil ministr zemědělství a lesnictví Adolf Hrubý německým pozdravem. (ČTK)

Zemědělci z Chotusic u Čáslavi zdraví německým pozdravem ministra zemědělství a lesnictví Adolfa Hrubého, 25. červenec 1942. (ČTK)

Chotusice u Čáslavi, 25. červenec 1942. Ministr zemědělství a lesnictví Adolf Hrubý – sám původně zemědělec – zahájil žně osobně. (ČTK)

1942

Provolání k zahájení žní ministra zemědělství a lesnictví Adolfa Hrubého, Praha, 25. červenec 1942. (VÚA/VHA Praha)

Vyhláška ministra zemědělství a lesnictví a předsedy České zemědělské rady v Praze Adolfa Hrubého, která vyzývá k maximální podpoře Říše, Praha, léto 1942. (VÚA/VHA Praha)

PROTEKTORÁT ČECHY A MORAVA

◀ Ministerstvo vnitra, Letenská ulice (nyní Milady Horákové), Praha, 31. červenec 1942. Za řečnickým pultem SS-Oberführer Willy Weidermann, nově uvedený do úřadu pražského policejního prezidenta. (ČTK)

Přehlídka oddílů protektorátní policie u příležitosti uvedení SS-Oberführera Willyho Weidermanna do úřadu pražského policejního prezidenta, Letenská ulice (nyní Milady Horákové), Praha, 31. červenec 1942. Protektorátní policista podává hlášení státnímu tajemníku u říšského protektora SS-Gruppenführerovi Karlu H. Frankovi (třetí zleva). Po jeho pravici ministr vnitra Richard Bienert, po levici velitel OrPo v protektorátu gen. Paul Riege. (ČTK)

◀ Přehlídka oddílů protektorátní policie u příležitosti uvedení SS-Oberführera Willyho Weidermanna do úřadu pražského policejního prezidenta, Letenská ulice (nyní Milady Horákové), Praha, 31. červenec 1942. Státní tajemník u říšského protektora SS-Gruppenführer Karl H. Frank koná přehlídku protektorátních policistů. Po jeho levici velitel OrPo v protektorátu gen. Paul Riege, po pravici ministr vnitra Richard Bienert. Druhý zleva pražský policejní prezident SS-Oberführer Willy Weidermann. (ČTK)

1942

Přehlídka oddílů protektorátní policie u příležitosti uvedení SS-Oberführera Willyho Weidermanna do úřadu pražského policejního prezidenta, Letenská ulice (nyní Milady Horákové), Praha, 31. červenec 1942. Protektorátní policista podává hlášení veliteli OrPo v protektorátu gen. Paulu Riegemu. (ČTK)

Státní tajemník u říšského protektora SS-Gruppenführer Karl H. Frank na pražském velitelství SA, Štěpánská ulice, 31. červenec 1942. (ČTK)

Kurz vaření pořádaný Národní odborovou ústřednou zaměstnaneckou (NOÚZ), Praha, 5. srpen 1942. (ČTK)

Ochutnávka výsledků kurzu vaření pořádaných NOÚZ, Praha, 5. srpen 1942. (ČTK)

PROTEKTORÁT ČECHY A MORAVA

Říšský pokladník NSDAP a říšský vedoucí NSDAP SS-Oberstgruppenführer Franz X. Schwarz před Hotelem Alcron, Štěpánská ulice, Praha, 6. srpen 1942. Po jeho pravici (částečně zakryt) říšský komisař a župní vedoucí Říšské župy Sudety Konrad Henlein. (ČTK)

Říšský pokladník NSDAP a říšský vedoucí NSDAP SS-Oberstgruppenführer Franz X. Schwarz, Štěpánská ulice, Praha, 6. srpen 1942. Po jeho pravici říšský komisař a župní vedoucí Říšské župy Sudety Konrad Henlein, po levici pak státní tajemník u říšského protektora SS-Gruppenführer Karl H. Frank. (ČTK)

Německý dům (nyní Slovanský dům), ulice Na Příkopě, Praha, 6. srpen 1942. Říšský pokladník NSDAP a říšský vedoucí NSDAP SS-Oberstgruppenführer Franz X. Schwarz při projevu. (ČTK)

Říšský pokladník NSDAP a říšský vedoucí NSDAP SS-Oberstgruppenführer Franz X. Schwarz (pátý zleva) při prohlídce Pražského hradu, I. hradní nádvoří, 7. srpen 1942. Třetí zleva v popředí šéf OrPo, zastupující říšský protektor SS-Oberstgruppenführer a generál policie Kurt Daluege. (ČTK)

1942

Říšský pokladník NSDAP a říšský vedoucí NSDAP SS-Oberstgruppenführer Franz X. Schwarz (uprostřed) při prohlídce Pražského hradu, Vladislavský sál, 7. srpen 1942. Bezprostředně po jeho pravici šéf OrPo, zastupující říšský protektor SS-Oberstgruppenführer a generál policie Kurt Daluege a vedoucí Oddělení IV (Kulturní politika) Úřadu říšského protektora SS-Sturmbannführer Martin P. Wolf. Za Dalugem státní tajemník u říšského protektora SS-Gruppenführer Karl H. Frank. V popředí vpravo říšský komisař a župní vedoucí Říšské župy Sudety Konrad Henlein. Ochrannou službu tvořili čtyři příslušníci Hlavní řídící úřadovny gestapa Praha; dva z nich jsou zachyceni na tomto snímku (druhý zleva a za státním tajemníkem u říšského protektora SS-Gruppenführerem Karlem H. Frankem). (ČTK)

Říšský pokladník NSDAP a říšský vedoucí NSDAP SS-Oberstgruppenführer Franz X. Schwarz (vpravo) v rozhovoru s náměstkem primátora SA-Standartenführerem Josefem Pfitznerem, Staroměstská radnice, Staroměstské náměstí, Praha, 7. srpen 1942. Za Schwarzem (částečně v zákrytu) říšský komisař a župní vedoucí Říšské župy Sudety Konrad Henlein. (ČTK)

Říšský pokladník NSDAP a říšský vedoucí NSDAP SS-Oberstgruppenführer Franz X. Schwarz se zapisuje do Pamětní knihy města Prahy, Staroměstská radnice, Staroměstské náměstí, 7. srpen 1942. V pozadí náměstek primátora SA-Standartenführer Josef Pfitzner (vlevo) v rozhovoru s říšským komisařem a župním vedoucím Říšské župy Sudety Konradem Henleinem. (ČTK)

PROTEKTORÁT ČECHY A MORAVA

Na rozdíl od svých předchůdců nemohl šéf OrPo, zastupující říšský protektor SS-Oberstgruppenführer a generál policie Kurt Daluege použít k ubytování zámek v Panenských Břežanech, neboť zde i nadále zůstala vdova po šéfovi RSHA, zastupujícím říšském protektorovi SS-Obergruppenführerovi a generálu policie Reinhardu Heydrichovi s dětmi. Při hledání důstojného ekvivalentu padla volba na zámek Dobříš, který byl ve prospěch Říše vyvlastněn na jaře 1942 šlechtickému rodu Colloredo-Mansfeld. Zastupující říšský protektor Kurt Daluege sem poprvé přijel 11. srpna 1942. Snímek zobrazuje jeho slavnostní uvítání příslušníky hudby OrPo. (ČTK)

Slavnostní uvítání šéfa OrPo, zastupujícího říšského protektora SS-Oberstgruppenführera a generála policie Kurta Daluega na zámku v Dobříši, 11. srpen 1942. Hudba OrPo. (ČTK)

Odjezd účastníků výcvikového tábora Kuratoria pro výchovu mládeže v Čechách a na Moravě na poznávací cestu do Říše, Hybernské nádraží (nyní Masarykovo nádraží), Jezdecká ulice (nyní Havlíčkova), Praha, 12. srpen 1942. Kuratorium bylo budováno po vzoru HJ ministrem školství a lidové osvěty Emanuelem Moravcem. V levé části, mezi příslušníkem říšské branné moci a SS generální referent kuratoria František Teuner. (ČTK)

1942

Odjezd účastníků výcvikového tábora Kuratoria pro výchovu mládeže v Čechách a na Moravě na poznávací cestu do Říše, Hybernské nádraží (nyní Masarykovo nádraží), Jezdecká ulice (nyní Havlíčkova), Praha, 12. srpen 1942. (ČTK)

Zahájení výstavy učňovských prací živnostenské školy, Praha, 15. srpen 1942. (ČTK)

Ministr školství a lidové osvěty Emanuel Moravec (třetí zleva) na výstavě učňovských prací živnostenské školy, Praha, 18. srpen 1942. (ČTK)

Šéf OrPo, zastupující říšský protektor SS-Oberstgruppenführer a generál policie Kurt Daluege (uprostřed) vyznamenává vybrané příslušníky Zbraní SS, kteří se zúčastnili boje s československými parašutisty v kostele sv. Karla Boromejského (nyní kostel Cyrila a Metoděje), Pražský hrad, 21. srpen 1942. Vpravo státní tajemník u říšského protektora SS-Gruppenführer Karl H. Frank. (ČTK)

PROTEKTORÁT ČECHY A MORAVA

Šéf OrPo, zastupující říšský protektor SS-Oberstgruppenführer a generál policie Kurt Daluege (uprostřed) vyznamenává vybrané příslušníky Zbraní SS, kteří se zúčastnili boje s československými parašutisty v kostele sv. Karla Boromejského (nyní kostel Cyrila a Metoděje), Pražský hrad, 21. srpen 1942. Vlevo státní tajemník u říšského protektora SS-Gruppenführer Karl H. Frank. (ČTK)

Vyznamenaní příslušníci Zbraní SS a OrPo, kteří se zúčastnili zásahu proti československým parašutistům v kostele sv. Karla Boromejského (nyní kostel Cyrila a Metoděje), Hradčanské náměstí, Praha, 21. srpen 1942. (ČTK)

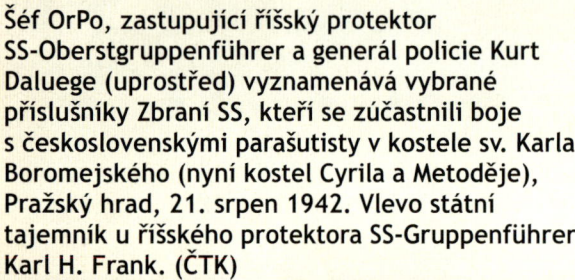

Vyhláška vrchního státního návladního Lidového soudního dvora o popravě Ireny Bernáškové pro přípravu velezrady. Jednalo se o jednu z nejstatečnějších žen české protinacistické rezistence (a první Češku odsouzenou Lidovým soudním dvorem k trestu smrti) – vydavatelku, redaktorku, distributorku a spoluautorku největšího protektorátního ilegálního časopisu *V boj*, Berlín, 26. srpen 1942. (VÚA/VHA Praha)

1942

FOTO NAHOŘE VLEVO:
Velitel SA župy Sudety SA-Gruppenführer Franz May (třetí zprava) v rozhovoru se zraněným příslušníkem říšské branné moci, nemocnice říšské branné moci (nyní Thomayerova nemocnice), Budějovická ulice (nyní Vídeňská), Praha, 27. srpen 1942. (ČTK)

FOTO NAHOŘE VPRAVO:
Doprovod velitele župy Sudety SA-Gruppenführera Franze Maye v rozhovoru se zraněnými příslušníky říšské branné moci, nemocnice říšské branné moci (nyní Thomayerova nemocnice), Budějovická ulice (nyní Vídeňská), Praha, 27. srpen 1942. (ČTK)

Velitel SA župy Sudety SA-Gruppenführer Franz May (třetí zprava) v rozhovoru se zraněným příslušníkem říšské branné moci, nemocnice říšské branné moci (nyní Thomayerova nemocnice), Budějovická ulice (nyní Vídeňská), Praha, 27. srpen 1942. (ČTK)

PROTEKTORÁT ČECHY A MORAVA

Velitel SA župy Sudety SA-Gruppenführer Franz May (druhý zprava) v tiskárně nakladatelství Orbis, Schwerinova třída (nyní Vinohradská), Praha, 27. srpen 1942. První zprava generální ředitel nakladatelství Orbis Franz F. Rudl. (ČTK)

Velitel SA župy Sudety SA-Gruppenführer Franz May (vpravo) v rozhovoru s generálním ředitelem nakladatelství Orbis Franzem F. Rudlem, nakladatelství Orbis, Schwerinova třída (nyní Vinohradská), Praha, 27. srpen 1942. (ČTK)

Podnikový výlet pracovníků nakladatelství Orbis a jejich rodinných příslušníků parníkem *Goldenkron* do Klecánek, 29. srpen 1942. (ČTK)

1942

Tank československé konstrukce LT 38 se ve službách říšské branné moci pod označením PzKpfw 38 (t) osvědčil natolik, že nedlouho před jeho přeřazením byl dán příkaz k rekonstrukci. Na bázi PzKpfw 38 (t) tak vznikla řada modifikací průzkumných tanků, samohybných děl a stíhačů tanků, především SdKfz 138/1 Grille, SdKfz 138/1 M Grille, SdKfz 138 M Marder III, SdKfz 138 H Marder III, SdKfz 139 Marder III – a zejména JgdPz 38 Hetzer, považovaný za zřejmě nejlepší lehký stíhač tanků druhé světové války. (Na podvozku LT 38 bylo – výhradně v protektorátu – vyrobeno minimálně 6 493 obrněných vozidel.) Na snímku samohybné dělo SdKfz 138/1 Grille, Českomoravské strojírny, Praha-Vysočany, léto 1942. (SJBU)

Výzva místopředsedy České zemědělské rady Jana Sedláka, aby zemědělci hlásili skutečné sklizené množství pšenice, žita, ječmene, ovsa, obilních směsí, směsek, řepky a máku, Praha, září 1942. (VÚA/VHA Praha)

PROTEKTORÁT ČECHY A MORAVA

Státní tajemník u říšského protektora SS-Gruppenführer Karl H. Frank (v popředí vlevo) a říšský komisař a župní vedoucí Říšské župy Sudety Konrad Henlein (v popředí vpravo) v zahradě Uměleckoprůmyslového musea při návštěvě výstavy *Nacionálněsocialistická péče o blaho lidu*, Sanytrová ulice (nyní 17. listopadu), Praha, 1. září 1942. Doprovod tvoří příslušníci OrPo, SS, SA, NSDAP a RAD. (ČTK)

Hlavní řídící úřadovna gestapa Praha, Bredovská ulice (nyní Politických vězňů), 3. září 1942. Proces (před stanným soudem) s představiteli pravoslavné církve, kteří poskytli úkryt československým parašutistům v kostele sv. Karla Boromejského (nyní kostel Cyrila a Metoděje). Odděleni příslušníky gestapa sedí zleva: Jan Sonnevend, Alois V. Čikl, Vladimír Petřek a biskup Gorazd (vlastním jménem Matěj Pavlík). Za „*ukrývání vrahů SS-Obergruppenführera Reinharda Heydricha a dalších pěti padákových agentů*" byli všichni odsouzeni k trestu smrti a popraveni na střelnici v Praze-Kobylisích. (ČTK)

Hlavní řídící úřadovna gestapa Praha, Bredovská ulice (nyní Politických vězňů), 3. září 1942. Soudní proces s představiteli pravoslavné církve, kteří poskytli úkryt československým parašutistům v kostele sv. Karla Boromejského (nyní kostel Cyrila a Metoděje). Zleva: Alois V. Čikl, Vladimír Petřek a biskup Gorazd. (ČTK)

1942

Hlavní řídící úřadovna gestapa Praha, Bredovská ulice (nyní Politických vězňů), 3. září 1942. Soudní proces s představiteli pravoslavné církve, kteří poskytli úkryt československým parašutistům v kostele sv. Karla Boromejského (nyní kostel Cyrila a Metoděje). Zprava: biskup Gorazd, Vladimír Petřek a Alois V. Čikl. Za Petřekem generální ředitel nakladatelství Orbis Franz F. Rudl. (ČTK)

Šéf OrPo, zastupující říšský protektor SS-Oberstgruppenführer a generál policie Kurt Daluege vyznamenává vybrané příslušníky gestapa a SD, kteří se zúčastnili boje s československými parašutisty v kostele sv. Karla Boromejského (nyní kostel Cyrila a Metoděje), Pražský hrad, 7. září 1942. Ruku tiskne vedoucímu oddělení II G (neoprávněné držení zbraní a třaskavin, přečiny podle zákona o tzv. záludných útocích na stát) Hlavní řídící úřadovny gestapa Praha, kriminálnímu komisaři SS-Hauptsturmführerovi Heinzi Pannwitzovi, který po atentátu vedl „Zvláštní vyšetřovací komisi atentát H." a následně vypracoval obsáhlou závěrečnou zprávu. (ČTK)

Šéf OrPo, zastupující říšský protektor SS-Oberstgruppenführer a generál policie Kurt Daluege vyznamenává vybrané příslušníky gestapa, kteří se zúčastnili boje s československými parašutisty v kostele sv. Karla Boromejského (nyní kostel Cyrila a Metoděje), Pražský hrad, 7. září 1942. (ČTK)

PROTEKTORÁT ČECHY A MORAVA

Smetanova síň Obecního domu, Hybernské náměstí (nyní náměstí Republiky), Praha, 8. září 1942. Koncert k 101. výročí narození hudebního skladatele Antonína Dvořáka. Vlevo ministr školství a lidové osvěty Emanuel Moravec. (ČTK)

Šéf OrPo, zastupující říšský protektor SS-Oberstgruppenführer a generál policie Kurt Daluege na návštěvě výstavy výrobků vojáků říšské branné moci určených dětem, kasárna v Praze-Vršovicích, Kodaňská ulice, 9. září 1942. Po Daluegově pravici velitel OrPo v protektorátu gen. Paul Riege (zde ve stejnokroji SS-Gruppenführera). (ČTK)

Výprava českých protektorátních novinářů do obsazených území Sovětského svazu, Praha hlavní nádraží, třída Richarda Wagnera (nyní Wilsonova ulice), 10. září 1942. Zcela vpravo generální ředitel nakladatelství Orbis Franz F. Rudl, po jeho levici vedoucí skupiny 3 (Rozhlas, tisk) v Oddělení IV Úřadu říšského protektora, vládní rada SS-Hauptsturmführer Wolfgang W. von Wolmar. Druhý zleva vedoucí výpravy pplk. Raimund Menschik. Zcela vlevo šéfredaktor *Národní práce* Vladimír Ryba, za ním šéfredaktor *Večerního Českého slova* Karel Werner. (ČTK)

1942

Výprava českých protektorátních novinářů do obsazených území Sovětského svazu, Praha hlavní nádraží, třída Richarda Wagnera (nyní Wilsonova ulice), Praha, 10. září 1942. Vedle vedoucího výpravy pplk. Raimunda Menschika (uprostřed), vedoucího skupiny 3 (Rozhlas, tisk) v Oddělení IV Úřadu říšského protektora, vládního rady SS-Hauptsturmführera Wolfganga W. von Wolmara (po Menschikově pravici) a zástupce luftwaffe, se výpravy zúčastnilo osm novinářů a zástupce Vládního vojska Protektorátu Čechy a Morava. Mezi vybranými byli např. šéfredaktor *Národní práce* Vladimír Ryba, šéfredaktor *Večerního Českého slova* Karel Werner nebo šéfredaktor *Zlína* Jaroslav Pelíšek. Výprava, trvající do 17. září, urazila více než 5 000 km a navštívila mj. Kyjev, Charkov, Jaltu, Sevastopol a Oděsu. Kniha o ní vyšla pod názvem *Čeští novináři na Východě* již v listopadu 1942. (ČTK)

Mužstva nakladatelství Orbis a Melantrich před fotbalovým zápasem, Davle, 11. září 1942. Německý pozdrav. (ČTK)

Smetanova síň Obecního domu, Hybernské náměstí (nyní náměstí Republiky), Praha, 13. září 1942. Slavnostní shromáždění u příležitosti 30. výročí úmrtí básníka Jaroslava Vrchlického. Za řečnickým pultem ministr školství a lidové osvěty Emanuel Moravec. (ČTK)

PROTEKTORÁT ČECHY A MORAVA

Záběry z výpravy českých protektorátních novinářů do obsazených území Sovětského svazu, září 1942. Pravoslavné poutní místo Pečerská Lavra, Kyjev. Před ústupem jej vyhodila do povětří Rudá armáda. (SJBU)

Záběry z výpravy českých protektorátních novinářů do obsazených území Sovětského svazu, září 1942. Čtvrť Podol, Kyjev. Příklad životní úrovně dělnické rodiny v prvním socialistickém státě světa. (SJBU)

Záběry z výpravy českých protektorátních novinářů do obsazených území Sovětského svazu, září 1942. Čtvrť Podol, Kyjev. Šéfredaktor Národní práce Vladimír Ryba v rozhovoru s místními obyvateli. Vpravo vedoucí výpravy pplk. Raimund Menschik. (SJBU)

Záběry z výpravy českých protektorátních novinářů do obsazených území Sovětského svazu, září 1942. Charkov. Dobová popiska zněla: „Tvář moderního sovětského Ruska." (SJBU)

1942

Záběry z výpravy českých protektorátních novinářů do obsazených území Sovětského svazu, září 1942. Losovaja. Setkání vedoucího výpravy pplk. Raimunda Menschika (druhý zleva) a vedoucího skupiny 3 (Rozhlas, tisk) v Oddělení IV Úřadu říšského protektora, vládního rady SS-Hauptsturmführera Wolfganga W. von Wolmara (vpravo) s pravoslavným knězem. Vlevo šéfredaktor *Zlína* Jaroslav Pelíšek. (SJBU)

Záběry z výpravy českých protektorátních novinářů do obsazených území Sovětského svazu, září 1942. Pancéřová kupole s dělem ráže 32,5 cm pevnosti „Maxim Gorkij", Sevastopol. Před ústupem ji vyhodila do povětří Rudá armáda. (SJBU)

Šéf OrPo, zastupující říšský protektor SS-Oberstgruppenführer a generál policie Kurt Daluege přijímá blahopřání ke svým 45. narozeninám, Pražský hrad, 15. září 1942. Vlevo státní tajemník u říšského protektora SS-Gruppenführer Karl H. Frank. (ČTK)

Oslava 45. výročí narození šéfa OrPo, zastupujícího říšského protektora SS-Oberstgruppenführera a generála policie Kurta Daluega, Pražský hrad, 15. září 1942. Zleva: státní tajemník u říšského protektora SS-Gruppenführer Karl H. Frank a velitel OrPo v protektorátu gen. Paul Riege (ve stejnokroji SS-Gruppenführera). Vpravo nový velitel SiPo a SD v protektorátu SS-Sturmbannführer Walter Jacobi, po jeho pravici generální inspektor správy v ÚŘP gen. Heinrich F. Reinefarth (ve stejnokroji SS-Brigadeführera). (ČTK)

PROTEKTORÁT ČECHY A MORAVA

Oslava 45. výročí narození šéfa OrPo, zastupujícího říšského protektora SS-Oberstgruppenführera a generála policie Kurta Daluega, Pražský hrad, 15. září 1942. Při projevu předseda protektorátní vlády a ministr spravedlnosti Jaroslav Krejčí. Za ním zleva: ministr vnitra Richard Bienert, ministr školství a lidové osvěty Emanuel Moravec, ministr práce a hospodářství SS-Brigadeführer Walter Bertsch, ministr dopravy a techniky Jindřich Kamenický a ministr financí Josef Kalfus. (ČTK)

Podepisování gratulačních archů k 45. výročí narození šéfa OrPo, zastupujícího říšského protektora SS-Oberstgruppenführera a generála policie Kurta Daluega, Pražský hrad, 15. září 1942. (ČTK)

Oslava 45. výročí narození šéfa OrPo, zastupujícího říšského protektora SS-Oberstgruppenführera a generála policie Kurta Daluega, I. nádvoří Pražského hradu, 15. září 1942. Slavnostní večerka hudby OrPo. (ČTK)

1942

Příjezd předsedy protektorátní vlády a ministra spravedlnosti Jaroslava Krejčího (druhý zleva) a ministra školství a lidové osvěty a předsedy Kuratoria pro výchovu mládeže v Čechách a na Moravě Emanuela Moravce (třetí zleva) do jedné z prvních „vůdcovských škol" Kuratoria pro výchovu mládeže v Čechách a na Moravě, která se konala v areálu Hotelu Čeperka v Nouzově u Unhoště, 16. září 1942. Vlevo osobní tajemník ministra Moravce František Stuchlík. (ČTK)

„Vůdcovská škola" Kuratoria pro výchovu mládeže v Čechách a na Moravě, hotel Čeperka, Nouzov u Unhoště, 16. září 1942. Projev předsedy protektorátní vlády a ministra spravedlnosti Jaroslava Krejčího (uprostřed) k frekventantům. Po Krejčího levici ministr školství a lidové osvěty a předseda Kuratoria pro výchovu mládeže v Čechách a na Moravě Emanuel Moravec. Za nimi osobní tajemník ministra Moravce František Stuchlík. (ČTK)

„Vůdcovská škola" Kuratoria pro výchovu mládeže v Čechách a na Moravě, hotel Čeperka, Nouzov u Unhoště, 16. září 1942. Pohled do tváří frekventantů. (ČTK)

PROTEKTORÁT ČECHY A MORAVA

Vstup do prodejny nakladatelství Orbis, Václavské náměstí, Praha, 18. září 1942. Oznámení o podnikovém výletu. (ČTK)

Podnikový výlet zaměstnanců nakladatelství Orbis a jejich rodinných příslušníků parníkem do Davle, 18. září 1942. (ČTK)

Podnikový výlet zaměstnanců nakladatelství Orbis a jejich rodinných příslušníků ke Svatojánským proudům, 18. září 1942. (ČTK)

Německý dům (nyní Slovanský dům), ulice Na Příkopě, Praha, 19. září 1942. Zahájení branných dnů SA. (ČTK)

Vstupní brána do tábora 385. oddílu RAD u Brna, 21. září 1942. (ČTK)

Lina Heydrichová v táboře 385. oddílu RAD u Brna, 21. září 1942. Doprovází ji šéf OrPo, zastupující říšský protektor SS-Oberstgruppenführer a generál policie Kurt Daluege (vpravo) a státní tajemník u říšského protektora SS-Gruppenführer Karl H. Frank (vlevo v zákrytu). Uprostřed župní vedoucí Říšské župy Dolní Podunají SS-Gruppenführer Hugo Jury. (ČTK)

Přehlídka 385. oddílu v táboře RAD u Brna, 21. září 1942. Šéf OrPo, zastupující říšský protektor SS-Oberstgruppenführer a generál policie Kurt Daluege (uprostřed), župní vedoucí Říšské župy Dolní Podunají SS-Gruppenführer Hugo Jury a státní tajemník u říšského protektora SS-Gruppenführer Karl H. Frank. (ČTK)

PROTEKTORÁT ČECHY A MORAVA

Přehlídka 385. oddílu RAD, tábor RAD u Brna, 21. září 1942. (ČTK)

Tábor 385. oddílu RAD u Brna, 21. září 1942. Slavnostní udělení čestného názvu Reinharda Heydricha. Sedící Lina Heydrichová, za ní šéf OrPo, zastupující říšský protektor SS-Oberstgruppenführer a generál policie Kurt Daluege. V první řadě zleva: zmocněnec říšské branné moci u říšského protektora gen. Rudolf Toussaint, státní tajemník u říšského protektora SS-Gruppenführer Karl H. Frank a župní vedoucí Říšské župy Dolní Podunají SS-Gruppenführer Hugo Jury. (ČTK)

Tábor 385. oddílu RAD u Brna, 21. září 1942. Lina Heydrichová v rozhovoru se šéfem OrPo, zastupujícím říšským protektorem SS-Oberstgruppenführerem a generálem policie Kurtem Daluegem a župním vedoucím Říšské župy Dolní Podunají SS-Gruppenführerem Hugo Jurym. Vlevo státní tajemník u říšského protektora SS-Gruppenführer Karl H. Frank. Za Daluegem generální inspektor správy v ÚŘP gen. Heinrich F. Reinefarth. (ČTK)

1942

Tábor 385. oddílu RAD u Brna, 21. září 1942. Slavnostní oběd. Uprostřed Lina Heydrichová. Po její levici státní tajemník u říšského protektora SS-Gruppenführer Karl H. Frank, po pravici šéf OrPo, zastupující říšský protektor SS-Obergruppenführer a generál policie Kurt Daluege a župní vedoucí Říšské župy Dolní Podunají SS-Gruppenführer Hugo Jury. (ČTK)

Podnikový výlet zaměstnanců nakladatelství Orbis a jejich rodinných příslušníků parníkem do Davle, 25. září 1942. V čele stolu generální ředitel nakladatelství Orbis Franz F. Rudl. (ČTK)

Volejbalový zápas zaměstnanců nakladatelství Orbis v rámci jejich podnikového výletu, Davle, 25. září 1942. (ČTK)

PROTEKTORÁT ČECHY A MORAVA

◀ Nové německé divadlo (nyní Státní opera Praha), třída Richarda Wagnera (nyní Wilsonova ulice), 25. září 1942. Šéf OrPo, zastupující říšský protektor SS-Oberstgruppenführer a generál policie Kurt Daluege (uprostřed), po jeho pravici vedoucí Oddělení IV (Kulturní politika) Úřadu říšského protektora SS-Sturmbannführer Martin P. Wolf. (ČTK)

Šéf OrPo, zastupující říšský protektor SS-Oberstgruppenführer a generál policie Kurt Daluege (vlevo) v rozhovoru s novým velitelem Zbraní SS v protektorátu SS-Brigadeführerem Carlem von Pückler-Burghaussem, Nové německé divadlo (nyní Státní opera Praha), třída Richarda Wagnera (nyní Wilsonova ulice), 25. září 1942. (ČTK)

◀ Nové německé divadlo (nyní Státní opera Praha), třída Richarda Wagnera (nyní Wilsonova ulice), 25. září 1942. V první řadě čestné lóže zleva: šéf OrPo, zastupující říšský protektor SS-Oberstgruppenführer a generál policie Kurt Daluege a státní tajemník u říšského protektora SS-Gruppenführer Karl H. Frank (oba s manželkami). Ve druhé řadě: zmocněnec říšské branné moci u říšského protektora gen. Rudolf Toussaint a generální inspektor správy v ÚŘP gen. Heinrich F. Reinefarth (oba s manželkami). (ČTK)

1942

Branné dny říšské branné moci, SA, NSKK a HJ, Strahovský stadion, Vaníčkova ulice, Praha, 27. září 1942. Na tribuně příslušníci SS, SA a říšské branné moci. V popředí uprostřed velitel SA župy Sudety SA-Gruppenführer Franz May a státní tajemník u říšského protektora SS-Gruppenführer Karl H. Frank. (NA)

Branné dny říšské branné moci, SA, NSKK a HJ, Strahovský stadion, Vaníčkova ulice, Praha, 27. září 1942. Cyklistické oddíly říšské branné moci. (ČTK)

Branné dny říšské branné moci, SA, NSKK a HJ, Strahovský stadion, Vaníčkova ulice, Praha, 27. září 1942. Pěchota říšské branné moci. (ČTK)

◄ Branné dny říšské branné moci, SA, NSKK a HJ, Strahovský stadion, Vaníčkova ulice, Praha, 27. září 1942. (ČTK)

PROTEKTORÁT ČECHY A MORAVA

Návrat výpravy českých protektorátních novinářů do obsazených území Sovětského svazu, Praha hlavní nádraží, třída Richarda Wagnera (nyní Wilsonova ulice), 27. září 1942. Sedmý zleva vedoucí výpravy pplk. Raimund Menschik, pátý zprava vedoucí skupiny 3 (Rozhlas, tisk) v Oddělení IV Úřadu říšského protektora, vládní rada SS-Hauptsturmführer Wolfgang W. von Wolmar. Druhý zprava šéfredaktor *Večerního Českého slova* Karel Werner, čtvrtý zprava šéfredaktor *Národní práce* Vladimír Ryba. (ČTK)

Plakát „Přispějte na sbírku starého šatstva a tkanin 1942 pro českého dělníka", Praha, září 1942. (VÚA/VHA Praha)

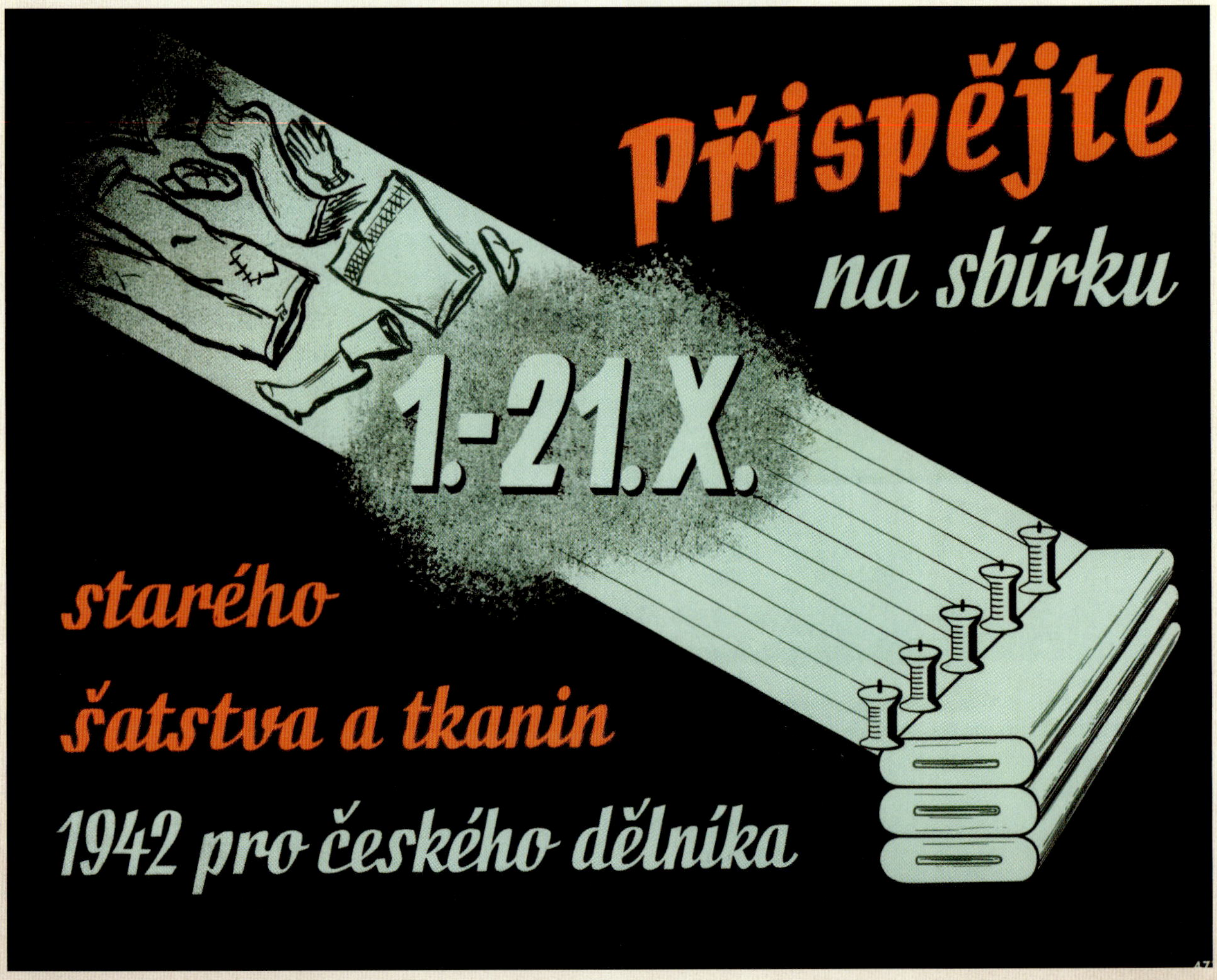

1942

FOTO NAHOŘE VLEVO:
Strahovský stadion, Vaníčkova ulice, Praha, 30. září 1942. Fotbalový zápas mezi mužstvy nakladatelství Orbis a Melantrich. Pohled na tribunu. (ČTK)

FOTO NAHOŘE VPRAVO:
Strahovský stadion, Vaníčkova ulice, Praha, 30. září 1942. Fotbalový zápas mezi mužstvy nakladatelství Orbis a Melantrich. (ČTK)

Protektorátní vláda při poslechu projevu Vůdce Adolfa Hitlera ve Sportovním paláci v Berlíně, Kolowratský palác, Valdštejnská ulice, Praha, 30. září 1942. Zleva ministr školství a lidové osvěty Emanuel Moravec, předseda vlády a ministr spravedlnosti Jaroslav Krejčí, ministr financí Josef Kalfus, ministr zemědělství a lesnictví Adolf Hrubý a ministr dopravy a techniky Jindřich Kamenický. Zády obrácen ministr vnitra Richard Bienert. (ČTK)

PROTEKTORÁT ČECHY A MORAVA

FOTO NAHOŘE VLEVO:
Šéf OrPo, zastupující říšský protektor SS-Obergruppenführer a generál policie Kurt Daluege (vlevo) v rozhovoru se šéfem štábu SA SA-Obergruppenführerem Viktorem Lutzem, Pražský hrad, 2. říjen 1942. (ČTK)

FOTO NAHOŘE VPRAVO:
III. nádvoří Pražského hradu, 2. říjen 1942. Šéf OrPo, zastupující říšský protektor SS-Obergruppenführer a generál policie Kurt Daluege (druhý zleva) a šéf štábu SA SA-Obergruppenführer Viktor Lutze (druhý zprava). (ČTK)

III. nádvoří Pražského hradu, 2. říjen 1942. Šéf OrPo, zastupující říšský protektor SS-Obergruppenführer a generál policie Kurt Daluege (v popředí druhý zleva) a šéf štábu SA SA-Obergruppenführer Viktor Lutze (po Daluegově levici) při prohlídce Pražského hradu. Doprovod tvoří příslušníci SA, SS a říšské branné moci. (ČTK)

1942

Presseklub (nyní Autoklub České republiky), Beethovenova ulice (nyní Opletalova), Praha, 2. říjen 1942. Šéf OrPo, zastupující říšský protektor SS-Obergruppenführer a generál policie Kurt Daluege (druhý zleva) a šéf štábu SA SA-Obergruppenführer Viktor Lutze (druhý zprava). (ČTK)

Presseklub (nyní Autoklub České republiky), Beethovenova ulice (nyní Opletalova), Praha, 2. říjen 1942. Šéf štábu SA SA-Obergruppenführer Viktor Lutze se zapisuje do pamětní knihy. Vlevo šéf OrPo, zastupující říšský protektor SS-Obergruppenführer a generál policie Kurt Daluege. (ČTK)

Dožínky, Vyškov, 4. říjen 1942. (ČTK)

PROTEKTORÁT ČECHY A MORAVA

Pohřeb župního pracovního vedoucího u říšského protektora Generalarbeitsführera Alexandera Commichaua, Pražský hrad, 5. říjen 1942. (ČTK)

Pohřeb župního pracovního vedoucího u říšského protektora Generalarbeitsführera Alexandera Commichaua, Pražský hrad, 5. říjen 1942. V první řadě šéf OrPo, zastupující říšský protektor SS-Oberstgruppenführer a generál policie Kurt Daluege (vlevo) a státní tajemník u říšského protektora SS-Gruppenführer Karl H. Frank (vpravo). (ČTK)

Pohřeb župního pracovního vedoucího u říšského protektora Generalarbeitsführera Alexandera Commichaua, Matyášova brána Pražského hradu, 5. říjen 1942. (ČTK)

Pohřeb velitele RAD a župního pracovního vedoucího u říšského protektora, Generalarbeitsführera Alexandera Commichaua, Hradčanské náměstí, Praha, 5. říjen 1942. Poslední pozdrav manželky a dcer.
Vlevo šéf OrPo, zastupující říšský protektor SS-Oberstgruppenführer a generál policie Kurt Daluege, vpravo státní tajemník u říšského protektora SS-Gruppenführer Karl H. Frank. (ČTK)

Hlavní nádraží, třída Richarda Wagnera (nyní Wilsonova ulice), Praha, 6. říjen 1942. Odjezd delegace dělníků a rolníků do obsazených území Sovětského svazu. Uprostřed vedoucí výpravy, ministr školství a lidové osvěty Emanuel Moravec (ve světlém plášti) v rozhovoru s vedoucím Oddělení IV (Kulturní politika) Úřadu říšského protektora SS-Sturmbannführerem Martinem P. Wolfem. Třetí zprava ministr zemědělství a rolnictví Adolf Hrubý. (ČTK)

Hlavní nádraží, třída Richarda Wagnera (nyní Wilsonova ulice), Praha, 6. říjen 1942. Odjezd delegace českých dělníků a rolníků vedené ministrem školství a lidové osvěty Emanuelem Moravcem do obsazených území Sovětského svazu. Ministr Moravec v okně vpravo. (ČTK)

Ministerstvo zemědělství, Praha-Těšnov, 7. říjen 1942. Ministr zemědělství a lesnictví Adolf Hrubý při přijetí delegace dětí z Domažlicka. (ČTK)

PROTEKTORÁT ČECHY A MORAVA

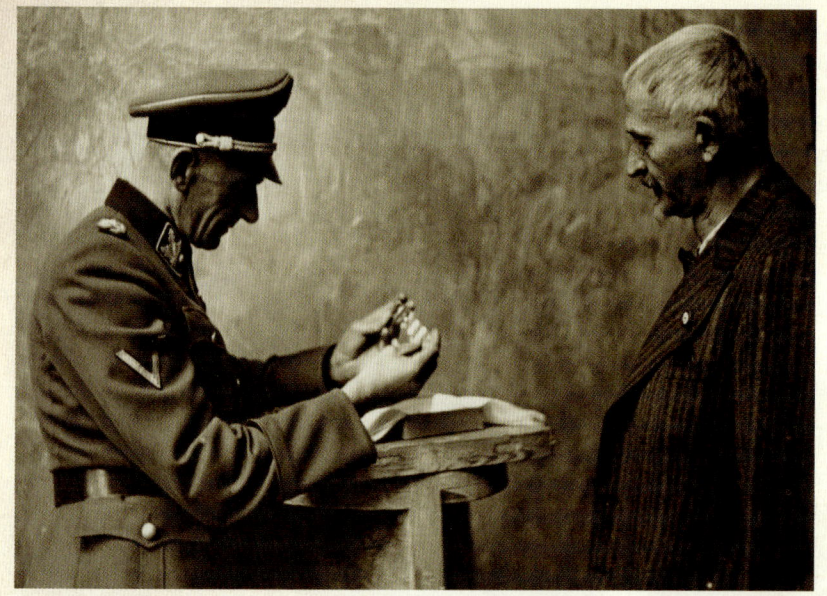

Moderní galerie, Staré výstaviště, ulice U Královské obory (nyní U Výstaviště), Praha, 8. říjen 1942. Návštěva státního tajemníka u říšského protektora SS-Gruppenführera Karla H. Franka u restaurátora bronzové jezdecké sochy sv. Jiří z III. nádvoří Pražského hradu. (NA)

Moderní galerie, Staré výstaviště, ulice U Královské obory (nyní U Výstaviště), Praha, 8. říjen 1942. Státní tajemník u říšského protektora SS-Gruppenführer Karl H. Frank (vlevo) u restaurované bronzové jezdecké sochy sv. Jiří z III. nádvoří Pražského hradu. Vpravo SS-Sturmbannführer Robert Gies. (ČTK)

◀ Vinohradský hřbitov, Schwerinova třída (nyní Vinohradská), 10. říjen 1942. Rodina bývalého šéfredaktora *Českého slova* Karla Lažnovského u jeho hrobu v předvečer 1. výročí úmrtí. Přední aktivistický novinář Lažnovský podlehl následkům atentátu, jehož strůjcem byl sám předseda protektorátní vlády Alois Eliáš. (ČTK)

1942

Ministr školství a lidové osvěty Emanuel Moravec (v pozadí) v roli vedoucího delegace českých dělníků a rolníků do obsazených území Sovětského svazu, říjen 1942. (NA) ▶

Ministr školství a lidové osvěty Emanuel Moravec (druhý zleva) v roli vedoucího delegace českých dělníků a rolníků do obsazených území Sovětského svazu, říjen 1942. (NA)

Ministr školství a lidové osvěty Emanuel Moravec (v popředí v plášti) v roli vedoucího delegace českých dělníků a rolníků do obsazených území Sovětského svazu, říjen 1942. (NA)

Ministr školství a lidové osvěty Emanuel Moravec (vlevo) v roli vedoucího delegace českých dělníků a rolníků do obsazených území Sovětského svazu před dělem pevnosti „Maxim Gorkij", Sevastopol, říjen 1942. (NA)

◀ Ministr školství a lidové osvěty Emanuel Moravec (v popředí vpravo) v roli vedoucího delegace českých dělníků a rolníků do obsazených území Sovětského svazu, říjen 1942. (NA)

PROTEKTORÁT ČECHY A MORAVA

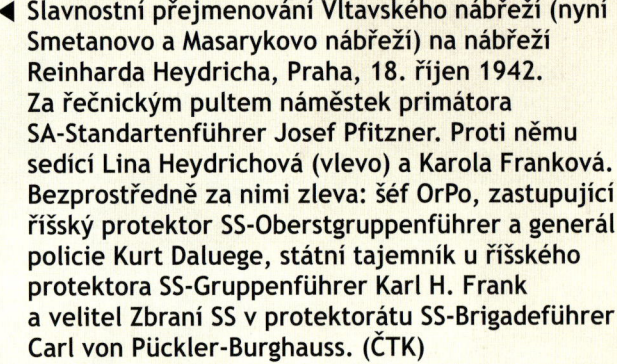

◀ Slavnostní přejmenování Vltavského nábřeží (nyní Smetanovo a Masarykovo nábřeží) na nábřeží Reinharda Heydricha, Praha, 18. říjen 1942. Za řečnickým pultem náměstek primátora SA-Standartenführer Josef Pfitzner. Proti němu sedící Lina Heydrichová (vlevo) a Karola Franková. Bezprostředně za nimi zleva: šéf OrPo, zastupující říšský protektor SS-Obergruppenführer a generál policie Kurt Daluege, státní tajemník u říšského protektora SS-Gruppenführer Karl H. Frank a velitel Zbraní SS v protektorátu SS-Brigadeführer Carl von Pückler-Burghauss. (ČTK)

Slavnostní přejmenování Vltavského nábřeží (nyní Smetanovo a Masarykovo nábřeží) na nábřeží Reinharda Heydricha, Praha, 18. říjen 1942. Sedící Lina Heydrichová (vlevo) a Karola Franková. Za nimi druhý zleva velitel OrPo v protektorátu gen. Paul Riege, po jeho levici zmocněnec říšské branné moci u říšského protektora gen. Rudolf Toussaint a náměstek primátora SA-Standartenführer Josef Pfitzner. Po levici Karoly Frankové státní tajemník u říšského protektora SS-Gruppenführer Karl H. Frank a za ním velitel Zbraní SS v protektorátu SS-Brigadeführer Carl von Pückler-Burghauss. (ČTK)

◀ Slavnostní přejmenování Vltavského nábřeží (nyní Smetanovo a Masarykovo nábřeží) na nábřeží Reinharda Heydricha, Praha, 18. říjen 1942. Za řečnickým pultem státní tajemník u říšského protektora SS-Gruppenführer Karl H. Frank. (ČTK)

1942

Slavnostní přejmenování Vltavského nábřeží (nyní Smetanovo a Masarykovo nábřeží) na nábřeží Reinharda Heydricha, Praha, 18. říjen 1942. (ČTK)

Praha hlavní nádraží, třída Richarda Wagnera (nyní Wilsonova ulice), 23. říjen 1942. Návrat delegace dělníků a rolníků, vedené ministrem školství a lidové osvěty Emanuelem Moravcem (šestý zprava), z obsazených území Sovětského svazu. Druhý zleva ministr zemědělství a lesnictví Adolf Hrubý. Za Moravcem vpravo jeho osobní tajemník František Stuchlík. (ČTK)

BEKANNTMACHUNG.

Die vom Volksgerichtshof wegen Vorbereitung zum Hochverrat zum Tode und zum dauernden Verlust der bürgerlichen Ehrenrechte verurteilten

**Johann Uher,
Josef Jaroš,
Anton Franz Slavik** und
Jaroslaus Skryja

aus Brünn sind heute hingerichtet worden.

Berlin, den 27. Oktober 1942.

VYHLÁŠKA.

Lidovým sborovým soudem pro přípravy k velezradě na smrt a k trvalé ztrátě občanských čestných práv odsouzení

**Jan Uher,
Josef Jaroš,
Antonín František Slavik** a
Jaroslav Skryja

z Brna byli dnes popraveni.

V Berlíně, dne 27. října 1942.

Der Oberreichsanwalt beim Volksgerichtshof.

Vyhláška vrchního státního návladního Lidového soudního dvora o popravě příslušníků moravské odbojové organizace Zemský národní výbor, Berlín, 27. říjen 1942. Rozsudek smrti pro přípravu velezrady byl vynesen 9. června 1942 – v den berlínského pohřbu šéfa RSHA, zastupujícího říšského protektora SS-Obergruppenführera a generála policie Reinharda Heydricha – pro výstrahu českému národu. (SJBU)

PROTEKTORÁT ČECHY A MORAVA

Zahájení výstavy „Více mléka", Žofín, Praha, 1. listopad 1942. Před mikrofonem ministr zemědělství a lesnictví Adolf Hrubý. (ČTK)

Pražský hrad, 3. listopad 1942. Ministr zemědělství a lesnictví Adolf Hrubý (v popředí uprostřed) odevzdává státnímu prezidentovi Emilu Háchovi (vlevo) – jako jihočeský rodák a spolupořadatel – publikaci *Jihočech Emil Hácha*. Za ministrem Hrubým v zákrytu politický referent KSP Josef Kliment, další ze spolupořadatelů sborníku. (ČTK)

Maltézské náměstí, Praha, 4. listopad 1942. Druhý zleva vyslanecký rada Kawahara, který přijel do Prahy, aby předal budovu generálního konzulátu Japonského císařství Východnímu institutu Německé Karlovy univerzity. Čtvrtý zprava japonský generální konzul Kozo Ichige. (ČTK)

1942

Hradčanské náměstí, Praha, 5. listopad 1942. Japonský vyslanecký rada Kawahara (v klobouku uprostřed) při prohlídce města. Druhý zleva japonský generální konzul Kozo Ichige. (ČTK)

Královská zahrada Pražského hradu, Mariánské hradby, 5. listopad 1942. Druhý zleva japonský vyslanecký rada Kawahara. Třetí zleva japonský generální konzul Kozo Ichige. (ČTK)

Rektorát Německé Karlovy univerzity (nyní Filozofická fakulta Univerzity Karlovy), Mozartovo náměstí (nyní náměstí J. Palacha), Praha, 5. listopad 1942. Předvádění žezel jednotlivých fakult. Vlevo japonský vyslanecký rada Kawahara, po jeho levici japonský generální konzul Kozo Ichige. (ČTK)

PROTEKTORÁT ČECHY A MORAVA

FOTO NAHOŘE VLEVO:
Staroměstská radnice, Staroměstské náměstí, Praha, 5. listopad 1942. Náměstek primátora SA-Standartenführer Josef Pfitzner (vpravo) a japonský vyslanecký rada Kawahara (po Pfitznerově pravici) na balkoně radnice. Vlevo japonský generální konzul Kozo Ichige. (ČTK)

FOTO NAHOŘE VPRAVO:
Presseklub (nyní Autoklub České republiky), Beethovenova ulice (nyní Opletalova), Praha, 5. listopad 1942. Slavnostní oběd na počest japonského vyslaneckého rady Kawahary po předání budovy generálního konzulátu Japonského císařství Východnímu institutu Německé Karlovy univerzity. (NA)

Německý dům (nyní Slovanský dům), ulice Na Příkopě, Praha, 8. listopad 1942. Vzpomínková slavnost NSDAP na hrdiny padlé při Hitlerově pokusu o státní převrat v Bavorsku 9. listopadu 1923. Za řečnickým pultem krajský vedoucí NSDAP Karl Adam. (ČTK)

1942

Ministerstvo dopravy a techniky, Švehlovo nábřeží (nyní nábřeží Ludvíka Svobody), Praha, 14. listopad 1942. Ministr dopravy a techniky Jindřich Kamenický (uprostřed) při předávání odměn studentovi Jaromíru Blechovi a žákyni Stanislavě Hájkové, kteří zabránili železničnímu neštěstí poté, kdy na trati nouzově přistál cvičný letoun luftwaffe. Oba obdrželi vkladní knížky se sumou 10 000 K – a to od říšského protektora Konstantina von Neuratha a od ministra dopravy a techniky. Po Kamenického pravici vedoucí Oddělení III (Doprava) Úřadu říšského protektora, sekční šéf ministerstva dopravy, ministerský rada Walter Danco, mezi Kamenickým a Dancem vedoucí Oddělení IV (Kulturní politika) Úřadu říšského protektora SS-Sturmbannführer Martin P. Wolf. Lidové noviny k tomuto slavnostnímu aktu poznamenaly: „Mnohým mladým lidem může být příklad 12leté Stanislavy Hájkové a Jaromíra Blechy podnětem k přemýšlení a mravní vzpruhou. Je to příklad občanské kázně a obětavosti, který působí mohutněji než všechny výzvy, rady a pokyny. Mladí lidé si tímto názorným příkladem uvědomují, že stát, který trestá každé zlo, dovede stejně důsledně odměňovat činy dobré." (ČTK)

Německý dům (nyní Slovanský dům), ulice Na Příkopě, Praha, 14. listopad 1942. Za řečnickým pultem představitelka Nacionálněsocialistického svazu učitelů (NSLB) Auguste Reberová-Gruberová. (ČTK)

Staroměstské náměstí, Praha, 18. listopad 1942. Přísaha nováčků Zbraní SS. Hlášení šéfovi OrPo, zastupujícímu říšskému protektorovi SS-Oberstgruppenführerovi a generálu policie Kurtu Daluegovi (v popředí vlevo). Po Daluegově levici šéf Hlavního velícího úřadu SS (SS-FHA) SS-Gruppenführer a generál Zbraní SS Hans Jüttner. Za Daluegem velitel Zbraní SS v protektorátu SS-Brigadeführer Carl von Pückler-Burghauss. (ČTK)

PROTEKTORÁT ČECHY A MORAVA

Staroměstské náměstí, Praha, 18. listopad 1942. Přísaha nováčků Zbraní SS. Před mikrofonem šéf SS-FHA, SS-Gruppenführer a generál Zbraní SS Hans Jüttner. (ČTK)

Pražský hrad, 18. listopad 1942. Šéf OrPo, zastupující říšský protektor SS-Obergruppenführer a generál policie Kurt Daluege (druhý zprava) v rozhovoru se šéfem SS-FHA, SS-Gruppenführerem a generálem Zbraní SS Hansem Jüttnerem (druhý zleva). Po Daluegově pravici generální inspektor správy v Úřadu říšského protektora SS-Brigadeführer Heinrich F. Reinefarth, po levici pak velitel SiPo a SD v protektorátu SS-Standartenführer Erwin Weinmann. (ČTK)

1942

Obecní dům, Hybernské náměstí (nyní náměstí Republiky), 19. listopad 1942. Ministr školství a lidové osvěty Emanuel Moravec (vlevo) a předseda protektorátní vlády a ministr spravedlnosti Jaroslav Krejčí před koncertem z díla Ludwiga van Beethovena. (ČTK)

Obecní dům, Hybernské náměstí (nyní náměstí Republiky), 19. listopad 1942. Před koncertem z díla Ludwiga van Beethovena – státní prezident Emil Hácha (obrácen zády) v rozhovoru se státním tajemníkem u říšského protektora SS-Gruppenführerem Karlem H. Frankem (vpravo) a jeho manželkou Karolou. Vlevo ministr školství a lidové osvěty Emanuel Moravec. (ČTK)

Obecní dům, Hybernské náměstí (nyní náměstí Republiky), 19. listopad 1942. Před koncertem z díla Ludwiga van Beethovena – státní prezident Emil Hácha (uprostřed) v rozhovoru se státním tajemníkem u říšského protektora SS-Gruppenführerem Karlem H. Frankem (vlevo v zákrytu) a jeho manželkou Karolou. Vpravo ministr školství a lidové osvěty Emanuel Moravec, v pozadí přednosta KSP Augustin A. Popelka. Vlevo ve dveřích ministr financí Josef Kalfus. (ČTK)

PROTEKTORÁT ČECHY A MORAVA

Smetanova síň Obecního domu, Hybernské náměstí (nyní náměstí Republiky), 19. listopad 1942. Koncert z díla Ludwiga van Beethovena. Pohled do čestné lóže. Zleva: ministr školství a lidové osvěty Emanuel Moravec, státní tajemník u říšského protektora SS-Gruppenführer Karl H. Frank, Karola Franková a státní prezident Emil Hácha. (NA)

Smetanova síň Obecního domu, Hybernské náměstí (nyní náměstí Republiky), 19. listopad 1942. Koncert z díla Ludwiga van Beethovena za účasti státního tajemníka u říšského protektora SS-Gruppenführera Karla H. Franka a státního prezidenta Emila Háchy. (NA)

Podzimní skládka brambor, nákladové nádraží na Žižkově, Mladoňovicova (nyní Jana Želivského), Praha, 20. listopad 1942. Před mikrofonem ministr školství a lidové osvěty a předseda Kuratoria pro výchovu mládeže v Čechách a na Moravě Emanuel Moravec. Vlevo ministr dopravy a techniky Jindřich Kamenický, třetí zprava generální referent kuratoria František Teuner. (ČTK)

FOTO NA STR. 659 DOLE:
Vyhláška vrchního státního návladního Německého zemského soudu v Praze o popravě recidivistů Františka Herodese a Františka Kašpara pro vloupání, 22. listopad 1942. (VÚA/VHA Praha)

FOTO NA STR. 659 NAHOŘE VLEVO:
Podzimní skládka brambor, nákladové nádraží na Žižkově, Mladoňovicova (nyní Jana Želivského), Praha, 20. listopad 1942. (ČTK)

FOTO NA STR. 659 NAHOŘE VPRAVO:
Státní tajemník u říšského protektora SS-Gruppenführer Karl H. Frank (uprostřed) ve Společenském klubu, ulice Na Příkopě, Praha, 20. listopad 1942. (ČTK)

1942

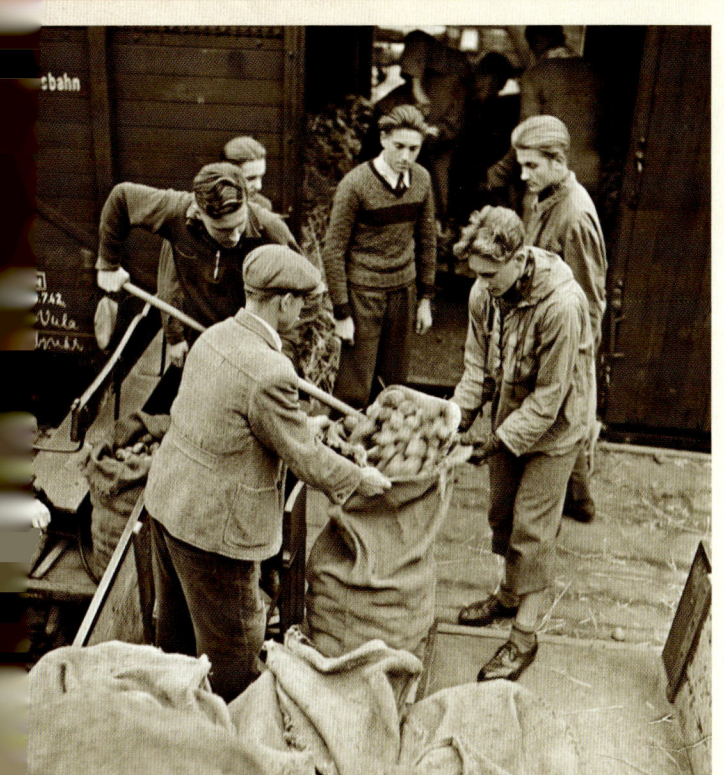

Am 22. November 1942 sind der am 9. Oktober 1912 in Elbeteinitz geborene Franz Herodes und der am 6. Januar 1908 in Prag geborene Franz Kašpar hingerichtet worden, die das Sondergericht in Prag als gefährliche Gewohnheitsverbrecher zum Tode verurteilt hat.

Herodes und Kašpar, zwei oft vorbestrafte Einbrecher, haben erneut Einbrüche, zum Teil unter Ausnutzung der Verdunkelung, begangen.

Dne 22. listopadu 1942 byli popraveni František Herodes, narozený dne 9. října 1912 v Týnci nad Labem a František Kašpar, narozený dne 6. ledna 1908 v Praze, jež odsoudil Sondergericht in Prag jako nebezpečné zločince ze zvyku k smrti.

Herodes a Kašpar, dva mnohokráte již trestaní lupiči, spáchali znovu vloupání, částečně využívajíce zatemnění.

Der Oberstaatsanwalt
bei dem Deutschen Landgericht in Prag.

PROTEKTORÁT ČECHY A MORAVA

Wegen eines am 13. November 1942 begangenen tätlichen Angriffs auf einen deutschen Offizier und Beschimpfung der deutschen Wehrmacht wurde der 50jährige Protektoratsangehörige Rudolf Petlan aus Prag-Karolinenthal, Pibranser Straße 29, vom Sondergericht bei dem Deutschen Landgericht in Prag am 19. November 1942 zum Tode verurteilt und heute hingerichtet.

Prag, den 22. November 1942.

Sondergericht in Prag odsoudil k smrti dne 19. listopadu 1942 50letého příslušníka Protektorátu Rudolfa Petlana z Prahy-Karlína, Příbramská 29, který dne 13. listopadu 1942 násilně napadl německého důstojníka a nadávkami urazil německou říšskou brannou moc.

Odsouzený byl dnes popraven.

Praha, dne 22. listopadu 1942.

Der Oberstaatsanwalt
bei dem Deutschen Landgericht in Prag.

Vyhláška vrchního státního návladního Německého zemského soudu v Praze o popravě Františka Petlana pro napadení důstojníka říšské branné moci, 22. listopad 1942. (SVK)

Michnův palác, Újezd, Praha, 22. listopad 1942. Ministr školství a lidové osvěty a předseda Kuratoria pro výchovu mládeže v Čechách a na Moravě Emanuel Moravec (v popředí třetí zleva) na návštěvě „vůdcovské školy" kuratoria. Po jeho levici poradci z řad SS a HJ. Po pravici generální referent kuratoria František Teuner. Za Moravcem jeho osobní tajemník František Stuchlík. Zcela vzadu vlevo příslušník osobní ochrany ministra Moravce. (ČTK)

FOTO NA STR. 661 DOLE:
Vyhláška vrchního státního návladního Lidového soudního dvora v Berlíně o popravě gen. Václava Volfa a plk. Cyrila Pazdery pro přípravu velezrady, Berlín, 24. listopad 1942. Oba jmenovaní patřili k příslušníkům vojenské odbojové organizace Obrana národa. (SVK)

1942

Michnův palác, Újezd, Praha, 22. listopad 1942. Ministr školství a lidové osvěty a předseda Kuratoria pro výchovu mládeže v Čechách a na Moravě Emanuel Moravec koná přehlídku frekventantů „vůdcovské školy". V pozadí generální referent kuratoria František Teuner, poradci z SS a HJ a osobní tajemník ministra Moravce František Stuchlík. (ČTK)

Michnův palác, Újezd, Praha, 22. listopad 1942. Ministr školství a lidové osvěty a předseda Kuratoria pro výchovu mládeže v Čechách a na Moravě Emanuel Moravec (třetí zprava) při odchodu z návštěvy „vůdcovské školy" kuratoria. Po jeho levici poradci z HJ, po pravici generální referent kuratoria František Teuner, poradce z SS a osobní ministrův tajemník František Stuchlík. (ČTK)

Die vom Volksgerichtshof wegen Vorbereitung zum Hochverrat zum Tode und zum dauernden Verlust der bürgerlichen Ehrenrechte auf Lebenszeit verurteilten Václav Volf aus Ober-Berschkowitz und Cyril Pazdera aus Tabor sind heute hingerichtet worden.

Berlin, den 24. November 1942.

Dnes byli popraveni Václav Volf z Horních Beřkovic a Cyril Pazdera z Tábora, jež odsoudil Volksgerichtshof pro přípravu k velezradě k smrti a k trvalé ztrátě občanských čestných práv.

Berlin, dne 24. listopadu 1942.

Der Oberreichsanwalt
beim Volksgerichtshof.

PROTEKTORÁT ČECHY A MORAVA

Ministr školství a lidové osvěty a předseda Kuratoria pro výchovu mládeže v Čechách a na Moravě Emanuel Moravec osobně zkouší vánoční dárky připravované pro příslušníky říšské branné moci, Praha, 26. listopad 1942. (ČTK)

Presseklub (nyní Autoklub České republiky), Beethovenova ulice (nyní Opletalova), Praha, 28. listopad 1942. Odevzdávání vánočních dárků pro příslušníky říšské branné moci do rukou generálního ředitele nakladatelství Orbis Franze F. Rudla (první zleva). (ČTK)

Venkovské sídlo státního prezidenta – zámek Lány, 30. listopad 1942. Návštěva šéfa OrPo, zastupujícího říšského protektora SS-Oberstgruppenführera a generála policie Kurta Daluega (vlevo) a státního tajemníka u říšského protektora SS-Gruppenführera Karla H. Franka u státního prezidenta Emila Háchy u příležitosti čtvrtého výročí jeho nástupu do funkce. (ČTK)

Státní prezident Emil Hácha, venkovské sídlo státního prezidenta – zámek Lány, 3. prosinec 1942. Vlevo prezidentův osobní tajemník František Škarvan. (ČTK)

◀ Německý dům (nyní Slovanský dům), ulice Na Příkopě, Praha, 3. prosinec 1942. Přednáška korvetního kapitána Karla Palmgrena. (ČTK)

Německý dům (nyní Slovanský dům), ulice Na Příkopě, Praha, 3. prosinec 1942. Přednáška korvetního kapitána Karla Palmgrena. Pohled do hlediště. (ČTK)

Mezinárodní šachový turnaj, Obecní dům, Hybernské náměstí (nyní náměstí Republiky), Praha, 7. prosinec 1942. (ČTK)

Návrat ministra školství a lidové osvěty Emanuela Moravce (třetí zleva) z Berlína, Hybernské nádraží (nyní Masarykovo nádraží), Jezdecká ulice (nyní Havlíčkova), 9. prosinec 1942. Po jeho levici vedoucí Oddělení IV (Kulturní politika) Úřadu říšského protektora SS-Sturmbannführer Martin P. Wolf. Vpravo generální ředitel nakladatelství Orbis Franz F. Rudl. Zleva: šéfredaktor *Ranního Českého slova* Václav Crha a generální referent Kuratoria pro výchovu mládeže v Čechách a na Moravě František Teuner. (ČTK) ▶

PROTEKTORÁT ČECHY A MORAVA

Am 10. Dezember 1942 ist der 43jährige Kurt Plötner aus Schöten, Kreis Weimar, hingerichtet worden, den das Sondergericht in Prag als Gewaltverbrecher zum Tode verurteilt hat.

Plötner, in dessen Wohnung ein großes Warenlager von Lebens- und Genußmitteln gefunden wurde, wurde dabei gefaßt, wie er erneut im Protektorat Hamstereinkäufe großen Umfangs tätigte. Der näheren Untersuchung durch einen Polizeibeamten suchte er sich durch die Flucht mit seinem Kraftwagen zu entziehen. Dabei brachte er den Beamten, der sich auf den Wagen geschwungen hatte, in Lebensgefahr.

Dne 10. prosince 1942 byl popraven 43letý Kurt Plötner ze Schöten, okres Weimar, jehož odsoudil Sondergericht in Prag jako násilného zločince k smrti.

Plötner, v jehož bytě byl nalezen velký sklad potravin a požívatin, byl chycen při tom, jak znovu v Protektorátu činil nákupy velkého rozsahu tohoto zboží. Bližšímu vyšetřování policejním úředníkem hleděl se zbaviti útěkem ve svém autu. Při tom přivedl úředníka, který skočil na vůz, do nebezpečí života.

Der Oberstaatsanwalt
bei dem Deutschen Landgericht in Prag.

Vyhláška vrchního státního návladního Německého zemského soudu v Praze o popravě Kurta Plötnera, který provozoval černý obchod. Při útěku ohrozil svým vozem policistu, 10. prosinec 1942. (SVK)

Pražský hrad, 16. prosinec 1942. Návštěva předsedy NSRL, státního tajemníka v Říšském ministerstvu vnitra SA-Obergruppenführera Hanse von Tschammer und Osten (druhý zleva) s manželkou. Vlevo šéf OrPo, zastupující říšský protektor SS-Oberstgruppenführer a generál policie Kurt Daluege. Vpravo generální inspektor správy v Úřadu říšského protektora SS-Brigadeführer Heinrich F. Reinefarth. Třetí zprava státní tajemník u říšského protektora SS-Gruppenführer Karl H. Frank. (ČTK)

1942

Přísaha nováčků Vládního vojska Protektorátu Čechy a Morava, Albrechtovo náměstí (nyní náměstí Kinských), Praha, 16. prosinec 1942. V popředí vpravo generální inspektor vládního vojska gen. Jaroslav Eminger. (ČTK)

Přísaha nováčků Vládního vojska Protektorátu Čechy a Morava, Albrechtovo náměstí (nyní náměstí Kinských), Praha, 16. prosinec 1942. (ČTK)

Přísaha nováčků Vládního vojska Protektorátu Čechy a Morava, Albrechtovo náměstí (nyní náměstí Kinských), Praha, 16. prosinec 1942. (ČTK)

Vánoční večírek na ministerstvu školství a lidové osvěty, Kolowratský palác, Valdštejnská ulice, Praha, 16. prosinec 1942. Ministr školství a lidové osvěty Emanuel Moravec (vlevo) v rozhovoru s úředníky svého ministerstva. (ČTK)

PROTEKTORÁT ČECHY A MORAVA

◀ Nové německé divadlo (nyní Státní opera Praha), třída Richarda Wagnera (nyní Wilsonova ulice), Praha, 16. prosinec 1942. V čestné lóži v první řadě zleva: předseda NSRL, státní tajemník v Říšském ministerstvu vnitra SA-Obergruppenführer Hans von Tschammer und Osten s manželkou, šéf OrPo, zastupující říšský protektor SS-Oberstgruppenführer a generál policie Kurt Daluege, Karola Franková a státní tajemník u říšského protektora SS-Gruppenführer Karl H. Frank. Ve druhé řadě zleva: generální inspektor správy v ÚŘP SS-Brigadeführer Heinrich F. Reinefarth, paní Riegová a její muž, velitel OrPo v protektorátu SS-Gruppenführer Paul Riege. (NA)

Vánoční setkání u generálního ředitele nakladatelství Orbis Franze F. Rudla (vlevo), Praha, 17. prosinec 1942. Vpravo ministr školství a lidové osvěty Emanuel Moravec. Po jeho pravici manželka Franze F. Rudla, ministrův osobní tajemník František Stuchlík a Moravcova partnerka Jolana Emmerová. (ČTK)

◀ Zakončení mezinárodního šachového turnaje, Obecní dům, Hybernské náměstí (nyní náměstí Republiky), Praha, 17. prosinec 1942. (ČTK)

1942

> Die vom Volksgerichtshof wegen Vorbereitung zum Hochverrat, landesverräterischer Feindbegünstigung und Landesverrats zum Tode und zum dauernden Verlust der bürgerlichen Ehrenrechte verurteilten Karel Jaroš, Hugo Vávra, Karel Haban, Ivan Křikava, Oldřich Hlaváč, Jiří Sedmík, Josef Blažek und Luise Reichmann aus Prag sind heute hingerichtet worden.
>
> Berlin, den 18. Dezember 1942.

> Dnes byli popraveni Karel Jaroš, Hugo Vávra, Karel Haban, Ivan Křikava, Oldřich Hlaváč, Jiří Sedmík, Josef Blažek a Luisa Reichmannová z Prahy, jež odsoudil Volksgerichtshof pro přípravu k velezradě, zemězrádné nadržování nepříteli a zemězradu na smrt a k trvalé ztrátě občanských čestných práv.
>
> Berlin, dne 18. prosince 1942.

Der Oberreichsanwalt
beim Volksgerichtshof.

Vyhláška vrchního státního návladního Lidového soudního dvora v Berlíně o popravě členů odbojové organizace policejního rady Karla Jaroše, úzce napojené na vojenskou odbojovou organizaci Obrana národa, pro přípravu velezrady a zemězrádnému nadržování nepříteli. Jejím členem byl i politik a diplomat Jiří Sedmík, spolupracovník Tomáše G. Masaryka a organizátor přesunu čs. legií po Transsibiřské magistrále, Berlín, 18. prosinec 1942. (SVK)

Nedělní škola silniční dopravy pořádaná NSKK, Bartolomějská ulice, Praha, 20. prosinec 1942. (ČTK)

PROTEKTORÁT ČECHY A MORAVA

◀ Vánoční nadílka dětem pražských dělníků pořádaná NOÚZ, velký sál Lucerny, Štěpánská ulice, 20. prosinec 1942. (ČTK)

Ministerstvo školství a lidové osvěty, Kolowratský ▶ palác, Valdštejnská ulice, Praha, 21. prosinec 1942. Slavnostní odevzdání 50 radiopřijímačů českým dělníkům nasazeným v Říši. Při projevu ministr školství a lidové osvěty Emanuel Moravec. Druhý zprava předseda protektorátní vlády a ministr spravedlnosti Jaroslav Krejčí, po jeho pravici vedoucí Oddělení IV (Kulturní politika) Úřadu říšského protektora SS-Sturmbannführer Martin P. Wolf a předseda NOÚZ Václav Stočes. (ČTK)

Vánoční slavnost v Černínském paláci – ÚŘP (nyní Ministerstvo zahraničních věcí České republiky), Loretánské náměstí, Praha, 21. prosinec 1942. Pěvecké vystoupení BDM. (ČTK)

◀ Vánoční dětská nadílka, velký sál Lucerny, Štěpánská ulice, Praha, 20. prosinec 1942. (ČTK)

> Der vom Volksgerichtshof wegen Vorbereitung zum Hochverrat, landesverräterischer Feindbegünstigung und Landesverrats zum Tode und zum dauernden Verlust der bürgerlichen Ehrenrechte verurteilte František Svabik aus Prag ist heute hingerichtet worden.
>
> Berlin, den 22. Dezember 1942.

> Dnes byl popraven František Svabik z Prahy, jehož odsoudil Volksgerichtshof pro přípravu k velezradě, zemězrádné nadržování nepříteli a zemězradu na smrt a k trvalé ztrátě občanských čestných práv.
>
> Berlin, dne 22. prosince 1942.

Der Oberreichsanwalt
beim Volksgerichtshof in Berlin.

Vyhláška vrchního státního návladního Lidového soudního dvora v Berlíně o popravě Františka Švábíka, člena odbojové organizace policejního rady Karla Jaroše, úzce napojené na vojenskou odbojovou organizaci Obrana národa, pro přípravu velezrady, zemězrady a zemězrádnému nadržování nepříteli, Berlín, 22. prosinec 1942. (SVK)

Státní prezident Emil Hácha při vánočním projevu, Pražský hrad, 22. prosinec 1942. (ČTK)

PROTEKTORÁT ČECHY A MORAVA 1939–1942

BIOGRAFIE VYBRANÝCH OSOBNOSTÍ TŘETÍ ŘÍŠE A PROTEKTORÁTU ČECHY A MORAVA (VČETNĚ SIGNATÁŘŮ MNICHOVSKÉ DOHODY)

ADAM, KARL RICHARD (1899–?), politik, krajský vedoucí NSDAP v Praze. 1916–1924 jemný mechanik, 1925 mistr u firmy E. Urineas, 1925–1933 podnikatel. 1925–1927 a od 1930 člen NSDAP, 1930 spoluzakladatel NSDAP v Eschwege, 1932 okresní vedoucí NSDAP v Eschwege, 1933–1935 okresní vedoucí NSDAP ve Fuldě, 1934 starosta v Gersfeldu, 1935–1939 župní inspektor NSDAP v Říšské župě Kurhessen, 1939–1942 krajský vedoucí NSDAP v Chomutově, 1939–1940 prezenční vojenská služba, 1942–1945 krajský vedoucí NSDAP v Praze, povýšen do hodnosti Oberbereichsleiter. 1944 jmenován spojovacím důstojníkem říšského místodržícího a župního vedoucího Říšské župy Sudety Konrada Henleina u německého státního ministra pro Čechy a Moravu Karla H. Franka, velitel pražské lidové domobrany (Volkssturm), 1945 po pádu protektorátu uprchl na západ, zajat americkými jednotkami, internován ve Weidenu, propuštěn. 1947 předán do Československa, 1948 KS v Praze odsouzen k pěti letům těžkého žaláře, 1950 odsunut do SRN.

AXMANN, ARTHUR (1913–1996), říšský vůdce mládeže. 1928 spoluzakladatel HJ v Berlíně, 1932 v říšském vedení NSDAP, 1933 šéf sociálního úřadu říšského vedení mládeže, 1940 říšský vůdce mládeže,1941 těžce zraněn na východní frontě – amputace pravého předloktí, člen Říšského sněmu, 1943 iniciátor frontového nasazení 12. pancéřové divize SS Hitlerjugend, 1945 iniciátor nasazení členů HJ při obraně Berlína, 1949 denacifikován, pracoval jako obchodní zástupce; po zbytek života udržoval styky s představiteli nacistického režimu.

BAAROVÁ, LÍDA (VL. JM. LIDMILA BABKOVÁ, 1914–2000), herečka. Od počátku 30. let 20. století se věnovala filmové kariéře a příležitostně divadlu. Značné popularity dosáhla ve Třetí říši, kde mezi lety 1934–1938 natočila několik mimořádně úspěšných filmů (*Barkarola*, *Meziaktí*, *Netopýr*); stala se hvězdou evropského formátu a v této pozici odmítla exkluzivní nabídku Hollywoodu s odůvodněním, že nejprve dokončí práci v Německu. Baarové zcela propadl říšský ministr lidové osvěty a propagandy Joseph Goebbels, který ač měl početnou rodinu, požádal Vůdce o souhlas k rozvodu a odchodu z politického života. Po zamítavém rozhodnutí A. Hitlera byl J. Goebbels nucen zůstat u rodiny i ve funkci ministra a Baarová se vrátila do vlasti. Zde se v letech 1939–1941 opět věnovala filmové kariéře (*Ohnivé léto*, *Dívka v modrém*, *Maskovaná milenka*, *Paličova dcera*, *Turbina*). V letech 1941–1943 natáčela v Itálii (*La Fornarina*, *L´Ippocampo*). 1945 obviněna z kolaborace a vězněna; v této souvislosti zemřela její matka a sestra spáchala sebevraždu. Po propuštění emigrovala do Rakouska. V 50. letech 20. století hrála v několika italských, španělských a německých filmech. V 60. letech se uchýlila do soukromí, milostný vztah s Josephem Goebbelsem otevřeně přiznala až na sklonku života.

BELCREDI, KAREL JIŘÍ RICHARD MAX (1893–1972), ekonom, zemědělský odborník, předseda Svazu moravských velkostatkářů. 1938 signatář deklarace české vlastenecké šlechty, 1939 člen předsednictva Českého svazu pro spolupráci s Němci (ČSSN), 1948 emigroval s částí rodiny do Rakouska, 1950 ředitel továrny na zpracování dřevotřísky ve Vídni.

BENDA, HANS ROBERT GUSTAV VON (1888–1972), dirigent, hudební režisér, důstojník. 1910 absolvent kadetky v Berlíně-Lichterfelde, poté studium na berlínské Sternově konzervatoři, dále univerzitách v Berlíně a Mnichově. 1918–1926 obchodník, do roku 1933 vedoucí koncertního oddělení stanice Funk-Stunde AG Berlin, 1935–1939 umělecký vedoucí Berlínské filharmonie, 1937 jmenován generálním hudebním ředitelem, 1939–1945 zakladatel a vedoucí Berlínského komorního orchestru. 1948–1952 jako generální hudební ředitel ve Španělsku, 1952 znovu založil Berlínský komorní orchestr, s nímž do roku 1967 absolvoval koncertní turné po 56 zemích pěti kontinentů, 1954–1958 vedoucí hudebního oddělení vysílače Freies Berlin.

BERAN, RUDOLF (1887–1954), agrární politik, organizátor družstevnictví v jižních Čechách. 1918–1933 ústřední tajemník agrární strany, 1935–1938 předseda agrární strany (ve funkci zastával dohodu s SdP), 1938–1939 předseda Strany národní jednoty a předseda vlády, 1941 pro podporu domácího protinacistického odboje odsouzen k 10 letům vězení, 1943 propuštěn do domácího vězení, 1947 odsouzen Nár. soudem k 20 letům vězení.

BERTSCH, WALTER (1900–1952), právník, hospodářský činitel, politik. V Německu působil ve státní službě na zemské úrovni, 1936–1938 na říšském ministerstvu hospodářství, 1939–1942 jeden z vedoucích úředníků ÚŘP, 1942–1945 ministr práce a hospodářství protektorátní vlády, organizátor tzv. totálního nasazení protektorátních občanů v Říši, 1948 odsouzen Nár. soudem k doživotí.

BIENERT, RICHARD (1881–1949), právník, policejní a správní úředník, politik, představitel domácího protihabsburského odboje, jako policejní prezident reformátor pražského policejního sboru. 1942–1945 ministr vnitra, 1945 jako předseda protektorátní vlády pověřen zastupováním státního prezidenta, 1946 odsouzen NS ke třem letům vězení, 1947 propuštěn.

BLÁHA, OTTO (1881–1946), generál četnictva, zakladatel Českého svazu válečníků (ČSV). Aktivní účastník první světové války. 1901 absolvent kadetní školy (Praha), 1905 absolvent šermířské školy na Vojenské akademii ve Vídeňském Novém Městě, poté vojenský instruktor šermu v Praze. 1909 nebyl přijat na Vysokou školu válečnou ve Vídni a požádal o přeložení k četnictvu. 1910 velitel čet-

PROTEKTORÁT ČECHY A MORAVA 1939–1942

nického oddělení v Lanškrouně, 1911 velitel četnického oddělení v Náchodě. 1914 povolán k polnímu četnictvu, raněn. Do konce války působil na Ukrajině a v Itálii u německé armády při organizaci polního četnictva. 1918 velitel četnického oddělení v Turnově, poté do roku 1936 ve štábních funkcích (Olomouc, Brno, Banská Bystrica, Bratislava), předčasně odeslán do zálohy. 1939 pověřen státním prezidentem Háchou – jako zástupce Českého svazu pro spolupráci s Němci (ČSSN) – intervenční činností ve prospěch zatčených občanů protektorátu. 1940 zakladatel a vedoucí ČSV, veteránské organizace, jejímž cílem bylo pěstování styků s říšskoněmeckými „kamarády" a péče o šíření upřímné oddanosti Říši a říšskoněmecké branné moci. 1942 v době trvání civilního výjimečného stavu po atentátu na Reinharda Heydricha osobně žádal Karla H. Franka, aby k popravám Čechů byli přizváni čeští dobrovolníci z řad frontových vojáků a sám se přihlásil jako první. 1943 rezignoval na funkci vedoucího ČSV. 1945 zatčen, 1946 Nár. soudem odsouzen k trestu smrti a popraven.

BLASKOWITZ, JOHANNES ALBRECHT (1883–1948), generál, inspektor vojenského školství. Aktivní účastník první světové války, 1939 jako velitel 3. armádní skupiny účastník obsazení Čech a Moravy, do dubna 1939 šéf vojenské správy v Čechách, 1939 v polském tažení velitel 8. armády, jako vojenský velitel Generálního gouvernementu protestoval proti metodám SS, 1940 účastník francouzského tažení, poté zde až do roku 1945 ve velitelských funkcích, 1945 velitel německých vojsk v Nizozemí, obžalován v procesu s OKW, ve vězení spáchal sebevraždu.

BOCK, MORITZ ALBRECHT FRANZ FRIEDRICH FEDOR VON (1880–1945), voják. Aktivní účastník první světové války. 1898 absolvent kadetky v Berlíně-Lichterfelde, poté až do roku 1910 služba u 5. gardového pluku v Berlíně. 1910–1912 u Velkého generálního štábu. 1914–1916 velitel praporu 4. gardového pluku, 1917–1918 u Velkého generálního štábu. Ve 20. letech 20. století ve štábních a nižších velitelských funkcích (Berlín, Kolobřeh, Döberitz, Frankfurt nad Odrou). 1931 velitel 2. pěší divize a vojsk II. vojenského okruhu, 1935 velitel správy pozemního vojska v Drážďanech. 1938 se jako velitel 8. armády významně podílel na okupaci a přičlenění Rakouska ke Třetí říši. Ve vysokých velitelských funkcích (Skupina armád Sever, Skupina armád B) se účastnil polních tažení v Polsku, Nizozemí, Belgii a Francii. 1940 povýšen do hodnosti generála polního maršála. 1941–1942 ve vysokých velitelských funkcích (Skupina armád Střed, Skupina armád Jih) se účastnil polního tažení proti SSSR; odvolán. 1945 zemřel (spolu s manželkou a dcerou) v důsledku těžkých zranění způsobených britským hloubkovým stíhačem a stal se tak jediným polním maršálem Třetí říše, který zemřel v důsledku nepřátelské palby. Nositel vysokých pruských a německých řádů a vyznamenání.

BÖHME, HORST (1909–1945), SS-Oberführer, velitel SiPo a SD v Protektorátu Čechy a Morava. Blízký spolupracovník šéfa SD Heydricha, na jehož rozkaz v březnu 1938 zavraždil atašé německého vyslanectví ve Vídni Kettelera. Významně se podílel na likvidaci českého vysokoškolského systému a židovského obyvatelstva, z jeho podnětu byl podniknut masakr v Lidicích. 1940–1942 velitel SiPo a SD v Protektorátu Čechy a Morava, 1942–1943 policejní atašé v Bukurešti, 1943–1944 velitel operační skupiny B a C na východní frontě, 1945 velitel SiPo a SD ve Východním Prusku.

BORMANN, MARTIN (1900–1945), říšský vedoucí NSDAP, vedoucí stranické kanceláře, disponoval mimořádným vlivem, který jako stranický dogmatik uplatňoval především v otázce eutanazie, církevní a židovské problematiky, spravoval Hitlerův soukromý majetek; nikdo ve Třetí říši nedosáhl zákulisními intrikami takové moci jako právě Bormann – ukázkový příklad šedé eminence. 1930 vedoucí pomocné pokladny NSDAP, 1933 šéf štábu zástupce Vůdce Rudolfa Heße, po jeho odletu do Velké Británie jej nahradil ve funkci, 1943 zástupce Vůdce a jeho tajemník, po pádu Berlína se pokusil uniknout, v bezvýchodné situaci však spáchal sebevraždu.

BOUHLER, PHILIPP (1899–1945), pověřenec pro eutanazii, říšský vedoucí NSDAP, SS-Obergruppenführer, zodpovědný za ochranu nacionálněsocialistické literatury, věnoval se rovněž spisovatelské činnosti (autor Napoleonovy biografie). 1923 účastník Hitlerova pokusu o státní převrat, 1925–1934 říšský jednatel NSDAP, 1934 poslanec Říšského sněmu a šéf Vůdcovy kanceláře, po zajetí americkými jednotkami spáchal sebevraždu.

BRAUCHITSCH, HEINRICH ALFRED HERMANN WALTHER VON (1881–1948), polní maršál. Aktivní účastník první světové války, 1930 vedoucí oddělení výchovy pozemního vojska, 1932 inspektor dělostřelectva, 1938 vrchní velitel pozemního vojska říšské branné moci, vedl polní tažení proti Polsku, Francii, Jugoslávii, Řecku a SSSR, 1941 odvolán po neúspěchu u Moskvy, zemřel v britském zajetí.

BRIESEN, ARTHUR VON (1891–1981), voják, velitel pražské posádky říšské branné moci, aktivní účastník první světové války. Vojenskou kariéru začal v roce 1909 u 52. pruského dělostřeleckého pluku v Královci, od vypuknutí první světové války do roku 1916 u 18. saského hulánského pluku, 1916–1918 ve štábních funkcích. 1919–1934 služba u policie,1935 u 27. pěšího pluku v Rostocku, 1938 velitel praporu 27. pěšího pluku, 1939–1944 velitel pražské posádky říšské branné moci, 1942 povýšen do generálské hodnosti, 1944 převelen na Ukrajinu, do Itálie a zpět do protektorátu.1945 zajat, 1947 propuštěn.

BUBNA-LITIC, MIKULÁŠ Z (1897–1954), národohospodářský činitel, politik. Aktivní účastník první světové války, věnoval se správě rodového panství Doudleby-Jelení (východní Čechy) s důrazem na lesnickou problematiku, 1940–1942 ministr zemědělství protektorátní vlády, plně podporoval národně-obrannou politiku Eliášovu, spolupracoval s domácím protinacistickým odbojem, 1945–1946 bez obvinění vězněn, 1948 emigroval do Rakouska.

BURGSDORFF, KURT LUDWIG EHRENREICH VON (1886–1962), právník, státní podtajemník u říšského protektora, SA-Brigadeführer. Aktivní účastník první světové války, 1933–1937 vedoucí oddělení saského ministerstva vnitra, 1938 vedoucí úřadu říšského místodržícího ve Vídni Seyß-Inquarta, 1939–1942 státní podtajemník v protektorátu, poté povolán k říšské branné moci, 1943 velitel granátnického pluku na východní frontě a guvernér obvodu Krakov v Generálním gouvernementu, 1945 zajat americkými jednotkami, 1946 svědčil v procesu s hlavními válečnými zločinci v Norimberku, poté předán do Polska a zde odsouzen ke třem letům vězení, v SRN pracoval jako správce Evangelické akademie v Tutzingu.

PROTEKTORÁT ČECHY A MORAVA 1939–1942

BURIAN, JOSEF VLASTIMIL (1891–1962), herec, režisér, zpěvák a divadelní ředitel. Vyučil se obchodním příručím, pro nesporný pěvecký talent byl angažován na scénách v Praze, Brně a Plzni. Po vzniku první světové války se vyhnul povolání na frontu útěkem na venkov. Po roce 1918 působil v pražských kabaretech, v letech 1925–1944 vedl Divadlo Vlasty Buriana. Mimořádně populární pro své komediální, improvizační a imitační schopnosti. Jedna z největších hvězd meziválečného zvukového filmu a českého protektorátního filmu (*C. a k. polní maršálek*, *To neznáte Hadimršku*, *Lelíček ve službách Sherlocka Holmese*, *Anton Špelec ostrostřelec*, *Hrdinný kapitán Korkorán*, *Ducháček to zařídí*, *U pokladny stál*, *Přednosta stanice*, *Zlaté dno*). V době existence Protektorátu Čechy a Morava (1941) donucen k účinkování v propagandistické politické rozhlasové skeči *Hvězdy nad Baltimore* zesměšňující exilového prezidenta Beneše a ministra zahraničních věcí Jana Masaryka. 1945 obviněn z kolaborace, zatčen, uvězněn, avšak propuštěn. Po štvavé mediální kampani znovu uvězněn a na základě vykonstruovaných obvinění odsouzen k několikaměsíčnímu těžkému žaláří a finanční pokutě. Po propuštění se zhostil několika epizodních filmových rolí. 1950–1953 angažmá ve Státním divadle v Karlíně, poté se věnoval estrádní činnosti – zcela nedůstojné jeho talentu. Charakterizuje jej přízvisko „Král komiků".

CANARIS, WILHELM FRANZ (1887–1945), admirál, šéf Abwehru. Aktivní účastník první světové války (také jako velitel ponorky), 1935 povolán k budování obranného zpravodajství na ministerstvu války, nejpozději od roku 1938 navázal kontakty s vojenskou opozicí a vydal se na cestu dvojí hry – pro Říši a proti Hitlerovi, na počátku roku 1944 odvolán z funkce, obranné zpravodajství bylo podřízeno RSHA, po atentátu na Hitlera v červenci 1944 zatčen, popraven v KT Flossenbürg.

CARUSO, CASTO (1904–?), italský diplomat a právník. Absolvoval univerzitu v Neapoli, sloužil jako armádní důstojník, od roku 1928 v diplomatických službách (Afrika, Blízký východ). 1935 zástupce vedoucího kabinetu ministra zahraničních věcí Ciana, pověřen udržováním kontaktů s Palestinci. 1939–1943 generální konzul v Protektorátu Čechy a Morava, 1943 zpět na ministerstvu zahraničí v Římě, 1943–1945 na vyslanectví v Bernu, 1946 zpět na ministerstvu zahraničí, poté až do konce 60. let 20. století v různých diplomatických (Tanger, Haag, Atény) a politických funkcích (vedoucí italských hospodářských delegací v jednáních s Němci a Brity), 1964 jmenován velvyslancem.

COMMICHAU, ALEXANDER (1890–1942), příslušník RAD, župní pracovní vůdce u říšského protektora. Aktivní účastník první světové války, 1919 vstup do armády (34. pěší pluk, Gdaňsk), 1920 ordonanční důstojník u štábu 102. pluku (Stolp), vystoupil z armády. Na konci 20. let 20. století vstup do NSDAP, 1933 vstup do Pracovní služby NSDAP (Duryňsko), 1933–1940 ve vedení RAD, 1936 vedoucí oddílu RAD XXVII (Karlsruhe), 1940 jmenován vůdcem oddílu RAD XXIX v Praze, 1941 jmenován vůdcem pracovní župy XXXVIII u říšského protektora, 1942 povýšen do hodnosti Generalarbeitsführer.

CONTI, LEONARDO (1900–1945), lékař. Vzhledem ke svému švýcarskému otci získal německé občanství až v roce 1915. 1918 maturita na gymnáziu, povolán na frontu. 1919–1923 studium medicíny na univerzitě v Berlíně a na univerzitě v Erlangenu; aktivní v nacionalisticky orientovaných studentských spolcích. 1923 vstup do SA, od 1925 soukromá lékařská praxe, 1927 vstup do NSDAP, 1928–1929 založil a vedl sanitní službu SA, 1929 spoluzakladatel Nacionálněsocialistického říšského lékařského spolku, 1930 zakladatel Nacionálněsocialistické lékařské organizace v Říšské župě Berlín, vstup do SS. 1932 člen pruského zemského sněmu, 1933 povolán na Říšské ministerstvo vnitra, 1934 státní sekretář pro medicínu v Říšském ministerstvu vnitra, 1936 zodpovědný za zdravotní zabezpečení olympijských her, 1939 vůdce říšského zdravotnictví přímo zodpovědný za program eutanazie duševně a fyzicky postižených (Akce T4) a za lékařské pokusy na vězních koncentračních táborů. 1943 podílel se na vyšetřování masakru v Katyni, 1944 povýšen do hodnosti SS-Obergruppenführer, vzdal se funkce vůdce říšského zdravotnictví, 1945 jmenován profesorem na univerzitě v Michově, zatčen, spáchal sebevraždu.

CRHA, VÁCLAV (1901–1964), aktivistický novinář. 1925 absolutorium Univerzity Karlovy v Praze, 1925–1928 redaktor časopisu *Svoboda*, 1927–1936 redaktor listu *Venkov*, 1936 redaktor *Lidových novin*, 1937 šéfredaktor *Národní politiky*, 1939 spolupracovník vedení ČSSN, 1941 člen výboru NS, 1942 ve vedení Národního svazu novinářů, představitel vrcholné aktivistické žurnalistiky, 1943 šéfredaktor *Ranního Českého slova*, 1944 člen čestného předsednictva České ligy proti bolševismu, 1945 redaktor *Zteče*, zatčen a uvězněn, 1946 Nár. soudem odsouzen na doživotí, 1953 trest změněn na 20 let těžkého žaláře, 1956 podmínečně propuštěn.

ČIKL, ALOIS VÁCLAV (1900–1942), pravoslavný kněz. 1921–1923 absolvent teologických kurzů Církve československé, 1922 vysvěcen na kněze, 1922–1924 pomocný duchovní a učitel náboženství v Olomouci a Tovačově, 1924 vstup do České náboženské obce pravoslavné, pomocný duchovní v Olomouci, 1925–1937 duchovní správce v Přerově, 1938 duchovní správce v Praze, 1939–1941 participace na četných křtech Židů, 1942 podílel se na ukrývání a podpoře československých parašutistů desantů Anthropoid, Bioscop, Out Distance, Silver A a Tin, v chrámu sv. Karla Boromejského (sv. Cyrila a Metoděje) po atentátu na šéfa RSHA, zastupujícího říšského protektora SS-Obergruppenführera a generála policie Reinharda Heydricha, zatčen, odsouzen k trestu smrti a popraven.

ČIPERA, DOMINIK (1893–1963), manažer, podnikatel a politik, ministr veřejných prací protektorátní vlády. Pracovník Baťových závodů ve Zlíně, 1932–1945 generální ředitel firmy Baťa a starosta Zlína, 1938–1939 a 1939–1942 ministr veřejných prací, z finančních prostředků firmy Baťa podporoval domácí protinacistický odboj a Slovenské národní povstání, 1945 obviněn z kolaborace, avšak zproštěn viny, 1947 odešel do Švýcarska, 1948 emigroval do Kanady, kde znovu vstoupil do služeb firmy Baťa a podílel se na jejím pronikání na jihoamerický kontinent.

DALADIER, ÉDOUARD (1884–1970), středoškolský učitel dějepisu, politik, předseda vlády. 1919 poslanec Národního shromáždění za Radikální socialistickou stranu, 1924–1925 ministr kolonií, do roku 1933 opakovaně krátkodobě zastával ministerské posty, 1927–1932 předseda Radikálně socialistické strany, 1933–1940 pětinásobný ministerský předseda středolevé koalice a ministr války v kabinetech Léona Bluma, 1938 kopíroval britskou politiku appeasementu, signoval mnichovskou dohodu a jako zástupce Francie de facto anuloval spojenecké smluvní závazky Paříže vůči Praze. 1940 abdikoval a po německém útoku na Francii odletěl do Maroka. 1941 zatčen a souzen vichystickým režimem za údajnou zradu, 1943 předán Třetí říši a internován ve Východní marce (Rakousko), 1945 osvobozen americkými jednotkami, v rámci pokusu o politický comeback 1946–1958 poslanec Národního shromáždění, 1953–1958 starosta Avignonu.

DALUEGE, KURT MAX FRANZ (1897–1946), stavební inženýr, šéf OrPo, zastupující říšský protektor, SS-Oberstgruppenführer. Aktivní účastník první světové války, 1926 zakladatel první skupiny SA v Berlíně, 1928 vůdce SS v Berlíně, 1933 šéf pruské policie, 1936 šéf OrPo a zástupce říšského vůdce SS a šéfa německé policie Heinricha Himmlera, 1942–1943 zastupující říšský protektor v Čechách a na Moravě; odvolán ze zdravotních důvodů, 1945 zajat britskými jednotkami a vydán do ČSR, 1946 popraven, především kvůli tzv. druhému stannému právu a masakru v Lidicích.

DIETRICH, JACOB OTTO (1897–1952), říšský tiskový šéf, říšský vedoucí NSDAP, státní sekretář v Říšském ministerstvu lidové osvěty a propagandy. Aktivní účastník první světové války. 1919–1920 studium na univerzitě v Mnichově a univerzitě ve Frankfurtu nad Mohanem, 1921 absolutorium na univerzitě ve Freiburku, 1922 vědecký spolupracovník obchodní komory v Essenu, 1926 redaktor *Essener Allgemeine Zeitung*, 1928 vedoucí redaktor *Münchener-Augsburger Abendzeitung*, korespondent *Leipziger Neueste Nachrichten*, 1929 vstup do NSDAP, 1931 zástupce šéfredaktora *Essener National-Zeitung*, jmenován říšským tiskovým šéfem NSDAP, 1932 jmenován říšským vedoucím NSDAP, vstup do SS, 1933–1945 osobní tiskový referent Vůdce Adolfa Hitlera, 1933 zvolen vedoucím Říšského svazu německého tisku, 1934 viceprezident Říšské tiskové komory, 1937–1945 státní sekretář v Říšském ministerstvu lidové osvěty a propagandy, 1938 poslanec Říšského sněmu, 1941 SS-Obergruppenführer. Jeho pozice konstantně oslabovala od chvíle, kdy v říjnu 1941 před shromážděnými korespondenty světového tisku oficiálně oznámil, že válka proti SSSR je vyhrána. 1945 Adolfem Hitlerem zbaven funkcí; zatčen americkými jednotkami, 1949 odsouzen k sedmi letům vězení, 1950 propuštěn, vedoucí düsseldorfské odbočky Německé společnosti pro automobilovou dopravu. Autor několika publikací adorujících nacionálněsocialistické hnutí a Adolfa Hitlera.

DIETRICH, JOSEF (1892–1966), velitel LSSAH, později stejnojmenné divize SS, SS-Oberstgruppenführer. Aktivní účastník první světové války, 1923 účastník Hitlerova pokusu o státní převrat, 1927 vstup do SS, 1929 velitel SS v jižním Německu, 1930 poslanec Říšského sněmu, 1932 vytvořil Hitlerovu osobní stráž SS – od roku 1933 pod názvem LSSAH, které velel do roku 1943, v červnu 1934 se v čele LSSAH účastnil poprav velení SA (Noc dlouhých nožů), ve velitelských funkcích se účastnil polních tažení v Polsku, Francii, Jugoslávii, Řecku a SSSR, 1943–1945 velitel tankových armád, 1945 zajat americkými jednotkami, 1946 odsouzen k doživotnímu vězení, 1955 propuštěn, 1957–1958 znovu uvězněn za účast na tzv. Noci dlouhých nožů.

DRÁBEK, JAROSLAV (1901–1996), právník, novinář, publicista, představitel domácího protinacistického odboje. Advokát v Praze, za protektorátu člen odbojových organizací PÚ a ÚVOD, 1943 vězněn v KT Osvětim, 1944 vězněn v Praze, propuštěn, poté se skrýval v psychiatrické léčebně v Bohnicích, 1945–1947 veřejný žalobce u MLS (hlavní žalobce v procesech s Karlem H. Frankem a Kurtem Daluegem), 1945–1948 jeden ze sedmi správců Národní banky československé, 1948 emigroval do USA, kde do roku 1971 působil jako komentátor Hlasu Ameriky.

EBERSTEIN, KARL FRIEDRICH VON (1894–1979), policejní prezident v Mnichově, SS-Obergruppenführer. Aktivní účastník první světové války, 1920 účastník pokusu o státní převrat (Kappův puč), 1925 vstup do SA, 1928–1929 majitel továrny na vlněné a bavlněné výrobky, 1929 vstup do SS, 1933 poslanec Říšského sněmu, 1934 člen Lidového soudního dvora, 1936–1942 policejní prezident v Mnichově, 1942–1945 vedoucí policejního oddělení bavorského ministerstva vnitra, po roce 1945 bankovní obchodník.

EIGRUBER, AUGUST (1907–1947), politik, župní vedoucí Říšské župy Horní Podunají, SA-Obergruppenführer. 1930 okresní vedoucí NSDAP ve Štýrsku, 1936–1945 župní vedoucí Říšské župy Horní Podunají, 1938 poslanec Říšského sněmu a ministerský rada, 1940 říšský místodržící v Horním Rakousku, v dubnu 1945 byli na jeho rozkaz v KT Mauthausen zavražděni všichni vězňení z Horního Rakouska, 1945 zajat americkými jednotkami, 1947 odsouzen k trestu smrti a popraven.

ELIÁŠ, ALOIS (1890–1942), voják, diplomat a politik, představitel domácího protinacistického odboje. Aktivní účastník první světové války, 1938–1939 ministr dopravy, v březnu 1939 hlavní organizátor radikálního pokusu o změnu politického kurzu na Slovensku (tzv. Homolův puč), 1939–1941 předseda první protektorátní vlády, aktivně podporoval domácí odboj, kroky své vlády koordinoval s požadavky čs. exilové reprezentace, v říjnu 1941 odsouzen k trestu smrti a v červnu 1942 jako jediný ministerský předseda zemí okupované Evropy popraven, od roku 2006 jsou jeho ostatky uloženy v Národním památníku na Vítkově.

ELTSCHKNER, ANTONÍN (1880–1961), římskokatolický kněz, probošt metropolitní kapituly u sv. Víta, pomocný biskup pražský. 1905 absolutorium Papežské univerzity sv. Tomáše Akvinského v Římě, přijal kněžské svěcení, 1906–1926 středoškolský profesor náboženství a němčiny v Praze, 1922–1925 předseda organizace Orel, 1925 předseda Ligy katolických esperantistů, 1927 ředitel Katolické akce, 1933 vysvěcen jako pražský světící biskup, 1940 jmenován biskupem českobudějovickým; toto jmenování provedl Vatikán bez konzultace s představiteli okupační správy, v důsledku čehož došlo k diplomatickému incidentu. Jmenování nakonec nebylo zveřejněno, a to ani po pádu protektorátu; tehdy Eltschkner zaujal krajně kritické stanovisko k nově jmenovaným představitelům katolické církve a zřejmě i proto byl na počátku 50. let jediným biskupem, který nebyl internován. Následně spolupracoval s Cyrilometodějskou bohosloveckou fakultou, 1955 udělen Řád republiky; do své smrti byl jediným státem uznávaným světícím biskupem v Čechách.

EMINGER, JAROSLAV (1886–1964), voják, generální inspektor Vládního vojska Protektorátu Čechy a Morava. Aktivní účastník první světové války, 1907 absolutorium Vojenské akademie ve Vídeňském Novém Městě, 1907–1911

PROTEKTORÁT ČECHY A MORAVA 1939–1942

u českého 7. dragounského pluku „Vévoda Lotrinský", 1914 absolutorium Válečné školy ve Vídni, odvelen ke štábu 4. divize, do roku 1918 ve štábních funkcích na východní frontě, 1918 převelen na italskou frontu, po pádu monarchie vstoupil do československé armády, 1919 účast v bojích na Slovensku, do roku 1922 vojenský přidělenec československé vojenské mise v Maďarsku, 1922 náčelník štábu 5. divize v Českých Budějovicích, 1924 velitel praporu 4. jízdního pluku v Klatovech, 1925 velitel 3. jízdního pluku v Nových Zámcích, 1926 zástupce velitele Školy jízdního vojska v Pardubicích, 1928 velitel Školy jízdního vojska v Pardubicích, 1931 velitel 2. jízdní brigády v Brně, 1934–1936 generální inspektor jezdectva na MNO, 1936–1939 velitel 3. jízdní brigády v Bratislavě, 1939 přednosta Umisťovacího oddělení MNO v likvidaci, poté až do roku 1945 generální inspektor Vládního vojska Protektorátu Čechy a Morava, spolupracoval s domácím odbojem, 1945 zatčen, 1947 Nár. soudem osvobozen a označen za „věrného Čecha a statečného muže", 1948 penzionován.

FASSATI, MILOSLAV (1887–1962), voják, II. zástupce generálního inspektora Vládního vojska Protektorátu Čechy a Morava. Aktivní účastník první světové války. 1907 absolutorium Kadetní školy pro pěchotu v Praze, 1907–1912 velitel čety 28. pěšího pluku v Praze, 1912–1914 zástupce velitele roty 28. pěšího pluku v Jindřichově Hradci, 1914 odvelen na východní frontu, zajat, až do roku 1918 v zajateckých táborech, 1918 vstup do čs. branné moci, 1919 pobočník vojenského přidělence u polských vojenských jednotek, člen československo-polské vojenské delegace, 1919–1922 na Hlavním štábu čs. branné moci, 1922–1924 studium na Vysoké škole válečné v Praze, 1924–1926 ve štábních funkcích v Praze, 1926–1929 náčelník štábu 3. divize v Litoměřicích, 1930 velitel 7. horského praporu v Popradu, 1930–1932 profesor Vysoké školy válečné v Praze, 1932–1933 velitel 42. pěšího pluku v Terezíně, 1933–1935 náčelník štábu Zemského vojenského velitelství v Brně, 1935–1937 velitel 6. pěší brigády v Mladé Boleslavi, 1937–1938 velitel 1. divize v Praze, 1938 velitel 18. divize, 1939–1942 II. zástupce generálního inspektora Vládního vojska Protektorátu Čechy a Morava, spolupracoval s domácím odbojem, 1942 odešel do výslužby, 1946–1948 předseda Československé atletické amatérské unie, až do své smrti se angažoval v nejrůznějších odborných komisích této organizace.

FEIERABEND, LADISLAV KAREL (1891–1969), právník, národohospodář, politik, představitel domácího protinacistického odboje. 1917–1925 tajemník Ústřední jednoty hospodářských družstev, od roku 1925 ředitel a od roku 1930 vrchní ředitel Kooperativy – nákupní jednoty hospodářských družstev, 1930 předseda Pražské plodinové burzy, 1934 předseda Čs. obilní společnosti, 1938–1939 a 1939–1940 ministr zemědělství, za protektorátu člen odbojové organizace PÚ, 1940 odhalen a nucen emigrovat, 1940–1941 ministr bez portfeje, 1941–1945 ministr financí čs. exilové vlády, abdikoval na protest proti příliš vstřícné linii vlády vůči SSSR, 1945–1948 se věnoval správě svého statku v Mirošově, 1948 emigroval do Velké Británie, 1950 do USA, kde pracoval jako redaktor Hlasu Ameriky, spolupracoval se Svobodnou Evropou, byl činný v RSČ.

FIALA, VÁCLAV (1896–1963), aktivistický novinář a spisovatel. 1916–1918 redaktor *Čechoslovana* v Kyjevě, 1920–1922 redaktor agentury Russunion, 1922–1923 redaktor agentury Russpress, 1923–1932 zástupce šéfredaktora společnosti Central European Press v Praze, 1932–1939 redaktor *Prager Presse*, 1939–1945 ředitel agentury Centropress, jeden z hlavních představitelů pronacistického aktivismu v české protektorátní žurnalistice, 1940 účastník výpravy čs. novinářů na západní bojiště, autor publikací oslavujících říšskou brannou moc a politické poměry po vzniku protektorátu.

FOERSTER, JOSEF BOHUSLAV (1859–1951), hudební skladatel a pedagog, 1879–1882 studium na varhanické škole v Praze, 1882–1888 varhaník u sv. Vojtěcha v Praze, 1889–1894 ředitel kůru u Panny Marie Sněžné v Praze, 1893–1918 v pedagogických funkcích v Hamburku a Vídni, 1919–1931 profesor na pražské konzervatoři, 1922–1936 lektor hudby na Filozofické fakultě Univerzity Karlovy, 1931–1939 prezident České akademie věd a umění. 1945 udělen – jako prvnímu hudebníkovi – titul národní umělec. Foerster navazoval na B. Smetanu, A. Dvořáka a Z. Fibicha a dále na P. I. Čajkovského, E. H. Griega a R. Schumanna; byl bytostným založením lyrik, jeho hudba se vyznačuje intimní subjektivitou. Výrazným prvkem jeho tvorby je hluboká meditace a duchovní rozměr. Foerster představoval intelektuální, myslitelský typ skladatele tíhnoucího k metafyzice a náboženským tématům; autor šesti oper, pěti symfonií, řady houslových a klavírních skladeb, písní a sborů. Činný i literárně.

FOUSEK, JAN (1892–1980), voják, rolník a politik, předseda Českého svazu pro spolupráci s Němci (ČSSN). Aktivní účastník první světové války. Absolvent vyšší hospodářské školy, 1914–1918 jako příslušník 102. benešovského pěšího pluku bojoval na srbské, ruské a italské frontě. 1916 velitel útočného oddílu, zabránil obklíčení rakousko-uherských jednotek a zajal 200 italských vojáků (Soča), za což mu byl udělen nejvyšší rakouský vojenský řád – rytířský kříž Vojenského řádu Marie Terezie, současně byl povýšen do rytířského stavu. 1918–1927 důstojník čs. branné moci, poté převzal rodový statek v Hostimi, kde byl rovněž řadu let starostou obce. 1940–1943 předseda ČSSN, 1941–1942 vedoucí výboru NS, 1945 zatčen, 1947 Nár. soudem uznán vinným z kolaborace, propuštěn bez trestu, 1948 zatčen a odsouzen ke 12 letům vězení.

FRANK, KARL HERMANN (1898–1946), politik, místopředseda SdP, německý státní ministr pro Čechy a Moravu. 1916 odmítnut při pokusu o vstup do armády – v dětství přišel o pravé oko, 1916–1917 studium na právnické fakultě Německé Karlo-Ferdinandovy univerzity v Praze, 1918 abiturientský kurz na pražské německé obchodní akademii, 1918–1920 úředník ve Vítkovických železárnách a u Duchcovsko-Podmokelské dráhy, 1923–1924 se vyučil knihkupcem u firmy Erich Mates v saském Hartensteinu, do roku 1926 zde jako lektor, 1927–1932 knihkupec v Lokti u Karlových Varů, kde zřídil Dům pro knihu a umění Chebska, 1933 založil v Karlových Varech první místní skupinu Sudetoněmecké vlastenecké fronty (SHF), 1934 v hlavním vedení SHF, 1935–1938 poslanec Národního shromáždění za Sudetoněmeckou stranu (SdP), 1937 zástupce předsedy SdP Konrada Henleina, 1938 aktivně spolupůsobil při předkládání nesplnitelných požadavků SdP vůči československé vládě, byl spoluautorem tzv. Karlovarských požadavků, podílel se na pokusu o převrat SdP a po jeho potlačení uprchl do Říše, kde byl jmenován zástupcem velitele Sudetoněmeckého dobrovolnického sboru (SF), jehož úkolem byla sabotážní a diverzní činnost, poslanec

PROTEKTORÁT ČECHY A MORAVA 1939–1942

Říšského sněmu, zástupce župního vedoucího Říšské župy Sudety Konrada Henleina, vstup do SS, 1939–1943 státní tajemník u Říšského protektora a vyšší vedoucí SS a policie, reprezentant nejradikálnější linie v zacházení s Čechy a germanizace Čech a Moravy, zodpovědný za vyvraždění části obce Lidice a její srovnání se zemí, 1943–1945 německý státní ministr pro Čechy a Moravu, povýšen do hodnosti SS-Obergruppenführer, 1944 jmenován generálem policie a Zbraní SS, 1945 zatčen americkými jednotkami, předán do Československa, 1946 MLS odsouzen k trestu smrti a popraven.

FRANKOVÁ, KAROLA (1913–1989), lékařka, manželka německého státního ministra pro Čechy a Moravu SS-Obergruppenführera a generála policie a Zbraní SS Karla H. Franka (1940–1946). 1945 zadržena spolu se svým manželem v Rokycanech, převezena do Prahy a odevzdána Směrš, převezena do Moskvy a odsouzena k 10 letům nucených prací, 1956 propuštěna, v SRN obnovila svou lékařskou praxi a do roku 1960 se jí podařilo nalézt všechny tři děti z manželství s Karlem H. Frankem, které žily pod cizím příjmením u pěstounů.

FRICK, WILHELM (1877–1946), právník, říšský ministr spravedlnosti, zastupující říšský protektor. 1923 účastník Hitlerova pokusu o státní převrat, 1924 předseda frakce NSDAP v Říšském sněmu, 1930–1931 jako ministr vnitra a vzdělávání v Duryňsku první zástupce NSDAP v zemské vládě Výmarského Německa, 1933 říšský ministr vnitra, přímo zodpovědný za legalizaci nacionálněsocialistického bezpráví, 1943–1945 zastupující říšský protektor v Čechách a na Moravě, 1945 zajat, 1946 odsouzen IMT k trestu smrti a popraven.

FRIDERICI, ERICH (1885–1964), generál, zmocněnec říšské branné moci u říšského protektora. Aktivní účastník první světové války, ve 20. a 30. letech 20. století ve štábních funkcích, 1935–1937 vojenský atašé v Maďarsku a Bulharsku, 1938 velitel divize, účastník přivtělení Rakouska, 1939–1941 zmocněnec říšské branné moci u říšského protektora, prosazoval myšlenku likvidace české společnosti prostřednictvím zničení české inteligence, 1942 velící generál v prostoru jih na východní frontě, 1944 ve vysoké štábní funkci na OKH, 1945 zajat, 1947 propuštěn, 1948 po krátký čas pracoval pro americkou armádu.

FRITZSCHE, HANS (1900–1953), novinář, rozhlasový komentátor. Aktivní účastník první světové války, 1918 na frontě, 1918–1923 studium filologie, filozofie a historie na univerzitě v Greifswaldu a v Berlíně (nedokončeno), 1923 editor *Pruské ročenky*, 1924–1932 editor zpravodajské agentury Telegraphen-Union, 1932 vedoucí *Bezdrátového zpravodajství* Německého rozhlasu, 1933 vstup do NSDAP, vedoucí Oddělení komunikace v Tiskovém odboru Říšského ministerstva lidové osvěty a propagandy. 1937–1945 rozhlasový komentátor v rámci pravidelného pořadu *Zde hovoří Hans Fritzsche*, 1942 jmenován ministerským tajemníkem, po pobytu u propagandistické jednotky na východní frontě jmenován vedoucím Rozhlasového odboru Říšského ministerstva lidové osvěty a propagandy a generálním zmocněncem pro politické organizování Velkoněmeckého rozhlasu, 1945 jako nejvyšší úředník říšské vlády, který zůstal v Berlíně, spolupodepsal 2. května kapitulaci města a pro sovětskou stranu identifikoval tělesné ostatky rodiny říšského ministra lidové osvěty a propagandy a posledního říšského kancléře Josepha Goebbelse, převezen do Moskvy a uvězněn, IMT zařazen mezi hlavní válečné zločince, 1946 osvobozen, 1947 německým soudem odsouzen k devíti letům nucených prací, 1950 propuštěn, pracoval ve vedoucích pozicích v reklamě.

FUNK, WALTER (1890–1960), právník, říšský ministr hospodářství, prezident Říšské banky, aktivně se podílel na likvidaci židovského vlivu v německém hospodářství. 1922–1930 šéfredaktor *Berliner Börsen-Zeitung*, na počátku 30. let 20. století zprostředkoval díky svým kontaktům v průmyslových kruzích milionové dotace pro NSDAP, 1933 státní tajemník v Říšském ministerstvu lidové osvěty a propagandy, zástupce prezidenta Říšské kulturní komory, 1938–1945 říšský ministr hospodářství, 1939 prezident Říšské banky, člen ministerské rady obrany Říše, 1943 člen plánovacího štábu Říšského ministerstva zbrojní výroby, 1945 zajat britskými jednotkami, 1946 odsouzen IMT k doživotnímu vězení, 1957 propuštěn.

FURTWÄNGLER, GUSTAV HEINRICH ERNST MARTIN WILHELM (1886–1954), dirigent a hudební skladatel. Vzhledem k výraznému nadání studoval soukromě již od 13 let. 1906 korepetitor v Městském divadle ve Vratislavi, debut jako dirigent se symfonií č. 9 d moll Antona Brucknera, 1908–1921 dirigent, korepetitor, kapelník, sbormistr a šéfdirigent v Curychu, Štrasburku, Lübecku, Mannheimu, Vídni a Berlíně. 1922–1934 šéfdirigent Berlínské filharmonie, současně do roku 1928 Gewandhausorchestru v Lipsku. 1928–1930 šéfdirigent Vídeňské filharmonie, 1933 ředitel Berlínské státní opery, pruský státní rada, udělen titul „První státní dirigent", otevřeně se zastal židovských členů Berlínské filharmonie, dirigentů a skladatelů židovského původu (B. Walter, O. Klemperer, P. Hindemith). 1934 viceprezident Říšské hudební komory, člen Německé akademie, člen Akademie pro vědecký výzkum a péči o němectví, kontroverze s nacistickým režimem vedly ke složení všech veřejných funkcí, 1935–1938 dirigoval jako host, věnoval se skladbě a nahrávkám desek, 1936 hlavní dirigent festivalu v Bayreuthu, 1939–1940 šéfdirigent Vídeňské filharmonie, 1940–1944 hudební zmocněnec ve Vídni, 1944–1945 pobyt ve Švýcarsku, 1945 denacifikován, 1947–1954 šéfdirigent Berlínské filharmonie. 1952 jmenován doživotním dirigentem Berlínské filharmonie. Jeden z nejvýznamnějších dirigentů své doby.

GABČÍK, JOZEF (1912–1942), strojní zámečník, rotmistr čs. armády, člen desantu Anthropoid, nositel nejvyšších českých a slovenských řádů. 1932–1934 prezenční vojenská služba, poddůstojnická škola, 1934–1937 délesloužící poddůstojník, 1937–1939 skladník vojenské chemické továrny v Žilině, 1939 emigroval do Francie, kde vstoupil do cizinecké legie a poté do čs. zahraniční armády, v jejíchž řadách se v roce 1940 ve Francii účastnil obranných bojů, evakuován do Anglie, 1941 absolvent parašutistického a speciálního zpravodajského výcvikového kurzu, společně s Janem Kubišem vytvořil desant Anthropoid, jehož cílem byl atentát na zastupujícího říšského protektora Heydricha, skupina vysazena v prosinci 1941, 27. května 1942 se Gabčík pokusil Heydricha zastřelit ze samopalu, avšak zbraň selhala, 18. června 1942 spolu s dalšími příslušníky čs. desantů dopaden, po boji s přesilou Zbraní SS spáchal sebevraždu, 2015 povýšen in memoriam do hodnosti generála.

GABLENZ, ECCARD VON (1891–1978), voják. Aktivní účastník první světové války, 1909 vstoupil do 1. gardového

PROTEKTORÁT ČECHY A MORAVA 1939–1942

granátnického pluku cara Alexandera v Berlíně, 1914–1918 velitel kulometné čety 1. gardového granátnického pluku cara Alexandera, 1914 těžce zraněn, poté převážně ve štábních funkcích, ve 20. letech 20. století u 9. (pruského) pěšího pluku, současně jako štábní důstojník na ministerstvu války, 1929 velitel praporu 9. (Pruského) pěšího pluku, 1935–1938 velitel 18. pěšího pluku v Paderbornu, 1938 šéf armádního služebního úřadu v Drážďanech, 1939 velitel pražské posádky říšské branné moci, jako velitel divize účastník polského polního tažení, 1940 jako velitel divize účastník francouzského polního tažení, 1941–1942 jako velitel divize účastník polního tažení proti SSSR, 1942 spolu se svou 384. pěší divizí obklíčen u Stalingradu, evakuován, 1943–1945 jako velitel divize na italské frontě zajat americkými jednotkami, 1947 propuštěn.

GESCHKE, HANS ULRICH (1907–?), právník, šéf Řídící úřadovny gestapa v Praze, SS-Oberführer. Ve 20. letech 20. století studium na berlínské univerzitě a univerzitě v Göttingenu, 1930 absolutorium, 1932 vstup do NSDAP, 1934 vstup ke gestapu v Dortmundu, 1936 velitel gestapa v Kielu, 1939–1942 šéf Řídící úřadovny gestapa v Praze, 1939 zodpovědný za akci proti vysokoškolákům, 1941 osobně zatkl předsedu protektorátní vlády Aloise Eliáše a vypracoval proti němu žalobu, 1942 předsedal stannému soudu za výjimečného stavu, významně se podílel na vyvraždění části obce Lidice a její srovnání se zemí, velel gestapu při dobývání chrámu sv. Karla Boromejského (sv. Cyrila a Metoděje), předsedal stannému soudu při procesu s představiteli České pravoslavné církve, předsedal stannému soudu, který k smrti odsoudil více než 250 rodinných příslušníků a podporovatelů československých parašutistů, 1942–1944 převelen do Drážďan k SD, 1944–1945 velitel SD v Poznani a Budapešti, kde pravděpodobně padl. 1959 vrchním státním zastupitelstvím ve Frankfurtu nad Mohanem prohlášen za mrtvého.

GIES, ROBERT (1902–1966), právník, vládní rada, osobní tajemník a důvěrník státního tajemníka a později německého státního ministra pro Čecha a Moravu Karla H. Franka, SS-Standartenführer, zastánce nejtvrdší linie v zacházení s Čechy. 1939–1943 vysoký úředník ÚŘP, 1943–1945 tajemník německého státního ministerstva pro Čechy a Moravu, 1944 autor návrhu, aby střely s plochou dráhou letu v-1 a rakety V-2 byly zaměřeny na místa pobytu čs. exilových představitelů v Londýně, po válce vládní úředník v Münsteru.

GOEBBELS, PAUL JOSEPH (1897–1945), germanista, politik, župní vedoucí Říšské župy Berlín, říšský ministr lidové osvěty a propagandy, říšský kancléř, jeden z nejinteligentnějších a nejvzdělanějších představitelů NSDAP, génius propagandy. 1924 župní vedoucí Říšské župy Berlín, 1927 založil župní deník *Der Angriff* (*Útok*), 1928 poslanec Říšského sněmu, 1933 říšský ministr lidové osvěty a propagandy, k formování německé veřejnosti v nacionálněsocialistickém duchu používal masmédia, tj. tisk, film, rozhlas a rovněž televizi, 20. července 1944 díky jeho chladnokrevnosti v Berlíně potlačen pokus o státní převrat, generální zmocněnec pro totální válku, 30. dubna – 1. května 1945 říšský kancléř, spáchal sebevraždu, když předtím nechal otrávit svých šest dětí a sám zastřelil svou manželku.

GORAZD (VL. JM. MATĚJ PAVLÍK, 1879–1942), římskokatolický kněz, biskup České pravoslavné církve. 1902 absolutorium Cyrilometodějské bohoslovecké fakulty v Olomouci, 1902–1904 kaplan v Karlovicích a Brumovicích, 1904–1920 duchovní správce Zemského léčebného ústavu v Kroměříži, 1914–1918 tamtéž vojenským kurátem. 1918–1920 jeden z předních reprezentantů reformního hnutí katolického duchovenstva, exkomunikován, spoluzakladatel Církve československé, 1921–1924 biskup Církve československé, 1925–1942 biskup České pravoslavné církve, 1938 v reakci na mnichovskou dohodu zaslal nejvyšším představitelům východní církve prohlášení, v němž obhajoval právo Československa na existenci, 1942 o ukrytí příslušníků desantů Anthropoid, Bioscop, Out Distance, Silver A a Tin, v chrámu sv. Karla Boromejského (sv. Cyrila a Metoděje) po atentátu na šéfa RSHA, zastupujícího říšského protektora SS-Obergruppenführera a generála policie Reinharda Heydricha, se od svých podřízených dozvěděl až 11. června a nabádal je, aby zařídili jejich urychlený přesun mimo církevní půdu, po dopadení parašutistů zatčen, stanným soudem odsouzen k trestu smrti a popraven. 1987 Pravoslavnou církví v Československu svatořečen (sv. Gorazd II.).

GÖRING, HERMANN WILHELM (1893–1946), vojenský pilot, vrchní velitel letectva, průmyslník, říšský maršál. Aktivní účastník první světové války (letecké eso s 24 sestřely, poslední velitel Richthofenovy eskadry), 1923 účastník Hitlerova pokusu o státní převrat, při němž byl těžce zraněn, emigroval do Švédska, 1930 poslanec Říšského sněmu, 1932 předseda Říšského sněmu, 1933 předseda pruské vlády, zakladatel gestapa, říšský ministr letectví, 1934 vrchní říšský lesmistr a lovčí, oficiální nástupce Vůdce, 1935 vrchní velitel letectva, 1936 říšský komisař pro suroviny a devizy, pověřenec pro čtyřletý plán, 1937 zakladatel průmyslového koncernu Hermann-Göring-Werke, 1940 jediný voják Třetí říše povýšený do hodnosti říšského maršála, 1941 oficiálně pověřil šéfa RSHA Heydricha řešením židovské otázky v oblastech německého vlivu v Evropě, v dubnu 1945 zbaven Hitlerem všech úřadů a uvězněn, zajat americkými jednotkami, 1946 odsouzen IMT k trestu smrti, před výkonem rozsudku spáchal sebevraždu.

GREGORY, KARL ALEXANDER VON (1899–1955), politolog, ministerský rada, tiskový šéf ÚŘP, SS-Sturmbannführer. Aktivní účastník první světové války, ve 20. letech 20. století vedoucí Nacionálněsocialistického studentského spolku ve Slezsku, poté vedoucí *Schlesischer Tageszeitung* (*Slezský deník*), ve 30. letech zaměstnán v úřadu říšského tiskového šéfa Dietricha, 1939–1942 tiskový šéf ÚŘP a vedoucí Oddělení IV (Kulturní politika), zvláštní pověřenec pro záležitosti propagandy v protektorátu.

GÜRTNER, FRANZ (1881–1941), právník, říšský ministr spravedlnosti. Aktivní účastník první světové války. 1908 absolutorium univerzity v Mnichově, 1909 právní zástupce Bavorského spolku sládků, státní návladní, 1912–1914 smírčí soudce, povolán na bavorské ministerstvo spravedlnosti, 1914–1917 jako důstojník na západní frontě, 1918–1919 u expedičního sboru v Palestině, 1920 zemský soudní rada v Mnichově a na bavorském ministerstvu spravedlnosti jako referent pro udělování milostí, 1922–1932 ministr spravedlnosti řady bavorských vlád, 1924 se zasadil, aby proces proti velezrádcům v čele s A. Hitlerem a E. Ludendorffem, obžalovanými z pokusu o státní převrat v Bavorsku, nebyl veden před Říšským soudním dvorem v Lipsku, ale pouze před Lidovým soudem v Mnichově, jehož členové s obžalovanými otevřeně sympatizovali, 1932 říšský ministr spravedlnosti, 1937 jako bezpartijní převzat do NSDAP. Dynamika nacistického

PROTEKTORÁT ČECHY A MORAVA 1939–1942

režimu mu unikala, povětšinou hrál roli pasivního plnitele předložených nařízení.

GUTTERER, LEOPOLD (1902–1996), viceprezident Říšské kulturní komory, státní sekretář v Říšském ministerstvu lidové osvěty a propagandy. 1922 redaktor, 1923–1927 studium germanistiky, teatrologie a národopisu, 1925 vstup do NSDAP, 1927 vstup do SS, redaktor několika listů NSDAP, krajský vedoucí NSDAP v Göttingenu a Hannoveru, od počátku 30. let 20. století v různých funkcích u NSDAP (župní propagandistický vedoucí, říšský mluvčí), 1933 vládní rada, v Odboru propagandy na Říšském ministerstvu lidové osvěty a propagandy zodpovědný mj. za organizaci říšských stranických sjezdů v Norimberku či říšských dožínkových slavností na Bückebergu, vedoucí volební kampaně NSDAP v Lippe-Detmold, 1935 vrchní vládní rada, 1937 ministerský rada, 1938 vedoucí Odboru propagandy Říšského ministerstva lidové osvěty a propagandy, odborový ředitel, 1940 ředitel všech odborů Říšského ministerstva lidové osvěty a propagandy s výjimkou tisku, 1941 státní sekretář, iniciátor povinného označování Židů žlutou šesticípou hvězdou, 1944 povolán na frontu v řadách říšské branné moci, později Zbraní SS. 1945–1947 čeledín na statku, 1948 odsouzen k jednomu roku nucených prací a doživotnímu odnětí penze.

HÁCHA, EMIL DOMINIK JOSEF (1872–1945), právník, prezident ČSR, protektorátní státní prezident. 1894 absolvent Karlo-Ferdinandovy univerzity v Praze, 1898–1916 úředník Českého zemského výboru, 1916–1918 dvorní rada Nejvyššího správního soudu ve Vídni, odborník na anglické veřejné právo a mezinárodní právo, člen rozhodčího soudu v Haagu, 1919 senátní prezident NSS, 1920 docent PF UK, 1925–1938 prezident NSS, 1938 prezident ČSR, 15. března 1939 vložil v Berlíně po brutálním nátlaku „*osud českého národa a země do rukou Vůdce Německé říše*", 1939 protektorátní státní prezident (snažil se o zachování maximální možné autonomie protektorátu, odmítl složení slibu věrnosti Vůdci, intervenoval za zatčené, podařilo se mu např. zajistit návrat čs. vysokoškolských studentů z KT), do roku 1941 udržoval kontakty s čs. exilovou reprezentací, po zatčení ministerského předsedy Eliáše byl rozhodnut podat demisi, na nátlak Reinharda Heydricha však zůstal ve funkci, po atentátu na Heydricha se zcela zhroutil a uchýlil se na svou venkovskou rezidenci do zámku v Lánech, jeho zdravotní stav se rapidně horšil vlivem arteriosklerózy, od roku 1944 byl trvale zastupován předsedou vlády, 1945 zatčen, zemřel v nedůstojných podmínkách vězeňské nemocnice na Pankráci.

HAVELKA, JIŘÍ (1892–1964), právník, politik, ministr dopravy. 1918 absolvent UK, 1919–1935 působil na ministerstvu železnic, 1931 docent PF UK, 1933 rada NSS, důvěrník a poradce prezidenta NSS Háchy, 1938–1939 ministr bez portfeje, 1939 přednosta Kanceláře státního prezidenta (KSP), 1939–1940 náměstek předsedy protektorátní vlády, 1939–1941 ministr dopravy, aktivně podporoval zdržovací taktiku ministerského předsedy Eliáše, spolupracoval s domácím odbojem, 1941 po nástupu Heydricha zatčen, před trestem smrti jej zachránila Háchova intervence, 1941–1945 v domácím vězení, 1945 zatčen, 1947 osvobozen Nár. soudem, po únoru 1948 perzekvován a nucen odejít na venkov.

HEIßMEYER, AUGUST (1897–1979), voják, dělník, šéf hlavního úřadu SS (SS-FHA), SS-Obergruppenführer. Aktivní účastník první světové války, 1923 z finančních důvodů nedokončil vysokoškolská studia, živil se jako dělník, 1925 vstup do NSDAP a SA, 1930 vstup do SS, 1933 poslanec říšského sněmu, 1933–1935 ve vedoucích funkcích u SS (Münster, Koblenz), inspektor NPEA, 1936 povýšen do hodnosti SS-Obergruppenführera, 1936–1939 šéf SS-FHA, 1940 odborový ředitel v Říšském ministerstvu školství, vyšší velitel SS a policie, 1944 povýšen do hodnosti generála Zbraní SS, 1945 po pádu Třetí říše pracoval pod falešným jménem jako zemědělský dělník, 1948 zatčen, 1950 odsouzen ke třem letům vězení, denacifikován, poté jako dělník v továrně na pračky a zástupce firmy Coca-Cola.

HENLEIN, KONRAD (1898–1945), politik, předseda SdP, říšský místodržící a župní vedoucí Říšské župy Sudety, SS-Obergruppenführer. Aktivní účastník první světové války, ve 20. letech 20. století funkcionář DTV, 1933 zakladatel a předseda politického hnutí SHF, přeměněného na SdP (1935), v roce 1935 s touto stranou zvítězil v parlamentních volbách, poslanec národního shromáždění ČSR, 1938 aktivně napomáhal přivtělení sudetských oblastí ČSR k Říši, 1938–1945 říšský místodržící a župní vedoucí Říšské župy Sudety, 1945 po zajetí americkými jednotkami spáchal sebevraždu.

HEYDRICH, REINHARD TRISTAN EUGEN (1904–1942), zakladatel SD, šéf RSHA, zastupující říšský protektor, SS-Obergruppenführer. 1922–1931 říšské námořnictvo, 1931 vstup do SS, pověřen vybudováním tajné služby SS – SD, 1933 šéf Hlavního úřadu SD, 1936 šéf SiPo (gestapo, kriminální policie), 1939 šéf RSHA, 1941 pověřen řešením židovské otázky v oblastech německého vlivu v Evropě, zastupující říšský protektor v Čechách a na Moravě, vyhlásil stanné právo, nechal k smrti odsoudit předsedu vlády Eliáše, popravit špičky domácího protinacistického odboje a do KT transportovat vedení ČOS, 1942 jako pověřenec pro konečné řešení židovské otázky v Evropě iniciátor konference ve Wannsee, 27. května 1942 těžce zraněn při atentátu příslušníky desantu Anthropoid, následkům zranění podlehl o týden později.

HEYDRICHOVÁ-MANNINENOVÁ, LINA (1911–1985), manželka šéfa RSHA, zastupujícího říšského protektora SS-Obergruppenführera a generála policie Reinharda Heydricha. Nedokončila střední školu, 1930 vstup do NSDAP, 1931 sňatek s R. Heydrichem, matka čtyř dětí, 1942 po smrti manžela jí byl doživotně propůjčen zámek v Panenských Břežanech – venkovské sídlo říšského protektora, kde využívala jako pracovní sílu židovské vězně terezínského ghetta, 1943 zemřel po autonehodě nejstarší syn Klaus, 1945 krátce před pádem Třetí říše uprchla s dětmi do Německa, usadila se na rodném ostrově Fehmarn, 1965 sňatek s finským divadelním režisérem, malířem a básníkem Maunem Manninenem, 1976 autorka pamětí *Život s válečným zločincem*, které plně odhalují její naivitu, nevzdělanost a velmi průměrnou inteligenci.

HIEBSCH, HERBERT (1905–1948), právník, muzikolog a skladatel. 1928 absolutorium Německé univerzity v Praze, 1931 zakladatel Společnosti Antona Brucknera, 1934 absolutorium Německé hudební akademie v Praze, 1934 soudce v Praze a Kutné Hoře, 1939 vstup do NSDAP, 1940–1943 hudební referent Oddělení IV (Kulturní politika) ÚŘP, později u německého státního ministra pro Čechy a Moravu, vedoucí pražského kulturního oddělení NSDAP, 1941 výkonný ředitel Německé hudební společnosti a Německých hudebních

PROTEKTORÁT ČECHY A MORAVA 1939–1942

týdnů, krajský vedoucí KdF, dopisovatel časopisu *Böhmen und Mähren* a deníku *Der Neue Tag*, 1945 po pádu Třetí říše vyučoval na Lidové vysoké škole v Schondorfu (Bádensko-Württembersko).

HIERL, KONSTANTIN (1875–1955), říšský vedoucí NSDAP, vedoucí RAD. V době první světové války důstojník generálního štábu, 1919 velitel Freikorpsu Hierl, 1923 účastník Hitlerova pokusu o státní převrat, 1929 organizační vedoucí v říšském vedení NSDAP v Mnichově, 1930 poslanec Říšského sněmu, 1933 státní sekretář, pověřenec Vůdce pro pracovní službu, 1935 vedoucí RAD, 1936 říšský vedoucí NSDAP, po roce 1948 odsouzen k pěti letům pobytu v pracovním táboře, 1953 publicista.

HILDEBRANDT, RICHARD HERMANN (1897–1951), šéf Hlavního rasového a osidlovacího úřadu (RuSHA), vyšší velitel SS a policie v Protektorátu Čechy a Morava, SS-Obergruppenführer a generál Zbraní SS. 1928 zaměstnán u exportního knihkupectví v New Yorku, 1930 vstup do SA, 1931 přechod do SS, 1933 poslanec Říšského sněmu, 1938 vyšší velitel SS a policie v Porýní, 1939 vyšší velitel SS a policie v Gdaňsku, pověřenec říšského komisaře pro upevňování němectví v Gdaňsku a Západním Prusku, 1940–1942 člen VGH, 1943 šéf RuSHA, 1944 vyšší velitel SS a policie v Černomoří, 1945 vyšší velitel SS a policie ve Vratislavi, 1945 zatčen, 1948 odsouzen k 25 letům vězení, vzápětí vydán do Polska, 1949 odsouzen k trestu smrti, 1951 popraven.

HIMMLER, HEINRICH LUITPOLD (1900–1945), říšský ministr vnitra, šéf německé policie, říšský vůdce SS, druhý muž Třetí říše, přímo odpovědný za KT a holokaust. 1923 účastník Hitlerova pokusu o státní převrat, 1925 župní jednatel Župy Dolní Bavorsko, 1929 říšský vůdce SS, 1930 poslanec Říšského sněmu, 1933 mnichovský policejní prezident, velitel politické policie v Bavorsku, stál u zřízení prvního KT (Dachau), 1934 šéf pruské policie, 1936 šéf německé policie, 1939 říšský komisař pro upevňování němectví, 1943 říšský ministr vnitra, 1944 velitel Záložní armády, 1945 velitel skupiny armád Visla, v dubnu 1945 nabídl Spojencům separátní kapitulaci a byl Adolfem Hitlerem sesazen ze všech funkcí, v květnu 1945 v přestrojení zajat britskými jednotkami, ale prozradil svou identitu, protože byl otřesen skutečností, že je s ním zacházeno jako s běžným zajatcem, poté spáchal sebevraždu.

HITLER, ADOLF (1889–1945), politik, vůdce NSDAP, říšský kancléř. Aktivní účastník první světové války, 1918 vstup do DAP, 1920 zakladatel NSDAP, 1923 iniciátor pokusu o státní převrat, 1924–1925 vězněn, 1932 neúspěšná kandidatura na říšského prezidenta, 1933 jmenován říšským kancléřem, 1934 nechal popravit vnitrostranické odpůrce (vedení SA), po smrti prezidenta Hindenburga převzal jeho pravomoci jako „Vůdce a říšský kancléř" a nastolil osobní diktaturu. Minimálním cílem jeho politiky bylo vojenské ovládnutí Evropy, což se mu v letech 1939–1942 téměř podařilo. Systémem ekonomických pobídek se mu rovněž podařilo zlikvidovat osudovou nezaměstnanost, čímž si získal drtivou většinu obyvatelstva. Z jeho popudu došlo k tzv. konečnému řešení židovské otázky, jemuž padlo za oběť více než 50 % evropských Židů. Hitlerova válka byla – vzhledem ke kapacitám německého hospodářství – plánována jako blesková; v podstatě ztroskotala ve chvíli, kdy došlo k obratu na východní frontě (Stalingrad a Kursk 1943). Ačkoliv se proti Třetí říši spojil téměř celý svět, Německo padlo až v květnu 1945. Dne 29. dubna 1945 ve své politické závěti Adolf Hitler určil jako své nástupce Karla Dönitze (říšský prezident) a Josepha Goebbelse (říšský kancléř) a o den později spáchal sebevraždu. V průběhu jeho politické kariéry na něj bylo spácháno minimálně 42 pokusů o atentát, všechny neúspěšné.

HÖNICH, HEINRICH (1873–1957), malíř a grafik. 1893–1896 studium na Akademii výtvarných umění v Praze, 1896–1899 studium na Akademii výtvarných umění v Drážďanech, soustřeďoval se především na realistickou krajinnou a figurální tvorbu, současně však i na užitou grafiku, plakáty a litografie. 1906–1928 žil a tvořil v Mnichově, 1928–1945 profesor Akademie výtvarných umění v Praze, 1945 po pádu Třetí říše internován, přišel o veškeré své obrazy, odsunut do Německa.

HÖß, KONSTANTIN (1903–1970), politik, krajský vedoucí NSDAP v Praze, člen SHF. 1927–1930 pracoval v Německé zemské komisi pro ochranu dětí a péči o mladistvé, podobně se angažoval na Slovensku, 1935–1938 tajemník klubu poslanců a senátorů SdP, 1938–1939 v KdF Župy Sudety, 1939–1942 krajský vedoucí NSDAP v Praze, 1940 poslanec Říšského sněmu, 1942–1945 ředitel Centrální družstevní banky pro Čechy a Moravu, 1945 krátce ve vazbě, po roce 1946 úředník a obchodník.

HRUBÝ, ADOLF (1893–1951), agrární politik, ministr zemědělství a lesnictví. Aktivní účastník první světové války, 1918 velel jednomu z oddílů čs. rudoarmějců, ve 20. a 30. letech 20. století rolník a hostinský v obci Mláka (jižní Čechy), představitel organizace drobných rolníků a domkářů Domovina, 1935–1939 poslanec Národního shromáždění RČS, 1938–1939 předseda zemědělského výboru Zemědělské rady v Čechách, 1939 vedoucí NS, 1942–1945 ministr zemědělství a lesnictví, 1945 zatčen nejprve gestapem, poté čs. orgány, 1946 Nár. soudem odsouzen k doživotí, 1951 zemřel ve vězení.

HÜHNLEIN, ADOLF (1881–1942), vůdce Nacionálněsocialistického motoristického svazu (NSKK), SA-Obergruppenführer. 1912 absolvent Válečné akademie, aktivní účastník první světové války, 1923 účastník Hitlerova pokusu o státní převrat, 1924 povolán do nejvyššího velení SA, 1927 šéf automobilního sboru SA, 1930 zakladatel motoristických oddílů SA, 1931 zakladatel a vůdce NSKK, 1933 poslanec Říšského sněmu, 1934 prezident Nejvyšší národní sportovní komise automobilového sportu v Německu, 1936 povýšen do hodnosti generálmajora, 1940 pověřenec pro motorizovanou dopravu ve válečném hospodářství.

CHAMBERLAIN, ARTHUR NEVILLE (1869–1940), politik, ministerský předseda. 1890–1897 farmář, 1897–1918 továrník, 1918 poslanec Dolní sněmovny, 1923 a 1924–1927 ministr zdravotnictví, 1931–1937 ministr financí, 1937–1940 ministerský předseda. 1938 v rámci politiky appeasementu akceptoval přivtělení Rakouska i Sudet Třetí říši. V Mnichově byl jeho nezájem o osud Československa očividný; obsah mnichovské dohody jej nechal zcela chladným, prioritou bylo uzavření britsko-německé bilaterální smlouvy deklarující vůli již nikdy nejít do vzájemné války. 1939 v důsledku přivtělení Čech a Moravy Třetí říši a tím i jednostranném porušení mnichovské dohody garantoval Chamberlain hranice Polska, Řecka, Rumunska a Turecka. Po německém vpádu do Polska adresoval Berlínu dvě ultimáta a poté vyhlásil Třetí říši válku. 1940 v důsledku neúspěchu Britského expedičního sboru v Norsku a pod sílící kritikou Dolní sněmovny

PROTEKTORÁT ČECHY A MORAVA 1939–1942

abdikoval ve prospěch Winstona Churchilla v den, kdy Třetí říše zahájila tažení proti Belgii, Nizozemí a Francii. Snad žádný evropský politik 20. století neposkytl tak dokonalý příklad toho, že hranice mezi krajním pragmatismem a zbabělostí je tak tenká, že se stírá. Chamberlaina za jeho politiku appeasementu proklely miliony jeho současníků napříč Evropou; je pranýřován i téměř 80 let po smrti – slouží jako odstrašující příklad omezeného, provinčního a naivního politika, který nikdy nepochopil podstatu nacistické diplomacie založené na lži, podvodu a nátlaku a svými ústupky přivedl Třetí říši na pobřeží kanálu La Manche, britským ostrovům připravil největší krizi v historii a Evropu dovedl k apokalypse.

CHVALKOVSKÝ, FRANTIŠEK (1885–1945), právník, diplomat a politik, ministr zahraničních věcí, vyslanec Protektorátu Čechy a Morava u říšské vlády. 1905 absolutorium České Karlo-Ferdinandovy univerzity v Praze, 1907 absolutorium Vysoké školy obchodní v Londýně, 1911–1913 ředitel právního oddělení pobočky Živnostenské banky v Krakově, 1914–1918 advokát v Praze, 1918–1920 tajemník ministra vnitra A. Švehly, 1920–1921 přednosta politické sekce Ministerstva zahraničních věcí ČSR, 1921–1923 vyslanec v Japonsku, 1923–1925 vyslanec v USA, 1925–1927 poslanec Nár. zhromáždění RČS, 1927–1932 vyslanec v Německu, 1932–1938 vyslanec v Itálii, 1938 ministr zahraničních věcí, 1939 spolu s prezidentem E. Háchou podepsal tzv. Berlínský protokol, jímž vložili „*osud českého národa a země do rukou Vůdce Německé říše*". Jako vyslanec Protektorátu Čechy a Morava u říšské vlády nebyl součástí diplomatického sboru a podléhal ÚŘP, činnost vyslanectví se omezovala na ověřování obkladů a formální kontakt výhradně k říšskému kancléřství. Říše kladla celou dobu existence důraz na formální postavení vyslanectví a perspektivu likvidace považovala za logiku „přirozeného začleňování" protektorátu do Říše; Chvalkovský se proto smířil s pasivní rolí předkladatele intervencí na zatčené, věznené a k smrti odsouzené příslušníky protektorátu, 1942 účasten berlínského pohřbu šéfa RSHA, zastupujícího říšského protektora SS-Obergruppenführera a generála policie Reinharda Heydricha a přijetí protektorátní vlády Vůdcem Adolfem Hitlerem, 1945 smrtelně zraněn hloubkovým stíhačem na dálnici u Berlína.

INNITZER, THEODOR (1875–1955), římskokatolický kněz, arcibiskup vídeňský, kardinál. 1902 absolutorium kněžského semináře ve Vídni, vysvěcen na kněze, 1911–1932 profesor na univerzitě ve Vídni, 1928–1929 rektor univerzity ve Vídni, 1929–1930 ministr sociálních věcí, 1931–1932 děkan teologické fakulty univerzity ve Vídni, 1932–1955 arcibiskup vídeňský, 1932–1949 apoštolský administrátor Burgenlandska, 1933 jmenován kardinálem, 1938 při připojení Rakouska ke Třetí říši a návštěvě Adolfa Hitlera ve Vídni nechal vyzvánět zvony a společně s ostatními rakouskými biskupy podepsal slavnostní prohlášení, kterým tuto skutečnost přivítal; na nátlak Vatikánu svůj podpis odvolal, 1940 se otevřeně zastával „neárijských" katolíků, kterým pomáhal v odchodu za hranice.

JACOBI, WALTER (1909–1947), právník, velitel SiPo a SD v protektorátu, SS-Obersturmbannführer. 1934 absolutorium univerzity v Halle nad Sálou, 1935 nastoupil k hlavnímu úřadu SD, 1936–1937 pracoval u soudu v Berlíně, 1939 vedoucí referátu SD v Praze, podílel se na represích vůči vysokoškolákům i na masakru v Lidicích, 1942–1945 velitel SiPo a SD v protektorátu, po atentátu na Heydricha zpracovával v intervalech šesti hodin situační zprávy určené přímo FHQ, 1945 zatčen, 1947 MLS odsouzen k trestu smrti a popraven.

JEŽEK, JOSEF (1884–1969), policejní činitel, ministr vnitra. 1902 absolvent Zeměbranecké kadetní školy (Vídeň), 1909 přestoupil k četnictvu, 1914–1915 na zemském četnickém velitelství v Černovicích (Bukovina), 1916–1918 na Ministerstvu zeměbrany ve Vídni, 1919 první pobočník zemského četnického velitele na Slovensku, 1924–1937 přednosta četnického oddělení ministerstva vnitra, 1937 zemský četnický velitel na Slovensku, generál četnictva, 1938 zemský četnický velitel v Čechách, 1939 velitel četnictva, 1939–1942 ministr vnitra protektorátní vlády, plně podporoval národně-obrannou politiku Eliášovu, 1942–1945 referent Západočeské kaolinky, 1945 zatčen, 1947 osvobozen Nár. soudem, 1954 zatčen a odsouzen na 25 let vězení, 1960 propuštěn.

JORDAN, RUDOLF (1902–1988), župní vedoucí Říšské župy Halle-Merseburg, župní vedoucí Říšské župy Magdeburg-Anhalt, SA-Obergruppenführer. 1916–1927 dělník, úředník, učitel, 1925 vstup do NSDAP, 1929 zvolen do městské rady ve Fuldě, zakladatel listu *Fuldaer Beobachter*, 1930 redaktor časopisu *Der Sturm* v Kasselu, 1931 jmenován župním vedoucím Říšské župy Halle-Merseburg, 1932–1933 poslanec pruského zemského sněmu, 1933 státní rada, vydavatel časopisu *Mitteldeutsche Tageszeitung*, 1933 poslanec Říšského sněmu, 1937 místodržící v Braunschweigu a župní vedoucí Říšské župy Magdeburg-Anhalt, SA-Obergruppenführer, 1939 šéf zemské vlády v Anhaltsku, 1942 říšský komisař obrany Říšské župy Magdeburg-Anhalt, 1944 vrchní president provincie Magdeburg, 1945 zajat britskými jednotkami, 1946 předán sovětským orgánům, do roku 1950 vězněn v sovětské okupační zóně, 1950 převezen do SSSR a odsouzen k 25 letům nucených prací, 1955 propuštěn, pracoval jako obchodní zástupce a referent v leteckém průmyslu.

JUDEX, OSKAR (1894–1953), učitel, starosta Brna. Aktivní účastník první světové války, 1913 učitel v Prosměřicích a Liliendorfu (Lesná), 1914–1915 se 14. střeleckým plukem na východní frontě, 1915–1919 v ruském zajetí, 1919–1920 vstup do čs. legií, zařazen k 2. jízdnímu pluku, 1920–1930 tiskař, 1928 vstup do DNSAP, zvolen do městského zastupitelstva a městské rady v Brně, 1930 tajemník DNSAP, obchodní cestující, 1938 prokurista a ředitel nakladatelství Rohrer, za zářijové krize internován, 1939 v den okupace Čech a Moravy říšskou brannou mocí se prohlásil starostou města Brna (oficiálně potvrzen v červenci), na brněnské Nové radnici přivítal Adolfa Hitlera, vládní komisař města Brna, vstup do SS. Iniciativní germanizátor Brna a organizátor řady nacistických slavností. 1945 zatčen, 1946 MLS odsouzen k doživotnímu žaláři.

JURY, HUGO (1887–1945), župní vedoucí Říšské župy Dolní Podunají, SS-Obergruppenführer. 1905 člen buršáckého spolku Ghibellinia, 1908 vážně zraněn při střetu nacionalisticky orientovaných německých a českých studentů v pražské ulici Na Příkopě, 1911 absolvent Německé Karlo-Ferdinandovy univerzity v Praze, 1913 obvodní lékař ve Frankenfelsu (Rakousko), 1914–1918 armádní lékař, poté šéflékař několika zajateckých táborů pro důstojníky, 1919 odborný lékař v Sankt Pölten, 1932 přední representant NSDAP v Sankt Pölten, po jejím zákazu – jako zástupce zemského vedoucího v Dolním Rakousku – v ilegalitě (1936–1938), 1938 ministr sociální správy rakouské vlády,

PROTEKTORÁT ČECHY A MORAVA 1939–1942

poslanec Říšského sněmu, župní vedoucí Říšské župy Dolní Podunají, 1940 říšský místodržící Říšské župy Dolní Podunají, 1942 říšský komisař obrany Říšské župy Dolní Podunají, 1945 spáchal sebevraždu.

JÜTTNER, HANS (1894–1965), šéf Hlavního velícího úřadu SS (SS-FHA), SS-Obergruppenführer. Aktivní účastník první světové války, 1920–1928 prodavač, 1928–1933 živnostník, 1933 univerzitní učitel tělovýchovy ve Vratislavi, vstup do SA, 1934 převelen do Mnichova, přestup k SS, převelen do Berlína, 1939 inspektor dispozičních jednotek SS, 1940 velitel úřadu dispozičních jednotek SS, náčelník štábu SS-FHA, 1943 šéf SS-FHA, 1945 zajat anglickými jednotkami, 1948 odsouzen na 10 let vězení v pracovním táboře, trest zmírněn na čtyři roky, 1952 propuštěn, poté majitel sanatoria v Bad Tölz.

KALFUS, JOSEF (1880–1955), národohospodář, ministr financí, autor mnoha studií. 1897–1920 berní úředník (Domažlice, Náchod, Jičín, Nová Paka), od 1920 na ministerstvu financí, 1930–1933 přednosta studijního oddělení, 1933–1936 presidiální šéf, 1936–1939 ministr financí ČSR, 1939–1945 ministr financí protektorátních vlád, v letech 1939–1941 plně podporoval národně-obrannou politiku Eliášovu, poskytoval finanční prostředky domácímu odboji, 1946 Nár. soudem uznán vinným, avšak neodsouzen, poté pracoval jako účetní v Českém ráji.

KAMENICKÝ, JINDŘICH (1879–1959), právník, ministr dopravy a techniky. 1908 absolvent České Karlo-Ferdinandovy univerzity v Praze, 1908 na ředitelství státních drah, 1918 na ministerstvu železnic, 1919 předseda Českého svazu fotbalového, 1925 šéf finanční sekce ministerstva železnic, 1938 přednosta odboru ministerstva železnic, 1938 ministr železnic ČSR, 1941–1942 ministr dopravy a 1942–1945 ministr dopravy a techniky protektorátní vlády, 1945 zatčen, 1946 odsouzen Nár. soudem k pěti letům vězení, po odpykání trestu dožil na penzi u rodiny.

KAMPTZ, JÜRGEN (1891–1954), voják, policista, velitel OrPo v Protektorátu Čechy a Morava a velitel protektorátní uniformované policie, SS-Obergruppenführer a generál policie. Aktivní účastník první světové války, 1912 nastoupil k 64. pěšímu pluku „General-Feldmarschall Prinz Friedrich Karl von Preußen", s nímž absolvoval frontové nasazení v letech 1914–1918, 1919 nástup k policii, do roku 1932 jako důstojník v nejrůznějších funkcích, 1932 vstup do NSDAP, 1933–1936 na pruském ministerstvu vnitra, 1937 generální inspektor četnictva a městské policie v Hlavním úřadu Pořádkové policie, 1937–1939 velitel SchuPo v Berlíně, 1938 vstup do SS, 1939–1941 velitel OrPo v Protektorátu Čechy a Morava, 1941–1943 generální inspektor četnictva a Ochranné policie v Hlavním úřadu Pořádkové policie, poté velitel OrPo Říšského komisariátu Norsko, 1943–1945 velitel OrPo v Itálii, 1944 povýšen do hodnosti SS-Obergruppenführer a generál policie, pod jeho velením OrPo v Itálii nasazena k boji s partyzány a ke strážní službě židovských transportů, 1945 zajat americkými jednotkami, 1947 propuštěn.

KAPRAS, JAN (1880–1947), právník, ministr školství, autor mnoha odborných studií a samostatných publikací, včetně syntéz. 1898–1900 studium na univerzitě v Innsbrucku, 1902 absolvent České Karlo-Ferdinandovy univerzity v Praze, 1904–1905 následné studium na univerzitě v Berlíně, 1910 docent, 1917 profesor Právnické fakulty České Karlo-Ferdinandovy univerzity v Praze, člen České akademie věd a umění a Královské české společnosti nauk, po vzniku ČSR se podílel na zakotvení a vymezení hranic nového státu, 1919 člen čs. delegace na pařížské mírové konferenci, 1918–1935 reprezentant Čs. národní demokracie, 1931–1935 senátor, 1938–1942 předseda Národní rady československé/české, 1939–1942 ministr školství protektorátní vlády, plně podporoval národně-obrannou politiku Eliášovu, spolupracoval s domácím odbojem, 1947 Nár. soud výslovně konstatoval jeho přínos domácímu odboji.

KAŠPAR, KAREL JULIUS (1870–1941), římskokatolický kněz, arcibiskup pražský, kardinál. 1893 absolutorium české koleje Bohemicum v Římě, vysvěcen na kněze, 1898 absolutorium lateránského Atenea, 1899–1907 duchovní správce a profesor Strakovy akademie v Praze, 1907–1920 kanovník metropolitní kapituly u sv. Víta, 1920–1921 světící biskup, 1921–1931 biskup královéhradecký, 1931 arcibiskup pražský a primas český, 1935 kardinál, 1938 usiloval o pokojné vyřešení politické a státní krize v Československu, 1939 po vzniku protektorátu plně podporoval národně-obrannou politiku Eliášovu a Háchovu. Literárně činný.

KEILBERTH, JOSEPH (1908–1968), dirigent, šéfdirigent Německé filharmonie v Praze, šéfdirigent Saského státního orchestru v Drážďanech a Bamberských symfoniků. 1925–1935 korepetitor a kapelník Bádenského státního divadla v Karlsruhe, 1935–1940 šéfdirigent Bádenského státního divadla v Karlsruhe – nejmladší šéfdirigent Třetí říše, 1940–1945 šéfdirigent Německé filharmonie v Praze, 1942–1945 vedoucí Říšské hudební komory v protektorátu, 1945–1949 šéfdirigent Saského státního orchestru v Drážďanech, 1948–1951 vedoucí dirigent Státního orchestru v Berlíně, 1950–1968 šéfdirigent Bamberských symfoniků. Specializoval se zejména na dílo W. A. Mozarta, L. van Beethovena a R. Wagnera, známa jsou jeho provedení skladeb A. Brucknera, A. Dvořáka a B. Smetany.

KEITEL, WILHELM BODEWIN JOHANN GUSTAV (1882–1946), voják, šéf OKW, generál polní maršál. Aktivní účastník první světové války, 1901–1914 služba u 46. pruského polního dělostřeleckého pluku, 1914–1915 na frontě, raněn, 1915–1918 v generálním štábu, 1919–1931 ve štábních funkcích (včetně ministerstva války), 1935 šéf úřadu říšské branné moci na Říšském ministerstvu války, 1938 šéf OKW, 1938–1945 patřil do nejužšího Hitlerova kruhu, 1939 neúspěšně protestoval proti zamýšlené válce proti Francii, 1940 povýšen do hodnosti generál polní maršál, neúspěšně protestoval proti zamýšlené válce proti SSSR, 1944 po výbuchu pumy plk. Clause von Stauffenberga vyvedl – sám nezraněn – dezorientovaného Adolfa Hitlera z trosek poradního baráku a vzápětí významně přispěl ke krachu pokusu o státní převrat, 1945 spolupodepsal bezpodmínečnou německou kapitulaci, zatčen, 1946 IMT odsouzen k trestu smrti a popraven; jeho poslednímu přání, aby byl zastřelen a nikoliv oběšen, nebylo vyhověno.

KLAPKA, OTAKAR (1891–1941), právník, politik, primátor Prahy, představitel domácího protinacistického odboje. 1914 absolutorium České Karlo-Ferdinandovy univerzity v Praze, 1918–1920 okresní tajemník, podílel se na přípravě ústavy, 1920–1926 tajemník Svazu českých okresů, 1926–1939 člen Českého zemského správního výboru, 1928–1929 a 1935–1939 poslanec Nár. zhromáždění RČS. 1939–1941 primátor Prahy, do domácího protinacistického odboje se zapojil v rámci vojenské odbojové organizace Obrana národa, kterou významně finančně podporoval, 1940 zatčen, 1941 odsouzen k trestu smrti a popraven. Autor řady odborných prací.

KLIMENT, JOSEF (1901–1978), právník, politický tajemník KSP, prezident NSS, autor mnoha odborných studií a rozsáhlých pamětí, za protektorátu se publicisticky snažil obhájit politiku kolaborace a vřazení Čech a Moravy do Velkoněmecké říše, až do konce života obhajoval politiku prezidenta Háchy. 1924 absolvent Univerzity Karlovy, koncipista zemského správního výboru, 1928–1938 tajemník NSS, 1930 docent PF UK, 1938–1944 poradce prezidenta Emila Háchy, 1939–1944 politický tajemník KSP, 1944 místopředseda České ligy proti bolševismu, prezident NSS, 1945 zatčen, 1947 odsouzen Nár. soudem k doživotnímu vězení, 1960 propuštěn.

KLUMPAR, VLADISLAV (1893–1979), právník, politik, ministr zdravotní a sociální správy. 1919 absolutorium Univerzity Karlovy, 1919–1922 tajemník Spolku československých průmyslníků textilních,1922–1926 první tajemník Ústředního svazu československých průmyslníků, 1927–1938 ředitel Ústřední sociální pojišťovny, 1938–1942 ministr sociální a zdravotní správy, plně podporoval národně-obrannou politiku Eliášovu, 1941 po zatčení předsedy protektorátní vlády Aloise Eliáše osobně protestoval u okupačních úřadů, 1945 předčasně penzionován, 1969 vystěhoval se do Kanady.

KRATOCHVÍL, JAROSLAV (1901–1984), právník, národohospodář, ministr průmyslu, obchodu a živností. 1923 absolvent PF UK, 1924–1939 tajemník Svazu majitelů dolů, 1939–1940 náměstek ředitele Svazu majitelů dolů, 1940–1942 ministr průmyslu, obchodu a živností protektorátní vlády, plně podporoval národně-obrannou politiku Eliášovu.

KREBS, HANS (1888–1947), novinář, politik, vládní prezident, SS-Brigadeführer. Aktivní účastník první světové války, 1908–1910 šéfredaktor *Deutsche Volkswehr* (*Německá národní obrana*) v Jihlavě, 1910–1914 jednatel Ústřední komise německých zaměstnaneckých svazů (Vídeň), funkcionář DAP, 1917–1918 tajemník DAP v Čechách, 1918 spoluzakladatel DNSAP, 1919–1933 její mluvčí a vedoucí činitel, 1925–1933 poslanec Nár. zhromáždění RČS, po vzoru odnoží NSDAP budoval polovojenské organizace Volkssport, Jugendverband a Studentenbund, po odhalení jejich protistátního charakteru zbaven imunity a zatčen (1933), po propuštění na kauci uprchl do Německa, 1934–1938 na Říšském ministerstvu vnitra pověřen sudetoněmeckou problematikou, organizátor propagandistické protičeskoslovenské kampaně, 1936 poslanec Říšského sněmu, 1938–1945 vládní prezident obvodu Ústí nad Labem, 1945 zatčen, 1947 MLS odsouzen k trestu smrti a popraven.

KREJČÍ, JAROSLAV (1892–1956), právník a politik, ministr spravedlnosti. 1915 absolvent České Karlo-Ferdinandovy univerzity v Praze, 1916–1918 v týlové službě, 1918–1920 úředník v Brně, 1920–1936 úředník a poté ministerský rada předsednictva vlády, 1921–1938 tajemník, 1936 docent, 1938 profesor MU, 1936–1938 vedoucí sekretariátu Právní rady, 1938–1939 předseda Ústavního soudu a ministr spravedlnosti ČSR, 1939–1945 ministr spravedlnosti protektorátních vlád, 1940–1941 náměstek předsedy vlády, 1942–1945 předseda vlády, 1945 náměstek předsedy vlády, 1945 zatčen, 1946 odsouzen Nár. soudem k 25 letům vězení, 1956 zemřel ve věznici Leopoldov.

KRYCHTÁLEK, VLADIMÍR (1903–1947), aktivistický novinář. 1924–1927 redaktor časopisu *Sport*, 1931–1933 redaktor *Lidových novin*, 1934 zahraniční dopisovatel *Lidových novin* v SSSR, 1936–1937 zahraniční dopisovatel *Lidových novin* v Jugoslávii, 1937 redaktor *Venkova*, 1939 šéfredaktor *Venkova*, jeden z hlavních představitelů pronacistického aktivismu v české protektorátní žurnalistice, 1940 zmocněnec NS pro propagandu a tisk, člen výboru NS, 1942 komisařský vedoucí Národního svazu novinářů, iniciátor internace rodinných příslušníků předních představitelů čs. emigrace, 1945 zatčen, uvězněn, 1947 Nár. soudem odsouzen k trestu smrti a popraven.

KUBELÍK, JAN (1880–1940), houslový virtuóz a hudební skladatel. 1898 absolutorium pražské konzervatoře, 1900–1938 koncertoval s mimořádným úspěchem po celém světě, hrál na světově proslulé Stradivariho housle „Emperor" z roku 1715, po prvních koncertech ve Vídni o něm kritika psala, že ve středověku by jej „upálili jako čaroděje". Zaměřoval se na houslová díla především z období hudebního romantismu, 1932 člen České akademie věd a umění. Mecenáš České filharmonie a propagátor české hudby.

KUBIŠ, JAN (1913–1942), rolník, topič, rotmistr čs. armády, člen desantu Anthropoid, nositel nejvyšších českých a slovenských řádů. 1935–1936 prezenční vojenská služba, poddůstojnická škola, 1936–1938 délesloužící poddůstojník, 1938–1939 topič v cihelně, 1939 emigroval do Francie, kde vstoupil do cizinecké legie a poté do čs. zahraniční armády, 1940 ve Francii se účastnil obranných bojů, evakuován do Anglie, 1941 absolvent parašutistického a speciálního zpravodajského výcvikového kurzu, společně s Jozefem Gabčíkem vytvořil desant Anthropoid, jehož cílem byl atentát na zastupujícího říšského protektora Heydricha, v prosinci 1941 desant vysazen, dne 27. května 1942 po selhání samopalu Jozefa Gabčíka vrhl proti Heydrichovu vozu bombu, jejíž výbuch zastupujícího říšského protektora smrtelně zranil, 18. června 1942 spolu s dalšími příslušníky čs. desantu dopaden a při boji s přesilou Zbraní SS smrtelně zraněn, poté bylo 13 jeho příbuzných, včetně otce, bratrů a sester, popraveno v KT Mauthausen (1942), 2002 povýšen in memoriam do hodnosti plukovníka.

LAMMERS, HANS HEINRICH (1879–1962), právník, šéf Říšské kanceláře, SS-Obergruppenführer. 1904 absolutorium univerzity v Heidelbergu, 1907 přísedící u soudu ve Vratislavi, 1912 soudce v Horním Slezsku, 1922 státní rada v ministerstvu vnitra, 1933 státní tajemník, šéf Říšské kanceláře, 1937 říšský ministr bez portfeje, v dubnu 1945 sesazen ze všech funkcí a odsouzen k trestu smrti, před jehož výkonem jej zachránilo zajetí americkými jednotkami, 1946 svědčil před IMT, 1949 odsouzen k 20 letům vězení, 1951 omilostněn a propuštěn.

LAUTERBACHER, HARTMANN (1909–1988), lékárník, šéf štábu a zástupce říšského vedoucího mládeže, župní vedoucí Říšské župy Süd-Hannover-Braunschweig, vrchní prezident provincie Hannover, SS-Obergruppenführer. 1923 zakladatel první místní skupiny mládeže NSDAP v Rakousku, 1927 vstup do NSDAP, 1929–1934 ve funkcích u HJ v Braunschweigu, 1934 šéf štábu a zástupce říšského vedoucího mládeže, 1936 poslanec Říšského sněmu, 1937 ministerský rada, 1940 župní vedoucí Říšské župy Süd-Hannover-Braunschweig, 1941 pruský státní rada, 1941 vrchní prezident provincie Hannover, 1942 říšský komisař obrany provincie Hannover, 1945 zatčen britskými jednotkami, 1946–1948 opakovaně zproštěn ob-

PROTEKTORÁT ČECHY A MORAVA 1939–1942

žaloby, 1950 vězněn v Itálii, 1951–1953 činný ve zpravodajské organizaci Reinharda Gehlena, 1956–1963 činný ve Spolkové zpravodajské službě, 1965–1975 vládní poradce několika afrických a arabských států, 1975–1977 práce u reklamní agentury v Dortmundu, 1977–1979 poradce marockého sultána v oblasti výchovy mládeže.

LAŽNOVSKÝ, KAREL (1906–1941), aktivistický novinář, jeden z hlavních představitelů pronacistického aktivismu v české protektorátní žurnalistice. Ve 20. letech 20. století činný v KSČ, 1933–1940 redaktor *Večerního Českého slova* v Plzni, 1940–1941 šéfredaktor *Českého slova*, v září 1941 na něj a několik dalších aktivistických novinářů podnikl atentát ministerský předseda Alois Eliáš, když jim při audienci předložil otrávené obložené chlebíčky. Následkům otravy Lažnovský podlehl v říjnu.

LEY, ROBERT (1890–1945), chemik, říšský vedoucí NSDAP a vedoucí DAF. Aktivní účastník první světové války, 1920 absolutorium na univerzitě v Münsteru, chemik u IG Farben v Leverkusenu, 1925 župní vedoucí Říšské župy Porýní jih, 1930 poslanec Říšského sněmu, 1932 říšský organizační vedoucí NSDAP, 1933 vedoucí DAF a její dceřiné organizace KdF (s 25 miliony členy byl DAF nejen největší masovou organizací Třetí říše, ale vůbec největší organizací na světě), 1940 říšský komisař sociální bytové výstavby, 1945 zajat americkými jednotkami, ve vazbě IMT spáchal sebevraždu.

LIST, WILHELM (1880–1971), voják, generál polní maršál. Aktivní účastník první světové války. 1898 vstup do bavorské armády, 1911 absolutorium Válečné akademie v Berlíně, 1914–1918 ve štábních funkcích, 1923 velitel praporu 19. pěšího pluku, 1926 na ministerstvu obrany, 1927 šéf Vzdělávacího oddělení pozemní armády, 1930 velitel Pěchotní školy v Drážďanech, 1933 velitel vojenského okruhu IV a 4. divize, 1935 velitel IV. skupiny armád, 1938 vrchní velitel skupinových velitelství 2 a 5, 1939 vojenský velitel Moravy, jako vrchní velitel 14. armády účastník polského polního tažení, 1940 jako vrchní velitel 12. armády účastník francouzského polního tažení, povýšen do hodnosti generál polní maršál, 1941 jako vrchní velitel 12. armády účastník balkánského polního tažení a tažení proti Řecku, jmenován velitelem říšské branné moci na jihovýchodě, pro nemoc se této funkce vzdal, 1942 pověřen průzkumem obrany norského západního pobřeží proti ev. britskému vylodění, vrchní velitel Skupiny armád A na východní frontě, 1945 zajat americkými jednotkami, 1948 americkým vojenským soudem odsouzen k doživotí, 1952 propuštěn ze zdravotních důvodů.

LORENZ, WERNER (1891–1974), šéf Střediska podpory etnických Němců (VoMi), SS-Obergruppenführer, organizoval přesídlení 900 000 etnických Němců na území Říše a na území přivtělená, je zodpovědný za vyhnání původního obyvatelstva (včetně fyzické likvidace). Aktivní účastník první světové války, 1911 absolvent Válečné akademie, ve 20. letech 20. století zemědělec, 1930 vstup do SS, budoval SS v Gdaňsku a Královci, 1933 poslanec Říšského sněmu, 1934 říšský vůdce Lidového spolku pro němectví v zahraničí, šéf VoMi, 1945 zajat anglickými jednotkami, 1948 odsouzen k 20 letům vězení, 1955 propuštěn.

LUTZE, VIKTOR (1890–1943), šéf štábu SA, SA-Obergruppenführer. Aktivní účastník první světové války, 1928 zástupce župního vedoucího Říšské župy Rúr, 1930 poslanec Říšského sněmu, 1933 policejní prezident Hannoveru a vrchní prezident provincie Hannover, 1934 šéf štábu SA, 1941 odešel na odpočinek, 1943 zemřel na následky automobilové nehody.

MACKENSEN, ANTON LUDWIG AUGUST VON (1849–1945), voják, generální pobočník císaře Viléma II., generál polní maršál, jeden z nejpopulárnějších německých vojenských velitelů první světové války. 1869 vstup ke 2. husarskému pluku „Königin Viktoria von Preußen", 1870–1871 účastník prusko-francouzské války, 1882 ve Velkém generálním štábu, 1882 pobočník šéfa Velkého generálního štábu, 1893–1898 velitel 1. a 27. husarského pluku, 1898 křídelní pobočník císaře Viléma II., 1899 povýšen do šlechtického stavu, 1903 generální pobočník císaře Viléma II., 1914 velitel XVII. armádní skupiny, velitel 9. armády, 1915 velitel 11. armády, velitel armádní skupiny Mackensen, složené z německých, rakousko-uherských a bulharských jednotek, bojoval na východní a srbské frontě; pod jeho velením dosáhla vojska Centrálních mocností řady významných úspěchů (porážka Srbska, porážka Rumunska), 1915 povýšen do hodnosti generál polní maršál, 1916–1918 vojenský guvernér Rumunska, 1918–1919 internován v Maďarsku, 1920 odchod do výslužby. Podporoval německé pravicové strany a uskupení, včetně NSDAP. 1935 obdržel na základě výnosu Vůdce a říšského kancléře Adolfa Hitlera statek Brüssow v Braniborsku a dotaci 350 000 říšských marek, 1936 jmenován čestným velitelem 5. jízdního pluku. Na sklonku 30. let 20. století otevřeně vystupoval proti nacionálněsocialistické proticírkevní politice, 1939 autor protestních dopisů odsuzujících válečné zločiny v okupovaném Polsku; přesto nacionálněsocialistickou propagandou prezentován jako symbol kontinuity mezi pruskou a nacionálněsocialistickou érou a tradicí.

MANDLOVÁ, ADINA (1910–1991), herečka. Od počátku 30. let 20. století opakovaně ztvárňovala moderní, ironické a sportovně založené dívky, později postavy kultivovaných, avšak mondénních, zhýčkaných žen z vyšší společnosti. Účinkovala v téměř 50 celovečerních filmech, např.: *Život je pes, Mazlíček, Švadlenka, Mravnost nade vše, Panenství, Cech panen kutnohorských, Kristian, Pacientka dr. Hegla, Přítelkyně pana ministra, Hotel Modrá hvězda, Noční motýl, Těžký život dobrodruha, Okouzlená, Šťastnou cestu, Sobota.* 1942 udělená Národní cena za herecký výkon za film *Noční motýl*, 1942–1945 stálý host Divadla na Vinohradech, pod pseudonymem Lil Adina, který jí vymyslel říšský ministr lidové osvěty a propagandy Joseph Goebbels, hrála novou v německém filmu *Ich vertraue Dir meine Frau an (Svěřuji Ti svou ženu,* 1943). 1945 zatčena a vězněna, 1948 odešla do emigrace, žila ve Velké Británii, USA, Švýcarsku, na Maltě a v Kanadě, 1991 se vrátila do ČSFR. Spolu s Lídou Baarovou a Natašou Gollovou patřila k největším hvězdám českého filmu 30. a 40. let 20. století.

MARCKS, ERICH (1891–1944), voják. Aktivní účastník první světové války. 1910 vstup do württemberské branné moci (5. bádenský pluk polního dělostřelectva č. 76.), poté u Šlesvicského 9. pluku polního dělostřelectva „Generalfeldmarschall Graf Waldersee", 1914 na frontě se 17. rezervním plukem polního dělostřelectva, těžce zraněn, poté ve štábních funkcích, 1917 povolán do Velkého generálního štábu, 1920 zpravodajský důstojník na skupinovém velitelství v Berlíně, 1921 na ministerstvu obrany, 1925 v generálním štábu 3. divize, 1927–1928 velitel dělostřelecké

PROTEKTORÁT ČECHY A MORAVA 1939–1942

baterie 3. dělostřeleckého pluku, 1929 velitel tiskové skupiny na ministerstvu obrany, 1933 velitel I. oddílu 6. pluku polního dělostřelectva, 1935 šéf generálního štábu VIII. armádního sboru, 1939 účastník polského polního tažení, šéf štábu 18. armády, 1940 účastník francouzského polního tažení, velitel 101. lehké pěší divize, 1941 účastník balkánského polního tažení, účastník polního tažení proti SSSR, následkem těžkého zranění amputována noha, 1942 velitel 337. pěší divize, velitel LXXXVII. armádní skupiny na východní frontě, 1944 velitel LXXXIV. armádní skupiny v Normandii, po spojenecké invazi velel obraně poloostrova Cotentin, zabit při bombardování.

MARVAN, FRANTIŠEK (1886–1971), voják, I. zástupce generálního inspektora Vládního vojska Protektorátu Čechy a Morava. Aktivní účastník první světové války. 1904 vstup do rakousko-uherské branné moci, 1914–1918 v nižších velitelských funkcích na východní frontě, 1918–1919 velitel strážní roty pražské posádky, 1919 velitel strážního praporu pražské posádky, velitel praporu 110. kombinovaného pěšího pluku na Slovensku, 1921–1923 na Hlavním štábu čs. branné moci, 1923–1928 vojenský přidělenec v Berlíně, 1928–1930 ve štábních funkcích na Zemském vojenském velitelství v Čechách, 1930–1932 zástupce velitele 21. pěšího pluku v Čáslavi, 1932–1934 velitel 36. pěšího pluku v Užhorodě, 1934–1935 velitel 18. pěší brigády v Žilině, 1935–1937 velitel 20. pěší brigády v Žilině, 1937–1938 velitel 1. horské brigády v Ružomberoku, 1938–1939 velitel 16. horské divize v Ružomberoku, 1939–1945 I. zástupce generálního inspektora Vládního vojska Protektorátu Čechy a Morava, 1944 velel Vládnímu vojsku Protektorátu Čechy a Morava nasazenému v Itálii, 1949 degradován.

MASAŘÍK, HUBERT (1896–1982), právník, diplomat, přednosta koordinačního odboru předsednictva protektorátní vlády. 1920 absolutorium Univerzity Karlovy v Praze, úředník ministerstva zahraničních věcí – parlamentní referent ministra, 1921–1928 atašé a legační tajemník na vyslanectví v Belgii, 1928–1929 parlamentní referent ministra, 1929–1936 legační tajemník a legační rada na vyslanectví v Bulharsku, 1937–1938 parlamentní referent ministra, 1938 jeden ze dvou čs. zástupů vyslaných do Mnichova, šéf kabinetu ministra zahraničních věcí, 1939 přednosta koordinačního odboru předsednictva protektorátní vlády, zodpovídal za styk s ÚŘP a pražským konzulárním sborem. Plně podporoval národně-obrannou politiku Eliášovu, podílel se na odbojové aktivitě ministerského předsedy. 1941 zatčen a uvězněn, na základě četných intervencí italských a německých přátel propuštěn, 1942 penzionován, 1943–1945 právník u firmy Baťa, 1945 obviněn z kolaborace, zatčen a uvězněn, 1946 zproštěn všech obvinění, 1947–1959 právník a plánovač v průmyslu a na pražském krajském národním výboru, autor pamětí.

MASTNÝ, VOJTĚCH (1874–1954), právník, diplomat, vyslanec v Berlíně. 1898 absolutorium české Karlo-Ferdinandovy univerzity v Praze, 1903–1919 koncipista, tajemník a zemský rada železničního oddělení Zemského výboru v Praze, 1919–1920 na Právnické fakultě Univerzity Karlovy, 1920–1925 vyslanec ve Velké Británii, 1924–1939 stálý člen Komise pro kodifikaci mezinárodního práva při Společnosti národů v Ženevě, 1925–1932 vyslanec v Itálii, 1932–1939 vyslanec v Německu, 1936–1937 se podílel na tajných česko-německých jednáních, 1938 jeden ze dvou čs. zástupů vyslaných do Mnichova, 1939 penzionován, 1942–1945 předseda správní rady Živnostenské banky v Praze, 1945 obviněn z kolaborace, zatčen a uvězněn, 1947 zproštěn všech obvinění. Jeden z nejvýznamnějších diplomatů meziválečného Československa, autor pamětí.

MAY, FRANZ (1903–1969), zahradník, politik, SA-Obergruppenführer, velitel SA Říšské župy Sudety. 1921 absolutorium zahradnické školy v Lednici, ve 20. letech 20. století vedl vlastní zahradnickou firmu, 1933 vstup do SHF, pověřenec pro severní Čechy, 1934 vedoucí SdP ve volebním kraji Česká Lípa, 1935 poslanec Národního shromáždění za SdP, velitel Dobrovolnické ochranné služby SdP, 1936 člen hlavního vedení SdP, 1937 bez zranění přežil pokus o atentát, 1938 velitel 2. skupiny Sudetoněmeckého dobrovolnického sboru, s nímž se účastnil sudetoněmeckého povstání, 1938 velitel SA oddílu Sudety, poslanec Říšského sněmu, pověřenec pro vybudování struktury NSDAP v okrese Rumburk, 1939–1945 čestný přísedící Lidového soudního dvora, 1944 pověřenec župního vedoucího Říšské župy Sudety pro výstavbu jednotek lidové domobrany (Volkssturm), 1944–1945 velitel štábu lidové domobrany Říšské župy Sudety, 1945 zatčen a uvězněn, 1946 vysídlen do Bavorska, kde pracoval jako městský zahradník ve Waldkraiburgu. Angažoval se v sudetoněmeckých vysídleneckých spolcích.

MEIßNER, OTTO LEBRECHT EDUARD DANIEL (1880–1953), právník, šéf Presidiální kanceláře Adolfa Hitlera, státní ministr. Aktivní účastník první světové války, 1898 člen buršáckého spolku Germania ve Štrasburku, 1903 absolutorium univerzity ve Štrasburku, 1908 vládní rada u císařského generálního ředitelství železnic v Alsasku-Lotrinsku a Lucembursku, 1918–1919 německý zástupce u ukrajinské vlády v Kyjevě, 1920 ministerský rada, šéf Presidiální kanceláře Friedricha Eberta, 1923 státní sekretář, 1925 šéf Presidiální kanceláře Paula von Hindenburga, 1934 šéf Presidiální kanceláře Adolfa Hitlera, 1937 jmenován státním ministrem, 1945 šéf Presidiální kanceláře Karla Dönitze, 1945 zajat anglickými jednotkami, 1946 svědek u IMT, 1949 soudně osvobozen.

MELČ, CTIBOR (1892–1978), novinář, vedoucí II. sekce Ministerstva školství a lidové osvěty. 1919–1935 ve zpravodajské sekci na ministerstvu zahraničních věcí, 1934–1939 vedoucí tiskové služby čs. vyslanectví v SSSR, 1939–1942 v tiskovém oddělení předsednictva ministerské rady, 1941 šéfredaktor tiskového oddělení předsednictva ministerské rady, 1942–1945 vedoucí II. sekce Ministerstva školství a lidové osvěty, v denním styku s hlavním představitelem programové kolaborace ministrem Emanuelem Moravcem, 1945 obviněn z kolaborace, 1947 zproštěn obvinění.

MIKŠ, ARNOŠT (1913–1942), zedník, rotmistr čs. armády, člen desantu Zinc. 1935–1938 prezenční vojenská služba, poddůstojnická škola, 1938 propuštěn do zálohy, 1939 emigroval do Francie, kde vstoupil do čs. zahraniční armády, v jejíchž řadách se v roce 1940 ve Francii účastnil obranných bojů, evakuován do Velké Británie, 1941 absolvent parašutistického a speciálního zpravodajského výcvikového kurzu (průmyslová sabotáž), společně s Oldřichem Pechalem a Viliamem Gerikem vytvořil desant Zinc, jehož úkolem bylo zřídit zpravodajskou rezidenturu na Moravě. Skupina vysazena v březnu 1942, vlivem navigační chyby přistála místo v prostoru Chřibské vrchoviny na jihovýchodní Moravě u obce Gbely ve Slovenské republice. Po přesunu do protektorátu navázal kontakty s příslušníky dalších desantů a přesunul se na Křivoklátsko. Na konci dubna se společně

PROTEKTORÁT ČECHY A MORAVA 1939–1942

s velitelem desantu Bioscop Bohuslavem Koubou pokusil vyzvednout sabotážní materiál ukrytý u obce Požáry na Křivoklátsku desanty Bioscop a Bivouac. Prostor byl však již střežen četnictvem, v následné noční přestřelce byl Mikš těžce zraněn a v bezvýchodné situaci spáchal sebevraždu. Oba jeho bratři – František a Antonín – byli za poskytnutou podporu popraveni v květnu 1942.

MILCH, ERHARD (1892–1972), voják, generální inspektor luftwaffe, generální zbrojmistr luftwaffe, generál polní maršál. Aktivní účastník první světové války. 1910 vstup do pruské armády (1. dělostřelecký pluk), 1914 na frontě se 6. dělostřeleckým plukem, 1915 letecký pozorovatel, 1916 pobočník velitele letecké školy v Alt-Autz (Auce) v Lotyšsku, 1918 velitel 6. stíhací skupiny, 1920–1926 u policejního letectva a v civilním letectví, 1926 člen představenstva Lufthansy, 1933 vstup do NSDAP, zástupce říšského komisaře pro letectví, státní tajemník v Říšském ministerstvu letectví, 1937 zástupce vrchního velitele letectva a spolutvůrce luftwaffe, 1939 generální inspektor luftwaffe, 1940 povýšen do hodnosti generál polní maršál, 1941 generální zbrojmistr luftwaffe, zodpovědný za technický vývoj a zbrojní program luftwaffe, rovněž však i za pokusy na lidech, které luftwaffe prováděla v koncentračním táboře Dachau, 1942 obdržel dar Vůdce Adolfa Hitlera ve výši 250 000 říšských marek, osobně pověřen Vůdcem zásobováním 6. armády obklíčené u Stalingradu, 1943 se sílícím spojeneckým bombardováním postupná ztráta důvěry ze strany Adolfa Hitlera a vrchního velitele letectva Hermanna Göringa, 1944–1945 odvolán ze všech funkcí, jmenován zástupcem říšského ministra pro zbrojení a válečnou výrobu Alberta Speera, 1945 zajat britskými jednotkami, internován, 1946 jako svědek u IMT v Norimberku, 1947 odsouzen k doživotnímu žaláři, 1951 trest změněn na 15 let odnětí svobody, 1955 propuštěn, pracoval jako průmyslový poradce (Fiat, Thyssen).

MORAVEC, EMANUEL (1893–1945), voják, přední vojenský teoretik ČSR, publicista, ministr školství a lidové osvěty, hlavní představitel programové kolaborace. Aktivní účastník první světové války, 1920–1923 ve štábních funkcích v Užhorodu (Podkarpatská Rus), 1923–1927 ve štábních funkcích v Praze, 1923 absolutorium Vysoké školy válečné v Praze, 1927–1931 velitel praporu, 1931 profesor Vysoké školy válečné, 1938 jeden z hlavních zastánců obrany ČSR za každou cenu, osobně se k obraně země snažil přimět prezidenta E. Beneše, jehož odmítavý postoj jej zcela šokoval. 1939 po vzniku Protektorátu Čechy a Morava propuštěn z čs. branné moci, navázal spolupráci s reprezentanty okupační moci a absolvoval poznávací zájezd poTřetí říši. V tisku, v četných publikacích i v rozhlasových projevech vyzdvihoval aktivní spolupráci s německou stranou jako jediné možné východisko v nastalé situaci, 1940 přední teoretik kolaborace, 1942 ministr školství a lidové osvěty, po atentátu na Heydricha organizátor masových shromáždění českého obyvatelstva vyjadřujících věrnost Říši, předseda Kuratoria pro výchovu mládeže v Čechách a na Moravě, zakladatel Sociální pomoci pro Čechy a Moravu, 1943 iniciátor pokusu o nasazení českých dobrovolníků na východní frontě, zakladatel Veřejné osvětové služby, zakladatel České ligy proti bolševismu, 1945 v den vypuknutí Pražského povstání spáchal sebevraždu.

MRAZÍK, VLADIMÍR (1887–1970), právník, generální tajemník Národního souručenství (NS). Aktivní účastník první světové války. 1913 absolutorium české Karlo-Ferdinandovy univerzity v Praze, 1914–1918 na frontě, těžce zraněn, 1919–1922 soudce v Praze, Hlinsku, Iršavě a Chustu, 1922–1939 u NSS, 1925–1935 redaktor časopisu *Československý šach*, 1939–1941 generální tajemník NS, odvolán, zatčen, 1942 odsouzen k 10 letům odnětí svobody, 1945–1948 senátní rada a senátní prezident Nár. soudu, 1948 na vlastní žádost penzionován, 1952 zatčen, uvězněn a ve vykonstruovaném procesu odsouzen k šesti letům vězení, 1955 propuštěn, 1957 amnestován, 1965 trest zahlazen.

MÜLLER, HEINRICH (1900–1945?), letecký mechanik, šéf Úřadu IV (gestapo) v RSHA, SS-Gruppenführer. Aktivní účastník první světové války. 1919 vstup k bavorské policii; v oddělení politické policie se specializoval na komunistickou problematiku, 1933 jmenován kriminálním inspektorem, 1934 vstup do SS, 1937 vrchní vládní a kriminální rada, 1939 vstup do NSDAP, povýšen na generála policie, jmenován šéfem Úřadu IV (gestapo) v RSHA, přímo zodpovědný za deportace Židů, perzekuci komunistů, dalších protivníků nacistického režimu a fyzickou likvidaci sovětských zajatců, 1943 vyslán do Itálie, aby zde prosadil protižidovskou politiku zavedenou ve Třetí říši a na okupovaných a přivtělených územích, 1945 naposledy spatřen na konci dubna ve Vůdcově bunkru, od té doby pohřešován, pravděpodobně zemřel při pokusu o opuštění Berlína.

MUSSOLINI, BENITO AMILCARE ANDREA (1883–1945), učitel, politik, vůdce Partito Nazionale Fascista, předseda vlády. Aktivní účastník první světové války. 1900 vstup do Italské socialistické strany, 1912–1914 šéfredaktor jejího hlavního listu *Avanti!*, 1914 se odvrátil od socialistů, vyloučen ze strany, založil vlastní časopis *Popolo d´Italia*, 1915–1917 na frontě, propuštěn po těžkém zranění, 1919 zakladatel hnutí Fasci di Combattimento, 1921 člen parlamentu, přeměnil Fasci di Combattimento na Partito Nazionale Fascista, 1922 zorganizoval pochod na Řím a vynutil si jmenování předsedou koaliční vlády, nejpozději od roku 1925 vládl jako diktátor, stal se rovněž vrchním velitelem ozbrojených sil a náčelníkem policie, 1936 spolupodepsal pakt s Německem (Osa Berlín–Řím), 1937 rozhodl o vystoupení Itálie ze Společnosti národů, 1938 první maršál impéria, hlavní zprostředkovatel mnichovské konference, 1939 nepřesvědčivě zvítězil ve válce proti Albánii, podepsán Ocelový pakt, definitivně zavazující Itálii za všech okolností podporovat Německo, po německém útoku na Polsko vyhlásil Itálii za „stát válku nevedoucí", 1940 zatáhl Itálii do války proti Francii a Velké Británii, a tím zpečetil její osud coby vazala Třetí říše, 1940–1941 vojenské neúspěchy na bojištích v severní Africe a ostudná porážka v Řecku znamenaly pokles popularity, který pokračoval i po vyhlášení války SSSR a USA. 1943 odpor proti Mussolinimu ve vedení fašistické strany vyvrcholil jeho sesazením, uvězněním a kapitulací Itálie, těsně před předáním Spojencům byl na přímý rozkaz Vůdce Adolfa Hitlera vypátrán a osvobozen příslušníky Zbraní SS, za přímé podpory Třetí říše ustavil v severní Itálii loutkový stát – Italskou sociální republiku, 1945 se bezvýsledně pokoušel vyjednávat o kapitulaci, popraven na útěku do Švýcarska, tělesné ostatky zhanobeny. Jeho ideálem byla obnova římského impéria.

NAUMANN, WERNER (1909–1982), ekonom, státní sekretář Říšského ministerstva lidové osvěty a propagandy. 1928 vstup do NSDAP a SA, 1934 po tzv. Noci dlouhých nožů, ač pod přímou ochranou Heinricha Himmlera, vyloučen z NSDAP, 1936 absolutorium univerzity ve Vratislavi, asistent, 1937 stranicky rehabilitován, vedoucí Říšského propagačního úřadu ve Vratislavi, 1938 osobní referent říšského ministra lidové osvěty a propagandy Josepha Goebbelse, 1939–1940 poddůstojník luftwaffe, 1940 vstup do SS, 1940–1942 jako příslušník Zbraní SS účastníkem francouzského polního tažení, balkánského polního tažení i počátku polního tažení proti SSSR, po těžkém zranění zpět na Říšském ministerstvu lidové osvěty a propagandy, 1942 ředitel odboru Říšského ministerstva lidové osvěty a propagandy, 1944 státní sekretář Říšského ministerstva lidové osvěty a propagandy a zvláštní pověřenec pro otázky lidové domobrany (Volkssturm). Shromáždil kompromitující materiál svědčící o tom, že říšský ministr Goebbels ztratil víru ve Vůdce a konečné vítězství a jako člen kruhu přátel říšského vůdce SS Heinricha Himmlera a s podporou vedoucího stranické kanceláře a říšského vedoucí NSDAP Martina Bormanna se neúspěšně pokusil o jeho svržení, 1945 v posledních dnech bitvy o Berlín velel pluku lidové domobrany v samém centru vládní čtvrti, v politické závěti Vůdce Adolfa Hitlera Naumann jmenován říšským ministrem lidové osvěty a propagandy, 1945–1949 v jižním Německu pod falešným jménem jako zedník, 1950 zaměstnanec importní a exportní firmy v Düsseldorfu, organizoval tzv. Naumannův kroužek, jehož členy byli bývalí příslušníci SS a vyšší funkcionáři NSDAP, 1953 zatčen a internován, propuštěn. Otevřeně sympatizoval s krajní pravicí (Deutsche Reichspartei), na přelomu 50. a 60. let 20. století ředitel ocelářské firmy v Lüdenscheidu.

NEBE, ARTHUR (1894–1945), velitel Úřadu V (Boj proti zločinu) RSHA, SS-Gruppenführer, významně se podílel na eutanazii. Aktivní účastník první světové války, 1920 vstup ke kriminální policii v Berlíně, 1933 kriminální rada gestapa, 1936 vstup do SS, 1937 šéf Říšského kriminálního policejního úřadu, 1939 šéf Úřadu V RSHA, 1941 velitel Operační skupiny B na východní frontě, přímo zodpovědný za smrt minimálně 44 467 civilistů, pověřen zkušebním usmrcením nemocných v Minsku prostřednictvím výbušnin a v Mogilevu prostřednictvím výfukových plynů, 1942 se účastnil vyšetřování atentátu na Heydricha, po neúspěšném atentátu na Hitlera z 20. července 1944, o jehož přípravě byl informován z odbojových kruhů, se pokusil o útěk, ukrýval se v západní části Berlína na jednom z ostrovů ve Wannsee, 1945 zatčen, VGH odsouzen k trestu smrti a popraven.

NEBESKÝ, JOSEF (1889–1966), hospodářský činitel, politik, vedoucí výboru NS. Aktivní účastník první světové války, 1908–1914 v okresní samosprávě na Zbraslavi, 1914–1918 na frontě, 1919 účastník bojů proti Maďarské republice rad na Slovensku, 1919–1929 generální tajemník Ústřední jednoty řepařů československých, 1929 generální ředitel Ústřední jednoty řepařů československých, člen správní rady cukrovarů Hostačov a Žleby, angažoval se v Republikánské straně zemědělského a malorolnického lidu, 1939 zástupce vedoucího výboru NS, 1939–1941 vedoucí výboru NS, intenzivně spolupracoval s předsedou protektorátní vlády Aloisem Eliášem, účastník domácího protinacistického odboje v rámci PÚ, 1945 obviněn z kolaborace, zatčen a uvězněn, 1947 Nár. soudem zproštěn obvinění, 1948 odsouzen ke 12 letům těžkého žaláře, 1960 propuštěn.

NESTÁVAL, JOSEF (1900–1976), právník a politik. 1924 absolutorium Univerzity Karlovy v Praze, 1925–1939 referent magistrátu hl. m. Prahy, 1931–1934 tajemník předsednictva ČSNS, zástupce generálního tajemníka, 1935–1940 člen rady hl. m. Prahy, 1939 se zapojil do domácího protinacistického odboje ve skupině primátora Otakara Klapky, organizoval Civilní protileteckou obranu, budovanou pro potřeby protinacistického povstání, člen výboru NS, 1940 zatčen a uvězněn, 1942 odsouzen k trestu smrti, který byl následně změněn na doživotní žalář, 1945–1948 ředitel Ústředního svazu nemocenských pojišťoven, 1948–1949 činný v ilegálních strukturách ČSNS, 1949 zatčen a uvězněn, 1950 ve vykonstruovaném procesu s Miladou Horákovou odsouzen k doživotnímu žaláři, 1963 propuštěn, pracoval jako noční hlídač, 1968 rozsudek zrušen, pokusil se o obnovu ČSNS, 1990 rehabilitován.

NEUMANN, ERICH (1892–1951), právník a ekonom, státní tajemník Úřadu zplnomocněnce pro čtyřletý plán, SS-Oberführer. Aktivní účastník první světové války. 1914–1917 na frontě, 1920 absolutorium univerzity v Halle, 1920–1932 vládní úředník na zemské a okresní úrovni – Prusko, Dolní Slezsko, 1932 ředitel odboru v Pruském státním ministerstvu, 1933 vstup do NSDAP, tajemník Pruské státní rady, 1934 vstup do SS, 1935 přidělen k Hlavnímu úřadu SS, 1935–1936 ředitel odboru v Pruském státním ministerstvu, 1936–1942 vedoucí Skupiny devizy Úřadu zplnomocněnce pro čtyřletý plán, 1938 státní sekretář Úřadu zplnomocněnce pro čtyřletý plán, 1941 místopředseda dozorčí rady společnosti Kontinentale Öl AG, 1942 účastník konference ve Wannsee o konečném řešení židovské otázky, generální ředitel Německého draselného syndikátu, 1945 zatčen, internován, 1948 propuštěn.

NEURATH, KONSTANTIN HERMANN KARL VON (1873–1956), právník, diplomat, říšský ministr zahraničních věcí, říšský protektor, SS-Obergruppenführer. Aktivní účastník první světové války, 1922 vyslanec v Římě, 1930 v Londýně, 1932–1938 říšský ministr zahraničních věcí, ministr bez portfeje, 1939–1943 říšský protektor v Čechách a na Moravě, 1945 zajat francouzskými jednotkami, 1946 IMT odsouzen k 15 letům vězení, 1954 propuštěn.

OELHAFEN, OTTO EMIL GEORG SIXTUS VON (1886–1952), zastupující policejní prezident v Mnichově, velitel OrPo v protektorátu a v Říšském komisariátu Ukrajina, SS-Gruppenführer. 1906 absolvent vojenské kadetky v Mnichově, aktivní účastník první světové války, 1920–1931 u bavorské zemské policie v Bambergu, 1931–1937 u SchuPo v Mnichově (1933–1937 jako velitel), 1934 zastupující policejní prezident v Mnichově, 1937–1938 velitel SchuPo v Drážďanech, 1938 inspektor SchuPo ve Východní marce (Štýrsko, Korutany, Východní Tyrolsko), 1939 inspektor OrPo v Sasku, 1940 inspektor OrPo ve Východním Prusku, 1941 velitel OrPo v protektorátu, 1941–1942 velitel OrPo v Říšském komisariátu Ukrajina, osobně zodpovědný za masové vyvražďování židovského obyvatelstva, 1942 velel štábu pro boj s partyzány na Ukrajině, 1942–1944 inspektor OrPo a velitel OrPo vojenského okruhu VII se sídlem v Mnichově.

OHNESORGE, KARL WILHELM (1872–1962), říšský ministr pošt. Aktivní účastník první světové války. 1890 úředník Vrchního ředitelství pošt ve Frankfurtu nad Mohanem, 1896 absolutorium univerzity v Berlíně, 1915–1918 vedoucí poštovní a telegrafní správy Velkého hlavního stanu, 1918–1924 vedoucí Vrchního poštovního úřadu v Dortmundu, 1920 vstup do NSDAP, v Dortmundu založil první organizaci NSDAP mimo Bavorsko, 1924–1929 na Vrchním poštovním úřadě v Berlíně, 1929 prezident Říšského centrálního poštovního úřadu, 1933 státní sekretář

PROTEKTORÁT ČECHY A MORAVA 1939–1942

Říšského ministerstva pošt, 1937–1945 říšský ministr pošt, 1942 obdržel na základě výnosu Vůdce a říšského kancléře Adolfa Hitlera dotaci 250 000 říšských marek, 1945 zajat americkými jednotkami, uvězněn, 1948 odsouzen ke třem letům nucených prací. V oboru rozhlasu, televize, telegrafie a dálnopisu realizoval řadu modernizujících technologií.

OLBRICHT, FRIEDRICH (1888–1944), voják, šéf Všeobecného armádního úřadu (AHA) OKH, představitel protinacistické opozice. Aktivní účastník první světové války. 1907 vstup do saského 7. pěšího pluku „König Georg". 1914–1917 na frontě, 1917–1918 důstojník generálního štábu, 1919–1926 ve velitelských a štábních funkcích (Sasko), 1926–1935 v Oddělení zahraničních armád ministerstva války, 1935–1938 šéf štábu IV. armádního sboru v Drážďanech, 1938–1940 velitel 24. pěší divize, 1939 účastník polského polního tažení, 1940–1944 šéf AHA, kam přivedl pozdějšího hlavního protagonistu pokusu o státní převrat a atentátníka Clause von Stauffenberga, 1943 šéf Úřadu armádních záloh OKW, Principiální ideový odpůrce nacismu – člen opozice kolem bývalého šéfa generálního štábu Ludwiga Becka, Carla F. Goerdelera a gen. Henninga von Treskowa, jako čelný představitel pokusu o státní převrat spojený s atentátem na Vůdce Adolfa Hitlera ihned po ztroskotání „puče" z 20. července 1944 popraven.

OMETÁK, FRANTIŠEK (1912–1942), četnický strážmistr. 1942 člen četnické hlídky, která na konci dubna střežila prostor nálezu sabotážního materiálu desantů Bioscop a Bivouac u obce Požáry na Křivoklátsku, při noční přestřelce s příslušníkem desantu Zinc Arnoštem Mikšem smrtelně zraněn. Ačkoliv Ometák prokazatelně spolupracoval s protinacistickým odbojem, byl jeho pohřeb, jehož se účastnili zástupci protektorátní vlády, propagandisticky zneužit; jeho rakev byla pokryta říšskou vlajkou.

OTTO, ERNST (1877–1959), germanista, vysokoškolský pedagog, rektor Německé Univerzity Karlovy. 1901 absolutorium univerzity v Berlíně, následné studium v Grenoblu, Paříži, Londýně, Oxfordu a Edinburgu. 1903–1913 učitel na Herderově gymnáziu v Berlíně, 1913–1925 vysokoškolský pedagog na univerzitě v Marburgu a na univerzitě ve Frankfurtu nad Mohanem, 1925–1940 vysokoškolský pedagog na Německé Univerzitě Karlově v Praze, 1931 zakladatel německé Pedagogické akademie v Praze, 1938–1939 rektor Německé univerzity, resp. Německé Karlovy univerzity v Praze, 1951–1955 vysokoškolský pedagog Svobodné univerzity v Berlíně.

PANNWITZ, HEINZ (1911–1975), soustružník, vedoucí referátu II G Řídící úřadovny gestapa v Praze, šéf zvláštní komise vyšetřující atentát na Heydricha, SS-Hauptsturmführer. 1925–1931 soustružník v Magdeburku, 1933 vstup do SA, 1935 vojenská služba, 1936 vstup k berlínské kriminální policii, 1937 vstup do NSDAP, 1938 vstup do SS, 1939 převelen k Řídící úřadovně gestapa v Praze, 1940 vedoucí referátu II G (sabotáže, zbraně, třaskaviny) Řídící úřadovny gestapa v Praze, 1942 ihned po atentátu na šéfa RSHA, zastupujícího říšského protektora SS-Obergruppenführera a generála policie Reinharda Heydricha jmenován šéfem zvláštní vyšetřovací komise, výsledky vyšetřování shrnul v obsáhlé závěrečné zprávě; na základě úspěšného vyšetření atentátu povýšen na kriminálního radu, na vlastní žádost přidělen k pluku Brandenburg, s nímž se na východní frontě účastnil diverzních akcí, 1943 převelen k Řídící úřadovně gestapa do Berlína, 1943–1944 velitel „Zvláštního oddílu Rudá kapela" v Paříži s cílem eliminovat činnost této odbojové organizace ve službách Moskvy; v této roli řídil rovněž rádiové protihry, 1945 těsně před pádem Třetí říše přešel na sovětskou stranu a několik zatčených agentů osobně předal do rukou sovětské administrativy, převezen do Moskvy, kde se dal zcela k dispozici sovětským vyšetřovacím orgánům, 1946 odsouzen k 25 letům nucených prací, 1955 propuštěn.

PELÍŠEK, JAROSLAV (1911–1989), aktivistický novinář. 1927 začal přispívat do závodního časopisu *Průkopník mladých mužů*, nastoupil do redakce vydavatelství Tisk, 1929 absolutorium Baťovy školy práce ve Zlíně, práce v tiskárně, 1931–1932 prezenční vojenská služba, 1932–1936 inzertní odběratel vydavatelství Tisk, 1936–1940 redaktor časopisu *Zlín*, 1937 odpovědný redaktor časopisu *Zpravodaj* Klubu absolventů Baťovy školy práce a časopisu *Kursy osobní výkonnosti*, tajemník ředitele vydavatelství Tisk, 1939 poznávací cesta do poraženého Polska, 1940–1945 ředitel vydavatelství Tisk, jeden z hlavních představitelů pronacistického aktivismu v české protektorátní žurnalistice, 1941 poznávací cesta do Dánska, Norska a Švédska, Vídně, Dolního Slezska a Berlína, 1942–1945 šéfredaktor periodik koncernu Baťa (*Zlín, Náš kraj, Kursy osobní výkonnosti, Časový plán, Svět*), 1942 poznávací cesta do obsazených území SSSR (Ukrajina, Krym), 1943–1945 místopředseda NSN, 1944 poznávací cesta do Litvy, Lotyšska a Estonska, 1945 zatčen, uvězněn, 1947 Nár. soudem odsouzen – vzhledem k polehčujícím okolnostem (podpora odboje, podpora ilegálních protiněmeckých tisků, dodávání zpráv z cest do zahraničí pracovníkům odboje, podpora rodin zatčených) – pouze k tříletému těžkému žaláři, po únoru 1948 původní trest zvýšen o 9 let, 1954 propuštěn, 1964–1987 obecní kronikář v Mrlínku u Bystřice pod Hostýnem.

PETŘEK, VLADIMÍR (1908–1942), kněz České pravoslavné církve. 1933 absolutorium Univerzity v Bělehradu, 1934 vysvěcen na kněze a ustanoven kaplanem v chrámu sv. Cyrila a Metoděje, 1939 činný v protinacistickém odboji v rámci PÚ, 1942 po atentátu na šéfa RSHA, zastupujícího říšského protektora SS-Obergruppenführera a generála policie Reinharda Heydricha ukryl v chrámu sv. Karla Boromejského (sv. Cyrila a Metoděje) příslušníky desantů Anthropoid, Bioscop, Out Distance, Silver A a Tin, zatčen, při dobývání krypty donucen k vyjednávání s parašutisty, stanným soudem odsouzen k trestu smrti a popraven.

PFITZNER, JOSEF (1901–1945), historik, náměstek primátora, SA-Standartenführer. 1924 absolvent Německé univerzity v Praze, 1927 docent, 1935 profesor východoevropských dějin Německé Univerzity, zabýval se problematikou německé kolonizace, později národnostním vývojem Němců v českých zemích, 1935 po vítězství SdP v parlamentních volbách vstoupil do této strany, přehodnotil své původní vědecky objektivní postoje a počal se věnovat účelové dezinterpretaci v nacionálněsocialistickém duchu, 1938 zvolen do pražského městského zastupitelstva, 1939 náměstek pražského primátora, za cíl si vytkl germanizaci Prahy, autor řady stížností a udání – měl významný podíl na smrti primátora Otakara Klapky, 1941 spoluzodpovědný za likvidaci hrobu Neznámého vojína, 1945 zatčen, MLS odsouzen k trestu smrti a popraven.

POPELKA, AUGUSTIN ADOLF (1887–1951), právník, přednosta KSP. 1911 absolvent Vídeňské univerzity, 1911–1917 úředník českého místodržitelství v Praze,

PROTEKTORÁT ČECHY A MORAVA 1939–1942

1917–1918 úředník Ministerstva orby ve Vídni, 1918 úředník KPR, 1941 přednosta KSP, 1945 zatčen, 1947 Nár. soudem odsouzen k pěti letům vězení, 1950 propuštěn.

PÜCKLER-BURGHAUSS, CARL FRIEDRICH WILHELM LOTHAR ERDMANN VON (1886–1945), právník, velitel Zbraní SS v protektorátu, SS-Gruppenführer. Aktivní účastník první světové války, 1908 absolutorium univerzity ve Vratislavi, vstup do armády, 1913 důstojník v záloze, 1920 převzal rodinný statek v Nützdorfu (Slezsko), 1924 člen organizace Stahlhelm, 1931 vstup do SA, 1932 velitel štábu SA ve Slezsku, 1933 poslanec Říšského sněmu, 1937 převelen k vrchnímu velení SA v Berlíně, 1938 vstup do říšské branné moci, 1939 účastník polského polního tažení, 1942 zástupce policejního šéfa pro střední Rusko, 1942–1943 velitel Zbraní SS v protektorátu, 1943–1944 velitel 15. lotyšské dobrovolnické divize SS, 1944–1945 velitel Zbraní SS v protektorátu, 1945 po vypuknutí Pražského povstání koordinoval postup příslušníků Zbraní SS proti Praze, po německé kapitulaci se stáhl k americkým liniím; po neúspěšném pokusu o vyjednání odchodu svých vojáků do amerického zajetí spáchal sebevraždu.

RÁDLOVÁ, MILADA (1903–1989), dcera státního prezidenta Emila Háchy. Absolvovala obchodní akademii, pracovala jako bankovní úřednice. 1938 po smrti matky a po rozvodu vedla domácnost svému otci, 1938–1945 plnila de facto roli první dámy, kdy svého otce, prezidenta Česko-Slovenska a státního prezidenta Protektorátu Čechy a Morava, doprovázela na společenských akcích. Věnovala se charitativní činnosti, finančně podporovala domácí protinacistický odboj a předávala mu informace z KSP. Po zániku protektorátu pracovala jako švadlena a prodavačka, zemřela v léčebně dlouhodobě nemocných.

RASCH, OTTO (1891–1948), právník, velitel Operační skupiny C, SS-Brigadeführer. Aktivní účastník první světové války, 1914–1918 u válečného námořnictva, 1923 absolutorium univerzity v Lipsku, 1923–1931 advokát v Lipsku, 1931 vstup do NSDAP, 1933 vstup do SS, starosta Radebergu, 1936 vrchní starosta ve Wittenbergu, vstup do SD, 1937 šéf Řídící úřadovny gestapa ve Frankfurtu nad Mohanem, 1938 bezpečnostní ředitel pro horní Rakousy v Linci, 1939 šéf SD a SiPo v Protektorátu Čechy a Morava a inspektor SD a SiPo v Královci, přímý účastník provokačního napadení vysílače v Hlivicích (Gleiwitz), zodpovědný za vyhlazovací tábor Soldau ve Východním Prusku, 1941 velitel Operační skupiny C, mj. přímo zodpovědný i za masakr 33 771 Židů v rokli Babí Jar u Kyjeva, 1942–1945 ředitel společnosti Kontinentale Öl AG, 1945 zatčen, uvězněn, 1948 pro nemoc propuštěn.

REBEROVÁ-GRUBEROVÁ, AUGUSTE (1892–1946), pedagožka, představitelka Nacionálně socialistického učitelského spolku (NSLB). 1923 absolutorium univerzity v Mnichově, 1932 vstup do NSDAP, 1933 předsedkyně Spolku bavorských učitelek, říšská referentka pro dívčí vzdělávání, 1936 profesorka učitelského ústavu v Pasingu. Vedle Gertrud Scholzové-Klinkové, Trude Bürknerové-Mohrové a Jutty Rüdigerové patřila k vůdčím dívčím představitelkám NSDAP.

REINEFARTH, HEINRICH FRIEDRICH (HEINZ) (1903–1979), právník, generální inspektor správy v ÚŘP, SS-Gruppenführer. 1927 absolutorium univerzity v Jeně, soudce, 1932–1939 advokát a notář, 1932 vstup do SS, 1939–1940 účastník polského a francouzského polního tažení, 1942–1943 generální inspektor správy v ÚŘP, 1943 šéf odboru na Hlavním úřadu OrPo v Berlíně, 1944 vyšší vůdce SS a policie v Říšské župě Povartí, jako velitel bojové skupiny Reinefarth se významně podílel na potlačení varšavského povstání (pro bezměrnou brutalitu jeho jednotek byl zván „katem" nebo „řezníkem z Varšavy"), 1945 jmenován velitelem obrany města Küstrin (nyní Kostrzyn nad Odrą), proti výslovnému Vůdcovu rozkazu se po boji s částí svých jednotek stáhl a byl pro zbabělost před nepřítelem odsouzen k trestu smrti, rozsudek ovšem nebyl vykonán pro kritickou situaci na frontě; zajat britskými jednotkami, souzen, avšak pro nedostatek důkazů propuštěn, 1951–1964 starostou města Westerland na ostrově Sylt, 1958 člen zemského sněmu ve spolkové zemi Šlesvicko-Holštýnsko, 1967 advokát.

RÉLINK, KAREL (1880–1945), malíř, ilustrátor, grafik, spisovatel a publicista. Aktivní účastník první světové války, 1903 absolutorium AVU, 1914–1918 na frontě jako plukovní malíř. Působil jako knižní ilustrátor, rovněž ve Francii a Německu. Autor množství protižidovských karikatur a několika publikací s touto tematikou. 1939–1945 aktivně spolupracoval s protižidovským tiskem. Ideový antisemita.

RIBBENTROP, ULRICH FRIEDRICH WILHELM JOACHIM VON (1893–1946), obchodník, politik, říšský ministr zahraničních věcí, SS-Obergruppenführer. Aktivní účastník první světové války. Neukončená vysokoškolská studia v Kasselu, Metách, Arose a Londýně, 1910 odchod do Kanady, bankovní úředník v Montrealu, 1912 u stavitelství kanadských železnic, 1913 novinář v New Yorku a Bostonu, v Ottawě jako dovozce německých vín, 1914 člen kanadského národního hokejového týmu, po vypuknutí války se vrátil do Německa, 1914–1917 na frontě se 12. duryňským husarským plukem, zraněn, 1918 převelen k vojenské misi do Istanbulu, 1919 založil obchodní firmu s vínem, ve 20. letech 20. století reprezentant firmy Henkell (sekt, víno, likéry), 1932 vstup do NSDAP a její finanční podpora, 1933 ve své vile zprostředkoval zásadní koaliční rozhovory mezi vůdcem NSDAP Adolfem Hitlerem a bývalým říšským kancléřem Franzem von Papenem, které vedly ke jmenování Adolfa Hitlera říšským kancléřem, vstup do SS, 1934 zahraničněpolitický poradce a pověřenec říšské vlády pro otázky odzbrojení, 1935 spolutvůrce německo-britské námořní smlouvy, vedoucí „Služebny Ribbentrop" zabývající se problematikou německých státních příslušníků v Evropě a USA, 1936–1938 vyslanec ve Velké Británii, 1938 říšský ministr zahraničních věcí, 1939 spolusignatář výnosu Vůdce a říšského kancléře o Protektorátu Čechy a Morava, spolutvůrce smlouvy o neútočení a rozdělení vlivu ve východní Evropě – tzv. Pakt Ribbentrop-Molotov – dosáhl zenitu své politické kariéry, 1940 signatář tzv. Paktu tří mocností, 1942–1944 vyvíjel významnou aktivitu při konečném řešení židovské otázky nejen v Říši, ale především na přivtělených, okupovaných a závislých územích (Francouzský stát, Dánsko, Maďarsko, Slovensko, Bulharsko), 1945 po pádu Třetí říše se – již jako soukromník – dal k dispozici vládě vedené říšským prezidentem Karlem Dönitzem, zajat britskými jednotkami a uvězněn, 1946 IMT odsouzen k trestu smrti a popraven; v průběhu procesu se psychicky zcela zhroutil a působil zcela nedůstojným dojmem. Autor pamětí *Mezi Londýnem a Moskvou*.

RIEGE, PAUL (1888–1980), policista, velitel OrPo v Norsku, Generálním gouvernementu a protektorátu. Aktivní účastník první světové války, ve 20. a 30. letech

PROTEKTORÁT ČECHY A MORAVA 1939–1942

20. století u pruské policie v Berlíně, 1940 velitel OrPo v Norsku, 1940–1941 velitel OrPo v Generálním gouvernementu, 1941–1943 velitel OrPo v protektorátu, 1946–1947 opakovaně vyslýchán, 1948 založil Spolek vytlačených úředníků, tj. těch, kteří ztratili místo buď v důsledku denacifikace, nebo odsunu, 1954 vyšla jeho publikace *Kleine Polizei-Geschichte* (*Malé dějiny policie*).

ROSENBERG, ALFRED (1893–1946), architekt, hlavní ideolog NSDAP, říšský vedoucí NSDAP, říšský ministr pro obsazená východní území. 1918 absolutorium univerzity v Moskvě, emigrace do Francie, 1919 příchod do Německa, člen DAP, 1921 redaktor listu NSDAP *Völkischer Beobachter* (*Lidový pozorovatel*), 1923 hlavní vedoucí *Völkischer Beobachter*, 1923 účastník Hitlerova pokusu o státní převrat, 1928 předseda Nacionálněsocialistické společnosti pro německou kulturu, 1929 zakladatel a říšský vedoucí Bojového spolku pro německou kulturu, 1930 poslanec Říšského sněmu, autor programového spisu NSDAP *Mýtus 20. století*, 1933 vedoucí Zahraničněpolitického úřadu NSDAP, jmenován říšským vedoucím NSDAP, 1934 Vůdcův pověřenec pro dohled nad veškerým duchovním a světonázorovým školením NSDAP, 1940 pověřen vybudováním univerzity financované NSDAP, zakladatel štábu „Říšský vedoucí Rosenberg" k zabavování židovského kulturního majetku, 1941 zakladatel Institutu pro výzkum židovské otázky (Univerzita Frankfurt nad Mohanem), říšský ministr pro obsazená východní území, 1945 zajat britskými jednotkami, 1946 odsouzen IMT k trestu smrti a popraven.

RUDL, FRANZ FRIEDRICH (1902–?), generální ředitel nakladatelství Orbis, prominentní spolupracovník SD a gestapa. Na konci 30. let 20. století zástupce agentury Reuters v ČSR, 1939–1945 generální ředitel nakladatelství Orbis, 1941 zakladatel České studijní společnosti pro řešení židovské otázky, 1945 po vypuknutí Pražského povstání se angažoval při vyjednávání s ČNR, zatčen, předán NKVD, avšak propuštěn; emigroval do Švýcarska, s největší pravděpodobností pracoval jako britský agent.

RUST, BERNHARD (1883–1945), říšský ministr pro vědu, vzdělání a výchovu, SA-Gruppenführer. Aktivní účastník první světové války, 1908 absolutorium univerzity, 1911–1930 gymnaziální profesor v Hannoveru, 1925 župní vedoucí Říšské župy Hannover-sever (1928 Jižní Hannover – Brunšvik), 1928 župní vedoucí Nacionálněsocialistické společnosti pro německou kulturu, 1929 poslanec pruského zemského sněmu, 1930 poslanec Říšského sněmu, 1933 ministr kultury pruské vlády, 1934 říšský ministr pro nacionálněsocialistické výchovné ústavy a univerzity, resp. říšský ministr pro vědu, vzdělání a výchovu, 1935 zakladatel Říšského institutu pro dějiny nového Německa, 1945 po pádu Třetí říše spáchal sebevraždu.

RYBA, VLADIMÍR (1900–1963), aktivistický novinář. 1918 vstup do Socialistické strany československého lidu, 1923 vstup do Československé sociálně demokratické strany dělnické, 1925–1939 redaktor *Práva lidu*, 1938 odpovědný redaktor *Práva lidu*, *Večerníku Práva lidu*, *Večerních novin* a *Ranních novin*, 1939 vstup do Národní strany práce, 1939–1945 šéfredaktor *Národní práce*, jeden z hlavních představitelů pronacistického aktivismu v české protektorátní žurnalistice, 1939 poznávací cesta do poraženého Polska, 1940 člen výboru NS, poznávací cesta do Francie, 1941 zatčen a uvězněn, propuštěn, 1942 místopředseda NSN, poznávací cesta do obsazených území SSSR (Ukrajina,

Krym), 1943 člen výboru České ligy proti bolševismu, 1945 obviněn z kolaborace, zatčen a uvězněn, 1946 Nár. soudem přes prokazatelné polehčující okolnosti odsouzen k 10 letům těžkého žaláře.

RYS-ROZSÉVAČ, JAN (VL. JM. JOSEF ROZSÉVAČ 1901–1946), novinář, politik, vedoucí ČNST-Vlajka. Studoval medicínu na Univerzitě Karlově, studia nedokončil, od počátku 30. let 20. století přední představitel krajně pravicové, nacionalistické organizace Vlajka, 1939–1942 vedoucí ČNST-Vlajka, aktivně spolupracoval s gestapem a SD, organizátor antisemitských štvanic a útoků na protektorátní vládu s cílem získání rozhodujícího politického vlivu v protektorátu, 1942 ač varován, pro opakované konflikty s ministrem školství a lidové osvěty Emanuelem Moravcem spolu se svými spolupracovníky jako „čestný vězeň" internován v koncentračním táboře Dachau, 1945 zatčen, uvězněn, 1946 Nár. soudem odsouzen k trestu smrti a popraven.

ŘÍHA, ALOIS (1875–1945), právník, primátor Prahy. 1899 absolutorium české Karlo-Ferdinandovy univerzity v Praze, 1899–1916 jako úředník u Českého místodržitelství a u okresních hejtmanství v Karlíně, Lanškrouně a Brandýse nad Labem, 1916–1926 okresní hejtman v Brandýse nad Labem, 1924 vládní rada, 1928–1939 přednosta oddělení Zemského úřadu v Praze, penzionován s čestným titulem zemského viceprezidenta, 1940–1945 primátor Prahy, 1945 správu města odevzdal představitelům povstalců. I přes významně omezený vliv se snažil bránit germanizačním tendencím náměstka primátora Josefa Pfitznera, odmítl signovat návrh na zavedení němčiny jako jediného úředního jazyka na magistrátu, stavěl se proti nevýhodnému nákupu říšských dluhopisů.

SAUCKEL, ERNST FRIEDRICH CHRISTOPH (1894–1946), generální zmocněnec pro pracovní nasazení, župní vedoucí Říšské župy Duryňsko, SA-Obergruppenführer. 1909–1914 u obchodního loďstva, 1914–1918 v internaci ve Francii, 1927 župní vedoucí Říšské župy Duryňsko, poslanec Říšského sněmu, 1929 předseda poslaneckého klubu NSDAP v Říšském sněmu, 1933 říšský místodržící v Duryňsku, 1936 vedoucí Nadace Wilhelma Gustloffa, 1939 říšský komisař obrany branného okruhu IX (Kassel), 1942 generální zmocněnec pro pracovní nasazení, osobně zodpovědný za deportaci cca pěti milionů zahraničních dělníků do Říše (tzv. totální nasazení), 1945 zatčen, 1946 odsouzen IMT k trestu smrti a popraven.

SEYß-INQUART, ARTHUR (1892–1946), právník, rakouský kancléř, zástupce generálního guvernéra obsazeného území Polska, komisař Říšského komisariátu Nizozemsko, SS-Obergruppenführer. Aktivní účastník první světové války, 1914 absolvent univerzity ve Vídni, 1921 advokát ve Vídni, 1936 státní rada, 1938 ministr vnitra Rakouské republiky, spolkový kancléř (z titulu této funkce povolal do Rakouska říšskou brannou moc a zemi připojil ke Třetí říši), 1939 vyšší vůdce SS a policie v Generálním gouvernementu a zástupce generálního guvernéra, 1940 říšský komisař Říšského komisariátu Nizozemsko, 1945 zatčen, 1946 odsouzen IMT k trestu smrti a popraven.

SCHAAL, FERDINAND FRIEDRICH (1889–1962), voják, zmocněnec říšské branné moci u říšského protektora, resp. německého státního ministra pro Čechy a Moravu. Aktivní účastník první světové války, 1920–1939 ve štábních a velitelských funkcích, 1939 velitel 10. pancéřové divize, účast na polském polním tažení, 1940 účast na francouzském polním tažení, 1941 účast na počátku polního tažení proti SSSR, odvolán a vsazen do Vůdcovy rezervy, jako velitel LVI. armádního sboru se účastnil bitvy o Moskvu, 1943 opět vsazen do Vůdcovy rezervy, zmocněnec říšské branné moci u říšského protektora, 1944 zmocněnec říšské branné moci u německého státního ministra pro Čechy a Moravu, při pokusu o státní převrat 20. července 1944 se v Praze snažil o přijatelný kompromis s německým státním ministrem Karlem H. Frankem, zatčen, čestným soudem propuštěn z říšské branné moci, avšak Lidovým soudním dvorem odsouzen pouze k trestu vězení.

SCHAUB, JULIUS (1898–1967), lékárník, šéfadjutant Vůdce Adolfa Hitlera, SS-Obergruppenführer. 1916 lékárník, 1917–1918 na frontě jako nemocniční zřízenec, 1918 úředník Hlavního zásobovacího úřadu v Mnichově, 1920 vstup do NSDAP, 1923 účastník Hitlerova pokusu o státní převrat; po jeho krachu unikl do Rakouska, v Korutanech pracoval na výstavbě SA, 1924 se dobrovolně vrátil do Mnichova, v procesu s A. Hitlerem a E. Ludendorffem odsouzen k 15 měsícům žaláře, předčasně propuštěn, 1925–1945 privátní zaměstnanec Vůdce Adolfa Hitlera, adjutant a šéfadjutant, 1927 vstup do SS, 1936–1945 ve štábu říšského vůdce SS Heinricha Himmlera, 1936 poslanec Říšského sněmu, 1945 na přímý Hitlerův rozkaz zničil listinné materiály z jeho soukromého bytu v Mnichově a na Berghofu a do vzduchu nechal vyhodit jeho zvláštní vlak, po pádu Třetí říše zajat americkými jednotkami a internován, 1949 propuštěn, pracoval jako lékárník v Mnichově.

SCHEEL, GUSTAV ADOLF (1907–1979), lékař, politik, říšský vůdce Nacionálněsocialistického německého svazu studentstva (NSDStB), župní vedoucí říšské župy Salzbursko, SS-Obergruppenführer a generál policie. 1930 vstup do NSDAP, 1933 vstup do SA, po jmenování Adolfa Hitlera říšským kancléřem aktivní účastník rasové a politické „očisty" profesorského sboru a studujících na univerzitě v Heidelbergu, 1934 absolutorium univerzity v Heidelbergu, župní vedoucí studentstva říšské župy Bádensko, vstup do SD, 1935 čestný senátor univerzity v Heidelbergu, vstup do SS, šéf SD ve Stuttgartu, 1936 říšský vůdce NSDStB, 1938 poslanec říšského sněmu, 1940–1941šéf SD v Mnichově, 1940 účastník francouzského polního tažení, 1941 vyšší vedoucí SS a policie a šéf SD pro alpské země, župní vedoucí Říšské župy Salzbursko a říšský místodržící, 1942 říšský komisař obrany Říšské župy Salzbursko, 1944 říšský vůdce Nacionálněsocialistického německého spolku docentů (NSDDB), 1945 v politické závěti Vůdce Adolfa Hitlera jmenován říšským ministrem kultury, po pádu Třetí říše zajat americkými jednotkami, internován, 1948 propuštěn, znovu zatčen a (německým soudem) odsouzen k pěti letům nucených prací, 1953 propuštěn, zatčen a internován v souvislosti se členstvím v tzv. Naumannově kroužku, jehož členy byli bývalí příslušníci SS a vyšší funkcionáři NSDAP, 1954–1977 vykonával soukromou lékařskou praxi v Hamburku.

SCHEPMANN, WILHELM (1894–1970), učitel, šéf štábu SA, SA-Obergruppenführer. Aktivní účastník první světové války, 1925 organizátor výstavby SA v Porúří, 1930 poslanec pruského zemského sněmu, 1933 poslanec Říšského sněmu, policejní prezident Dortmundu, 1934 ve velitelských funkcích SA (Vestfálsko, Dolní Porýní, Sasko), 1939 vládní prezident okresu Drážďany-Budyšín, 1943 šéf štábu SA, 1945 po pádu Třetí říše zaměstnán pod falešným jménem v krajské nemocnici v Gifhornu, 1949 odhalen a zatčen, 1950 odsouzen k devíti měsícům vězení, 1952 zvolen do okresního zastupitelstva Gifhornu, 1956 zástupce starosty tamtéž, 1961 pod tlakem veřejného mínění na svou funkci rezignoval.

SCHERNER, JULIAN (1895–1945), voják, velitel pražské posádky SS, SS-Oberführer. Aktivní účastník první světové války, 1923 účastník Hitlerova pokusu o státní převrat, 1937 velitel SS-Führerschule (Dachau), 1940 velitel pražské posádky SS, 1941 dohlížel na počátky budování výcvikového prostoru Zbraní SS Benešov, 1941 vyšší vůdce SS a policie v Generálním gouvernementu, 1942 se významně podílel na likvidaci ghetta v Krakově, 1944 vzhledem ke zpronevěře konfiskovaného židovského majetku postaven před soud SS, degradován a převelen k útočné brigádě SS Dirlewanger, složené z odsouzených zločinců a politických vězňů, 1945 krátce před pádem Třetí říše byl nalezen mrtvý, pravděpodobně spáchal sebevraždu.

SCHIRACH, BALDUR BENEDIKT VON (1907–1974), vůdce mládeže Německé říše, župní vedoucí Říšské župy Vídeň a říšský místodržící Vídně. 1928 vůdce NSDStB, 1931 říšský vůdce mládeže NSDAP, 1933 vůdce mládeže Německé říše, 1940 župní vedoucí Říšské župy Vídeň, říšský místodržící Vídně, říšský vedoucí pro výchovu mládeže, 1945 zatčen, 1946 odsouzen IMT k 20 letům vězení, propuštěn 1966.

SCHOLTZOVÁ-KLINKOVÁ, GERTRUD EMMA (1902–1999), novinářka, říšská vůdkyně žen. 1928 vstup do NSDAP, 1930 vedoucí nacionálněsocialistických ženských organizací v Bádensku, 1931 vedoucí Nacionálněsocialistické ženského (NSF) spolku v Bádensku, pověřena výstavbou této organizace v Hessensku, 1934 vedoucí dívčí pracovní služby, jmenována říšskou vedoucí NSF a Německého ženského díla, ženského úřadu DAF a Říšského ženského spolku Německého červeného kříže, jmenována říšskou vůdkyní žen, 1934–1936 vedoucí Ženské pracovní služby, 1945 po pádu Třetí říše žila tři roky pod falešným jménem, 1948 zatčena a francouzskou okupační správou odsouzena k 18 měsícům vězení, 1949 německým soudem odsouzena rovněž k 18 měsícům vězení, 1950 na základě odvolání uložen pouze trest doživotního zákazu vstupu do politiky a desetiletého zákazu výkonu žurnalistické činnosti.

SCHÖRNER, FERDINAND (1892–1973), voják. Aktivní účastník první světové války, 1920–1931 ve velitelských funkcích, 1931 učitel taktiky na pěchotní škole v Drážďanech, 1937 velitel 98. pluku horských myslivců, 1939 účast na polském polním tažení, 1940 ve francouzském polním tažení velitel 6. horské divize, 1941 účast na polním tažení proti Jugoslávii a Řecku, 1942 velitel sboru horských jednotek v Norsku, 1943 velitel XXXX. pancéřového sboru na východní frontě, 1944 velitel 17. armády, velitel skupiny armád Jižní Ukrajina, velitel skupiny armád Sever, 1945 vrchní velitel skupiny armád Střed, povýšen do hodnosti polního maršála, jmenován vrchním velitelem pozemního vojska, zajat americkými jednotkami, vydán SSSR, 1952 odsouzen k 25 letům vězení, 1954 propuštěn, 1957 odsouzen v NSR ke 4,5 letům vězení, 1960 propuštěn.

SCHWARZ, FRANZ XAVER (1875–1947), říšský pokladník NSDAP, říšský vedoucí NSDAP, SS-Oberstgruppenführer. Aktivní účastník první světové války, 1900–1925 se věnoval organizaci městské správy v Mnichově, 1925 říšský pokladník NSDAP, 1928 pokladník Nacionálněsocialistické společnosti pro německou kulturu, 1929 zvolen do městské rady v Mni-

PROTEKTORÁT ČECHY A MORAVA 1939-1942

chově, 1933 poslanec Říšského sněmu, 1935 říšský vedoucí NSDAP, 1945 zajat americkými jednotkami, zemřel v internačním táboře.

SCHWARZENBERG, KAREL (1911-1986), historik, heraldik, publicista. Představitel orlické větve knížecího rodu, držitel panství Orlík nad Vltavou, Čimelice a Sedlec u Kutné Hory, 1931 absolutorium ČVUT, 1931-1933 prezenční vojenská služba, 1934-1936 studium historie na Univerzitě Karlově, 1938 autor prohlášení věrnosti čs. historické šlechty Československé republice předané do rukou prezidenta republiky, 1939 autor protektorátní symboliky, 1939-1945 spolupracoval s domácím odbojem, 1942 na jeho statky uvalena nucená správa, 1945 aktivní účastník českého povstání, předseda revolučního národního výboru v Čimelicích, po únoru 1948 emigroval s rodinou do Itálie, později se usadil v Rakousku, vědecký pracovník Národní knihovny ve Vídni. Činný v exilových organizacích a rytířských řádech. Autor odborné heraldické literatury. Jediný Čech, jemuž byl po rozpadu rakousko-uherské monarchie udělen Řád zlatého rouna.

SCHWEDLER, LEOPOLD THOMAS ALEXANDER VIKTOR VON (1885-1954), voják. Aktivní účastník první světové války, 1904 vstup do pruské armády k 1. magdeburskému pěšímu pluku „Fürst Leopold von Anhalt-Desau" č. 26. 1909 u 2. nasavského pěšího pluku č. 88, 1910-1912 studium na Válečné akademii v Berlíně, 1913 u 5. bádenského pluku polního dělostřelectva č. 76 a zpět u 2. nasavského pěšího pluku č. 88, 1914 ve Velkém generálním štábu, 1914-1918 ve štábních funkcích. 1919-1924 v nižších velitelských a štábních funkcích, 1926-1929 na ministerstvu války, 1929-1931 velitel praporu 9. pěšího pluku v Berlíně, 1931 šéf štábu 3. divize v Berlíně, 1933-1938 vedoucí odboru na ministerstvu války, 1938 velitel IV. armádního sboru a IV. armádního okruhu v Drážďanech, 1939 účastník polského polního tažení, 1940 účastník francouzského polního tažení, 1941 účastník polního tažení proti SSSR, 1942 při počátku útoku na Stalingrad zraněn, předal velení, vsazen do Vůdcovy rezervy, 1943 velitel IV. armádního sboru a IV. armádního okruhu v Drážďanech, 1945 zbaven velení, do pádu Třetí říše nebyl dalším velením pověřen.

SCHWERIN VON KROSIGK, JOHANN LUDWIG (1887-1977), právník, říšský ministr financí. Aktivní účastník první světové války. Studium na univerzitách v Halle nad Sálou, Lausanne a Oxfordu. 1909 absolutorium, v pruské státní službě, 1914-1918 na frontě, 1920 vládní rada na ministerstvu financí, 1921-1931 účastník řady mezinárodních konferencí, 1925 generální referent na ministerstvu financí, 1929 vedoucí rozpočtového odboru ministerstva financí, 1931 vedoucí odboru reparací ministerstva financí, 1932-1945 říšský ministr financí, 1945 v politické závěti Adolfa Hitlera jmenován říšským ministrem zahraničních věcí, po sebevraždě říšského kancléře Josepha Goebbelse jmenován říšským prezidentem Karlem Dönitzem „vedoucím ministrem" říšské vlády, zajat britskými jednotkami a uvězněn, 1949 odsouzen k 10 letům vězení, 1951 propuštěn, autor pamětí.

SMUDEK, JAN (1915-1999), strojní zámečník, voják. Ve 30. letech 20. století pracoval ve Škodových závodech u Nýřan a studoval Vyšší mistrovskou školu strojnickou na Kladně, 1939 spolu s dalšími členy domažlického skautského oddílu činný v domácím odboji (ON), při pokusu získat zbraň zastřelil na Kladně vrchního strážmistra OrPo Wilhelma Kniesta, 1940 při zatýkání postřelil příslušníka gestapa, následně zastřelil dva příslušníky německé finanční stráže a postřelil českého četníka, i přes veškerou snahu německého bezpečnostního aparátu se mu podařilo opustit protektorát a přes Slovensko, Maďarsko, Jugoslávii, Řecko a Blízký východ se dostal do Francie, kde nastoupil službu v čs. armádě, účastnil se obranných bojů, evakuován do severní Afriky a přes Martinique, Svatou Lucii, Bermudy a Kanadu do Velké Británie, 1941 nejprve zařazen k pěchotě, poté vstoupil do RAF, 1942 základní výcvik, zařazen k Čs. překladatelskému centru, 1943 kurz pro letecké radiové operátory, Škola pro důstojníky letectva v záloze, 1944 operační létání u 68. noční stíhací perutě RAF, 1945 přemístěn k Inspektorátu čs. letectva, 1945-1948 národní správce strojírenské firmy Ing. Gregor v Rossbachu (nyní Hranice v Čechách), 1948 emigroval i s rodinou do Anglie, 1993 návrat do vlasti.

SONNEVEND, JAN (1880-1942), úředník. Ve 30. letech 20. století ředitel Okresní nemocenské pojišťovny v Brně, místopředseda sboru starších České pravoslavné církve v Brně, činný v Masarykově lize proti tuberkulóze, 1939 předseda sboru starších České pravoslavné církve v Praze, 1942 se podílel na ukrývání a podpoře československých parašutistů desantů Anthropoid, Bioscop, Out Distance, Silver A a Tin, v chrámu sv. Karla Boromejského (sv. Cyrila a Metoděje) po atentátu na šéfa RSHA, zastupujícího říšského protektora SS-Obergruppenführera a generála policie Reinharda Heydricha, zatčen, odsouzen k trestu smrti a popraven.

SPEER, BERTHOLD KONRAD HERMANN ALBERT (1905-1981), architekt, říšský ministr pro zbrojení a válečnou výrobu. 1926 absolutorium na Vysoké škole technické v Berlíně, 1927-1932 asistent na Vysoké škole technické v Berlíně, 1937 generální stavební inspektor pro říšské hlavní město, 1938-1939 vyprojektoval budovu Nového říšského kancléřství a vedl jeho stavbu, 1939-1942 četné funkce a pověření v oblasti architektury a techniky, 1942 říšský ministr pro zbrojení a válečnou výrobu, 1945 říšský ministr hospodářství, zatčen, 1946 odsouzen IMT k 20 letům vězení, propuštěn 1966.

STAHLECKER, FRANZ WALTER (1900-1942), velitel SiPo a SD v protektorátu, velitel Operační skupiny A, velitel SiPo a SD v Říšském komisariátu Ostland, SS-Brigadeführer. 1930 vedoucí úřadu práce (Nagold), 1934 vedoucí politické policie ve Württembersku, 1937 vedoucí gestapa ve Vratislavi, 1938 velitel SD ve Vídni, 1939 velitel SiPo a SD v protektorátu, 1940 velitel SiPo a SD v Norsku, ministerský rada Říšského ministerstva zahraničních věcí, 1941 velitel Operační skupiny A, zodpovědný mj. za masakry civilního obyvatelstva v Litvě (v hlášení uvedl, že Operační skupina A „zlikvidovala" 135 567 židů, komunistů a duševně méněcenných), velitel SiPo a SD v Říšském komisariátu Ostland, 1942 podlehl následkům atentátu připraveného partyzány.

STUCKART, WILHELM (1902-1953), právník, státní tajemník v Říšském ministerstvu vnitra, SS-Obergruppenführer. 1926 právní poradce NSDAP ve Wiesbadenu, 1930-1931 soudce (Rüdesheim, Wiesbaden), 1932 župní vedoucí Nacionálněsocialistických německých právníků v Pomořansku, 1933 státní tajemník v pruském ministerstvu kultury, 1934 státní tajemník v Říšském ministerstvu pro vědu, 1935

PROTEKTORÁT ČECHY A MORAVA 1939–1942

státní tajemník v Říšském ministerstvu vnitra, významně se podílel na vzniku tzv. Norimberských zákonů, 1936 předseda Říšského výboru pro ochranu německé krve, 1938 vedoucí Ústředny pro provedení znovusjednocení Rakouska a sudetoněmeckých oblastí, 1942 účastník konference ve Wannsee o tzv. konečném řešení židovské otázky, 1945 říšský ministr vnitra a kultury, 1949 odsouzen na čtyři roky vězení, avšak pro špatný zdravotní stav propuštěn, 1952 člen neonacistické Socialistické říšské strany.

STUCHLÍK, FRANTIŠEK (FRANZ STUCHLIK-POSCHENBURG, 1906–?), římskokatolický kněz, osobní tajemník ministra školství a lidové osvěty Emanuela Moravce. Farář v Čížkovicích u Lovosic, univerzitní knihovník, 1942–1945 odborový rada ministerstva školství a lidové osvěty a osobní tajemník ministra Moravce, agent SD. 1945 zatčen, obžalován z kolaborace, 1947 MLS odsouzen k 18 letům vězení, propuštěn 1955, emigroval do SRN.

STÜLPNAGEL, CARL-HEINRICH VON (1886–1944), voják, vojenský velitel ve Francii, představitel protinacistické opozice. Aktivní účastník první světové války. 1904 vstoupil k 1. velkovévodskému hessenskému gardovému pěšímu pluku č. 115 v Darmstadtu, 1911–1913 studium Válečné akademie v Berlíně, 1914–1915 na frontě, 1915–1917 v generálním štábu, 1917–1918 ve štábu 18. divize, ve 20. letech 20. století ve štábních funkcích, 1929 velitel praporu 5. pěšího pluku v Neuruppinu, 1932 na Pěchotní škole v Drážďanech, ve štábu 7. jízdního pluku, 1932–1936 šéf Oddělení zahraničních armád na Říšském ministerstvu války, 1936–1939 velitel 30. pěší divize, 1938 se podílel na tzv. Osterově puči, jehož cílem bylo sesadit Adolfa Hitlera ve chvíli, kdy by Třetí říše zaútočila na Československo, vrchní ubytovatel pozemního vojska v generálním štábu, 1940 velitel II. armádního sboru, účastník francouzského polního tažení, předseda německo-francouzské komise pro příměří, velitel 17. armády, 1941 účastník polního tažení proti SSSR, 1942 z východní fronty odvolán na vlastní žádost, 1942–1944 vojenský velitel ve Francii, 1944 jedna z vůdčích osobností vojenského odboje, 20. července nechal zatknout špičky gestapa, SS a SD v Paříži, po selhání pokusu o státní převrat předvolán do Berlína, na cestě se neúspěšně pokusil o sebevraždu zastřelením, v důsledku tohoto pokusu oslepl; čestným vojenským soudem vyloučen z říšské branné moci, Lidovým soudním dvorem v Berlíně odsouzen k trestu smrti a popraven.

SYROVÝ, JAN (1888–1970), voják, ministr obrany, předseda vlády. 1908 absolutorium Vyšší průmyslové školy stavební, 1908–1914 v různých stavebních profesích vč. zahraničí (Rusko), aktivní účastník první světové války, jedna z vedoucích osobností čs. legií v Rusku, 1920–1924 zemský vojenský velitel v Čechách, 1924–1927 podnáčelník, 1927–1933 náčelník hlavního štábu čs. branné moci, 1933–1938 generální inspektor čs. branné moci, 1926 a 1938–1939 ministr obrany, 1938 předseda vlády ČSR, 1945 zatčen, 1947 odsouzen Nár. soudem k 20 letům vězení, 1960 propuštěn, poté pracoval jako noční hlídač.

ŠÁDEK, VLASTIMIL (1893–1961), právník, národohospodář, ministr průmyslu, obchodu a živností. Aktivní účastník první světové války, 1921 absolutorium UK, 1921–1937 prezidiální tajemník, 1937–1938 vedoucí tajemník a 1938 generální tajemník Ústředního svazu čs. průmyslníků, 1938–1939 ministr průmyslu, obchodu a živností ČSR, 1939–1940 ministr průmyslu, obchodu a živností protektorátní vlády, plně podporoval národně-obrannou politiku Eliášovu, 1940–1945 viceguvernér Národní banky pro Čechy a Moravu.

ŠKARVAN, FRANTIŠEK (1910–1992), právník, pracovník KPR a KSP, synodní kurátor Českobratrské církve evangelické. 1933 absolutorium Univerzity Karlovy, 1933–1937 osobní tajemník prezidenta Tomáše G. Masaryka, 1938–1939 referent politického odboru KPR, 1939–1945 osobní tajemník státního prezidenta Emila Háchy, 1940 zapojen do domácího odboje v rámci ÚVOD, 1945–1949 odborový rada KPR. 1949 zatčen a uvězněn, 1951–1970 v dělnických profesích, 1971–1979 synodní kurátor Českobratrské církve evangelické.

ŠUSTA, JOSEF (1874–1945), jeden z nejvýznamnějších českých historiků 20. století, ministr školství a lidové osvěty, prezident České akademie věd a umění. 1891–1893 studium na české Karlo-Ferdinandově univerzitě v Praze, 1893–1895 studium univerzity ve Vídni, 1896–1899 studijní pobyt v Římě. 1900–1905 profesor obchodní akademie v Praze, 1905–1910 mimořádný, 1910–1939 řádný profesor české Karlo-Ferdinandovy univerzity a později Univerzity Karlovy v Praze. Specializoval se na české dějiny 13. a 14. století a vývoj mezinárodních vztahů přelomu 19. a 20. století, autor řady monografií. 1920–1921 ministr školství a lidové osvěty, 1939–1945 prezident České akademie věd a umění a místopředseda Českého svazu pro spolupráci s Němci. Po pádu Třetí říše nespravedlivě obviněn z kolaborace v důsledku čehož spáchal 27. května 1945 sebevraždu.

TALICH, VÁCLAV (1883–1961), jeden z nejvýznamnějších českých dirigentů 20. století, pedagog. 1897–1903 studium na pražské konzervatoři, 1903–1904 koncertní mistr Berlínské filharmonie, 1905 profesor houslové hry v Tbilisi, 1908–1910 dirigent Lublaňské filharmonie, 1910–1911 studium v Berlíně a Miláně, 1911–1912 šéfdirigent Slovinského zemského divadla, 1912–1915 šéf opery Městského divadla v Plzni, 1919–1930 šéfdirigent České filharmonie, 1923–1927 pedagog na pražské konzervatoři, 1931–1934 dirigent Koncertního sdružení ve Stockholmu, 1932–1948 profesor pražské konzervatoře, 1935–1941 šéfdirigent České filharmonie, 1935–1944 správce a později šéf opery Národního divadla, 1945 zatčen, obviněn z kolaborace a uvězněn, shledán národně spolehlivým, zakladatel Českého komorního orchestru, 1946–1948 dirigent České filharmonie, 1947–1948 umělecký šéf opery Národního divadla, po únoru 1948 sesazen, 1949–1952 šéfdirigent Slovenské filharmonie a profesor Vysoké školy múzických umění v Bratislavě, od roku 1954 znovu dirigent České filharmonie.

TEUNER, FRANTIŠEK (1911–1978), lékař, generální referent Kuratoria pro výchovu mládeže v Čechách a na Moravě, přesvědčený český nacionální socialista. Od počátku 30. let 20. století přední člen krajně pravicové, nacionalistické organizace Vlajka, 1942–1945 generální referent Kuratoria pro výchovu mládeže v Čechách a na Moravě, 1945 po zániku protektorátu zatčen, obviněn z kolaborace a uvězněn, 1947 odsouzen k trestu smrti, rozsudek změněn na doživotní vězení, 1960 propuštěn, 1968 emigroval do SRN.

TOUSSAINT, RUDOLF (1891–1968), voják, zmocněnec říšské branné moci u říšského protektora, resp. německého státního ministra pro Čechy a Moravu. Aktivní účastník

PROTEKTORÁT ČECHY A MORAVA 1939–1942

první světové války, 1919–1938 ve štábních a velitelských funkcích, 1938 vojenský přidělenec na německém vyslanectví v Praze, 1939–1941 vojenský přidělenec na německém vyslanectví v Bělehradě, 1941 zmocněnec říšské branné moci u říšského protektora, 1943 Německý generál v hlavním stanu italské branné moci v Římě, 1944 zmocněnec říšské branné moci u německého státního ministra pro Čechy a Moravu, 1945 signoval německou kapitulaci v Praze, vzdal se americkým jednotkám, 1946 vydán do ČSR, 1948 odsouzen k doživotí, trest změněn na 25 let vězení, 1961 propuštěn.

TREUENFELD, THEODOR FRIEDRICH KARL FISCHER VON (1885–1946), velitel Zbraní SS v Protektorátu Čechy a Morava, SS-Gruppenführer a generál Zbraní SS. Aktivní účastník první světové války. 1904 vstoupil do pruské armády, 1914–1915 na frontě, 1915–1918 ve štábních funkcích, 1923 účastník Hitlerova pokusu o státní převrat, 1939 vstup do SS, 1941 velitel Zbraní SS Severovýchod v Den Haagu, 1942 velitel Zbraní SS v Protektorátu Čechy a Morava, po atentátu na šéfa RSHA, zastupujícího říšského protektora SS-Obergruppenführera a generála policie Reinharda Heydricha velel akci proti příslušníkům desantů Anthropoid, Bioscop, Out Distance, Silver A a Tin v chrámu sv. Karla Boromejského (sv. Cyrila a Metoděje), velitel Zbraní SS Rusko-jih a Ukrajina, 1944 velitel VI. armádního sboru SS, velitel Zbraní SS v Itálii, 1945 zajat americkými jednotkami, spáchal sebevraždu.

TSCHAMMER UND OSTEN, HANS VON (1887–1943), předseda Nacionálněsocialistického říšského spolku pro tělesnou výchovu, říšský sportovní vůdce, SA-Obergruppenführer. Aktivní účastník první světové války, 1930 velitel SA v Drážďanech, 1933 poslanec Říšského sněmu, říšský sportovní komisař v Říšském ministerstvu vnitra, říšský sportovní vůdce, 1938 státní sekretář v Říšském ministerstvu vnitra, 1939 vedoucí sekce Sport organizace KdF.

UDET, ERNST (1896–1941), voják, letecké eso první světové války, generální zbrojmistr luftwaffe. 1915–1918 na frontě, 1918 po smrti Manfreda von Richthofena jej nahradil ve funkci velitele 4. stíhací eskadry, se 62 sestřely 2. nejúspěšnější stíhací letec první světové války. 1922 spoluzaložil leteckou továrnu, současně akrobatický a testovací pilot, mnohonásobná účast ve filmu, světově proslulý díky leteckým show. 1930 vstup do NSDAP, 1935 zařazen k luftwaffe, inspektor stíhacího a střemhlavého bombardovacího letectva, 1936 vedoucí Technického oddělení Říšského ministerstva letectví, 1939–1941 generální zbrojmistr luftwaffe, 1941 po neúspěchu v bitvě o Británii a ztrátě důvěry u svého přítele – vrchního velitele letectva Hermanna Göringa, spáchal sebevraždu.

VALČÍK, JOSEF (1914–1942), koželuh, podporučík čs. armády, člen desantu Silver A. 1928–1934 koželuh u firmy Julius Matyáš ve Valašských Kloboukách, 1934–1936 dělník v Otrokovicích, 1936–1938 prezenční vojenská služba, poddůstojnická škola, 1939 výjimečná vojenská služba, znovu dělníkem v Otrokovicích, emigroval do Francie, kde vstoupil do cizinecké legie a poté do čs. zahraniční armády, v jejíchž řadách se v roce 1940 ve Francii účastnil obranných bojů, evakuován do Velké Británie. 1941 absolvent parašutistického a speciálního zpravodajského a sabotážního výcvikového kurzu, společně s Alfrédem Bartošem a Jiřím Potůčkem vytvořil desant Silver A, jehož cílem bylo vybudování zpravodajské rezidentury a udržování rádiového spojení s Londýnem, navázání styku s domácím odbojem a vybudování základny pro koordinaci činnosti dalších desantů, skupina vysazena v prosinci 1941, 1942 se podílel na navigaci britských letounů při bombardování Škodových závodů v Plzni a organizaci atentátu na šéfa RSHA, zastupujícího říšského protektora SS-Obergruppenführera a generála policie Reinharda Heydricha, spolu s dalšími příslušníky čs. desantů dopaden 18. června 1942, při boji s přesilou Zbraní SS spáchal sebevraždu. 14 příbuzných, včetně sedmi sourozenců, bylo popraveno v KT Mauthausen (1942). 2002 povýšen in memoriam do hodnosti plukovníka.

VAMBERSKÝ, ADOLF (1888–1951), technik, generální ředitel Škodových závodů. 1911 absolutorium České školy technické v Praze, nastoupil do Škodových závodů jako konstruktér. Spolutvůrce velkorážních kanónů, např. možděře ráže 42cm, ve 20. letech 20. století přednosta konstrukčních kanceláří, 1930–1934 vrchní ředitel Škodových závodů, 1934–1938 vrchní technický ředitel Škodových závodů, 1938–1945 generální ředitel Škodových závodů, 1945 člen neúspěšné smíšené delegace protektorátních činitelů vyslaných z popudu německého státního ministra pro Čechy a Moravu Karl H. Franka na západní frontu ke kontaktu s velením anglo-amerických vojsk, po zániku protektorátu penzionován, obviněn z kolaborace, zatčen a uvězněn, 1946 odsouzen ke třem letům vězení.

VÍTĚZ, LIBOR (1889–?), voják, II. zástupce generálního inspektora Vládního vojska Protektorátu Čechy a Morava. 1935–1936 velitel 39. pěšího pluku, 1939–1942 přednosta Styčného oddělení Vládního vojska Protektorátu Čechy a Morava, 1942–1945 II. zástupce generálního inspektora Vládního vojska Protektorátu Čechy a Morava. 1945 po zániku protektorátu obviněn z kolaborace, zatčen a uvězněn, 1946 odsouzen ke čtyřem letům vězení.

VLASOV, ANDREJ ANDREJEVIČ (1901–1946), voják, armádní velitel, předseda Komitétu pro osvobození národů Ruska (KONR), velitel Ruské osvobozenecké armády (ROA). 1935 absolutorium Frunzeho vojenské akademie, 1937–1938 člen vojenského soudu, 1938 vojenský poradce v Číně, 1939 náčelník štábu skupiny poradců, 1941 jako velitel 37. ar-mády bránil Kyjev, raněn, po vyléčení osobně pověřen Josifem V. Stalinem zformováním 20. armády pro obranu Moskvy, 1942 zástupce velitele Volchovského frontu, velitel 2. úderné armády, zajat, podílel se na textu tzv. *Smolenského manifestu*, který deklaroval vznik protibolševické ROA, 1943 propuštěn ze zajetí, přednášková činnost pro říšskou brannou moc, 1944 v Praze formálně vyhlásil vznik KONR a ROA, 1945 těsně před pádem Třetí říše dostal nabídku odletět do Španělska, ale odmítl opustit své vojáky, 1945 vydán SSSR, 1946 odsouzen k trestu smrti a popraven.

VÖLCKERS, HANS HERMANN (1886–1977), diplomat, vedoucí Kanceláře říšského protektora. 1933–1937 vyslanecký rada v Madridu, 1937–1939 vyslanec na Kubě, 1940–1941 tajemník v ÚŘP, vedoucí Kanceláře říšského protektora, 1946 svědek u IMT.

WÄCHTLER, FRITZ (1891–1945), učitel, župní vedoucí Říšské župy Bayreuth, SS-Obergruppenführer. Aktivní účastník první světové války, 1926 zakladatel vůdce místní skupiny SA (Triebes), 1929 poslanec duryňského zemského sněmu, zástupce župního vedoucího Říšské župy Duryňsko, 1930

PROTEKTORÁT ČECHY A MORAVA 1939–1942

ministr lidové osvěty duryňské vlády, 1933 ministr vnitra duryňské vlády, 1935 župní vedoucí Říšské župy Bavorská Východní Marka (Bayreuth), vedoucí Hlavního úřadu pro výchovu v říšském vedení NSDAP, vedoucí Nacionálněsocia-listického učitelského spolku (NSLB), 1945 zastřelen na útěku.

WEIDERMANN, WILLY (1898–1985), policejní prezident v Praze, SS-Brigadeführer a generál policie. Ve 20. letech 20. století vstup do NSDAP, 1932 vstup do SS, 1937 policejní prezident v Saské Kamenici, 1942–1945 policejní prezident v Praze, po zániku protektorátu zatčen a převezen do Moskvy, 1948 vydán do Československa a odsouzen k dlouholetému vězení, propuštěn 1960.

WEICHS AN DER GLON, MAXIMILIAN MARIA JOSEPH KARL GABRIEL LAMORAL VON UND ZU (1881–1954), voják, generál polní maršál. Aktivní účastník první světové války, 1902 vstup ke 2. bavorskému pluku těžkého jezdectva, 1913 absolutorium Válečné akademie v Mnichově, 1914–1918 na frontě u několika bavorských jezdeckých divizí a v jejich štábech jako ordonanční důstojník, 1920–1923 ve štábu 3. jezdecké divize ve Výmaru, 1925–1927 učitel taktiky na pěchotní škole v Drážďanech, 1928 velitel praporu ve Stuttgartu, 1930 šéf štábu 1. jezdecké divize ve Frankfurtu nad Odrou, 1933 velitel 3. jezdecké divize, 1935 vytvořil 1. pancéřovou divizi, 1937 velitel XIII. armádní skupiny, 1939 účastník polského polního tažení, velitel 2. armády, 1940 účastník francouzského polního tažení, 1941 účastník polního tažení proti SSSR, 1942 vrchní velitel Skupiny armád B, protestoval proti Hitlerovu rozkazu udržet Stalingrad za každou cenu, 1943 povýšen do hodnosti generál polní maršál, vsazen do Vůdcovy rezervy, jmenován vrchním velitelem prostoru jihovýchod a Skupiny armád F na Balkáně, 1945 vsazen do Vůdcovy rezervy, po pádu Třetí říše zajat americkými jednotkami, obžalován z válečných zločinů, avšak ze zdravotních důvodů ještě v průběhu procesu propuštěn.

WEINMANN, ERWIN (1909–1945), lékař, velitel SiPo a SD v protektorátu, SS-Oberführer. 1931 absolutorium univerzity v Tübingenu, 1932 vedoucí činovník NSDStB, 1936 vstup do SS, resp. SD, šéf štábu Jihozápad, 1937 šéf štábu Berlín, 1941 vedoucí skupiny IV D (Obsazená území) v RSHA, 1942 velitel Skupiny zvláštního určení 4a na východní frontě, osobně zodpovědný za smrt civilního obyvatelstva, 1942–1945 velitel SiPo a SD v protektorátu, 1945 s největší pravděpodobností padl v Praze v boji s povstalci, 1949 prohlášen za mrtvého.

WEIZSÄCKER, ERNST VON (1882–1951), diplomat, státní tajemník Říšského ministerstva zahraničních věcí, SS-Gruppenführer. Aktivní účastník první světové války, 1914–1918 u válečného námořnictva, 1920 vstup na ministerstvo zahraničních věcí, 1931–1933 vyslanec v Norsku, 1933–1936 vyslanec ve Švýcarsku, 1936 vedoucí Politického odboru Říšského ministerstva zahraničních věcí, 1938 vstup do NSDAP, vstup do SS, jmenován státním sekretářem Říšského ministerstva zahraničních věcí, 1939 přítomen v Novém říšském kancléřství při jednání o podpisu tzv. Berlínského protokolu mezi česko-slovenským prezidentem Emilem Háchou a Vůdcem a říšským kancléřem Adolfem Hitlerem – autor zápisu, podílel se na vyjednání tzv. Paktu Ribbentrop-Molotov, 1943–1945 vyslanec ve Vatikánu, 1947 zatčen a uvězněn, 1949 odsouzen k sedmi letům vězení, 1950 propuštěn. Autor pamětí.

WERNER, KAREL (1906–1947), aktivistický novinář. 1924 po maturitě studium Vysoké školy obchodní (3 semestry), vstup do NOF. 1926 úředník v ocelárnách Schöller-Bleckmann ve Vídni, 1927–1929 redaktor *Vídeňského obdeníku*, 1930 stenograf, redaktor *Poledního listu*, 1941 šéfredaktor *Poledního listu*, představitel vrcholné aktivistické žurnalistiky, 1942 člen poradního sboru Národního svazu novinářů, 1943 šéfredaktor *Večerního Českého slova*, 1944 spoluzakladatel České ligy proti bolševismu, 1945 zatčen, 1947 Nár. soudem odsouzen k trestu smrti a popraven. V březnu 1942 odpověděl na otázku, proč se jako český nacionalista zcela postavil na stranu Němců, takto: *„Poněvadž od 30. září 1938 od dvou hodin patnácti minut ráno celou svou bytostí, každým svým nervem strašlivě nenávidím bývalou Francii a dosavadní Anglii…"*

WOLF, MARTIN PAUL (1908–?), vedoucí Oddělení IV (Kulturní politika) ÚŘP, SS-Sturmbannführer. 1934 referent ústředny SD v Mnichově, 1939 na vlastní žádost přeložen do protektorátu, vedoucí tiskového oddělení SD, 1940 zástupce šéfa SD v protektorátu, 1942 vedoucí Oddělení IV ÚŘP, zvláštní pověřenec ÚŘP, 1945 zajat americkými jednotkami, jeho další osudy nejsou známy.

WOLFF, KARL FRIEDRICH OTTO (1900–1984), šéf osobního štábu říšského vůdce SS, SS-Obergruppenführer. Aktivní účastník první světové války, 1935 hlavní pobočník říšského vůdce SS Heinricha Himmlera, 1936 šéf osobního štábu říšského vůdce SS, 1939 spojovací důstojník SS k Vůdci, 1940 koordinátor plánování výroby chemické průmyslové společnosti IG Farben ke KT Osvětim, 1943 vyšší velitel SS a policie v Itálii, 1964 odsouzen k 15 letům vězení, 1971 propuštěn.

WOLMAR, WOLFGANG WOLFRAM VON (1910–1987), vedoucí skupiny 3 (Rozhlas, tisk) v Oddělení IV ÚŘP, vládní rada, SS-Hauptsturmführer. 1934 vůdce sudetoněmeckého studentského svazu Studentenbund, 1935 vypovězen z ČSR, pracoval v kanceláři NSDAP pro péči o sudetské Němce v Berlíně, 1939–1943 vedoucí skupiny 3 v Oddělení IV ÚŘP, de facto řídil veškerý český protektorátní tisk a nastavil pravidla jeho cenzury, 1945 po pádu Třetí říše se ukrýval v americkém okupačním pásmu v Rakousku, poté pracoval jako novinář v SRN.

ZOGLMANN, SIEGFRIED (1913–2007), novinář, vedoucí skupiny 5 (Mládež) v Oddělení I ÚŘP, vůdce HJ v Protektorátu Čechy a Morava, SS-Obersturmführer. 1928 vedoucí osobnost sudetoněmecké mládeže, 1933–1934 uvězněn, 1934–1935 novinář v Kolíně nad Rýnem a Berlíně, 1934 vstup do NSDAP. 1939–1943 vedoucí skupiny 5 (Mládež) v Oddělení I ÚŘP, 1940 válečný zpravodaj na západní frontě, 1942 na vlastní žádost na východní frontě v rámci Zbraní SS, 1943–1945 vedoucí mládeže v Úřadu německého státního ministra pro Čechy a Moravu, vůdce HJ v Protektorátu Čechy a Morava, 1945–1951 šéfredaktor periodik *Der Fortschritt, Die Deutsche Zukunft* a *Deutsche Allgemeine Zeitung*. 1950–1970 člen FDP, 1951 obchodní vedoucí „Nordwestdeutschen Zeitungs- und Zeitschriftenverlages", 1954–1958 poslanec zemského sněmu v Severním Porýní-Vestfálsku, 1957–1976 poslanec Spolkového sněmu, 1961–1963 předseda frakce FDP ve Spolkovém sněmu, 1963–1968 místopředseda frakce FDP ve Spolkovém sněmu, 1974 vstup do CSU, 1976–1988 vedoucí osobnost Sudetoněmeckého krajanského sdružení v Bavorsku. Bez ohledu na oficiální politickou příslušnost nikdy neopustil nacistickou ideologii.

ZKRATKY

AA-PA Auswärtiges Amt – Politisches Archiv (Ministerstvo zahraničních věcí Spolkové republiky Německo – Politický archiv)
AHA – Allgemeines Heeresamt (Vševojskový armádní úřad)
AHMP – Archiv hlavního města Prahy
AKPR – Archiv Kanceláře prezidenta republiky
AŠP – Archiv Škoda Plzeň
AVU – Akademie výtvarných umění
BDM – Bund Deutscher Mädel (Svaz německých dívek)
BMM – Böhmisch-Mährische Maschinenfabriken A. G. (Českomoravské strojírny akciová společnost)
BS-HH – Bayerische Staatsbibliothek – Heinrich Hoffmann (Bavorská státní knihovna – fotoarchiv Heinricha Hoffmanna)
CSU – Christlich Demokratische Union Deutschland (Křesťanskodemokratická unie Německa)
ČSNS – Česká strana národně socialistická
ČSSN – Český svaz pro spolupráci s Němci
ČSV – Český svaz válečníků
ČTK – Česká tisková kancelář
ČVUT – České vysoké učení technické
DAF – Deutsche Arbeitsfront (Německá pracovní fronta)
DAP – Deutsche Arbeiterpartei (Německá dělnická strana)
DRK – Deutsches Rotes Kreuz (Německý červený kříž)
DRL – Deutsches Reichsbund für Leibesübungen (Německý říšský tělocvičný spolek)
DTV – Deutscher Turnverband (Německý tělocvičný svaz)
FDP – Freie Demokratische Partei (Svobodná demokratická strana)
FHQ – Führerhauptquartier (Vůdcův hlavní stan)
Gestapo – Geheime Staatspolizei (Tajná státní policie)
HJ – Hitlerjugend (Hitlerova mládež)
KdF – Kraft durch Freude (Radostí k síle)
KLV – Kinderlandverschickung (Vysílání dětí na venkov)
KPR – Kancelář prezidenta republiky
KS – Krajský soud
KSČ – Komunistická strana Československa
KSP – Kancelář státního prezidenta
KT – Koncentrační tábor
LSSAH – Leibstandarte SS Adolf Hitler (Tělesná standarta SS Adolfa Hitlera)
MČR – Muzeum Českého ráje v Turnově
MHMP – Muzeum hlavního města Prahy
MLS – Mimořádný lidový soud
MU – Masarykova univerzita
MV – Muzeum Vysočiny Jihlava
MVČ – Muzeum východních Čech v Hradci Králové
MZM – Moravské zemské muzeum
NOÚZ – Národní odborová ústředna zaměstnanecká
NPEA – Nationalpolitische Erziehungsanstalt (Nacionálněpolitický výchovný institut)
NRČ – Národní rada česká
NS – Národní souručenství
NSDAP – Nationalsozialistische Deutsche Arbeiterpartei (Nacionálněsocialistická německá dělnická strana)
NSDDB – Nationalsozialistischer deutscher Dozentenbund (Nacionálněsocialistický německý spolek docentů)
NSDStB – Nationalsozialistischer Deutscher Studentenbund (Nacionálněsocialistický německý svaz studentstva)
NSF – Nationalsozialistische Frauenschaft (Nacionálněsocialistický svaz žen)
NSKK – Nationalsozialistisches Kraftfahrkorps (Nacionálněsocialistický motoristický sbor)
NSLB – Nationalsozialistische Lehrerbund (Nacionálněsocialistický učitelský spolek)
NSN – Národní svaz novinářů
NSRL – Nationalsozialistischer Reichsbund für Leibesübungen (Nacionálněsocialistický říšský tělocvičný spolek)
NSS – Nejvyšší správní soud
NSV – Nationalsozialistische Volkswohlfahrt (Nacionálněsocialistický výbor pro dobročinnost)
OKH – Oberkommando des Heeres (Vrchní velitelství pozemní armády)
OKW – Oberkommando der Wehrmacht (Vrchní velitelství branné moci)
ON – Obrana národa
OrPo – Ordnungspolizei (Pořádková policie)
OT – Organisation Todt (Todtova organizace)
PF – Právnická fakulta
PM – Polabské muzeum v Poděbradech
PMP – Poštovní muzeum Praha
PÚ – Politické ústředí
PVVZ – Petiční výbor „Věrni zůstaneme!"
PzKpfw – Panzerkampfwagen (tank)
RAD – Reichsarbeitsdienst (Říšská pracovní služba)
RMK – Regionální muzeum v Kolíně
RMVM – Regionální muzeum ve Vysokém Mýtě
RSČ – Rada svobodného Československa
RSD – Reichssicherheitsdienst (Říšská bezpečnostní služba)
RSHA – Reichssicherheitshauptamt (Hlavní úřad říšské bezpečnosti)
RuSHA – Rasse- und Siedlungsheitshauptamt (Hlavní rasový a osidlovací úřad)
SA – Sturmabteilung (Úderný oddíl)
SAP – Sborník archivních prací
SD – Sicherheitsdienst (Bezpečnostní služba SS)
SdKfz – Sonderkraftfahrzeug (speciální vozidlo)
SdP – Sudetendeutsche Partei (Sudetoněmecká strana)
SchuPo – Schutzpolizei (Ochranná policie)
SiPo – Sicherheitspolizei (Bezpečnostní policie)
SJČ – Sbírka Jaroslava Čvančary
SJBU – Sbírka Jana B. Uhlíře
SOkA – Státní okresní archiv
SRN – Spolková republika Německo
SS – Schutzstaffeln (Ochranné oddíly)
SS-FHA – SS-Führungshauptamt (Hlavní velící úřad SS)
SSSR – Svaz sovětských socialistických republik
SVK – Sbírka Vladimíra Kačírka
SVŠ – Sbírka Václava Šorela
Směrš – Směrť špionam (Smrt špionům)
TN – Technische Nothilfe (Nouzová technická pomoc)
USA – Spojené státy americké
ÚVOD – Ústřední vedení odboje domácího
VoMi – Volksdeutsche Mittelstelle (Středisko podpory etnických Němců)
VGH – Volksgerichtshof (Lidový soudní dvůr)
VÚA/VHA – Vojenský ústřední archiv / Vojenský historický archiv
WHW – Das Winterhilfswerk des Deutschen Volkes (Dílo zimní pomoci německého národa)
ZM – Západočeské muzeum v Plzni

PROTEKTORÁT ČECHY A MORAVA 1939–1942

PRAMENY A LITERATURA

ARCHIVNÍ PRAMENY
Auswärtiges Amt – Politisches Archiv
Archiv bezpečnostních složek
Archiv hlavního města Prahy
Archiv Kanceláře prezidenta republiky
Archiv Ministerstva zahraničních věcí ČR
Archiv Národního muzea
Archiv Škoda Plzeň
Bayerische Staatsbiblothek
Bundesarchiv
Česká tisková kancelář
Jihočeské muzeum v Českých Budějovicích
Moravské zemské muzeum
Muzeum hlavního města Prahy
Muzeum Českého ráje v Turnově
Muzeum Vysočiny Jihlava
Muzeum východních Čech v Hradci Králové
Národní archiv
Polabské muzeum v Poděbradech
Poštovní muzeum Praha
Regionální muzeum v Kolíně
Regionální muzeum ve Vysokém Mýtě
Sbírka Jana B. Uhlíře
Sbírka Jaroslava Čvančary
Sbírka Václava Šorela
Sbírka Vladimíra Kačírka
Státní okresní archiv České Budějovice
Státní okresní archiv Hradec Králové
Státní okresní archiv Pardubice
Státní okresní archiv Semily
Vojenský ústřední archiv / Vojenský historický archiv
Západočeské muzeum v Plzni

TISKEM VYDANÉ PRAMENY
Akten zur deutschen Auswärtigen Politik 1918–1945. Serie D: 1937–1941, Band IV, Oktober 1938 bis März 1939: Die Nachwirkungen von München, Baden-Baden 1951.
BIMAN, S., VRBATA, J.: *„Protektorát Čechy a Morava" v období vojenské správy. (Dokumenty z činnosti civilně správních orgánů říškoněmecké armády ve dnech 15. března – 15. dubna 1939)*. In: Odboj a revoluce, roč. VII/1969, č. 2, s. 156-241 a č. 3, s. 172–229, ed.
ČELOVSKÝ, B. (ed.): *So oder so. Řešení české otázky podle německých dokumentů 1933–1945*, Ostrava 1995.
EBERLE, H., UHL, M. (edd.): *Akta Hitler. Tajná složka NKVD pro Josifa V. Stalina, sestavená na základě protokolů o výslechu Hitlerova osobního pobočníka Otto Günscheho a komorníka Heinze Lingeho*, Moskva 1948/49, Praha 2006.
FRÖHLICH, E. (ed.): *Goebbels, P.: Die Tagebücher von Joseph Goebbels*, Díl II, Sv. 4 (duben–červen 1942), München-New Providence-London-Paris 1995.
JOCHMANN, W. (ed.): *Adolf Hitler. Monology ve Vůdcově hlavním stanu 1941–1944*, Praha 1995.
KÁRNÝ, M., MILOTOVÁ, J., KÁRNÁ, M. (edd.): *Deutsche Politik im „Protektorat Böhmen und Mähren" unter Reinhard Heydrich 1941–1942. Eine Dokumentation*, Berlin 1997.
KÁRNÝ, M., MILOTOVÁ, J., KÁRNÁ, M. (edd.): *Protektorátní politika Reinharda Heydricha*, Praha 1991.
KOKOŠKOVÁ, Z., PAŽOUT, J., SEDLÁKOVÁ, M., KOKOŠKA, S. (edd.): *Pracovali pro Třetí říši: nucené pracovní nasazení českého obyvatelstva Protektorátu Čechy a Morava pro válečné hospodářství Třetí říše (1939–1945)*, Praha 2011.
KONČELÍK J., KÖPPLOVÁ, B., KRYŠPÍNOVÁ, J. (edd.): *Český tisk pod vládou Wolfganga Wolframa von Wolmara. Stenografické zápisy Antonína Fingera z protektorátních tiskových porad 1939–1941*, Praha 2003.
KREJČOVÁ, H., HYNDRÁKOVÁ, A., SVOBODOVÁ, J. (edd.): *Židé v protektorátu: hlášení Židovské náboženské obce v roce 1942*, Praha 1997.
LINHARTOVÁ, L., MĚŠŤÁNKOVÁ, V., MILOTOVÁ, J. (edd.): *Heydrichova okupační politika v dokumentech*, Praha 1987.
MILOTOVÁ, J., KÁRNÝ, M.: *Od Neuratha k Heydrichovi. Na rozhraní okupační politiky hitlerovského Německa v „Protektorátu Čechy a Morava"*, in: Milotová, J., Kárný, M. (edd.): Sborník archivních prací 39/1989, s. 281–394.
MÍŠKOVÁ, A., ŠUSTEK, V. (edd.): *Josef Pfitzner a protektorátní Praha v letech 1939–1945. Sv. 1. Deník Josefa Pfitznera. Úřední korespondence Josefa Pfitznera s Karlem Hermannem Frankem*, Praha 2000.
OTÁHALOVÁ, L., ČERVINKOVÁ, M.: *Dokumenty z historie československé politiky 1939–1943*, Sv. I, Praha 1966.
Sammlung der Gesetze und Verordnungen des Protektorates Bohmen und Mähren 1939–1941/Sbírka zákonů a nařízení Protektorátu Čechy a Morava 1939–1941, Prag/Praha 1939-1942.
SOJÁK, V. (ed.): *Mnichov v dokumentech*. I. a II., Praha 1958.
ŠUSTEK, V. (ed.): *Atentát na Reinharda Heydricha a druhé stané právo na území tzv. protektorátu Čechy a Morava*. Sv. 1, Praha 2012.
ŠUSTEK, V. (ed.): *Atentát na Reinharda Heydricha a druhé stané právo na území tzv. protektorátu Čechy a Morava*. Sv. 2, Praha 2012.
ŠUSTEK, V. (ed.): *Josef Pfitzner a protektorátní Praha v letech 1939–1945. Sv. 2. Měsíční zprávy Josefa Pfitznera*, Praha 2001.

DOBOVÉ TISKY
Amtliches deutsches Ortsbuch für das Protektorat Böhmen und Mähren, Prag 1940.
Fernsprechteilnehmerverzeichnis des Ortsnetzes Prag/Seznam telefonních účastníků místní sítě pražské 1940, Prag1940.
Fernsprechteilnehmerverzeichnis des Ortsnetzes Prag/Seznam telefonních účastníků místní sítě pražské 1940, Prag 1941.
Compass. Finanční ročenka / Finanzielles Jahrbuch 1939, Čechoslovakei, 72. roč., Praha 1939.
Compass. Finanzielles Jahrbuch / Finanční ročenka 1940, Böhmen und Mähren / Čechy a Morava, 73. roč., Prag 1940.
Compass. Finanzielles Jahrbuch / Finanční ročenka 1941, Böhmen und Mähren / Čechy a Morava, 74. roč., Prag 1941.
Compass. Finanzielles Jahrbuch / Finanční ročenka 1942, Böhmen und Mähren / Čechy a Morava, 75. roč., Prag 1942.
Das Ortsbuch für das Deutsche Reich. Ergänzungsband. Protektorat Böhmen und Mähren, Berlin 1942.
Deutsche Größe, Berlin 1940/1941.
DIETRICH, O.: *Duchovní základy Nové Evropy*, Praha 1941.
FRANK, K. H.: *Böhmen und Mähren im Reich*, Prag 1941.
FUNK, W.: *Hospodářský řád v Nové Evropě*, Praha 1941.
HAVEL, J. M.: *Zkouška české životaschopnosti*, Praha 1941.
HEISS, F.: *Das Böhmen und Mähren-Buch*, Prag 1943.
MORAVEC, E.: *Děje a bludy. O šíře evropské cesty, o zarostlé národní pěšince a nejvíce o této válce*, Praha 1941.

695

PROTEKTORÁT ČECHY A MORAVA 1939–1942

MORAVEC, E.: *Die Tschechen und das neue Europa*, Europäische Revue, roč. XVII/1941, č. 3, s. 149–154.
MORAVEC, E.: *Die Tschechen und das Reich*, Europäische Revue, roč. XV/1939, č. 10, s. 305–314.
MORAVEC, E.: *O smyslu dnešní války. Cesty současné strategie*, Praha 1941.
MORAVEC, E.: *O český zítřek*, Praha 1943.
MORAVEC, E. : *Projev ministra Emanuela Moravce na kongresu Unie národních novinářských svazů 10.–12. dubna 1942 v Benátkách*, Praha 1942.
MORAVEC, E.: *Rozhovor se skutečností*, Praha 1939.
MORAVEC, E.: *Tři roky před mikrofonem*, Praha 1942.
MORAVEC, E.: *V úloze mouřenina. (Česko-slovenská tragedie r. 1938)*, Praha 1939.
MORAVEC, E.: *Ve službách Nové Evropy. Rok před mikrofonem*, Praha 1940.
Seznam telefonních účastníků místní sítě pražské 1939, Praha 1939.
Statistisches Jahrbuch für das Protektorat Böhmen und Mähren / Statistická ročenka Protektorátu Čechy a Morava, Jahrgang I./1939 – III./1941, Prag/Praha 1939–1942.
Tři roky v Říši: Protektorát Čechy a Morava, Praha 1942.
Úřední dokumenty o vzniku války proti SSSR, Praha 1941.
V hodině dvanácté. Soubor projevů státního presidenta a členů vlády Protektorátu Čechy a Morava po 27. květnu 1942, Praha 1942.
Verzeichnisder Fernsprechdienstanschlüsse des Behördeamts Czernin-Palais in Prag, Prag 1939–1941.
WOLMAR, W. W. von: *Němec o českých problémech*, Praha 1941.

LITERATURA MEMOÁROVÉHO CHARAKTERU
CIANO, G.: *Deník 1939–1943*, Praha 1948.
ČERNÝ, V.: *Křik koruny české. Paměti, díl II. 1938–1945*, Brno 1992.
DENNLER, W.: *Die böhmische Passion*, Freiburg im Breisgau, 1953.
ELIÁŠOVÁ, J., PASÁK, T.: *Heydrich do Prahy – Eliáš do vězení*, Praha 2002.
FEIERABEND, L., K.: *Politické vzpomínky I*, Brno 1994.
GOLOMBEK, B.: *Co nebude v dějepise*, Brno 1945.
HAVELKA, J.: *Dvojí život: vzpomínky protektorátního ministra*, Praha 2015, KVAČEK, R., TOMEŠ, J. (edd.)
MASAŘÍK, H.: *V proměnách Evropy. Paměti československého diplomata*, Praha-Litomyšl 2002, TOMEŠ, J. (ed.)
NAUDÉ, H.: *Im Protektorat Böhmen und Mähren. März 1939 – Mai 1945. Erinnerungen, Erlebnisse, persön. Urteile*, München 1973.
ROSE, O. (ed.), SCHAUB, J.: *In Hitlers Schatten*, Stegen am Ammersee, 2005.
SCHMIDT, P.: *Paměti Hitlerova tlumočníka*, Brno 1997.

LITERATURA
BENZ, W., GRAML, H., WEIß, H.: *Enzyklopädie des Nationalsozialismus*, München 2001.
BOČEK, J.: *Nadace a nadační fondy v protektorátu Čechy a Morava*, Říčany u Prahy, 2010.
BRANDES, D.: *Češi pod německým protektorátem. Okupační politika, kolaborace a odboj 1939–1945*, Praha 1999.
BRANDES, D.: *Germanizovat a vysídlit*, Praha 2015.
BRYANT, Ch.: *Praha v černém. Nacistická vláda a české vlastenectví*, Praha 2012.
BURIAN, M., KNÍŽEK, A., RAJLICH, J., STEHLÍK, E.: *Atentát. Operace Anthropoid 1941–1942*, Praha 2007.
BUREŠOVÁ, J., HAZDRA, Z. (edd.): *Válečný prožitek české společnosti v konfrontaci s nacistickou okupací (1939–1945)*, Praha 2009.
BURLEIGH, M.: *Die Zeit des Nationalsozialismus*, Frankfurt am Main 2000.
CROWHURST, P.: *Hitler and Czechoslovakia in World War II*, London – New York 2013.
ČERVINKA, F.: *Česká kultura a okupace*, Praha 2002.
ČVANČARA, J.: *Heydrich*, Praha 2011.
ČVANČARA, J.: *Někomu život, někomu smrt 1939–1941*, Praha 2002.
DESCHNER, G.: *Reinhard Heydrich*, Praha 2002.
DOLEŽAL, J.: *Česká kultura za protektorátu*, Praha 1996.
DESCHNER, G.: *Reinhard Heydrich. Architekt totální moci*, Praha 2002.
EVANS, R. J.: *Das Dritte Reich. Aufstieg*, München 2004.
EVANS, R. J.: *Das Dritte Reich. Diktatur*, München 2006.
EVANS, R. J.: *Das Dritte Reich. Krieg*, München 2009.
FEST, J.: *Hitler. Eine Biographie*, Berlin 2004.
FILIP, V., SCHILDBERGER, V., BŘEČKA, J., NEDBAL, L.: *Brno Brünn 1939–1945*, Brno 2011.
FILIP, V., SCHILDBERGER, V., BŘEČKA, J., KUDĚLKOVÁ, L.: *Brno Brünn 1939–1945 II.*, Brno 2011.
FISCHER, H. J.: *Hitlers Apparat. Namen, Ämter, Kompetenzen*, Kiel 2000.
GEBHART, J., KÖPPLOVÁ, B., KRYŠPÍNOVÁ, J.: *Řízení legálního českého tisku v Protektorátu Čechy a Morava*, Praha 2010.
GEBHART, J., KUKLÍK, J.: *Velké dějiny zemí Koruny české*, Sv. XV.a a XV.b, 1938–1945, Praha-Litomyšl 2006 a 2007.
GOLOMBEK, B.: *Válka v datech*, Brno 1945.
GOSTOMSKI, V. von, LOCH, W.: *Der Tod von Plötzensee*, Frankfurt am Main 1993.
GÖRNER, J.: *Německá terminologie z doby nacistické okupace*, in: SAP 15, 1965, s. 173–228.
GROBELNÝ, A.: *Národnostní politika nacistů a český průmysl 1938–1945*, Ostrava 1989.
HAASIS, H. G.: *Smrt v Praze. Atentát na Reinharda Heydricha*, Praha 2004.
HILGEMANN, W.: *Atlas zur deutschen Zeitgeschichte 1918–1968*, München-Zürich 1986.
HOŘÁK, M., JELÍNEK, T. (edd.): *Nacistická perzekuce obyvatel českých zemí*, Praha 2006.
HOŘEJŠ, M., LORENCOVÁ, I.: *Věda a technika v českých zemích v období 2. světové války*, Praha 2009.
CHARVÁT, M.: *Katalog německých vyznamenání 1933–1945*, Praha 2012.
JANÁK, J., HLEDÍKOVÁ, Z.: *Dějiny správy v českých zemích do roku 1945*, Praha 1989.
JANEČKOVÁ, E.: *Státoprávní uspořádání Protektorátu Čechy a Morava (1939–1945)*, Plzeň 2013.
KALOUSEK, M.: *Vládní vojsko 1939–1945. Vlastenci či zrádci?*, Praha 2002.
KAŠPAR, L.: *Český hraný film a filmaři za protektorátu. Propaganda, kolaborace, rezistence*, Praha 2007.
KERSHAW, I.: *Hitler. 1936–1945: Nemesis*, Praha 2004.
KLEE, E.: *Das Personenlexikon zum Dritten Reich*, Frankfurt am Main 2005.
KLIETMANN, K. G.: *Auszeichnungen des Deutschen Reiches 1936–1945*, Stuttgart 1994.
KLIETMANN, K. G.: *Pour le Mérite und Tapferkeitsmedaille*, Berlin 1966.
KOUDELKA, Z.: *Život a dílo Jaroslava Krejčího*, Brno 1993.
KRČÁL, M.: *Karel Staller. Život s dvojí tváří*, Praha 2012.
KÜPPER, R.: *Karl Hermann Frank (1898–1946)*, Praha 2012.
KVAČEK, R., TOMÁŠEK, D.: *Generál Alois Eliáš. Jeden český osud*, Praha 1996.

PROTEKTORÁT ČECHY A MORAVA 1939–1942

KAMMER, H., BARTSCH, E., EPPENSTEIN-BAUKHAGE, M. (edd.): *Lexikon des Nationalsozialismus*, Berlin 1999.
LAŠTOVKA, M., LEDVINKA, V. a kol.: *Pražský uličník. 1. a 2. díl*, Praha 1997-1998.
MACEK, P., UHLÍŘ, L.: *Dějiny policie a četnictva III.*, Praha 2001.
MACHÁLEK, V.: *Prezident v zajetí. Život, činy a kříž Emila Háchy*, Praha 1998.
MAGNICOVÁ, D.: *O protektorátu v sociokulturních souvislostech*, Červený Kostelec 2011.
MARŠÁLEK, P.: *Pod ochranou hákového kříže*, Praha 2012.
MARŠÁLEK, P.: *Protektorát Čechy a Morava*, Praha 2002.
Musik im Protektorat Böhmen und Mähren (1939-1945), München 2008
NOVOTNÝ, J.: *Státní finanční hospodaření v období protektorátu v letech 1939-1945*, Praha 2006.
OVERESCH, M.: *Das III. Reich 1939-1945. Eine Tageschronik der Politik, Wirtschaft, Kultur*, Augsburg 1991.
PADEVĚT, J.: *Průvodce protektorátní Prahou*, Praha 2014.
PASÁK, T.: *JUDr. Emil Hácha (1938-1945)*, Praha 1997.
PASÁK, T.: *Pod ochranou říše*, Praha 1998.
PASÁK, T.: *Soupis legálních novin, časopisů a úředních věstníků z let 1939-1945*, Praha 1980.
PASÁK, T.: *Zápasy primátora JUDr. O. Klapky*, Praha 1992.
PAUL, G., MALLMANN, K. M. (edd.): *Die Gestapo im Zweiten Weltkrieg. Heimatfront und besetztes Europa*, Stuttgart 2000.
PAVLÍK, S.: *Vyznamenání a bojové odznaky Třetí říše. Díl I. a II.*, Martin a Ostrava 2007 a 2009.
PETRŮV, H.: *Právní postavení židů v Protektorátu Čechy a Morava (1039-1941)*, Praha 2000.
PETRŮV, H.: *Zákonné bezpráví. Židé v Protektorátu Čechy a Morava*, Praha 2011.
PRŮCHA. V. a kol.: *Hospodářské a sociální dějiny Československa 1918-199. I. díl, období 1918-1945*, Brno 2004.
RATAJ, J.: *Obraz Němce a Německa v protektorátní společnosti a československém odboji*, In: Křen, J. a Brokolová, E. (edd.), *Obraz Němců, Rakouska a Německa v české společnosti 19. a 20. století*, Praha 1998, s. 207-235.
SHIRER, W. L.: *Aufstieg und Fall des Dritten Reiches*, Frechen 2000.
SCHELLE, K., HORÁKOVÁ, M., SALÁK, P., TAUCHEN, J.: *Protektorát Čechy a Morava – jedna z nejtragičtějších kapitol českých novodobých dějin*, Ostrava 2010.
SOBOTA, E.: *Co to byl protektorát*, Praha 1946.
SOBOTA, E.: *Glossy 1939-1944*, Praha 1946.
STOCKHORST, E.: *5000 Köpfe*, Kiel 2000.
ŠTOLLEOVÁ, B.: *Pod kuratelou Německé říše. Zemědělství Protektorátu Čechy a Morava*, Praha 2014.
ŠUSTROVÁ, R.: *Pod ochranou protektorátu. Kinderlandverschickung v Čechách a na Moravě: politika, každodennost a paměť 1940-1945*, Praha 2012.
TEICHOVÁ, A.: *Německá hospodářská politika v českých zemích v letech 1939-1945*, Praha 1998.
UHLÍŘ, J. B.: *Das „Heydrich-Attentat" in Prag, 1942*, In: Deutschland Archiv – Drittes Reich Dokumente, Braunschweig 2006.
UHLÍŘ, J. B.: *Das „Protektorat Böhmen und Mähren", 1939-1945* In: Deutschland Archiv – Drittes Reich Dokumente, Braunschweig 2006.
UHLÍŘ, J. B.: *Emanuel Moravec. Český nacionální socialista*, Historie a vojenství, roč. 2006/ LV, č. 2, s. 25-39 a č. 3, s. 49-63.
UHLÍŘ, J. B.: *Emanuel Moravec 1939-1945*, In: Pejčoch, I., Plachý, J. (edd.) a kol: Okupace, kolaborace, retribuce, Praha 2010, s. 134-138.
UHLÍŘ, J. B.: *Ministerský předseda Alois Eliáš*, In: Láník, V. (ed.): Generál Alois Eliáš (1890-1942), Praha 2006, s. 12-17.
UHLÍŘ, J. B.: *Osud ministerského předsedy*, Historický obzor, roč. 2002/13 č. 7-8, s. 146-152.
UHLÍŘ, J. B.: *15. březen 1939*, Historický obzor, roč. 2009/20, č. 3-4, s. 50-57.
UHLÍŘ, J. B.: *15. březen 1939. Počátek okupace na stránkách českého tisku*, Historický obzor, roč. 1999/10, č. 3-4, s. 70-76.
UHLÍŘ, J. B.: *Praha ve stínu hákového kříže*, Praha 2005.
UHLÍŘ, J. B.: *Protektorát Čechy a Morava v obrazech*, Praha 2008.
UHLÍŘ, J. B., WAIC, M.: *Sokol proti totalitě 1938-1952*, Praha 2001.
UHLÍŘ, J. B.: *Spolupráce Emila Háchy s Jiřím Havelkou a Aloisem Eliášem*, In: Rubín, J., Tomeš, J. (edd.): Emil Hácha. Před 70 lety zvolen třetím prezidentem ČSR, Praha 2008, s. 93-99.
UHLÍŘ, J. B.: *Ve stínu říšské orlice. Protektorát Čechy a Morava, odboj a kolaborace*, Praha 2002.
VYBÍHAL, J.: *Jihlava pod hákovým křížem*, Jihlava 2009.
WEIß, H.: *Biographisches Lexikon zum Dritten Reich*, Frankfurt am Main 2002.
WISTRICH, R.: *Wer war wer im Dritten Reich?*, Frankfurt am Main 1987.
ZENTNER, Ch., BEDÜRFTIG, F.: *Das große Lexikon des Dritten Reiches*, Augsburg 1993.

DOBOVÝ TISK
Ahoj, roč. VII/1939-X/1942
Arijský boj, roč. I/1940-III/1942
A-Zet, roč. XII/1939-XV/1942
Böhmen und Mähren, roč. 1/1940-3/1942
České slovo, roč. XXXI/1939-XXXIV/1942
Europäische Revue, roč. XV/1939-XVIII/1942
Expres, roč. XII/1939-XV/1942
Letem světem, roč. XIII/1939-XVI/1942
Lidové noviny, roč. 47/1939-49/1941
Lidový deník, roč. XXVI/1939-XXVIII/1941
Moravská orlice, roč. 1939-1942
Moravské slovo, roč. 1939-1942
Národní politika, roč. LVII/1939-LX/1942
Národní práce, roč. 1/1939-4/1942
Národní listy, roč. 79/1939-82/1942
Národní střed, roč. XXI/1939-XXIX/1942
Naše doba, roč. XLVI/1939-XLIX/1942
Der Neue Tag, roč. I/1939-IV/1942
Pestrý týden, roč. XIV/1939-XVII/1942
Polední list, roč. XIII/1939-XVI/1942
Pražský ilustrovaný zpravodaj, roč. 12/1939-15/1942
Das Reich, roč. 1939-1942
Signal, roč. 1/1940-3/1942
Der Stürmer, roč. 18/1939-21/1942
Sudetendeutsche Monatshefte, roč. 1939-1942
Unsere Wehrmacht im Protektorat, roč. 1/1939-4/1942
Večer, roč. 26/1939-29/1942
Venkov, roč. XXXIV/1939-XXXVII/1942
Verordnungsblatt des Reichsprotektors in Böhmen und Mähren/Věstník nařízení Říšského protektora v Čechách a na Moravě, roč. I/1939-IV/1942
Vlajka, roč. IX/1939-XII/1942
Volk und Reich, roč. 15/1939-18/1942
Völkischer Beobachter, roč. 52/1939-55/1942
Die Wehrmacht, roč. 3/1939-6/1942

JMENNÝ REJSTŘÍK

A
Adam, Franz 522
Adam, Karl 479, 496, 654, 670
Adenauer, Konrad 11
Axmann, Artur 306–310, 486, 487, 670

B
Baarová, Lída 587, 588, 670, 682
Ballauf, Werner 232
Bartoš, Alfréd 692
Beck, Ludwig 11, 686
Belcredi, Karel Jiří 273, 670
Benda, Hans von 231, 670
Beneš, Edvard 14, 39, 441, 468, 489, 672, 684, 599
Beran, Rudolf 105, 130, 670
Berger, Herbert 489
Bernášková, Irena 624
Bertsch, Walter 461, 467, 514, 517, 532, 569, 577, 609, 634, 670
Bienert, Richard 210, 213, 245, 361, 467, 483, 509, 515, 517–519, 532, 533, 537, 538, 555, 558, 559, 569, 570, 595, 597, 601, 606, 609, 618, 634, 643, 670
Bílý, Josef 422
Bismarck, Otto von 13, 23, 51
Bláha, Otto 273, 671
Blaskowitz, Johannes Albrecht 31, 65, 70, 99, 100, 105, 114, 115, 123, 124, 127, 128, 136, 143, 144, 670
Blecha, Jaromír 655
Blum, Léon 672
Bock, Fedor von 191, 671
Böhme, Horst 243, 277–279, 290, 294, 334, 372, 389, 424, 437, 444, 448–462, 474, 483, 508, 521, 542, 576, 671
Bor, Jan 287
Bormann, Martin 77–79, 88, 671, 685
Bouhler, Philipp 218, 219, 333, 334, 671
Bouhlerová, Helene 334
Bradáč, Václav 564
Brandt, Karl 218
Brauchitsch, Walther von 29, 65, 76, 122, 123, 127, 128, 135, 136, 147, 191, 566, 671
Briesen, Arthur von 180, 198, 294, 356, 489, 671
Bubna-Litic, Mikuláš z 12, 236, 261, 288, 318, 344, 346, 457, 464, 671
Burgsdorff, Kurt von 150, 202, 239–241, 254, 270, 289, 290, 294, 302, 314, 322, 328, 329, 355, 372, 375, 380, 389, 407, 413, 419, 421, 423, 437, 444, 453, 494, 672
Burian, Vlasta 611, 671
Bürkle, Fritz 235, 236, 451, 453
Bürknerová-Mohrová, Trude 687

C
Canaris, Wilhelm Franz 520, 521, 672
Caruso, Casto 270, 672
Ciano, Galeazzo 672, 695
Commichau, Alexander 272, 283, 646, 672
Conti, Leonardo 172, 672
Crha, Václav 287, 288, 505, 663, 672
Cupal, Ludvík 591

Č
Čarek, Jan 287
Čech, Josef 255, 381
Černý, Ladislav 489
Čikl, Alois Václav 504, 628, 629, 672
Čipera, Dominik 130, 302, 344, 346, 361, 457, 464, 672

D
Daladier, Édouard 672
Dalecký, Rudolf 111
Daluege, Kurt 14, 531, 532, 535, 537, 542, 555–557, 567, 571, 573, 607–609, 620–624, 629, 630, 633, 634, 637–640, 644–646, 650, 655, 656, 664, 666, 673
Danco, Walter 421, 508, 509, 655
Daranowská, Gerda 25
Dietrich, Josef 196, 198–200, 203, 673
Dietrich, Otto 350, 673, 676, 694
Dönitz, Karel 678, 683, 687, 690
Drábek, Jaroslav 673
Durych, Jaroslav 287

E
Eberstein, Karl von 437, 673
Ebert, Friedrich 683
Eigruber, August 673
Eliáš, Alois 6, 12, 13, 64, 146, 152, 154, 159, 194, 195, 236, 251, 267, 270, 276, 291, 292, 294, 302, 342, 344, 346, 361, 369, 376, 380, 387, 413, 415, 425, 432, 518, 602, 648, 673, 676, 677, 681, 682, 685, 695, 696
Ellrichshausen, Karl Reinhard von 256
Eltschkner, Antonín 194, 673
Eminger, Jaroslav 204, 345, 346, 464, 476, 493, 551, 665, 673
Emmerová, Jolana 666
Erdmenger, Hans-Otto 358
Esser, Hermann 155

F
Faltis, Jan 190, 349, 446
Fassati, Miloslav 345, 346, 464, 551, 674
Feierabend, Ladislav Karel 157, 166, 223, 226, 674, 695
Felber, Hans 105
Fiala, Bohuslav 114, 115
Fiala, Václav 287, 288, 505, 577, 674
Fichte, Johann Gottlieb 518
Fischer, Otakar 130, 692, 695
Foerster, Josef Bohuslav 229, 674
Fousek, Jan 273, 298, 409, 413, 674
Franc, Václav 422
Frank, Karl Hermann 4, 6, 8, 12, 14, 99, 100, 124, 126, 140, 147, 150, 162, 164–166, 171, 173, 174, 177, 180–182, 185, 196, 198, 200, 203, 206, 208, 209, 212, 216, 218, 220, 222, 226, 227, 232–234, 239–243, 246–250, 254–257, 259, 270, 272, 274, 275, 277–280, 284, 289–291, 292, 295, 296, 300, 301, 303, 305, 308, 310–317, 320–322, 324, 325, 328–330, 333–336, 347, 350, 358, 361, 362, 364, 365, 367, 368, 372, 373, 375, 378–380, 384, 381, 385, 389, 393, 394, 408, 416–419, 421–425, 427–429, 431, 434, 435, 438–440, 443, 444, 446, 448–451, 453–455, 459–461, 467, 475, 476, 483–486, 491, 494, 508, 509, 520, 523, 527, 529, 531, 532, 535, 537, 542, 556, 557, 566, 571, 573, 576, 595, 607–609, 612, 613, 618–621, 623, 624, 628, 633, 637–641, 646, 648, 650, 657, 658, 662, 664, 666, 670, 671, 673–676, 689, 692–694, 696
Franková, Karola 255, 274, 300, 303, 320–322, 325, 329, 334, 361, 363, 384, 385, 435, 451, 523, 535, 537, 650, 657, 658, 666, 675
Frick, Wilhelm 12, 78, 79, 85, 304, 566, 567, 675
Frickeová, Wilhelmine 259, 298
Friderici, Erich 124, 147, 162, 166, 177, 180–183, 198, 203, 206, 208, 225, 234, 241, 254, 256, 283, 303, 328, 329, 361, 362, 364, 372, 378, 385, 408, 409, 427, 675
Frießner, Johannes 386
Fritzsche, Hans 339, 675
Fučík, Bedřich 287
Fügner, Jindřich 437
Funk, Walther 453–459, 675, 694
Furtwängler, Wilhelm 322, 675

G

Gabčík, Josef 524, 675, 681
Gablenz, Eccard von 114, 127, 675
Gabriel, Helmut 235
Ganev, Dimitri 283
Gehlen, Reinhard 681
Gerik, Viliam 683
Geschke, Hans Ulrich 308, 315, 530, 676
Gies, Robert 165, 277–279, 325, 328, 333–335, 361, 427, 431, 453, 476, 564, 613, 648, 676
Glázrová, Marie 611
Goebbels, Joseph Paul 4, 13, 287, 305, 310–325, 374, 388, 502, 566, 572, 596, 670, 675, 676, 678, 682, 684, 685, 690, 694
Goerdeler, Carl Friedrich 686
Goll, Jaroslav 252
Gollová, Nataša 682
Gorazd 504, 628, 629, 676
Göring, Hermann 4, 11, 23, 147, 566, 567, 676, 684, 692
Gregory, Karl Alexander von 254, 287, 321, 325, 422, 433, 439, 440, 470, 676
Groh, Ludvík 342
Groß 332, 696
Günsche, Otto 694
Gürtner, Franz 235, 236, 677
Gustloff, Wilhelm 688
Gutterer, Leopold 612, 613, 676

H

Hácha, Emil 4, 6, 11, 12, 23, 24, 26, 27, 47, 64, 67, 85, 130, 136, 143, 146, 147, 156–159, 161, 162, 167, 172, 185, 192–195, 222, 226–229, 232, 236–238, 240, 245, 251, 252, 254, 261, 273, 274, 285, 288, 291, 292, 302, 312, 313, 318, 319, 322–325, 330, 338, 340–342, 344–346, 350, 361–363, 365, 369, 375, 376, 380, 394, 407, 413, 415, 425, 442, 444–446, 452, 455, 457, 464, 466, 467, 493, 497, 500, 507–509, 511, 531, 532, 548, 555, 564, 566, 567, 569, 596, 597, 599, 601–610, 652, 657, 658, 662, 669, 671, 677, 679, 681, 687, 691, 693, 696
Hájek, Karel 49
Hájková, Stanislava 655
Hamperl, Herwig 574
Harlan, Veit 339
Hataš, Václav 519
Havelka, Jiří 12, 85, 130, 194, 195, 226, 228, 288, 291, 340–342, 344, 346, 380, 677, 695, 696
Heißmeyer, August 301, 677
Henlein, Konrad 31, 64, 71, 124, 126, 164, 166, 169–171, 203, 215, 216, 255, 240, 241, 255, 265, 301, 310–313, 316, 317, 322–356, 364, 365, 367, 372, 377, 384, 386, 445, 471, 491, 494, 612, 620, 621, 628, 670, 674, 675, 677
Henleinová, Emma 166, 255
Herodes, František 658
Herrmann, Fritz 524
Hertl, Jan 287
Heß, Rudolf 77, 78, 79, 88, 671
Heydrich, Heider 554–556, 566, 567
Heydrich, Heinz 554, 555, 557, 566, 567
Heydrich, Klaus 554–556, 566, 567, 677
Heydrich, Reinhard 4, 7, 12–14, 65, 411, 415–427, 431, 434, 435, 437–440, 444, 446–449, 452–456, 458, 459, 467, 472, 493–495, 498–500, 504, 506–509, 520, 523–525, 527– 531, 533–535, 540–543, 545–549, 551–562, 564, 566–569, 571, 574, 581, 586, 602, 622, 628, 638, 650, 651, 671, 672, 675–677, 679, 681, 684–686, 690, 692, 694, 695, 696
Heydrich, Richard Bruno 523, 524
Heydrichová, Elisabeth 554
Heydrichová, Lina 438, 495, 523, 554, 637, 638, 639, 650, 677
Heydrichová, Maria 555
Hiebsch, Herbert 477, 677
Hierl, Konstantin 257, 259, 351, 352, 678
Hildebrandt, Richard Hermann 678
Himmler, Heinrich 65, 77, 88, 275, 438–440, 496, 527, 553–556, 567, 673, 678, 684, 685, 689, 693
Hindemith, Paul 675
Hindenburg, Paul von 678, 683
Hinkel, Hans 411
Hitler, Adolf 4, 6–8, 10–12, 19, 20, 23–25, 27, 29, 47, 51, 54, 64, 65, 67–71, 74–79, 85–88, 93, 94, 105, 130, 146–150, 154, 155, 161, 190–192, 196, 198, 218, 232, 353, 365, 368, 377, 381, 470, 496, 510, 566, 567, 569, 599, 602, 608, 609, 643, 670, 672, 673, 676–680, 682–687, 689–691, 693–695, 697
Hoffmann, Heinrich 4, 8, 77, 697
Hofman, František 287
Hofmann, Friedrich 391
Höger, Karel 587, 588
Holleben, Werner von 12
Hönich, Heinrich 347, 678
Hora, Josef 287
Horáková, Milada 685
Höß, Konstantin 177, 212, 215, 216, 235, 236, 260, 265, 270, 306, 308, 310, 315, 316, 319, 351, 358, 363–365, 378, 413, 419, 443, 450, 453, 470, 479, 678
Hrubý, Adolf 156, 158, 161, 223, 449, 467, 468, 476, 532, 537, 538, 552, 558, 559, 582, 601, 616, 617, 643, 647, 651, 652, 678
Hühnlein, Adolf 231, 232, 678
Husajní, Mohamed Amín al- 496

CH

Chamberlain, Neville 10, 17, 678
Charvát, Rudolf 178, 259, 471
Churchill, Winston 11, 374, 599, 678
Chvalkovský, František 23, 24, 26, 64, 568, 569, 607, 679

I

Ichige, Kozo 233, 284, 652, 653, 654
Innitzer, Theodor 379, 679

J

Jacobi, Walter 633, 679
Janeček, František 11
Jaroš, Karel 667, 669
Jedlička, Josef 158
Ježek, Josef 165, 194, 261, 318, 344, 346, 433, 464, 679
Jordan, Rudolf 401, 679
Judex, Oskar 150, 208, 431, 679
Jury, Hugo 206, 208, 459–462, 494, 637–639, 679
Jüttner, Hans 655, 656, 680

K

Kalfus, Josef 130, 161, 194, 195, 226, 288, 302, 344, 346, 433, 457, 464, 467, 483, 517, 532, 537, 538, 558, 559, 569, 596, 597, 601, 609, 634, 643, 657, 680
Kalis, Oldřich 349
Kamenický, Jindřich 291, 292, 380, 411, 436, 457, 464, 467, 468, 483, 493, 508, 509, 532, 537, 538, 558, 559, 569, 596, 597, 601, 609, 634, 643, 655, 658, 680
Kamptz, Jürgen von 183, 212, 224, 234, 250, 260, 378, 381, 680
Kapras, Jan 105, 130, 166, 206, 252, 302, 337, 344, 346, 361, 374, 387, 394, 464, 680
Kareš, Miloš 287
Kaslová, Marie 228
Kašpar, František 658
Kašpar, Karel 379, 380, 680
Kawahara 652, 653, 654
Kawai, Tatsuo 284
Keilberth, Joseph 434, 435, 523, 680
Keilberthová, Ingeborg 523

PROTEKTORÁT ČECHY A MORAVA 1939–1942

Keitel, Wilhelm 23, 64, 65, 70, 76, 147, 189, 191, 680
Ketteler, Wilhelm von 671
Klapka, Otakar 114, 115, 118, 124, 152, 155, 167, 170, 173, 178, 204, 210, 214, 218, 219, 229, 236, 259, 264, 266, 276, 281, 680, 685, 686, 696
Klemperer, Otto 675
Kliment, Josef 189, 273, 288, 346, 413, 466, 493, 518, 596, 597, 652, 680
Klumpar, Vladislav 130, 340, 341, 344, 346, 381, 457, 464, 681
Knap, Josef 287
Kniest, Wilhelm 162, 293, 690
Knox, William Franklin 571
Konstantin, Jan 287
Kouba, Bohuslav 683
Kramář, Karel 161
Kratochvíl, Jaroslav 236, 251, 288, 296, 320, 321, 344, 346, 377, 457, 464, 681
Krebs, Hans 243, 301, 304, 491, 681
Krejčí, Jaroslav 130, 161, 194, 195, 261, 288, 318, 344, 346, 360, 388, 413, 433, 441, 445, 457, 464, 466–468, 476, 483, 484, 489, 493, 503, 508, 509, 517–519, 532, 533, 537, 538, 555, 558, 559, 569, 580, 582, 598, 603, 604, 609–611, 634, 635, 643, 657, 668, 681, 695
Krychtálek, Vladimír 287, 584, 681
Křovák, Rudolf 236, 337, 346
Kubelík, Jan 336, 337, 681
Kubelík, Rafael 494
Kubiš, Jan 524, 681, 675
Kumžák, Ladislav 422

L
Lammers, Hans Heinrich 12, 64, 78, 79, 85, 328, 329, 569, 607, 608–610, 681
Lauterbacher, Hartmann 372, 373, 681
Lažnovský, Karel 287, 389, 432, 433, 518, 519, 648, 682
Leimer, Ernst K. 381
Ley, Robert 215–217, 566, 567, 682
Linge, Heinz 694
List, Wilhelm 65, 682
Lorenz, Werner 682
Ludendorff, Erich 677, 689
Ludikar, Pavel 287
Lukaštík, Vojtěch 591
Lutze, Viktor 202, 353–357, 567, 644, 645, 682
Lutzeová, Paula 354, 357

M
Mackensen, August von 289, 682
Malypetr, Jan 223
Mandlová, Adina 611, 682
Manninen, Mauno 677
Marcks, Erich 112, 682
Marvan, František 345, 346, 464, 551, 683
Masaryk, Jan 672
Masaryk, Tomáš Garrigue 185, 251, 547, 667, 691
Masařík, Hubert 12, 287, 292, 683, 695
Mastný, Vojtěch 23, 683
May, Franz 338, 353, 354, 356, 375, 625, 626, 641, 683
Meckel, Rudolf 74, 75, 205
Meißner, Otto 23, 566, 569, 683
Melč, Ctibor 278, 288, 584, 614, 683
Meltzer, Franz 518
Menschik, Raimund 630–633, 642
Menzies, Robert Gordon 388
Meusel, Otto 162
Mikš, Arnošt 515, 683, 686
Milch, Erhard 131, 191, 684
Moravec, Emanuel 4, 14, 183, 433, 466–470, 476, 477, 482–484, 492, 497, 500, 503, 505, 506, 508, 515, 517–519, 532, 533, 537–540, 555, 558, 559, 572–574, 577, 582, 584, 586, 587, 590–595, 597, 598, 599, 604, 610, 611, 622, 623, 630, 631, 634, 635, 643, 647, 649, 651, 657, 658, 660–663, 665, 666, 668, 683, 684, 688, 691, 694–696
Mrazík, Vladimír 226, 228, 288, 340, 342, 346, 684
Müller, Heinrich 521, 684
Mussik, Viktor 287
Mussolini, Benito 11, 684

N
Naumann, Werner 312, 315, 323, 325, 684, 685
Nebe, Arthur 542, 556, 685
Nebeský, Josef 189, 194, 195, 226, 228, 238, 252, 273, 288, 337, 340, 346, 376, 685
Nestával, Josef 178, 685
Neumann, Erich 72, 96, 458, 685
Neurath, Konstantin von 6, 12, 13, 124, 126–128, 130, 131, 134–139, 147, 150, 154, 162, 166, 171, 174, 185, 189, 198, 202, 203, 205, 206, 208–210, 222, 224, 225, 234, 235, 239–241, 254–257, 259–261, 272, 280, 283, 287, 289, 303, 314–322, 333, 328, 329, 331–333, 350, 351, 354, 356, 361, 363, 364, 365, 367, 368, 378, 379, 387, 401, 408, 409, 411, 416, 548, 655, 694
Neurath, Marie von 166, 202, 203, 222, 224, 254, 255, 303, 319, 322, 361, 363
Niemeyer, Reinhold 446, 447, 448

O
Oborný, Oldřich 415
Oelhafen, Otto von 393, 394, 685
Ohnesorge, Wilhelm 331, 685
Olbricht, Friedrich 105, 128, 135, 686
Ometák, František 515, 686
Opländer, Walter 246, 247, 248, 249, 274, 275, 308
Oster, Hans 11
Otto, Ernst 164, 206, 686

P
Palmgren, Karl 663
Pannwitz, Heinz 629, 686
Pavlík, Matěj 628, 676
Pazdera, Cyril 660
Pečený, Karel 287
Pechal, Oldřich 683
Pelíšek, Jaroslav 631, 633, 686
Pešek, Ladislav 587
Petr, Josef 293
Petřek, Vladimír 628, 629, 686
Pfitzner, Josef 99, 114, 115, 118, 124, 155, 169, 170, 176, 184, 210, 214, 216, 218–220, 225, 236, 237, 250, 253, 259, 260, 264, 266, 270, 276, 281, 290, 294, 298, 299, 304, 307, 308, 318, 335, 338, 348, 351, 353, 357, 372, 396, 397, 411–413, 437, 453, 510, 621, 650, 654, 686, 688, 694
Pilnáček, Josef 57
Plíhal, Josef 190
Plocek, Alexandr 489
Plötner, Kurt 664
Popelka, Augustin Adolf 466, 476, 508, 555, 604, 609, 610, 657, 686
Procházka, Gustav Adolf 475
Procházka, Rudolf 287
Prondzynski, Georg von 198
Příhoda, Václav 287
Pückler-Burghauss, Carl von 640, 650, 655, 687

R
Rádlová, Milada 158, 254, 361, 407, 687
Raeder, Erich 147
Rasch, Otto 434, 687
Rattenhuber, Johann 86
Reberová-Gruberová, Auguste 655, 687
Reinefarth, Heinrich Friedrich 612–614, 633, 638, 640, 656, 664, 666, 687
Reinhardt, Georg-Hans 127, 128
Reiss, Friedrich 106

PROTEKTORÁT ČECHY A MORAVA 1939–1942

Rejf, Josef 515
Rélink, Karel 287, 497, 687
Renč, Václav 287
Ribbentrop, Joachim von 12, 23, 24, 64, 79, 85, 687, 693
Riege, Paul 474, 478, 483, 494, 515, 542, 607–609, 618, 619, 630, 633, 650, 666, 687
Rieschauer, Heinz 606
Richthofen, Manfred von 692
Rittau, Günther 384
Roettig, Wilhelm Fritz von 250
Röhm, Ernst 202
Rommel, Ervin 402
Rosenberg, Alfred 264–266, 364, 365, 366, 567, 688
Rüdigerová, Jutta 687
Rudl, Franz Friedrich 276, 278, 279, 283, 285, 287, 288, 376, 503, 506, 518, 577, 579, 626, 629, 630, 639, 662, 663, 666, 688
Rust, Bernhard 205, 206, 210, 301, 567, 688
Ryba, Vladimír 584, 630–632, 642, 688
Rypl, Celestin 287
Rys-Rozsévač, Jan 223, 494, 495, 688

Ř
Říha, Alois 299, 510, 518

S
Sauckel, Ernst Friedrich 688
Sedlák, Jan 627
Sedmík, Jiří 667
Seifert, Johann 23
Selpin, Herbert 321
Seyß-Inquart, Arthur 243, 672, 688
Schaal, Ferdinand Friedrich 180, 181, 182, 688
Scharnhorst, Gerhard von 443
Schaub, Julius 65, 76, 566, 689, 695
Scheel, Gustav, Adolf 205, 206, 210, 689
Schepmann, Wilhelm 689
Scherner, Julian 378, 379, 393, 439, 440, 689
Schirach, Baldur von 213, 214, 454–462, 567, 689
Schmidt, Jindra 77
Schmied, Friedrich 150
Scholtzová-Klinková, Gertrud 377, 687, 689
Schörner, Ferdinand 689
Schröderová, Christa 25
Schulz, Karl 612, 613, 321
Schwarz, Franz Xaver 620, 621, 689
Schwarzenberg, Karel 387, 690
Schwedler, Viktor von 64, 100, 147, 148, 690
Schwerin von Krosigk, Johann Ludwig 332, 690
Schwerin, Curth von 144, 256, 367,
Siebert, Ludwig 350
Siegl, Raimund 257, 259
Skrbek, Jaroslav 377
Sladek, Emanuel 246, 247–249, 438
Smudek, Jan 245, 690
Sokol, Jan 287
Sonnevend, Jan 628, 690
Speer, Albert 446–448, 684, 690
Speich, Richard 198
Stahlecker, Franz Walter 198, 209, 498–500, 690
Stalin, Josif Vissarionovič 692, 694
Stauffenberg, Claus von 680, 686
Stibor, Ferdinand 475
Stočes, Václav 668
Stuckart, Wilhelm 12, 78, 79, 124, 126, 166, 240, 241, 304, 328, 329, 690
Stuchlík, František 476, 497, 503, 505, 515, 517, 537, 538, 574, 591, 592, 594, 604, 611, 635, 651, 660, 661, 666, 691
Stülpnagel, Carl-Heinrich von 65, 691
Sýkora, Vladislav 189
Syrový, Jan 114, 115, 691

Š
Šádek, Vlastimil 99, 161, 166, 192, 194, 691
Šalda, Jaroslav 287
Šiman, Karel 157
Šimandl, Josef 489
Škarvan, František 662, 691
Štěpánek, Zdeněk 577
Šusta, Josef 252, 273, 337, 577, 691
Švábík, František 669
Švehla, Antonín 223, 679

T
Talich, Václav 287, 323, 324, 369, 387, 442, 691
Teuner, František 622, 658, 660, 661, 663, 691
Teyrovský, Vladimír 614
Thilenius, Richard 12
Tiso, Jozef 147
Toussaint, Rudolf 434, 451, 453, 454, 476, 483, 494, 501, 508, 509, 521, 523, 535, 537, 560, 607, 609, 638, 640, 650, 691
Träger, Josef 287
Tresckow, Henning von 686, 688
Treuenfeld, Karl von 484, 485, 535, 542, 576, 692
Tschammer und Osten, Hans von 202, 371, 372, 664, 666, 692
Tyrš, Miroslav 437

U
Udet, Ernst 107, 108, 109, 110, 111, 112, 692

Ú
Úprka, Jan 287

V
Valčík, Josef 530 692
Vamberský, Adolf 261, 280, 391, 533, 692
Vik, Karel 237
Vilém II. Pruský 682
Vítek, Karel 59, 65
Vítěz, Libor 239, 345, 346, 464, 551, 692
Vlasov, Andrej Andrejevič 692
Vojta, Hugo 422
Vokatý, Jan 550
Völckers, Hans 12, 225, 270, 692
Volf, Václav 660
Vorošilovov, Kliment Jefremovič 472
Voss, Bernhard 222, 253
Voss, Wilhelm 533

W
Wächtler, Fritz 692
Warninghoffová, Henni 371
Watter, Hans von 195
Watzlik, Hans 164
Weidermann, Willi 618, 619, 693
Weichs, Maximilian von 113, 693
Weinmann, Ervin 476, 656, 693
Weis, Karel 477
Weizsäcker, Ernst von 23, 693
Wendiggensen 161
Werner, Karel 287, 518, 630, 631, 642, 693
Weyrich, Günther 574
Wilberg, Helmuth 198
Wilson, Woodrow 452, 453
Wolf, Martin Paul 508, 518, 519, 523, 539, 540, 612, 613, 621, 640, 647, 655, 663, 668, 693
Wolff, Karl 438, 439, 440, 556, 693
Wollbehr, Richard 389
Wolmar, Wolfgang von 254, 270, 276–279, 281, 285, 287, 288, 304, 330, 333, 380, 385, 427, 433, 439, 440, 470, 497, 518, 519, 540, 614, 630, 631, 633, 642, 693–695
Wünsch, Antonín 342

Z
Zámiš, Karel 190
Ziemke, Kurt 376
Zoglmann, Siegfried 306, 308–310, 460, 693

PROTEKTORÁT ČECHY A MORAVA 1939–1942

Mgr. Daniel Herman
ministr kultury

Ministr kultury přebírá záštitu

nad vydáním dvousvazkové historické publikace Jana B. Uhlíře

„Protektorát Čechy a Morava 1939-1945. Srdce Třetí říše",

kterou vydává Ottovo nakladatelství.

PROTEKTORÁT ČECHY A MORAVA 1939–1942

**Velvyslanec České republiky
uděluje**

ZÁŠTITU

publikaci „Protektorát Čechy a Morava 1939 – 1942"

*Mgr. Tomáš Jan Podivínský
Velvyslanec České republiky ve Spolkové republice Německo*

Č. 024, Berlín dne 9. května 2017

PROTEKTORÁT ČECHY A MORAVA 1939–1942

OBSAH

Úvodní slovo ministra kultury 4
Předmluva 6
Poznámka autora 8
Protektorát Čechy a Morava 1939–1942 10
Rok 1939 15
Rok 1940 230
Rok 1941 343
Rok 1942 463
Biografie vybraných osobností 670
Zkratky 694
Prameny a literatura 695
Jmenný rejstřík 698

PODĚKOVÁNÍ

Za vstřícnost, pomoc a podporu autor a Ottovo nakladatelství děkují všem, kteří se podíleli na vzniku publikace: Dr. Ludwig Biewer, PhDr. Jan Břečka, Dr. Klaus Ceynowa, PhDr. Jakub Doležal, PhDr. Eva Drašarová, CSc., PhDr. František Frýda, Mgr. Ladislav Hloušek, PhDr. Vladimíra Jakouběová, Mgr. Eva Javorská, Richard Jozíf, PhDr. et Mgr. Vladimír Kačírek, PhDr. Daniel Kovář, PhDr. Jan Kramář, Mgr. Pavel Kukal, doc. PhDr. Václav Ledvinka, CSc., Mgr. Naďa Machková Prajzová, Ph.D., RNDr. Karel Malý, Ph.D., Mgr. Jiří Mitáček, Ph.D., Ing. Petr Mlch, PhDr. Ivo Navrátil, Mgr. Martina Nezbedová, Mgr. Ladislava Nohovcová, Mgr. Radek Pokorný, Ing. Jaroslav Pospíšil, Ph.D., Mgr. Vladimír Rišlink, Mgr. Alexandra Soukupová, PhDr. Karel Straka, PhDr. Zuzana Strnadová, Ph.D., Václav Šorel, Ing. František Štangl, Petra Tomičová, Mgr. Patricie Tošnerová, PhDr. Radim Urbánek, PhDr. Jan Vinduška, Vilém Wodák, plk. Mgr. Josef Žikeš

Zvláštní poděkování za udělení záštity patří ministru kultury ČR Mgr. Danielu Hermanovi a velvyslanci ČR v SRN Tomáši J. Podivínskému. Za poskytnutí unikátních snímků pak Jaroslavu Čvančarovi.

TEXT: PhDr. Jan Boris Uhlíř, Ph.D.
FOTOGRAFIE: Archiv hlavního města Prahy, Archiv Kanceláře prezidenta republiky, Archiv Škoda Plzeň, Auswärtiges Amt – Politisches Archiv, Bayerische Staatsbibliothek, ČTK ČESKÁ TISKOVÁ KANCELÁŘ, Moravské zemské muzeum, Muzeum Českého ráje v Turnově, Muzeum hlavního města Prahy, Muzeum Vysočiny Jihlava, Muzeum východních Čech v Hradci Králové, Národní archiv, Polabské muzeum v Poděbradech, Poštovní muzeum Praha, Regionální muzeum v Kolíně, Regionální muzeum ve Vysokém Mýtě, Státní okresní archiv České Budějovice, Státní okresní archiv Hradec Králové, Státní okresní archiv Pardubice, Státní okresní archiv Semily, Vojenský ústřední archiv / Vojenský historický archiv, Západočeské muzeum v Plzni, Sbírka Jaroslava Čvančary, Sbírka Vladimíra Kačírka, Sbírka Václava Šorela, Sbírka Jana B. Uhlíře
ODPOVĚDNÁ REDAKTORKA: Mgr. Eva Jarošová
JAZYKOVÁ REDAKCE: Mgr. Filip Hladík
REJSTŘÍK: PhDr. Ladislava Součková
GRAFICKÝ NÁVRH, ZPRACOVÁNÍ A OBÁLKA: Jana Pohanková

Vydalo OTTOVO NAKLADATELSTVÍ, s. r. o., Křišťanova 675/3, 130 00 Praha 3,
TEL.: 221 474 111, v roce 2017 jako svou 2785. publikaci.

www.ottovo-nakladatelstvi.cz, ottovo@ottovo.cz

TISK: EUROPRINT a.s., Praha

Veškerá práva vyhrazena.

Text © Jan B. Uhlíř, 2017

Photo © ČTK ČESKÁ TISKOVÁ KANCELÁŘ, Jan B. Uhlíř, Auswärtiges Amt – Politisches Archiv, Archiv hlavního města Prahy, Archiv Kanceláře prezidenta republiky, Archiv Škoda Plzeň, Bayerische Staatsbibliothek, Moravské zemské muzeum, Muzeum Českého ráje v Turnově, Muzeum hlavního města Prahy, Muzeum Vysočiny Jihlava, Muzeum východních Čech v Hradci Králové, Národní archiv, Polabské muzeum v Poděbradech, Poštovní muzeum Praha, Regionální muzeum v Kolíně, Regionální muzeum ve Vysokém Mýtě, Státní okresní archiv České Budějovice, Státní okresní archiv Hradec Králové, Státní okresní archiv Pardubice, Státní okresní archiv Semily, Vojenský ústřední archiv / Vojenský historický archiv, Západočeské muzeum v Plzni, Jaroslav Čvančara, Vladimír Kačírek, Václav Šorel, 2017

Czech edition © OTTOVO NAKLADATELSTVÍ, 2017

ISBN 978-80-7451-602-3